2015

中国保税区出口加工区年鉴

CHINA FREE TRADE ZONE AND EXPORT PROCESSING ZONE YEARBOOK

中国保税区出口加工区协会◎编

中国海关出版社

图书在版编目（CIP）数据

中国保税区出口加工区年鉴.2015/中国保税区出口加工区协会编.—北京：中国海关出版社，2015.11

ISBN 978-7-5175-0100-8

Ⅰ.①中…　Ⅱ.①中…　Ⅲ.①保税区—中国—2015—年鉴②出口加工区—中国—2015—年鉴　Ⅳ.①F752-54

中国版本图书馆CIP数据核字（2015）第276973号

中国保税区出口加工区年鉴（2015）

ZHONGGUO BAOSHUIQU CHUKOU JIAGONGQU NIANJIAN（2015）

作　　者：中国保税区出口加工区协会

责任编辑：左桂月

出版发行：中国海关出版社

社　　址：北京市朝阳区东四环南路甲1号　　邮政编码：100023

网　　址：www.hgcbs.com.cn

编 辑 部：01065194242-7527（电话）　　01065194231（传真）

发 行 部：01065194221/4238/4246（电话）　　01065194233（传真）

社办书店：01065195616（电话）　　01065195127（传真）

　　　　　http：//store.hgbookvip.com（网址）

印　　刷：廊坊市晶艺印务有限公司　　经　　销：新华书店

开　　本：787mm×1092mm　1/16

印　　张：36.75　　字　　数：888千字

版　　次：2015年11月第1版

印　　次：2015年11月第1次印刷

书　　号：ISBN　978-7-5175-0100-8

定　　价：280.00元

《中国保税区出口加工区年鉴（2015）》
编委会

编写人员名单

（以姓氏笔画为序）

王　洁　王振涛　毛丽洁　东　超　石冬梅　叶　红　申　艳
史秀艳　司　雯　曲直园　任晓锋　刘本梅　刘凯明　刘金华
许　涛　许建民　杜　琳　杨晓键　李益锐　沈　霓　沈玲艳
张玉肖　陆凯凤　陈　坚　陈　岩　陈　涛　邵春芳　周　佳
周郑宇　胡孟影　赵苏峰　冒　颖　钟　好　施一玉　袁　璐
高照庆　唐顺德　黄婷婷　盛　瑞　崔光虎　崔莉娟　谢　炜
魏亚辉　等

编辑部成员

主　任：普　娜

副主任：李春生

成　员：左桂月　张玉肖　刘　继　王金刚　朱月青　苗维翠

CFEA

威视® 区域间物流监管

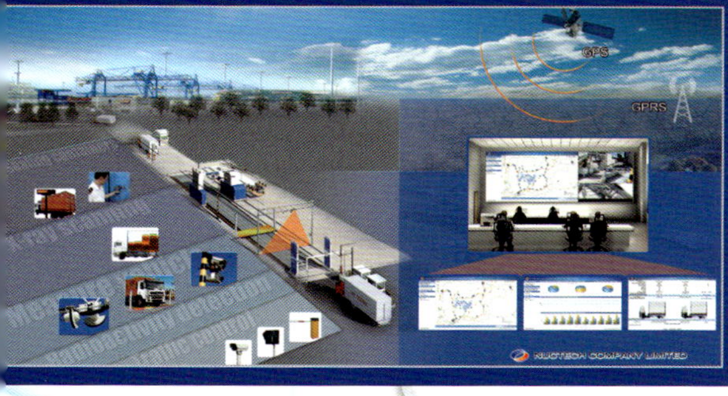

用于监管运输途中的集装箱/车辆的综合解决方案。系统使用电子关锁对车辆进行实时GPS定位跟踪，实现对监管车辆的全程监控。适用于过境货物运输监管、转关运输监管，也适用于港口码头，监管的物流园区、工厂之间的货物转移监控。

威视® 国际合作

使关键信息可以在国家间各个机构之间共享，实现各政府机构、贸易参与者等各方的数据互联互通，信息共享。

系统使资源、信息可以在邻近、区域国家互联乃至全球互联和共享。制定统一的数据交互标准，减少贸易壁垒，满足通关数据流、信息流的共享和互通的需求。

辽宁 北京 天津 内蒙古 河北 宁夏 山东 河南 江苏 上海 宁波 川 南

威视® 集中查验审像

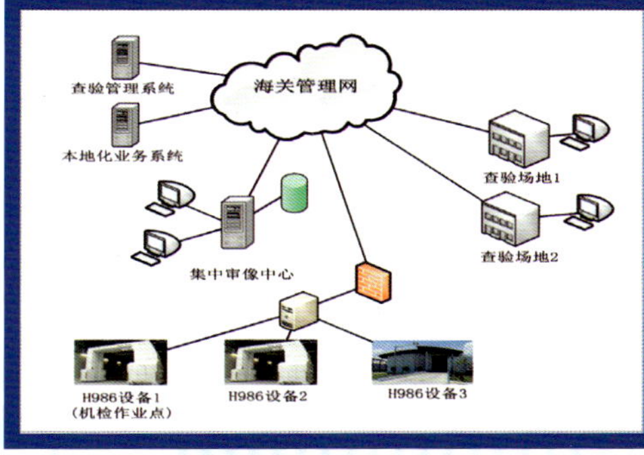

通过建立远程“集中审像中心”，将各查验现场产生的扫描图像、报关单信息等数据汇集到中心，由图检专家进行图像处理与分析，结论自动返回到相应查验现场。能够帮助客户提高查验效率，培养图像分析专家队伍，强化内控防范风险。适用于拥有多套查验设备的客户。（单兵系统）

威视® 智能验放

一套完整的查验场地解决方案，集成软硬件，实现高效、自动化，无人值守的查验场地规划和管理。自动引导车辆，为高效通关提供支持。

青岛保税港区基本情况

青岛保税港区由青岛保税区、青岛保税物流园区整合临近港口转型升级而成，规划面积9.72平方公里，码头泊位21个。2014年，青岛保税港区积极创新开放模式，努力培育参与和引领国际经济合作竞争新优势，保税功能政策覆盖山东全省并辐射到沿黄九省区。目前，已建成“美元挂牌、保税交易”的国际橡胶交易市场，并发展成为全球第三大进口胶交易定价中心。园区整合出口加工区，对现有区域功能优化升级，加快向综合保税区转型，提前为承接自由贸易政策落地搭建平台。同时，在德州、临沂、潍坊、济宁、菏泽、泰安、滨州、聊城等地辟建50多平方公里功能园区，并通过开建内陆无水港、功能政策推介，为中西部对外开放打开大进大出、快进快出的物流通道。

未来，青岛保税港区将加快申办自由贸易港区，积极搭建投资贸易便利化平台，着力形成可复制可推广的经验，努力打造东北亚国际贸易中心、国际物流中心、临港国际航运服务中心和大宗原材料国际交易定价中心，为全面提升青岛乃至全省对外开放水平作出积极贡献。

青岛西海岸出口加工区

青岛西海岸出口加工区于2006年5月成立，2007年7月18日封关运营，规划面积2平方公里，拥有得天独厚的资源及区位优势：周边汇聚海洋工程、港口、家电、石化、汽车、机械制造六大产业集群；北临青岛新机场，南靠前湾港，西接胶州铁路，东连胶州湾跨海大桥，园区内企业物料、设备、成品等进出口运输便利。

2013年2月，西海岸出口加工区整建制划归青岛保税港区管理，立足于青岛自由贸易港区建设发展新战略，着力打造海关特殊监管区域“升级版”。截至2014年年底，园区吸引了来自日本、美国、俄罗斯、中国台湾、中国香港等国家和地区的30多个项目落户，总投资8.12亿美元，形成了以“精密电子、保税物流、高端棉纺织、机械装备”四大产业为主导，“进口商品综合基地、融资租赁”两大产业初具规模的产业格局。

目前，西海岸出口加工区确定了向综合保税区转型升级的发展方向，将重点围绕“总部经济、进口商品、融资租赁、高端物流、现代制造”五大产业开展招商引资，调整产业结构，积极先行先试，努力打造高端入区、配套完备、辐射带动、集聚发展的现代化示范型园区。

联系人：叶亚萍　　电话：0532-83157006
邮箱：xihaian2006@163.com　　网址：www.qwepz.gov.cn
地址：青岛市经济技术开发区龙门山路136号　　邮编：266426

西安高新综合保税区

打造西安外向型

西安高新综合保税区和陕西西安出口加工区B区是西安高新区重点打造的“两城、五区、八园”产业集群的核心板块之一，是建设西安国际化大都市的重要组成部分。西安高新综合保税区和陕西西安出口加工区B区累计实现进出口额2100亿元。

国际标准 高效服务 打造一流海关特殊监管区

西安高新综合保税区和陕西西安出口加工区B区使用国际通行规则，围绕“简政集约、通关便利、安全高效”的要求打造集保税区加工、保税物流、保税维修和进出口商贸为一体的综合性功能区域。西安高新综合保税区于2014年4月18日封关运行。目前已入区企业达到30余家，形成了以三星电子12英寸高端闪存芯片为龙头的电子信息加工贸易产业链。西安出口加工区B区2006年11月29日正式封关运行，规划面积1.338平方公里，先后引进了美国美光半导体、应用材料、韩国信泰电子、中航汉胜等一批世界500强、行业领头企业，形成以电子信息和航空航天为主导，国际物流和服务贸易为支撑的产业布局。

西安高新综合保税区和陕西西安出口加工区B区承载“一带一路”理念，实现“区港联通、区区联动、区域通关”，依靠“快速、高效、安全”的通关模式，为企业实现通关直通化、服务有效化、企业运营成本简化，体现了“高新速度和高新效率”。2014年8月以来，两区复制并推广了上海自贸区14项海关新政策中的11项政策，包括“先进区、后报关”、“批次进出、集中申报”、“智能化卡口验放”、“区内自行运输”、“简化无纸通关随附单证”、“简化统一进出境备案清单”、“集中汇总纳税”等措施，提升了区内企业通关效率，降了低企业成本。2014年9月底，完成对陕西出口加工B区、西安高新综合保税区与西安咸阳机场海关系统的升级改造，实现了几个海关特殊监管区域之间的区

—陕西西安出口加工区B区

经济的增长极

区、区港联动，平均通关速度已由2天减少到2小时，并实现了24小时全天候通关。

西安高新综合保税区和陕西西安出口加工区B区是贯彻西部大开发战略深入实施，把陕西打造成我国内陆型经济开发开放战略高地，统筹科技资源改革示范基地和先进制造业的重要基地；是提升陕西电子信息产业国际化水平，带动我国西部新一代信息技术产业，促进外向型经济发展的重要基地；是加快建设西安国际化大都市建设，创建西安高新区高水平科技园区的重要基地。西安高新综合保税区和陕西西安出口加工区B区是建设西安市国际化大都市的重要组成部分，两区未来将建设成在全球电子信息产业和技术竞争中占有重要地位，设施先进、配套完善、交通便利，集保税加工、保税物流和进出口贸易为一体的综合性功能区域；将建设成为重要的科技研发中心、区域性商贸物流会展中心、区域性金融中心，推动成为全国重要的高新技术产业制造业基地。两区将大力发展保税加工、研发、现代物流、保税展示交易、保税维修等产业，聚焦于跨境电商、平行汽车进口、融资租赁、期货交割等新兴业态，打造研发、物流、展示、制造、维修、结算六大中心。同时，继续复制推广自贸区出台的新政策，逐步实现向自贸区转型升级，成为未来西安自由贸易园区主要的组成部分。

成都高新综合保税区

成都高新综合保税区于2011年5月25日正式封关运行，规划面积4.68平方公里。园区重点开展保税加工、保税物流、国际商品展示交易、检测维修和售后服务维修、国际转口贸易等业务，现有英特尔、富士康、戴尔、德州仪器等世界500强企业、国际知名企业共40家。

成都高新综合保税区位于四川成都高新技术产业开发区西部园区，距成都火车北站8公里，通过欧亚大陆桥和泛亚铁路可连接欧洲、中东及东南亚市场。其紧邻成灌高速公路和绕城高速公路，距成都双流国际机场22公里，交通便利，地理位置优越。

近年来，成都高新综合保税区发展迅速。目前，保税加工已初具规模，已拥有1条8英寸生产线，5座封装测试厂和2家电子消费品终端设备制造商，形成由IC设计、晶圆制造、封装测试及配套项目组成的较为完整的集成电路产业链，产业规模和水平居全国前列。另外，随着英特尔中国西部

分拨中心、莫仕连接器全球模具供应中心、戴尔供应链管理中心和产品分拨中心、萨米尔航空材料分拨中心先后落地，保税物流业得到快速发展，已实现成渝两地乃至整个西部地区的“48小时”供应圈。园区在检测维修方面取得突破，富士康、索尔思在区内相继试点开展国内外产品的返区维修业务，取得较好成效。其中，富士康iPad全球维修中心建设已具雏形，拥有员工约5000人。此外，保税功能拓展成效显著，以保税展示交易为核心的进口商品展示平台已搭建成形，目前拥有1万多平方米的商品房，5万平方米的保税仓库，已入驻商家7家。

作为西部“重镇”成都对外开放的前沿阵地和对外经济发展的“窗口”，成都高新综合保税区发挥着积极的作用，是企业投资的理想沃土。

兰州新区综合保税区

LanZhou New Area Free Trade Zone

兰州新区

兰州新区综合保税区规划面积2.86平方公里，位于兰州新区机场东部物流产业组团，航空、铁路及公路运输条件便利。主要开展保税加工制造、保税仓储物流、商品展示、口岸作业、跨境电商、服务贸易等，将建设成为“丝绸之路经济带”上的内陆进出口集散中心、产业集聚地和中亚西亚地区的战略经济中心。

综合保税区

兰州新区综合保税区总体规划为“一轴两翼多组团”。分两期建设，一期为起步运营阶段，到2017年，重点打造高规格的投资贸易平台，吸引更多高质、高新、高端的企业和项目进入；二期为功能溢出阶段，到2020年，依托各项成熟的功能，形成人流、物流、资金流聚拢的“洼地”，成长为“丝绸之路经济带”上外向型经济发展的重要引擎。

2015年8月18日，园区顺利通过验收，正式封关运营。

高效文明

广州白云机场综合保税区(中区)

广州北

广州白云机场综合保税区

广州白云机场综合保税区总规划面积7.385平方公里（一期封关面积1.645平方公里），2014年7月封关运作后，已全面复制自贸区先行先试相关政策，并利用药品、水产品、水果、肉类等指定进境口岸，以及“5+2”和24小时全天候快速通关等口岸政策优势，充分拓展保税加工、保税物流、保税服务等核心功能，2015年上半年实现进出区货物1.69万吨，货值20.64亿美元。目前，区内入驻企业逾200家，主要开展航材、医药和生物制品等保税仓储与分拨、配送业务，生鲜冷链物流业务，以及跨境电商B2B2C、B2C业务和飞机融资租赁业务等。2015年9月22日，广州首架SPV融资租赁飞机成功抵达综保区完成交付。

未来，广州白云机场综合保税区将进一步依托区位和政策优势，围绕珠三角地区“世界高端制造中心”产业配套需求，加快各类产品国际中转分拨中心的建设，推动飞机、电子产品、精密仪器等保税维修业务，以及航空指向性强的商品、跨境电商商品等销售展示业务在区内集聚发展，重点打造“全球保税物流中心”、“全球保税维修中心”和“亚太贸易展览销售中心”。

【联系方式】

网址：http://gzkg.gov.cn/

地址：广州白云国际机场空港三路口岸综合楼圆楼

电话：020-36063811、36063810 传真：020-36062000

上海松江出口加工区

上海松江出口加工区地理位置优越，距上海虹桥国际机场20公里，距上海浦东国际机场42公里，周边有沪昆高速公路、沈海高速公路、申嘉湖高速公路、嘉金高速公路等高等级的公路，构成便捷的公路交通网络。上海市区外环线距松江出口加工区仅18公里。

2007年，上海松江出口加工区在原先的保税加工功能之外，拓展了保税物流功能。目前，物流、研发、测试和维修等新业务已全面推开，为企业打通上下游形成完整的产业链提供了政策支持。2014年下半年，上海海关将上海自贸区实施的海关监管创新制度在符合条件的海关特殊监管区域复制推广后，松江出口加工区成为享受自贸区改革“红利”的示范区域。上海海关共计推出23项监管创新制度，松江海关因

地制宜地复制推广14项。

截至2014年年底，上海松江出口加工区累计完成工业生产总值19 256亿元，累计实现进出口总额3 952亿美元，为国家提供各类税收160亿元。根据松江出口加工区发展现状，园区积极调整产业布局，未来A区除了坚持高端制造业的基础不动摇外，还将建成上万平方米级别的跨境电商专用保税监管仓，成为贯通国内、国际两个市场的中间枢纽；B区则将在区内、区外分设保税展示平台，推动贸易与物流相结合的业务形式，提供交易物品的保税仓储、展示展销、产品发布、产品推广、产品试用、物流配送等多项服务。

烟台保税港区

烟台保税港区于2009年9月7日设立，规划控制面积7.26平方公里，分为东西两个区块，其中一期封关面积为4.86平方公里，于2010年7月通过验收，2011年1月12日正式开关运作。2014年全区完成外贸进出口173.1亿美元，占山东省海关特殊监管区进出口总额的61.8%；实现保税物流货值122.9亿美元，同比增长25.4%。

目前区内建立起了国际葡萄酒、进口奶粉、国外工业名优产品和保健食品等五大商品展示中心，汇集了30多个国家和地区的3 000多个品种、近百个国际知名品牌，吸引了100多家中外经销商入驻，凸显了烟台“国际葡萄酒城”的特色和影响力。此外，跨境贸易电子商务快速推进，2014年3月，烟台获批跨境贸易电子商务试点，以集中监管中心和电子商务交易平台、通关服务平台、通关管理平台为核心的跨境贸易电子商务产业园正在加紧建设。

烟台保税港区坚持“立体发展、辐射发展”的理念，推动发展方式由粗疏向集约转变，产业培育由传统向现代升级。目前烟台保税港区已形成以手机、游戏机、笔记本电脑等为代表的电子产品制造，以金属配件、仪表、内饰为代表的汽车零部件加工，以商品贸易、仓储物流为代表的保税服务三大主导产业，出口货物种类逐步扩展到集成电路系统、液晶显示部件和海洋工程设备等高技术含量和高附加值产品。

自开关运作以来，园区加快港口配套设施建设，港口货物吞吐量大幅增长，集装箱年吞吐能力由150万扩大到500万标箱以上。在保税港区政策拉动下，大力拓展大宗货源仓储转口贸易等业务，打造化肥、铝土矿、煤炭等特色保税物流板块。2014年，港口化肥、石油焦、铜矿砂等增势强劲，同比分别增长89.3%、74.3%和109.1%，港口大宗货源进出口占全区总额的75%以上。

临沂综

临沂综合保税区封关区面积为3.7平方公里。园区近海临港，交通便利，区位优越，距临沂机场仅10公里，距市中心约15公里，邻近327国道，处在长深高速和京沪高速的中间连接线上，同时具有“承东启西”的辐射带动作用，向东承接青岛、烟台、日照、连云港等沿海城市，向西服务济宁、枣庄、菏泽等内陆城市。

临沂综保区主要分为保税加工区、保税物流区、物流加工兼容区、国际贸易展示区、查验区、综合管理服务区等6个功能分区，重点发展以高端电子信息、精密机械、高端装备、生物医药及食品精深加工等为主的保税加工，以临沂商城为依托，“买全国、卖全球，买全球、卖全国”的国际贸易，以食品、化妆品、保健品、服装、奢侈品等为主的保税展示和保税直销，以仓储和简单加工、冷链物流等为主的保税物流，以跨境电子商务、离岸金融、融资租赁、服务外包、总部经济等为主的现代服务业，把临沂综保区打造成为贸易繁荣、物流高度发达、商业配套设施完善、人才集聚的国际贸易重要平台和物流运营中心，努力成为内陆开放试验区、科技创新先导区、金融创新引领区、高端制造聚集区、现代服务示范区。

经过一年的紧张筹建，目前园区已编制完成了封关区控制性详细规划和中长期战略发展规划，全面完成了一期基础设

合保税区

施、监管设施的建设和信息化管理系统的安装、调试工作。同时，园区先期规划建设了7座标准厂房，总建筑面积14万平方米，其中一期4座5.7万平方米已开工建设，标准仓库已规划建设15万平方米，可以为投资者提供较为完善的生产基础设施条件和工作生活环境。现已有170家贸易企业办理入区工商注册，主要从事国际贸易、保税物流、跨境电商等业务；德国特威泰克环保科技等44个加工、仓储类项目签订投资合同或协议，其中11个项目已经开工建设。另外，还有台湾松维电子、台湾安爱医疗器械等220多个项目正在跟进洽谈。园区充分发挥综合保税区的政策功能优势，主动融入国家“一带一路”战略，拓宽综合保税区长远发展的国际通道。在航空方面，与德国帕希姆国际机场保税区签订了保税区跨境战略合作协议，确定了设立O2O模式的欧洲商品保税直销中心、实现两地全货机直航和互设保税区三个方面的合作内容；在航运方面，积极主动对接上海自贸区，正在与上海外高桥有关企业洽谈合资成立临沂新发展集团公司，除了引进上海自贸区进口商品直销、场站物流管理服务等业态之外，还计划整合上海国际航运中心和临沂区域陆路物流中心的优势，通过海陆联运、集装箱保税摆渡运输的办法，吸引临沂及周边地区的进出口业务，通过临沂综合保税区对接上海自贸区国际航运中心。

中国（上海）自由贸易试验区

自2013年9月29日成立以来，上海自贸区按照《总体方案》，按照国际投资贸易通行规则，着力推进制度创新，在建立以负面清单管理为核心的投资管理制度，以贸易便利化为重点的贸易监管制度，以资本项目可兑换和金融服务业开放为目标的金融创新制度，以政府职能转变为导向的事中事后监管制度上，取得了重要的阶段性成果，为我国探索构建开放型经济新体制作出了积极贡献。

上海漕河泾出口加工区

上海漕河泾出口加工区地处上海市闵行区浦江镇，是漕河泾开发区浦江高科技园的组成部分，地理位置优越，周边商业、生活、教育配套设施齐全，地铁M8线直接连通园区与市中心（人民广场）；交通便捷，距离浦东国际机场38公里，距离虹桥机场21公里，距离洋山深水港48公里。

上海漕河泾出口加工区运行效率始终保持在较高水平，尤其是自2014年开始，园区率先复制自贸区的一系列创新政策和功能，帮助企业增加业务功能、降低成本、便捷通关、简化手续，极大地提高了企业在国际市场上的竞争力。同时，园区保税展示交易、跨境电商业务和升级综合保税区的工作也在稳步推进，将为各类企业提供更为广阔的发展空间。

EXPORT PRESSING ZONE

上海嘉定出口加工区

上海嘉定出口加工区于2008年4月1日正式封关运作。园区总规划面积5.96平方公里，一期围网内面积为1平方公里。

上海嘉定出口加工区以汽车零部件、电子信息、高端设备制造等产业为发展方向，以自贸区为引领，利用出口加工区功能拓展政策，着重大力发展保税物流仓储、检测维修、研发设计、跨境电子商务、金融结算、展示展览、货物贸易和服务贸易等现代服务产业，是服务区域经济发展的多功能综合服务平台。

2014年11月，上海嘉定出口加工区获批跨境电商试点，成立了上海嘉境通国际贸易有限公司，建成了跨境电商公共服务平台，可为跨境电商提供便捷周到的贸易服务。

上海嘉定出口加工区是上海的西北门户，位于“长三角”15个城市群的中心地带，区位独特，是跨境电商交易平台布点的优选地段。2小时货物服务圈可覆盖全上海，同时覆盖诸多江浙知名城市，进而辐射“长三角”区域。

上海嘉定电子商务2014的交易额为1105亿元。入驻的网络销售、网络技术、仓储物流及网络推广传媒等企业已形成完整的电商产业链和电子商务经济生态圈。电商的云集已经成为嘉定的独特亮点，为拓展跨境电商业务奠定了坚实基础。嘉定出口加工区将拥有广阔的跨境电商集聚空间。

嘉境通
跨境电子商务

上海青浦出口加工区

【概况】

上海青浦出口加工区于2003年3月10日设立，属于海关特殊监管区域，规划面积3平方公里，2010年6月扩区至17.36平方公里，分为功能区和产业区。原海关特殊监管区域为功能区，主要为出口型加工制造及以保税物流、检测、维修等业务拓展为主的高科技含量、高附加值的企业提供投资服务；新扩区部分为产业区，规划面积14.36平方公里，主要为现有落户企业和未来主导产业企业提供投资服务。

【经济发展】

2014年，加工区主要经济指标稳步增长，基础设施进一步完善，经济效益进一步提升，经济发展继续保持平稳健康的良好态势。2014年共计完成规模以上工业产值218.56亿元，同比增长5.1%，其中44家亿元产值企业完成191.73亿元，占总产值的87.72%，主导产业、大中型企业优势明显；完成税收收入10.58亿元，同比增长11.6%，其中完成区级税收收入2.53亿元，同比增长14.5%。

【投资环境】

园区位于上海、江苏、浙江三省市交汇处，位于长江三角洲经济圈的中心点；距上海市中心人民广场仅35公里，距虹桥交通枢纽仅8公里。

【招商引资】

2014年全年，加工区共计引进外资项目14个，内资实体型项目14个，完成注册型项目招商197个；共计完成合同外资6019.67万美元，到位资金4174.23万美元，内资项目注册资金6.547亿元。

【产业】

2014年，青浦出口加工区三个特色产业园发展良好。

尚之坊时尚创意园：集展示展览、研发设计、潮流发布、总部办公、贸易物流、金融结算等多功能于一体，红孩儿童装、林田时装、崧泽纺织、捷美会展、萌惜电商、简行珠宝等知名品牌企业入驻。2014年完成税收1716万元。

移动智地产业园：以移动互联网研发办公为核心，产业服务与文化配套为两翼，实行"1+5+5"的规划，即一个基地：移动互联网产业基地；五大平台：公共行政服务平台、专利技术共享平台、移动互联网云计算平台、通讯产品公共测试平台、投融资公共服务平台；五项配套：白领公寓、餐饮配套、商务会展、运动休闲、亲水乐园。2014年完成税收1615万元，同比增长59.51%，引进数果科技、燊浦信息、翔空等6家企业入驻。

民用航空产业园：利用青浦出口加工区功能区（海关特殊监管区域）及产业区发展用地，围绕国家航空产业发展战略，推进以航空维修、部附件制造、航材物流、人才培训、航空服务为一体的"国家新型工业化产业示范基地"建设。2014年有7家航空企业落户（其中实体型企业6家）；东航应用技术研发中心项目开工建设，项目2014年增资4.2亿元；成功引进上海啸翔通用航空服务有限公司。

【招商部门】

联系人：吴晶峰（部长）

联系电话：021-59702008

上海金桥出口加工区（南区）

上海金桥出口加工区（南区）规划面积2.8平方公里，第一期封关面积1.55平方公里，于2001年9月4日设立，于2002年6月通过验收并正式封关运行。园区享受海关特殊监管区的各项优惠政策，基础设施配套完善，管理机构运作娴熟，区内实行全封闭管理。目前，园区保税物流为“半日游”，达到先进国家水平。金桥出口加工区（南区）产业以外资及高科技为主，是上海市半导体装备产业示范基地，区内项目涉及的产业主要为半导体装备、工业自动化、电子信息、精密仪器等。

园区地理位置优越：距上海城市外环线3公里，距内环线12公里，距浦东国际机场10公里，距虹桥国际机场30公里，距外高桥港区19公里、洋山深水港50公里，空运、海运、陆运均极为方便。

2014年，园区经济总量持续攀升，经济发展态势良好：完成工业总产值22.98亿元，同比增长18.2%；实现进出口额为6.92亿美元，同比增长29.0%，其中进口额3.40亿美元，同比增长37.2%，出口额3.52亿美元，同比增长22.1%。

园区竭诚欢迎海内外企业入区创业和发展，携手共创美好的未来。

联系单位：上海金桥出口加工区（南区）管理委员会

地址：上海浦东新区华东路5031号

电话：021—58584689

传真：021—58584682

上海闵行出口加工区

上海闵行出口加工区于2003年3月10日设立，坐落于上海市工业综合开发区境内，启动面积1.9平方公里，并于2003年11月23日经验收合格，正式封关运行。园区所在位置交通四通八达，左临洋山，右是上海连接外省市主要的水路、陆路、铁路出口通道；功能多样化，拥有出口加工制造、保税仓储、国际物流分拨配送、售后服务、设计研发、维修、检测等众多功能。

截至2014年12月，闵行出口加工区共有注册企业26家，投资总额5.22亿美元，注册资本2.81亿美元；实际运作企业19家，其中保税加工企业15家，保税物流企业4家，产业涉及电子信息、机械设备制造、汽车配件等。2014年闵行出口加工区出口总额为123 129.8万美元，进口总额为41 764.91万美元；产值为733 270万元。

为推进物流业发展，闵行出口加工区对保税仓库的经营模式进行了调整，集中职能并统一管理，提高对企业的服务效率，同时调整租金，激励物流企业成长。

苏州工业园综合保税区

SIPITZ

苏州工业园综合保税区规划总面积为5.28平方公里，分为东、西两个围网区，其中东区面积3.88平方公里，西区面积1.4平方公里。综合保税区内可以从事的业务包括存储进出口货物和其他未办结海关手续的货物，国际转口贸易，国际采购、分销和配送，国际中转，检测和售后维修服务，商品展示，研发、加工、制造，港口作业，以及经海关批准的其他业务。

苏州工业园综合保税区于2014年9月正式获批在区内设立贸易功能区，被授予调整相关税收规定，开展贸易多元化试点。该政策的率先试点极大拓展了区域功能，突破了困扰企业多年的内外贸发展瓶颈，充分满足了企业进行全球采购、分拨、销售的多样性、多元化贸易需求，实现了企业发展模式由外购外销、两头在外的“V”型向内购、内销、外购、外销相结合的“X”型的转变，助推了区域核心功能的全面打造，促进了内外贸一体化发展，为整合优化海关特殊监管区域和创新发展政策功能走出了一条新路。

苏州物流中心有限公司

苏州物流中心有限公司成立于1997年8月，注册资本10亿元，总资产24亿元。公司作为苏州工业园区综合保税区管理办公室的下属企业和国资平台型开发商，主要承担8.38平方公里苏州工业园区国际商务区（包含5.28平方公里综合保税区）的开发建设和运营管理工作。公司控股、参股多家企业，包括得尔达国际物流、航港物流、园区报关、物流信息平台、综保物业、苏州普洛斯、上药供应链、中外运苏州物流中心有限公司。

公司各类基础设施及基建投入超过40亿元，已建成保税、非保税仓库超过100万平方米，厂房170万平方米，公共载体和商业办公设施60万平方米，拥有江苏先进的仓储载体设施群。曾先后获得了中国驰名商标（SEALL）、国家5A级物流企业、全国物流行业先进集体、全国工业旅游示范点、江苏省现代服务业集聚区、江苏省物流示范基地、中国企业信息化TOP100奖等荣誉和称号。

地址：苏州工业园区现代大道66号综保大厦12楼　电话：0512-62580114 传真：0512-62878787 网址：www.seall.cn

镇江综合保税区

镇江综合保税区由镇江出口加工区整合优化而设立，规划面积为2.53平方公里，首期0.91平方公里已封关运作。

镇江综合保税区位于江苏省镇江市的东侧，坐落在镇江经济技术开发区（镇江新区）内，地处中国经济发展具有活力的“长三角”地区，位于长江和京杭大运河“黄金水道”的十字交汇处，上海经济圈和南京都市圈的交汇处，是长江经济带建设的重要节点城市，区域位置得天独厚，具有“铁、公、水、空”立体大交通的独特优势。

园区实行“境内关外”的管理模式，实行全封闭的海关监管管理，区内企业不仅享有相关部门提供的简单、快捷的通关便利，还享有经济技术开发区和综合保税区的各项优惠政策，享有专职部门为落户企业提供的一切便捷的配套服务。区内建有一流的基础设施和配套设施，区外建有各种生活商务配套，可以满足企业的生产、生活需求。

镇江综合保税区正以转型升级为目标，以重大项目为抓手，按照海关特殊监管区域“六个中心”建设的要求，着力构建出口产品加工贸易中心、进口商品展示交易中心、保税仓储物流集散中心、研发检测维修服务中心等“四大中心”，重点发展新型能源、新型材料、电子信息、精密机械、冷链物流等产业，加快复制上海自贸区成功经验，联动中瑞镇江生态产业园，为瑞士（欧洲）精品名品提供保税展示、仓储交易、维修保养、研发检测等综合保税服务，提升园区保税加工、保税物流、展示交易、研发检测和综合服务等功能。已有台湾先进光电、江苏汇鸿国际集团冷链物流基地、美国汉克集团高级灭火新材料等项目入驻，拥有独特的比较优势，潜力巨大，前景广阔。

热诚欢迎中外投资者前来考察洽谈，投资兴业！

江苏泰州出口加工区

江苏泰州出口加工区位于泰州医药高新技术产业开发区内，规划面积1.76平方公里。2015年5月6日，整合优化为综合保税区。2014年，出口加工区实现工业产值36.09亿元，同比增长13.35%；实现工业销售34.86亿元，同比增长17.18%。据泰州海关统计，出口加工区全年实现进出区业务货值29.07亿美元，同比增长22%，其中实际进出口4.38亿美元。

作为泰州开放型经济发展的重要平台，泰州出口加工区自设立以来，始终坚持以项目招引建设为中心，积极发挥海关特殊监管区域的政策优势，努力促进区内电子信息产业和特色服务业发展。经过多年努力，区内电子信息产业已初具规模，纬创资通、纬立资讯两家龙头企业生产规模逐步扩大，一批关联配套企业正在集聚，电子信息产业集群正在形成，发展规模和产业层次不断提升。

区内“一日游”、保税仓储、特殊区域转关等保税物流业务发展迅速。2014年，区内保税仓库累计入库金额达6.92亿美元，同比增长86.08%；出库金额为5.52亿美元，同比增长88.04%。目前，区内共有12家物流货代企业，其中，鑫远、中外运两家物流企业全年主营业务收入达4297万元，同比增长56.08%。2014年中外运以第三方物流身份代理区内企业部分进出口业务，全年报关金额高达1.34亿美元。同时，该公司利用物联网技术向区内企业提供VMI（供应商管理库存）配送服务，以减轻企业的库存压力，扩大自身业务量。

园区坚持围绕企业需求，不断创新服务方式，优化服务环境，全力保障企业生产运营。积极与驻区部门沟通协调，为企业提供24小时通关、报检服务；顺应园区发展需求，成功推进综合保税区申报工作；主动为企业提供“一站式”、“保姆式”服务，全程为企业代办行政审批手续，帮助纬创、纬立等公司完成消防、环保等方面验收；大力开展用工服务，有力推动了区内企业的快速发展。

同时，园区努力拓展园区功能，提升开放水平，增强综合竞争力。园区积极利用升级综合保税区这一发展契机，努力从现有的“加工、组装”模式向“制造+贸易+服务”的发展模式转变，重点打造“4+1中心”，即高端研发制造中心、保税物流配送中心、进口商品展示交易中心、跨境电子商务中心、金融结算配套中心。

泰州出口加工区管理局下设招商服务科，负责出口加工区的招商引资工作。联系人：许才林、潘杰，招商热线：0523-80817303，传真：0523-80817305。

江苏吴中出口加工区

江苏吴中出口加工区地处中国具有发展潜力的长三角经济圈中心腹地，水陆交通便利，周边建有苏州独墅湖高等教育区，30余所高校集聚于此。

建区以来，园区围绕打造高新电子信息、高精机械装备、高效物流服务、高端国际贸易“四大产业基地”的总目标，凝心聚力，加快发展，形成以电子信息、电商物流为主的产业布局。区内已建各类载体40万平方米，区外商业综合体、员工宿舍楼等生活配套设施一应俱全。目前，园区已整合优化为综合保税区，将全力打造研发类加工贸易、保税物流、商贸物流融合发展的新型产业园，力争在苏州这片沃土上创建开放型经济新高地。

武进综合保税区

江苏武进出口加工区自投入运营以来，坚持高起点规划、高标准建设、高效能管理的理念，以龙头企业带动产业发展作为方向，以提升本地通关环境为宗旨。2014年，江苏武进出口加工区各企业产品市场需求量持续放大，企业经营良好。截至年底，全年完成工业总产值83.9亿元，同比增长30.7%；工业产品销售额为72.8亿元，同比增长44.2%。完成实际进出口额8.9亿美元，同比增长30.9%；进出区货值为37.3亿美元，同比增长58.7%；保税物流实际进出口额为2.5亿美元，同比增长33.7%。

江苏武进出口加工区位于武进国家高新技术产业开发区，东至凤林路，南至武进大道，西至淹城路，北至阳湖路。紧邻沿江高速和建设中的常泰高速，距上海虹桥、浦东机场，距上海港口及南京禄口机场均在1~2小时车程范围内。

2015年，江苏武进出口加工区顺利升格为武进综合保税区，园区将紧抓国家推进“一带一路”以及“苏南国家自主创新示范区”建设的机遇，以打造一流口岸为目标，以服务周边企业为宗旨，围绕建成“现代产业集聚区、保税物流示范区、服务贸易特色区”的总体定位，加快规划“一体两翼”，实现“三大转变”，打造“五大中心”，建设武进区家门口的自贸区。

武进综合保税区将进一步加大招商引资力度，实现招商引资新突破，在稳步推进生产企业招商工作的同时，尽全力提高企业服务及园区管理水平，实现平台运作和规范管理新突破，促进优势产业的聚集和发展，努力将武进综合保税区创建为具有独特优势的海关监管区域。

武进综合保税区管理局配合武进高新区招商局进行招商活动，由经济发展科具体负责。

联系人：李海标；联系电话：0519-86221205；传真：0519-86221200

扬州出口加工区截至2014年年底，累计完成注册项目36个，投资总额为18.54亿美元，注册资本为11.07亿美元，累计到资7.94亿美元；累计完成进出口总额67.7亿美元，完成实际进出境26.35亿美元。其中，已投产和开工项目17个，主要有易倍得电子、峻茂光电、荣德太阳能、天威新能源、力铼光电、川岳科技、芯际半导体、晋皇科技、凯发高科技、日新意旺、耀锋科技等，初步形成了电子信息、太阳能光伏、装备制造和LED芯片封装检测等特色产业。2014年，扬州出口加工区实现外资到账3.38亿美元，进出口总额为14.2亿美元，实际进出境6.2亿美元。

扬州地处“长江三角洲”经济圈内，是上海经济圈和南京都市圈的节点城市，与南京、镇江构成“宁镇扬都市圈”。扬州先后荣获国家卫生城市、中国优秀旅游城市、全国生态示范城市、全国科技兴市先进城市、全国信息化试点城市、全国社会治安综合治理先进城市和联合国人居奖等多项殊荣。

随着出口加工区产业特色的逐步凸显和大项目、龙头项目的陆续入驻拉动，在后经济危机时代的新一轮发展中，扬州出口加工区呈现出良好的开端和发展势头。园区强化招商引资，突出“招大引强”，不断巩固和放大“三新一网”产业集聚；强化物流叠加功能，加大引进研发、检测、维修企业的进驻，继续鼓励发展保税仓储物流、分拨配送物流、供应链管理物流，形成服务扬州，辐射苏中、苏北的保税物流基地；从加工区向综合保税区转型，加快实现发展工业和服务业并重，外资和内资并重，出口和内销并重，彰显功能特色，促进经济科学发展。

扬州出口加工区招商局
电话：0514－82982696
传真：0514－87529080
邮箱：yzckjgq@126.com

江苏常熟出口加工区

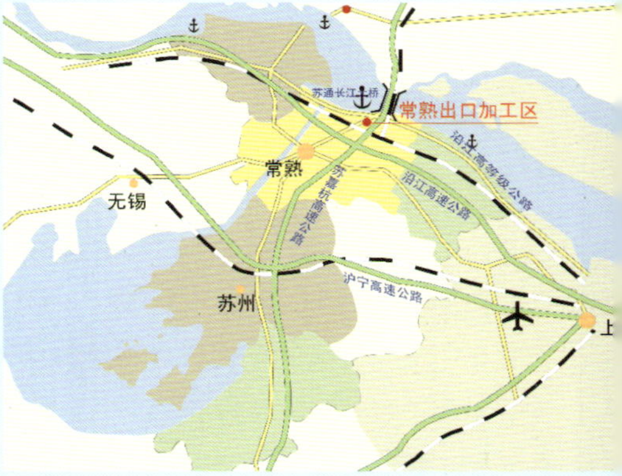

常熟出口加工区于2006年12月12日顺利通过验收。出口加工区地理位置优越，位于长江三角洲经济圈中心，东距上海80公里，南距苏州45公里，紧靠常熟港，紧邻沿江高速公路、苏嘉杭高速公路、沿江一级公路，离苏通大桥道口仅500米，交通区位优势十分明显。

常熟出口加工区位于常熟经济技术开发区内，依托开发区的支持，产业基础扎实，产业配套能力强，物流运输便捷。目前，出口加工区正利用开发区打造汽车整车产业基地的有利时机，围绕捷豹路虎和观致汽车项目及其大量的核心配套企业，借着两个项目年产80万辆整车所需大量进口零部件的东风，全力发展进口汽车零部件保税物流产业，同时也将加工区打造成汽车零部件的出口基地，在此基础上大力发展进口汽车零部件展示产业，将常熟出口加工区打造成长三角地区进口汽车零部件的集散地。

2015年年初，常熟出口加工区被批准转型升级成为综合保税区。

盐城综合保税区

盐城综合保税区规划总面积36.6平方公里，其中封关区域规划面积2.28平方公里，首期封关区域面积1.21平方公里。自封关运行以来，盐城综合保税区已完成各类基础设施投入8亿元，建成各类厂房、库房近35万平方米，封关区内实现“十通一平”，建成道路、绿化、卡口、监管仓库、验货场地、巡逻匝道等各类基础设施和监管设施，相关业务单位正式入驻，实行24小时全封闭的“一站式”通关服务。园区重点发展电子信息、光电、汽车零部件、新材料、国际贸易、仓储物流、跨境电商等相关产业，致力于打造高端制造业中心、国际分拨中心、进出口商品展示交易中心、国际融资租赁中心等“四大中心”。同时，推进贸易便利化改革，建立大通关协调机制，联动建设盐城综合保税区“无水口岸”，创建国际快件监管中心，打造跨境电商集聚发展区。截至2014年年底，盐城综合保税区完成进出口额超过10亿美元，致力于发展成为“长三角”地区制造业集群的生产服务业基地和具有活力的国际货物集散地。

南通综合保税区

南通综合保税区是在原南通出口加工区基础上的转型升级，规划面积5.29平方公里，实行“一区两片”的发展格局。南通综合保税区A区规划面积1.5平方公里，地处南通经济技术开发区中心区域，周边商业和产业环境已经成熟，着重发展研发、展览展示、检测维修等保税服务业，适当增加环境友好型保税加工业。南通综合保税区B区规划面积3.79平方公里，紧邻苏通长江大桥，位于规划中的年吞吐量600万标箱的通海港区集装箱码头后延，着力发展保税加工和保税物流业，实现区港联动发展。通海港区一期项目外档建设3个7万吨级杂货泊位(水工结构按10万吨级设计)，码头设施建设预留集装箱运输功能；内档建设1个5000吨级杂货泊位。

南通综合保税区着力打造国际棉花棉纱纺织原料交易平台、进口商品展示直销平台、国际数据中心产业园平台、跨境贸易电子商务服务平台、食用油交易平台、汽车交易平台、石化交易平台等特色产业平台。目前，区内聚集了联亚药业、吉凯光电、欧美加系统集成、创斯达终端设备、凯德勒海洋工程、延锋江森汽车座椅面套等一批科技含量高、产业特色明显的保税加工企业，江苏恒廷怡等国际贸易企业，申枫珠宝等展览展示企业，纺织原料交易中心、进口商品直营中心等平台企业。

淮安综合保税区

淮安综合保税区面积为4.92平方公里，共分两个区块。其中，南区3.35平方公里，系在原淮安出口加工区1.36平方公里基础上向东、向北扩大；北区1.57平方公里，位于淮安空港片区。按照分步实施计划，2012年12月20日，淮安综合保税区申请验收的一期2.63平方公里通过了预验收，2013年1月30日通过验收。

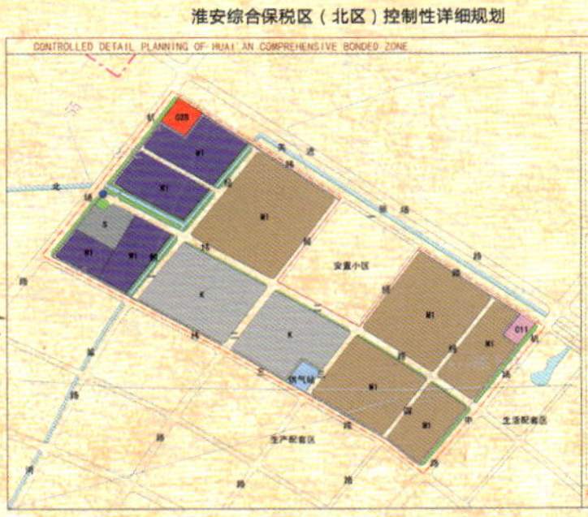

园区坚持“稳中求进、提质增效、改革创新”总基调，聚焦“三大重点”（重大项目落户、平台功能拓展、整体形象提升），实施“五项工程”（项目集聚、平台优化、园区建设、形象提升、机制创新），完善综合保税区功能，提升辐射力影响力，推动综合保税区跨越发展。

昆山综合保税区

昆山综合保税区是在原有昆山出口加工区的基础上整合转型而来。2009年12月20日，国务院批准在昆山出口加工区基础上设立昆山综合保税区，规划面积5.86平方公里。2010年6月30日、 2012年12月3日，昆山综合保税区分期通过国家验收并封关运作。

截至目前，昆山综合保税区已引进企业206家，总投资33亿美元。2014年，昆山综合保税区完成进出口总额520亿美元，实现工业产值1 729亿元，保税物流金额为648亿美元。

下一步，昆山综合保税区将以发展加工制造中心、贸易销售中心、交易结算中心、物流配送中心、维修服务中心和研发设计中心“六大中心”为方向，不断延伸电子信息产业链，提升电子信息产品附加值。

昆山综合保税区规划图

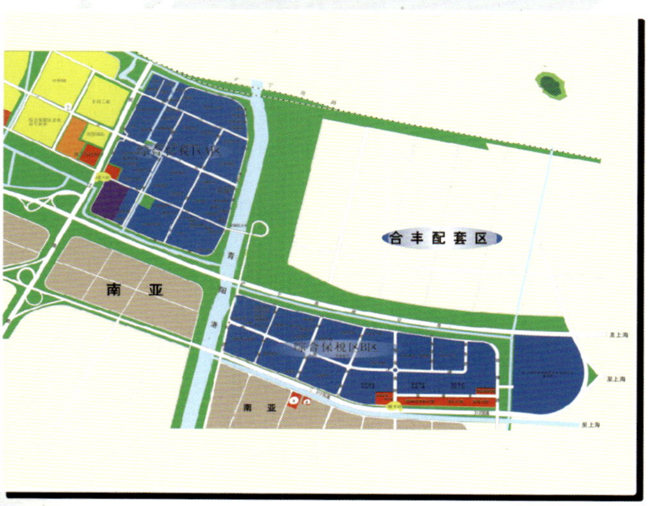

厦门象屿保税区

厦门象屿保税区于1992年10月设立。23年来，厦门象屿保税区谨遵嘱托和期望，坚持改革，把推进自贸区建设作为全面深化改革和扩大开放的重要抓手和平台，边改革，边实施，边创新，累计实现进出口额550亿美元，平均年增长率在15%以上；30多家世界500强企业入驻，成为DELL、ECCO、台湾金门高粱酒等世界知名品牌的中国及亚太分拨中心。园区从初建时的0.63平方公里发展成为包括象屿保税区、保税物流园区、东渡港区、保税区二期及航空港物流园区五部分，总面积为9平方公里的现代物流园，成为全国保税区拓展保税物流的典型。

作为福建自贸区厦门片区的核心部分，厦门象屿保税区紧紧围绕“美丽厦门”十大行动计划，全面落实《中国（福建）自由贸易试验区总体方案》和《中国（福建）自由贸易试验区厦门片区实施方案》，把体制机制创新放在突出位置，力争一年后拿出具有自身特色，可复制、可推广的经验和办法，为福建省自贸区建设作出表率。

厦门象屿保税区地处厦门岛内，将重点发展国际贸易服务、金融服务、专业服务、邮轮经济、高附加值临空产业、信息消费、高新技术研发等新型高端服务业，构建两岸经贸合作最紧密区域，成为立足大陆，面向亚太地区的区域性国际贸易中心。

宁波保税区

宁波保税区于1992年11月经国务院批准设立，规划面积2.3平方公里；宁波出口加工区于2002年6月经国务院批准设立，规划面积3平方公里。两区由宁波保税区管理委员会统一管理。园区具有国际贸易、保税加工、保税仓储、保税展示交易及国际中转、国际采购、国际配送、研发设计、维修检测等功能，实行“免证、免税、保税”等特殊政策。

宁波保税区是国家进口贸易促进创新示范区，浙江省外商投资新兴产业示范基地，国家跨境进口贸易电子商务服务试点区，全国模范劳动关系和谐工业园区。区内现有3 500多家企业，来自全球60多个国家和地区。2014年，全区实现生产总值160.2亿元，财政总收入36.8亿元，外贸进出口139.9亿美元，工业总产值456亿元，各项功能产业集群发展，开放创新和开放型经济发展走在全国同类区域前列。

浙江杭州出口加工区

2014年，在倡导大力发展信息经济和智慧经济的大背景下，浙江杭州出口加工区“转理念、优服务、推改革、促升级”，以锲而不舍、昂扬向上的精神，助力区内实体企业转型升级，配合引进阿里巴巴、银泰、中外运等极具影响力的企业。2014年全年实现工业总产值117.85亿元；进出口总额达21.7亿美元，其中出口17.52亿美元。

目前，浙江杭州出口加工区拥有杭州海关、国检的现场报关部门，为加工区内企业提供现场报关、报检服务，并引入银行（1家）、报关行（5家）、货运代理（9家）、物流企业（7家）、跨境电子商务企业（39家）、物业、邮政等公共服务机构为杭州出口加工区内企业提供相应的服务。园区先后引进了杭州松下住宅电器设备（出口加工区）有限公司、东芝信息机器（杭州）有限公司、杭州矢崎配件有限公司等世界500强企业，形成电子信息、机械制造、家用电器、跨境电子商务等产业集聚区。

浙江杭州出口加工区于2014年1月28日被杭州市人民政府确定为开展跨境电子商务（进口）试点实施单位，经过3个月的筹备于5月7日正式开园。开发区集全区之力，全要素保障试点工作，高效发挥了开发区在区位交通、综合实力、产业基础、人才集聚、环境配套等方面的优势，按照杭州跨境电子商务试点工作制度建设、政府管理、服务集成“三个创新”的要求，努力实现跨境电子商务自由化、便利化、规范化，有序推进各项工作。通过积极探索试点模式、优化服务机制、对接重点项目，实现了3个月实单测试成功，100天开园运作，5个月直邮进口业务启动，6个月园区跨境O2O业务启动，成为全国首个进口业务全覆盖园区，并在试点业务覆盖、交易规模、模式创新、产业集聚等方面取得明显成效，走在全国前列。目前，已有来自英国、德国等10多个国家和地区的113家知名海外电商在园区完成海关备案并开展业务。

同年，管委会积极推动园区转型升级，启动升级为综合保税区的申报工作，优化区域投资环境，推动产业转型升级，增强区域综合竞争力。将大力发展服务于杭州经济技术开发区及周边地区的对外贸易、国际采购、分销、配送、国际中转、商品展示等现代化贸易、物流服务体系，探索物流合作新模式，加大跨境贸易、物流产业链的培育，为区域经济发展提供各项服务保障。

福建福州出口加工区

福州出口加工区总体规划面积1.14平方公里，首期围网封关面积0.436平方公里。目前，福州出口加工区一期用地内已基本开发完成，引进了东芝照明、汉吉斯冷链、科乐通冷链、优传电商、索萝维芙商贸等32家企业，总投资28.5亿元。

福州出口加工区保税物流集聚效应强大，拉动效应强劲。2014年入区开展保税物流业务涉及的企业近80多家，累计完成2.33万单保税物流业务单证，货运量达75万吨，进出区货值为23.4亿美元，税收收入（含海关税收及代征税）为5.28亿元。

福州出口加工区将重点发展跨境电子商务，加快推进跨境贸易电子商务园区建设；积极引导投资水产品加工、全球配送和配套的物流仓储、运输、贸易分销、口岸信息服务，打造冷链物流加工中心。

福建泉州出口加工区

泉州出口加工区于2005年6月3日设立，2006年12月22日通过验收，2009年1月9日获批叠加保税区、保税物流园区的保税物流和研发、检测、维修等功能，2009年1月16日正式封关运作。泉州出口加工区是享受专项优惠政策，具有开放功能的海关特殊监管经济区域，具备保税物资仓储、中转、配送等所有功能，拥有“一日游”、保税深加工、复制自贸区“金融14条”等政策优势，同时享受各级政府配套功能政策。

园区地理区位优势明显，海陆空交通网络发达：距离泉州晋江机场15公里，紧邻福厦高铁晋江站，距泉三高速公路入口2公里，距沈海高速公路入口9公里，距泉州港后渚港区15公里，距石湖港区30公里，距深沪港区40公里，距围头港区45公里。区内基础设施“五通一平”配套完善；建有5栋10.8万平方米标准厂房，2万平方米跨境电子商务大楼、监管仓库、验货平台、保税物流仓库等设施；建有专用11万伏变电站和两级供水加压泵站及日处理量1万吨的污水处理厂，可满足入区企业生产需求。区外建有综合服务大楼，3栋3.8万平方米宿舍楼、食堂及商业服务、文化、娱乐、体育、休闲设施等生活设施，可满足企业和职工生活需求。

目前，园区产业已成规模，拥有英国太古邓禄普飞机轮胎、太古势必锐复合材料、金鹰印刷、斯兰集团等一批著名企业。2014年，园区全力推进“一个基地、三个中心”建设，打造大宗进口商品集散基地，建设进口酒类食品展示交易中心、工业原材料供应配送中心及跨境电子商务运营中心。园区总体经济增长态势良好，实现规模以上工业产值54.44亿元，进出口货物进出口总额达26.2亿美元。

浙江慈溪出口加工区

浙江慈溪出口加工区位于上海至宁波的杭州湾跨海大桥南岸，按国际自由贸易区惯例运作，具有“免税、保税、免证”的特殊政策。区域总规划面积2平方公里，一期开发面积0.7平方公里，于2006年11月通过验收，正式封关运作。

区内基础设施完善，按照“七通一平”标准配套建设道路、电力、供水、供热、供气、通讯、绿化等设施。截至2015年7月底，园区累计完成固定资产投资10.38亿元。区域建成6 800平方米的海关监管场站和1 000平方米的监管仓库，单层20 000平方米的轻钢结构厂房（6栋），18 700平方米的三层框架结构标准厂房，以及10栋员工宿舍，供入区投资企业租赁使用。

2009年，园区在加工制造功能的基础上叠加了保税物流、研发、检测、维修等功能，具有保税加工、保税物流、货物贸易、服务贸易等四大功能，可开展保税加工出口、国外采购保税仓储、国内采购出口集运、国际分拨及配送、中转及转口贸易、出口复进口，以及研发和检测、维修等业务。

截至2015年7月，加工区内共有企业19家，其中4家为加工企业，15家为物流企业，形成了以电解铜、黄铜带、半导体芯片、汽车变速箱及化纤原料等国际工业原材料为主的保税仓储进口分拨和以户外休闲用品、节能灯具、饮料设备及汽车零部件等国产消费类产品为主的出口集拼业务架构。

厦门海沧保税港区

厦门海沧保税港区总体规划面积9.51平方公里。2010年12月和2012年3月完成两期封关运作，封关面积5.8平方公里，包含港口作业、物流仓储、出口加工、口岸查验、铁路卸装和配套服务等六大功能区。

园区拥有世界一流的集装箱深水港口及配套设施，是东南国际航运中心核心功能区。码头岸线长1.3万米，其中集装箱码头岸线长5311米，前沿水深13米~17米，可停靠最新一代超巴拿马型集装箱船舶。建成万吨级泊位24个，在建万吨级以上泊位8个，设计货物年吞吐能力达1亿吨以上，集装箱约1000万标箱。开通了国际国内航线70余条。

海沧保税港区的全球资源优化配置能力不断增强，汇集了丹麦马士基、法国达飞、中国中远等世界知名航运商，全球最大码头营运商香港和记黄埔、香港新创建等码头企业，世界最大汽车继电器供应商海拉公司、全球最大钨制品企业厦门钨业，以及瑞士泛亚班拿物流、香港嘉里、柯达等世界知名企业，初步形成以港口物流为依托，保税仓储为特色，高端加工增值和服务外包产业为重点的现代产业集聚区。

浙江嘉兴出口加工区

浙江嘉兴出口加工区位于区位条件优越的嘉兴港区（浙江乍浦经济开发区）内，紧靠国家一类开放口岸嘉兴港，面积1.33平方公里，于2005年4月26日通过验收，2006年2月28日正式封关运作，2015年1月31日经批复整合优化为嘉兴综合保税区。

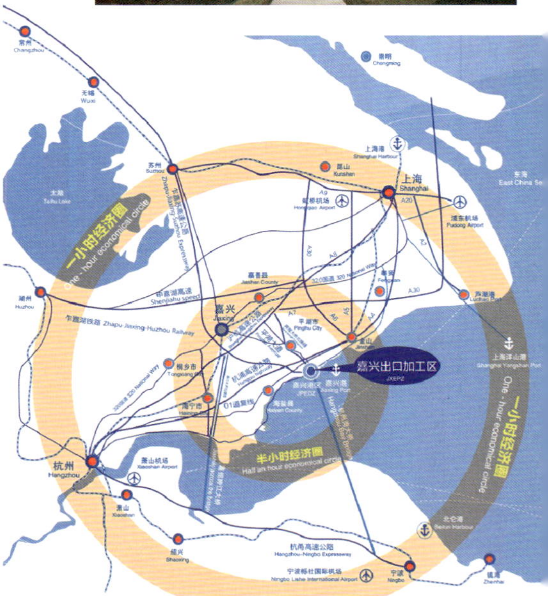

目前，嘉兴出口加工区紧紧围绕加快转型升级为核心，以全面复制上海自贸区贸易便利化制度为契机，充分发挥港口资源，坚持错位发展，突出保税物流主导方向，秉持“精、专”理念，集合贸易发展，全力打造有色金属加工交易基地、保税物流基地、进出口商品展示展销基地。

浙江嘉兴出口加工区B区

浙江嘉兴出口加工区B区位于嘉善县西塘镇，总规划面积1.65平方公里，一期0.68平方公里于2010年8月6日通过验收，同年12月1日正式封关运行。

园区地理位置优越，依托沪杭甬高速、申嘉湖高速、苏通高速、沪杭高铁等实现与上海、宁波、杭州、苏州1小时经济圈，具备接轨上海、辐射长三角的优越区位和交通条件。

2014年，园区坚持以市场和企业需求为导向，围绕“简政集约、通关便利、安全高效”的要求，积极学习、研究上海自贸区14项“可复制、可推广”的海关监管服务创新制度，于9月成功全面实行“先进区、后报关制度”、“境内外维修制度”、“批次进出、集中申报”、“简化通关作业随附单证”、“统一备案清单”等5项创新服务制度。

区内现有世界500强企业富士康科技集团——富鼎电子科技（嘉善）有限公司入驻。2014年，全区实现产值36.19亿元，同比增长36.3%；实现利税10.76亿元，同比增长44.15%；实现税收1.28亿元，同比增长50.8%；实现进出区货物总值15.81亿美元，同比增长8.21%。

宁波梅山保税港区

宁波梅山保税港区位于北仑区，规划面积约240平方公里，重点规划区面积为68平方公里。集聚区的核心——宁波梅山保税港区于2008年2月24日设立，规划面积7.7平方公里，计划分三期建设，其中一期2.5平方公里于2010年6月封关，同年8月正式运作。截至2014年，全区实现地区生产总值40亿元，实现公共财政预算收入37.42亿元，完成固定资产投资166.67亿元，实现外贸进出口总额11.64亿美元，完成集装箱吞吐量153.73万标箱，同比增长39.3%。

舟山港综合保税区

舟山港综合保税区规划面积5.85平方公里，按照“一区两片”模式，设置本岛分区和衢山分区。2014年1月8日，舟山港综合保税区本岛分区正式封关运作。

园区战略定位：加强与上海、宁波之间的优势互补，大力发展船舶、海洋工程装备、海洋生物产业、海洋新能源装备及海洋高新技术等产业，建设成为富有特色的现代海洋产业基地；大力发展国际进口商品展示、交易，建设成为我国重要的进口商品基地；大力发展以油品、矿砂、煤炭、化工品及件杂货等大宗商品的储存、中转为主的现代港口物流业，建设成为我国大宗商品的国际物流配送中心；全力打造我国江海联运服务的重要平台、浙江海洋经济发展示范区的重要载体、浙江舟山群岛新区发展的核心功能区，努力发展成为面向亚太地区以大宗商品为主的综合保税区。

目前，园区已集聚各类企业1700余家，注册资金达205亿元，以国际贸易、仓储物流、外轮供应、船舶管理、海事仲裁、船舶代理、跨境电商等具有江海联运和海事服务特色的产业正在加快布局和集聚中。

园区重点推进十大专业交易市场：

浙江石油化工交易中心；
进口商品交易市场；
进口水产品及冷链交易市场；
国际船舶及成套设备交易市场；
矿产品交易市场；
金属交易市场；
进口粮油交易市场；
大宗基础原材料交易市场；
文化艺术品交易市场；
进口木材交易市场。

重点招商项目：

舟山港综合保税区本岛分区保税物流园区仓储项目；
舟山港综合保税区大型冷链保税仓储物流中心项目；
舟山港综合保税区专业交易市场项目；
舟山港综合保税区衢山分区保税燃料油仓储物流项目；
浙江省进口商品基地项目；
舟山港综合保税区国际商品会展中心项目。

投资热线：0580-8065068 8065065 8065010
传真电话：0580-8065065
E-mail：zsttz2012@sina.com

烟台保税港区西区

烟台保税港区西区设有专业物流中心、大型综合查验场站和研发检测中心。2014年实现工业总产值955.1亿元，进出口总额157.5亿美元（其中进口额65.7亿美元，出口额91.8亿美元）。

2014年，园区争取到“内销选择性征税”等6项上海自贸区监管创新措施，其余各项新政正陆续落户园区，持续优化通关环境，降低企业运营成本。

烟台保税港区西区积极推进二期建设工作，进一步拓展园区发展空间。

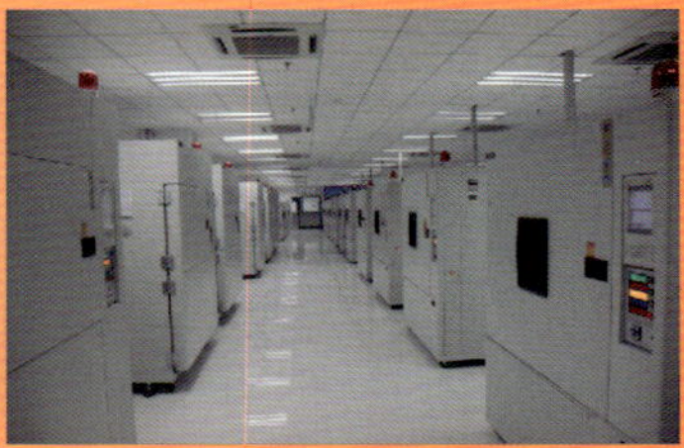

济南综合保税区

济南综合保税区由原济南出口加工区转型升级而成，规划面积5.22平方公里。其地处济南市区东部，距青岛港320公里，距济南国际机场18公里，距济南火车站20公里，在周边东南、东北、西北设有3个高速路口，与济青、济莱、京沪3条高速公路贯穿一体，具有“接纳东西南北、交流左右纵横”的独特区位优势。园区具有保税加工、保税物流、国际贸易、口岸通关四大功能。截至2014年年底，累计入驻企业达到280余家，逐渐形成以电子信息、新材料、生物医药、国际贸易、仓储物流、保税加工为主导的产业。

未来几年，济南综合保税区将以建设成为济南外向型经济示范区、山东中西部地区对外开放新高地为目标，把政策功能优势、区位优势及产业发展优势相结合，重点打造加工制造中心、展览展示销售中心、结算中心、物流中心、检测维修中心等五大中心，积极打造国际纺织原料交易平台、进口商品展示直销平台、跨境电子商务服务平台和文化艺术品交易平台四大平台，进一步扩大对外开放优势，增强可持续发展的后劲，使综合保税区真正成为济南市对外开放的“领头羊”。

潍坊综合保税区

潍坊综合保税区总面积为35平方公里，其中网内保税区5.17平方公里，网外配套区29.83平方公里。园区坚持“网内网外一体化、网上网下一体化、国际国内一体化和四大产业（国际加工、国际物流、国际贸易、国际商务）一体化”的发展思路，呈现出突破性的迅猛发展态势。2012年，园区进出口额和公共预算财政收入，同比分别增长154%和35%，2013年同比分别增长82%和76%，2014年同比分别增长29%和32%，两项指标增幅连续3年在全国名列前茅。目前，全区着力打造跨境电子商务、国际商品检测认证、国际冷链物流、棉花加工物流、电子信息、新能源新材料等6个100亿级产业链，力争到2020年进出口额突破100亿美元，建成区域特色明显、功能配套齐全、辐射带动力强的对外开放服务区、外向型经济聚集区和改革开放实验区，全力向自贸区迈进。

山东青岛出口加工区

青岛出口加工区于2003年12月8日通过验收，2004年8月3日正式封关运作。

近年来，青岛出口加工区围绕青岛市“三城联动”战略部署，紧抓青岛新国际机场开工建设和转型升级为综合保税区两大历史机遇，并充分依托济青高铁线、青连铁路线、新机场至高速公路连接线、地铁M8号线等四条交通线路在该区周边规划布局所带来的路网环境优势，重点引进新型材料、环保与高端装备、健康食品、保税物流、跨境电商、金融租赁等科技含量高、税收潜力大的高端项目。截至2014年年底，园区累计引进项目94个。其中，外资项目67个，投资总额11.2亿美元；内资项目27个，总投资40.6亿元人民币。现有投产企业62家，2014年工业总产值实现43亿元；完成进出口额7.99亿美元，其中出口额5.4亿美元。

山东威海出口加工区

SHANDONG WEIHAI EXPORT PROCESSING ZONE

威海出口加工区规划面积2.6平方公里，一期使用面积1.34平方公里，建有2万平方米的综合办公楼，5000平方米的保税仓库和1万平方米的综合验货场。

2014年，威海出口加工区内投产企业为42家，其中电子企业14家，食品企业4家，汽车零部件企业4家，物流企业7家，其他企业13家，就业人数8201人。

至2014年年末，出口加工区累计入区项目为78个，总投资7.63亿美元，其中外资企业66家，实际到账外资4.43亿美元；累计实现工业总产值291.6亿元，年均增长26.2%；完成进出口额94.4亿美元，年均增长32.4%；完成税收4亿元，年均增长68%。自2009年3月出口加工区叠加保税物流功能后，区内物流企业累计完成进出区货值35.9亿美元，年均增长24.4%。

庆七一党员演讲比赛

威海广濑电机公司走访慰问困难户

复制上海自贸区14项海关监管创新制度

威海出口加工区党的群众路线教育实践活动动员大会在出口加工区卡口处多功能活动室召开

消防安全专项整治

出口加工区园区庆“三八”趣味运动会现场

汕头保税区

汕头保税区一年来转变经济发展方式，经济综合实力上了新台阶，重大项目和基础设施建设取得新进展，区域经济继续保持稳定发展势头。近年来，园区成功收回约133万平方米闲置土地，为吸引新企业入区腾出发展空间。积极与中国五矿集团下属的二十三冶建设有限公司洽谈合作建设填海项目，促进区域扩容提资，科学发展。2014年，全区实现工业产值52.7亿元，同比增长13.2%，实际使用外资569万美元，同比增长88.4%；完成固定资产投资5.72亿元，在2013年同比增长33.2%的基础上，2014年再增长17.9%；实现全口径公共财政预算收入16,643万元，增收210万元，同比增长1.28%；实现本级公共预算收入4,778万元，增收324万元，同比增长7.28%。

广州南沙新区

广州南沙新区位于广州南部，地处珠三角几何中心，区位条件优越，是连接珠江口两岸城市群的重要枢纽和区域综合性交通枢纽。园区多重国家级功能区叠加，集自由贸易试验区、新区、CEPA先行先试综合示范区、保税港区、经济技术开发区、高新技术产业开发区于一体，先行先试优势明显。

2014年12月，中国（广东）自由贸易试验区设立，广州南沙新区片区成为其重要的组成部分，面积为60平方公里（含广州南沙保税港区7.06平方公里），重点发展航运物流、特色金融、国际商贸、高端制造等产业，建设以生产性服务业为主导的现代产业新高地和具有先进水平的综合服务枢纽。海港区块是广东自贸试验区南沙新区片区发展航运物流产业的重要载体，规划面积15平方公里，定位于建设国际航运发展合作区，重点发展航运物流、保税仓储、国际中转、国际贸易、大宗商品交易、汽车物流等航运服务业，在国际航运服务和通关模式改革领域先行先试，联手港澳打造泛珠三角地区的出海大通道。

保税港区建设。2008年12月南沙保税港区设立。2014年保税港区区内企业进出口总值为65.58亿美元，同比增长149.4%，在全国保税港区中排名第四。下一步，南沙保税港区将大力发展大宗商品交易配送中心、进口商品的展示配送中心和跨境电子商务中心，同步发展港航金融、航运服务、结算、交易平台等高端生产性服务业。

集疏运体系建设。南沙新区拥有丰富岸线资源和深水泊位码头，现拥有可靠泊世界最大型集装箱船舶的16个10万~15万吨级泊位及粮食码头、散货码头、驳船码头、汽车码头。南沙港2014年集装箱吞吐量突破1100万标箱，其辐射带动力强，拥有国内外航线75条，覆盖欧洲、美洲、非洲、东南亚等地区。此外，建设南北海上运输航线12条，建设46条珠三角内河驳船航线，在泛珠三角10个城市开设了无水港。

跨境电商业务。自从广州成功获批为全国第6个跨境电子商务试点城市，南沙保税港区被列为广州3个试点园区之一后，南沙积极开展跨境电商试点工作。截至2015年4月29日，进境电子清单为36.46万票，总价值超过2.1亿元人民币。已打通香港机场至南沙港区的多式联运物流通道，实现了跨境转运次日必达的目标，每周固定3次往返航班。

广州市正在着力推进将南沙建设成为国际航运中心、物流中心、贸易中心和高端制造基地建设，园区期待更多的企业充分利用自贸区优势，降低运营成本，提高竞争力，在南沙这片投资热土发展壮大。

单位：广州南沙开发区保税业务管理局

地址：广州市南沙区凤凰大道1号行政中心D座3楼

联系人：符小姐、雷小姐

邮箱：ns_bsgq@gz.gov.cn

联系电话：020-39078072，84986692

传真：020-39099013

网址：http://www.gzns.gov.cn/nsbsgq/

珠海保税区（珠澳跨境工业区）

珠海保税区于1999年10月封关运作，一期面积3平方公里，预留发展用地2.89平方公里。珠澳跨境工业区总占地面积0.4平方公里，其中珠海园区面积0.29平方公里。珠海保税区位于珠海市中心城区，紧靠湾仔口岸，毗邻横琴新区，无缝对接港珠澳大桥客货运出口，与澳门隔水相望，经横琴大桥和莲花大桥与澳门陆路连通，具备得天独厚的区位优势。

珠海保税区、珠澳跨境工业区珠海园区正依托位居港珠澳大桥“桥头堡”的优势及横琴新区开发的辐射效应，充分发挥保税功能政策，大力实施创新驱动战略，加快产业转型升级步伐，由原来的以发展工业为主向以发展商贸服务业为主转型。目前，区内已初步形成航空维修与培训、精密加工、电子元器件制造、医药及医疗器械、现代物流等产业。

电话：0756-8686266 8817238

网址：http://www.zhftz.gov.cn/

广州保税区

2011年，广州保税区、保税物流园区和出口加工区不断加快园区产业结构调整步伐，从以保税加工为主导的加工制造业向以现代物流、国际商贸和展览展示等为主导的现代服务业转型升级，努力服务广州开发区、萝岗区，服务珠三角地区，各项经济指标均有大幅度增长，多项工作取得了突破性的进展。进口商品采购港、进口红酒集散地、国际物流配送基地初步建成，“美酒新天地”、“原庄灌瓶，原瓶进口”的品牌效应增强。物流园区辐射范围进一步扩大，物流量显著提升，维修业务拓展顺利。出口加工区经济回暖，保税物流拓展业务逐步推进。

广州开发区保税业务管理局

电话：020-82112051、82112052、82112053、82112058

传真：020-82112070

网址：http://bsj.getdd.gov.cn/index.asp

福田保税区

福田保税区围网面积1.35平方公里，南邻香港，北靠深圳CBD，建有专用通道与香港直接连通。目前，园区以高科技加工、现代物流和国际商贸产业为主，2014年实现工业产值405.4亿元、进出口额500.2亿美元，分别占深圳市总量的1.7%和10.2%。为更好地发挥园区推动全市外经贸转型、创新对外合作等作用，深圳市政府将福田保税区纳入全市重点开发建设区域，出台《深圳保税区域转型升级总体及行动方案》和《福田保税区转型升级实施方案》，加大了基础设施和配套建设投入力度，加快产业升级、空间优化和监管创新力度。目前，园区新业态蓬勃发展，传统产业加速转型，七大聚集区初步形成，空间提升和环境优化效果开始呈现，逐步实现高端服务业与先进制造业、产业园区与城市空间的融合发展。

广东深圳出口加工区

广东深圳出口加工区规划面积3平方公里，位于深圳市坪山新区内。2001年3月31日通过验收并一次性封关运作。其四至范围西起深汕路，东至绿荫路，北起丹梓西路，南至金牛西路。

园区是由海关监管的特殊区域，实行“境内关外”管理，海关实行“一次报关、一次审单、一次查验”通关管理模式，通过延长工作时间和预约加班的方法，满足区内企业24小时通关的要求。

园区内市政基础设施全部实现“七通一平”，区内设有管委会、海关、检验检疫等管理和服务机构，区内企业可就近办理全部进出口手续。

区内企业全部实行EDI联网管理，不实行银行保证金台账制度；免征企业流转环节的增值税和消费税，不实行增值税“免、抵、退”税政策；外汇管理宽松，不实行结售汇制度；进口设备全额保税，不实行免税额度控制；国内采购的货物视同出口，实行入区退税政策。

深圳出口加工区距深圳宝安国际机场仅60公里，距盐田国际集装箱码头仅25公里，距文锦渡、罗湖、皇岗、深圳湾等陆路口岸仅40公里。从加工区出发，车行100分钟内可抵达香港国际机场。

截至2014年年底，园区已吸引来自美国、日本、荷兰、英国、新加坡、加拿大、英属维尔京群岛、开曼群岛、萨摩亚、中国香港、中国台湾等国家和地区的106家投资企业入区经营。入区企业累计投资总额10.6亿美元，注册资本4.4亿美元。已投产的加工企业47家。

截至2014年年底，深圳出口加工区实现进出口总值145.63亿美元，同比增长46.3%，其中海关特殊监管区域物流货物为116.37亿美元，同比增长92.3%，在全国出口加工区中，按进出口额排名位列全国第四。

广州保税区洪翔物流有限公司

广州保税区洪翔物流有限公司成立于1998年3月，总资产超过3000万人民币，主要提供报关报检服务、代理进出口服务、保税物流园区业务、保税仓储服务、国内仓储服务、国际运输与国内配送服务、企业手册核销业务。另外，还提供专业物流策划服务、企业关务咨询服务、增值服务和其他个性化服务等。公司已通过ISO9001认证、RSQAS认证，并拥有自主知识产权的专业物流综合电子管理系统。

广州保税区洪翔物流有限公司是广州开发区物流协会会长单位，广州物流协会创会会员及理事，广州合同管理协会（广州萝岗区工商局主办）萝岗区分会理事单位，与相关部门均保持良好关系，协助政府为区内许多项目策划物流运作。

公司在广州保税物流园区及广州保税区建成两座高质量的仓库及办公大楼，是区内拥有自主物业的物流及报关企业。公司员工达120多人，从事报关、报检专过业资格人数超过30人，其中有15名员工服务公司超过10年，半数以上员工服务超过5年，多家客户与公司合作10年以上。

洪翔物流遵循“守法才能快捷”的经营理念，严格遵守国家相关的法律、法规，坚信只有诚信经营，才能获得信任，快捷通关。

公司地址：广州保税区东涌路5号

网址：http://www.elogistics.com.cn

电话：020-82224438　传真：020-82216897

内蒙古呼和浩特出口加工区

呼和浩特出口加工区规划面积2.21平方公里，一期开发建设1.038平方公里。2007年7月通过验收封关运行，是呼和浩特扩大开放，利用国内外两种资源、两个市场，培育先进制造业和现代物流业的重要窗口。

呼和浩特出口加工区是海关特殊监管区域，具有保税加工、保税贸易、保税物流功能，可开展加工贸易、国际贸易、转口贸易、国际采购、国际分拨、保税仓储、商品展示、检测维修、研发等业务，能够为企业提供报关、货运代理、物流、港口操作、通关等服务，实行全封闭管理。

呼和浩特出口加工区目前已有26家企业投产经营，其中工业生产企业5家。自封关运作以来累计实现工业产值46.3亿元，实现工业增加值 15.7 亿元，实现进出口额8.2亿美元。

呼和浩特出口加工区网址：http://www.hhepz.gov.cn/

满洲里综合保税区

满洲里综合保税区面积1.44平方公里，地处满洲里市公路口岸、铁路口岸和航空口岸三大口岸的中心交汇处，疏运和产业体系完备，区位和市场优势明显，地理位置极为优越，税收优惠幅度显著，具有其他地区无可比拟的优势。

满洲里综合保税区将以规划科学、功能完备、设施先进、服务便捷、环境优美的目标，逐渐发展成为内蒙古自治区乃至全国重要的生产服务基地、国际物流集散地、大宗商品交易地、制造业加工出口基地和国际会展展示中心，成为服务全国、面向俄蒙、辐射东北亚的重要载体和平台。随着国家“一带一路”战略深入推进，满洲里综合保税区必将发展成为我国向北开放的“桥头堡”，助力地区经济腾飞。

大连保税区

大连保税区行政管辖面积251.3平方公里，由保税区、大窑湾保税港区、出口加工区A区、大连汽车物流城和专业化港区五部分组成，是集保税区、保税港区、出口加工区管理于一身的特殊经济区。

大连保税区现有企业6 207家，包括外资企业778家，内资企业5 429家。2014年园区新注册企业1 044家，其中外资企业27家，内资企业1 017家；注册资本85.89亿元。园区坚持“汽车、物流、城市”三位一体协调发展，“三城联创”战略取得阶段性成果；统筹推进以汽车产业为核心的先进制造业、以国际物流为代表的现代服务业和以设施农业为主的都市型现代农业，加速产业结构优化升级；东风日产、奇瑞、黄海等重点企业稳产达产，大连汽车广场、世合国际车城开业运营，汽车产业向千亿级产业目标稳步迈进；远东工具产能不断扩大，迪日坤船舶、幸照机械、中源汽车零部件等一批高端制造类项目相继投产，19家企业跻身大连市出口百强；基础设施建设年成果突出，“三横一纵”交通网络基本形成；保税生态城带动区域城市化水平进一步提高，就业、教育、医疗、社会保障等民生问题得到较好解决；能源港区管控一体化扎实推进，安全管控水平进一步提升；特殊监管区联动运作水平得到提高，监管部门通过推行双无纸放行、关检联合查验等模式，开展电子支付、直通报检等业务，创新服务手段，强化口岸监管，通关效率显著提升。

辽宁大连出口加工区B区

辽宁大连出口加工区B区占地面积1.45平方公里，一期占地60万平方米。2007年6月28日，出口加工区B区完成了一期围网、巡逻路、主卡口、海关、检验检疫综合楼、查验场地、查验库房等设施的建设，并通过正式验收，封关运作。

辽宁大连出口加工区B区拥有自身独有发展特色，是大连承接高端半导体生产制造这一战略新兴产业的核心区。目前，出口加工区内只有英特尔（大连）一家生产企业，也是英特尔在亚洲设立的第一家芯片制造企业。

2006年，美国英特尔公司在中国大连出口加工区B区设立英特尔半导体（大连）有限公司。2007年5月英特尔半导体芯片项目开工建设，一期投资25亿美元，占地面积60万平方米，建筑面积16万平方米，主导产品是生产12英寸65纳米芯片组。2010年年底，该项目建成并投产。

英特尔芯片项目的入驻促进了加工区内外的产业结构优化和半导体产业集群的形成。德国林德旗下的联华气体、美国空气产品、美国摩西湖化学制品有限公司等气体供应商已在大连投资设厂；美国联邦快递、敦豪快递、日本近铁、德国辛克等世界级物流服务商承担了项目的物流配送业务。一批英特尔芯片及半导体产业相关的服务性公司正纷至沓来，呈现出良好的发展态势。

招商及管理部门：
电　话：0411-87630195
传　真：0411-87614959

东疆保税港区

东疆保税港区

中国（天津）自由贸易试验区的重要组成部分，是北方国际航运中心和物流中心的核心功能区

东疆港区位于天津港东北部，处于渤海湾经济圈的中心位置，是亚欧大陆桥的最东端。其规划面积约30平方公里，分为码头作业区、物流加工区、综合配套服务区“三大区域”，可提供集装箱和邮轮接卸、进出口货物加工配送和完善的港口配套服务。

东疆保税港区坐落于东疆港区内，是中国（天津）自由贸易试验区的重要组成部分，是北方国际航运中心和物流中心的核心功能区，具备国际中转、国际配送、国际采购、国际贸易、航运融资、航运交易、航运租赁、离岸金融服务等八大功能。2015年，东疆保税港区迎来了项目落户潮：截至7月底，东疆新注册企业2 449家，比2014年全年注册量高出62%。东疆累计注册企业达5 628家，单体企业注册资本4 923万元。融资租赁是东疆保税港区的一大亮点产业，截至2015年7月底，累计完成521架飞机、11台发动机、74艘国际航运船舶、8座海上石油钻井平台的租赁业务，飞机、船舶、海工设备租赁在全国保持领先。

下一步，东疆保税港区将继续落实天津自贸区总体方案的有关部署，持续推动创新政策落地，巩固主导产业优势地位，重点发展融资租赁、航运物流、国际贸易等现代高端服务业，打造具有一流水平的自由贸易试验区。

海南洋浦保税港区

海南洋浦保税港区位于海南西北部的洋浦半岛，是我国最南端的保税港区，也是中国距东盟最近的保税港区，拥有国家一类对外开放口岸和对越边贸口岸，拥有处于东亚和东南亚国际海运主航线中心的深水良港。

海南洋浦保税港区规划面积9.2平方公里，分三期建设，其中一期2.3平方公里于2008年10月正式开关运作。

海南洋浦保税港区现有主要产业为国际航运物流、粮食仓储加工、海产品和肉类产品仓储加工、游艇制造、葡萄酒仓储配送等。截至2014年，海南洋浦保税港区实现地区生产总值66亿元，实现全口径税收14.70亿元，实现外贸进出口总额9.26亿美元，完成集装箱吞吐量154.77万标箱，完成固定资产投资8.24亿元。

湖北武汉出口加工区

湖北武汉出口加工区于2001年6月正式封关运行，已经建成约7.6万平方米的标准厂房和保税仓库。2014年度，加工区全年共完成进出口货物总值达13.5亿美元，保税物流货值7.7亿美元，位于中西部加工区前列。

园区围绕招商引资和环境建设两大主题，制定了“长、短目标结合”的工作计划，搭建以加工贸易、一般贸易、保税物流和跨境电商为主体的四大平台，引进东风公司整车及零部件保税物流平台等关键项目，完善环境建设。

园区力争在未来3年内，依托“四大平台”的建设，进出口值突破20亿美元，转型升级为综合保税区，成为武汉市外向型经济的亮点。

联系电话：027-84297401　　地址：武汉经济技术开发区海关大楼出口加工区管理办公室

湖南郴州出口加工区

郴州是湖南省“南大门”，是“珠三角”地区加工贸易产业向中西部转移的承接地之一，全国首批加工贸易梯度转移重点承接地和湘南承接产业转移示范区。近年来，郴州出口加工区以郴州起飞为契机，抢抓住机遇，着力加快转变经济发展方式，推进产业结构调整和转型升级，经济增长的速度、质量和效益全面提高，呈现出持续向好、运行健康、较快增长的良好态势。

郴州出口加工区总规划面积3平方公里，一期1.4平方公里，已完成投资近6亿元，园区内配套设施完备，报关、银行、仓储物流等各种中介服务机构齐全。2007年11月封关运行，2009年6月叠加保税物流功能。

郴州出口加工区重点发展以出口为主的电子信息、新材料及物流、仓储、检测维修等产业。目前，有色金属新材料、电子信息产业已初具规模。园区共有企业(含注册)18家，其中电子信息行业企业有7家。2014年，园区完成外贸进出口值21.76亿美元，同比增长31.08%，占郴州市进出口总额的47.73%。园区完成加工贸易额16.6亿美元，同比增长22.74%，占郴州市加工贸易总额的51.74%。全年有进出口业绩企业27家，其中进出口过亿企业7家。近些年，园区加工贸易保持快速发展，郴州出口加工区开放型经济指标的迅猛增长是拉动郴州开放型经济发展的重要引擎，在承接产业转移、推进加工贸易转型升级、扩大对外贸易和促进就业方面发挥了积极作用。

近几年，园区大力推动特殊监管区域的整合优化，积极开拓新业务，大力提升综合服务水平，发挥好功能区域的辐射带动效应，为外经贸转型升级打造强有力的功能载体，力争把园区打造成为“基础设施一流、服务管理规范、产业特色鲜明、生态环境优美”的“两大基地、一个中心”(即湖南有色金属新材料产业基地和湖南电子信息产业基地、湘粤赣省际区域保税物流中心)具有国际竞争力的新园区。

西安综合保税区

西安综合保税区规划面积6.17平方公里，与西安铁路集装箱中心站一路之隔。

2015年2月12日，在相关部门的指导下，园区启动了跨境电商直购进口业务，进口物品主要以奶粉、纸尿布、保健用品为主，进口国家主要为英国、荷兰、德国等国。其中，4月10日单日跨境出口突破1万单，预计2015年跨境进出口将突破500万单。西安跨境电子商务平台的成功运营，突破了国家间经贸往来的时空界限，将这种新型贸易方式带入陕西，使陕西走向无国界贸易，拓宽了陕西企业进入国际市场的路径，助力企业做大做强。对于消费者来说，跨境电子商务使他们非常容易获取其他国家信息并买到物美价廉的商品。西安国际港务区已成为西安乃至西北地区跨境电子商务产业的聚集区，“洋货码头”已成为国际、国内优质产品的网上交易中心和线下集散中心，真正实现“买全球、卖全球、享全球”的战略目标。这对于身处内陆腹地的陕西乃至西北地区具有重要的战略意义和深远的历史意义。

陕西西安出口加工区A区

陕西西安出口加工区A区于2004年4月5日封关运行，2006年12月被批准为全国7个拓展保税物流等功能试点的出口加工区之一。加工区A区的规划面积为1.47平方公里，现已开发面积0.75平方公里。加工区新片区规划调整审批工作正在进行中，新片区规划面积为0.6平方公里。

西安出口加工区A区引进了英国罗尔斯罗易斯、法国赛峰、德国蒂森克虏伯、美国联合技术、GE等8家世界500强企业，英国AMS航材、日本大河、美国雅奇等世界知名企业，以及国内行业龙头企业中航工业西飞集团、西航集团、庆安集团，世纪互联，康龙化成等68个项目入区，初步形成了以高端航空制造为主，新能源、珠宝加工、服务贸易为辅的产业格局。

西安出口加工区A区各类项目总投资超过65亿元人民币，历年累计实现进出口总额73.96亿美元，各项主要经济指标连续多年保持高速增长，保税物流业务量位居西安关区第一。

园区将依托陕西及西安地区的产业优势，着力发展以航空产业为代表的拥有高附加值与自有知识产权的高端装备制造业，形成航空产业链完善、具有航空特色出口加工区，形成上下游配套完善的新能源产业链，形成投入产出比高的珠宝加工产业集群，不断提升极具内陆特色和规模的服务贸易产业水平。与此同时，积极进行产业结构调整升级、转型，提高加工贸易整体水平，提高附加值，延长产业链，实现加工制造与服务贸易并重发展，加工贸易由规模速度型向质量效益型转变。

广西钦州保税港区

广西钦州保税港区地处中国面向东盟国际大通道和西南地区出海大通道最前沿，规划面积10平方公里，由保税物流、出口加工、港口作业、综合服务区域组成，封关运营面积6.34平方公里。保税港区固定资产总投入已达190亿元，吸引中石油、中海运、香港新恒基、PSA、PIL等200多家中外企业落户，原油储备库、国际汽车展厅、国际商品直销中心、进口酒类（食品）检测中心、阿拉法电子、奇智棉纺、亿隆冷链、企业职工配套区及一批物流仓储项目相继建成运营。口岸、物流、加工功能日臻完善，保税、退税、免税政策优势凸显，货物储存、国际贸易、国际采购与分销配送、国际中转、商品展示、加工研发、港口作业、检测维修服务及海关允许的其他业务迅速发展。

钦州保税港区建成10个10万吨级集装箱及多用途泊位，1个7万吨级汽车滚装专用泊位，以及2个5万吨多用途泊位及后方堆场，开通至香港、台湾高雄和东盟主要港口的外贸航线及至国内主要沿海港口航线。实施自治区集装箱干线港计划，钦州、北海、防城港三港外贸集装箱航线年内向保税港区集中，并与新加坡港务集团、太平船务合资经营4个10万吨级泊位，同时推动建设中国—东盟海上穿梭巴士运营中心。

当前，广西以钦州保税港区为核心申建中国（北部湾）自由贸易试验区。园区结合自贸区先行先试经验，大力拓展跨境电子商务、进口汽车供应链基金、通用航空交付中心等新兴业务，在拥有进口整车、肉类、粮食等口岸政策基础上，筹建全国进口酒类综合服务产业知名品牌示范区，积极申报筹建进口水果、红木指定口岸，启动中国首个通用航空器交付中心、中国—东盟粮油交易所、类金融产业集聚基地等项目，成为北部湾经济区最活跃的经济园区。

广西钦州保税港区管理委员会
联系地址：广西钦州保税港区八大街1号
电话：0777-5881098 5880052
传真：0777-5881338
网址：http://www.qzbsg.gov.cn/
官方微信：

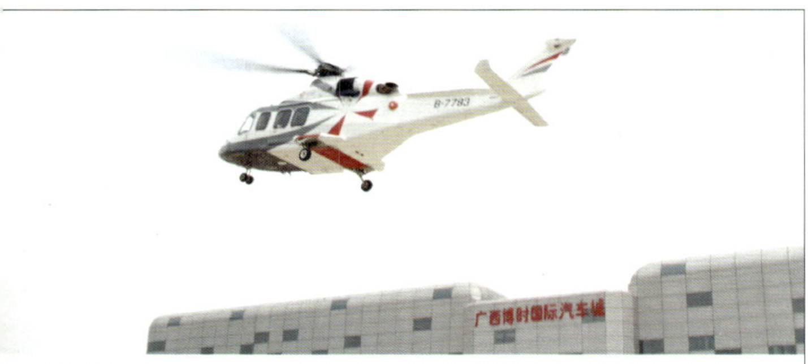

广西凭祥综合保税区

经过三年多的封关运营，凭祥综保区实现了主导产业快速发展，跨境合作务实推进，发展环境明显改善，平台作用日趋增强。

广西凭祥综合保税区步入发展快车道

2014年，广西凭祥综合保税区进出口贸易总额完成188.86亿美元，其中口岸直通贸易额为170.56亿美元，保税业务额为18.3亿美元。入区企业进出口贸易额为16.79亿美元，同比增长46倍，在全国纳入海关总署数据统计的32个综合保税区中排名第13位，增长率排名第二。加工贸易实现零突破，2014年11月，桂醛精油、黄金珠宝、片式电容等3个加工贸易项目相继投产，截至2014年年底加工贸易进出口额达1.2亿美元，完成工业产值1.57亿元，增长势头强劲。凭祥综合保税区对外贸易及合作的经济平台作用显著增强，园区荣获“2014年度广西开放型园区创新进步奖”。

捷递国际物流依托凭祥综合保税区全力打造中国-东盟商品集散平台。

截至年2014年底，综合保税区加工贸易进出口额为1.2亿美元，完成工业产值1.57亿元，增长势头强劲。图为入区项目片式贴片电容加工现场。

随着“一带一路”战略引擎的发动，大批量的整车等为中国制造，通过凭祥综合保税区口岸“走出去”，出口到越南等东盟国家，凭祥综合保税区成为中国机械装备出口东盟的重要口岸。

广西北海出口加工区

北海出口加工区包括 A 区和 B 区。A 区于 2003 年 3 月设立，封关面积 1.135 平方公里。B 区位于北海市铁山港区，于 2012 年 3 月 7 日设立，2014 年 4 月 18 日通过正式验收（一期）封关面积 1.1405 平方公里。

2015 年 6 月 20 日，北海市天硌打印耗材有限公司的综合性打印机耗材生产项目在北海出口加工区 B 区正式投产。这是北海出口加工区 B 区首家正式投产的企业，标志着北海出口加工区 B 区在封关验收后正式投入运营。

北海出口加工区将在 A 区进一步挖掘潜力，整合 A 区、B 区资源，使北海出口加工区发展成为全国重要的电子信息产业制造基地，承接加工贸易产业转移的示范基地和国内一流的综合保税区。

地理优势概述

北海市地处中国大陆南端，濒临北部湾，是中国东部地区和西部地区在沿海的结合部，是中国—东盟自由贸易区、泛珠三角经济区、西部大开发经济区、广西北部湾经济区等几大区域的叠加区与交汇点。

北海出口加工区位于北海市区西侧，距市中心仅 3 公里，城市功能配套齐全，周边已形成完善的立体交通网络，铁路、高速公路、国际机场和万吨级港口为加工贸易的发展提供了快捷的交通运输平台。

北海出口加工区内场地已清理平整，道路、供水、供电、排污、通讯、网络宽带、燃气等基础设施完备，具备了投资者随时入区开工建设的条件。

河北秦皇岛出口加工区简介

秦皇岛出口加工区坐落在秦皇岛市的东部沿海，地处正在迅速崛起的环渤海经济圈中心地带，毗邻京津，联结华
3和东北两大经济区，于2003年9月通过验收，正式封关运行。

秦皇岛出口加工区立体交通优势明显，有高速公路出口连接加工区，距北京280公里，距天津220公里，距沈阳
50公里，距山海关港、秦皇岛港山海关机场等地车程均在半小时内，海、陆、空立体交通优势为企业运输提供了极
的便利。

秦皇岛出口加工区地质条件优越，建设高层、大型建筑物不需打桩，可以极大地节约建设成本。区内基础设施
套完备，不仅早已完成水、电、路、暖、讯等配套设施的“九通一平”，而且已建成多种类型的标准厂房和保税
库，具备良好的招商条件。

经过10多年的开发建设，秦皇岛出口加工区已逐渐形成以商业成品油储运基地、大宗商品储运交割基地和冷链
流产业基地为主的保税物流产业基地。秦皇岛出口加工区将为投资者提供全面、优质、高效的服务，建成与国际
场接轨，按国际惯例运作的对外开放新区。

曹妃甸综合保税区

曹妃甸综合保税区规划面积4.59平方公里，位于河北省唐山市南部沿海，距北京220公里，距天津120公里。其所处的京津冀地区是我国经济具有活力、开放程度高、创新能力强的三大城市群之一，交通运输便利，自然资源丰富，区位优势明显，技术人才众多，工业基础雄厚，投资环境优越，具备巨大的发展潜力。

曹妃甸综合保税区于2013年10月通过验收，2014年4月开始封关运营。2015年上半年，曹妃甸综合保税区已有各类入区企业近100家，签约落地产业项目40个，总投资70亿元。未来几年，曹妃甸综合保税区将坚持以贸易物流引领、加工制造带动、高端服务配套为目标，着力构建网内网外协调联动的发展格局，做强国际贸易和保税物流业，做大高端制造业，做优现代服务业，积极推进跨境电子商务和离岸金融业务，努力建成京津冀地区开发开放的服务区和外向型经济的聚集区。

曹妃甸综合保税区管理委员会

地址：河北省唐山市曹妃甸工业区东八加综合保税区投资服务中心B座5层　邮编：063200

招商热线：0315-8820088　传真：0315-8820723　网址：http://www.cfdftz.cn

长春兴隆综合保税区

长春兴隆综合保税区面积为4.89平方公里，位于长春经济技术开发区兴隆山镇内，一期1.53平方公里基础设施和监管设施于2013年10月通过验收，2014年3月正式运营。

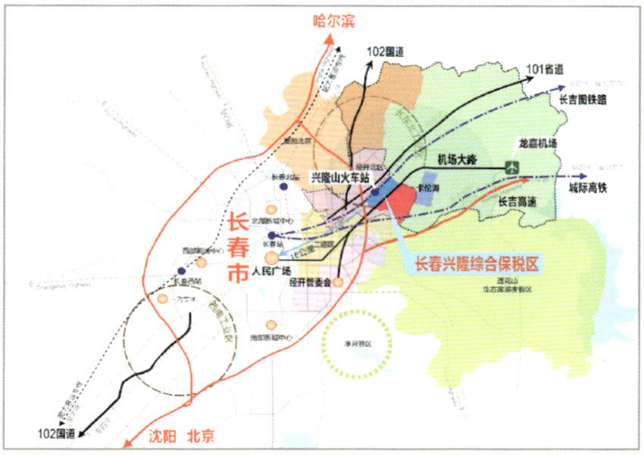

综合保税区距离长春龙嘉国际机场仅10公里，周边高速公路、城际铁路、长图铁路绕经区域，与大连港实现了无缝对接，具有明显的航空、铁路、公路“三位一体”的综合交通优势。

综合保税区对驻区企业开展“通关全服务”，打造一流通关环境。争取到了跨境电商出口试点业务，与大窑湾口岸实现了检验检疫直通转检，被确定为中俄跨境公路运输指定通关启运站，获批筹建进口肉类指定查验场，开展了跨境电商进口直邮业务等。此外，建成了吉林省跨境电子商务运营中心，2014年11月正式运营，已开通长春—莫斯科、长春—爱沙尼亚—莫斯科跨境电商货运包机。

截至2015年7月，园区共签约项目70个，计划总投资97.1亿元人民币，达产后可实现年进出口额21亿美元。2015年1~7月份，完成报关单（含备案清单）3000份，实现业务额1.65亿美元；跨境电子商务出口业务实现50万件商品通关。

昆明出口加工区

昆明出口加工区于2008年2月封关运行，面积为2平方公里，首期围网面积0.58平方公里。出口加工区目前累计投资超过100亿元，完成建筑面积250万平方米。

园区主要引进发展玉石珠宝加工销售，汽车整车销售、汽车配件生产及销售，奢侈品销售及保税物流、总部经济等产业。目前共有入区项目18个，其中加工型项目11个，物流项目5个，服务类项目2个，主要涉及珠宝玉石、电子信息、太阳能光伏、生物食品等产业。另有多个拟入区项目在洽谈中。

园区2014年完成进出口贸易额12 491万美元。其中，进口5 558万美元，主要为机器设备、医疗器械、红酒等；出口6 933万美元，主要是机器设备、咖啡豆，首次超过1亿美元。

目前，昆明出口加工区正积极申请成立昆明综合保税区。在维持总面积不变的前提下，通过优化空间布局，优化功能配置，转型为昆明综合保税区：一是保留出口加工区已围网的0.58平方公里区域，作为昆明综合保税区A区；二是将出口加工区未围网的1.42平方公里用地进行空间置换，调整至昆明长水国际机场所在地昆明空港经济区相应地块，作为昆明综合保税区的B区。

转型升级后，加工贸易由加工制造为主逐步向采购、加工制造、分销服务、售后服务，以及研发、信息资讯等方向转型升级，沿着价值链逐步由低向高、由简单向复杂、由生产向综合服务和全球运营方向转型升级。

为尽快改变昆明出口加工区发展水平滞后的局面，加工区管委会正积极采取措施，加大加工区招商引资和开发建设力度：一是出台优惠政策，如进出口奖励、房租减免等；二是下大力气培育特色产业，如珠宝玉石加工贸易示范基地、咖啡交易平台、东方航空维修培训中心等；三是全面配合昆明综合保税区申报，进一步完善政策平台功能；四是深度融合国家南向开放战略和云南“桥头堡”建设，增强加工区辐射带动功能。

江西南昌出口加工区

自2007年封关运行以来，南昌出口加工区始终本着“企业是园区生命力”的宗旨，在加强招商引资工作的同时，努力提升园区企业服务水平，助推区内企业做大做强，从而加快园区的产业聚集和辐射带动效应。经过8年的运行，园区基础设施完善，建设投资近10亿人民币，建有标准厂房超过30万平方米，员工配套区近4万平方米，区内从业人员超过4000人。依托高新区区位及产业优势，园区累计引进合顺光电、鑫陇科技、荣晶科技、富港电子等23家企业，签约总投资达11.56亿美元；实现合同外资4.53亿美元，实际利用外资2.01亿美元。

2014年，园区在招大引强方面实现了新突破，新引进总投资1.5亿美元的英国马丁斯集团世界顶级奢侈品项目，总投资8.8亿元的厦门优传跨境电子商务平台及保税仓储项目，总投资3800万美元的希腊天然制品等项目。截至2014年年底，园区累计实现进出口52.18亿美元；当年进出口总量为23.85亿美元，位列全国50个加工区第10位，中部9个加工区第2位。南昌出口加工区正逐步成为以光电产业先进制造为主导，以产业链高端延伸为带动，以保税物流功能服务为辐射的外向型经济核心平台。

招商热线：0791-88161548 88161320

传真：0791-88161548 88161055

江西九江出口加工区

九江出口加工区位于风景秀丽的庐山西麓、八里湖畔，生态优良，空气宜人，距离市中心区9公里，距京九铁路第二大编组站3公里，距昌北国际机场90公里，距庐山机场20公里，是江西省绿色生态工业示范园区。九江出口加工区于2005年6月3日设立，总规划面积2.81平方公里，一期开发面积0.987平方公里，2006年6月正式封关运行，功能涵盖加工、物流、仓储、检测、维修和研发等，落户企业可享受进出口免税、进料保税、入区退税等优惠政策。园区重点发展新能源、新材料、电子电器、汽车及零部件、装备制造、快速消费品等主导产业。截至目前，区内注册企业20余家，企业用工人数达到数千人。区内一期用地已实现“七通一平”，开发完成面积约98万平方米，已建成标准厂房12万平方米，江西省首家多功能保税物流园及国际产品保税展示中心已投入运营。区外已建成近70万平方米生活配套设施及2万吨污水处理厂，多个生产生活配套服务机构已入驻园区，是全省较早使用天然气的园区。九江出口加工区，一个宜业宜居、蓄势待发的绿色生态工业城镇正悄然崛起。

江西井冈山出口加工区

井冈山出口加工区位于井冈山经济技术开发区内，总体规划面积2.25平方公里，一期开发0.63平方公里。出口加工区一期工程于2011年11月动工建设，主要建设内容包括卡口、信息化系统、监管大楼、监管仓库、保税仓库、标准厂房、企业厂房及其他相关办公配套服务设施。2013年4月19日，园区顺利通过正式验收并封关运行。

加工区内企业不仅享受有海关提供的简单、快捷通关便利，而且不出园区即可办理一切进出口手续。同时，入区的企业还享受一系列税收和外汇管理的优惠政策，包括进口免税，入区退税，进料保税，出口免税，出口加工区之间的进口货物免税，区内货物销往境外不需要办理出口收汇核销手续，向境外支付不需要办理进口付汇核销手续，货物可以在加工区和其他国家之间自由进出而无须配额和许可证，使用水、电、气退税等。这些政策使得区内生产的出口产品不含任何税赋，大大降低了入区企业的成本。

园区坚持“高新技术立区、招商引资兴区、做大产业强区”的发展思路，发展以出口为主的产业，主要包括电子信息、精密机械、生物制药、新材料等。欢迎“原料、销售在国外市场，加工生产在国内”的出口型企业来加工区租赁厂房或自建厂房投资兴业，共同将井冈山出口加工区打造成江西开放程度强、产业集聚度高的外向型经济区。

黑龙江绥芬河综合保税区

黑龙江绥芬河综合保税区位于黑龙江省东南部，与俄罗斯边海边疆区接壤，距离符拉迪沃斯托克220公里，规划控制面积1.8平方公里。目前，已有430多户企业入驻，完成固定资产投资27.43亿元，招商引资实际到位资金37.6亿元，累计实现贸易额21亿美元，实现过货326万吨。园区重点打造“四个产业中心和一个平台”，即国际贸易中心、进出口加工中心、展示交易中心、仓储物流中心，对接俄罗斯远东大开发和符拉迪沃斯托克自由港、先行区功能，推动建设龙江陆海丝绸之路经济带发展的服务平台。

阿拉山口综合保税区

阿拉山口综合保税区是新疆丝绸之路经济带核心区建设的重要节点，也是我国向西开放的重要门户。其总体规划面积10.9平方公里，中部为园区服务区。一期北围网区5.608平方公里，于2014年6月正式封关运营，已完成基础设施投资14.1亿元，二期已启动基础设施建设。

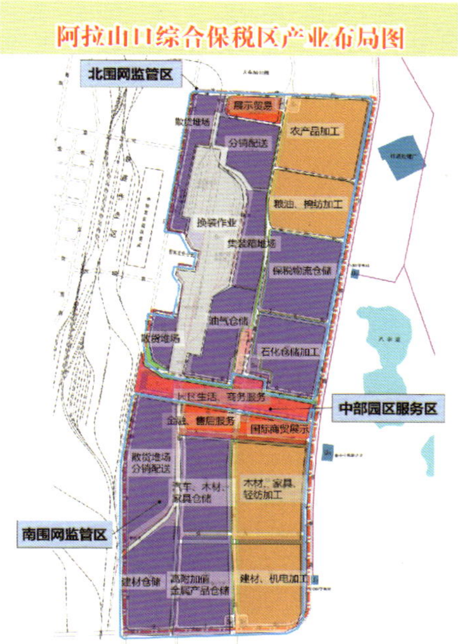

阿拉山口综合保税区按照"一区多片、一区多园、一区多库"创新发展形式，"三年、五年、十年"的递进发展目标，着力打造一个中心——国际物流分拨配送中心，六大仓储交易平台——进口油气、进口粮棉油农副产品、进口金属矿产品、进口木材、进出口消费品电子商务平台、整车进口展示等仓储加工交易平台，重点培育四类加工制造业——油气加工业、粮油加工业、建材加工业、出口机电及电子产品装备制造业。

阿拉山口综合保税区拥有便捷高效的铁路、公路、管道、航空交通优势。区内现已建成20条铁路专用线，20万平方米的标准化厂房和仓储设施，25万平方米的露天堆场，60万立方米的油品储罐，可满足原油、重油、液化气、固体危化品、普货等货物的换装、仓储、加工需求。封关运营至今，区内企业已完成过货量47.06万吨，贸易额19.16亿美元；已有多家企业入区，涉及国际贸易、物流服务、保税仓储、油气仓储加工、粮油加工等领域。

银川综合保税区位于宁夏银川河东国际机场南侧，规划面积4平方公里。2013年9月10日，银川综合保税区一期2.13平方公里正式通过验收，于12月29日封关运行，顺利实现了当年建设、当年验收、当年封关运行的目标。

2014年是银川综保区封关运营的第一年。全年注册企业为88家，实现招商引资11亿元，黄金珠宝、葡萄酒、清真食品及穆斯林用品、现代纺织等主导产业基础进一步夯实。据海关统计，2014年银川综保区实现进出口总额17.328亿美元（其中进口3.663亿美元，出口13.665亿美元），占宁夏回族自治区进出口总额的31.9%。在全国有进出口业务实绩的综合保税区中排名第12位，在中西部地区封关运行的综合保税区中排名第5位，在西部地区封关运行的综合保税区中排名第3位。

在国家“一带一路”战略和内陆开放型试验区大背景下，银川综合保税区充分利用国际国内“两个市场、两种资源”，围绕“引领全区、面向全国、融入世界”的定位，推动特色产业发展，积极推进跨境贸易电子商务，建设西北地区进境肉类、水果、种苗指定口岸，逐步打造宁夏内陆开放型经济发展的重要平台。

郑州新郑综合保税区

郑州新郑综合保税区规划面积5.073平方公里，目前已封关面积（一期、二期）达2.81平方公里，区内建有标准厂房76栋260万平方米，各类仓库22.81万平方米。自封关运行以来，郑州新郑综合保税区牢牢把握发展大势，坚持稳中求进工作总基调，实现了经济持续稳步发展。2014年累计完成进出口总值约388.21亿美元，同比增长8.47%，占河南省进出口总额的60%，在全国海关特殊监管区排名第四，全国综合保税区排名第二。

2014年是郑州新郑综合保税区抢抓国家发展战略先机机遇关键之年，经过一年的不懈努力，郑州新郑综合保税区的建设发展取得了长足的进步。一是打造了高效便捷的通关环境。二是加快了新业态培育发展。依托河南电子口岸平台，河南跨境贸易电子商务通关服务平台及管理平台已上线运行，日处理能力1万票。三是拓展了口岸功能。四是创新海关监管模式。郑州新郑综合保税区已实现保税展示、返区维修、产品内销、跨关区结转、港仓内移等创新功能，并已率先成功复制上海自贸区海关监管创新制度11项，检验检疫创新措施8项，走在了全国前列。

这些创新探索对促进河南转型升级、打造中原经济区核心增长极，推动中原对外开放高地建设，积极融入国家“一路一带”战略等具有重大意义。

安徽合肥出口加工区

合肥出口加工区于位于合肥经济技术开发区新港工业园内，规划面积1.42平方公里。2012年6月20日，合肥出口加工区顺利通过验收，同年8月21日正式封闭监管和开关运作。

在龙头企业联宝电子的强势带动下，合肥出口加工区的电子产业从无到有，迅速成为主导产业的发展方向，并致力于打造中大尺寸智能设备制造基地。

经过两年多的成长与发展，2014年合肥出口加工区以45.57亿美元的进出口总值，位居全国出口加工区第6名（数据来源：中国保税区出口加工区协会），在中西部加工区中排名第二，较2013年前进了7个名次，书写了内陆出口加工区发展的奇迹，并显示出蓬勃生机和巨大潜力。

安徽芜湖出口加工区

芜湖出口加工区位于芜湖经济技术开发区内，规划面积2.95平方公里，已开发面积2.17平方公里。

芜湖出口加工区实行境内关外的管理模式，区内企业享有高效、便捷的通关服务。区内水、电、气等生产要素供应充裕，道路、绿化及物业环境良好；区外周边300米范围内有建筑面积66万平方米的生活、商务配套区，是投资者兴业的福地。

芜湖出口加工区不仅拥有芜湖经济技术开发区的资源、产业、人才优势，而且还具港口优势，芜湖港是长江溯江而上的深水良港，这为出口加工区实施区港一体化，深层次地发展国际加工、保税物流等业务提供可靠的保障。同时，出口加工区也是皖江地区复制、推广上海自贸区先行经验及发展跨境电子商务等新型业态的重要平台。

电话：0553-5772018

编辑说明

一、《中国保税区出口加工区年鉴》（以下简称《年鉴》）是由中国保税区出口加工区协会主编，中国海关出版社编辑出版的大型资料性实用工具书，公开向国内外发行。

二、《年鉴》的宗旨是面向海内外政府官员、投资商、研究机构、科技界及其他各界人士，用翔实的统计数据和文字全面、系统、准确地介绍中国保税区、出口加工区、保税港区（综合保税区）的开发建设历程和成就，介绍其基础条件、投资环境及有关法规和优惠政策等，为各有关机构与单位提供媒介服务，以推动中国保税区、出口加工区、保税港区（综合保税区）经济的协调发展。

三、《年鉴》中的数据已经上海市外高桥保税区统计调查所审核，《年鉴》部分区域经济发展分析中的数据，由于统计口径不同，方法不一，可能出现不一致，应以统计资料篇中的数据为准。

四、《年鉴》中的数据表格“比上年增长（%）”显示为“—”或“-100”的，表示上年同期数据没有或不可比。

五、《年鉴》中的数据表格如“历年招商引资情况表”、“历年外商投资情况表”中的“历年”数据截至2014年年底。

六、《年鉴》中深圳保税区包括福田、盐田港和沙头角3家保税区。

七、《年鉴》在编撰过程中，得到了海关总署领导及各保税区、出口加工区、保税港区（综合保税区）领导和有关人员的关心和支持，在此深表谢意。

八、由于我们水平有限，经验不足，请社会各界对《年鉴》提出宝贵意见。今后我们将充分汇集保税区、出口加工区、保税港区（综合保税区）的信息资料，逐步充实《年鉴》内容，使其发挥更大的作用。

《中国保税区出口加工区年鉴》编辑部

2015年8月

目 录

文献法规篇

中华人民共和国海关总署令　第 219 号 …………………………………………… 3
（关于公布《中华人民共和国海关审定内销保税货物完税价格办法》的令）
中华人民共和国海关总署公告　2014 年第 21 号 ………………………………… 8
（关于执行《中华人民共和国海关加工贸易货物监管办法》有关问题的公告）
中华人民共和国海关总署公告　2014 年第 33 号 ………………………………… 11
（关于加工贸易货物销毁处置有关问题的公告）
中华人民共和国海关总署公告　2014 年第 42 号 ………………………………… 17
（关于拓展内贸货物跨境运输试点业务范围的公告）
中华人民共和国海关总署公告　2014 年第 54 号 ………………………………… 18
（关于市场采购贸易监管办法及其监管方式有关事宜的公告）
中华人民共和国海关总署公告　2014 年第 56 号 ………………………………… 20
（关于跨境贸易电子商务进出境货物、物品有关监管事宜的公告）
中华人民共和国海关总署、中华人民共和国商务部公告　2014 年第 58 号 ………… 25
［海关总署 商务部关于从中国（上海）自由贸易试验区进口的涉及
自动进口许可证管理货物开展通关作业无纸化试点的公告］
中华人民共和国海关总署公告　2014 年第 83 号 ………………………………… 26
（关于海关特殊监管区域间保税货物结转管理的公告）
中华人民共和国商务部、中华人民共和国海关总署联合公告　2014 年第 90 号 …… 29
（关于公布加工贸易禁止类目录的公告）
中华人民共和国海关总署公告　2014 年第 96 号 ………………………………… 91
［关于全面实施海关特殊监管区域（保税监管场所）货物分批内销享受
优惠税率有关事宜的公告］
海关总署关于印发《海关特殊监管区域间保税货物结转管理操作规程（试行）》的
通知　署加发〔2014〕120 号 ………………………………………………………… 92

文字资料篇

2014 年全国海关特殊监管区域经济运行情况分析 …… 99

保税区（保税物流园区）

上海外高桥保税区
SHANGHAI WAIGAOQIAO FREE TRADE ZONE …… 106
深圳保税区
SHENZHEN FREE TRADE ZONE …… 110
广州保税区
GUANGZHOU FREE TRADE ZONE …… 114
厦门象屿保税区
XIAMEN XIANGYU FREE TRADE ZONE …… 118
宁波保税区（出口加工区）
NINGBO FREE TRADE ZONE（EXPORT PROCESSING ZONE） …… 121
珠海保税区
ZHUHAI FREE TRADE ZONE …… 124
汕头保税区
SHANTOU FREE TRADE ZONE …… 127
张家港保税区
ZHANGJIAGANG FREE TRADE ZONE …… 129
上海外高桥保税物流园区
SHANGHAI WAIGAOQIAO BONDED LOGISTICS ZONE …… 131

出口加工区

河北秦皇岛出口加工区
HEBEI QINHUANGDAO EXPORT PROCESSING ZONE …… 134
吉林珲春出口加工区
JILIN HUNCHUN EXPORT PROCESSING ZONE …… 136
辽宁大连出口加工区 B 区
LIAONING DALIAN EXPORT PROCESSING ZONE B …… 138
内蒙古呼和浩特出口加工区
INNER MONGOLIA HOHHOT
EXPORT PROCESSING ZONE …… 140
上海松江出口加工区
SHANGHAI SONGJIANG EXPORT PROCESSING ZONE …… 143

上海金桥出口加工区（南区）
SHANGHAI JINQIAO EXPORT
PROCESSING ZONE（SOUTH AREA） …… 146
上海漕河泾出口加工区
SHANGHAI CAOHEJING EXPORT PROCESSING ZONE …… 148
江苏镇江出口加工区
JIANGSU ZHENJIANG EXPORT PROCESSING ZONE …… 150
江苏泰州出口加工区
JIANGSU TAIZHOU EXPORT PROCESSING ZONE …… 152
江苏常熟出口加工区
JIANGSU CHANGSHU EXPORT PROCESSING ZONE …… 153
江苏武进出口加工区
JIANGSU WUJIN EXPORT PROCESSING ZONE …… 155
浙江杭州出口加工区
ZHEJIANG HANGZHOU EXPORT PROCESSING ZONE …… 157
浙江嘉兴出口加工区
ZHEJIANG JIAXING EXPORT PROCESSING ZONE …… 159
安徽芜湖出口加工区
ANHUI WUHU EXPORT PROCESSING ZONE …… 162
安徽合肥出口加工区
ANHUI HEFEI EXPORT PROCESSING ZONE …… 164
江西南昌出口加工区
JIANGXI NANCHANG EXPORT PROCESSING ZONE …… 167
山东青岛出口加工区
SHANDONG QINGDAO EXPORT PROCESSING ZONE …… 169
山东威海出口加工区
SHANDONG WEIHAI EXPORT PROCESSING ZONE …… 172
山东青岛西海岸出口加工区
SHANDONG QINGDAO WESTCOAST
EXPORT PROCESSING ZONE …… 175
河南郑州出口加工区
HENAN ZHENGZHOU EXPORT PROCESSING ZONE …… 177
广东广州出口加工区
GUANGDONG GUANGZHOU EXPORT PROCESSING ZONE …… 180
广东深圳出口加工区
GUANGDONG SHENZHEN EXPORT PROCESSING ZONE …… 182
四川绵阳出口加工区
SICHUAN MIANYANG EXPORT PROCESSING ZONE …… 183

陕西西安出口加工区 A 区
SHANXI XI'AN EXPORT PROCESSING ZONE（ZONE A） …… 185

保税港区（综合保税区）

洋山保税港区
YANGSHAN FREE TRADE PORT AREA …… 188
烟台保税港区
YANTAI FREE TRADE PORT ZONE …… 191
青岛保税港区
QINGDAO FREE TRADE PORT AREA …… 194
厦门海沧保税港区
XIAMEN HAICANG FREE TRADE PORT ZONE …… 196
苏州工业园综合保税区
SUZHOU INDUSTRIAL PARK
INTEGRATED FREE TRADE ZONE …… 199
苏州高新技术产业开发区综合保税区
SUZHOU NATIONAL NEW & HI-TECH
DISTRICT INTEGRATED FREE TRADE ZONE …… 201
上海浦东机场综合保税区
SHANGHAI PUDONG AIRPORT FREE TRADE ZONE …… 205
郑州新郑综合保税区
ZHENGZHOU XINZHENG INTEGRATED BONDED ZONE …… 208
淮安综合保税区
HUAI'AN INTEGRATED FREE TRADE ZONE …… 211
海口综合保税区
HAIKOU INTEGRATED FREE TRADE ZONE …… 213
济南综合保税区
JINAN COMPREHENSIVE BONDED ZONE …… 216
南京综合保税区（江宁）
NANJING INTEGRATED FREE
TRADE ZONE（JIANGNING） …… 220
南通综合保税区
NANTONG FREE TRADE ZONE …… 223
盐城综合保税区
YANCHENG FREE TRADE ZONE …… 226
舟山港综合保税区
ZHOUSHAN PORT FREE TRADE ZONE …… 229

黑龙江绥芬河综合保税区
HEILONGJIANG SUIFENHE COMPREHENSIVE FREE TRADE ZONE …… 231
长春兴隆综合保税区
CHANGCHUN XINGLONG FREE TRADE ZONE …… 233

统计资料篇

保税区（保税物流园区）

2014 年全国保税区下分贸易方式进出口贸易额统计表 …… 238
2014 年全国保税区经济指标统计情况表 …… 243
2014 年全国保税区进口额前 30 位国家和地区排名表 …… 255
2014 年全国保税区出口额前 30 位国家和地区排名表 …… 256
2014 年全国保税区主要进口商品分类统计表（22 大类） …… 257
2014 年全国保税区主要出口商品分类统计表（22 大类） …… 258
上海外高桥保税区统计数据表 …… 259
深圳保税区统计数据表 …… 262
广州保税区统计数据表 …… 266
厦门象屿保税区统计数据表 …… 269
宁波保税区统计数据表 …… 271
珠海保税区统计数据表 …… 274
张家港保税区统计数据表 …… 277
2014 年全国保税物流园区下分贸易方式进出口贸易额统计表 …… 281
2014 年全国保税物流园区经济指标统计情况表 …… 283
2014 年全国保税物流园区进口额前 30 位国家和地区排名表 …… 288
2014 年全国保税物流园区出口额前 30 位国家和地区排名表 …… 289
2014 年全国保税物流园区主要进口商品分类统计表（22 大类） …… 290
2014 年全国保税物流园区主要出口商品分类统计表（22 大类） …… 291
上海外高桥保税物流园区统计数据表 …… 292
深圳盐田港保税物流园区统计数据表 …… 293

出口加工区

2014 年全国出口加工区下分贸易方式进出口贸易额统计表 …… 296
2014 年全国出口加工区经济指标统计情况表 …… 309
2014 年全国出口加工区进口额前 30 位国家和地区排名表 …… 362
2014 年全国出口加工区出口额前 30 位国家和地区排名表 …… 363
2014 年全国出口加工区主要进口商品分类统计表（22 大类） …… 364

2014 年全国出口加工区主要出口商品分类统计表（22 大类） …… 365
河北秦皇岛出口加工区统计数据表 …… 366
吉林珲春出口加工区统计数据表 …… 368
辽宁大连出口加工区 B 区统计数据表 …… 369
上海松江出口加工区统计数据表 …… 370
江苏镇江出口加工区统计数据表 …… 372
江苏常熟出口加工区统计数据表 …… 374
江苏武进出口加工区统计数据表 …… 376
浙江杭州出口加工区统计数据表 …… 378
浙江宁波出口加工区统计数据表 …… 380
浙江嘉兴出口加工区统计数据表 …… 382
安徽芜湖出口加工区统计数据表 …… 384
安徽合肥出口加工区统计数据表 …… 386
山东青岛出口加工区统计数据表 …… 388
山东青岛西海岸出口加工区统计数据表 …… 390
河南郑州出口加工区统计数据表 …… 392
广东广州出口加工区统计数据表 …… 394
广东深圳出口加工区统计数据表 …… 396
四川绵阳出口加工区统计数据表 …… 398
陕西西安出口加工区 A 区统计数据表 …… 400

保税港区（综合保税区）
2014 年全国保税港区下分贸易方式进出口贸易额统计表 …… 404
2014 年全国保税港区经济指标统计情况表 …… 409
2014 年全国保税港区进口额前 30 位国家和地区排名表 …… 421
2014 年全国保税港区出口额前 30 位国家和地区排名表 …… 422
2014 年全国保税港区主要进口商品分类统计表（22 大类） …… 423
2014 年全国保税港区主要出口商品分类统计表（22 大类） …… 424
洋山保税港区统计数据表 …… 425
烟台保税港区统计数据表 …… 426
厦门海沧保税港区统计数据表 …… 428
2014 年全国综合保税区下分贸易方式进出口贸易额统计表 …… 429
2014 年全国综合保税区经济指标统计情况表 …… 438
2014 年全国综合保税区进口额前 30 位国家和地区排名表 …… 453
2014 年全国综合保税区出口额前 30 位国家和地区排名表 …… 454
2014 年全国综合保税区主要进口商品分类统计表（22 大类） …… 455
2014 年全国综合保税区主要出口商品分类统计表（22 大类） …… 456
上海浦东机场综合保税区统计数据表 …… 457

苏州工业园综合保税区统计数据表 …… 458
苏州高新区综合保税区统计数据表 …… 460
昆山综合保税区统计数据表 …… 462
郑州新郑综合保税区统计数据表 …… 464
淮安综合保税区统计数据表 …… 466
海口综合保税区统计数据表 …… 468
济南综合保税区统计数据表 …… 471
南通综合保税区统计数据表 …… 473
盐城综合保税区统计数据表 …… 475

工作与研究篇

中国保税区出口加工区协会 2014 年工作总结暨 2015 年工作计划 …… 479
全国海关特殊监管区域 2015 年上半年进出口情况分析和下半年进出口情况预测 …… 484

文献法规篇

中华人民共和国海关总署令 第219号

（关于公布《中华人民共和国海关审定内销保税货物完税价格办法》的令）

《中华人民共和国海关加工贸易货物监管办法》已于2014年2月13日经海关总署署务会议审议通过，现予公布，自公布之日起施行。2004年2月26日以海关总署令第113号发布，并以海关总署令第168号、195号修改的《中华人民共和国海关对加工贸易货物监管办法》同时废止。

署　长

2014年3月12日

中华人民共和国海关加工贸易货物监管办法

第一章　总　则

第一条　为了促进加工贸易健康发展，规范海关对加工贸易货物管理，根据《中华人民共和国海关法》（以下简称《海关法》）以及其他有关法律、行政法规，制定本办法。

第二条　本办法适用于办理加工贸易货物手册设立、进出口报关、加工、监管、核销手续。

加工贸易经营企业、加工企业、承揽者应当按照本办法规定接受海关监管。

第三条　本办法所称“加工贸易”是指经营企业进口全部或者部分原辅材料、零部件、元器件、包装物料（以下统称料件），经过加工或者装配后，将制成品复出口的经营活动，包括来料加工和进料加工。

第四条　除国家另有规定外，加工贸易进口料件属于国家对进口有限制性规定的，经营企业免于向海关提交进口许可证件。

加工贸易出口制成品属于国家对出口有限制性规定的，经营企业应当向海关提交出口许可证件。

第五条　加工贸易项下进口料件实行保税监管的，加工成品出口后，海关根据核定的实际加工复出口的数量予以核销。

加工贸易项下进口料件按照规定在进口时先行征收税款的，加工成品出口后，海关根据核定的实际加工复出口的数量退还已征收的税款。

加工贸易项下的出口产品属于应当征收出口关税的，海关按照有关规定征收出口关税。

第六条　海关按照国家规定对加工贸易货物实行担保制度。

未经海关批准，加工贸易货物不得抵押。

第七条 海关对加工贸易实行分类监管，具体管理办法由海关总署另行制定。

第八条 海关可以对加工贸易企业进行核查，企业应当予以配合。

海关核查不得影响企业的正常经营活动。

第九条 加工贸易货物的手册设立、进出口报关、核销，应当采用纸质单证、电子数据的形式。

第十条 加工贸易企业应当根据《中华人民共和国会计法》以及海关有关规定，设置符合海关监管要求的账簿、报表以及其他有关单证，记录与本企业加工贸易货物有关的进口、存储、转让、转移、销售、加工、使用、损耗和出口等情况，凭合法、有效凭证记账并且进行核算。

加工贸易企业应当将加工贸易货物与非加工贸易货物分开管理。加工贸易货物应当存放在经海关备案的场所，实行专料专放。企业变更加工贸易货物存放场所的，应当经海关批准。

第二章 加工贸易货物手册设立

第十一条 经营企业应当向加工企业所在地主管海关办理加工贸易货物的手册设立手续。

经营企业与加工企业不在同一直属海关管辖的区域范围的，应当按照海关对异地加工贸易的管理规定办理手册设立手续。

第十二条 除另有规定外，经营企业办理加工贸易货物的手册设立，应当向海关如实申报贸易方式、单耗、进出口口岸，以及进口料件和出口成品的商品名称、商品编号、规格型号、价格和原产地等情况，并且提交下列单证：

（一）主管部门签发的同意开展加工贸易业务的有效批准文件；

（二）经营企业自身有加工能力的，应当提交主管部门签发的“加工贸易加工企业生产能力证明”；

（三）经营企业委托加工的，应当提交经营企业与加工企业签订的委托加工合同、主管部门签发的加工企业“加工贸易加工企业生产能力证明”；

（四）经营企业对外签订的合同；

（五）海关认为需要提交的其他证明文件和材料。

第十三条 经营企业按照本办法第十一条、第十二条规定，提交齐全、有效的单证材料，申报设立手册的，海关应当自接受企业手册设立申报之日起5个工作日内完成加工贸易手册设立手续。

需要办理担保手续的，经营企业按照规定提供担保后，海关办理手册设立手续。

第十四条 有下列情形之一的，海关应当在经营企业提供相当于应缴税款金额的保证金或者银行、非银行金融机构保函后办理手册设立手续：

（一）涉嫌走私，已经被海关立案侦查，案件尚未审结的；

（二）由于管理混乱被海关要求整改，在整改期内的。

第十五条 有下列情形之一的，海关可以要求经营企业在办理手册设立手续时提供相当于应缴税款金额的保证金或者银行、非银行金融机构保函：

（一）租赁厂房或者设备的；

（二）首次开展加工贸易业务的；

（三）加工贸易手册延期两次（含两次）以上的；

（四）办理异地加工贸易手续的；

（五）涉嫌违规，已经被海关立案调查，案件尚未审结的。

第十六条 加工贸易企业有下列情形之一的，不得办理手册设立手续：

（一）进口料件或者出口成品属于国家

禁止进出口的；

（二）加工产品属于国家禁止在我国境内加工生产的；

（三）进口料件不宜实行保税监管的；

（四）经营企业或者加工企业属于国家规定不允许开展加工贸易的；

（五）经营企业未在规定期限内向海关报核已到期的加工贸易手册，又重新申报设立手册的。

第十七条 经营企业办理加工贸易货物的手册设立，申报内容、提交单证与事实不符的，海关应当按照下列规定处理：

（一）货物尚未进口的，海关注销其手册；

（二）货物已进口的，责令企业将货物退运出境。

本条第一款第（二）项规定情形下，经营企业可以向海关申请提供相当于应缴税款金额的保证金或者银行、非银行金融机构保函，并且继续履行合同。

第十八条 已经办理加工贸易货物的手册设立手续的经营企业可以向海关领取加工贸易手册分册、续册。

第十九条 加工贸易货物手册设立内容发生变更的，经营企业应当在加工贸易手册有效期内办理变更手续。

需要报原审批机关批准的，还应当报原审批机关批准，另有规定的除外。

第三章 加工贸易货物进出口、加工

第二十条 经营企业进口加工贸易货物，可以从境外或者海关特殊监管区域、保税监管场所进口，也可以通过深加工结转方式转入。

经营企业出口加工贸易货物，可以向境外或者海关特殊监管区域、保税监管场所出口，也可以通过深加工结转方式转出。

第二十一条 经营企业应当凭加工贸易手册、加工贸易进出口货物专用报关单等有关单证办理加工贸易货物进出口报关手续。

第二十二条 经营企业以加工贸易方式进出口的货物，列入海关统计。

第二十三条 加工贸易企业开展深加工结转的，转入企业、转出企业应当向各自的主管海关申报，办理实际收发货以及报关手续。具体管理规定由海关总署另行制定并公布。

有下列情形之一的，加工贸易企业不得办理深加工结转手续：

（一）不符合海关监管要求，被海关责令限期整改，在整改期内的；

（二）有逾期未报核手册的；

（三）由于涉嫌走私已经被海关立案调查，尚未结案的。

加工贸易企业未按照海关规定进行收发货的，不得再次办理深加工结转手续。

第二十四条 经营企业开展外发加工业务，应当按照外发加工的相关管理规定自外发之日起3个工作日内向海关办理备案手续。

经营企业开展外发加工业务，不得将加工贸易货物转卖给承揽者；承揽者不得将加工贸易货物再次外发。

经营企业将全部工序外发加工的，应当在办理备案手续的同时向海关提供相当于外发加工货物应缴税款金额的保证金或者银行、非银行金融机构保函。

第二十五条 外发加工的成品、剩余料件以及生产过程中产生的边角料、残次品、副产品等加工贸易货物，经营企业向所在地主管海关办理相关手续后，可以不运回本企业。

第二十六条 海关对加工贸易货物实施监管的，经营企业和承揽者应当予以配合。

第二十七条 加工贸易货物应当专料专用。

经海关核准，经营企业可以在保税料件之间、保税料件与非保税料件之间进行串换，但是被串换的料件应当属于同一企业，并且应当遵循同品种、同规格、同数量、不牟利的原则。

来料加工保税进口料件不得串换。

第二十八条 由于加工工艺需要使用非保税料件的，经营企业应当事先向海关如实申报使用非保税料件的比例、品种、规格、型号、数量。

经营企业按照本条第一款规定向海关申报的，海关核销时应当在出口成品总耗用量中予以核扣。

第二十九条 经营企业进口料件由于质量存在瑕疵、规格型号与合同不符等原因，需要返还原供货商进行退换，以及由于加工贸易出口产品售后服务需要而出口未加工保税料件的，可以直接向口岸海关办理报关手续。

已经加工的保税进口料件不得进行退换。

第四章 加工贸易货物核销

第三十条 经营企业应当在规定的期限内将进口料件加工复出口，并且自加工贸易手册项下最后一批成品出口或者加工贸易手册到期之日起30日内向海关报核。

经营企业对外签订的合同提前终止的，应当自合同终止之日起30日内向海关报核。

第三十一条 经营企业报核时应当向海关如实申报进口料件、出口成品、边角料、剩余料件、残次品、副产品以及单耗等情况，并且按照规定提交相关单证。

经营企业按照本条第一款规定向海关报核，单证齐全、有效的，海关应当受理报核。

第三十二条 海关核销可以采取纸质单证核销、电子数据核销的方式，必要时可以下厂核查，企业应当予以配合。

海关应当自受理报核之日起30日内予以核销。特殊情况需要延长的，经直属海关关长或者其授权的隶属海关关长批准可以延长30日。

第三十三条 加工贸易保税进口料件或者成品因故转为内销的，海关凭主管部门准予内销的有效批准文件，对保税进口料件依法征收税款并且加征缓税利息，另有规定的除外。

进口料件属于国家对进口有限制性规定的，经营企业还应当向海关提交进口许可证件。

第三十四条 经营企业因故将加工贸易进口料件退运出境的，海关凭有关退运单证核销。

第三十五条 经营企业在生产过程中产生的边角料、剩余料件、残次品、副产品和受灾保税货物，按照海关对加工贸易边角料、剩余料件、残次品、副产品和受灾保税货物的管理规定办理，海关凭有关单证核销。

第三十六条 经营企业遗失加工贸易手册的，应当及时向海关报告。

海关按照有关规定处理后对遗失的加工贸易手册予以核销。

第三十七条 对经核销结案的加工贸易手册，海关向经营企业签发《核销结案通知书》。

第三十八条 经营企业已经办理担保的，海关在核销结案后按照规定解除担保。

第三十九条 加工贸易货物的手册设立和核销单证自加工贸易手册核销结案之日起留存3年。

第四十条 加工贸易企业出现分立、合并、破产、解散或者其他停止正常生产经营活动情形的，应当及时向海关报告，并且办结海关手续。

加工贸易货物被人民法院或者有关行政执法部门封存的，加工贸易企业应当自加工贸易货物被封存之日起5个工作日内向海关报告。

第五章　附　则

第四十一条　违反本办法，构成走私行为、违反海关监管规定行为或者其他违反《海关法》行为的，由海关依照《海关法》和《中华人民共和国海关行政处罚实施条例》的有关规定予以处理；构成犯罪的，依法追究刑事责任。

第四十二条　本办法中下列用语的含义：

来料加工，是指进口料件由境外企业提供，经营企业不需要付汇进口，按照境外企业的要求进行加工或者装配，只收取加工费，制成品由境外企业销售的经营活动。

进料加工，是指进口料件由经营企业付汇进口，制成品由经营企业外销出口的经营活动。

加工贸易货物，是指加工贸易项下的进口料件、加工成品以及加工过程中产生的边角料、残次品、副产品等。

加工贸易企业，包括经海关注册登记的经营企业和加工企业。

经营企业，是指负责对外签订加工贸易进出口合同的各类进出口企业和外商投资企业，以及经批准获得来料加工经营许可的对外加工装配服务公司。

加工企业，是指接受经营企业委托，负责对进口料件进行加工或者装配，并且具有法人资格的生产企业，以及由经营企业设立的虽不具有法人资格，但是实行相对独立核算并已经办理工商营业证（执照）的工厂。

单位耗料量，是指加工贸易企业在正常生产条件下加工生产单位出口成品所耗用的进口料件的数量，简称单耗。

深加工结转，是指加工贸易企业将保税进口料件加工的产品转至另一加工贸易企业进一步加工后复出口的经营活动。

承揽者，是指与经营企业签订加工合同，承接经营企业委托的外发加工业务的企业或者个人。

外发加工，是指经营企业委托承揽者对加工贸易货物进行加工，在规定期限内将加工后的产品最终复出口的行为。

核销，是指加工贸易经营企业加工复出口或者办理内销等海关手续后，凭规定单证向海关报核，海关按照规定进行核查以后办理解除监管手续的行为。

第四十三条　保税工厂开展加工贸易业务，按照海关对加工贸易保税工厂的管理规定办理。

第四十四条　进料加工保税集团开展加工贸易业务，按照海关对进料加工保税集团的管理规定办理。

第四十五条　实施联网监管的加工贸易企业开展加工贸易业务，按照海关对加工贸易企业实施计算机联网监管的管理规定办理。

第四十六条　加工贸易企业在海关特殊监管区域内开展加工贸易业务，按照海关对海关特殊监管区域的相关管理规定办理。

第四十七条　单耗的申报与核定，按照海关对加工贸易单耗的管理规定办理。

第四十八条　海关对加工贸易货物进口时先征收税款出口后予以退税的管理规定另行制定。

第四十九条　本办法由海关总署负责解释。

第五十条　本办法自公布之日起施行。2004年2月26日以海关总署令第113号发布，并经海关总署令第168号、195号修正的《中华人民共和国海关对加工贸易货物监管办法》同时废止。

中华人民共和国海关总署公告

2014 年第 21 号

（关于执行《中华人民共和国海关加工贸易货物监管办法》有关问题的公告）

根据《中华人民共和国海关法》、《中华人民共和国海关加工贸易货物监管办法》（海关总署令第 219 号，以下简称《办法》）及其他相关法律、行政法规、规章，现将海关加工贸易监管中有关问题公告如下：

一、加工贸易备案（变更）、外发加工、深加工结转、余料结转、核销、放弃核准等业务不再按照《中华人民共和国行政许可法》的要求办理行政许可手续，其名称相应变更为加工贸易手册设立、外发加工备案、深加工结转申报、余料结转申报、核销申报，同时取消放弃核准。企业按照《办法》及本公告有关规定办理海关手续。

二、经营企业应当在手册有效期内办理保税料件或者成品内销、结转、退运等海关手续。

三、关于《办法》第六条

（一）有下列情形之一的，不予办理抵押手续：

1. 抵押影响加工贸易货物生产正常开展的；

2. 抵押加工贸易货物或者其使用的保税料件涉及进出口许可证件管理的；

3. 抵押加工贸易货物属来料加工货物的；

4. 以合同为单元管理的，抵押期限超过手册有效期限的；

5. 以企业为单元管理的，抵押期限超过一年的；

6. 经营企业或者加工企业涉嫌走私、违规，已被海关立案调查、侦查，案件未审结的；

7. 经营企业或者加工企业因为管理混乱被海关要求整改，在整改期内的；

8. 海关认为不予批准的其他情形。

（二）经营企业在申请办理加工贸易货物抵押手续时，应向主管海关提交以下材料：

1. 正式书面申请；

2. 银行抵押贷款书面意向材料；

3. 海关认为必要的其他单证。

（三）经审核符合条件的，经营企业在缴纳相应保证金或者银行、非银行金融机构保函（以下简称“保证金或者保函”）后，主管海关准予其向境内银行办理加工贸易货物抵押，并将抵押合同、贷款合同复印件留存主管海关备案。

保证金或者保函按抵押加工贸易保税货物对应成品所使用全部保税料件应缴税款金额收取。

四、关于《办法》第十条

（一）“分开管理”是指加工贸易货物应与非加工贸易货物分开存放，分别记账。

对确实无法实现货物分开存放的，须经主管海关在审核企业内部信息化管理系统，确认其能够通过联网监管系统实现加工贸易货物与非加工贸易货物数据信息流分开后，认定其符合“分开管理”的监管条件。企业应当确保保税货物流与数据信息流的一致性。

（二）“海关备案的场所”是指加工贸易企业在办理海关注册登记以及加工贸易业务时向海关备案的经营场所。

（三）加工贸易企业改变或者增加存放场所，应经主管海关批准。主管海关应要求加工贸易企业提交注明存放地址、期限等有关内容的书面申请和存放场所的所有权证明复印件，如属租赁场所还需提交租赁合同。

除外发加工等业务需要外，加工贸易货物不得跨直属海关辖区进行存放。

五、关于《办法》第二十三条

（一）企业在办理深加工结转业务时，有未按照有关规定进行收发货申报及报关情形的，在补办有关手续前，海关不再受理新的“深加工结转申报表”，并可根据实际情况暂停已办理“深加工结转申报表”的使用。

（二）企业应按照有关规定撤销或者修改深加工结转报关单；对已放行的深加工结转报关单，不能修改，只能撤销。

（三）转出、转入企业违反有关规定的，海关按照《中华人民共和国海关法》及《中华人民共和国海关行政处罚实施条例》的规定处理；构成犯罪的，依法追究其刑事责任。

六、关于《办法》第二十四条

（一）企业应当在货物首次外发之日起3个工作日内向海关备案外发加工基本情况；企业应当在货物外发之日起10日内向海关申报实际收发货情况，同一手（账）册、同一承揽者的收、发货情况可合并办理。

企业外发加工备案信息发生变化的，应当向海关变更有关信息。

（二）以合同为单元管理的，首次外发是指在本手册项下对同一承揽者第一次办理外发加工业务；以企业为单元管理的，首次外发是指本核销周期内对同一承揽者第一次办理外发加工业务。

（三）对全工序外发的，企业应当在外发加工备案时缴纳相当于外发加工货物应缴税款金额的保证金或者保函。企业变更外发加工信息时，涉及企业应缴纳外发加工保证金数量增加的，企业应补缴保证金或者保函。

（四）企业未按规定向海关办理外发加工手续，或者实际外发情况与申报情况不一致的，按照《中华人民共和国海关行政处罚实施条例》有关规定予以处罚。

七、关于《办法》第二十七条

企业申请内部料件串换的，应遵循以下原则：

（一）保税料件之间以及保税料件和进口非保税料件之间的串换，必须符合同品种、同规格、同数量的条件。

（二）保税料件和国产料件（不含深加工结转料件）之间的串换必须符合同品种、同规格、同数量、关税税率为零，且商品不涉及进出口许可证件管理的条件。

（三）经营企业因保税料件与非保税料件之间发生串换，串换下来同等数量的保税料件，经主管海关批准后，由企业自行处置。

八、关于《办法》第二十九条

经营企业因加工贸易出口产品售后服务需要而申请出口加工贸易手册项下进口的未加工保税料件的，可以按“进料料件复出”或者“来料料件复出”的贸易方式直接申报出口。

九、关于《办法》第三十三条

经营企业申请办理加工贸易货物内销手

续，除特别规定外，应当向海关提交下列单证：

（一）主管部门签发的“加工贸易保税进口料件内销批准证”；

（二）经营企业申请内销加工贸易货物的材料；

（三）提交与归类和审价有关的材料。

经营企业申请办理加工贸易货物内销手续，应当如实申报“加工贸易货物内销征税联系单”，凭以办理通关手续。

十、关于《办法》第三十五条

加工贸易料件、成品无法复出口的，按照《中华人民共和国海关关于加工贸易边角料、剩余料件、残次品、副产品和受灾保税货物的管理办法》（海关总署令第111号公布，海关总署令第218号修订）中对剩余料件的有关规定办理。

十一、经营企业申报剩余料件结转的，应当向海关提交下列单证：

（一）经营企业申报剩余料件结转的材料；

（二）经营企业拟结转的剩余料件清单；

（三）海关需要收取的其他单证和材料。

经营企业应当如实申报“加工贸易剩余料件结转联系单”，凭以办理通关手续。

十二、经营企业应当在手册有效期限内进行报核，对经营企业到期手册未报核的，经海关审查，按照《中华人民共和国海关行政处罚实施条例》的有关规定进行处理。

十三、关于《办法》第四十二条

经营企业应按照《中华人民共和国海关报关单位注册登记管理规定》（海关总署令第221号）办理海关注册登记手续。

十四、在启用计算机系统办理相关业务前，暂使用原纸质单证办理。

本公告内容自公布之日起执行。海关总署公告2005年第9号、2010年第93号同时废止。

特此公告。

海关总署

2014年3月24日

中华人民共和国海关总署公告

2014 年第 33 号

（关于加工贸易货物销毁处置有关问题的公告）

根据《中华人民共和国海关对加工贸易货物监管办法》（海关总署令第 219 号）、《中华人民共和国海关关于加工贸易边角料、剩余料件、残次品、副产品和受灾保税货物的管理办法》（海关总署令第 111 号公布，海关总署令第 218 号修订），现就加工贸易货物销毁处置的有关问题公告如下：

一、加工贸易货物销毁处置，是指加工贸易企业对因故无法内销或者退运的边角料、剩余料件、残次品、副产品或者受灾保税货物，向海关申报，委托具有法定资质的单位，采取焚烧、填埋和用其他无害化方式，改变货物物理、化学和生物等特性的处置活动。

二、加工贸易企业应委托工商营业执照的经营范围中列明废物处理的单位进行销毁处置；法律、行政法规对废物处置资质有特殊规定的，从其规定。

三、加工贸易企业向海关申报办理加工贸易货物销毁处置，应提交以下单证资料：

（一）“海关加工贸易货物销毁处置申报表（销毁处置后有收入）”（见附件 1）、“海关加工贸易货物销毁处置申报表（销毁处置后无收入）”（见附件 2）及销毁处置方案；

（二）申报销毁处置的加工贸易货物无法内销或退运的说明；

（三）销毁处置单位的资质证明及企业与该单位签订的委托合同；

（四）海关认为需要提供的其他资料。

申报销毁处置来料加工货物的，应同时提交货物所有人的销毁声明；申报销毁处置残次品的，应同时提交残次品单耗资料以及根据单耗折算的残次品所耗用的原进口料件清单。

四、企业应明确销毁处置时限，及时完成货物销毁处置，并在手册有效期或电子账册核销周期内办理报关手续。

（一）企业销毁处置加工贸易货物未获得收入，销毁处置货物为料件、残次品的，报关适用监管方式为“料件销毁（代码 0200）”（残次品按照单耗关系折成料件，以料件进行申报）；销毁处置货物为边角料、副产品的，报关适用监管方式为“边角料销毁（代码 0400）”。

（二）企业销毁处置加工贸易货物获得收入的，按销毁处置后的货物报验状态向海关申报，报关适用的监管方式为“进料边角料内销（代码 0844）”或“来料边角料内销（代码 0845）”。海关比照边角料内销征税的管理规定办理征税手续。

报关单备注栏内应注明“海关加工贸易货物销毁处置申报表编号”。

五、海关可以派员监督销毁处置加工贸

易货物，企业及销毁处置单位应当给予配合。

六、加工贸易企业报核时应当向海关提交“海关加工贸易货物销毁处置申报表”、处置单位出具的接收单据、“加工贸易货物销毁处置证明”（见附件3）及报关单等单证，海关按照规定办理核销手续。

（一）企业未获得销毁处置收入的，海关凭销毁处置报关单证进行核算核销。

（二）企业获得销毁处置收入，且销毁处置货物为边角料、副产品的，凭“海关加工贸易货物销毁处置申报表”所列明的货物清单及报关单证进行核销。

（三）企业获得销毁处置收入，且销毁处置货物为料件、残次品需按料件核扣手（账）册的，按照“海关加工贸易货物销毁处置申报表”所列明的货物清单及报关单证以料件或折料进行核算核销。

七、企业未如实申报加工贸易货物销毁处置的，海关按照《中华人民共和国海关法》和《中华人民共和国海关行政处罚实施条例》的有关规定进行处理。

本公告内容自2014年5月1日起施行，海关总署公告2009年第56号同时废止。

特此公告。

附件1 海关加工贸易货物销毁处置申报表（销毁处置后有收入）

附件2 海关加工贸易货物销毁处置申报表（销毁处置后无收入）

附件3 加工贸易货物销毁处置证明

海关总署

2014年4月26日

附件1

海关加工贸易货物销毁处置申报表

（销毁处置后有收入）

海关编号：

<table>
<tr><td colspan="2">加工贸易企业名称</td><td colspan="2"></td><td colspan="2">海关注册编码</td><td></td><td>地址</td><td></td><td>联系电话</td><td></td></tr>
<tr><td colspan="2">销毁处置单位名称</td><td colspan="2"></td><td colspan="2">资质文号</td><td></td><td>地址</td><td></td><td>联系电话</td><td></td></tr>
<tr><td colspan="2">手（账）册号</td><td colspan="2"></td><td colspan="7">有效期（核销周期）：　　年　月　日至　　年　月　日</td></tr>
<tr><td colspan="2">销毁处置货物类型（勾选）
及各类货物总值（人民币）</td><td colspan="9">□ 边角料　（￥　　　　）；　□ 副产品（￥　　　　）；
□ 剩余料件（￥　　　　）；　□ 残次品（￥　　　　）。</td></tr>
<tr><td colspan="11">销毁处置方式：□焚烧 □填埋 □粉碎　（勾选）
其他：</td></tr>
<tr><td colspan="4">实施销毁时间：</td><td colspan="7">实施销毁地点：</td></tr>
<tr><td colspan="11">申报销毁处置边角料清单</td></tr>
<tr><td>序号</td><td>商品编号</td><td>商品名称</td><td>规格型号</td><td>数量</td><td>计量单位</td><td>金额</td><td>币制</td><td>销毁处置方式</td><td colspan="2">备注</td></tr>
<tr><td>1</td><td></td><td></td><td></td><td></td><td></td><td></td><td></td><td></td><td colspan="2"></td></tr>
<tr><td>2</td><td></td><td></td><td></td><td></td><td></td><td></td><td></td><td></td><td colspan="2"></td></tr>
<tr><td>3</td><td></td><td></td><td></td><td></td><td></td><td></td><td></td><td></td><td colspan="2"></td></tr>
</table>

可附页									
申报销毁处置副产品清单									
序号	商品编号	商品名称	规格型号	数量	计量单位	金额	币制	销毁处置方式	备注
1									
2									
3									
可附页									

申报销毁处置剩余料件清单											
序号	商品货号	手(账)册料件项号	商品编号	商品名称	规格型号	数量	计量单位	金额	币制	销毁处置方式	备注
1											
2											
3											
可附页											

申报销毁处置残次品清单										
序号	商品货号	商品编号	商品名称	规格型号	数量	计量单位	金额	币制	销毁处置方式	备注
1										
2										
3										
可附页										

兹声明以上申报无讹，并承担法律责任。 企业负责人签名： 加工贸易企业（签章） 年___月___日	海关（签章） 年___月___日

填表说明：

1. 海关编号由海关填写，编码规则为关区代码+［年份］+销+（顺序）号。
2. 手（账）册号栏仅限填入1本或1份手（账）册号。
3. 申报清单中销毁处置方式填写使用代码：A：焚烧；B：填埋；C：粉碎；D：其他。
4. 销毁处置剩余料件、残次品的，手册管理企业免填商品货号。
5. 货物清单可附页。
6. 本表填写一式三联，企业凭海关签章的申报表办理相关业务，第一联企业申报（海关留存）联，第二联通关申报（海关留存）联，第三联留存（企业留存）联。

附件 2

海关加工贸易货物销毁处置申报表

（销毁处置后无收入）

海关编号：

加工贸易企业名称		海关注册编码		地址		联系电话	
销毁处置单位名称		资质文号		地址		联系电话	
手（账）册号		有效期（核销周期）： 年 月 日至 年 月 日					
销毁处置货物类型（勾选）及各类型货物总值（人民币）	□ 边角料 （￥ ）； □ 副产品（￥ ）； □ 剩余料件（￥ ）； □ 残次品（￥ ）。						

销毁处置方式：□焚烧 □填埋 □粉碎 （勾选）
其他：

实施销毁时间：	实施销毁地点：

申报销毁处置边角料清单

序号	商品编号	商品名称	规格型号	数量	计量单位	金额	币制	销毁处置方式	备注
1									
2									
3									

可附页

申报销毁处置副产品清单

序号	商品编号	商品名称	规格型号	数量	计量单位	金额	币制	销毁处置方式	备注
1									
2									
3									

可附页

申报销毁处置剩余料件清单

序号	商品货号	手(账)册料件项号	商品编号	商品名称	规格型号	数量	计量单位	金额	币制	销毁处置方式	备注
1											
2											
3											

可附页

申报销毁处置残次品清单										
序号	商品货号	商品编号	商品名称	规格型号	数量	计量单位	金额	币制	销毁处置方式	备注
1										
2										
3										
可附页										
兹声明以上申报无讹，并承担法律责任。 企业负责人签名： 加工贸易企业（签章） 年　月　日					海关（签章） 年　月　日					

填表说明：

1. 海关编号由海关填写，编码规则为关区代码+［年份］+销+（顺序）号。
2. 手（账）册号栏仅限填入1本或1份手（账）册号。
3. 申报清单中销毁处置方式填写使用代码：A：焚烧；B：填埋；C：粉碎；D：其他。
4. 销毁处置剩余料件、残次品的，手册管理企业免填商品货号。
5. 货物清单可附页。
6. 本表填写一式三联，企业凭海关签章的申报表办理相关业务，第一联企业申报（海关留存）联，第二联通关申报（海关留存）联，第三联留存（企业留存）联。

附件 3

加工贸易货物销毁处置证明

我单位于××××年××月××日接收×××××企业“海关加工贸易货物销毁处置申报表”（海关编号__________）所列海关监管货物，并依《×××××》（合同号__________）约定于××××年××月××日完成对该批货物的销毁处置。具体销毁处置结果如下：

一、销毁处置起止时间

年　月　日开始至　年　月　日结束

二、销毁处置方式

□焚烧　□填埋　□粉碎　　（勾选）

其他：

三、销毁处置后货物状态

□灭失　□未灭失（勾选）

情况说明：

四、销毁处置后货物去向

□返回企业　□未返回企业

情况说明：

五、其他需要说明的情况

以上情况属实。

特此证明。

销毁处置单位（签章）

年　月　日

中华人民共和国海关总署公告

2014 年第 42 号

（关于拓展内贸货物跨境运输试点业务范围的公告）

为落实国家振兴东北老工业基地的战略部署，促进利用境外港口开展内贸货物跨境运输合作，海关总署决定拓展内贸货物跨境运输试点工作的业务范围。现就有关事宜公告如下：

一、允许将粮食、木材、铜等三种涉证商品纳入吉林省内贸货物跨境运输范围；粮食、铜以集装箱运输，木材以散装形式运输。

二、吉林省内贸货物跨境运输进境口岸在原有上海、宁波口岸的基础上，增加黄埔、泉州、汕头和洋浦口岸。

三、允许从事黑龙江省、吉林省内贸货物跨境运输企业使用返程集装箱，运输除涉及出口许可证件管制类商品和涉及征收出口关税商品外的货物；返程货物集装箱由海关在内贸货物跨境运输进境口岸施加关锁，并经内贸货物跨境运输路线运返内贸货物跨境运输出境口岸。

四、其余事项仍依照海关总署公告 2007 年第 5 号、2010 年第 49 号、2011 年第 21 号、2013 年第 61 号实行。

特此公告。

海关总署

2014 年 5 月 30 日

中华人民共和国海关总署公告

2014 年第 54 号

（关于市场采购贸易监管办法及其监管方式有关事宜的公告）

为促进浙江省义乌市市场采购贸易的健康稳定发展，规范对市场采购贸易的管理，根据《中华人民共和国海关法》和其他有关法律、行政法规，现就市场采购贸易方式海关监管有关事宜公告如下：

一、市场采购贸易方式是指由符合条件的经营者在经国家商务主管等部门认定的市场集聚区内采购的、单票报关单商品货值 15 万（含 15 万）美元以下，并在采购地办理出口商品通关手续的贸易方式。

以下出口商品不适用市场采购贸易方式：

（一）国家禁止、限制出口的商品；

（二）未在经认定的市场聚集区内采购的商品；

（三）未经市场采购商品认定体系确认的商品；

（四）使用现金结算的商品；

（五）贸易管制主管部门确定的不适用市场采购贸易方式的商品。

二、地方政府应当将经国家商务主管等部门认定的市场集聚区范围及其商品城、专业市场和专业街名称和地址对外公告，同时向海关备案，并对备案信息的真实性负责。

三、从事市场采购贸易的对外贸易经营者，应当在向市场所在地商务主管部门办理市场采购贸易经营者备案登记后，按照《中华人民共和国海关对报关单位注册登记管理规定》（海关总署令第 221 号）在海关注册登记。

四、对外贸易经营者对其代理出口商品的真实性、合法性承担责任，负责对代理出口商品信息在市场采购商品认定体系中的录入，并通过认定体系提交商户予以确认。

经市场采购商品认定体系确认的商品信息应当通过市场采购贸易综合管理系统与海关实现数据联网共享，海关依托市场采购贸易综合管理系统，对市场采购贸易出口商品实施监管。

五、以市场采购贸易方式出口的商品，申报时在报关单“发货单位”栏除应填写对外贸易经营者单位名称外，需一并在“备注栏”填写采购人的身份信息（姓名、国籍和身份证或护照号码）。

申报时除按规定提交相关纸质报关单证或电子数据信息外，一并提交完整的装箱清单、商户与采购人进行商品交易的原始单据、采购人身份证件复印件等纸质单证或电子数据信息。

六、以市场采购贸易方式出口的商品，每票报关单随附的商品清单所列品种在 10 种以上的可按以下方式实行简化申报：

（一）对符合规定的商品，以中华人民共和国进出口税则中“章”为单位进行归并；

（二）每“章”按价值最大商品的税号作为归并后的税号，价值、数量等也相应归并。

有下列情形之一的商品不适用简化申报：

（一）属于出口货物通关单管理的；

（二）需征收出口关税的；

（三）海关另有规定不适用简化申报的。

适用简化申报措施的商品，对外贸易经营者及其代理人在向海关申报时应当提交市场采购贸易出口商品清单。

七、市场采购贸易出口商品应当在符合《中华人民共和国海关监管场所管理办法》规定要求的海关监管场所内办理商品出口手续。监管场所经营单位发现涉嫌走私违规行为的，应当主动报告海关。

八、对于跨关区转关出口的市场采购贸易出口商品，对外贸易经营者或其代理人应当在采购地海关办理转关出口手续，并在出境地海关办理转关核销手续。

九、对于跨关区转关出口的市场采购贸易出口商品，应当由在海关注册登记的承运人承运。出境地海关负责市场采购贸易商品出口转关运输的途中监管。

十、本公告中的采购地海关是指经认定的商品城、专业市场和专业街所在地的主管地海关。

本公告中的市场集聚区是指各类从事专业经营的商品城、专业市场和专业街。

十一、增列海关监管方式代码“1039”，全（简）称“市场采购”，仅限于在义乌市市场集聚区（范围为义乌国际小商品城、义乌市区各专业市场和专业街）内采购的出口商品。

以上公告内容在市场采购商品认定体系、涵盖市场采购贸易各方经营主体和贸易全流程的市场综合管理系统验收合格及不适用市场采购贸易方式出口商品目录公布后正式实施，具体实施日期由杭州海关另行发布。

市场采购贸易海关监管办法实施细则由杭州海关负责制定实施。

自市场采购（1039）监管方式正式实施之日起6个月后，实施地区不再使用“旅游购物”（0139）监管方式。

市场采购出口货物实施海关统计。

特此公告。

海关总署

2014年7月1日

中华人民共和国海关总署公告

2014 年第 56 号

（关于跨境贸易电子商务进出境货物、物品有关监管事宜的公告）

为做好跨境贸易电子商务（以下简称电子商务）进出境货物、物品监管工作，促进电子商务健康发展，现就电子商务进出境货物、物品监管问题公告如下：

一、监管要求

（一）电子商务企业或个人通过经海关认可并且与海关联网的电子商务交易平台实现跨境交易进出境货物、物品的，按照本公告接受海关监管。

（二）电子商务企业应提交“中华人民共和国海关跨境贸易电子商务进出境货物申报清单”（以下简称“货物清单”，式样见附件 1），采取“清单核放、汇总申报”方式办理电子商务进出境货物报关手续；个人应提交“中华人民共和国海关跨境贸易电子商务进出境物品申报清单”（以下简称“物品清单”，式样见附件 2），采取“清单核放”方式办理电子商务进出境物品报关手续。

“货物清单”、“物品清单”与“进出口货物报关单”等具有同等法律效力。

（三）存放电子商务进出境货物、物品的海关监管场所的经营人，应向海关办理开展电子商务业务的备案手续，并接受海关监管。未办理备案手续的，不得开展电子商务业务。

（四）电子商务企业或个人、支付企业、海关监管场所经营人、物流企业等，应按照规定通过电子商务通关服务平台适时向电子商务通关管理平台传送交易、支付、仓储和物流等数据。

二、企业注册登记及备案管理

（五）开展电子商务业务的企业，如需向海关办理报关业务，应按照海关对报关单位注册登记管理的相关规定，在海关办理注册登记。

上述企业需要变更注册登记信息、注销的，应按照注册登记管理的相关规定办理。

（六）开展电子商务业务的海关监管场所经营人应建立完善的电子仓储管理系统，将电子仓储管理系统的底账数据通过电子商务通关服务平台与海关联网对接；电子商务交易平台应将平台交易电子底账数据通过电子商务通关服务平台与海关联网对接；电子商务企业、支付企业、物流企业应将电子商务进出境货物、物品交易原始数据通过电子商务通关服务平台与海关联网对接。

（七）电子商务企业应将电子商务进出境货物、物品信息提前向海关备案，货物、物品信息应包括海关认可的货物 10 位海关商品编码及物品 8 位税号。

三、电子商务进出境货物、物品通关管理

（八）电子商务企业或个人、支付企业、物流企业应在电子商务进出境货物、物品申报前，分别向海关提交订单、支付、物流等信息。

（九）电子商务企业或其代理人应在运载电子商务进境货物的运输工具申报进境之日起14日内，电子商务出境货物运抵海关监管场所后、装货24小时前，按照已向海关发送的订单、支付、物流等信息，如实填制“货物清单”，逐票办理货物通关手续。个人进出境物品，应由本人或其代理人如实填制“物品清单”，逐票办理物品通关手续。

除特殊情况外，“货物清单”、“物品清单”、“进出口货物报关单”应采取通关无纸化作业方式进行申报。

（十）电子商务企业或其代理人应于每月10日前（当月10日是法定节假日或者法定休息日的，顺延至其后的第一个工作日，第12月的清单汇总应于当月最后一个工作日前完成），将上月结关的“货物清单”依据清单表头同一经营单位、同一运输方式、同一启运国/运抵国、同一进出境口岸，以及清单表体同一10位海关商品编码、同一申报计量单位、同一法定计量单位、同一币制规则进行归并，按照进、出境分别汇总形成“进出口货物报关单”向海关申报。

电子商务企业或其代理人未能按规定将“货物清单”汇总形成“进出口货物报关单”向海关申报的，海关将不再接受相关企业以“清单核放、汇总申报”方式办理电子商务进出境货物报关手续，直至其完成相应汇总申报工作。

（十一）电子商务企业在以“货物清单”方式办理申报手续时，应按照一般进出口货物有关规定办理征免税手续，并提交相关许可证件；在汇总形成“进出口货物报关单”向海关申报时，无须再次办理相关征免税手续及提交许可证件。

个人在以“物品清单”方式办理申报手续时，应按照进出境个人邮递物品有关规定办理征免税手续，属于进出境管制的物品，需提交相关部门的批准文件。

（十二）电子商务企业或个人修改或者撤销“货物清单”、“物品清单”，应参照现行海关进出口货物报关单修改或者撤销等有关规定办理，其中“货物清单”修改或者撤销后，对应的“进出口货物报关单”也应做相应修改或者撤销。

（十三）“进出口货物报关单”上的“进出口日期”以海关接受“进出口货物报关单”申报的日期为准。

（十四）电子商务进出境货物、物品放行后，电子商务企业应按有关规定接受海关开展后续监管。

四、电子商务进出境货物、物品物流监控

（十五）电子商务进出境货物、物品的查验、放行均应在海关监管场所内完成。

（十六）海关监管场所经营人应通过已建立的电子仓储管理系统，对电子商务进出境货物、物品进行管理，并于每月10日前（当月10日是法定节假日或者法定休息日的，顺延至其后的第一个工作日）向海关传送上月进出海关监管场所的电子商务货物、物品总单和明细单等数据。

（十七）海关按规定对电子商务进出境货物、物品进行风险布控和查验。海关实施查验时，电子商务企业、个人、海关监管场所经营人应按照现行海关进出口货物查验等有关规定提供便利，电子商务企业或个人应到场或委托他人到场配合海关查验。

电子商务企业、物流企业、海关监管场

所经营人发现涉嫌违规或走私行为的，应主动报告海关。

（十八）电子商务进出境货物、物品需转至其他海关监管场所验放的，应按照现行海关关于转关货物有关管理规定办理手续。

五、其他事项

（十九）海关依据“进出口货物报关单”、“物品清单”对电子商务实施统计。

（二十）本公告有关用语的含义：

“电子商务企业”是指通过自建或者利用第三方电子商务交易平台开展跨境贸易电子商务业务的境内企业，以及提供交易服务的跨境贸易电子商务第三方平台提供企业。

“个人”是指境内居民。

“电子商务交易平台”是指跨境贸易电子商务进出境货物、物品实现交易、支付、配送并经海关认可且与海关联网的平台。

“电子商务通关服务平台”是指由电子口岸搭建，实现企业、海关以及相关管理部门之间数据交换与信息共享的平台。

“电子商务通关管理平台”是指由中国海关搭建，实现对跨境贸易电子商务交易、仓储、物流和通关环节电子监管执法的平台。

（二十一）海关特殊监管区域、保税监管场所跨境贸易电子商务进出境货物、物品的监管，除另有规定外，参照本公告规定办理。

本公告内容自2014年8月1日起施行，未尽事宜按海关现行规定办理。

特此公告。

附件1　中华人民共和国海关跨境贸易电子商务进出境货物申报清单

附件2　中华人民共和国海关跨境贸易电子商务进出境物品申报清单

海关总署

2014年7月23日

附件 1

中华人民共和国海关跨境贸易电子商务进出境货物申报清单

清单编号：××××-××××-I-×××××××××

订单编号	进/出口口岸代码	进/出口日期	申报日期
报关企业名称	报关企业代码	启运国/运抵国（地区）	指运港代码
收发货人名称	收发货人代码	运费	保费
经营单位名称	经营单位代码	监管场所代码	航班航次号
提（运）单号	运输方式	运输工具名称	包装种类代码
许可证号	件数	毛重（公斤）	净重（公斤）
备注			

项号	海关商品备案编号	商品编码（税号）	商品名称/规格型号	条形码	申报数量/法定数量	申报计量单位/法定计量单位	原产国（地区）/最终目的国（地区）代码	单价	总价	币制

<table>
<tr><td>录入员
录入单位</td><td rowspan="3">兹声明以上申报无讹并承担法律责任

申报单位（签章）
填制日期</td><td>海关审单批注及放行日期（签章）
审单</td></tr>
<tr><td rowspan="2">报关员　单位地址
电话　邮编</td><td>查验</td></tr>
<tr><td>放行</td></tr>
</table>

附件 2

中华人民共和国海关跨境贸易电子商务进出境物品申报清单

清单编号：××××-××××-I-×××××××××

<table>
<tr><td colspan="3">订单编号</td><td>进/出境日期</td><td>申报日期</td></tr>
<tr><td>进/出境口岸</td><td>申报口岸</td><td>运输方式</td><td>运输工具名称</td><td>包装种类</td></tr>
<tr><td>发件人</td><td colspan="2">发件人国别</td><td colspan="2">启运国/运抵国（地区）</td></tr>
<tr><td>收件人</td><td colspan="2">发件人城市</td><td>件数</td><td>重量（千克）</td></tr>
<tr><td>收件人国别</td><td colspan="2">收件人城市</td><td>收件人身份证信息</td><td>收件人电话</td></tr>
<tr><td colspan="5">备注</td></tr>
<tr><td colspan="5">项号　税号　商品名称　规格型号　数量及单位　原产国（地区）单价　总价　币制</td></tr>
<tr><td colspan="5"></td></tr>
</table>

<table>
<tr><td>录入员
录入单位</td><td rowspan="3">兹声明以上申报无讹并承担法律责任

申报单位（人）（签章）
填制日期</td><td>海关批注及日期（签章）
审单</td></tr>
<tr><td rowspan="2">报关员　单位地址
电话　邮编</td><td>查验</td></tr>
<tr><td>放行</td></tr>
</table>

备注：个人自行向海关申报时，“录入员”、“录入单位”、“报关员”、“单位地址”、“邮编”、“电话”无须填写。

中华人民共和国海关总署、中华人民共和国商务部公告

2014 年第 58 号

［海关总署 商务部关于从中国（上海）自由贸易试验区进口的涉及自动进口许可证管理货物开展通关作业无纸化试点的公告］

为进一步深化通关作业无纸化改革，积极推进中国（上海）自由贸易试验区（以下简称自贸试验区）建设和发展，海关总署、商务部决定自 2014 年 8 月 11 日起，对在自贸试验区进口属于自动进口许可管理的有关货物开展通关无纸化应用试点。现将有关事项公告如下：

一、自 2014 年 8 月 11 日起，在自贸试验区以“一批一证”方式进口属于自动进口许可管理的货物，可采用无纸方式向海关申报，但是原油、燃料油除外。海关将通过自动进口许可证联网核查方式验凭自动进口许可证电子数据，企业免于交验纸质自动进口许可证，海关不再进行纸面签注。

二、企业按现行规定申领自动进口许可证。试点期间，限于在自贸试验区以“一批一证”方式进口属于自动进口许可管理的货物，每份进口货物报关单仅能对应一份自动进口许可证。对于以“非一批一证”方式进口的货物暂不进行无纸化通关试点，待条件具备时再行试点。

三、因海关和商务部门审核需要、计算机管理系统故障、其他管理部门需要验凭纸质自动进口许可证等原因，可以转为有纸报关作业或补充提交纸质自动进口许可证。

四、自动进口许可货物通关无纸化应用试点以外事项，按照《货物自动进口许可管理办法》（商务部 海关总署令 2004 年第 26 号）、自动进口许可证联网核查系统公告（商务部 海关总署公告 2013 年第 2 号）和海关深入推进通关作业无纸化改革工作有关事项公告（海关总署公告 2014 年第 25 号）执行。

海关联系方式：全国海关热线电话 12360。

特此公告。

海关总署
商务部
2014 年 8 月 5 日

中华人民共和国海关总署公告

2014 年第 83 号

（关于海关特殊监管区域间保税货物结转管理的公告）

为落实《国务院关于促进海关特殊监管区域科学发展的指导意见》（国发〔2012〕58 号），提高保税货物流转效率，根据《中华人民共和国海关法》和其他有关法律、行政法规，现将海关特殊监管区域间保税货物结转管理有关事宜公告如下：

一、海关特殊监管区域间保税货物流转，按照转关运输的有关规定办理，符合本公告要求的也可以按照下述区间结转方式办理。

二、本公告所称区间结转是指海关特殊监管区域内企业（以下简称转出企业）将保税货物转入其他海关特殊监管区域内企业（以下简称转入企业）的经营活动。

三、区间结转企业可以采用“分批送货、集中报关”的方式办理海关手续，收发货可采用企业自行运输或者比照转关运输的方式进行。

四、区间结转企业应当根据海关对区间结转业务信息化管理的有关规定与海关联网，建立企业保税货物电子底账，并在规定的时限内，通过信息化管理系统，向海关如实申报结转备案、收发货、报关等信息。

五、企业开展区间结转业务，应当按照以下流程向主管海关申报“海关特殊监管区域保税货物结转申报表”（以下简称“申报表”），办理区间结转备案手续：

（一）转入企业填报“申报表”转入信息向转入地主管海关申报。

（二）转入地主管海关确认后，转出企业填报“申报表”相应的转出信息向转出地主管海关申报，转出地主管海关进行确认。

（三）“申报表”从转出地主管海关确认之日起生效，企业可以按照经海关确认后的“申报表”进行实际收发货，办理报关手续。

六、“申报表”应符合以下要求：

（一）一份“申报表”对应转出企业一本电子账册和转入企业一本电子账册。

（二）“申报表”中区间结转保税货物品名、商品编号和计量单位等信息应与企业对应电子账册一致。

（三）区间结转双方对应商品申报计量单位和申报数量应当一致，申报计量单位不一致的法定数量应当一致

（四）区间结转双方的商品编号前 8 位应当一致。

（五）“申报表”有效期一般为半年，最长不超过 1 年，逾期不能发货。

（六）“申报表”由转入地主管海关进行登记编号，编号办法为：“S”（代表区间结转）+转入关别 4 位+年份 2 位+顺序号 5 位。

（七）“申报表”备案后已备案商品不

能变更。

七、企业有下列情形之一的，企业申报的“申报表”海关不予受理：

（一）不符合海关监管要求，被海关责令限期整改，在整改期内的；

（二）涉嫌走私、违规已被海关立案调查，尚未结案的（经海关同意，并已收取担保金的涉案企业除外）；

（三）未按规定要求报关或者收发货的；

（四）企业电子账册被海关暂停进出口的；

（五）其他不符合海关监管条件的。

备案后如发生上述情况，海关可对“申报表”进行暂停处理，在暂停期间企业不能进行收发货，但“申报表”项下已实际收发货的，允许办理报关手续。

八、企业办理区间结转备案手续后，应当按照“申报表”进行实际收发货。企业的每批次收发货，应向海关如实申报，海关予以登记：

（一）转出企业按照“申报表”向转出地主管海关申报区间结转出区核放单，转出地主管海关卡口核放确认后，海关登记发货信息。

（二）转入企业按照“申报表”向转入地主管海关申报对应的区间结转入区核放单，转入地主管海关卡口核放确认后，海关登记收货信息。

九、符合海关监管要求的，区间结转保税货物可由企业自行运输。

进出卡口的企业自行运输工具应经海关备案，并遵守海关对运输工具及其所载货物管理的规定。转出企业可以使用转入企业自行运输工具进行运输。

企业自行运输的线路、时间、在运输途中换装运输工具等事项，需提前向海关报备。

十、区间结转保税货物比照转关运输方式实际收发货的，应按转关运输有关规定使用海关监管车辆运输，施加海关封志。

十一、转出、转入企业每次实际发货、收货后，应当在每次实际发货、收货之日起30日内在各自主管海关按照先报进、后报出的顺序办结集中报关手续，转出与转入报关数据应对碰一致。集中报关手续不得跨年度办理。

转入企业应在结转进口报关之日起2个工作日内将报关情况通知转出企业。

十二、企业实际收发货后，应当按照以下规定办理结转报关手续：

（一）企业按照“申报表”项下实际收货逐批或者多批次合并向主管海关办理报关手续。

（二）企业填制备案清单时，应当按照海关规定如实、准确地向海关申报结转保税货物的品名、商品编号、规格、数量、价格等项目。

一份结转进区备案清单对应一份结转出区备案清单，进区、出区备案清单之间对应的申报序号、商品编号前8位、价格、数量（或折算后数量）应当一致。

出区备案清单中“关联报关单号”栏应填写所对应的进区备案清单号。

备案清单所填写的“关联备案”栏应相互对应，进区备案清单的“关联备案”栏应填写出区企业备案的账册号，出区备案清单的“关联备案”栏应填写进区企业备案的账册号。

随附单证代码填写“K”（深加工结转），进区、出区备案清单随附单证的单证编号栏内填写对应“申报表”编号。

运输方式应当填写“其他”（代码“9”）。

以来料加工贸易方式结转的，企业监管方式应当填写“来料深加工结转”（代码“0255”）；以进料加工贸易方式结转的，企业监管方式应当填写“进料深加工结转”（代码“0654”）。

启抵国（地区）应当填写“中国”（代码“142”）。

（三）企业逐批或者多批次合并向主管海关办理报关手续时，应根据结转双方实际收发货数量确定结转报关数量。实际收货数量与实际发货数量相同的，结转双方按相同数量报关；实际收货数量少于实际发货数量的，结转双方按实际收货数量进行报关，实际发货数量与报关数量差异部分由转出企业向转出地主管海关办理补税手续，如属许可证件管理商品，还应向海关出具有效的进口许可证件；实际收货数量大于实际发货数量的，结转双方按实际发货数量进行报关，实际收货数量与报关数量差异部分由转入企业向转入地海关申报入区备案清单，办理货物入区报关手续。

（四）企业发生申报不实等违规行为的结转货物，经海关按照相关规定作出处罚或者经海关办案部门同意并收取足额担保金后，可以办理报关手续。

（五）企业电子账册核销时，结转双方进出区备案清单应对碰一致，进出区备案清单不能一一对应的，海关不予接受报核。

十三、因质量不符等原因发生退运、退换的，转入企业、转出企业分别在其主管海关按退运、退换的有关规定办理相关手续。

十四、本公告所称保税货物是指经海关批准未办理纳税手续进境或者已办理出口手续未出境，在海关特殊监管区域内储存、加工、装配的货物。

特此公告。

海关总署

2014 年 11 月 19 日

中华人民共和国商务部、中华人民共和国海关总署联合公告

2014 年第 90 号

（关于公布加工贸易禁止类目录的公告）

为保持外贸稳定增长、优化进出口商品结构，现对加工贸易禁止类商品目录进行调整，并将有关事项公告如下：

一、根据 2014 年海关商品编码，调整后的加工贸易禁止类商品目录共计 1871 项商品编码。

二、以下情况，不在加工贸易禁止类商品目录中单列，但按照加工贸易禁止类进行管理：

（一）为种植、养殖等出口产品而进口种子、种苗、种畜、化肥、饲料、添加剂、抗生素等；

（二）生产出口的仿真枪支；

（三）属于国家已经发布的禁止进口货物目录和禁止出口货物目录的商品。

三、本公告适用于海关特殊监管区域，但在本公告发布之日前经工商行政管理部门注册登记、在海关特殊监管区域内设立从事相关商品加工贸易的企业除外。海关特殊监管区域内、外企业均不得将禁止类商品外发进行实质性加工。

四、以下情况，不按加工贸易禁止类管理：

（一）用于深加工结转转入，或从海关特殊监管区域内经实质性加工后出区的商品；

（二）用于深加工结转转出，或进入海关特殊监管区域内再进行实质性加工的商品。

五、新增列入加工贸易禁止类商品目录的商品，在 2014 年 12 月 31 日前已经商务主管部门批准的加工贸易业务（广东企业以实际加工贸易手册设立时间为准），应在合同有效期内执行完毕。以企业为管理单元的联网监管企业允许在 2015 年 6 月 30 日前执行完毕。上述业务到期仍未执行完毕的不予延期，按加工贸易内销、退运或其他规定办理。

六、本公告及所附目录中，所称“实质性加工”参照《关于非优惠原产地规则中实质性改变标准的规定》（海关总署令 2004 年第 122 号）执行。

七、本公告自 2015 年 1 月 1 日起实施，商务部、海关总署 2009 年第 37 号公告和 2010 年第 63 号公告所附目录停止执行。

附件　加工贸易禁止类商品目录

商务部
海关总署
2014 年 12 月 19 日

附件

加工贸易禁止类商品目录

序号	商品编码	商品名称	禁止方式		
1	101210010	改良种用濒危野马	出口		
2	101290010	非改良种用濒危野马	出口		
3	101301010	改良种用的濒危野驴	出口		
4	101309010	非改良种用濒危野驴	出口		
5	102901010	改良种用濒危野牛	出口		
6	106131010	改良种用濒危骆驼及其他濒危骆驼科动物	出口		
7	106139010	其他濒危骆驼及其他濒危骆驼科动物	出口		
8	106141010	改良种用濒危野兔	出口		
9	106149010	其他濒危野兔	出口		
10	106191010	其他改良种用濒危哺乳动物	出口		
11	106199010	其他濒危哺乳动物	出口		
12	106331010	改良种用濒危鸵鸟	出口		
13	106339010	其他濒危鸵鸟	出口		
14	106391010	其他濒危改良种用的鸟	出口		
15	106392910	其他食用濒危鸟	出口		
16	106399010	其他濒危鸟	出口		
17	106491010	其他改良种用濒危昆虫	出口		
18	106499010	其他濒危昆虫	出口		
19	106901110	改良种用濒危蛙苗	出口		
20	106901910	其他改良种用濒危动物	出口		
21	106909010	其他濒危动物	出口		
22	205000010	鲜、冷或冻的濒危野马、野驴肉	出口		
23	207142100	冻的鸡翼		进口	
24	207142200	冻的鸡爪		进口	
25	207142900	冻的其他食用鸡杂碎		进口	
26	207270000	冻的火鸡块及杂碎		进口	
27	208109010	鲜、冷或冻濒危野兔肉及其食用杂碎	出口		
28	208600010	鲜、冷或冻的濒危野生骆驼及其他濒危野生骆驼科动物的肉及食用杂碎	出口		

序号	商品编码	商品名称	禁止方式		
29	208909010	其他鲜、冷或冻的濒危野生动物肉	出口		
30	301110010	观赏用濒危淡水鱼	出口		
31	301190010	观赏用濒危非淡水鱼	出口		
32	301921010	花鳗鲡鱼苗			进出口
33	301921020	欧洲鳗鲡鱼苗			进出口
34	301921090	其他鳗鱼（鳗鲡属）苗			进出口
35	301991910	其他濒危鱼苗	出口		
36	301999310	活的濒危鲤科鱼	出口		
37	301999910	其他濒危活鱼	出口		
38	302810010	鲜或冷濒危鲨鱼（海关特殊监管区域除外，但不得深加工结转和外发加工）		进口	
39	302810090	鲜或冷其他鲨鱼		进口	
40	302899010	其他未列名濒危鲜或冷鱼	出口		
41	302900010	鲜或冷濒危鱼种的肝及鱼卵	出口		
42	303810010	冻濒危鲨鱼		进口	
43	303810090	冻其他鲨鱼（海关特殊监管区域除外，但不得深加工结转和外发加工）		进口	
44	303899010	其他未列名濒危冻鱼	出口		
45	303900010	冻濒危鱼种的肝及鱼卵	出口		
46	304590010	鲜或冷的其他濒危鱼的鱼肉	出口		
47	304890010	冻的其他濒危鱼片	出口		
48	304990010	濒危鱼类其他冻鱼肉	出口		
49	305200010	干、熏、盐制的濒危鱼种肝、卵	出口		
50	305390010	干、盐腌或盐渍的濒危鱼类的鱼片	出口		
51	305599010	其他濒危干鱼，食用杂碎除外	出口		
52	305699010	盐腌及盐渍的其他濒危鱼，食用杂碎除外	出口		
53	305710010	濒危鲨鱼鱼翅（海关特殊监管区域除外，但不得深加工结转和外发加工）		进口	
54	305710090	其他鲨鱼鱼翅（海关特殊监管区域除外，但不得深加工结转和外发加工）		进口	
55	307601010	濒危蜗牛及螺种苗，海螺除外	出口		
56	307609010	其他濒危蜗牛及螺，海螺除外	出口		
57	307911010	活、鲜、冷的濒危软体动物的种苗	出口		

序号	商品编码	商品名称	禁止方式		
58	307919010	其他活、鲜、冷的濒危软体动物	出口		
59	307990010	其他冻、干、盐腌或盐渍的濒危软体动物	出口		
60	308901110	活、鲜或冷的其他濒危水生无脊椎动物的种苗	出口		
61	308901910	活、鲜或冷的其他濒危水生无脊椎动物	出口		
62	308909010	其他冻、干、盐制濒危水生无脊椎动物，包括供人食用的水生无脊椎动物粉、团粒	出口		
63	407110010	孵化用受精的濒危鸡的蛋	出口		
64	407190010	其他孵化用受精濒危禽蛋	出口		
65	407290010	其他鲜的带壳濒危禽蛋	出口		
66	407909010	其他腌制或煮过的带壳濒危野鸟蛋	出口		
67	410001000	燕窝（海关特殊监管区域除外，但不得深加工结转和外发加工）		进口	
68	410009010	其他编号未列名濒危野生动物产品	出口		
69	502901910	濒危獾毛及其他制刷用濒危兽毛	出口		
70	502902010	濒危獾毛及其他制刷濒危兽毛废料	出口		
71	505100010	填充用濒危野生禽类羽毛，羽绒	出口		
72	505909010	其他濒危野生禽类羽毛，羽绒	出口		
73	506100000	经酸处理的骨胶原及骨			进出口
74	506901190	含牛羊成分的骨粉			进出口
75	506901990	其他骨粉			进出口
76	506909021	已脱胶的豹骨			进出口
77	506909029	未脱胶的豹骨			进出口
78	506909031	已脱胶的濒危野生动物的骨及角柱			进出口
79	506909039	未脱胶的濒危野生动物的骨及角柱			进出口
80	506909091	已脱胶的其他骨及角柱			进出口
81	506909099	未脱胶的其他骨及角柱			进出口
82	507100020	其他濒危野生兽牙、兽牙粉末及废料	出口		
83	507901000	羚羊角及其粉末和废料			进出口
84	507902000	鹿茸及其粉末（海关特殊监管区域除外，但不得深加工结转和外发加工）		进口	
85	507909000	龟壳，鲸须，鲸须毛，鹿角及其他角			进出口
86	508001010	珊瑚及濒危水产品的粉末、废料			进出口
87	508001090	其他水产品壳、骨的粉末及废料			进出口

序号	商品编码	商品名称	禁止方式		
88	508009010	珊瑚及濒危水产品的壳、骨			进出口
89	508009090	其他水产品的壳、骨			进出口
90	510009010	其他濒危野生动物胆汁及其他产品	出口		
91	511100010	濒危野生牛的精液	出口		
92	511911110	濒危鱼的受精卵	出口		
93	511911910	濒危鱼的非食用产品	出口		
94	511919010	濒危水生无脊椎动物产品	出口		
95	511991010	濒危野生动物精液（牛的精液除外）	出口		
96	511992010	濒危野生动物胚胎	出口		
97	511999010	其他编号未列名濒危野生动物产品	出口		
98	601109191	种用休眠其他濒危植物鳞茎等	出口		
99	601109991	其他休眠濒危植物鳞茎等	出口		
100	601200091	生长或开花的其他濒危植物鳞茎等	出口		
101	602100010	濒危植物的无根插枝及接穗	出口		
102	602909991	其他濒危活植物	出口		
103	603190010	鲜的濒危植物插花及花蕾	出口		
104	603900010	干或染色等加工濒危插花及花蕾	出口		
105	604209010	其他鲜濒危植物枝、叶或其他部分，草	出口		
106	604909010	其他染色或经加工濒危植物枝、叶或其他部分，草等	出口		
107	714909091	含高淀粉或菊粉其他濒危类似根茎	出口		
108	802903020	鲜或干的其他濒危松子仁	出口		
109	802909020	鲜或干的其他濒危松子	出口		
110	811909022	冷冻的其他濒危松子	出口		
111	812900022	暂时保存的其他濒危松子	出口		
112	1211201000	鲜或干的西洋参（海关特殊监管区域除外，但不得深加工结转和外发加工）		进口	
113	1211903991	其他主要用作药料鲜或干濒危植物	出口		
114	1211905091	其他主要用作香料的濒危植物	出口		
115	1211909991	其他鲜或干杀虫、杀菌用濒危植物	出口		
116	1212999910	其他供人食用濒危植物产品	出口		
117	1301904010	濒危松科植物的松脂	出口		
118	1301909091	其他濒危植物的天然树胶、树脂	出口		

序号	商品编码	商品名称	禁止方式		
119	1302199013	供制农药用的濒危植物液汁及浸膏	出口		
120	1302199097	其他濒危植物液汁及浸膏	出口		
121	1302399010	未列名濒危植物胶液及增稠剂	出口		
122	1401200010	濒危藤	出口		
123	1504300010	濒危哺乳动物的油、脂及其分离品	出口		
124	1506000010	其他濒危动物为原料制取的脂肪	出口		
125	1520000000	粗甘油、甘油水及甘油碱液	进口		
126	1601001010	濒危野生动物肉，杂碎，血制天然肠衣香肠	出口		
127	1601002010	濒危野生动物肉，杂碎，血制其他肠衣香肠	出口		
128	1601003010	用含濒危野生动物成分的香肠制的食品	出口		
129	1602100010	含濒危野生动物成分的均化食品	出口		
130	1602501010	含濒危野牛肉的罐头	出口		
131	1602509010	其他制作或保藏濒危野牛肉，杂碎	出口		
132	1602901010	其他濒危野生动物肉及杂碎罐头	出口		
133	1602909010	制作或保藏其他濒危野生动物肉	出口		
134	1603000010	含濒危野生动物及鱼类成分的肉	出口		
135	1604199010	制作或保藏的濒危鱼类	出口		
136	1604201910	非整条或切块的濒危鱼罐头	出口		
137	1604209910	其他制作或保藏的濒危鱼	出口		
138	1605590010	其他制作或保藏的濒危软体动物	出口		
139	1605690010	其他制作或保藏的濒危水生无脊椎动物	出口		
140	1703100000	甘蔗糖蜜		进口	
141	1703900000	其他糖蜜		进口	
142	2103901000	味精			进出口
143	2106903010	含濒危植物成分的蜂王浆制剂	出口		
144	2106909010	含濒危动植物成分的其他编号未列名食品	出口		
145	2202100010	含濒危动植物成分加味、加糖或其他甜物质的水	出口		
146	2202900011	含濒危动植物成分散装无酒精饮料	出口		
147	2202900091	含濒危动植物成分其他包装无酒精饮料	出口		
148	2207100000	酒精浓度在80%及以上的未改性乙醇			进出口
149	2207200010	任何浓度的改性乙醇			进出口
150	2207200090	任何浓度的其他酒精			进出口

序号	商品编码	商品名称	禁止方式		
151	2208909021	含濒危野生动植物成分的薯类蒸馏酒	出口		
152	2208909091	含濒危野生动植物成分的其他蒸馏酒及酒精饮料	出口		
153	2501001100	食用盐	出口		
154	2501001900	其他盐	出口		
155	2501002000	纯氯化钠	出口		
156	2502000000	未焙烧的黄铁矿			进出口
157	2503000000	各种硫磺	出口		
158	2504101000	鳞片状天然石墨	出口		
159	2504109900	其他粉末状天然石墨	出口		
160	2504900000	其他天然石墨	出口		
161	2505900010	标准砂	出口		
162	2506100000	石英（天然砂除外）	出口		
163	2506200000	石英岩	出口		
164	2507001000	不论是否煅烧的高岭土	出口		
165	2507009000	不论是否煅烧的其他高岭土类似土	出口		
166	2508100000	膨润土，无论是否煅烧	出口		
167	2508300000	耐火黏土，无论是否煅烧	出口		
168	2508400000	其他黏土，无论是否煅烧	出口		
169	2508500000	红柱石、蓝晶石及硅线石，不论是否煅烧	出口		
170	2508600000	富铝红柱石	出口		
171	2508700010	火泥	出口		
172	2508700090	第纳斯土	出口		
173	2509000000	白垩	出口		
174	2510101000	未碾磨磷灰石			进出口
175	2510109000	其他未碾磨天然磷酸钙			进出口
176	2510201000	已碾磨磷灰石			进出口
177	2510209000	其他已碾磨天然磷酸钙			进出口
178	2511100000	天然硫酸钡（重晶石）	出口		
179	2511200000	天然碳酸钡（毒重石）	出口		
180	2512001000	硅藻土	出口		
181	2512009000	其他硅质化石粗粉及类似的硅质土	出口		
182	2513100000	浮石	出口		

序号	商品编码	商品名称	禁止方式		
183	2513200000	刚玉岩、天然刚玉砂等天然磨料	出口		
184	2515110000	原状或粗加修整的大理石及石灰华	出口		
185	2515120000	矩形大理石及石灰华	出口		
186	2515200000	其他石灰质碑用或建筑用石，蜡石	出口		
187	2516110000	原状或粗加修整花岗岩	出口		
188	2516120000	矩形花岗岩	出口		
189	2516200001	原状或粗加修整砂岩	出口		
190	2516200090	矩形（包括正方形）砂岩	出口		
191	2516900000	其他碑用或建筑用石	出口		
192	2518100000	未煅烧或烧结的白云石	出口		
193	2518200000	已煅烧或烧结的白云石	出口		
194	2518300000	夯混白云石	出口		
195	2519100000	天然碳酸镁（菱镁矿）	出口		
196	2519901000	熔凝镁氧矿	出口		
197	2519902000	烧结镁氧矿（重烧镁）	出口		
198	2519903000	碱烧镁（轻烧镁）	出口		
199	2519909100	化学纯氧化镁	出口		
200	2519909910	其他氧化镁含量在70%以上的矿产品	出口		
201	2519909990	其他氧化镁	出口		
202	2520100000	生石膏，硬石膏	出口		
203	2520201000	牙科用熟石膏	出口		
204	2520209000	其他熟石膏	出口		
205	2521000000	石灰石助熔剂，石灰石及其他钙石		进口	
206	2522100000	生石灰		进口	
207	2522200000	熟石灰		进口	
208	2522300000	水硬石灰		进口	
209	2523100000	水泥熟料	出口		
210	2523210000	白水泥，不论是否人工着色	出口		
211	2523290000	其他硅酸盐水泥	出口		
212	2523300000	矾土水泥	出口		
213	2523900000	其他水凝水泥	出口		
214	2524901010	长纤维阳起石棉	出口		

序号	商品编码	商品名称	禁止方式		
215	2524909010	其他阳起石棉	出口		
216	2525200000	云母粉	出口		
217	2525300000	云母废料	出口		
218	2526101000	未破碎及未研粉的天然冻石	出口		
219	2526102000	未破碎及未研粉的滑石	出口		
220	2526201000	已破碎或已研粉的天然冻石	出口		
221	2526202001	滑石粉	出口		
222	2526202090	已破碎或已研粉的其他天然滑石	出口		
223	2528001000	天然硼砂及其精矿	出口		
224	2528009000	其他天然硼酸盐及精矿；天然粗硼酸，含硼酸干重不超过85%	出口		
225	2529100000	长石	出口		
226	2529210000	按重量计氟化钙含量≤97%的萤石	出口		
227	2529220000	按重量计氟化钙含量>97%的萤石	出口		
228	2529300000	白榴石，霞石及霞石正长岩	出口		
229	2530101000	未膨胀的绿泥石	出口		
230	2530102000	未膨胀的蛭石及珍珠岩	出口		
231	2530200000	硫镁矾矿及泻盐矿（天然硫酸镁）	出口		
232	2530901000	矿物性药材	出口		
233	2530902010	按重量计中重稀土总含量≥30%的稀土金属矿	出口		进出口
234	2530902090	其他稀土金属矿	出口		
235	2530909100	硅灰石	出口		
236	2530909901	天青石	出口		
237	2530909902	锂辉石矿	出口		
238	2530909910	废镁砖	出口		
239	2530909920	叶腊石	出口		
240	2530909930	未煅烧的水镁石	出口		
241	2530909992	其他品目未列名氧化镁含量在70%及以上的矿产品	出口		
242	2530909999	其他矿产品	出口		
243	2601111000	未烧结铁矿砂及其精矿（非钢铁冶炼行业除外）		进口	
244	2601112000	未烧结铁矿砂及其精矿（非钢铁冶炼行业除外）		进口	
245	2601119000	平均粒度大于6.3毫米的未烧结铁矿砂及其精矿（非钢铁冶炼行业除外）		进口	

序号	商品编码	商品名称	禁止方式		
246	2601120000	已烧结铁矿砂及其精矿（非钢铁冶炼行业除外）		进口	
247	2601200000	焙烧黄铁矿		进口	
248	2602000000	锰矿砂及其精矿		进口	
249	2603000010	铜矿砂及其精矿		进口	
250	2603000090	铜矿砂及其精矿		进口	
铜矿砂 2 个商品编码，按照《商务部海关总署关于开展铜精矿加工贸易有关问题的通知》（商产函〔2009〕3 号）执行					
251	2604000001	镍矿砂及其精矿（黄金价值部分）		进口	
252	2604000090	镍矿砂及其精矿（非黄金价值部分）（进口硫化镍精矿出口电镍 7502109000 的除外）		进口	
253	2606000000	铝矿砂及其精矿		进口	
254	2607000001	铅矿砂及其精矿（黄金价值部分）		进口	
255	2607000090	铅矿砂及其精矿（非黄金价值部分）		进口	
256	2608000001	灰色饲料氧化锌（氧化锌 ZnO 含量大于 80%）		进口	
257	2608000090	其他锌矿砂及其精矿		进口	
258	2609000000	锡矿砂及其精矿		进口	
259	2610000000	铬矿砂及其精矿		进口	
260	2611000000	钨矿砂及其精矿		进口	
261	2612100000	铀矿砂及其精矿		进口	
262	2612200000	钍矿砂及其精矿		进口	
263	2613100000	已焙烧钼矿砂及其精矿		进口	
264	2613900000	其他钼矿砂及其精矿		进口	
265	2614000000	钛矿砂及其精矿		进口	
266	2615100000	锆矿砂及其精矿		进口	
267	2615901000	水合钽铌原料		进口	
268	2615909010	铌，钽精矿及其矿砂		进口	
269	2615909090	钒矿砂；钒精矿		进口	
270	2616100000	银矿砂及其精矿		进口	
271	2616900001	黄金矿砂		进口	
272	2616900009	其他贵金属矿砂及其精矿		进口	
273	2617101000	生锑（锑精矿，选矿产品）		进口	
274	2617109001	其他锑矿砂及其精矿（黄金价值部分）		进口	

序号	商品编码	商品名称	禁止方式		
275	2617109090	其他锑矿砂及其精矿（非黄金价值部分）		进口	
276	2617901000	朱砂（辰砂）		进口	
277	2617909000	其他矿砂及其精矿		进口	
278	2618001001	主要含锰的冶炼钢铁产生的粒状熔渣，含锰量>25 %		进口	
279	2619000010	轧钢产生的氧化皮		进口	
280	2619000021	冶炼钢铁所产生的含钒浮渣、熔渣，五氧化二钒含量>20%		进口	
281	2619000029	其他冶炼钢铁所产生的含钒浮渣、熔渣		进口	
282	2619000030	含铁大于80%的冶炼钢铁生产的渣钢	出口		
283	2620190010	含锌大于12%的烧结铅锌冶炼矿渣		进口	
284	2620999011	含其他金属及其化合物的矿渣、矿灰及残渣，五氧化二钒>20%（冶炼钢铁所产生的除外）		进口	
285	2620999019	含其他金属及其化合物的矿渣、矿灰及残渣，10%<五氧化二钒≤20%的（冶炼钢铁所产生的除外）		进口	
286	2620999020	含铜大于10%的铜冶炼转炉渣；其他铜冶炼渣			进出口
287	2701110090	无烟煤滤料			进出口
288	2701121000	未制成型的炼焦煤			进出口
289	2701129000	其他烟煤			进出口
290	2701190000	其他煤			进出口
291	2701200000	煤砖、煤球及类似用煤制固体燃料		进口	
292	2702100000	褐煤			进出口
293	2703000090	泥煤（包括肥料用泥煤）			进出口
294	2704001000	焦炭或半焦炭			进出口
295	2704009000	甑炭			进出口
296	2705000010	煤气			进出口
297	2705000090	水煤气、炉煤气及类似气体			进出口
298	2706000001	含蒽油≥50%及沥青≥40%的“炭黑油”			进出口
299	2706000090	其他从煤、褐煤或泥煤蒸馏所得的焦油及矿物焦油			进出口
300	2707100000	粗苯	出口		
301	2707200000	粗甲苯	出口		
302	2707300000	粗二甲苯	出口		
303	2707400000	萘	出口		
304	2707500000	其他芳烃混合物	出口		

序号	商品编码	商品名称	禁止方式		
305	2707910000	杂酚油	出口		
306	2707991000	酚	出口		
307	2707999000	蒸馏煤焦油所得的其他产品	出口		
308	2708100000	沥青			进出口
309	2708200001	针状沥青焦			进出口
310	2708200090	其他沥青焦			进出口
311	2710121001	车用汽油及航空汽油，不含生物柴油（铅含量每升≤0.013 克）		进口	
312	2710121002	车用汽油及航空汽油，不含生物柴油（铅含量>0.013 克）		进口	
313	2710123000	橡胶溶剂油、油漆溶剂油、抽提溶剂油，不含生物柴油	出口		
314	2710129101	壬烯，不含生物柴油	出口		
315	2710129190	其他壬烯，不含生物柴油	出口		
316	2710129910	异戊烯同分异构体混合物，不含生物柴油	出口		
317	2710129990	其他轻油及制品，不含生物柴油	出口		
318	2710191100	航空煤油，不含生物柴油		进口	
319	2710191200	灯用煤油，不含生物柴油		进口	
320	2710191910	正构烷烃（C9~C13），不含生物柴油	出口		
321	2710191990	其他煤油馏分的油及制品，不含生物柴油	出口		
322	2710192200	5~7 号燃料油，不含生物柴油		进口	
323	2710192310	车用、普通柴油，不含生物柴油		进口	
324	2710192910	蜡油，不含生物柴油（进口蜡油出口非成品油的除外）			进出口
325	2710192390	其他柴油，不含生物柴油			进出口
326	2710192990	其他柴油及燃料油，不含生物柴油		进口	
327	2710199900	其他重油；其他重油制品，不含生物柴油			进出口
328	2711140010	液化的乙烯			进出口
329	2711290010	其他气态石油气		进口	
330	2711290090	其他气态烃类气		进口	
331	2713111000	硫的重量百分比小于 3%的未煅烧石油焦		进口	
332	2713119000	其他未煅烧石油焦		进口	
333	2713129000	其他已煅烧石油焦		进口	
334	2713200000	石油沥青		进口	
335	2714100000	沥青页岩、油页岩及焦油砂			进出口
336	2714901000	天然沥青（地沥青）			进出口

序号	商品编码	商品名称	禁止方式		
337	2714902000	乳化沥青			进出口
338	2714909000	沥青岩			进出口
339	2715000000	天然沥青等为基本成分沥青混合物			进出口
340	2801100000	氯	出口		
341	2801200000	碘	出口		
342	2801301000	氟	出口		
343	2801302000	溴	出口		
344	2802000000	升华、沉淀、胶态硫磺	出口		
345	2803000000	碳	出口		
346	2804100000	氢	出口		
347	2804210000	氩	出口		
348	2804290000	其他稀有气体	出口		
349	2804300000	氮	出口		
350	2804400000	氧	出口		
351	2804500010	颗粒<500μm 的硼及其合金	出口		
352	2804500020	能量密度>40MJ/kg 的硼浆	出口		
353	2804619011	含硅量>99.9999999%的多晶硅废碎料	出口		
354	2804619019	其他含硅量>99.9999999%的多晶硅	出口		
355	2804619091	其他含硅量≥99.99%的硅废碎料	出口		
356	2804619099	其他含硅量≥99.99%的硅	出口		
357	2804690000	其他含硅量<99.99%的硅			进出口
358	2804701000	黄磷（白磷）			进出口
359	2804709010	红磷			进出口
360	2804709090	其他磷			进出口
361	2804800000	砷	出口		
362	2805110000	钠	出口		
363	2805120010	高纯度钙	出口		
364	2805120090	其他钙	出口		
365	2805190000	其他碱金属及碱土金属	出口		
366	2805301100	钕	出口		
367	2805301200	镝	出口		
368	2805301300	铽	出口		

序号	商品编码	商品名称	禁止方式		
369	2805301400	镧	出口		
370	2805301510	颗粒<500μm 的铈及其合金	出口		
371	2805301590	其他金属铈	出口		
372	2805301600	金属镨	出口		
373	2805301700	金属钇	出口		
374	2805301913	金属钐	出口		
375	2805301914	金属铕	出口		
376	2805301915	金属钪	出口		
377	2805301990	其他稀土金属	出口		
378	2805302110	按重量计中重稀土总含量≥30%电池级的稀土金属、钪及钇	出口		
379	2805302190	其他电池级的稀土金属、钪及钇	出口		
380	2805302910	按重量计中重稀土总含量≥30%的其他稀土金属、钪及钇	出口		
381	2805302990	其他稀土金属、钪及钇	出口		
382	2805400000	汞	出口		
383	2806100000	氯化氢（盐酸）	出口		
384	2806200000	氯磺酸	出口		
385	2807000010	硫酸	出口		
386	2807000090	发烟硫酸	出口		
387	2808000010	红发烟硝酸	出口		
388	2808000090	磺硝酸及其他硝酸	出口		
389	2809100000	五氧化二磷	出口		
390	2809201100	食品级磷酸	出口		
391	2809201900	其他磷酸及偏磷酸、焦磷酸	出口		
392	2809209000	其他多磷酸	出口		
393	2810001000	硼的氧化物	出口		
394	2810002000	硼酸	出口		
395	2811110000	氢氟酸	出口		
396	2811191000	氢氰酸	出口		
397	2811192000	硒化氢	出口		
398	2811199010	氢碘酸	出口		
399	2811199020	砷酸、焦砷酸、偏砷酸	出口		
400	2811199090	其他无机酸	出口		

序号	商品编码	商品名称	禁止方式		
401	2811210000	二氧化碳	出口		
402	2811221000	二氧化硅硅胶	出口		
403	2811229000	其他二氧化硅	出口		
404	2811290010	三氧化二砷、五氧化二砷	出口		
405	2811290020	四氧化二氮	出口		
406	2812103000	碳酰二氯（光气）	出口		
407	2812104100	一氯化硫（氯化硫）	出口		
408	2812104200	二氯化硫	出口		
409	2812104300	三氯化磷	出口		
410	2812104400	三氯化砷	出口		
411	2812104500	五氯化磷	出口		
412	2812104900	其他非金属氯化物	出口		
413	2812109000	其他非金属氯氧化物	出口		
414	2812909090	其他非金属卤化物及卤氧化物	出口		
415	2812901100	三氟化氮	出口		
416	2812901910	三氟化氯	出口		
417	2812901920	三氟化砷	出口		
418	2812901930	硫酰氟	出口		
419	2812909010	三溴化砷，三碘化砷	出口		
420	2813100000	二硫化碳	出口		
421	2813900010	五硫化二磷	出口		
422	2813900020	三硫化二磷	出口		
423	2813900090	其他非金属硫化物	出口		
424	2814100000	氨	出口		
425	2814200010	氨水（含量≥10%）	出口		
426	2814200090	其他氨水	出口		
427	2815300000	过氧化钠及过氧化钾	出口		
428	2816100010	过氧化镁	出口		
429	2816100090	氢氧化镁	出口		
430	2816400000	锶或钡的氧化物、氢氧化物	出口		
431	2817001000	氧化锌	出口		
432	2817009000	过氧化锌	出口		

序号	商品编码	商品名称	禁止方式		
433	2818101000	棕刚玉	出口		
434	2818109000	其他人造刚玉	出口		
435	2818200000	氧化铝，但人造刚玉除外（非电解铝行业除外）		进口	
436	2818300000	氢氧化铝	出口		
437	2819100000	三氧化铬	出口		
438	2820100000	二氧化锰	出口		
439	2820900000	其他锰的氧化物	出口		
440	2821200000	土色料	出口		
441	2823000000	钛的氧化物	出口		
442	2824100000	一氧化铅（铅黄，黄丹）	出口		
443	2824901000	铅丹及铅橙［四氧化（三）铅］	出口		
444	2824909000	其他铅的氧化物	出口		
445	2825101010	纯度 70%及以上的水合肼			进出口
446	2825101090	纯度 70%以下的水合肼			进出口
447	2825109000	其他肼、胲及其无机盐	出口		
448	2825201000	氢氧化锂	出口		
449	2825209000	锂的氧化物	出口		
450	2825301000	五氧化二钒	出口		
451	2825309000	其他钒的氧化物及氢氧化物	出口		
452	2825400000	镍的氧化物及氢氧化物	出口		
453	2825500000	铜的氧化物及氢氧化物	出口		
454	2825600001	锗的氧化物	出口		
455	2825600090	二氧化锆	出口		
456	2825700000	钼的氧化物及氢氧化物	出口		
457	2825901100	钨酸	出口		
458	2825901200	三氧化钨	出口		
459	2825901910	蓝色氧化钨	出口		
460	2825901990	其他钨的氧化物及氢氧化物	出口		
461	2825909000	其他金属的氧化物及氢氧化物	出口		
462	2826121000	无水氟化铝	出口		
463	2826129000	其他氟化铝	出口		
464	2826191010	氟化氢铵	出口		

序号	商品编码	商品名称	禁止方式		
465	2826191090	其他铵的氟化物	出口		
466	2826192010	氟化钠	出口		
467	2826192020	氟化氢钠	出口		
468	2826192090	其他钠的氟化物	出口		
469	2826199010	氟化钾	出口		
470	2826199020	氟化氢钾	出口		
471	2826199030	氟化铅，四氟化铅，氟化镉	出口		
472	2826199090	其他氟化物	出口		
473	2826901000	氟硅酸盐	出口		
474	2826909010	氟钽酸钾	出口		
475	2826909090	氟铝酸盐及其他氟络盐	出口		
476	2827101000	肥料用氯化铵	出口		
477	2827109000	非肥料用氯化铵	出口		
478	2827200000	氯化钙	出口		
479	2827310000	氯化镁	出口		
480	2827320000	氯化铝	出口		
481	2827350000	氯化镍	出口		
482	2827391000	氯化锂	出口		
483	2827392000	氯化钡	出口		
484	2827410000	铜的氯氧化物及氢氧基氯化物	出口		
485	2827499000	其他氯氧化物及氢氧基氯化物	出口		
486	2827510000	溴化钠及溴化钾	出口		
487	2827590000	其他溴化物及溴氧化物	出口		
488	2827600000	碘化物及碘氧化物	出口		
489	2829110000	氯酸钠	出口		
490	2829199000	其他氯酸盐	出口		
491	2829900010	颗粒<500μm 的球形高氯酸铵	出口		
492	2829900090	其他高氯酸盐，溴酸盐等	出口		
493	2830101000	硫化钠	出口		
494	2830109000	其他钠的硫化物	出口		
495	2830902000	硫化锑	出口		
496	2830909000	其他硫化物、多硫化物	出口		

序号	商品编码	商品名称	禁止方式		
497	2831101000	钠的连二亚硫酸盐	出口		
498	2831102000	钠的次硫酸盐	出口		
499	2831900000	其他连二亚硫酸盐及次硫酸盐	出口		
500	2832100000	钠的亚硫酸盐	出口		
501	2832200000	其他亚硫酸盐	出口		
502	2832300000	硫代硫酸盐	出口		
503	2833110000	硫酸二钠	出口		
504	2833190000	钠的其他硫酸盐	出口		
505	2833210000	硫酸镁	出口		
506	2833220000	硫酸铝	出口		
507	2833240000	镍的硫酸盐	出口		
508	2833250000	铜的硫酸盐	出口		
509	2833270000	硫酸钡	出口		
510	2833291000	硫酸亚铁	出口		
511	2833293000	硫酸锌	出口		
512	2833301000	钾铝矾	出口		
513	2833309000	其他矾	出口		
514	2833400000	过硫酸盐	出口		
515	2834100000	亚硝酸盐	出口		
516	2834211000	肥料用硝酸钾	出口		
517	2834219000	非肥料用硝酸钾	出口		
518	2834291000	硝酸钴	出口		
519	2834299001	硝酸钡	出口		
520	2834299090	其他硝酸盐	出口		
521	2835311000	食品级的三磷酸钠（三聚磷酸钠）	出口		
522	2835319000	其他三磷酸钠（三聚磷酸钠）	出口		
523	2836200000	碳酸钠（纯碱）	出口		
524	2836300000	碳酸氢钠（小苏打）	出口		
525	2836400000	钾的碳酸盐	出口		
526	2836500000	碳酸钙	出口		
527	2836600000	碳酸钡	出口		
528	2836910000	锂的碳酸盐	出口		

序号	商品编码	商品名称	禁止方式		
529	2836920000	锶的碳酸盐	出口		
530	2836991000	碳酸镁	出口		
531	2836994000	商品碳酸铵及其他铵的碳酸盐	出口		
532	2837111000	氰化钠	出口		
533	2837112000	氧氰化钠	出口		
534	2837191000	氰化钾	出口		
535	2837199011	氰化锌，氰化亚铜，氰化铜	出口		
536	2837199012	氰化镍，氰化钙	出口		
537	2837199013	氰化钡，氰化镉，氰化铅	出口		
538	2837199014	氰化钴	出口		
539	2837199090	其他氰化物及氧氰化物	出口		
540	2837200011	氰化镍钾，氰化钠铜锌	出口		
541	2837200012	氰化亚铜（三）钠，氰化亚铜（三）钾	出口		
542	2837200090	其他氰络合物	出口		
543	2839191000	硅酸钠	出口		
544	2839199000	其他钠盐	出口		
545	2839900010	硅酸铅	出口		
546	2839900090	其他硅酸盐，商品碱金属硅酸盐	出口		
547	2840190000	其他四硼酸钠	出口		
548	2840200000	其他硼酸盐	出口		
549	2840300000	过硼酸盐	出口		
550	2841300000	重铬酸钠	出口		
551	2841500000	其他铬酸盐及重铬酸盐，过铬酸盐	出口		
552	2841701000	钼酸铵	出口		
553	2841709000	其他钼酸盐	出口		
554	2841801000	仲钨酸铵	出口		
555	2841802000	钨酸钠	出口		
556	2841803000	钨酸钙	出口		
557	2841804000	偏钨酸铵	出口		
558	2841809000	其他钨酸盐	出口		
559	2842100000	硅酸复盐及硅酸络盐	出口		
560	2842901100	硫氰酸钠	出口		

序号	商品编码	商品名称	禁止方式		
561	2842901910	其他硫氰酸盐	出口		
562	2842901990	雷酸盐及氰酸盐	出口		
563	2842909013	亚砷酸钠，亚砷酸钾，亚砷酸钙	出口		
564	2842909014	亚砷酸锶，亚砷酸钡，亚砷酸铁	出口		
565	2842909015	亚砷酸铜，亚砷酸锌，亚砷酸铅	出口		
566	2842909016	亚砷酸锑，砷酸铵，砷酸氢二铵	出口		
567	2842909017	砷酸钠，砷酸氢二钠，砷酸二氢钠	出口		
568	2842909018	砷酸钾，砷酸二氢钾，砷酸镁	出口		
569	2842909019	砷酸钙，砷酸钡，砷酸铁	出口		
570	2842909021	砷酸亚铁，砷酸铜，砷酸锌	出口		
571	2842909022	砷酸铅，砷酸锑，偏砷酸钠	出口		
572	2842909023	硒化铅，硒化镉	出口		
573	2843210000	硝酸银	出口		
574	2843290010	氰化银，氰化银钾，亚砷酸银	出口		
575	2843290090	其他银化合物	出口		
576	2844100000	天然铀及其化合物	出口		
577	2844200000	U235 浓缩铀，钚及其化合物	出口		
578	2844300000	U235 贫化铀，钍及其化合物	出口		
579	2844401010	镭-226 及其化合物、混合物	出口		
580	2844401090	其他镭及镭盐	出口		
581	2844402000	放射性钴及放射性钴盐	出口		
582	2844409010	铀-233 及其化合物	出口		
583	2844409090	其他放射性元素同位素及其化合物	出口		
584	2844500000	核反应堆已耗尽的燃料元件	出口		
585	2845100000	重水（氧化氘）	出口		
586	2845900010	除重水外的氘及氘化物	出口		
587	2845900020	硼-10 同位素及其化合物、混合物	出口		
588	2845900030	富集锂-6 同位素及其化合物混合物	出口		
589	2845900090	其他同位素及其他化合物	出口		
590	2846101000	氧化铈	出口		
591	2846102000	氢氧化铈	出口		
592	2846103000	碳酸铈	出口		

序号	商品编码	商品名称	禁止方式		
593	2846109010	氰化铈	出口		
594	2846109090	铈的其他化合物	出口		
595	2846901100	氧化钇	出口		
596	2846901200	氧化镧	出口		
597	2846901300	氧化钕	出口		
598	2846901400	氧化铕	出口		
599	2846901500	氧化镝	出口		
600	2846901600	氧化铽	出口		
601	2846901700	氧化镨	出口		
602	2846901920	氧化铒	出口		
603	2846901930	氧化钆	出口		
604	2846901940	氧化钐	出口		
605	2846901970	氧化镱	出口		
606	2846901980	氧化钪	出口		
607	2846901991	灯用红粉	出口		
608	2846901992	按重量计中重稀土总含量≥30%的其他氧化稀土（灯用红粉、氧化铈除外）	出口		
609	2846901999	其他氧化稀土	出口		
610	2846902300	氯化镧	出口		
611	2846902400	氯化钕	出口		
612	2846902500	氯化镨	出口		
613	2846902600	氯化钇	出口		
614	2846902810	按重量计中重稀土总含量≥30%的混合氯化稀土	出口		
615	2846902890	其他混合氯化稀土	出口		
616	2846902900	其他未混合氯化稀土	出口		
617	2846903100	氟化铽	出口		
618	2846903200	氟化镝	出口		
619	2846903300	氟化镧	出口		
620	2846903400	氟化钕	出口		
621	2846903500	氟化镨	出口		
622	2846903600	氟化钇	出口		
623	2846903900	其他氟化稀土	出口		

序号	商品编码	商品名称	禁止方式		
624	2846904400	碳酸钕	出口		
625	2846904500	碳酸镨	出口		
626	2846904600	碳酸钇	出口		
627	2846904810	按重量计中重稀土总含量≥30%的混合碳酸稀土	出口		
628	2846904890	其他混合碳酸稀土	出口		
629	2846904900	其他未混合碳酸稀土	出口		
630	2846909100	镧的其他化合物	出口		
631	2846909200	钕的其他化合物	出口		
632	2846909300	铽的其他化合物	出口		
633	2846909400	镝的其他化合物	出口		
634	2846909500	镨的其他化合物	出口		
635	2846909690	钇的其他化合物	出口		
636	2846909910	按重量计中重稀土总含量≥30%的稀土金属、钪的其他化合物	出口		
637	2846909990	其他稀土金属、钪的其他化合物	出口		
638	2847000000	过氧化氢	出口		
639	2848000010	磷化铝，磷化锌	出口		
640	2848000090	其他磷化物	出口		
641	2849100000	碳化钙	出口		
642	2849200000	碳化硅	出口		
643	2849901000	碳化硼	出口		
644	2849902000	碳化钨	出口		
645	2849909000	其他碳化物	出口		
646	2850009010	砷化氢	出口		
647	2852100000	汞的无机或有机化合物，汞齐除外，已有化学定义的除外			进出口
648	2852900000	其他汞的无机或有机化合物，汞齐除外，已有化学定义的除外			进出口
649	2853001000	饮用蒸馏水	出口		
650	2853002000	氯化氰			进出口
651	2853009010	饮用纯净水	出口		
652	2853009021	氰，氰化碘，氰化溴、铅汞齐	出口		
653	2853009022	砷化锌，砷化镓	出口		
654	2853009030	单氰胺			进出口
655	2853009090	其他无机化合物、压缩空气等			进出口

序号	商品编码	商品名称	禁止方式		
656	2903399020	溴甲烷			进出口
657	2903730000	二氯一氟乙烷	出口		
658	2903740000	一氯二氟乙烷	出口		
659	2903771000	三氯氟甲烷			进出口
660	2903772011	二氯二氟甲烷			进出口
661	2903772012	三氯三氟乙烷，用于清洗剂除外			进出口
662	2903772014	二氯四氟乙烷			进出口
663	2903772015	一氯五氟乙烷			进出口
664	2903772016	一氯三氟甲烷			进出口
665	2903791011	一氟二氯甲烷	出口		
666	2903791012	1,1,1,2-四氟-2-氯乙烷	出口		
667	2903791013	三氟一氯乙烷	出口		
668	2903791014	1-氟-1,1-二氯乙烷	出口		
669	2903791015	1,1-二氟-1-氯乙烷	出口		
670	2903791090	其他仅含氟和氯的甲烷、乙烷及丙烷的卤化衍生物	出口		
671	2903810010	林丹（ISO，INN）			进出口
672	2903810090	1,2,3,4,5,6-六氯环已烷｛六六六（ISO）｝			进出口
673	2904203000	二硝基甲苯	出口		
674	2904204000	三硝基甲苯（TNT）	出口		
675	2906299010	三氯杀螨醇、杀螨醇	出口		
676	2907210001	间苯二酚		进口	
677	2907291000	邻苯二酚		进口	
678	2908110000	五氯苯酚			进出口
679	2908199023	五氯酚钠			进出口
680	2908199090	其他仅含卤素取代基的衍生物及盐（非农药生产的除外）			进出口
681	2910200000	甲基环氧乙烷（氧化丙烯）	出口		
682	2910300000	1-氯-2,2-环氧丙烷（表氯醇）（进口甘油出口环氧氯丙烷除外）	出口		
683	2914400010	敌鼠钠	出口		
684	2915299023	乙酸铅			进出口
685	2915709000	棕榈酸及其盐和酯、硬脂酸盐、酯			进出口
686	2918180000	乙酯杀螨醇			进出口
687	2920110000	对硫磷（ISO）及甲基对硫磷（ISO）			进出口

序号	商品编码	商品名称	禁止方式		
688	2920909011	硫丹			进出口
689	2920909012	治螟磷			进出口
690	2920909090	其他无机酸酯（不包括卤化氢的酯，包括其盐以及它们的卤化、磺化、硝化或亚硝化衍生物）（出口碳酸二甲酯除外）	出口		
691	2922422000	谷氨酸钠	出口		
692	2922499912	灭杀威、灭除威、混灭威等			进出口
693	2922509010	曲马多	出口		
694	2922509090	其他氨基醇酚、氨基酸酚	出口		
695	2924120090	久效磷（ISO）及磷胺（ISO）			进出口
696	2924291000	对乙酰氨基苯乙醚（非那西丁）	出口		
697	2926100000	丙烯腈			进出口
698	2928000031	抑食肼、虫酰肼、丁酰肼、联苯肼酯			进出口
699	2929909012	异柳磷、甲基异柳磷、丙胺氟磷等	出口		
700	2929909013	八甲磷、育畜磷、甘氨硫磷等（包括甲氟磷、毒鼠磷、水胺硫磷）			进出口
701	2930500010	甲胺磷（ISO）			进出口
702	2930500020	敌菌丹（ISO）			进出口
703	2930909052	灭多威、涕灭威、乙硫苯威等	出口		
704	2930909055	代森锌、代森锰、代森锰锌等（包括福美胂、福美甲胂、代森铵、代森联）	出口		
705	2930909063	乐果、益硫磷、氧乐果等（包括甲拌磷、乙拌磷、虫螨磷、果虫磷）			进出口
706	2930909064	氯胺磷、家蝇磷、灭蚜磷等（包括安硫磷、四甲磷、丁苯硫磷、苯线磷、蚜灭磷）			进出口
707	2930909065	硫线磷、氯甲硫磷、杀虫磺等			进出口
708	2931901912	氯沙林、氯梭曼			进出口
709	2931200000	三丁基锡化合物			进出口
710	2931909011	2-氯乙烯基二氯胂	出口		
711	2931909012	二（2-氯乙烯基）氯胂	出口		
712	2931909013	三（2-氯乙烯基）胂	出口		
713	2931909014	锆试剂，二甲胂酸等	出口		
714	2931909015	4-氨基苯胂酸钠，二氯化苯胂	出口		
715	2931909016	蒽醌-1-胂酸、三环锡（普特丹）等	出口		

序号	商品编码	商品名称	禁止方式		
716	2931909017	硫酸三乙基锡、二丁基氧化锡等（包括氧化二丁基锡、乙酸三乙基锡、三乙基乙酸锡）			进出口
717	2931909018	四乙基锡、乙酸三甲基锡			进出口
718	2931909019	毒菌锡	出口		
719	2931909021	乙酰亚砷酸铜，二苯（基）胺氯胂	出口		
720	2931909022	3-硝基-4-羟基苯胂酸	出口		
721	2931909023	乙基二氯胂，二苯（基）氯胂	出口		
722	2931909024	甲（基）胂酸，丙（基）胂酸，二碘化苯胂（苯基二碘胂）	出口		
723	2931909025	苯胂酸，2-硝基苯胂酸等	出口		
724	2931909026	4-硝基苯胂酸，2-氨基苯胂酸	出口		
725	2931909027	3-氨基苯胂酸、4-氨基苯胂酸	出口		
726	2932299011	杀鼠灵，克鼠灵，敌鼠灵，溴鼠灵等	出口		
727	2932209013	蝇毒磷，茴蒿素，溴敌隆，呋酰胺等	出口		
728	2932999011	克百威	出口		
729	2932999091	其他濒危植物提取的仅含氧杂原子的杂环化合物	出口		
730	2933699011	西马津，莠去津，扑灭津，草达津等			进出口
731	2933990011	抑芽丹、三唑磷、虫线磷、喹硫磷、唑啶草酮			进出口
732	2933990060	（环）四亚甲基四硝铵	出口		
733	2933990070	（环）三亚甲基三基铵	出口		
734	2934200090	其他含一个苯并噻唑环系的化合物	出口		
735	2934999021	恶唑磷、蔬果磷、茂硫磷、除害磷等（包括甲基吡恶磷、丁硫环磷、硫环磷、杀扑磷、伏杀硫磷、地胺磷）			进出口
736	2934999022	环线威、杀虫环、杀虫钉、多噻烷等（包括甲基硫环磷，噻嗯菊酯、噻嗪酮，恶虫酮、茚虫威）			进出口
737	2941903000	利福平及其衍生物、盐	出口		
738	3001200010	其他濒危野生动物腺体、器官	出口		
739	3001909091	其他濒危动物制品	出口		
740	3002909011	濒危动物血制品	出口		
741	3003909020	含其他未列名濒危动植物混合药品	出口		
742	3004905110	含濒危动植物成分的中药酒	出口		
743	3004909020	含紫杉醇成品的药品	出口		
744	3101001100	未经化学处理的鸟粪			进出口
745	3101001990	未经化学处理的其他动植物肥料			进出口

序号	商品编码	商品名称	禁止方式		
746	3101009010	经化学处理的含动物源性成分（如粪、羽毛等）动植物肥料			进出口
747	3101009090	经化学处理的其他动植物肥料			进出口
748	3102100001	尿素			进出口
749	3102100090	尿素			进出口
750	3102210000	硫酸铵			进出口
751	3102290000	硫酸铵和硝酸铵的复盐及混合物			进出口
752	3102400000	硝酸铵与碳酸钙等的混合物			进出口
753	3102500000	硝酸钠			进出口
754	3102600000	硝酸钙和硝酸铵的复盐及混合物			进出口
755	3102800000	尿素及硝酸铵混合物的水溶液			进出口
756	3102901000	氰氨化钙			进出口
757	3102909000	其他矿物氮肥及化学氮肥			进出口
758	3103101000	重过磷酸钙			进出口
759	3103109000	其他过磷酸钙			进出口
760	3103900000	其他矿物磷肥或化学磷肥			进出口
761	3104202000	纯的氯化钾			进出口
762	3104209000	其他氯化钾			进出口
763	3104300000	硫酸钾			进出口
764	3104901000	光卤石，钾盐及其他天然粗钾盐			进出口
765	3104909000	其他矿物钾肥及化学钾肥			进出口
766	3105100090	制成片状及类似形状或零售包装的第 31 章其他货品			进出口
767	3105200001	化学肥料或矿物肥料			进出口
768	3105200090	化学肥料或矿物肥料			进出口
769	3105300001	磷酸氢二铵			进出口
770	3105300090	磷酸氢二铵			进出口
771	3105400000	磷酸二氢铵			进出口
772	3105510000	含有硝酸盐及磷酸盐的肥料			进出口
773	3105590000	其他含氮、磷两种元素肥料			进出口
774	3105600000	含磷、钾两种元素的肥料			进出口
775	3105900000	其他肥料			进出口
776	3201100000	坚木浸膏	出口		
777	3201200000	荆树皮浸膏	出口		

序号	商品编码	商品名称	禁止方式		
778	3201901010	其他濒危植物鞣料浸膏	出口		
779	3201901090	其他植物鞣料浸膏	出口		
780	3201909000	鞣酸及其盐、醚、酯和其他衍生物	出口		
781	3202100000	有机合成鞣料	出口		
782	3202900000	无机鞣料、鞣料制剂等	出口		
783	3203001100	天然靛蓝及以其为基本成分的制品	出口		
784	3203001910	濒危植物质着色料及制品	出口		
785	3203001990	其他植物质着色料及制品	出口		
786	3204120000	酸性染料及制品、媒染染料及制品	出口		
787	3204130000	碱性染料及以其为基本成分的制品	出口		
788	3204140000	直接染料及以其为基本成分的制品	出口		
789	3204159000	其他还原染料及以其为基本成分制品	出口		
790	3204170000	颜料及以其为基本成分的制品	出口		
791	3204191100	硫化黑及以其为基本成分的制品	出口		
792	3204191900	其他硫化染料及以其为基本成分制品	出口		
793	3204199000	其他着色料组成的混合物	出口		
794	3204200000	用作荧光增白剂的有机合成产品	出口		
795	3204901000	生物染色剂及染料指示剂	出口		
796	3204909000	其他用作发光体的有机合成产品	出口		
797	3205000000	色淀及以色淀为基本成分的制品	出口		
798	3206111000	钛白粉	出口		
799	3206119000	其他干量计二氧化钛≥80%的颜料	出口		
800	3206190000	其他二氧化钛为基料的颜料及制品	出口		
801	3206200000	铬化合物为基本成分的颜料及制品	出口		
802	3206410000	群青及以其为基本成分的制品	出口		
803	3206421000	锌钡白	出口		
804	3206429000	其他以硫化锌为基本成分的颜料	出口		
805	3206499000	其他无机着色料及其制品	出口		
806	3206500000	用作发光体的无机产品	出口		
807	3207100000	调制颜料，遮光剂，着色剂及类似品	出口		
808	3207200000	珐琅和釉料、釉底料及类似制品	出口		
809	3207300000	光瓷釉及类似制品	出口		

序号	商品编码	商品名称	禁止方式		
810	3207400000	呈粉、粒状搪瓷玻璃料及其他玻璃	出口		
811	3208100000	溶于非水介质的聚合物油漆及清漆	出口		
812	3208201001	分散于或溶于非水介质的光导纤维用涂料	出口		
813	3208201090	其他聚丙烯酸油漆、清漆等	出口		
814	3208202000	溶于非水介质的聚乙烯油漆及清漆	出口		
815	3208901001	分散于或溶于非水介质的光导纤维用涂料	出口		
816	3208901090	其他聚氨酯油漆清漆等	出口		
817	3208909000	溶于非水介质其他油漆、清漆溶液	出口		
818	3209901000	以环氧树脂为基本成分油漆及清漆	出口		
819	3210000001	其他光导纤维用涂料	出口		
820	3210000090	其他油漆及清漆，皮革用水性颜料	出口		
821	3211000000	配制的催干剂	出口		
822	3212100000	压印箔	出口		
823	3212900000	制漆用颜料及零售包装染料、色料	出口		
824	3213100000	成套的颜料	出口		
825	3213900000	非成套颜料、调色料及类似品	出口		
826	3214101000	半导体器件封装材料	出口		
827	3214109000	其他安装玻璃用油灰等，漆工用填料（环氧树脂出口除外）	出口		
828	3214900000	非耐火涂面制剂	出口		
829	3215110000	黑色印刷油墨	出口		
830	3215190000	其他印刷油墨	出口		
831	3215901000	书写墨水	出口		
832	3215909000	其他绘图墨水及其他墨类	出口		
3215 项下使用进口油墨灌装打印机墨盒出口的除外					
833	3301299991	其他濒危植物的精油（柑橘属果实除外）	出口		
834	3301309010	其他濒危植物香膏	出口		
835	3301901010	濒危植物提取的油树脂	出口		
836	3304990091	其他含濒危植物成分美容品或化妆品	出口		
837	3305100010	含濒危植物成分的洗发剂	出口		
838	3306101010	含濒危植物成分牙膏	出口		
839	3402110000	阴离子型有机表面活性剂（进口烷基磺酸钠除外）			进出口
840	3402130010	含有壬基酚聚氧乙烯醚的有机表面活性剂			进出口

序号	商品编码	商品名称	禁止方式		
841	3402130090	其他非离子型有机表面活性剂（进口聚氧乙烯聚苯乙烯酚醚除外）			进出口
842	3404900000	其他人造蜡及调制蜡	出口		
843	3406000010	含濒危动物成分的蜡烛及类似品	出口		
844	3506912000	以环氧树脂为基本成分的粘合剂	出口		
845	3802101000	木质的活性炭	出口		
846	3802109000	其他活性炭	出口		
847	3802900010	濒危动物炭黑	出口		
848	3802900090	活性天然矿产品，其他动物炭黑	出口		
849	3805100000	松节油	出口		
850	3805901000	以α萜品醇为基本成分的松油	出口		
851	3805909000	粗制二聚戊烯，亚硫酸盐松节油等	出口		
852	3808501010	零售包装的含有一种第38章子目注释一所列物质的货品			进出口
853	3808501090	零售包装含多种第38章子目注释一所列物质的货品			进出口
854	3808509010	非零售包装的含有一种第38章子目注释一所列物质的货品			进出口
855	3808509090	非零售包装含多种第38章子目注释一所列物质的货品			进出口
856	3808911900	零售包装的其他杀虫剂成药			进出口
857	3808919000	非零售包装杀虫剂成药			进出口
858	3808921000	零售包装的杀菌剂成药			进出口
859	3808929010	非零售包装的医用杀菌剂			进出口
860	3808929021	经农药杀菌剂浸渍的纸质水果套袋			进出口
861	3808929029	非零售包装的其他农用杀菌剂成药			进出口
862	3808929090	非零售包装的非农用杀菌剂成药			进出口
863	3808931100	零售包装的除草剂成药			进出口
864	3808931990	其他非零售包装的除草剂成药			进出口
865	3808939100	零售包装抗萌剂及植物生长调节剂			进出口
866	3808939900	非零售抗萌剂及植物生长调节剂			进出口
867	3808940010	医用消毒剂			进出口
868	3808940020	兽用已配剂量含戊二醛、癸甲溴铵消毒剂等			进出口
869	3808940090	其他非医用消毒剂			进出口
870	3808991000	零售包装的杀鼠剂及其他农药			进出口
871	3808999000	非零售包装的杀鼠剂及其他农药			进出口

序号	商品编码	商品名称	禁止方式		
872	3812100000	配制的橡胶促进剂（用于橡胶的硫化，主要成分为二硫化二苯并噻唑、六亚甲基四胺）	出口		
873	3824300010	混合的未烧结金属碳化钨	出口		
874	3824300090	其他混合的未烧结金属碳化物	出口		
875	3824710011	二氯二氟甲烷和二氟乙烷的混合物			进出口
876	3824710012	一氯二氟甲烷和二氯二氟甲烷的混合物			进出口
877	3824710013	一氯二氟甲烷和一氯五氟乙烷的混合物			进出口
878	3824710014	三氟甲烷和一氯三氟甲烷的混合物			进出口
879	3824710015	二氟甲烷和一氯五氟乙烷的混合物			进出口
880	3824710016	二氯二氟甲烷和一氟一氯甲烷的混合物			进出口
881	3824710017	一氟一氯甲烷和二氯四氟乙烷的混合物			进出口
882	3824710018	二氯二氟甲烷和二氯四氟乙烷的混合物			进出口
883	3824710090	其他含甲烷、乙烷或丙烷的全氯氟烃（CFCs）混合物			进出口
884	3824790000	其他含甲烷、乙烷或丙烷的卤化衍生物的混合物			进出口
885	3824909930	氰化物的混合物			进出口
886	3824909910	粗制碳化硅	出口		
887	3915100000	乙烯聚合物的废碎料及下脚料			进出口
888	3915200000	苯乙烯聚合物的废碎料及下脚料			进出口
889	3915300000	氯乙烯聚合物的废碎料及下脚料			进出口
890	3915901000	聚对苯二甲酸乙二酯废碎料及下脚料			进出口
891	3915909000	其他塑料的废碎料及下脚料			进出口
892	3922200010	含濒危动物成分的塑料马桶座圈及盖	出口		
893	4004000090	未硫化橡胶废碎料、下脚料及其粉、粒		进口	
894	4101201110	规定重量退鞣未剖层整张濒危生野牛皮		进口	
895	4101201190	规定重量未剖层退鞣处理整张生牛皮（包括水牛皮）		进口	
896	4101201910	规定重量非退鞣未剖层整张濒危生野牛皮		进口	
897	4101201990	规定重量非退鞣未剖层处理整张生牛皮（包括水牛皮）		进口	
898	4101202010	规定重量未剖层整张濒危生野马皮		进口	
899	4101202090	规定重量未剖层整张生马皮		进口	
900	4101501110	重>16kg 退鞣整张濒危生野牛皮		进口	
901	4101501190	重>16kg 退鞣处理整张生牛皮（包括水牛皮）		进口	
902	4101501910	重>16kg 非退鞣整张濒危生野牛皮		进口	

序号	商品编码	商品名称	禁止方式		
903	4101501990	重>16kg 非退鞣处理整张生牛皮（包括水牛皮）		进口	
904	4101502010	重>16kg 整张濒危生野马皮		进口	
905	4101502090	重>16kg 整张生马皮		进口	
906	4101901110	其他退鞣处理濒危生野牛皮		进口	
907	4101901190	其他退鞣处理生牛皮		进口	
908	4101901910	其他濒危生野牛皮		进口	
909	4101901990	其他生牛皮		进口	
910	4101902010	其他濒危生野马皮		进口	
911	4101902090	其他生马皮		进口	
912	4102100000	带毛的绵羊或羔羊生皮		进口	
913	4102211000	浸酸退鞣不带毛绵羊或羔羊生皮		进口	
914	4102219000	浸酸非退鞣不带毛绵羊或羔羊生皮		进口	
915	4102291000	其他不带毛退鞣绵羊或羔羊生皮		进口	
916	4102299000	其他不带毛非退鞣绵羊或羔羊生皮		进口	
917	4103200000	爬行动物的生皮		进口	
918	4103300010	生鹿豚、姬猪皮		进口	
919	4103300090	生猪皮		进口	
920	4103901100	退鞣山羊板皮		进口	
921	4103901900	非退鞣山羊板皮		进口	
922	4103902100	其他退鞣山羊或小山羊皮		进口	
923	4103902900	其他非退鞣山羊或小山羊皮		进口	
924	4103909010	其他濒危野生动物生皮		进口	
925	4103909090	其他生皮		进口	
进口 4101~4103 产品直接出口皮革制成品及其他制品或用于深加工结转的除外，具体按 2009 年《商务部环保部海关总署第 8 号公告》执行					
926	4104111110	蓝湿濒危野牛皮	出口		
927	4104111190	全粒面未剖层或粒面剖层蓝湿牛皮	出口		
928	4104111910	湿濒危野牛皮	出口		
929	4104111990	全粒面未剖层或粒面剖层湿牛皮	出口		
930	4104112010	湿濒危野马皮	出口		
931	4104112090	全粒面未剖层或粒面剖层湿马皮	出口		
932	4104191110	其他蓝湿濒危野牛皮	出口		

序号	商品编码	商品名称	禁止方式		
933	4104191190	其他蓝湿牛皮	出口		
934	4104191910	其他湿濒危野牛皮	出口		
935	4104191990	其他湿牛皮	出口		
936	4104192010	其他湿濒危野马皮	出口		
937	4104192090	其他湿马皮	出口		
938	4104410010	濒危野牛马干革	出口		
939	4104410090	全粒面未剖层或粒面剖层干革	出口		
940	4104491010	其他机器带用濒危野牛马皮革	出口		
941	4104491090	其他机器带用牛马皮革	出口		
942	4104499010	其他濒危野牛马皮革	出口		
943	4104499090	其他牛马皮革	出口		
944	4105101000	蓝湿绵羊或羔羊皮	出口		
945	4105109000	其他绵羊或羔羊湿革	出口		
946	4105300000	绵羊或羔羊干革	出口		
947	4106210001	蓝湿山羊皮	出口		
948	4106210090	其他山羊或小山羊湿革	出口		
949	4106220000	山羊或小山羊干革	出口		
950	4106311010	蓝湿鹿豚、姬猪皮	出口		
951	4106311090	其他蓝湿猪皮	出口		
952	4106319010	鹿豚、姬猪湿革	出口		
953	4106319090	其他猪湿革	出口		
954	4106320010	鹿豚、姬猪干革	出口		
955	4106320090	其他猪干革	出口		
956	4106400000	爬行动物皮革	出口		
957	4106910010	其他濒危野生动物湿革	出口		
958	4106910090	其他动物湿革	出口		
959	4106920010	濒危其他野生动物干革	出口		
960	4106920090	其他动物干革	出口		
961	4107111010	全粒面未剖层整张濒危野牛皮	出口		
962	4107111090	全粒面未剖层整张牛皮	出口		
963	4107112010	全粒面未剖层整张濒危野马皮	出口		
964	4107112090	全粒面未剖层整张马皮	出口		

序号	商品编码	商品名称	禁止方式		
965	4107121010	粒面剖层整张濒危野牛皮	出口		
966	4107121090	粒面剖层整张牛皮	出口		
967	4107122010	粒面剖层整张濒危野马皮	出口		
968	4107122090	粒面剖层整张马皮	出口		
969	4107191010	其他机器带用整张濒危野牛马皮革	出口		
970	4107191090	其他机器带用整张牛马皮革	出口		
971	4107199010	其他整张濒危野牛马皮革	出口		
972	4107199090	其他整张牛马皮革	出口		
973	4107910010	全粒面未剖层非整张濒危野牛马皮	出口		
974	4107910090	全粒面未剖层非整张革	出口		
975	4107920010	粒面剖层非整张濒危野牛马皮革	出口		
976	4107920090	粒面剖层非整张革	出口		
977	4107991010	其他机器带用非整张濒危野牛马皮	出口		
978	4107991090	其他机器带用非整张牛马皮革	出口		
979	4107999010	其他非整张濒危野牛马皮革	出口		
980	4107999090	其他非整张牛马皮革	出口		
981	4112000000	加工的绵羊或羔羊皮革	出口		
982	4113100000	加工的山羊或小山羊皮革	出口		
983	4113200010	加工的鹿豚、姬猪皮革	出口		
984	4113200090	加工的猪皮革	出口		
985	4113300000	加工的爬行动物皮革	出口		
986	4113900010	加工的其他濒危野生动物皮革	出口		
987	4113900090	加工的其他动物皮革	出口		
988	4114100010	油鞣其他濒危野生动物皮革	出口		
989	4114100090	油鞣其他动物皮革	出口		
990	4114200000	漆皮及层压漆皮，镀金属皮革	出口		
991	4115100000	再生皮革	出口		
992	4115200090	皮革或再生皮革边角料	出口		
进口 4104~4115 出口 4104~4115 的除外					
993	4201000010	濒危野生动物材料制的鞍具及挽具	出口		
994	4202111010	以含濒危野生动物皮革或再生皮革作面的衣箱	出口		
995	4202119010	以濒危野生动物皮革或再生皮革作面的箱包	出口		

序号	商品编码	商品名称	禁止方式		
996	4202210010	以濒危野生动物皮革或再生皮革作面的手提包	出口		
997	4202310010	以濒危野生动物皮革或再生皮革作面的钱包等物品	出口		
998	4202910010	濒危野生动物皮革或再生皮革作面的其他容器	出口		
999	4203100010	濒危野生动物皮革制的衣服	出口		
1000	4203210010	濒危野生动物皮革制的运动手套	出口		
1001	4203291010	濒危野生动物皮革制的劳保手套	出口		
1002	4203299010	濒危野生动物皮革制的其他手套	出口		
1003	4203301010	濒危野生动物皮革制的腰带	出口		
1004	4203302010	濒危野生动物皮革制的子弹带	出口		
1005	4203400010	濒危野生动物皮革制的衣着附件	出口		
1006	4205001010	濒危野生动物皮革制的坐具套	出口		
1007	4205002010	濒危野生动物皮革制工业用皮革或再生皮革制品	出口		
1008	4205009010	濒危野生动物皮革的其他制品	出口		
1009	4301100000	整张生水貂皮			进出口
1010	4301300000	阿斯特拉罕等羔羊的整张生毛皮	出口		
1011	4301600010	整张濒危生狐皮			进出口
1012	4301600090	其他整张生狐皮			进出口
1013	4301801010	整张生濒危野兔皮	出口		
1014	4301801090	整张生兔皮	出口		
1015	4301809010	整张的其他生濒危野生动物毛皮	出口		
1016	4301809090	整张的其他生毛皮	出口		
1017	4301901000	未鞣制的黄鼠狼尾	出口		
1018	4301909010	其他濒危野生动物未鞣头尾	出口		
1019	4301909090	适合加工皮货用的其他未鞣头尾	出口		
1020	4302191010	已鞣未缝制的濒危狐皮	出口		
1021	4302191090	已鞣未缝制的其他贵重濒危动物毛皮	出口		
1022	4302192010	已鞣未缝制的整张濒危野兔皮	出口		
1023	4302199010	已鞣未缝制其他濒危野生动物毛皮	出口		
1024	4302200010	已鞣未缝濒危野生动物头、尾、爪等	出口		
1025	4302301090	已鞣已缝制的贵重濒危动物毛皮及其块、片	出口		
1026	4302309010	已鞣缝的其他整张濒危野生毛皮	出口		
1027	4303101010	濒危野生动物毛皮衣服	出口		

序号	商品编码	商品名称	禁止方式		
1028	4303102010	濒危野生动物毛皮衣着附件	出口		
1029	4303900010	濒危野生动物毛皮制其他物品	出口		
1030	4401100000	薪柴	出口		
1031	4401210010	濒危针叶木木片或木粒			进出口
1032	4401210090	其他针叶木木片或木粒	出口		
1033	4401220010	濒危非针叶木木片或木粒			进出口
1034	4401220090	其他非针叶木木片或木粒	出口		
1035	4401310000	木屑棒			进出口
1036	4401390000	其他锯末、木废料及碎片			进出口
1037	4402100000	竹炭	出口		
1038	4402900090	其他木炭	出口		
1039	4403100020	油漆、着色剂等处理的其他濒危树种原木	出口		
1040	4404100010	濒危针叶木的箍木等及类似品	出口		
1041	4404100090	其他针叶木的箍木等及类似品	出口		
1042	4404200010	濒危非针叶木箍木等	出口		
1043	4404200090	其他非针叶木箍木等	出口		
1044	4405000000	木丝及木粉	出口		
1045	4406100000	未浸渍的铁道及电车道枕木	出口		
1046	4406900010	濒危木已浸渍铁道及电车道枕木			进出口
1047	4406900090	其他已浸渍的铁道及电车道枕木	出口		
1048	4407101011	端部接合的红松厚板材	出口		
1049	4407101019	端部接合的樟子松厚板材	出口		
1050	4407101091	非端部接合的红松厚板材	出口		
1051	4407101099	非端部接合的樟子松厚板材	出口		
1052	4407102011	端部接合的濒危白松（云杉，冷杉）厚板材	出口		
1053	4407102019	端部接合的其他白松（云杉，冷杉）厚板材	出口		
1054	4407102091	非端部接合濒危白松（云杉，冷杉）厚板材	出口		
1055	4407102099	非端部接合其他白松（云杉，冷杉）厚板材	出口		
1056	4407103010	端部接合的辐射松厚板材	出口		
1057	4407103090	非端部接合的辐射松厚板材	出口		
1058	4407104010	端部接合的花旗松厚板材	出口		
1059	4407104090	非端部接合的花旗松厚板材	出口		

序号	商品编码	商品名称	禁止方式		
1060	4407109011	端部接合其他濒危针叶木厚板材	出口		
1061	4407109019	端部接合其他针叶木厚板材	出口		
1062	4407109091	非端部接合其他濒危针叶木厚板材	出口		
1063	4407109099	非端部接合的其他针叶木厚板材	出口		
1064	4407210010	端部接合美洲桃花心木	出口		
1065	4407210090	非端部接合美洲桃花心木	出口		
1066	4407220010	端部接合的苏里南肉豆蔻木、巴西胡桃木及美洲轻木	出口		
1067	4407220090	非端部接合的苏里南肉豆蔻木、巴西胡桃木及美洲轻木	出口		
1068	4407250010	端部接合的红柳桉木板材	出口		
1069	4407250090	非端部接合的红柳桉木板材	出口		
1070	4407260010	端部接合的白柳桉、其他柳桉木和阿兰木板材	出口		
1071	4407260090	非端部接合的白柳桉、其他柳桉木和阿兰木板材	出口		
1072	4407270010	端部接合的沙比利木板材	出口		
1073	4407270090	非端部接合的沙比利木板材	出口		
1074	4407280010	端部接合的伊罗科木板材	出口		
1075	4407280090	非端部接合的伊罗科木板材	出口		
1076	4407291010	端部接合的柚木板材	出口		
1077	4407291090	非端部接合的柚木板材	出口		
1078	4407292010	端部接合的非洲桃花心木板材	出口		
1079	4407292090	非端部接合的非洲桃花心木板材	出口		
1080	4407293010	端部接合的波罗格 Merban 板材	出口		
1081	4407293090	非端部接合的波罗格 Merban 板材	出口		
1082	4407299011	端部接合拉敏木厚板材	出口		
1083	4407299012	端部接合其他未列名本章子目注释二濒危热带木厚板材	出口		
1084	4407299019	端部接合其他未列名本章子目注释二热带木厚板材	出口		
1085	4407299091	非端部接合其他未列名本章子目注释二濒危热带木板材	出口		
1086	4407299099	非端部接合其他未列名本章子目注释二热带木板材	出口		
1087	4407910010	端部接合的栎木（橡木）厚板材	出口		
1088	4407910090	非端部接合的栎木（橡木）厚板材	出口		
1089	4407920010	端部接合的山毛榉木厚板材	出口		
1090	4407920090	非端部接合的山毛榉木厚板材	出口		
1091	4407930010	端部接合的枫木厚板材	出口		

序号	商品编码	商品名称	禁止方式		
1092	4407930090	非端部接合的枫木厚板材	出口		
1093	4407940010	端部接合的樱桃木厚板材	出口		
1094	4407940090	非端部接合的樱桃木厚板材	出口		
1095	4407950010	端部接合的白蜡木厚板材	出口		
1096	4407950090	非端部接合的白蜡木厚板材	出口		
1097	4407991010	端部接合樟木、楠木、红木厚板材	出口		
1098	4407991090	非端部接合樟木、楠木、红木厚板材	出口		
1099	4407992010	端部接合的泡桐木厚板材	出口		
1100	4407992090	非端部接合的泡桐木厚板材	出口		
1101	4407993010	端部接合的北美硬阔叶材厚板材	出口		
1102	4407993090	非端部接合的北美硬阔叶材厚板材	出口		
1103	4407998011	端部接合其他温带濒危非针叶板材	出口		
1104	4407998019	端部接合的其他温带非针叶厚板材	出口		
1105	4407998091	非端部结合其他温带濒危非针叶厚板材	出口		
1106	4407998099	非端部接合的其他温带非针叶厚板材	出口		
1107	4407999011	端部接合的南美蒺藜木（玉檀木）厚板材	出口		
1108	4407999012	端部接合的沉香木及拟沉香木厚板材	出口		
1109	4407999015	端部接合的其他濒危木厚板材	出口		
1110	4407999019	端部接合的其他木厚板材	出口		
1111	4407999091	非端部接合的南美蒺藜木（玉檀木）厚板材	出口		
1112	4407999092	非端部接合的沉香木及拟沉香木厚板材	出口		
1113	4407999095	非端部接合的其他濒危木厚板材	出口		
1114	4407999099	非端部接合的其他木厚板材	出口		
1115	4408101110	胶合板等多层板制濒危针叶木单板	出口		
1116	4408101190	其他胶合板等多层板制针叶木单板	出口		
1117	4408101910	其他饰面濒危针叶木单板	出口		
1118	4408101990	其他饰面针叶木单板	出口		
1119	4408102010	制胶合板用濒危针叶木单板	出口		
1120	4408102090	其他制胶合板用针叶木单板	出口		
1121	4408109010	其他濒危针叶木单板材	出口		
1122	4408109090	其他针叶木单板材	出口		
1123	4408311100	胶合板多层板制饰面红柳桉木单板	出口		

序号	商品编码	商品名称	禁止方式		
1124	4408311900	其他饰面用红柳桉木单板	出口		
1125	4408312000	红柳桉木制的胶合板用单板	出口		
1126	4408319000	红柳桉木制的其他单板	出口		
1127	4408391110	胶合板多层板制饰面桃花心木单板	出口		
1128	4408391120	胶合板多层板制饰面拉敏木单板	出口		
1129	4408391130	厚度≤6mm 胶合板多层板制饰面濒危木单板	出口		
1130	4408391190	厚度≤6mm 胶合板多层板制饰面热带木单板	出口		
1131	4408391910	其他饰面用桃花心木单板	出口		
1132	4408391920	其他饰面用拉敏木单板	出口		
1133	4408391930	厚度≤6mm 的其他濒危热带木制饰面用单板	出口		
1134	4408391990	厚度≤6mm 的其他饰面用单板	出口		
1135	4408392010	其他桃花心木制的胶合板用单板	出口		
1136	4408392020	其他拉敏木制的胶合板用单板	出口		
1137	4408392030	其他濒危热带木制的胶合板用单板	出口		
1138	4408392090	其他列名热带木制的胶合板用单板	出口		
1139	4408399010	其他桃花心木制的其他单板	出口		
1140	4408399020	其他拉敏木制的其他单板	出口		
1141	4408399030	其他列名濒危热带木制的其他单板	出口		
1142	4408399090	其他列名的热带木制的其他单板	出口		
1143	4408901110	胶合板多层板制饰面濒危木单板	出口		
1144	4408901190	胶合板多层板制饰面其他木单板	出口		
1145	4408901210	温带濒危非针叶木制饰面用木单板	出口		
1146	4408901290	其他温带非针叶木制饰面用木单板	出口		
1147	4408901310	濒危竹制饰面用单板	出口		
1148	4408901390	其他竹制饰面用单板	出口		
1149	4408901911	家具饰面用濒危木单板	出口		
1150	4408901919	其他家具饰面用单板	出口		
1151	4408901991	其他饰面用濒危木单板	出口		
1152	4408901999	其他饰面用单板	出口		
1153	4408902110	温带濒危非针叶木制胶合板用单板	出口		
1154	4408902190	其他温带非针叶木制胶合板用单板	出口		
1155	4408902911	其他濒危木制胶合板用旋切单板	出口		

序号	商品编码	商品名称	禁止方式		
1156	4408902919	其他濒危木制胶合板用其他单板	出口		
1157	4408902991	其他木制胶合板用旋切单板	出口		
1158	4408902999	其他木制胶合板用其他单板	出口		
1159	4408909110	温带濒危非针叶木制其他单板材	出口		
1160	4408909190	温带非针叶木制其他单板材	出口		
1161	4408909910	其他濒危木制的其他单板材	出口		
1162	4408909990	其他木材，但针叶木热带木除外	出口		
1163	4409101010	一边或面制成连续形状的濒危针叶木制地板条、块	出口		
1164	4409101090	一边或面制成连续形状的其他针叶木地板条、块	出口		
1165	4409109010	一边或面制成连续形状濒危针叶木材	出口		
1166	4409109090	其他一边或面制成连续形状的针叶木材	出口		
1167	4409211010	一边或面制成连续形状的濒危竹地板条（块）	出口		
1168	4409211090	一边或面制成连续形状的竹地板条（块）	出口		
1169	4409219010	一边或面制成连续形状的其他濒危竹材	出口		
1170	4409219090	一边或面制成连续形状的其他竹材	出口		
1171	4409291010	一边或面制成连续形状的拉敏木地板条、块	出口		
1172	4409291020	一边或面制成连续形状的桃花心木地板条、块	出口		
1173	4409291030	一边或面制成连续形状的其他濒危木地板条、块	出口		
1174	4409291090	一边或面制成连续形状的其他非针叶木地板条、块	出口		
1175	4409299010	一边或面制成连续形状的拉敏木	出口		
1176	4409299020	一边或面制成连续形状的桃花心木	出口		
1177	4409299030	一边或面制成连续形状的其他濒危木	出口		
1178	4409299090	一边或面制成连续形状的其他非针叶木材	出口		
1179	4419003100	木制一次性筷子	出口		
1180	4419003210	酸竹制一次性筷子	出口		
1181	4419003290	其他竹制一次性筷子	出口		
4407~4419 产品使用进口木材的除外（根据原产地规则判定是否属于进口料件）					
1182	4501100000	未加工或简单加工的天然软木	出口		
1183	4501901000	软木废料	出口		
1184	4501902000	碎的、粒状的或粉状的软木（软木碎、软木粒或软木粉）	出口		
1185	4502000000	块、板、片或条状的天然软木	出口		
1186	4701000000	机械木浆	出口		

序号	商品编码	商品名称	禁止方式		
1187	4702000001	用于生产粘胶等化学纤维（不含醋酸纤维）的化学木浆，溶解级	出口		
1188	4702000090	其他化学木浆，溶解级	出口		
1189	4703110000	未漂白针叶木碱木浆或硫酸盐木浆	出口		
1190	4703190000	未漂白非针叶木碱木浆等	出口		
1191	4703210001	用于生产粘胶等化学纤维（不含醋酸纤维）的漂白针叶木碱木浆或硫酸盐木浆（包括半漂白的，溶解级的除外）	出口		
1192	4703210090	其他漂白针叶木碱木浆或硫酸盐木浆（包括半漂白的，溶解级的除外）	出口		
1193	4703290000	漂白非针叶木碱木浆或硫酸盐木浆	出口		
1194	4704110000	未漂白的针叶木亚硫酸盐木浆	出口		
1195	4704190000	未漂白的非针叶木亚硫酸盐木浆	出口		
1196	4704210000	漂白的针叶木亚硫酸盐木浆	出口		
1197	4704290000	漂白的非针叶木亚硫酸盐木浆	出口		
1198	4705000000	机械与化学联合制浆法制的木浆	出口		
1199	4706100001	用于生产粘胶等化学纤维（不含醋酸纤维）的棉短绒浆粕	出口		
1200	4706100090	其他棉短绒纸浆	出口		
1201	4706200000	从回收纸或纸板提取的纤维浆	出口		
1202	4706300001	用于生产粘胶等化学纤维（不含醋酸纤维）的其他纤维状纤维素竹浆	出口		
1203	4706300090	其他纤维状纤维素竹浆	出口		
1204	4706910000	其他纤维状纤维素机械浆	出口		
1205	4706920000	其他纤维状纤维素化学浆	出口		
1206	4706930000	用机械和化学联合法制得的其他纤维状纤维素浆	出口		
1207	4707100000	回收（废碎）的未漂白牛皮、瓦楞纸或纸板	出口		
1208	4707200000	回收（废碎）的漂白化学木浆制的纸和纸板	出口		
1209	4707300000	回收（废碎）的机械木浆制的纸或纸板	出口		
1210	4707900010	回收（废碎）墙（壁）纸、涂蜡纸、浸蜡纸、复写纸	出口		
1211	4707900090	其他回收纸或纸板	出口		
1212	4801000000	成卷或成张的新闻纸	出口		
1213	4802101000	宣纸	出口		
1214	4802109000	其他手工制纸及纸板	出口		
1215	4802201000	照相原纸	出口		

序号	商品编码	商品名称	禁止方式		
1216	4802209000	其他光、热、电敏纸，纸板的原纸	出口		
1217	4802400000	壁纸原纸	出口		
1218	4802540000	书写、印刷等用未涂布薄纸或纸板	出口		
1219	4802550010	40g<每平方米重≤150g 的胶版纸	出口		
1220	4802550090	40g<每平方米重≤150g 未涂布中厚纸	出口		
1221	4802560010	成张 40g<每平方米重≤150g 胶版纸	出口		
1222	4802560090	40g<每平方米重≤150g 未涂布纸，成张	出口		
1223	4802570010	其他 40g<每平方米重≤150g 的胶版纸	出口		
1224	4802570090	其他 40g<每平方米重≤150g 未涂中厚纸	出口		
1225	4802580000	书写、印刷等用未涂布厚纸（板）	出口		
1226	4802611000	成卷新闻纸	出口		
1227	4802619000	其他成卷书写、印刷用未涂布纸	出口		
1228	4802620000	成张书写、印刷用未涂布纸	出口		
1229	4802691000	其他新闻纸	出口		
1230	4802699000	其他书写、印刷用未涂布纸	出口		
1231	4803000000	卫生纸、面巾纸、餐巾纸及类似纸	出口		
1232	4804110010	每平方米重 115~360 克未漂白、成卷或成张未涂布牛皮挂面纸	出口		
1233	4804110090	其他未漂白的牛皮挂面纸	出口		
1234	4804190000	漂白的牛皮挂面纸	出口		
1235	4804210000	未漂白的袋用牛皮纸	出口		
1236	4804290000	漂白的袋用牛皮纸	出口		
1237	4804310010	每平方米重 115~150 克未漂白、成卷或成张未涂布其他牛皮纸	出口		
1238	4804310090	其他未漂白的其他薄牛皮纸及纸板	出口		
1239	4804390000	每平方米重量≤150 克的其他牛皮纸及纸板	出口		
1240	4804410010	150g<每平方米重<225 克未漂白、成卷或成张未涂布其他牛皮纸	出口		
1241	4804410090	其他未漂白的其他中厚牛皮纸及纸板	出口		
1242	4804420000	本体均匀漂白的中厚牛皮纸及纸板	出口		
1243	4804490000	其他漂白的中厚牛皮纸及纸板	出口		
1244	4804510010	每平方米重 225~360 克未漂白、成卷或成张未涂布其他牛皮纸	出口		
1245	4804510090	其他未漂白的其他厚牛皮纸及纸板	出口		
1246	4804520000	本体均匀漂白的厚牛皮纸及纸板	出口		
1247	4804590000	其他漂白的厚牛皮纸及纸板	出口		

序号	商品编码	商品名称	禁止方式		
1248	4805110000	半化学的瓦楞原纸	出口		
1249	4805120000	草浆瓦楞原纸	出口		
1250	4805190000	其他瓦楞原纸	出口		
1251	4805240000	强韧箱纸板（再生挂面纸板）	出口		
1252	4805250000	强韧箱纸板（再生挂面纸板）	出口		
1253	4805300000	亚硫酸盐包装纸	出口		
1254	4805400000	滤纸及纸板	出口		
1255	4805500000	毡纸及纸板	出口		
1256	4805911000	电解电容器原纸			进出口
1257	4805919000	其他未经涂布薄纸及纸板	出口		
1258	4805920000	其他未经涂布中厚纸及纸板	出口		
1259	4805930000	其他未经涂布厚纸及纸板	出口		
1260	4806100000	植物羊皮纸	出口		
1261	4806200000	防油纸	出口		
1262	4806300000	描图纸	出口		
1263	4806400000	高光泽透明或半透明纸	出口		
1264	4807000000	成卷或成张的复合纸及纸板	出口		
1265	4808100000	瓦楞纸及纸板	出口		
1266	4808400000	皱纹牛皮纸，不论是否压花或穿孔	出口		
1267	4808900000	其他皱纹纸及纸板，压纹纸及纸板	出口		
1268	4809200000	大张（卷）的自印复写纸	出口		
1269	4809900000	其他大张（卷）的复写纸及类似拷贝纸或转印纸	出口		
1270	4810130001	成卷的铜版纸	出口		
1271	4810130090	涂无机物的其他书写、印刷或类似用途纸、纸板	出口		
1272	4810140001	成张的铜版纸	出口		
1273	4810140090	涂无机物的其他成张的书写、印刷的纸及纸板	出口		
1274	4810190001	其他铜版纸	出口		
1275	4810190090	涂无机物的其他书写、印刷用途的纸及纸板	出口		
1276	4810220000	书写、印刷用途的轻质涂布纸	出口		
1277	4810290000	涂无机物的其他书写、印刷用途的纸及纸板	出口		
1278	4810310010	涂无机物的白板纸、白卡纸	出口		
1279	4810310090	涂无机物的薄漂白牛皮纸及纸板	出口		

序号	商品编码	商品名称	禁止方式		
1280	4810320010	涂无机物的白板纸、白卡纸	出口		
1281	4810320090	涂无机物的厚漂白牛皮纸及纸板	出口		
1282	4810390000	涂无机物的其他牛皮纸及纸板	出口		
1283	4810920000	其他涂无机物的多层纸及纸板	出口		
1284	4810990000	其他涂无机物的纸及纸板	出口		
1285	4811100000	焦油纸及纸板，沥青纸及纸板	出口		
1286	4811410000	自粘的胶粘纸及纸板	出口		
1287	4811490000	其他胶粘纸及纸板	出口		
1288	4811511000	漂白的彩色相纸用双面涂塑厚纸	出口		
1289	4811519000	漂白的其他涂、浸、盖厚纸及纸板	出口		
1290	4811591000	用塑料浸涂的绝缘纸及纸板	出口		
1291	4811599100	镀铝的用塑料涂布、浸渍的其他纸及纸板	出口		
1292	4811599900	用塑料涂布、浸渍的其他纸及纸板	出口		
1293	4811601000	用蜡或油等涂布的绝缘纸及纸板	出口		
1294	4811609000	用蜡或油等涂布的其他纸及纸板	出口		
1295	4811900000	其他经涂布、浸渍、覆盖的纸及纸板	出口		
1296	4812000000	纸浆制的滤块、滤板及滤片	出口		
1297	4813100000	成小本或管状的卷烟纸	出口		
1298	4813200000	宽度≤5cm 成卷的卷烟纸	出口		
1299	4813900000	其他卷烟纸	出口		
1300	4814200000	用塑料涂面或盖面的壁纸及类似品	出口		
1301	4814900010	用木粒或草粒等饰面的壁纸	出口		
1302	4814900090	其他壁纸及类似品，窗用透明纸	出口		
1303	4816200000	小卷（张）自印复写纸	出口		
1304	4816901000	小卷（张）热敏转印纸	出口		
1305	4816909000	复写纸及其他拷贝纸或转印纸、油印蜡纸或胶印版纸	出口		
全部使用进口木浆（4701~4706），生产中不添加国产浆，出口纸及其制品（4801-4816）的除外（根据原产地规则判定是否属于进口料件） 进口 4801~4816 加工出口（包括深加工结转）4801~4816 纸制品的除外 进口 4707 且以深加工结转方式转出 4801~4816 纸制品的除外					
1306	5102110000	未梳喀什米尔山羊的细毛	出口		
1307	5102191010	未梳濒危兔毛	出口		

序号	商品编码	商品名称	禁止方式		
1308	5102192000	其他未梳山羊绒	出口		
1309	5102193010	未梳濒危野生骆驼科动物毛、绒	出口		
1310	5102199010	未梳的其他濒危野生动物细毛	出口		
1311	5102200010	未梳的濒危野生动物粗毛	出口		
1312	5103109010	其他濒危野生动物细毛的落毛	出口		
1313	5103109090	其他动物细毛的落毛	出口		
1314	5103209010	其他濒危野生动物细毛废料	出口		
1315	5103209090	其他动物细毛废料（包括废纱线，不包括回收纤维）	出口		
1316	5103300010	濒危野生动物粗毛废料	出口		
1317	5103300090	其他动物粗毛废料（包括废纱线，不包括回收纤维）	出口		
1318	5104009010	其他濒危野生动物细毛	出口		
1319	5104009090	其他动物细毛或粗毛的回收纤维	出口		
1320	5105391010	已梳濒危兔毛	出口		
1321	5105400010	其他已梳濒危野生动物粗毛	出口		
1322	5108101100	非供零售用粗梳山羊绒纱线	出口		
1323	5108101910	非供零售用粗梳其他濒危动物细毛纱线	出口		
1324	5108109010	非供零售用粗梳其他濒危动物细毛纱线	出口		
1325	5108201910	非供零售用精梳其他濒危动物细毛纱线	出口		
1326	5108209010	非供零售用精梳其他濒危动物细毛纱线	出口		
1327	5110000010	濒危动物粗毛的纱线	出口		
1328	5202100000	废棉纱线		进口	
1329	5202910000	棉的回收纤维	出口		
1330	5202990000	其他废棉		进口	
1331	5505100000	合成纤维废料		进口	
1332	5505200000	人造纤维废料		进口	
1333	6310100010	新的或未使用过的纺织材料制经分拣的碎织物等		进口	
1334	6310900010	新的或未使用过的纺织材料制其他碎织物等		进口	
1335	6402120010	含濒危动物毛皮橡胶、塑料底及面滑雪靴	出口		
1336	6402190010	含濒危动物毛皮其他运动鞋靴	出口		
1337	6801000000	长方砌石，路缘石，扁平石	出口		
1338	6802101000	大理石制砖、瓦、方块及类似品	出口		
1339	6802109000	其他石料制砖瓦、方块及类似品	出口		

序号	商品编码	商品名称	禁止方式		
1340	6802211000	经简单切削或锯开的大理石及制品	出口		
1341	6802212000	经简单切削或锯开的石灰华及制品	出口		
1342	6802219000	经简单切削或锯开的蜡石及制品	出口		
1343	6802230000	经简单切削或锯开的花岗岩及制品	出口		
1344	6802291000	经简单切削或锯开的其他石灰石	出口		
1345	6802299000	经简单切削或锯开的其他石及制品	出口		
6801~6802 使用进口石材的除外（根据原产地规则判定是否属于进口料件）					
1346	6806200000	页状硅石，膨胀黏土，泡沫矿渣			进出口
1347	6807100001	聚酯—铜复合胎基改性沥青根阻防水卷材			进出口
1348	6807100090	成卷的沥青或类似原料的制品			进出口
1349	6807900000	其他形状的沥青或类似原料的制品			进出口
1350	6815100000	非电器用的石墨或其他碳精制品	出口		
1351	6815200000	泥煤制品			进出口
1352	6903100000	石墨含量>50%的其他耐火陶瓷制品	出口		
1353	6903200000	氧化铝含量>50%的其他耐火陶瓷制品	出口		
1354	6907100090	未上釉的小陶瓷砖、瓦、块及类似品	出口		
1355	6907900000	未上釉的大陶瓷砖、瓦、块及类似品	出口		
1356	7001000090	玻璃块料	出口		
1357	7002100000	未加工的玻璃球	出口		
1358	7003120000	铸、轧制着色的非夹丝玻璃板、片	出口		
1359	7003190001	液晶或有机发光二极管（OLED）显示屏用原板玻璃，包括保护屏用含碱玻璃	出口		
1360	7003190090	铸、轧制的其他非夹丝玻璃板、片	出口		
1361	7003200000	铸、轧制的夹丝玻璃板、片	出口		
1362	7003300000	铸、轧制的玻璃型材及异型材	出口		
1363	7004200000	拉、吹制的着色玻璃板、片	出口		
1364	7004900001	光学平板玻璃，厚度 0.7mm 以下	出口		
1365	7004900090	拉、吹制的其他玻璃板、片	出口		
1366	7005100000	有吸收层非夹丝浮法或抛光玻璃板	出口		
1367	7005210000	其他着色非夹丝浮法玻璃板、片	出口		
1368	7005290002	液晶或有机发光二极管（OLED）显示屏用原板玻璃，包括保护屏用含碱玻璃（非夹丝浮法玻璃板、片）	出口		

序号	商品编码	商品名称	禁止方式		
1369	7005290090	其他非夹丝浮法玻璃板、片	出口		
1370	7005300000	夹丝浮法玻璃板、片	出口		
1371	7110199000	其他半制成铂	出口		
1372	7110210000	未锻造或粉末状钯	出口		
1373	7110291000	板、片状钯	出口		
1374	7110299000	其他半制成钯	出口		
1375	7110310000	未锻造或粉末状铑	出口		
1376	7110391000	板、片状铑	出口		
1377	7110399000	其他半制成铑	出口		
1378	7110410000	未锻造或粉末状铱、锇、钌	出口		
1379	7110491000	板、片状铱、锇、钌	出口		
1380	7110499000	其他半制成铱、锇、钌	出口		
1381	7113119010	镶嵌濒危物种制品的银首饰及零件	出口		
1382	7113209010	镶嵌濒危物种制品以贱金属为底的包贵金属制首饰	出口		
1383	7114110010	镶嵌濒危物种制品的银器及零件	出口		
1384	7201100000	非合金生铁，按重量计含磷量在 0.5%及以下（非钢铁冶炼行业除外）		进口	
1385	7201200000	非合金生铁，按重量计含磷量在 0.5%以上（非钢铁冶炼行业除外）		进口	
1386	7201500010	合金生铁（非钢铁冶炼行业除外）		进口	
1387	7201500090	镜铁（非钢铁冶炼行业除外）		进口	
1388	7202110000	锰铁，按重量计含碳量在 2%以上	出口		
1389	7202190000	锰铁，按重量计含碳量不超过 2%	出口		
1390	7202210010	硅铁，含硅量大于 55%，小于 90%	出口		
1391	7202210090	硅铁，含硅量大于 90%	出口		
1392	7202290010	硅铁，含硅量大于等于 30%且不超过 55%	出口		
1393	7202290090	硅铁，含硅量小于 30%	出口		
1394	7202300000	硅锰铁	出口		
1395	7202410000	铬铁，按重量计含碳量在 4%以上	出口		
1396	7202490000	铬铁，按重量计含碳量不超过 4%	出口		
1397	7202500000	硅铬铁	出口		
1398	7202600000	镍铁	出口		

序号	商品编码	商品名称	禁止方式		
1399	7202700000	钼铁	出口		
1400	7202801000	钨铁	出口		
1401	7202802000	硅钨铁	出口		
1402	7202910000	钛铁及硅钛铁	出口		
1403	7202921000	按重量含钒在75%及以上钒铁	出口		
1404	7202929000	其他钒铁	出口		
1405	7202991900	其他钕铁硼合金	出口		
1406	7202999110	按重量计中重稀土总含量≥ 30%的铁合金	出口		
1407	7202999191	稀土硅铁合金	出口		
1408	7202999199	其他按重量计稀土元素总含量在10%以上的铁合金	出口		
1409	7202999900	其他铁合金	出口		
1410	7203100001	热压铁块			进出口
1411	7203100090	直接从铁矿还原的铁产品			进出口
1412	7203900000	其他海绵铁产品或纯度在99.94%及以上的铁			进出口
1413	7204100000	铸铁废碎料			进出口
1414	7204210000	不锈钢废碎料			进出口
1415	7204290000	其他合金钢废碎料			进出口
1416	7204300000	镀锡钢铁废碎料			进出口
1417	7204410000	机械加工中产生的钢铁废料			进出口
1418	7204490010	废汽车压件			进出口
1419	7204490020	以回收钢铁为主的废五金电器			进出口
1420	7204490090	未列名钢铁废碎料			进出口
1421	7204500000	供再熔的碎料钢铁锭			进出口
1422	7205100090	其他生铁、镜铁及钢铁颗粒（非钢铁冶炼行业除外）			进出口
1423	7205210000	合金钢粉末（非钢铁冶炼行业除外）			进出口
1424	7205290001	生铁、镜铁及其他钢铁粉末（平均粒径<10μm的超细铁粉的除外）（非钢铁冶炼行业除外）			进出口
1425	7205290090	生铁、镜铁及其他钢铁粉末（平均粒径<10μm的超细铁粉）（非钢铁冶炼行业除外）			进出口
1426	7206100000	铁锭及非合金钢锭（非钢铁冶炼行业除外）			进出口
1427	7206900000	其他初级形状的铁及非合金钢（非钢铁冶炼行业除外）			进出口
1428	7207110000	宽度小于厚度两倍的矩形截面钢坯（含碳量小于0.25%）（非钢铁冶炼行业除外）			进出口

序号	商品编码	商品名称	禁止方式		
1429	7207120000	其他矩形截面钢坯			进出口
1430	7207190000	其他含碳量小于 0. 25%的钢坯			进出口
1431	7207200000	含碳量不小于 0. 25%的钢坯			进出口
1432	7208100000	轧有花纹的热轧卷材			进出口
1433	7208250000	厚度≥4. 75mm 其他经酸洗的热轧卷材			进出口
1434	7208261000	3≤厚度<4. 75mm 其他大强度热轧卷材			进出口
1435	7208269000	其他 3mm≤厚度<4. 75mm 热轧卷材			进出口
1436	7208271000	厚度<1. 5mm 其他的热轧卷材			进出口
1437	7208279000	1. 5mm≤厚度<3mm 其他的热轧卷材			进出口
1438	7208360000	厚度>10mm 的其他热轧卷材			进出口
1439	7208370000	4. 75mm≤厚度≤10mm 的其他热轧卷材			进出口
1440	7208381000	3mm≤厚度<4. 75mm 的大强度卷材			进出口
1441	7208389000	其他 3mm≤厚度<4. 75mm 的卷材			进出口
1442	7208391000	厚度<1. 5mm 的其他热轧卷材			进出口
1443	7208399000	1. 5mm≤厚度<3mm 的其他热轧卷材			进出口
1444	7208400000	轧有花纹的热轧非卷材			进出口
1445	7208511000	厚度>50mm 的其他热轧非卷材	出口		
1446	7208512000	20mm<厚度≤50mm 的其他热轧非卷材	出口		
1447	7208519000	10mm<厚度≤20mm 的其他热轧非卷材	出口		
1448	7208520000	4. 75mm≤厚度≤10mm 的热轧非卷材			进出口
1449	7208531000	3mm≤厚度<4. 75mm 的大强度热轧非卷材			进出口
1450	7208539000	其他 3mm≤厚度<4. 75mm 的热轧非卷材			进出口
1451	7208541000	厚度<1. 5mm 的热轧非卷材			进出口
1452	7208549000	1. 5≤厚度<3mm 的热轧非卷材			进出口
1453	7208900000	其他热轧铁或非合金钢宽平板轧材			进出口
1454	7209151000	厚度≥3mm 的大强度冷轧卷材		进口	
1455	7209159000	其他厚度≥3mm 的冷轧卷材		进口	
1456	7209161000	1mm<厚度<3mm 的大强度冷轧卷材		进口	
1457	7209169000	1mm<厚度<3mm 小强度冷轧卷材		进口	
1458	7209171000	0. 5mm≤厚度≤1mm 大强度冷轧卷材		进口	
1459	7209179000	0. 5mm≤厚度≤1mm 小强度冷轧卷材		进口	
1460	7209181000	厚度<0. 3 毫米的非合金钢冷轧卷材		进口	

序号	商品编码	商品名称	禁止方式		
1461	7209189000	0. 3mm≤厚度<0. 5mm 非合金钢冷轧卷材		进口	
1462	7209250000	厚度≥3mm 的冷轧非卷材		进口	
1463	7209260000	1mm<厚度<3mm 的冷轧非卷材		进口	
1464	7209270000	0. 5mm≤厚度≤1mm 的冷轧非卷材		进口	
1465	7209280000	厚度小于 0. 5mm 的冷轧非卷材		进口	
1466	7209900000	其他冷轧铁或非合金钢宽平轧材		进口	
1467	7211130000	未轧花纹的四面轧制的热轧非卷材			进出口
1468	7211140000	厚度≥4. 75mm 的其他热轧板材			进出口
1469	7211190000	其他热轧铁或非合金钢窄板材			进出口
1470	7211230000	含碳量低于 0. 25%的冷轧板材			进出口
1471	7211290000	其他冷轧铁或非合金钢窄板材			进出口
1472	7211900000	冷轧的铁或非合金钢其他窄板材			进出口
1473	7212100000	镀（涂）锡的铁或非合金钢窄板材	出口		
1474	7212200000	电镀锌的铁或非合金钢窄板材	出口		
1475	7212300000	其他镀或涂锌的铁窄板材	出口		
1476	7212400000	涂漆或涂塑的铁或非合金钢窄板材	出口		
1477	7212500000	涂镀其他材料的铁或非合金钢窄板材	出口		
1478	7212600000	经包覆的铁或非合金钢窄板材	出口		
1479	7213100000	铁或非合金钢制热轧盘条（带有轧制过程中产生的变形）			进出口
1480	7213200000	其他易切削钢制热轧盘条（不带有轧制过程中产生的变形）			进出口
1481	7213910000	圆截面直径<14mm 的其他热轧盘条（不带有轧制过程中产生的变形）			进出口
1482	7213990000	其他热轧盘条（不带有轧制过程中产生的变形）			进出口
1483	7214100000	铁或非合金钢的锻造条、杆（除热加工外为进一步加工）		进口	
1484	7214200000	铁或非合金钢的热加工条、杆（带有轧制过程中产生的变形，热加工指热轧、热拉拨或热挤压）			进出口
1485	7214300000	易切削钢的热加工条、杆（不带有轧制过程中产生的变形，热加工指热轧、热拉拨或热挤压）			进出口
1486	7214910000	其他矩形截面的条、杆（正方形除外）			进出口
1487	7214990000	其他热加工条、杆			进出口
1488	7215100000	其他易切削钢制冷加工条、杆（包括冷成形）			进出口
1489	7215500000	其他冷加工或冷成形的条、杆			进出口
1490	7215900000	铁及非合金钢的其他条、杆			进出口

序号	商品编码	商品名称	禁止方式		
1491	7216101000	截面高度<80mm H 形钢（除热加工外未经进一步加工）			进出口
1492	7216102000	截面高度<80mm 工字钢（除热加工外未经进一步加工）			进出口
1493	7216109000	截面高度<80mm 槽钢（除热加工外未经进一步加工）			进出口
1494	7216210000	截面高度<80mm 角钢（除热加工外未经进一步加工）			进出口
1495	7216220000	截面高度<80mm 丁字钢（除热加工外未经进一步加工）			进出口
1496	7216310000	截面高度≥80mm 槽钢（除热加工外未经进一步加工）			进出口
1497	7216321000	截面高度>200mm 工字钢（除热加工外未经进一步加工）			进出口
1498	7216329000	80mm≤截面高度≤200mm 工字钢（除热加工外未经进一步加工）			进出口
1499	7216331100	截面高度>800mm H 形钢（除热加工外未经进一步加工）			进出口
1500	7216331900	200mm<截面高度≤800mm H 形钢（除热加工外未经进一步加工）			进出口
1501	7216339000	80mm≤截面高度≤200mm H 形钢（除热加工外未经进一步加工）			进出口
1502	7216401000	截面高度≥80mm 角钢（除热加工外未经进一步加工）			进出口
1503	7216402000	截面高度≥80mm 丁字钢（除热加工外未经进一步加工）			进出口
1504	7216501000	乙字钢（除热加工外未经进一步加工）			进出口
1505	7216502000	球扁钢（除热加工外未经进一步加工）		进口	
1506	7216509000	其他角材、型材及异型材（除热加工外未经进一步加工）			进出口
1507	7216610000	平板轧材制的角材、型材及异型材（除冷加工外未经进一步加工）			进出口
1508	7216690000	冷加工的角材、型材及异型材（除冷加工外未经进一步加工）			进出口
1509	7216910000	其他平板轧材制角材、型材、异型材（冷成型或冷加工制的）			进出口
1510	7216990000	其他角材、型材及异型材（除冷加工或热加工外未经进一步加工）			进出口
1511	7217100000	未镀或涂层的铁或非合金钢丝（不论是否抛光）			进出口
1512	7217200000	镀或涂锌的铁或非合金钢丝			进出口
1513	7217301000	镀或涂铜的铁或非合金钢丝			进出口
1514	7217309000	镀或涂其他贱金属的铁或非合金钢丝			进出口
1515	7217900000	其他铁丝或非合金钢丝			进出口
1516	7218100000	不锈钢锭及其他初级形状产品		进口	
1517	7218910000	矩形截面的不锈钢半制成品		进口	
1518	7218990000	其他不锈钢半制成品		进口	

序号	商品编码	商品名称	禁止方式		
进口 7218 项下产品用于非钢铁冶炼的除外					
1519	7219131200	3mm≤厚度<4.75mm 未经酸洗的热轧不锈钢卷板	出口		
1520	7219132200	3mm≤厚度<4.75mm 经酸洗的热轧不锈钢卷板	出口		
1521	7219141200	厚度<3mm 未经酸洗的热轧不锈钢卷板	出口		
1522	7219142200	厚度<3mm 经酸洗的热轧不锈钢卷板	出口		
7219 项下产品用于非钢铁冶炼的除外					
1523	7224100000	其他合金钢锭及其他初级形状		进口	
1524	7224901000	粗铸锻件坯		进口	
1525	7224909000	其他合金钢坯		进口	
进口 7224 项下产品用于非钢铁冶炼的除外					
1526	7225110000	取向性硅电钢宽板（宽度≥600 毫米）		进口	
1527	7225190000	其他硅电钢宽板（宽度≥600 毫米）		进口	
1528	7225910000	电镀锌的其他合金钢宽平板轧材	出口		
1529	7225920000	其他镀或涂锌的其他合金钢宽板材	出口		
1530	7225991000	宽≥600mm 的高速钢制平板轧材	出口		
1531	7225999000	宽≥600mm 的其他合金钢平板轧材	出口		
1532	7226110000	取向性硅电钢窄板（宽度<600 毫米）		进口	
1533	7226920000	宽度<600mm 冷轧其他合金钢板材	出口		
1534	7226991000	电镀锌的其他合金钢窄平板轧材	出口		
1535	7226992000	用其他方法镀或涂锌的其他合金钢窄板材	出口		
1536	7227200000	硅锰钢的热轧盘条	出口		
1537	7228200000	其他硅锰钢的条、杆	出口		
1538	7228600000	其他合金钢条、杆	出口		
1539	7401000090	铜锍	出口		
1540	7402000001	未精炼铜、电解精炼用铜阳极（含黄金价值部分）	出口		
1541	7402000090	未精炼铜、电解精炼用铜阳极（非黄金价值部分）	出口		
1542	7403119000	精炼铜的阴极型材	出口		
1543	7403120000	精炼铜的线锭	出口		
1544	7403130000	精炼铜的坯段	出口		
1545	7403190000	其他未锻轧的精炼铜	出口		
1546	7403210000	未锻轧的铜锌合金（黄铜）	出口		
1547	7403220000	未锻轧的铜锡合金（青铜）	出口		
1548	7403290000	未锻轧的其他铜合金	出口		
1549	7404000010	以回收铜为主的废电机等		进口	

序号	商品编码	商品名称	禁止方式		
1550	7404000090	其他铜废碎料	出口		
1551	7405000000	铜母合金	出口		
1552	7406101000	精炼铜制非片状粉末	出口		
1553	7406102000	白铜或德银制非片状粉末	出口		
1554	7406103000	铜锌合金（黄铜）制非片状粉末	出口		
1555	7406104000	铜锡合金（青铜）制非片状粉末	出口		
1556	7406109000	其他铜合金制非片状粉末	出口		
1557	7406201000	精炼铜制片状粉末	出口		
1558	7406202000	白铜或德银制片状粉末	出口		
1559	7406209000	其他铜合金制片状粉末	出口		
1560	7501100000	镍锍	出口		
1561	7501209000	其他氧化镍烧结物、镍的其他中间产品	出口		
1562	7503000000	镍废碎料	出口		
1563	7504001000	非合金镍粉及片状粉末	出口		
1564	7508901000	电镀用镍阳极	出口		
1565	7601101000	未锻轧非合金铝	出口		
1566	7601109000	其他未锻轧非合金铝	出口		
1567	7602000010	以回收铝为主的废电线等	出口		
1568	7602000090	其他铝废碎料	出口		
1569	7603100010	颗粒<500μm 的微细球形铝粉	出口		
1570	7603100090	其他非片状铝粉	出口		
1571	7603200000	片状铝粉末	出口		
1572	7801100000	未锻轧精炼铅	出口		
1573	7801910000	未锻轧铅锑合金	出口		
1574	7801990000	未锻轧的其他铅合金	出口		
1575	7802000000	铅废碎料	出口		
1576	7804200000	铅及铅合金粉末、片状粉末	出口		
1577	7901119000	99. 99%≤含锌量<99. 995%的未锻轧锌	出口		
1578	7901120000	含锌量<99. 99%的未锻轧锌	出口		
1579	7901200000	未锻轧锌合金	出口		
1580	7902000000	锌废碎料	出口		
1581	7903100000	锌末	出口		
1582	7903900010	颗粒<500μm 的锌及其合金	出口		
1583	7903900090	其他锌粉及片状粉末	出口		

序号	商品编码	商品名称	禁止方式		
1584	8001100000	未锻轧非合金锡	出口		
1585	8001201000	锡基巴毕脱合金	出口		
1586	8001202100	按重量计含铅量在0.1%以下的焊锡	出口		
1587	8001202900	其他焊锡	出口		
1588	8001209000	其他锡合金	出口		
1589	8002000000	锡废碎料	出口		
1590	8101100010	颗粒<500μm 的钨及其合金	出口		
1591	8101940000	未锻轧钨	出口		
1592	8101970000	钨废碎料	出口		
1593	8101991000	锻轧钨条、杆，型材及异型材，板、片、带、箔	出口		
1594	8102100000	钼粉	出口		
1595	8102940000	未锻轧钼	出口		
1596	8103201100	松装密度小于2.2g/cm^3 的钽粉	出口		
1597	8103201900	其他钽粉	出口		
1598	8103209000	其他未锻轧钽，包括简单烧结而成的条、杆	出口		
1599	8103300000	钽废碎料	出口		
1600	8104110000	含镁量≥99.8%的未锻轧镁	出口		
1601	8104190000	其他未锻轧的镁及镁合金	出口		
1602	8104200000	镁废碎料	出口		
1603	8104300010	颗粒<500μm 的镁及其合金	出口		
1604	8104300090	其他已分级的镁锉屑、车屑、颗粒、粉末	出口		
1605	8105201000	钴湿法冶炼中间品	出口		
1606	8106001011	高纯度未锻轧的铋	出口		
1607	8106001019	高纯度未锻轧的铋废料、粉末	出口		
1608	8106001091	其他未锻轧铋	出口		
1609	8106001092	其他未锻轧铋废碎料	出口		
1610	8106001099	其他未锻轧铋粉末	出口		
1611	8107200000	未锻轧镉、粉末	出口		
1612	8107900000	其他镉及镉制品	出口		
1613	8108202100	未锻轧海绵钛	出口		
1614	8108202910	颗粒<500μm 的钛及其合金	出口		
1615	8108202990	其他未锻轧钛	出口		

序号	商品编码	商品名称	禁止方式		
1616	8108203000	钛的粉末	出口		
1617	8108300000	钛废碎料	出口		
1618	8109200010	颗粒<500μm 的锆及其合金	出口		
1619	8109200090	其他未锻轧锆，粉末	出口		
1620	8109300000	锆废碎料	出口		
1621	8110101000	未锻轧锑	出口		
1622	8110102000	锑粉末	出口		
1623	8111001090	未锻轧锰，粉末	出口		
1624	8111009000	其他锰及制品	出口		
1625	8112120000	未锻轧铍、铍粉末	出口		
1626	8112210000	未锻轧铬，铬粉末	出口		
1627	8112510000	未锻轧铊，铊粉末	出口		
1628	8112921010	未锻轧锗废碎料	出口		
1629	8112921090	未锻轧的锗，锗粉末	出口		
1630	8112922001	未锻轧、废碎料或粉末状的钒氮合金	出口		
1631	8112922010	未锻轧的钒废碎料	出口		
1632	8112922090	未锻轧的钒，钒粉末	出口		
1633	8112923001	未锻轧的铟	出口		
1634	8112923002	铟粉末	出口		
1635	8112924010	铌废碎料	出口		
1636	8112924090	未锻轧的铌，铌粉末	出口		
1637	8112929011	未锻轧的铪废碎料	出口		
1638	8112929019	未锻轧的铪，粉末	出口		
1639	8112929091	未锻轧的镓、铼废碎料	出口		
1640	8112929099	未锻轧的镓、铼，粉末	出口		
1641	8112991000	其他锗及其制品	出口		
1642	8112992001	其他钒氮合金	出口		
1643	8112992090	其他钒及其制品	出口		
1644	8112993000	锻轧的铟及其制品	出口		
1645	8112994000	锻轧的铌及其制品	出口		
1646	8112999010	锻轧的铪及其制品	出口		
1647	8112999090	锻轧的镓、铼及其制品	出口		
1648	8113001010	颗粒或粉末状碳化钨废碎料	出口		
1649	8113009010	其他碳化钨废碎料，颗粒或粉末除外	出口		

序号	商品编码	商品名称	禁止方式
1650	8415102100	制冷量≤4 千大卡/时分体式空调，窗式或壁式	旧机电产品进口
1651	8415102201	4000 大卡/时<制冷量≤12046 大卡/时（14000W）分体式空调，窗式或壁式	旧机电产品进口
1652	8415102290	其他制冷量>12046 大卡/时（14000W）分体式空调，窗式或壁式	旧机电产品进口
1653	8415200000	机动车辆上供人使用的空气调节器	旧机电产品进口
1654	8415811000	制冷量≤4 千大卡/时热泵式空调器	旧机电产品进口
1655	8415812001	4000 大卡/时<制冷量≤12046 大卡/时（14000W）热泵式空调器	旧机电产品进口
1656	8415812090	其他制冷量>12046 大卡/时（14000W）热泵式空调器	旧机电产品进口
1657	8415821000	制冷量≤4 千大卡/时的其他空调器	旧机电产品进口
1658	8415822001	4000 大卡/时<制冷量≤12046 大卡/时（14000W）的其他空调	旧机电产品进口
1659	8415822090	其他制冷量>12046 大卡/时（14000W）的其他空调	旧机电产品进口
1660	8415830000	未装有制冷装置的空调器	旧机电产品进口
1661	8415901000	制冷量≤4 千大卡/时空调的零件	旧机电产品进口
1662	8415909000	制冷量>4 千大卡/时空调的零件	旧机电产品进口
1663	8417100000	矿砂、金属的焙烧、熔化用炉	旧机电产品进口
1664	8417802000	放射性废物焚烧炉	旧机电产品进口
1665	8417809010	平均温度>1000℃的耐腐蚀焚烧炉	旧机电产品进口
1666	8417809090	其他非电热的工业用炉及烘箱	旧机电产品进口
1667	8418101000	制冷温度>-40℃大的其他柜式冷冻箱（大的指 500 升<容积≤800 升），容积>500 升冷藏—冷冻组合机	旧机电产品进口
1668	8418102000	制冷温度>-40℃小的其他柜式冷冻箱（小的指容积≤500 升），200<容积 500 升冷藏—冷冻组合机	旧机电产品进口
1669	8418103000	容积≤200 升冷藏—冷冻组合机	旧机电产品进口
1670	8418211000	容积>150 升压缩式家用型冷藏箱	旧机电产品进口
1671	8418212000	压缩式家用型冷藏箱	旧机电产品进口
1672	8418213000	容积≤50 升压缩式家用型冷藏箱	旧机电产品进口
1673	8418291000	半导体制冷式家用型冷藏箱	旧机电产品进口
1674	8418292000	电气吸收式家用型冷藏箱	旧机电产品进口
1675	8418299000	其他家用型冷藏箱	旧机电产品进口
1676	8418301000	制冷温度≤-40℃的柜式冷冻箱	旧机电产品进口

序号	商品编码	商品名称	禁止方式
1677	8418302100	制冷>-40℃大的其他柜式冷冻箱	旧机电产品进口
1678	8418302900	制冷>-40℃小的其他柜式冷冻箱	旧机电产品进口
1679	8418401000	制冷温度≤-40℃的立式冷冻箱	旧机电产品进口
1680	8418402100	制冷温度>-40℃大的立式冷冻箱	旧机电产品进口
1681	8418402900	制冷温度>-40℃小的立式冷冻箱	旧机电产品进口
1682	8418500000	装有冷藏或冷冻装置的其他设备，用于存储及展示	旧机电产品进口
1683	8418612010	压缩式制冷机组的热泵	旧机电产品进口
1684	8418612090	其他压缩式热泵，品目 84.15 的空气调节器除外	旧机电产品进口
1685	8418619000	其他热泵，品目 84.15 的空气调节器除外	旧机电产品进口
1686	8418692010	其他压缩式制冷设备	旧机电产品进口
1687	8418692090	其他制冷机组	旧机电产品进口
1688	8418699010	带制冷装置的发酵罐	旧机电产品进口
1689	8418699090	其他制冷设备	旧机电产品进口
1690	8418910000	冷藏或冷冻设备专用的特制家具	旧机电产品进口
1691	8418991000	制冷机组及热泵用零件	旧机电产品进口
1692	8418999100	制冷温度≤-40℃冷冻设备零件	旧机电产品进口
1693	8418999200	制冷温度>-40℃大冷藏设备零件	旧机电产品进口
1694	8418999910	耐腐蚀冷凝器	旧机电产品进口
1695	8418999990	品目 84.18 其他制冷设备用零件	旧机电产品进口
1696	8443311010	静电感光式多功能一体加密传真机	旧机电产品进口
1697	8443311090	其他静电感光式多功能一体机	旧机电产品进口
1698	8443319010	其他具有打印和复印两种功能的机器	旧机电产品进口
1699	8443319090	其他具有打印、复印或传真中两种及以上功能的机器	旧机电产品进口
1700	8443321100	专用于品目 84.71 所列设备的针式打印机	旧机电产品进口
1701	8443321200	专用于品目 84.71 所列设备的激光打印机	旧机电产品进口
1702	8443321300	专用于品目 84.71 所列设备的喷墨打印机	旧机电产品进口
1703	8443321900	专用于品目 84.71 所列设备的其他打印机	旧机电产品进口
1704	8443322101	幅宽>60cm 的喷墨印刷设备	旧机电产品进口
1705	8443329010	其他加密传真机	旧机电产品进口
1706	8443329090	其他印刷（打印）机、复印机、传真机和电传打字机	旧机电产品进口
1707	8443391100	将原件直接复印（直接法）的静电感光复印设备	旧机电产品进口

序号	商品编码	商品名称	禁止方式		
1708	8443391200	将原件通过中间体转印（间接法）的静电感光复印设备		旧机电产品进口	
1709	8443392100	带有光学系统的其他感光复印设备		旧机电产品进口	
1710	8443392200	接触式的其他感光复印设备		旧机电产品进口	
1711	8443392300	热敏的其他感光复印设备		旧机电产品进口	
1712	8443392400	热升华的其他感光复印设备		旧机电产品进口	
1713	8443393100	数字式喷墨印刷机		旧机电产品进口	
1714	8443393200	数字式静电照相印刷机（激光印刷机）		旧机电产品进口	
1715	8443393900	其他数字式印刷设备		旧机电产品进口	
1716	8443399000	其他印刷（打印）机、复印机		旧机电产品进口	
1717	8443911900	其他印刷用辅助机器		旧机电产品进口	
1718	8443992100	热敏打印头		旧机电产品进口	
1719	8443992990	其他数字印刷设备的零件		旧机电产品进口	
1720	8471301000	平板电脑		旧机电产品进口	
1721	8471309000	其他便携式自动数据处理设备		旧机电产品进口	
1722	8471411000	巨、大、中型自动数据处理设备		旧机电产品进口	
1723	8471412000	小型自动数据处理设备		旧机电产品进口	
1724	8471414000	微型机		旧机电产品进口	
1725	8471419000	其他数据处理设备		旧机电产品进口	
1726	8471491000	系统形式报验的巨、大、中型机		旧机电产品进口	
1727	8471492000	以系统形式报验的小型计算机		旧机电产品进口	
1728	8471494000	以系统形式报验的微型机		旧机电产品进口	
1729	8471499100	其他分散型工业过程控制设备		旧机电产品进口	
1730	8471499900	以系统形式报验的其他计算机		旧机电产品进口	
1731	8471501000	巨、大、中型机处理部件		旧机电产品进口	
1732	8471502000	小型机的处理部件		旧机电产品进口	
1733	8471504001	含显示器和主机的微型机		旧机电产品进口	
1734	8471504090	其他的微型机的处理部件		旧机电产品进口	
1735	8471509000	847141 或 847149 以外设备的处理部件		旧机电产品进口	
1736	8471604000	巨、大、中及小型计算机用终端		旧机电产品进口	
1737	8471605000	自动数据处理设备的扫描器		旧机电产品进口	
1738	8471606000	自动数据处理设备的数字化仪		旧机电产品进口	

序号	商品编码	商品名称	禁止方式		
1739	8471607100	键盘		旧机电产品进口	
1740	8471607200	鼠标器		旧机电产品进口	
1741	8471609000	计算机的其他输入或输出部件		旧机电产品进口	
1742	8471701000	计算机硬盘驱动器		旧机电产品进口	
1743	8471702000	自动数据处理设备的软盘驱动器		旧机电产品进口	
1744	8471703010	具有刻录功能的光盘驱动器		旧机电产品进口	
1745	8471703090	其他光盘驱动器		旧机电产品进口	
1746	8471709000	自动数据处理设备的其他存储部件		旧机电产品进口	
1747	8471800000	其他自动数据处理设备的部件		旧机电产品进口	
1748	8471900010	专用于复制的光盘刻录机		旧机电产品进口	
1749	8471900090	未列名的磁性或光学阅读器		旧机电产品进口	
1750	8506101100	扣式碱性锌锰的原电池及原电池组	出口		
1751	8506300000	氧化汞的原电池及原电池组			进出口
1752	8507100000	启动活塞式发动机用铅酸蓄电池	出口		
1753	8507200000	其他铅酸蓄电池	出口		
1754	8507901001	铅酸蓄电池电极	出口		
1755	8507901090	其他铅酸蓄电池零件	出口		
1756	8516500000	微波炉		旧机电产品进口	
1757	8516603000	电饭锅		旧机电产品进口	
1758	8517110010	无绳加密电话机		旧机电产品进口	
1759	8517110090	其他无绳电话机		旧机电产品进口	
1760	8517121011	GSM 数字式手持无线电话整套散件		旧机电产品进口	
1761	8517121019	其他 GSM 数字式手持无线电话机		旧机电产品进口	
1762	8517121021	CDMA 数字式手持无线电话整套散件		旧机电产品进口	
1763	8517121029	其他 CDMA 数字式手持无线电话机		旧机电产品进口	
1764	8517121090	其他手持式无线电话机		旧机电产品进口	
1765	8517122000	对讲机		旧机电产品进口	
1766	8517129000	其他用于蜂窝网络或其他无线网络的电话机		旧机电产品进口	
1767	8517180010	其他加密电话机		旧机电产品进口	
1768	8517180090	其他电话机		旧机电产品进口	
1769	8517623500	集线器		旧机电产品进口	
1770	8517623610	非光通讯加密路由器		旧机电产品进口	

序号	商品编码	商品名称	禁止方式
1771	8517623690	其他路由器	旧机电产品进口
1772	8517623900	其他有线数字通信设备	旧机电产品进口
1773	8517629200	无线网络接口卡	旧机电产品进口
1774	8517629300	无线接入固定台	旧机电产品进口
1775	8517629400	无线耳机	旧机电产品进口
1776	8517629900	其他接收、转换并发送或再生音像或其他数据用的设备	旧机电产品进口
1777	8517691001	用于呼叫、提示和寻呼的便携式接收器	旧机电产品进口
1778	8517691090	其他无线通信设备	旧机电产品进口
1779	8517699000	其他有线通信设备	旧机电产品进口
1780	8521101100	广播级磁带录像机	旧机电产品进口
1781	8521101900	其他磁带型录像机	旧机电产品进口
1782	8521102000	磁带放像机	旧机电产品进口
1783	8521901110	具有录制功能的视频高密光盘（VCD）播放机	旧机电产品进口
1784	8521901190	其他视频高密光盘（VCD）播放机	旧机电产品进口
1785	8521901210	具有录制功能的数字化视频光盘（DVD）播放机	旧机电产品进口
1786	8521901290	其他数字化视频光盘（DVD）播放机	旧机电产品进口
1787	8521901910	具有录制功能的其他激光视盘播放机	旧机电产品进口
1788	8521901990	其他激光视盘播放机	旧机电产品进口
1789	8521909010	用于光盘生产的金属母盘生产设备	旧机电产品进口
1790	8521909090	其他视频信号录制或重放设备	旧机电产品进口
1791	8523521000	未录制的“智能卡”	旧机电产品进口
1792	8523529000	其他“智能卡”	旧机电产品进口
1793	8525801110	抗辐射电视摄像机	旧机电产品进口
1794	8525801190	其他特种用途电视摄像机	旧机电产品进口
1795	8525801200	非特种用途广播级电视摄像机	旧机电产品进口
1796	8525801301	手机用摄像组件	旧机电产品进口
1797	8525801302	高清摄像头	旧机电产品进口
1798	8525801390	其他非特种用途电视摄像机及其他摄像组件	旧机电产品进口
1799	8525802100	特种用途的数字照相机	旧机电产品进口
1800	8525802200	非特种用途的单镜头反光型数字照相机	旧机电产品进口
1801	8525802500	非特种用途其他可换镜头数字照相机	旧机电产品进口
1802	8525802900	非特种用途的其他数字照相机	旧机电产品进口

序号	商品编码	商品名称	禁止方式		
1803	8525803200	非特种用途的广播级视频摄录一体机		旧机电产品进口	
1804	8525803300	非特种用途的家用型视频摄录一体机		旧机电产品进口	
1805	8525803900	非特种用途的其他视频摄录一体机		旧机电产品进口	
1806	8528410000	专用或主要用于品目 84.71 商品的阴极射线管监视器		旧机电产品进口	
1807	8528491000	其他彩色的阴极射线管监视器		旧机电产品进口	
1808	8528499000	其他单色的阴极射线管监视器		旧机电产品进口	
1809	8528511000	专用或主要用于品目 84.71 商品的液晶监视器		旧机电产品进口	
1810	8528519000	其他专用或主要用于品目 84.71 商品的监视器		旧机电产品进口	
1811	8528591001	专用于车载导航仪的液晶监视器		旧机电产品进口	
1812	8528591090	其他彩色的监视器		旧机电产品进口	
1813	8528599000	其他单色的监视器		旧机电产品进口	
1814	8528610010	专用或主要用于品目 84.71 商品的彩色投影机		旧机电产品进口	
1815	8528610090	其他专用或主要用于品目 84.71 商品的投影机		旧机电产品进口	
1816	8528691000	其他彩色的投影机		旧机电产品进口	
1817	8528699000	其他单色的投影机		旧机电产品进口	
1818	8528711000	彩色的卫星电视接收机		旧机电产品进口	
1819	8528718000	其他彩色的电视接收装置		旧机电产品进口	
1820	8528719000	单色的电视接收装置		旧机电产品进口	
1821	8528721100	其他彩色的模拟电视接收机，带阴极射线显像管的		旧机电产品进口	
1822	8528721200	其他彩色的数字电视接收机，阴极射线显像管的		旧机电产品进口	
1823	8528721900	其他彩色的电视接收机，阴极射线显像管的		旧机电产品进口	
1824	8528722100	彩色的液晶显示器的模拟电视接收机		旧机电产品进口	
1825	8528722200	彩色的液晶显示器的数字电视接收机		旧机电产品进口	
1826	8528722900	其他彩色的液晶显示器的电视接收机		旧机电产品进口	
1827	8528723100	彩色的等离子显示器的模拟电视接收机		旧机电产品进口	
1828	8528723200	彩色的等离子显示器的数字电视接收机		旧机电产品进口	
1829	8528723900	其他彩色的等离子显示器的电视接收机		旧机电产品进口	
1830	8528729100	其他彩色的模拟电视接收机		旧机电产品进口	
1831	8528729200	其他彩色的数字电视接收机		旧机电产品进口	
1832	8528729900	其他彩色的电视接收机		旧机电产品进口	
1833	8528730000	其他单色的电视接收机		旧机电产品进口	
1834	8534001000	四层以上的印刷电路		旧机电产品进口	

序号	商品编码	商品名称	禁止方式		
1835	8534009000	四层及以下的印刷电路		旧机电产品进口	
1836	8540110000	彩色阴极射线电视显像管		旧机电产品进口	
1837	8540120000	单色阴极射线电视显像管		旧机电产品进口	
1838	8540401000	点距<0.4mm 彩色数据、图形显示管		旧机电产品进口	
1839	8540402000	单色数据、图形显示管		旧机电产品进口	
1840	8540609000	其他阴极射线管		旧机电产品进口	
1841	8908000000	供拆卸的船舶及其他浮动结构体		进口	
1842	9003192010	濒危动植物产品制眼镜架	出口		
1843	9101210010	含濒危动物皮自动上弦贵金属机械手表	出口		
1844	9101290010	含濒危动物皮非自动上弦贵金属机械手表	出口		
1845	9102210010	含濒危动物皮其他自动上弦的机械手表	出口		
1846	9102290010	含濒危动物皮其他非自动上弦机械手表	出口		
1847	9113900010	濒危动物皮制的表带及其零件	出口		
1848	9202100011	完税价格≥1.5 万美元的含濒危动物皮及濒危木的弓弦乐器	出口		
1849	9202100019	其他含濒危动物皮及濒危木的弓弦乐器	出口		
1850	9202900010	含濒危物种成分的其他弦乐器	出口		
1851	9206000010	含濒危动物皮及濒危木的打击乐器	出口		
1852	9404301010	濒危野禽羽毛或羽绒填充的睡袋	出口		
1853	9404901010	濒危野禽羽绒或羽毛填充其他寝具	出口		
1854	9404902010	濒危兽毛填充的寝具	出口		
1855	9504200010	濒危木制的台球用品及附件	出口		
1856	9508100010	有濒危动物的流动马戏团	出口		
1857	9601100010	已加工的濒危兽牙及其制品	出口		
1858	9601900010	其他已加工濒危动物质雕刻料	出口		
1859	9603301010	濒危动物毛制的画笔	出口		
1860	9603302010	濒危动物毛制的毛笔	出口		
1861	9603309010	濒危动物毛制化妆用的类似笔	出口		
1862	9603509110	濒危动物毛制作为机器零件其他刷	出口		
1863	9603509910	濒危动物毛制作为车辆零件其他刷	出口		
1864	9603901010	濒危野禽羽毛掸	出口		
1865	9603909010	濒危动物毛、鬃、尾制其他帚、刷	出口		

序号	商品编码	商品名称	禁止方式		
1866	9606290010	含濒危动物成分的其他纽扣	出口		
1867	9611000010	含濒危动物成分的手用日期戳	出口		
1868	9614001010	含濒危动物成分的烟斗及烟斗头	出口		
1869	9615190010	含濒危动物成分的其他材料制梳子	出口		
1870	9701900010	含濒危动物成分的拼贴画	出口		
1871	9703000010	濒危动植物材料制的雕塑品原件	出口		

备注：

1. 在海关特殊监管区域开展我国上述出口机电产品售后维修业务的除外；
2. 禁止旧机电产品进口包括零部件、拆散件。

中华人民共和国海关总署公告

2014 年第 96 号

[关于全面实施海关特殊监管区域（保税监管场所）货物分批内销享受优惠税率有关事宜的公告]

为进一步做好海关特殊监管区域（保税监管场所）［以下统称“区域（场所）”］内销货物分批申请适用协定税率或者特惠税率工作，海关总署决定，在 2013 年试点取得成效的基础上，在全国海关深入推进上述工作。现就有关事项公告如下：

1. 适用范围扩大至各个直属海关所辖区域（场所）。

2. 进口货物收货人或者其代理人按照海关总署公告 2013 年第 36 号的有关规定向区域（场所）所在地海关提出申请办理。

区域（场所）间结转货物内销申请适用协定税率或者特惠税率事宜由海关总署另行公告后实施。

3. 对于《中国—新西兰自由贸易协定》项下特殊保障措施农产品，如从境外首次申报入区域（场所）时相关农产品已达到当年触发水平的，除在途农产品外，相关农产品不论在当年还是跨年度内销时，均不能享受协定税率。

本公告自 2015 年 1 月 1 日起实施。

特此公告。

海关总署

2014 年 12 月 31 日

海关总署关于印发《海关特殊监管区域间保税货物结转管理操作规程（试行）》的通知

署加发〔2014〕120号

广东分署，各直属海关：

为落实《国务院关于促进海关特殊监管区域科学发展的指导意见》（国发〔2013〕58号）提出的优化结转监管的要求，规范和优化海关特殊监管区域间保税货物结转管理，提高保税货物流转效率，支持和促进中国（上海）自由贸易试验区建设，总署制定了《海关特殊监管区域间保税货物结转管理操作规程（试行）》。现予以印发，请遵照执行。同时，就有关事项通知如下：

一、海关特殊监管区域间保税货物流转企业在使用转关运输方式办理海关手续时，符合海关监管要求的可按照本操作规程使用区间结转方式办理海关手续。

二、总署通过建设保税货物流转管理系统对海关特殊监管区域间保税货物结转进行信息化管理。各海关特殊监管区域应按照总署统一要求建设保税货物流转管理系统区域端，经总署测试验收后与保税货物流转管理系统总署H2010端对接，开展区间结转业务。

三、暂未实现保税货物流转信息化管理的海关特殊监管区域，经总署批准可采用书面审批方式进行区间结转试点。

四、为加强有效监管，各关可根据本操作规程制定配套操作细则和区域间联系配合办法，向总署（加贸司）报备同意后执行。

五、执行中如有问题和建议，请及时反馈总署（加贸司）。

特此通知。

附件　海关特殊监管区域间保税货物结转管理操作规程（试行）

海关总署

2014年5月23日

附件

海关特殊监管区域间保税货物结转管理操作规程（试行）

第一章　总　则

第一条　为了规范海关特殊监管区域间保税货物结转（以下简称区间结转）管理，提高保税货物流转效率，根据《中华人民共和国海关法》、《中华人民共和国海关对出口加工区监管的暂行办法》、《中华人民共和国海关保税港区管理暂行办法》、《中华人民共和国海关出口加工区货物出区深加工结转管理办法》及其他有关法律、行政法规，制定本规程。

第二条 本规程所称区间结转是指海关特殊监管区域内企业（以下简称转出企业）将保税货物转入其他海关特殊监管区域内企业（以下简称转入企业）的经营活动。

第三条 企业可以采用“分批送货、集中报关”的方式办理结转手续，采用企业自行运输或者比照转关运输的方式进行运输。

第四条 海关通过信息化管理系统对区间结转业务进行管理。企业应当根据海关规定与海关联网，建立企业保税货物电子底账，并在规定的时限内，通过信息化管理系统，向海关如实申报结转备案、收发货、报关等信息。

第二章 结转备案

第五条 企业开展区间结转业务，应当向主管海关申报“海关特殊监管区域保税货物结转申报表”（以下简称申报表，见附件），办理结转备案手续。

第六条 企业应当按照以下流程办理结转备案手续：

（一）转入企业填报申报表转入信息向转入地主管海关申报，转入地主管海关进行审核。

（二）转入地主管海关审核通过后，转出企业填报申报表相应的转出信息向转出地主管海关申报，转出地主管海关进行审核。

（三）申报表从转出地主管海关审核通过之日起生效，企业可以按照经海关审核后的申报表进行实际收发货，办理报关手续。

第七条 海关对结转双方货物的商品编号、品名、规格型号、数量、计量单位等内容进行审核，必要时可通过计算机调阅结转双方电子底账的相关电子数据。申报表应符合以下要求：

（一）一份申报表对应转出企业一本电子账册和转入企业一本电子账册。

（二）申报表中结转保税货物品名、商品编号和计量单位等信息应与企业对应电子账册一致。

（三）结转双方对应商品申报计量单位和申报数量应当一致，申报计量单位不一致的法定数量应当一致

（四）结转双方的商品编码（商品编号前8位）应一致。结转双方商品编码不一致的，应遵循“转入为主、转出协调”的处理原则，以转入地主管海关归类为准；如转出、转入地主管海关的归类经协调仍不能达成一致的，由转入地主管海关根据《海关商品归类工作制度》报上级归类职能部门进行归类认定，并按照归类职能部门最终确定的商品编号办理结转手续。

（五）申报表有效期一般为半年，最长不超过1年，逾期不能发货。

（六）申报表由转入地主管海关进行登记编号，编号办法为：“S”（代表区间结转）+转入关别4位+年份2位+顺序号5位。

（七）申报表备案后已备案商品不能变更。

（八）海关收到企业结转备案申请后应在5个工作日内完成审核，不予备案的应一次性告知企业原因。

第八条 企业有下列情形之一的，企业申报申报表海关不予受理：

（一）不符合海关监管要求，被海关责令限期整改，在整改期内的；

（二）涉嫌走私、违规已被海关立案调查，尚未结案的（经海关同意，并已收取担保金的涉案企业除外）；

（三）未按规定要求报关或者收发货的；

（四）企业电子账册被海关暂停进出口的；

（五）C 类及以下企业的；

（六）其他不符合海关监管条件的。

备案后如发生上述情况，海关可对申报表进行暂停处理，在暂停期间企业不能进行收发货，但申报表项下已实际收发货的，允许办理报关手续。

第三章　收发货管理

第九条　企业办理结转备案手续后，应当按照申报表进行实际收发货。企业的每批次收发货，应向海关如实申报，海关予以登记。

第十条　转出企业按照申报表向转出地主管海关申报区间结转出区核放单，转出地主管海关卡口核放确认后，转出、转入地主管海关登记发货信息。

第十一条　转入企业按照申报表向转入地主管海关申报对应的区间结转入区核放单，转入地主管海关卡口核放确认后，转入、转出地主管海关登记收货信息。

第十二条　符合海关监管要求的，结转保税货物可由企业自行运输。

企业自行运输是指保税货物经海关特殊监管区域卡口核放后，由企业安排运输工具自行运输的方式。

进出卡口的企业自行运输工具应经海关备案或者核准，并遵守海关对运输工具及其所载货物管理的规定。转出企业可以使用转入企业自行运输工具进行运输。

企业自行运输的线路、时间、在运输途中换装运输工具等事项，需提前向海关报备。

第十三条　结转保税货物比照转关运输方式实际收发货的，应按转关运输有关规定使用海关监管车辆运输，施加海关封志。

第四章　货物申报

第十四条　转出、转入企业每批实际发货、收货后，应当在每批实际发货、收货之日起 30 日内在各自主管海关按照先报进、后报出的顺序办结集中报关手续，转出与转入报关数据应对碰一致。集中报关手续不得跨年度办理。

转入企业应在结转进口报关之日起 2 个工作日内将报关情况通知转出企业。

第十五条　企业实际收发货后，应当按照以下规定办理结转报关手续：

（一）企业按照申报表逐批或者多批次合并向主管海关办理报关手续。

（二）企业填制备案清单时，应当按照海关规定如实、准确地向海关申报结转保税货物的品名、商品编号、规格、数量、价格等项目。

一份结转进区备案清单对应一份结转出区备案清单，进区、出区备案清单之间对应的申报序号、商品编码、价格、数量（或折算后数量）应当一致。

出区备案清单中“关联报关单号”栏应填写所对应的进区备案清单号。

备案清单所填写的“关联备案”栏应相互对应，进区备案清单的“关联备案”栏应填写出区企业备案的账册号，出区备案清单的“关联备案”栏应填写进区企业备案的账册号。

随附单证代码填写“K”　（深加工结转），进区、出区备案清单随附单证的单证编号栏内填写对应申报表编号。

运输方式应当填写“其他”　（代码“9”）。

以来料加工贸易方式结转的，企业监管方式应当填写“来料深加工结转”　（代码“0255”）；以进料加工贸易方式结转的，企业监管方式应当填写“进料深加工结转”（代码“0654”）。

启抵国（地区）应当填写“中国”（代码“142”）。

（三）海关应当对报关申报数据进行审核。结转双方进出区备案清单货物的商品编码、数量、价格等内容应一致。

对进区、出区备案清单对碰出现异常情况的，海关应及时查明原因，按规定处理。对因技术原因造成的问题，应及时联系技术部门予以解决。

（四）企业逐批或者多批次合并向主管海关办理报关手续时，应根据结转双方实际收发货数量确定结转报关数量。实际收货数量与实际发货数量相同的，结转双方按相同数量报关；实际收货数量少于实际发货数量的，结转双方按实际收货数量进行报关，实际发货数量与报关数量差异部分由转出企业向转出地主管海关办理补税手续，如属许可证件管理商品，还应向海关出具有效的进口许可证件；实际收货数量大于实际发货数量的，结转双方按实际发货数量进行报关，实际收货数量与报关数量差异部分由转入企业向转入地海关申报入区备案清单，办理货物入区报关手续。

企业发生申报不实等违规行为的结转货物，经海关按照相关规定作出处罚或者经海关办案部门同意并收取足额担保金后，可以办理报关手续。

（五）企业电子账册核销时，海关应核对结转备案清单的对碰情况，对进出区备案清单不能一一对应的，不予接受报核；海关审核电子账册项下申报表收发货报关情况，如发现异常，应要求企业补办相关手续。

第十六条 因质量不符等原因发生退运、退换的，转入企业、转出企业分别在其主管海关按退运、退换的有关规定办理相关手续。

第五章 附 则

第十七条 本操作规程中保税货物是指经海关批准未办理纳税手续进境或者已办理出口手续不出境，在海关特殊监管区域内储存、加工、装配的货物。

第十八条 申报表有效期满后保存3年。

第十九条 本操作规程由海关总署负责解释。

第二十条 本规程自下发之日起施行。

附表 海关特殊监管区域保税货物结转申报表

附表

海关特殊监管区域保税货物结转申报表

申报表编号：　　　　　　　　　　　　　　　　　　　　　申报表有效期：　　年　月　日

<table>
<tr><td colspan="6">转入地海关：　　　　转入账册号：</td><td colspan="5">转出地海关：　　　　转出账册号：</td></tr>
<tr><td rowspan="5">结转转入货物情况</td><td>序号</td><td>项号</td><td>商品编号</td><td>品名</td><td>规格型号</td><td>申报数量</td><td>申报单位</td><td>法定数量</td><td>法定单位</td><td>转入备注</td></tr>
<tr><td>1</td><td></td><td></td><td></td><td></td><td></td><td></td><td></td><td></td><td rowspan="4"></td></tr>
<tr><td>2</td><td></td><td></td><td></td><td></td><td></td><td></td><td></td><td></td></tr>
<tr><td>3</td><td></td><td></td><td></td><td></td><td></td><td></td><td></td><td></td></tr>
<tr><td>4</td><td></td><td></td><td></td><td></td><td></td><td></td><td></td><td></td></tr>
<tr><td rowspan="5">结转出口货物情况</td><td>序号</td><td>项号</td><td>商品编号</td><td>品名</td><td>规格型号</td><td>申报数量</td><td>申报单位</td><td>法定数量</td><td>法定单位</td><td>转入备注</td></tr>
<tr><td>1</td><td></td><td></td><td></td><td></td><td></td><td></td><td></td><td></td><td rowspan="4"></td></tr>
<tr><td>2</td><td></td><td></td><td></td><td></td><td></td><td></td><td></td><td></td></tr>
<tr><td>3</td><td></td><td></td><td></td><td></td><td></td><td></td><td></td><td></td></tr>
<tr><td>4</td><td></td><td></td><td></td><td></td><td></td><td></td><td></td><td></td></tr>
<tr><td colspan="4">转入企业联系人：
电话：

（转入企业盖章）

年　月　日</td><td colspan="3">转入地主管海关批注：

（转入地海关盖章）

年　月　日</td><td colspan="2">转出企业联系人：
电话：

（转出企业盖章）

年　月　日</td><td colspan="2">转出地主管海关批注：

（转出地海关盖章）

年　月　日</td></tr>
</table>

1. 本表经双方海关同意后，企业方可进行实际收发货；
2. 结转双方的商品编号前 8 位必须一致；
3. 企业必须按申报表内容进行实际收发货后，方可办理结转报关手续；
4. 结转进出报关清单对应的商品项号顺序必须一致；
5. 每批收发货后应在 30 日内办结该批货物的报关手续。

文字资料篇

2014 年全国海关特殊监管区域经济运行情况分析

2014 年，面对全球复杂多变和中国经济进入“新常态”的国际国内经济形势，海关总署加快推进全国海关特殊监管区域整合优化与转型升级，创新海关监管服务制度，引导全国各特殊区域努力克服不利因素，挖掘自身比较优势，促使全国海关特殊监管区域经济平稳运行，加工、贸易和物流三大产业继续增长，各项主要经济指标稳中向好。

2014 年全国海关特殊监管区域主要经济指标完成情况表

指标	单位	2014 年	增长（%）
进出口总额	亿美元	6 960.5	-1.6
其中：进口额	亿美元	3 466.1	-2.2
出口额	亿美元	3 494.4	-1.0
经营总收入	亿元	50 223.3	11.4
工业总产值	亿元	20 606.1	11.6
商品销售额	亿元	25 194.9	5.7
物流企业经营收入	亿元	6 645.3	7.7
新增注册企业	家	20 636	88.2
吸引投资总额	亿美元	1 126.8	1.4 倍
外商投资总额	亿美元	378.8	1.5 倍
合同外资	亿美元	246.4	1.1 倍
实际利用外资	亿美元	109.0	54.9
税务部门税收	亿元	1 002.5	6.3
期末从业人员	万人	196.8	2.1

一、经济运行主要特点

（一）经济总量持续攀升

2014 年，全国海关特殊监管区域经济总量继续攀升，规模集聚效应凸显。全年经营总收入达到 50 223.3 亿元，比 2013 年增长 11.4%。其中，加工业完成工业产值 20 606.1亿元，同比增长 11.6%；贸易业完成商品销售额 25 194.9 亿元，同比增长 5.7%；物流业完成经营收入6 645.3亿元，同比增长 7.7%。呈现出加工、贸易、物流三大产业共繁荣、共发展的良性发展态势。

（二）外贸进出口逐季企稳

2014 年，全国海关特殊监管区域进出口额呈现震荡上行的走势。一季度，在 2013 年同期较高基数的影响下，进出口额出现大幅下滑，同比降幅达到25.4%，但之后逐季企稳，一路回升，最终全年进出口额为6 960.5亿美元，比2013年下降1.6%。从各区域情况看，全年海关特殊监管区域进出口额实现上涨的共有79家，占全国海关特殊监管区域总数的69.9%，其中增速在20%以上的共有39家，占全国海关特殊监管区域总数的34.5%。

（三）新兴区域带来新增量

2014年，多家新兴区域加快建设速度，截至2014年年底，封关运行并已实际开展进出口业务的特殊区域总数达到113家，比2013年增加12家。部分区域运行伊始便展现出较强发展活力，如上半年运行的银川综合保税区和西安高新综合保税区，全年分别完成进出口额18.8亿美元和15.8亿美元，为全国海关特殊监管区域带来新增量。

二、经济基本情况

（一）进出口企稳向好

2014年，全国海关特殊监管区域共完成进出口额6 960.5亿美元，占全国进出口总额的16.2%，占比比2013年下降0.8个百分点。其中，出口额3 494.4亿美元，进口额3 466.1亿美元，分别比2013年下降1.0%和2.2%。

2014年全国各类型海关特殊监管区域进出口情况表

单位：亿美元

区域	进出口额			出口额		进口额	
	2014年	增长（%）	比重（%）	2014年	增长（%）	2014年	增长（%）
特殊区域合计	6 960.5	-1.6	100.0	3 494.4	-1.0	3 466.1	-2.2
其中：保税区	2 320.8	-26.8	33.3	836.1	-33.2	1 484.7	-22.6
综合保税区	2 251.7	11.1	32.3	1 354.0	11.3	897.7	10.7
保税港区	911.9	55.3	13.1	402.2	61.2	509.7	51.0
出口加工区	1 313.9	15.9	18.9	806.5	12.1	507.4	22.5
物流园区	159.5	3.9	2.3	94.3	3.9	65.1	3.8
珠澳跨境工业区	2.9	56.8	—	1.2	73.1	1.6	46.2

1. 从各区域情况看，综合保税区规模迅速提升，保税港区高速增长

全国综合保税区外贸进出口规模迅速提升，32家综合保税区全年实现进出口额2 251.7亿美元，比2013年增长11.1%，占全国海关特殊监管区域进出口额的32.3%，比2013年提升4.1个百分点，其中出口额达到1 354.0亿美元，占全国海关特殊监管区域出口额的38.7%。其中，昆山综合保税区继续保持规模优势，完成进出口额519.7亿美元，但同比下降9.3%；河南新郑和成都高新综合保税区则分别完成388.2亿美元和322.8亿美元，同比分别增长8.5%和16.7%。

全国保税港区进出口额增势不减，13家保税港区全年实现进出口额911.9亿美元，比2013年增长55.3%，占全国海关特殊监管区域进出口额的13.1%。其中，有3家保税港区进出口规模在百亿美元以上，分别是重庆两路寸滩完成367.2亿美元，同比增长

1.1 倍；天津东疆完成 164.3 亿美元，同比增长 37.6%；洋山完成 121.2 亿美元，同比增长 14.6%。

全国出口加工区实现止跌回升，50 家出口加工区全年实现进出口额 1 313.9 亿美元，比 2013 年增长 15.9%，占全国海关特殊监管区域进出口额的 18.9%。其中，松江、烟台出口加工区分别完成 355.0 亿美元和 173.1 亿美元，同比分别增长 4.0% 和 9.9%。

受高基数影响，全国保税区进出口额出现较大下滑，12 家保税区全年实现进出口额 2 320.8 亿美元，比 2013 年下降 26.8%，占全国海关特殊监管区域进出口额的 33.3%。其中，深圳保税区完成 887.3 亿美元，同比下降 50.3%，是全国保税区进出口额出现下降的主要原因；上海外高桥保税区完成 983.6 亿美元，同比增长 4.5%；天津港保税区完成 144.6 亿美元，同比下降 3.0%。

2. 从贸易方式看，加工贸易、一般贸易保持快速增长

全国海关特殊监管区域加工贸易进出口情况进一步恢复，完成进出口额 3 307.5 亿美元，比 2013 年增长 12.5%，占全国海关特殊监管区域进出口额的 47.5%，增速和占比分别比 2013 年提高 7.9 个和 5.9 个百分点，有力支撑了全国加工贸易进出口的增长（据海关统计，2014 年全国共完成加工贸易进出口额 14 087.4 亿美元，同比增长 3.8%，全国海关特殊监管区域贡献了其增量的 70.9%）。

全国海关特殊监管区域一般贸易进出口额增速加快，完成 529.1 亿美元，比 2013 年增长 19.9%，占全国海关特殊监管区域进出口额的 7.6%，增速和占比分别比 2013 年提高 2.2 个和 1.4 个百分点。

（二）加工业增长提速

2014 年，全国海关特殊监管区域工业发展速度进一步回升，全年实现工业总产值 20 606.1亿元，比 2013 年增长 11.6%，增速比 2013 年提高 6.1 个百分点。

全国保税区共完成工业产值 5 816.2 亿元，比 2013 年增长 3.9%，占全国海关特殊监管区域工业产值的 28.2%。有 3 家保税区产值突破千亿元大关。其中，天津港和深圳保税区量速齐升，分别完成工业产值1 841.6 亿元和1 494.5亿元，同比分别增长 11.0% 和 16.7%；张家港保税区完成1 147.8亿元，与 2013 年基本持平。

全国综合保税区共完成工业产值7 041.2 亿元，比 2013 年增长 18.5%，占全国海关特殊监管区域工业产值的 34.2%。其中，郑州新郑综合保税区产值规模继续攀升，达到 2 119.8亿元，同比增长 23.0%，占全国综合保税区工业产值的 30.1%；昆山综合保税区工业产值逐步企稳，降幅继续收窄，完成 1 729.1亿元，同比下降 1.6%；成都高新区综合保税区专注打造电子信息产业集群，在电脑芯片、微处理器需求上升的带动下，产值规模能级提升，达到 1 494.3 亿元，同比增长 32.8%。

全国保税港区共完成工业产值 1 756.6 亿元，比 2013 年增长 0.8%，占全国海关特殊监管区域工业产值的 8.5%。其中，排名首位的烟台保税港区，工业产值为 965.5 亿元，比 2013 年增长 0.2%；重庆两路寸滩保税港区专注于打造笔记本电脑制造基地，在惠普、宏碁等企业的促进下，工业产值保持高速增长，完成 735.1 亿元，居全国保税港区第二位。

全国出口加工区共完成工业产值 5 992.1亿元，比 2013 年增长 15.9%，占全国特殊园区工业总产值的 29.1%。其中，松江出口加工区全年产值达到 1 633.4 亿元，同比增长 3.1%，规模继续保持在全国出口加工区首位；其次是江苏淮安出口加工区，

完成工业产值 858.7 亿元，同比增长 46.0%；安徽合肥出口加工区在龙头企业入驻投产的带动下，产值规模迅速扩大，完成 399.1 亿元，增速达到 1.8 倍。

（三）贸易业稳步发展

2014 年，全国保税区共实现商品销售额 25 194.9 亿元，比 2013 年增长 5.7%。

规模最大的上海外高桥保税区重点行业、重点企业并驾齐驱，引领增长，商品销售额达到 12 787.0 亿元，比 2013 年增长 10.0%；张家港保税区在化工品、纺织原料、粮油、木材等四大专业市场的带动下，贸易产业规模平稳提升，完成商品销售额 4 271.8亿元，同比增长 1.2%；天津港保税区完成商品销售额4 196.6亿元，同比增长 15.6%；宁波保税区完成商品销售额 2 135.2 亿元，同比下降 4.5%。

（四）物流业持续较快增长

2014 年，全国海关特殊监管区域共完成物流企业经营收入 6 645.3 亿元，比 2013 年增长 7.7%。

各类特殊区域物流企业经营收入实现全面增长，其中全国保税区总量大，完成 5 121.1亿元，比 2013 年增长 4.7%，占全国海关特殊监管区域物流企业经营收入的 91.5%。主要原因是上海外高桥保税区保持规模优势，完成 4 060.4 亿元，同比增长 10.4%；其次是天津港保税区完成 469.4 亿元，同比增长 18.7%。

全国保税港区共完成物流企业经营收入 1 270.8 亿元，比 2013 年增长 28.4%，占全国海关特殊监管区域物流企业经营收入的 19.1%。其主要由洋山保税港区完成，洋山保税港区受益于自贸区贸易监管制度的创新和国际航运综合实验区的深入推进，贸易便利化水平和物流运作效率双双提高，物流产业规模稳步扩大，全年收入达到 962.9 亿元，同比增长 18.4%，占全国保税港区物流企业经营收入的 75.8%；张家港保税港区紧抓全省唯一的进口汽车整车口岸和进口商品集采分销中心的有利地位，物流企业经营收入保持快增长，完成 149.6 亿元，同比增长 40.8%。

全国综合保税区共完成物流企业经营收入 221.9 亿元，比 2013 年下降 15.3%，占全国海关特殊监管区域物流企业经营收入的 4.0%。其中，规模排名前列的北京天竺、海口和苏州工业园综合保税区均出现较大幅度下滑，导致综合保税区物流企业经营收入整体回落。但与此同时，天津滨海新区综合保税区物流企业经营收入达到 8.4 亿元，同比增长 10.8 倍，净增 7.7 亿元；上海浦东机场综合保税区达到 28.7 亿元，同比增长 17.2%，净增 4.2 亿元，有效减缓了全国综合保税区物流业的整体下滑。

全国出口加工区全年共完成物流企业经营收入 31.6 亿元，比 2013 年增长 4.9%。多个区域实现 30%以上的快速增长，如上海金桥完成 3.0 亿元，同比增长 45.8%；江苏镇江完成 1.3 亿元，同比增长 41.9%；江苏泰州完成 0.6 亿元，同比增长 1.3 倍。

（五）招商引资突破千亿美元

2014 年，全国海关特殊监管区域共新增注册企业 20 636 家，比 2013 年增长 88.2%；吸引投资总额突破千亿美元，达到 1 126.8 亿美元，同比增长 1.4 倍。

全国保税区仍是全国海关特殊监管区域招商引资的主要增长点，全年共新增注册企业 16 928 家，比 2013 年增长 1.0 倍，吸引投资额 862.1 亿美元，同比增长 1.7 倍。其中，上海外高桥保税区全年新增注册企业和吸引投资额分别达到10 515家和 666.4 亿美元，同比分别增长 1.8 倍和 3.8 倍；其次是天津港保税区，新增注册企业2 578家，同比增长 1.2 倍，吸引投资额 113.2 亿美元，同比增长 9.7%。

全国保税港区全年共新增注册企业2 937家，比 2013 年增长 54.3%；吸引投资额186.9 亿美元，同比增长 95.3%。其主要由天津东疆保税港区完成，在京津冀协同发展及天津自贸试验区筹建的推动下，天津东疆保税港区主导产业聚集效应日趋明显，航运、物流、租赁、贸易、商业保理类企业在园区企业占比达到80%以上，全年共新增注册企业 1 493 家，同比增长 1.4 倍，吸引投资额 99.1 亿美元，同比增长 1.7 倍。

保税区（保税物流园区）

上海外高桥保税区
SHANGHAI WAIGAOQIAO FREE TRADE ZONE

【概况】上海外高桥保税区于1990年6月由国务院批准设立，规划面积10平方公里，按照“边建设边发展”的原则进行滚动开发，目前已封关运作面积8.9平方公里。

2014年，外高桥保税区紧抓自贸区发展契机，积极落实自贸区相关改革举措，继续加快改革创新和先行先试的步伐，在着力打造贸易便利化环境的同时，做好招商引资和育商工作，在提升高质量实体经济能级的同时，不断推进总部经济和新兴产业的培育，促使区域经济保持良好增长态势。据统计，2014年外高桥保税区投资企业经营总收入达到14 002.04亿元，同比增长9.2%；缴纳各类税收收入1 107.49亿元，同比增长11.3%；年末从业人员26.44万人，同比增长1.1%。

【国际贸易】进出口贸易规模稳中有升。2014年，面对复杂趋紧的外贸形势，外高桥保税区继续坚持以开放型经济发展为核心，在加快先行先试改革试点，不断提升贸易便利化水平的同时，不断拓展多元化贸易功能，推动国际贸易结构优化升级，进出口贸易规模保持稳中有升的态势。据统计，外高桥保税区投资企业全年完成进出口总额1 042.71亿美元，比2013年增长5.4%。其中进口额780.14亿美元，出口额262.57亿美元，实现进出口贸易逆差517.57亿美元，是上海国际贸易实现逆差的重要保证。

与世界各国经贸往来紧密，外贸企业进一步增加。2014年外高桥保税区与193个国家和地区发生了进出口业务往来，比2013年净增9个国家和地区。其中，业务往来超过10亿美元的国家和地区达到20个，合计完成进出口额936.08亿美元，比2013年增长5.0%，占外高桥保税区进出口总额的89.8%。随着外高桥保税区入驻企业数量快速增加，贸易便利化水平提升，以及新型贸易模式的开拓，国际贸易活跃度进一步提高。据统计，2014年外高桥保税区直接开展进出口业务的投资企业达到4 047家，比2013年增长17.0%，净增588家。

进出口贸易方式不断优化。随着区域功能拓展和贸易便利化水平的不断提升，贸易功能和物流功能的优势进一步凸显，保税区一般贸易快速增长，物流货物规模仍较大。物流货物进出口额仍保持主体地位，完成719.52亿美元，比2013年增长0.7%，占保税区进出口总额的69.0%。一般贸易进出口额快速增长，完成240.59亿美元，同比增长24.7%，占比为23.1%。加工贸易进出口额小幅回落，完成77.40亿美元，同比下降1.2%，占比为7.4%。

进口贸易保持较大规模，出口贸易较快增长。外高桥保税区充分发挥政策优势和环境优势，通过完善综合服务网络和专业化贸易服务平台等举措，促进以化工制品为代表的资源类商品和以汽车为代表的消费类商品进口额快速增长，为进口额在较大规模的基础上继续稳步攀升奠定了基础。据统计，2014年外高桥保税区完成进口额780.14亿美元，比2013年增长3.9%。随着保税区出口分拨功能的深化拓展和面向亚太的跨国公司物流分拨基地建设的不断推进，出口贸易实现稳步增长。据统计，2014年园区完成出口额262.57亿美元，同比增长10.1%。

【产业发展】 贸易业商品销售额持续攀升。2014年，外高桥保税区贸易企业充分利用制度创新和贸易便利化举措，依托平台经济，进一步发挥规模集聚效应，推动贸易业商品销售额在较高水平上继续稳步攀升，达到12 786.96亿元，比2013年增长10.0%。其中，销售额超过10亿元的贸易企业达到193家，比2013年净增26家。对国内市场销售所占比重进一步提高。外高桥保税区贸易企业积极满足国内市场需求，拓展营销渠道，使得国内市场销售规模持续较快增长，所占比重进一步提高。据统计，2014年外高桥保税区贸易企业完成国内商品销售额10 475.74亿元，比2013年增长10.0%，占保税区商品销售额的81.9%，所占比重比2013年提高0.7个百分点。同时，保税区贸易企业努力提升在跨国公司集团内部的地位，不断开拓亚太乃至全球市场，进一步加快“走出去”步伐。据统计，2014年保税区贸易企业完成对外商品销售额2 311.22亿元，同比增长9.8%，占保税区商品销售额的18.1%。

航运物流服务收入稳步增长。2014年，外高桥保税区不断创新物流业务模式，加快联动发展水平，通过完善航运物流配套环境，在积极培育亚太营运商、物流分拨基地的助推下，航运物流服务收入保持稳步增长态势。据统计，2014年外高桥保税区完成航运物流服务收入212.10亿元，比2013年增长8.3%。其中，航运服务产业完成收入197.76亿元，占保税区航运物流服务收入的93.2%；港口内陆运输业完成收入7.22亿元，占比为3.4%；航运基础产业完成收入7.12亿元。

加工制造业积极推进转型升级。2014年，外高桥保税区工业经济积极推进转型升级，工业生产呈现低位运行，先进技术制造业集聚度较高，结构升级效益逐渐显现。全年保税区132家规模以上工业企业完成工业产值572.70亿元，比2013年下降10.1%。如剔除“联想电子”业务转移因素影响，保税区其他企业完成工业产值422.22亿元，比2013年增长13.5%。2014年，保税区有92家工业企业开展多元化业务，在进行生产加工业务的同时，积极拓展贸易、维护服务、技术维修等业务，实现了产业链的延伸和增值。其中，75家工业企业合计完成商品销售收入154.13亿元，比2013年增长1.8倍，占主营业务收入的21.7%；17家工业企业合计完成技术服务收入3.85亿元，比2013年增长41.1%。有13家加工企业开展科研活动，科技人员达2 225人，科技活动支出达4.56亿元，比2013年增长31.4%；完成科技项目119个，申请专利数100件；实现新产品产值42.57亿元，比2013年增长94.7%，科技进步成果显著。

服务业加快多元化发展。2014年，随着众多服务类企业、金融类机构的不断入驻经营，外高桥保税区依托制度创新和服务领域的进一步开放，不断推动创新要素、新兴产业集聚，积极培育新的增长点，促进技术、金融、专业及其他服务业快速发展。主要表现在以下3个方面：

一是技术服务产业收入增长快。外高桥保税区以科技研发、维修检测、技术咨询为主的技术服务产业已形成一定规模，在服务贸易加快发展的推动下，各类高能级的维修检测机构、信息技术企业、数据服务外包商和生物医药研发中心等不断涌现，技术服务产业收入规模进一步攀升。据统计，2014年保税区技术服务业完成收入136.26亿元，比2013年增长25.4%。其中，完成维修、检测服务收入44.98亿元，同比增长58.7%；完成技术咨询服务收入40.92亿元，同比增长5.7%；完成研发服务收入33.11亿元，同比增长10.0%。

二是贸易代理服务收入保持一定增速。随着商品销售规模的不断扩大和商品种类的不断拓展，保税区涌现出为数较多的为买卖双方提供贸易机会或被授权代理行使商品交易活动的企业，贸易代理服务收入保持一定增速。据统计，2014年保税区企业完成贸易代理服务收入141.30亿元，比2013年增长13.3%。有20家企业贸易代理服务收入超过1亿元。

三是出租出售房屋收入保持一定规模。开展房产开发、租售及物业管理等业务活动的房产企业是保税区经济发展的重要保障。据统计，2014年保税区房产企业共完成出租出售房屋收入28.60亿元，主要是各开发公司合计完成出租出售房屋收入24.77亿元，占比为86.6%。

【功能培育】总部经济企业发挥“稳定器”作用。为了顺应跨国公司业务功能整合和国际服务业梯度转移的趋势，外高桥保税区积极培育、发展、形成了包括营运中心、地区总部、亚太营运商等多种形态的总部经济企业。2014年保税区总部经济企业依托政策和服务综合优势，进一步叠加订单销售、资金结算、供应链集成、人事管理等更多的经营管理职能，充分利用改革创新试点业务功能措施，不断提升自身在跨国公司集团内部的地位和作用，逐步成为集团在中国区乃至亚太地区的区域性管理总部，发挥保税区经济发展“稳定器”作用。据统计，2014年保税区总部经济企业完成经营收入7 794.71亿元，比2013年增长9.0%，占外高桥保税区企业经营收入的55.7%；完成税务部门税收269.87亿元，同比增长14.2%，占保税区税务部门税收的52.0%；完成进出口额633.71亿美元，同比增长25.0%，占保税区进出口额的60.8%。

平台经济服务功能更加丰富。平台经济是保税区经济发展的重要切入点，也是功能政策配套实施、推进和扶持的重要抓手。目前，汽车、钟表、医药、酒类、机床、医疗器械、工程机械、化妆品、健康品、文化服务等是重点发展的专业贸易平台。此外，“前店后库”进口高端消费品保税展示交易平台积极运作，国内首个跨境贸易电子商务服务平台“跨境通”运行良好，“DIG”直销中心取得名气和效益双丰收。截至2014年年底，成功加入外高桥保税市场会员单位的投资企业累计达到8 353家，比2013年净增1 879家，净增数量占总数的22.5%。据统计，2014年外高桥保税市场合计完成各类商品交易额1 454.15亿美元，比2013年增长12.3%，净增159.33亿美元。

【投资建设】固定资产投资额有所回落。外高桥保税区经过20余年的开发建设，前期的土地开发已经基本结束，园区建设较为成熟，市政配套设施建设基本完善，产业布局相对合理。2014年，保税区加快重点工程项目建设，优化区域综合投资环境，促进产业功能升级，推进厂房、仓库改扩建及进区企业生产设备改造更新，全年完成固定资产投资额25.58亿元，比2013年下降9.3%。

【发展效益】面对复杂多变的国内外经济形势，外高桥保税区投资企业紧抓自贸区发展机遇，进一步创新、整合业务模式，发挥规模效应和集聚作用，促使整体赢利状况保持在较高水平。据统计，2014年保税区投资企业共实现利润总额553.42亿元，比2013年增长0.3%。

各类税收收入保持两位数增长。随着保税区综合经济规模的进一步扩大，集聚效应不断显现，投资企业产出效益逐年攀升，促使各类税收收入继续保持两位数增长，为国家和地方财力作出了较大的贡献。据统计，2014年外高桥保税区共实现各类税收收入1 107.49亿元，比2013年增长11.3%，其中形成的中央税收为923亿元，占保税区各类税收收入的83.4%。截至2014年年底，外高桥保税区已累计完成各类税收收入8 028亿元。其中，上缴中央财政的为6 685亿元，占比为83.3%；留存地方财政的为1 343亿元，占比为16.7%。

外高桥港区货物吞吐量逐年攀升。2014年外高桥港区继续发挥区位优势和口岸功能，完善服务，进一步强化对长江、内河流域的辐射作用，促使港区货物吞吐量和集装箱吞吐量均呈现逐年攀升的态势。外高桥港区1~6期共拥有泊位24个，已配备桥吊80台，码头总长度达到5 959米，陆域面积达到581万平方米。2014年停靠各类船舶41 617艘次，比2013年增长1.4%，其中外籍货轮达到8 997艘次，同比增长0.4%，占外港停靠船舶数量的21.6%；完成货物吞吐量1.58亿吨，同比增长3.8%，占上海港的20.9%，所占比重比2013年提高1.3个百分点；集装箱吞吐量1 716.4万标箱，同比增长5.8%，占上海港的48.6%，所占比重比2013年提高0.4个百分点。另据不完全统计，外高桥港区“水水中转”箱量约占25%，“国际中转”箱量约占5%。

企业从业人员继续攀升。随着投资企业经营规模的不断扩大，产业发展的多元化趋势日益显现，新兴业务模式不断涌现，众多跨国公司对于高素质、复合型人才的需求更为迫切，保税区企业从业人员持续攀升，为保税区的可持续发展奠定了良好的人力资源基础。据统计，2014年年末保税区投资企业从业人员达到26.44人，比2013年增长1.1%。从业人员中，中方人员为25.44万人，比2013年增长1.8%，占保税区从业人员的96.2%；外籍人员为1万人，占比为3.8%。

【招商部门】上海外高桥保税区（含保税物流园区）由中国（上海）自由贸易试验区管理委员会保税区管理局统一管理。联系电话：021-58698500。

深圳保税区
SHENZHEN FREE TRADE ZONE

【经济发展】2014年，深圳保税区域（包括福田保税区、盐田综合保税区、前海湾保税港区、坪山出口加工区和机场保税物流中心）完成工业增加值189.3亿元，同比增长5.5%；实现工业总产值1 627.5亿元，同比增长14.2%，占深圳市规模以上工业企业销售额的6.8%；实现进出口1 406.9亿美元，同比下降31%，占全市进出口额的28.8%，其中出口784.4亿美元，同比下降25.1%，进口622.5亿美元，同比下降35.4%；实现税收总额完成79亿元，同比增长7.5%。

其中，深圳保税区（福田保税区、盐田综合保税区）完成工业增加值157.8亿元，同比增长8.9%；实现工业总产值1 494.5亿元，同比增长16.7%；完成进出口1 113亿美元，同比下降39.4%，其中出口589.6亿美元，同比下降37.7%，进口523.4亿美元，同比下降41.1%；商品销售额完成440.6亿元，同比增长19%；税收总额完成74.1亿元，同比增长5.2%。全年新批入区企业165家，同比下降27.6%；外资企业投资额为0.75亿美元，同比下降60.1%；实际利用外资5 277.9万美元，同比增长9.1%。园区以占全市0.13%的面积，实现6.2%的工业产值和23.3%的进出口额。主要特点如下：

高科技加工方面，深圳保税区实现工业产值1 494.5亿元。其中，电子信息类企业实现495亿元，占园区工业产值的33.1%；黄金珠宝类企业实现产值970.9亿元，占园区工业产值的65%。福田保税区实现工业总产值405.4亿元；实现工业增加值68.5亿元，同比下降0.9%。联想信息、赛意法完成工业产值同比分别下降2.3%、19.9%，戈尔科技、拓汇斯科技、迪睿合电子同比分别增长17.9%、39.1%、66.6%。沙头角保税区加工业以黄金珠宝加工为主，实现工业增加值89.3亿元，同比增长17.8%；实现工业总产值1 089亿元，同比增长25%，其中黄金珠宝加工业产值为970.9亿元，电子信息产业产值为106.4亿元。

保税贸易方面，深圳保税区完成进出口额1 113亿美元，同比下降39.4%。分贸易方式看，一般贸易实现进出口27.2亿美元，同比增长34.5%；加工贸易实现进出口641.2亿美元，同比增长20.1%；保税仓转实现进出口444.6亿美元，同比下降63.2%。区域中，福田保税区实现进出口500.2亿美元，同比下降62.1%，其中一般贸易27.1亿美元，保税仓转385.2亿美元，加工贸易115亿美元；沙头角保税区完成进出口544.5亿美元，同比增长45.7%，其中加工贸易526.2亿美元，占园区进出口的96.7%；盐田港保税物流园区实现进出口68.3亿美元，同比下降2.7%，其中出口50.2亿美元，同比增长0.7%，进口18.1亿美元，同比下降11.2%。

保税新业态方面，充分挖掘保税政策的

优势，以园中园建设为突破口，通过“保税+设计”、“保税+文化”、“保税+互联网”“保税+贸易”的政策产业叠加，实现工业设计、文化创意、国际互联网等新业态的集聚。落实深圳与赫尔辛基国际友好城市协议，筹建并支持两市产业合作载体——中芬设计园在福田保税区发展，引进凯瑞姆·瑞席中国总部、乔凡诺尼亚洲设计总部、iF中国总部、库卡波罗艺术馆、瑞典设计屋等国际知名设计机构；改造福兴大厦建设创意保税园，改造和合大厦建设T8创意园，引进道融家菁、杰尔斯、e当代美术馆、花禅服饰等保税文化企业，拓展艺术品等的展示、拍卖和交易业务等；推动国际互联网产业园、精茂进口商品展示交易中心、腾邦跨境购物展示中心项目的建设，支持富裕仓储与香港电器直销中心、福田保税区高端商品展示中心与香港慧慧优品电商平台的合作，引进深免集团国际畅购中心等，搭建保税金融、展示交易、大宗商品、跨境电商、现代物流融合发展的平台。支持中兴通讯、大疆创新、鸿富锦、桑达电子等在区内设立检测维修企业，通过简化通关环节，优化检验流程，解决了企业出口产品“维修难”的问题，有利于本土知名品牌整合产业链，提高售后服务，加快“走出去”的步伐。

【投资环境】依托于发达的外向型经济和便捷的通关环境，在深圳市委市政府、海关总署等部门的大力支持下，深圳建立了功能各异、合理布局的各类海关特殊监管区域，能够满足外向型经济客户全方位的发展需求。

东部：盐田综合保税区。盐田综合保税区在沙头角保税区、盐田港保税区、盐田港保税物流园区的基础上整合而来。园区位于深圳特区东部的盐田区，毗邻我国重要的中转港——盐田港，南靠香港，周边分布着我国最密集的海关特殊监管场所，具备良好的海铁联运交通系统。目前园区正在开展封关验收各项建设，预计2015年年底前按照综合保税区的要求实现封关运作。

中部：福田保税区。1991年5月28日经国务院批准设立，总面积1.68平方公里，其中围网内面积1.35平方公里，配套生活区0.33平方公里。福田保税区地理位置优越，北靠福田中心区，南部临深圳河，建有日通车能力4 000辆次的一号专用通道，经落马洲大桥与香港直接连通。

西部：深圳前海湾保税港区。2008年10月18日经国务院批准成立，规划面积3.71平方公里。其一期园区于2009年7月10日通过国家联合验收并已封关运作，实际运作面积1.174平方公里。前海湾保税港区享受国内最优惠的保税政策，国内货物“入区退税”，园区交通便利，港区内有3个码头，通过西部通道与香港连接。目前园区已纳入广东自贸区前海蛇口片区。

北部：深圳出口加工区。2000年4月27日经国务院批准成立，规划面积3平方公里，位于深圳市坪山新区。2001年3月31日通过国家八部委联合验收并已封关运作。

在园区硬环境方面，完成福田保税区道路及环境改造、隔离围网更新工程，将园区“四横十四纵”18条道路整体改造为沥青路面，围网监控设施、人行道、绿化带和行政通道等得到全面更新。下一步，园区管理部门将推动园区东片区及东西主干道的路面改造，更新美化人行道、电缆沟、水沟盖板等，增设休憩设施，打造景观楼宇和景观绿道，建设“花园”保税区，落实福田保税区交通综合改善规划；开通福田保税区第二行政通道，争取地铁3号线南延段、地铁10号线尽快延伸到福田保税区内。盐田综合保税区按照综合保税区封关验收的要求对市政基础设施和监管设施进行了全面升级，园区的整体环境将得到全面提升。

在园区软环境方面，按照行政事项改革

要求，调整了企业入区核准、车辆行驶标志两项行政服务事项的办理流程，优化网上申报系统，取得良好效果。完成市定向配租住房的配租工作，整合3个园区委属固定资产服务园区企业；争取市转型升级和外贸稳增长资金，推动保税新业态、保税展示暨跨境电商交易中心、检测维修平台和进口溯源平台等重点扶持产业的发展；加大公共服务力度，逐步导入银行网点、医务室、移动图书馆等，建立园区膳食管理委员会，提升配餐中心的服务水平，合理布局区内餐饮场所，多途径改善园区餐饮配套。

【招商引资】经过20余年的开发建设，深圳保税区内土地开发殆尽，目前新引进的项目多为商贸物流领域，规模较小，对区内产业的影响有限。2014年批准投资额1.1亿美元，合同利用外资0.75亿美元，实际利用外资0.53亿美元；新批企业165家，其中外资项目46个。

【对外贸易】2014年，深圳保税区实现进出口总额1 113亿美元，其中出口589.6亿美元，进口523.4亿美元。外贸结构中，加工贸易进出口实现641.2亿美元，保税仓转进出口444.6亿美元。深圳保税区外贸产品以机电为主，约占总额的76%。从各区域看，福田保税区实现进出口500.2亿美元，其中出口264.6亿美元，进口235.6亿美元；按贸易方式分，一般贸易进出口27.1亿美元，加工贸易进出口115亿美元，保税仓转进出口358.1亿美元。沙头角保税区以出口加工为主，实现进出口544.2亿美元，其中出口274.5亿美元，进口269.7亿美元。盐田港保税物流园区实现进出口68.3亿美元，其中出口50.2亿美元，进口18.1亿美元。

【商贸业】深圳保税区商贸行业主要集中在福田保税区。2014年，福田保税区限额以上商贸企业实现销售总额440.6亿元，同比增长19%；年销售额在10亿元以上的商贸企业有9家，其中乐金显示贸易（深圳）有限公司实现销售额120.5亿元，法之龙运动品（深圳）有限公司、恩益禧视像设备贸易（深圳）有限公司、深圳市东方嘉盛供应链股份有限公司、卡西欧电子（深圳）有限公司的销售额都在20亿元以上。

【物流业】2014年，深圳保税区规模以上生产服务企业实现营业收入224.1亿元。其中，福田保税区规模以上物流企业实现营业收入217.9亿元，同比增长12.6%；盐田港保税物流园区企业实现物流收入6.2亿元，同比增长24.2%。

【工业】2014年，深圳保税区实现工业增加值157.8亿元，同比增长8.9%；实现工业总产值1 494.5亿元，同比增长16.7%。其中，福田保税区全年实现工业增加值68.5亿元；完成工业总产值405.4亿元，同比下降0.9%。主要企业中，联想信息、赛意法完成工业产值分别比2013年同期下降2.3%、19.9%，累计下降额12.6亿元；戈尔科技、拓汇斯科技、迪睿合电子分别比2013年同期增长17.9%、39.1%、66.6%。此外，新材料类企业实现产值14.3亿元，同比增长18.1%；生物医药类企业实现产值2.1亿元，同比增长29.6%。沙头角保税区加工以黄金珠宝加工为主，实现工业增加值89.3亿元，同比增长17.8%；完成工业总产值1 089亿元，同比增长25%。其中，黄金珠宝加工业产值970.9亿元，电子信息产业产值106.4亿元。主要企业中，品新科技、才众电脑产值同比分别增长12.5%和32.8%。

【发展趋势】2014年是园区转型升级的攻坚之年，深圳市委、市政府高度重视园区的转型升级工作，明确保税区“面向全球的国际贸易示范区、全国保税制造业升级引领区、深港保税服务业合作试验区、保税政策与监管创新先行区”四区发展目标，并从综合保税区封关建设、基础设施升级、功能拓展、产业扶持、监管优化等方面提出一系列任务，为园区的发展提供新的动力。下一步，园区管理部门将结合综合保税区封关建设、福田保税区转型发展、自贸区政策复制推广下工夫。

【机构设置与管委会领导】 深圳市经济贸易和信息化委员会承担全市海关特殊监管区域的统筹、规划和园区申报工作；促进保税区内企业发展，推动保税经济发展；指导保税区非经营性国有资产管理工作。

管委会领导：市经济贸易和信息化委员会党组书记、主任郭立民；市经济贸易和信息化委员会副主任（分管领导）谢建民；市经济贸易和信息化委员会保税经济处处长袁富勇，副处长康丽辉、张振强。

【招商部门】 保税经济处：刘金华，0755-83590737；福田保税区服务中心：邱泽华，0755-83480558；沙头角保税区服务中心：胡正诚，0755-25260060；盐田综合保税区服务中心：张桂怡，0755-25281182。

广州保税区
GUANGZHOU FREE TRADE ZONE

【经济发展】2014 年，广州保税区按照“向政策要效益，向功能要效益，向内涵要效益”的工作思路，突出保税特色，发挥政策优势，提升服务功能，不断加快园区产业结构调整步伐，从以保税加工为主导的加工制造业向以现代物流、国际商贸和展览展示等为主导的现代服务业转型升级，努力服务广州开发区、萝岗区，服务珠三角地区，深入开展“转作风、促增长”活动，努力推进经济增长，多项工作取得了突破性的进展。

2014 年，广州保税区实现进出区货值 131 亿美元；完成工业总产值 61.82 亿元，同比下降 17.34%；合同利用外资 400 万美元，实际使用外资 1 300 万美元；完成税收总额 8 亿元；固定资产投资（工业项目）为 11.41 亿元。

【投资环境】广州保税区基础设施完善，拥有便利的区位优势、优惠的政策优势和高效的体制优势，建立了通达世界的海、陆、空立体直转通关物流系统，覆盖面广、业务形态丰富，是优质的外向型经济基地，尤其适合发展现代物流、国际商贸、保税加工、保税展销。截至 2014 年年底，已形成以电脑及其零配件系统产品、重型机械设备制造、生物医药、模具钢材加工、食用油加工、酒类交易中心、有色金属交易市场为主导行业的支柱产业。同时，位于广州保税区内的保税物流园区有效运作，进一步提升了区域优惠政策的丰富性和完整性。

2014 年，园区确定“抓大不放小、重点突破”的工作思路，全年持续对企业进行全面的摸查，全面深化服务，保障园区企业增效提质，项目稳定持续发展。同时，深入地对大众集团、海瑞克、卡尔蔡司、卓德嘉、蒂森克虏伯、费森尤斯卡比、友益电子、融达电源、鸿森材料等 33 家区内重点企业进行走访调研，跟进企业的生产经营情况，落实各项扶持政策和措施，为全区经济增长作出了重要贡献。累计召开企业座谈会 6 次，走访企业 80 余次，接待企业来访 40 余次，架设好企业与海关、国检、税务和外汇管理等部门之间沟通的桥梁。对座谈和走访中企业反映的问题进行梳理分析，并将情况及时反映到相关部门，帮助企业解决各种问题。重点协调了东马油脂增能扩产事宜，立量达、旭翼星企业在保税区注册，住商农资贸易公司工商变更登记的办理，珞科公司、三菱商事增加经营范围事宜，以及区内注册区外经营的商贸企业情况；跟进广保集团债转股、海瑞克进口旧设备配件维修资质审核及业务实施进展情况等协调事宜。

开展海关特殊监管区域发展调研，积极探索未来发展方向。坚持从广州保税区、保税物流园区和出口加工区的发展实际出发，探索新路径、积累新经验、采取新举措，用创新走出新路，与黄埔海关共同研究有关措施，并于 2014 年 5 月 6 日，由黄埔海关发布了促进园区发展便利化措施，在引导产业升级、优化监管模式、整合区域功能等方面，取得实实在在的成效。一是优化产业结构，打造多元化进口贸易展示平台。积极推动黄埔海关对现有信息管理系统升级改造，进一步创新优化保税区卡口管理，对保税区与境外和境内间的货物实施分流管理，开展有针对性的产业规划和招商引资，利用保税区政策优势，搭建食品、日化产品、机械设备等多元化进口贸易展示平台。二是优化监管模式，切实提高通关效率。进一步优化区港联动模式，实现区区（港）高效互通，拓展“属地申报、属地放行”模式，符合条件的区内企业可在全国范围内开展相关业务；改造园区辅助管理系统，实现园区申报无纸化和货物提前申报、运抵卡口自动验放。探索对境外入区货物实行“先进区、后报关”的通关监管方式；促进口岸通关便利化，深入推进关检合作“三个一”试点改革，切实提高通关效率，减轻企业负担。目前，园区无纸化报关单通关时间由平均时长大幅减少到5分钟左右，通关效率提升达8倍。三是优化区域功能，支持海关特殊监管区域功能合理调整。对广州保税区、保税物流园区、出口加工区的功能进行合理调整，积极支持出口加工区拓展保税物流功能，开展研发、检测、维修等业务；大力支持特殊区域内开展流通性简单加工和增值服务业务，满足企业仓储物流配送需求；积极推动区内开展售后检测维修业务。海瑞克（广州）隧道设备有限公司正式启动盾构机维修业务，预计每年维修翻新20台盾构机部件，营业额将增加5个亿。

梳理行政审批事项，优化审批流程，压缩办理时限，并精简4项公共服务事项。2014年窗口服务接待咨询人数732人次，电话咨询人数1 240人次；共受理审批事项354批次，其中完成外商投资项目审批业务27宗，海关备案类260宗，其他类67宗。审批事项满意率达到100%，准确率和及时率均为100%。网上受理网办率为81%（从2014年3月份开始实行网办）。

【招商引资】2014年，园区充分依托海关特殊监管区域功能政策，紧紧把握全区“促增长”工作主线，全面深化服务，保障园区企业增效提质，项目稳定持续发展。

抓重点项目筹建，全力协助项目落户。如跟踪美胶公司广州总部及生产基地项目，参与前期考察，协助企业物色厂房及办公场地；帮助万利源棉纱生产项目方完成厂房租赁、公司注册、用电增容及电价商议等事宜；与海关及环保部门协调佳盛德皮业项目环境评估问题，帮助企业顺利投产。

为在日益严峻的经济环境和日趋激烈的区位竞争中赢得比较优势，园区以现有产业基础为依托，积极申请创建特色功能区，为转型升级争取政策突破，激发区域发展的内生动力。建设保税区跨境电子商务平台，启动广州保税区内企业跨境贸易电子商务试点工作。目前，已有6家企业完成初步运作方案，其中3家企业已在保税区注册登记，2家企业开发了电子商务信息平台，并已经海关、检验检疫及外经贸机构认可，作为试点企业开始试运作。

【对外贸易】2014年，广州保税区进出区货物总值131亿美元，同比下降5.35%；合同利用外资400万美元，实际利用外资1 300万美元。

【物流业】2014年，广州保税区继续围绕“集中力量发展具有广州东部新城区特色的物流产业，增加为开发区和全市生产型企业配套服务能力”这一中心任务，通过保税物流园区的建设和运作，推动物流产业优化升级，构筑辐射珠三角乃至华南地区的物流平台。

为促进广州开发区物流行业协会的成立，参加由德国驻穗总领事馆和《物流》杂志社联合举办的德中高端物流企业论坛，并邀请《物流》杂志社、广东商品国际采购中心联盟主要负责人考察保税区，与开发区物流行业协会的会长单位开展座谈。

【工业】电子设备制造业为保税区的支柱行业。其他生产加工门类较广，主要有食用油精炼、医用材料、钢材模具、重型机械设备制造、日用品、包装材料生产等。2014 年，园区完成工业总产值 61.82 亿元。

【保税物流园区】广州保税物流园区与黄浦新港实行区港联动，规划面积 0.507 平方公里，是广州开发区第 5 个国家级经济功能区。保税物流园区正式运作以来，在通关手段信息化、监控立体化、货物流动便捷化的管理模式下，2014 年实现进出区货值 103.80 亿美元。园区业务已辐射天津、山东、湖南、江西、福建、内蒙古等 10 多个地区，服务企业近 2 000 家，其中广州开发区内企业占 30%，有效地降低了企业的运输成本和仓储压力。

为打造现代物流示范区，积极推进保税物流园区与黄埔新港码头的联动建设，扩大区域辐射范围。开展区内主要物流企业码头业务量调查，并多次实地考察黄埔新港和新沙港码头，促进保税物流园区与黄埔新港联动，使其运用水上货运“巴士”快速无缝接驳南沙、深圳、香港等国际枢纽港，实现“一次报关，直通世界各大港口”，促进以国际物流配送为核心的第三方物流发展。区港之间的“无缝对接”为下一步保税物流园区内企业开展国际采购、国际中转、国际贸易、国际配送等业务打下良好的基础。

按照广州市加快推进将广州建设成为亚洲物流中心的总体部署，广州保税区结合区域特征和实际工作进展，开展规划研讨和政策推介。目前，广州保税区、广州出口加工区和保税物流园区 3 个保税监管区域已成为广州地区政策功能最齐全、运作最成熟的保税物流区域。

保税物流园区大力开展保税仓储和国际分拨配送业务，满足了加工制造企业对保税物流业务发展的需求，有效降低了企业物流成本，提高了资金、货物周转效率，企业市场竞争力明显得到提升，从而吸引了周边地区企业纷至沓来，利用园区的特殊功能和优惠政策为自身减负。园区对周边地区乃至整个珠三角地区强有力的辐射力无疑将带动与之关联的保税区和出口加工区的发展。

【酒类交易市场】广州保税区国际酒类交易中心是广州开发区管委会、广东省酒类行业协会和澳企实业联合打造的，集进出口展示、贸易、仓储、物流、报关、报检于一体的进口酒类专业市场。2014 年，累计入驻企业 110 家，商铺达到 120 间，从业人数超过 2 000 人。据海关不完全统计，2014 年进口葡萄酒 386.38 万升，价值 1 693 万美元。目前，红酒交易中心呈现出整体发展和经营形式百花齐放、各具特色的态势，包括创建自有葡萄酒品牌，发展连锁加盟经营，成为中国地区总代理等。

为在激烈的竞争中继续保持华南地区著名进口红酒交易市场的地位，广州保税区国际酒类交易中心开展多种营销活动，打造高精端国际商品保税展示中心。积极推进红酒溯源工作进展，强化保税区“原庄原瓶”进口红酒品牌影响，推进“红酒二维码溯源平台”建设，为消费者展示全方位信息，提高专业市场的信息化水平。

【进口商品基地建设】根据广东省政府《关于促进进口的若干意见》（粤府〔2011〕126 号），在稳定出口的同时，积极扩大进口规模。2014 年，确定打造进口商品基地的工作重心，通过多种渠道招商引进进口商品专业市场项目，努力推进广保有色金属交易所、广州水产集团、进口化妆品交易市场和骏德酒业、裕金酒业等项目的招标、筹建和服务工作。联系外国和港澳台地区的驻穗机构，宣传保税区政策和投资环境；通过参加华南美国商会的会员活动，拜访和接待阿根廷驻穗总领事馆、香港贸促会等工作，向考察团介绍打造进口商品基地的规划，扩大宣传效果和品牌影响力。与行业协会、龙头企业沟通，争取进口商品项目落户保税区；走访深圳珠宝企业，引导企业建设珠宝产业城，将高档珠宝的展示销售、技能培训、鉴定认证等业务引入保税区。

【发展趋势】 广州保税区立足历史和现状，妥善进行业务梳理，进一步拓展功能，按照海关总署关于整合特殊监管区域的精神，扩展出口加工区保税物流功能，研究保税区、出口加工区和保税物流园区的整合升级，探索从以加工贸易为主的发展模式向保税商贸基地的发展模式转型。同时，以保税物流园区的运作为发展契机，整合现有资源，继续推进保税物流体系建设，大力发展现代物流。

【机构设置与管委会领导】 广州保税区的地方管理机构是广州保税区管委会，2002 年 6 月广州保税区管委会与广州经济技术开发区、广州高新技术开发区、广州出口加工区管委会合署办公，构成强大的“四区合一”行政管理体系，2003 年全区通过 ISO 9001 和 ISO 14000 双认证，拥有中国对外开放最完整、最系统、最丰富的优惠政策体系，可供外商选择的投资领域最宽、政策空间最大。

2005 年 6 月，广州市委、市政府为加快“东进”战略的实施，在原“四区合一”经济区域的基础上，成立了广州市萝岗区，面积为 393.22 平方公里。

广州保税区管委会为广州市政府的派出机构，享受市一级的审批权限，机构精简，办事高效。管委会下设办公室、发展和改革局、经济发展局、科技和信息化局、规划国土局、建设和市政园林局、环境保护和城市管理局、保税业务管理局、企业建设局（招商局）、财政局等机构。

管委会领导：广州保税区管委会主任陈志英，副主任李红卫、陈小华、郑锡雄、蔡刚强、郭粤明、孙秀清；萝岗区副区长张超平具体分管保税区业务。

【招商部门】 广州开发区保税业务管理局是广州保税区的经济业务主管部门，诚挚欢迎广大客商进行咨询、交流及前来投资和开展业务。保税区必然践行“一切为了投资者，一切为了企业，用最好的服务，最佳的环境，让投资者获得最大的回报”的管理理念。联系人：陈坚，联系电话：020－82112062，传真：020－82112070。

厦门象屿保税区

XIAMEN XIANGYU FREE TRADE ZONE

【经济发展】2014 年，厦门象屿保税区紧紧围绕美丽厦门战略规划，坚持改革创新，充分发挥“保税”的政策功能优势，以构建千亿现代服务业产业链带动产业转型，以自贸区建设突破发展瓶颈，以创新服务提升治理能力，加快园区各项事业发展和繁荣稳定。园区主要经济指标均呈两位数增长，取得“十二五”以来最好成绩。2014 年，园区实现外贸进出口额 71.4 亿美元，同比增长 23.1%，增幅居全国同类区域前列，居全市领先水平；实现商贸营业收入 560.5 亿元，同比增长 27.5%；实现物流营运收入 98.57 亿元，同比增长 36.7%；完成生产总值 70.06 亿元，同比增长 20.8%；完成财政总收入 10.38 亿元，同比增长 30.5%；完成固定资产投资 25 亿元，完成年度计划的 125%。招商引资创历史新高，引进企业 449 家；完成内资 27 亿元人民币，合同利用外资 8 136 万美元，实际利用外资 4 017 万美元，分别完成厦门市下达任务的 180%、203.4%和 100.42%。

【投资环境】象屿保税物流园区获全国优秀物流园区，其在基础设施，服务能力、运营效率和社会贡献等方面综合评定位居全国前列，是福建省唯一获此殊荣的物流园区。象屿五金机电物流集散物流中心被认定为厦门市生产性服务业功能区，至此，区内共有 4 个功能区为厦门制造业提供服务。率先全省开展企业设立“一口受理、一表申报”工作，实现了企业设立一个窗口四证联办，一张表格贯穿流程，这一创新的服务模式，打通了服务群众“最后一公里”，为厦门乃至福建省深化行政体制改革树立样板、积累经验。厦门市政务中心在全市范围内复制推广象屿“一口受理”模式。实施商事登记改革，该项改革举措有效激发了园区各类市场主体的活力，尤其是厦门华辰拍卖、招银金融租赁、工银金融租赁等项目，在降低准入门槛、“先照后证”方面取得重大突破。

【招商引资】完善招商工作机制。充实招商力量，发挥各招商平台效用，整合盘活有限的发展空间资源，重点引进了集装箱码头集团、国药大药房总部，以及融资租赁、文化保税等项目。2014 年共引进内外资企业 449 家，引资总额 46.1 亿元人民币，合同外资完成8 136万美元，实际利用外资4 017万美元。

【自贸园区建设】组织专门力量，制订了《厦门自贸区建设工作实施方案》。该工作方案的总体目标是打造投资环境国际化的试验区、两岸投资贸易便利化的先行区，包括特殊监管区域内部整合、公共监管平台建设、对台先行先试、审批制度改革、金融制度创新、关内关外整合等六大方面 22 项重点工作内容。截至 2014 年年底，完成了大部分了工作任务。整合优化海关特殊监管区域，研究海关特殊监管区域的功能定位。象屿保税区、保税物流园区发展与现代服务业相关的高端商贸业，打造成为以国际贸易服务、金融服务、专业服务功能为主，商业、商务、文化多元功能集成的现代商贸功能区。海沧保税港区发展与口岸航运物流相关的产业，打造成为东南国际航运核心功能区。整合特殊监管区域统计运行分析，自2014年8月起统一上述3个特殊监管区域的统计报表与经济运行分析。积极申设空港综合保税区，认真开展保税物流园区未开发部分（0.44平方公里）置换建设空港综合保税区的调研论证工作，制订了申报方案，且方案上报国务院，国务院已批准海关总署办理。推动贸易自由化，全省首个跨境电商平台投入使用。厦门跨境电商产业园（一期）于2014年12月投入使用，实施“清单核放、汇总申报”的通关模式，顺利开展跨境电商零售出口业务，成为全省第一个集通关服务、电商供应链服务、商务服务和研发创新服务4个服务平台为一体的全链条跨境电商运营基地。复制推广海关总署发布的14项监管制度，在原来已有的区内自行运输、保税展示交易、批次进出集中申报、境内外维修等制度基础上，重点推进先进出区后报关、加工贸易工单式核销、简化统一进出境备案清单、简化无纸化通关随附清单、集中汇总纳税等制度。启用了新的海关查验平台，完善了海关监管信息系统，解决空运货物运抵报告发送主体问题。支持港务物流拓展出口监管仓和进口保税仓业务，建设外贸中转发展新平台。

【贸易业】电子商务方面，拓展电子商务及保税展示交易。创设了多个电商平台，“保税店.COM”、“淘宝台湾馆”、五金机电集采平台成功上线；厦门进口商品集散中心10月底封顶，宝象国际进口商品展示交易中心投入使用。全区电子商务企业实现收入35亿元。文化保税增加新内涵，厦门华辰在2014秋季拍卖会上，30多件保税文物拍卖成交；引入了香港美斯国际，投资总额10亿元打造象屿保税区文化保税贸易平台。融资租赁业务方面，成为全国第3个开展飞机融资租赁业务的海关特殊监管区域，通过SPV项目公司采用融资租赁形式引进了3架波音飞机；境外融资3亿多美元，开创了园区融资租赁业务发展新模式，增强了金融服务功能，提升了厦门产业形态。有鑫桥、华开等3家境内外知名租赁公司在区内设立，并有一批项目具有入驻意向，园区融资租赁集聚高地初见端倪。大宗商品交易方面，区内首个大宗商品现货交易平台——厦门泛亚商品交易中心在保税区设立，注册资本1亿元，将有效促进金融资本和产业资本的融合，提升厦门商品交易市场地位。

【物流业】2014年园区以物流商贸为核心的流通服务业实现营业收入517亿元，同比增长16.2%；实现进出口额达58亿美元，同比增长15.3%。全区矿产品（含石材）、粮食、化工产品等大宗商品交易仍然较为活跃，港务贸易、明穗粮油、成大贸易等企业实现营收均超过20亿元。东渡港区集装箱吞吐量达到396万标箱，同比增长23%。经过商务部、国家发展改革委等国家主管部门批准，统合重组成立厦门集装箱码头有限公司，注册资本达24亿元，成为国内最大的集装箱码头公司，将进一步带动厦门港口经济的发展。

【项目建设】完成园区固定投资25亿元，完成市里下达任务20亿元的125%，超额完成年度固定投资指标任务。其中，厦门市重点建设项目——厦门进口商品集散中心已封顶进入室内装修；两岸贸易中心总部“九八”动工奠基，正在加快建设中；跨境电商产业园、海运快件监管中心投用；厦门市为民办实事项目象屿路人行天桥开工；高端写字楼——厦门国际海岸工程准备进行主体结构验收。

【对台交流合作】 全国首个海峡两岸海运快件中心获批并投入运作。2014年2月，海关总署批复厦门率先开展对台海运快件业务，7月成功操作首单业务。两岸首个冷链物流合作项目投入运作。大陆首个两岸冷链物流产业合作试点项目——万翔冷链物流中心全面建成并投入使用，带动两岸食品冷链物流标准化工作组落户，引进50余家国内外知名品牌客户，2014年货物周转量超过12万吨。该中心与台湾渔业公司合作的台湾冷鲜水产公共保税分拨中心已投入使用。万翔冷链获评“2013~2014年度‘金链奖’全国十佳仓储服务商”。推动与台湾口岸公共信息平台对接。联合国检、厦门市商务局推出两岸商品快速验放促进计划。推动“社会认证、官方采信”进口商品检验模式的“金酒模式”向更多商品、更多领域复制推广。海关总署明确大嶝对台小额商品交易市场的台湾商品暂不征收进口环节消费税，预计每年将至少减免消费税额200余万元

【发展趋势】 自运行以来，厦门象屿保税区谨遵嘱托和期望，坚持改革，把推进自贸试验区建设作为全面深化改革和扩大开放的重要抓手和平台，边改革、边实施、边创新。园区累计实现进出口额550亿美元，平均年增长率15%以上；30多家世界500强企业入驻，成为DELL、ECCO、台湾金门高粱酒等世界知名品牌的大陆及亚太分拨中心。目前，园区从初建时的0.63平方公里发展成为包括象屿保税区、保税物流园区、东渡港区、保税区二期及航空港物流园区5个部分，总面积为9平方公里的现代物流园，成为全国保税区拓展保税物流的典型，同时打造保税区“升级版”，助推“美丽厦门”产业升级。作为福建自贸试验区厦门片区的核心部分，厦门象屿保税区紧紧围绕“美丽厦门”十大行动计划，全面落实《中国（福建）自由贸易试验区总体方案》和《中国（福建）自由贸易试验区厦门片区实施方案》，把体制机制创新放在突出位置，力争一年后拿出具有自身特色，可复制、可推广的经验和办法，为福建省自贸试验区建设作出表率。

【机构设置与管委会领导】 厦门象屿保税区管委会作为厦门市政府的派出机构，机构级别为副厅级，内设办公室、政治处、经济发展处、建设管理处、计划财政处（计划财政局）、安全生产监督管理局、监察室等7个处室。

管委会领导：党工委书记、管委会主任林树溪，党工委副书记陈章福，党工委委员、管委会副主任马自力，党工委委员、管委会副主任陈敏，党工委委员、纪工委书记蒋东红，党工委委员、大嶝对台小额商品交易市场管委会主任陈青峰。

【招商部门】 厦门象屿保税区招商服务中心是厦门象屿保税区管委会直属事业单位。该中心负责象屿保税区的招商引资服务工作，为中外投资者免费提供咨询、跟踪、信息等“一站式”服务；协助进行投资前期的市场调研，协助办理投资各环节的手续，协调解决投资过程中遇到的问题，专人服务全程跟踪投资计划。联系人：赖建设，联系电话：0592-2639628、2639609。

宁波保税区（出口加工区）
NINGBO FREE TRADE ZONE (EXPORT PROCESSING ZONE)

【经济发展】2014 年，宁波保税区（含出口加工区，下同）实现生产总值 160.2 亿元，同比增长 0.6%。其中，第二产业增加值 48.2 亿元，同比增长 1.7%；第三产业增加值 112.0 亿元，同比增长 7.0%。同期，完成财政总收入 36.8 亿元，同比增长 5.1%，其中公共财政预算收入 17.5 亿元，同比增长 1.9%；实现海关税收总额 13.8 亿元，同比增长 7.5%；完成工业总产值 456 亿元，同比增长 0.1%；固定资产投资达 14.5 亿元，同比增长 18.6%。

【对外贸易】2014 年，园区年完成外贸进出口总额 139.9 亿美元，同比增长 20.3%，高于宁波市 15.9 个百分点。其中，出口 71.1 亿美元，同比增长 57.3%，高于全市 46 个百分点；进口 68.8 亿美元，同比下降 3.2%，降幅比全市低 5.5 个百分点。此外，一般贸易进出口 68.7 亿美元，同比增长 70.3%；加工贸易进出口 46.8 亿美元，同比下降 8.8%；其他贸易进出口 24.4 亿美元，同比下降 1.1%。全区国际贸易继续在宁波市外贸发展中保持重要地位，外贸进出口总值占全市的 13.4%，出口占比为 10%，进口占比为 21.8%，分别比 2013 年提高 1.8 个、3.1 个和 1.3 个百分点。全区外贸增长对全市外贸增长的贡献率达 55%，有 27 家企业入围全市进出口 200 强，18 家企业入围出口 200 强，47 家企业入围进口 200 强。

【工业】工业经济提质增效。全区工业产值实现正增长，技术改造投入、质量和效益也得到提升。全区投入工业自动化、智能化装备改造等资金达到 5.03 亿元。高新技术产业产值占工业总产值的比重达 84%。工业企业实现利润总额 12.5 亿元，同比增长 21%，其中高新技术产业利润 9.8 亿元，同比增长 22%。液晶光电产业实现总产值 322 亿元，同比持平，利润同比增长 133%。高新技术企业进一步发展，完成总产值 21.5 亿元和营业收入 22.6 亿元，同比分别增长 6.4%、7.9%。新引进高端科技创业团队 14 家，累计达到 42 家。新获批市级院士工作站 1 家；规模以上工业企业建立研发中心的比重达 27.6%；获得科技立项 16 项，其中国家级 4 项。

【招商引资】2014 年，园区新注册企业数 636 家，其中内资企业 622 家，注册资本 87.1 亿元，同比增长 220.9%；实际利用市外内资 5.7 亿元，同比增长 3.4%。新注册外资企业 14 家，注册资金 7 491 万美元，同比下降 41.3%；实际利用外资 8 863 万美元，同比下降 15.7%；合同利用外资 1.1 亿美元，同比下降 7.4%。新兴服务业培育初具规模，全年新引进电子商务、股权投资、供应链物流、文化创意、融资租赁、管理咨询等新兴服务业项目 79 个，注册资金达到 71 亿元。截至 2014 年年底，全区累计引进服务业企业 576 家。

【投资环境】2014 年，园区完成固定资产投资 14.5 亿元，同比增长 18.6%。其中，厂房仓储投资 7.6 亿元，同比增长 45.8%，设备购置投资 5.1 亿元，同比增长 9.5%；在建项目 21 个，同比下降 8.7%。推进了一批重点功能性项目建设，人才公寓主体工程和职教中心工程竣工验收，人才公寓启动销售；建成投用公共自行车系统 12 个站点、360 个桩位。推进要素资源整合，收回闲置土地约 14.9 万平方米、厂房 4.1 万平方米，新建出口加工区 4.1 万平方米国际采购配送中心，满足企业发展需求。推进服务型政府建设。加快落实扶持政策，全年累计为企业审核拨付扶持资金 6 亿元，办理出口退（免）税 16.54 亿元。支持企业缓解融资难，全年通过动产抵押、股权质押等方式帮助企业融资 51.5 亿元。加快实施服务实事工程，建成并投入使用“一站式”行政办事服务大厅，宁波保税区“政企通”平台建成并上线运行，人才公寓建成并启动销售，公共自行车系统投入使用。强化人才服务，有效运行人才创业创新服务联盟，建立市场化的人才引进、评价机制；协助企业招聘员工 3.2 万人。

【市场建设】 按照“一个市场、两个片区”布局规划，理顺了宁波保税区进口商品市场和宁波进口中心的管理体制机制，调整优化了业态布局，促进两个片区联动发展、错位发展。新建保税区进口市场直销中心 8 家（累计 10 家），中东欧国家常年馆和电商体验馆建设加快推进，市场整体形象和影响力全面提升。2014 年全区各类市场销售总额达 1 570亿元，同比增长 10%；全区仓储物流企业实现营业收入 107.1 亿元，同比增长 26.8%。

【改革创新】 开放创新取得显著成效。跨境进口电子商务试点在全国领先。一是监管创新在全国领先，海关、检验检疫、外汇管理、税务管理等部门按照“先行先试、高效便捷”的原则，积极创新监管模式，规范监管制度，优化监管流程，实现了商品“进得来、管得住、放得快”，得到了海关总署、国家质检总局、财政部、商务部等部委的充分肯定。二是业务发展在全国领先，到 2014 年年底试点企业数（123 家）、放行单证量（144 万票）、销售额（3.7 亿元）和商品种类（备案商品 9 000 多种、上架销售 5 900 多种）均位居全国试点城市第一位。贸易便利化试点位居前列。保税区海关、国检、外汇管理、市场监管等部门加快复制推广上海自贸区创新成果，海关 6 项制度创新、国检 5 项检验检疫新政、工商 3 项试点创新已在区内实施。国家进口贸易促进创新示范区建设持续深化，贸易多元化试点实现“点上突破”，出口加工区中集公司先行开展试点。获批“入境再利用产业检验检疫示范区”，为发展入境检测维修、入境再利用等产业创造了便利化环境。

跨区发展开创新局面。宁波象保合作区开发建设实质性启动。区域总体规划和启动区控制性规划已完成并上报审批；启动区场平工程等基础设施建设实质性启动，污水处理厂完成招标，设立了燃气运营项目公司，太阳能电站、生产力中心等项目完成方案设计。招商活动全面展开，跟踪促进了一批重点在谈项目，引进商贸企业 27 家，完成税收 3 504 万元。积极申报省级“特色小镇”试点，取得阶段性成果。

【发展趋势】 2015 年是宁波保税区（出口加工区）加快转型发展 3 年行动计划的冲刺之年，是“十二五”的收官之年，也是“十三五”的谋划之年，更是全面深化改革、扩大开放创新的关键之年。管委会工作的总体思路是认真贯彻落实党的“十八大”和十八届三中、四中全会精神及宁波市委、市政府决策部署，主动服务国家“一带一路”、长江经济带战略和宁波“港口经济圈”建设，深入实施“转型发展三大战略”，着力推进改革创新、区港联动、产业培育、功能拓展，努力保持经济持续平稳健康发展、社会和谐稳定，为基本建成宁波市辐射带动作用最强功能区、浙江省单位面积效益最高产业区、全国投资贸易便利化示范区，实现向自由贸易园区转型奠定更加坚实的基础。

【机构设置与管委会领导】宁波保税区、宁波出口加工区是由国务院批准设立的海关特殊监管区，由市政府派出机构——宁波保税区管委会统一管理，内设机构8个，事业单位22个，海关、检验检疫、税务、外汇、工商、国土、规划等部门在区内设立专门分支管理机构，负责两区有关管理，形成垂直整合、横向联动、精简高效的行政管理体制。

管委会领导：管委会主任、党工委书记郁伟年，管委会副主任、党工委副书记严荣杰，管委会副主任、党工委副书记、巡视员陆志孟，管委会副主任、党工委委员夏群，管委会副主任、巡视员、党工委委员汪闻勇，党工委委员、纪工委书记杜占春，管委会副主任、党工委委员叶万档，党工委委员、组织部部长、人事劳动社会保障局局长应日捷，党工委委员余斌，副巡视员沈勤儿、丁小梅。

【招商部门】宁波保税区现有3个招商部门。一是贸易合作局，联系电话：0574－86880139，联系人：孙竹影；二是市场物流合作局，联系电话：0574－86888702，联系人：郑世盈；三是工业科技合作局，联系电话：0574－86820176，联系人：孙兴方。

珠海保税区
ZHUHAI FREE TRADE ZONE

【**经济指标**】2014 年，珠海保税区生产总值完成 35.9 亿元，同比增长 12.7%，增速排名位居珠海市第五；规模以上工业增加值完成 30.3 亿元，同比增长 10.5%，增速排名位居珠海市第四；限额以上批零企业商品销售额完成 32.7 亿元，同比增长 69.5%，增速排名位居珠海市第三；固定资产投资额完成 10.1 亿元，同比增长 26%，增速排名位居珠海市第四；外贸进出口完成 27.9 亿美元，同比增长 33.5%，增速排名位居珠海市第三；实际利用外资完成 4 557 万美元，同比增长 23%，增速排名位居珠海市第三；财政一般公共预算收入完成 3.53 亿元，同比增长 18.4%，增速排名位居珠海市第二。各项经济指标均实现了同比两位数以上的增长，顺利实现了园区经济提质增效。

珠海保税区在紧抓经济快速增长的同时，不断通过产业转型，提升经济发展的质量，充分发挥保税区的功能作用，为珠海市整体经济发展服务。2014 年，以商贸服务为代表的第三产业增加值增长速度达到 26.4%，较同期提高了 18.4%，占生产总值比重由 16.7%提高至 19.7%。预计单位生产总值能耗下降率远超年度下降 2.75%的目标，单位生产总值能耗水平日趋优化，低于 0.3 吨标准煤/万元，远低于全国、广东省和珠海市平均水平，排名居珠海市第一。

【**投资环境**】珠海保税区位于中国广东省珠海市的南面，位于横琴新区和十字门商务区的中心位置，与澳门隔水相望，离澳门莲花口岸仅 10 分钟车程，距澳门码头不到 10 公里，经横琴口岸 10 多公里便可直达澳门国际机场，是珠三角产品进入国际市场的一条重要通道。珠海保税区距珠海机场 30 公里，距九洲港集装箱码头 18 公里，距珠海港 45 公里，距香港 36 海里。目前，珠海每天有十几趟航班往返香港及香港机场，航程仅 1 个小时，海陆空交通十分便利。港珠澳大桥建成后，将在珠海保税区北门处设立其第一个货物出口，届时到香港仅需 40 分钟车程。

珠海保税区首期 3 平方公里已实现“六通一平”，建成标准厂房、仓库 70 万平方米，查验场 1 个，人货出入检查口 2 个；珠海保税区集装箱专用码头已投入使用；建有国际贸易展示中心 1.8 万平方米；生活配套区大部分土地已经开发并建成使用，入住员工达 4 000 多人。

随着横琴自贸区设立、港珠澳大桥及洪湾港区等一批交通基础设施的建成，珠港澳地区的市场资源和产业结构及物流发展格局将会发生大的改变，珠海保税区依陆面海、连接粤港澳的区位和四通八达的交通及物流口岸门户优势更加突出，同时也为进一步整合物流资源、集聚资源，带动相关产业及尽快形成区域物流中心提供前所未有的发展机遇。

【**招商引资**】珠海保税区始终把引入项目作为首要任务来抓，坚持项目立区、项目兴区。2014 年，珠海保税区新注册项目 168 家，其中外资项目 46 个，注册资本金合计达到 27 890 万美元，项目数较 2013 年同期增加 28 个，注册资本金同比增长 25%，园区招商引资状态从结构、规模都实现了双提升。此外，实际利用外商直接投资也提前两个月达到全年预期目标，累计完成 4 557 万美元，同比增长 23%，增速及完成进度均居珠海市第 3 名。

珠海保税区引进的项目包括全国最具影响力的现货交易市场项目渤海商品交易所华南区交易中心，健康产业代表项目新加坡生命科技园，国际贸易代表项目珠江投资控股公司投资的国际时尚创意产业园，电子商务软件开发与培训代表项目甲骨文公软件研发培训项目等具有园区转型代表性的产业项目。

【对外贸易】 作为海关特殊监管区域，珠海保税区较其他区域对外贸的依存度更高。珠海保税区贸易方式以保税仓储或转口货物、进料加工贸易、来料加工装配贸易等传统的保税区外贸方式为主，一般贸易方式所占比重也大幅增长。现有的规模以上生产加工型企业及新引进的商贸类企业是珠海保税区进出口的主要贡献主体。珠海保税区 2014 年完成外贸进出口 27.9 亿美元，同比增长 33.5%。其中，外贸进口完成 14.2 亿美元，同比增长 83%；外贸出口完成 13.7 亿美元，同比增长 4.3%。进出口总额完成量超过年度预期目标，为年度目标的 115%。

【工业】 2014 年珠海保税区规模以上工业增加值完成 30.3 亿元，同比增长 10.5%，排名居珠海市第四。对于第二产业而言，原有工业企业的稳健增长，为第二产业的持续发展提供了基础保障。此外，园区部分企业采用工业配套商贸联动发展，积极延伸拓展新兴领域产业，积极合并优化企业发展资源，合理调配总部结算及生产销售的布局等方式开展转型升级，为第二产业的后续发展提供了新的增长点。

【贸易业】 珠海保税区 2014 年以商贸服务为代表的第三产业增加值增长速度达到 26.4%，较同期提高了 18.4%，占生产总值比重由 16.7%提高至 19.7%。珠海保税区积极开展功能创新，重点引进新兴服务产业项目，努力打造进出口贸易平台。珠海保税区进口酒类交易中心和珠澳跨境工业区进口街是珠海保税区极具保税特色的两个展示展销平台。目前，进口酒类交易中心已有近百家进口红酒企业进驻，进口街有展销面积 1 000平方米以上的商场开业。2014 年以来，珠海保税区加大对进口平台的建设力度，通过整合两个交易中心资源，在众多申报地区中脱颖而出，成为首批 10 个“广东省进口商品交易中心”之一。

【物流业】 为有效留住“大桥经济”，更好地服务珠海市发展，珠海保税区首次提出了珠港澳物流合作园的建设规划设想，计划通过整合口岸资源、物流资源和保税区的政策功能优势，在洪湾保税片区建设珠港澳物流合作园。珠港澳物流合作园首期项目——珠海（保税）洪湾通关综合服务中心规划占地面积 60 万平方米。首期项目建成后，洪湾保税片区约 10 平方公里的区域将成为珠港澳发展物流产业的重要基地。珠港澳物流合作园正在按计划建设成为珠海市承接“大桥经济”，发展 21 世纪海上丝绸之路的关键节点。珠海保税区作为建设珠港澳物流合作园项目的牵头单位，积极协助珠海市政府落实相关工作，主动与海关、国检等联检部门沟通，积极开展招商宣传，并有效储备了一批适合入园发展的高端物流项目。

【发展趋势】 2015 年是珠海保税区实现“三年大发展”的关键一年，珠海保税区将按照珠海市委、市政府提出的“珠海保税区、珠澳跨境工业区与横琴新区毗邻，要错位发展、配套发展、特色发展，相互促进、相得益彰”的发展要求，紧密结合珠海保税区面临的新形势、新机遇、新挑战，用创新的精神、改革的办法，继续发扬踏实苦干的工作作风，按照打造“综合型保税新城”和“特色跨境园区”的总体思路，用实实在在的工作业绩，为珠海建设“生态文明新特区，科学发展示范市”作出更大贡献。下一步工作中，珠海保税区将按照以下发展定位发展：

总体战略定位：构建珠江口西岸对接港澳的特殊功能区。

珠海保税区定位：打造集国际贸易展示平台、区域物流枢纽、保税加工基地和商住基地为一体的综合型保税新城；着力打造“一平台、六中心”，即国际贸易展示平台，国际酒类交易中心、生物医药交易中心、精密仪器及电子元器件交易中心、高端消费品交易中心、航空标准件交易中心、现代农产品交易中心。

珠澳跨境区定位：打造服务于澳门的高端物流，面向内地的高端进口消费品贸易、展销和配套的保税商务为一体的特色园区。

【机构设置与管委会领导】珠海保税区管委会行使珠海市一级经济管理权限，下设党政办公室、统筹发展局、财政局、建设环保局、社会建设管理局、跨境综合管理局、政策法规研究室（投促局）等7个局室，会同驻区海关、国检、工商、税务、外汇、国土、规划、劳动监察、供水、供电、中国银行、建设银行、报关公司等有关部门和服务机构，为进区企业提供全方位的高效优质服务。

管委会领导：珠海保税区党委书记姜建平，珠海保税区管委会主任赵伟媛，珠海保税区党委副书记岑贤柯，珠海保税区管委会副主任徐政、蒋道平、宋伟。

【招商部门】珠海保税区投促局和招商局是珠海保税区管委会的招商机构，承接着珠海保税区的招商引资工作。珠海保税区投促局，联系人：蔡笃敬，联系电话：0756-8686266；珠海保税区招商局，联系人：邝沛林，联系电话：0756-8817238。

汕头保税区
SHANTOU FREE TRADE ZONE

【经济发展】 一年来，在欧债危机反复、国际经济动荡、国内宏观经济下行压力大的情况下，汕头保税区深入学习贯彻党的“十八大”精神，化危为机，迎难而上，转变经济发展方式，经济综合实力上了新台阶，重大项目和基础设施建设取得新进展，区域经济继续保持稳定发展势头。2014 年，全区实现工业产值 52.7 亿元，同比增长 13.2%，超额完成年度任务目标；实际使用外资 569 万美元，同比增长 88.4%，超额完成年度目标；固定资产投资 5.72 亿元，在 2013 年同比增长 33.2% 的基础上，2014 年再增长 17.9%；实现全口径公共财政预算收入 16 643 万元，增收 210 万元，同比增长 1.28%；实现本级公共预算收入 4 778 万元，增收 324 万元，同比增长 7.28%。

【招商引资】 组织企业参加广州春交会、第 15 届西安经贸洽谈会及第二届中国—南亚博览会暨第 22 届昆明进出口商品交易会。2014 年 8 月初，与汕头经济技术合作交流协会联合举办“走进保税区”投资考察活动。8 月 21 日举办“汕头保税区投资环境推介会”，播放保税区投资环境介绍片，介绍政策措施。参加南澳论坛并印发宣传资料，宣传推介保税区优惠政策。管委会主要领导于 2014 年 8 月底赴香港拜访在保税区投资的大企业、知名客商。9 月 2 日借助市工商联常委会议在园区召开的契机推介保税区，让更多企业了解保税区，争取到保税区投资。11 月组织人员参加汕头市在珠海召开的潮汕大会，通过发放投资指南和宣传介绍片，推介保税区投资环境。目前，园区在建工业项目 10 个，已报建项目 8 个，投资总额 20 多亿元，建设总面积达 30 万平方米。永固红外线陶瓷加热器仓储、松田新型电容器生产及博弈光固化电子材料等项目已开始办理报建手续。海湾物流项目参加汕头市赴港春茗招商签约项目。

【积极推进保税物流中心申报】 汕头保税区启动保税物流中心（B 型）申报工作以来，得到市委市政府和汕头海关的大力支持。根据海关总署的要求，按照相关政策规定，申请将保税物流中心选址用地退出保税区并相应调整园区规划面积。通过市政府上报省政府同意并上报国务院，国务院批转海关总署牵头相关部委办理。海关总署已发函征求国土资源部等九部委意见。所有部委均已复函，原则支持同意汕头保税区在规划面积上设立保税物流中心。海关总署已上报国务院审批。

【盘活土地】 通过与汕头市土地储备中心签订协议和市财政支持，落实两期土储资金 4 500万元，缓解了收储资金紧缺的局面。近年来，园区运用法律法规，与业主沟通协商，成功收回约 133 万平方米闲置土地，为吸引新企业入区腾出发展空间。在当前土地资源普遍紧张的状况下，保税区拥有可支配的工业、仓储用地约 166.67 万平方米，具有其他区域无法比拟的发展空间和发展优势。积极与中国五矿集团下属的二十三冶建设有限公司洽谈合作建设填海项目，于2014年7月18日正式签约，促进区域扩容提资，科学发展。

【为企业解决实际问题】 在汕头海关支持下，与保税区海关协力推进信息化管理辅助系统建设，优化通关环境，拓展保税功能。协调水电部门，解决企业用水用电问题。要求将填海区域供水供电管线列入建设计划并尽快组织实施，解决在建和拟建项目迫在眉睫的用水需求。完成填海区域N4S路（一期）市政工程建设工作，满足新佳兴、中炬公司所在片区通路、通电、通水及排水（污）等需要。国检局以南区三检合一为契机，深化报检业务改革，简化报检手续，切实减轻企业负担。财税部门多次召开税收收入运行分析会，共同分析税收态势，对主体税种和重点税源，以及新增产量、产值企业进行分税种、分行业结构分析。加大力度征收房产税、土地使用税，增加税收收入。开展出口退税申报及收汇情况清理等各种专项检查及纳税评估，有效弥补税收收入缺口。

【深入开展党的群众路线教育实践活动】 根据汕头市委的统一部署，在园区深入扎实开展党的群众路线教育实践活动，取得良好成效。管委会领导对照“三严三实”要求，结合“为民服务促发展”系列行动要求，分别带队上门走访区内重点企业，征求企业的意见和建议。

张家港保税区
ZHANGJIAGANG FREE TRADE ZONE

【经济发展】张家港保税区于1992年经国务院批准设立，2008年转型升级为保税港区，并与金港镇实施一体化管理。辖区面积152平方公里，总人口35万。园区先后获评全国首批生态示范工业园区、全国最具投资潜力经济园区等称号。2014年，实现地区生产总值591.2亿元，同比增长5.8%；全社会固定资产投资为172.27亿元，同比增长1.3%；公共财政预算收入为34.85亿元，同比增长3.5 %；工业开票销售收入为1 315.57亿元，同比增长3.4%；外贸进出口总额达137.21亿美元，同比增长1.1 %。

【投资环境】总投资7.5亿元的滨江大厦展开内部工程建设，总投资3亿元的科文中心、总投资4.5亿元的消费品大楼、总投资35亿元的金科地产等一批重点工程有序推进，总长1.8公里的南横套生态廊道东段全线竣工，新城小学、幼儿园启动建设。香山南侧香山湖、梅花园、东麓香山历史文化展示馆、南沙老街改造初显形态，望湖路、环山路全线贯通，国家4A级景区正式挂牌。总投资9亿元的勤政路等道路工程、总投资3.25亿元的镇山大桥等桥梁工程有序推进，疏港高速金港段完成路基桥梁工程的75 %。

【招商引资】2014全年实现注册外资4.72亿美元，到账外资2.7亿美元，新批外资项目28个；完成注册外地资本42.3亿元，外地资本投入47.83亿元。总投资72亿元的吉林神华环氧丙烷项目、总投资1亿美元的易高液体石蜡项目、总投资9 000万美元的瑞典AAK特种油脂项目等12个重点项目成功签约，道康宁有机硅、中集圣达因、霍尼韦尔等18家企业实现增资扩股。

【工业】2014年实现工业投入115.9亿元。页岩气、光学膜等基地建设稳步推进。其中，页岩气基地总投资68亿元的丙烯一期、聚丙烯一期、凯凌二期、华昌丁辛醇等主体项目全线竣工，总投资72亿元的环氧丙烷等项目启动报批；光学膜基地康得新销售达50亿元，上市公司总部正式迁入，总投资51亿元的二期项目完成报批。总投资10亿美元的霍尼韦尔基地首个催化剂和分子筛项目竣工调试，总投资4亿美元的润英联一期等7个超亿元项目实现开工。全年销售超亿元企业达到139家，其中超10亿元企业达到26家，税收超5 000万元企业为27家。

【贸易业】2014年实现服务业投入56.37亿元，同比增长5.8%；服务业增加值为279.2亿元，同比增长7.8%，占生产总值比重提高1个百分点，达到47.3%。汽车口岸、进口消费品、化工、纺织、粮油、木材等六大市场交易额达到2 500亿元（含电子交易额），税收为8.3亿元；汽车物流园、化工品交易中心列入省级进口基地试点。汽车口岸全年完成整车进出口1.65万辆，汽车转关、小批量业务审批等政策功能实现突破，成为全国首家进口汽车三包试点。消费品市场红酒、冷冻肉等品种进口大幅增长，继续保持江苏省内领先优势，周大福华东、华南区域结算中心启动运营，省内首家进口消费品防伪溯源平台“张保真”正式启用，总投资1.5亿美元的普洛斯物流园竣工启用，长江国际电子交易平台上线运营，江苏长江航运交易中心开始运作。

【新兴产业】2014年新兴产业产值和新兴产业投资分别达到617.74亿元和81.36亿元，同比分别增长6.2%和19.6%，其中新兴产业投资占工业投资比重超过70%。自主申报“千人计划”人才1名，新增高新技术企业18家，千人计划专家产业化项目达到11个，获评国家火炬计划等省级以上科技项目为17个，市级以上人才（团队）为30个，战略新材料“千人计划”研究院正式运营，与中科院大连化物所、中科院微电子研究所、中国地质大学分别共建产学研合作载体，荣获国家产学研合作促进最高奖，获评省级留学人员创业园，磁传感产业园加快项目集聚，斯威森医药、启能新能源、国泰超威新材料等科技企业加快产业化，5家企业实现“新三板”挂牌。

【社会民生】投资16.2亿元的五大类民生实事工程有序推进，晨阳、学前等卫生服务站点完成新改建，首批10个公共自行车运营网点正式启用，新增3个24小时自助图书馆。总投资7 000多万的河道综合整治工程、总投资1.7亿元的污水支管网及雨污分流改造工程全部竣工，总投资5 200万元的集镇区改造、总投资2 350万元的老住宅区改造工程基本完工。新开工安置房155.41万平方米，竣工安置房35.53万平方米。

【管理服务】修订优化年度绩效考核、国有企业专项考核等方案。在全省率先试点“商务快速审批3天办结制”，全年共计办理各类审批2 000余件；率先开展工商秘书托管试点，全年接受托管企业1 000余家。口岸一次申报、一次查验、一次放行“三个一”试点深化拓展，海关特殊监管区域外汇监测服务系统上线运行。以党的群众路线教育实践活动为契机，收集的十大类54项问题得到积极回应和逐步解决。

【发展趋势】2015年，张家港保税区将紧紧围绕“做优临港制造业、做强港口服务业、做美商贸宜居城”工作主线，继续抓好“页岩气项目为龙头的沿江新能源基地、光学膜产业集群为龙头的华东新材料基地、进口汽车物流园为龙头的临港市场集群、滨江新城为龙头的产城融合样板、香山开发为龙头的生态文明示范区”5件大事，确保全年地区生产总值增长7%左右，工业开票、公共财政收入增长8%左右，全社会固定资产投资130亿元，到账外资2.3亿美元，进出口总额稳定增长，农民人均纯收入增幅高于生产总值增幅，万元生产总值能耗下降率、主要污染物排放总量削减率完成目标任务。

【机构设置与管委会领导】张家港保税区管委会下设党政办公室、组织人事局、发展改革局、招商局、科技人才局、物流贸易局、财政局、规划建设局、安全环保局、国土资源局、企业服务管理局、社会事业局、农村工作局、政法和社会管理办公室、行政服务中心。

【招商部门】招商局，联系电话0512－58320857，联系人：张卫星；物贸局：联系电话：0512－58322553，联系人：彭烨。

上海外高桥保税物流园区
SHANGHAI WAIGAOQIAO BONDED LOGISTICS ZONE

【概况】 上海外高桥保税物流园区作为外高桥保税区功能的延伸，于2003年12月由国务院批准设立（国办函〔2003〕81号），规划面积1.03平方公里，目前已封关运作面积1.03平方公里。2014年保税物流园区紧抓自贸区挂牌契机，积极推进新一轮的结构优化调整，不断完善区内投资环境与物流通关环境，园区运作能力持续提升。

目前，园区开发建设基本成熟。上海外高桥保税物流园区整体开发面积1.2平方公里，封关面积1.03平方公里，可经营性土地77万平方米，其中已开发土地57万平方米。园区建设道路总长度9公里，隔离围网总长6公里，拥有14万平方米集装箱转运区、3座卡口和查验场地等配套设施。目前，园区一期、二期仓库均已建成并投入使用，其中一期单层仓库10万平方米租赁率100%，二期双层仓库28万平方米租赁率超过85%；1万平方米商务中心大楼租赁率也已超过90%。物流园区的土地集约化利用水平和物流运作效率进一步提升。截至2014年年底，保税物流园区累计已完成固定资产投资额超过32.5亿元。

【发展效益】 功能平台和重点项目有序推进。主要有国际海运服务中心项目、LME有色金属交割项目等，继续深化与中国供销集团、大连再生资源交易所战略合作。其中，普洛斯K6项目已经完成结构的混凝土浇筑；与世天威、永泓签署了新的业务合作协议，推动有色金属业务不断转型升级。截至2014年年底，保税物流园区已引进国际物流、国际配送、国际采购各类专业项目100余个，独立法人单位为48家，吸引投资总额6.98亿美元，其中合同外资3.00亿美元。运作效率不断提高。据统计，2014年保税物流园区完成进出境备案（指“一线”：保税物流园区与境外之间）货量75.87万吨，比2013年增长15.2%；货值111.50亿美元，比2013年减少15.8%。保税物流园区完成视同进出口（指“二线”：保税物流园区与国内一般区域之间）货量204.85万吨，比2013年增长10.0%；货值363.59亿美元，比2013年增长9.0%。全年保税物流园区完成海关部门税收139.8亿元，比2013年增长30%，占保税区海关部门税收的23%。

【招商部门】 上海外高桥保税物流园区由中国（上海）自由贸易试验区管理委员会保税区管理局统一管理。联系电话：021－58698500。

出口加工区

河北秦皇岛出口加工区
HEBEI QINHUANGDAO EXPORT PROCESSING ZONE

【概况】秦皇岛出口加工区于2002年6月21日经国务院批准设立，2003年9月15日通过海关总署等国家八部委联合验收，正式封关运行。秦皇岛出口加工区主要开展保税加工、保税仓储、物流、配送、研发、检测、维修、国际贸易和转口贸易、国际物流分拨配送、国际商品展示、售后服务等业务。

【经济发展】截至2014年年底，园区共有入区企业15家，其中生产性企业9家，保税物流企业6家。区内企业累计完成营业总收入109 614万元，实现工业总产值107 482万元。其中，2014年完成营业总收入12 649万元，工业总产值11 747万元。

【投资环境】秦皇岛出口加工区南临渤海，北依燕山，东接辽宁，西近京津，紧临京沈高速公路山海关连接线和京沈铁路山海关编组站。园区位于中国最具发展潜力的环渤海中心地带，是东北与华北两大经济区的结合部和重要出海口，选址区域海、路、空立体交通优势明显。

秦皇岛空气清新，气候温和，冬暖夏凉，城市绿化覆盖率达38.5%，素有“京津后花园”之美誉。海洋、沙滩、阳光、空气和绿色完美组合，是最适宜人类居住的城市之一。加工区内完成供水、供电、道路、供暖、通讯等配套设施的“九通一平”，具备建设项目的条件。

【招商引资】秦皇岛出口加工区以“推动龙头项目入区，构筑招商引资平台，创新加工贸易模式，促进物流产业蓬勃发展”为工作思路，发挥特殊监管区政策优势，全力推进重点项目、大项目入区，加快推进综合保税区建设；以冷库项目建设为重点，打造冷链物流产业基地，带动物流产业发展。

开展综合保税区申报工作。2014年，秦皇岛出口加工区引进两个龙头项目入区，项目建成后将极大地促进秦皇岛市经济社会快速发展。但由于项目发展需要，原规划不能满足项目需求，为进一步增强秦皇岛出口加工区服务功能，提高土地利用和经济运行效率，秦皇岛出口加工区拟调整二期封关选址，设立秦皇岛出口加工区B区，并转型为综合保税区。现调整选址已获秦皇岛市政府批复并已上报河北省政府。

积极探索冷链物流业务。为了用足国家赋予加工区的政策，拓宽保税仓储的范围，增强保税仓储的能力，加工区建设大面积冷冻仓库两座，吸引了具有丰富水产品进出口经验的公司进区经营。依托食品物流有限公司和食品经营生产公司，秦皇岛出口加工区将打造进口冷冻、冷藏食品仓储、加工、转运的冷链物流产业基地。

【发展趋势】要实现可持续发展，就要有新的经济增长极。秦皇岛出口加工区将进一步加大加工贸易企业、保税物流企业、冷链物流企业的招商引资力度，拓展保税物流功能，打造物流产业平台，建设保税物流产业基地，努力建设冷藏、冷冻食品物流基地、服装出口物流基地、临港物流集散地等。

【机构设置与管委会领导】 秦皇岛出口加工区管理委员会与秦皇岛经济技术开发区管理委员会实行“两块牌子，一套人马”。出口加工区管委下设3个部门：经济管理部，主要负责项目审批、企业管理与服务等方面工作；建设规划部，主要负责项目建设、规划、用地审批等方面工作；综合管理部，主要负责综合协调、后勤保障与服务工作。

管委会领导：出口加工区管委会主任苏景文，常务副主任邵宏根，副主任季节。

【招商部门】 秦皇岛出口加工区管委会与秦皇岛开发区招商局建立协调机制，出口加工区的项目引进，由开发区招商局统一负责，不定期组织招商协调会，进一步整合资源，形成合力。联系人：李琨，联系电话：0335－5180018，传真：0335－5180011。

吉林珲春出口加工区
JILIN HUNCHUN EXPORT PROCESSING ZONE

【经济发展】2014年珲春出口加工区实现了“一线（进出口贸易）”进出口总额3.5亿美元，同比增长27.7%；“二线（国内贸易）”进出口总额3.09亿美元，同比增长12.8%。

珲春出口加工区产业以水产品加工、木制品加工和纺织品加工为主。2014年珲春市打造百亿级水产加工园区，加速了园区水产品加工产业的快速发展。

目前，珲春出口加工区已与50多个国家和地区建立了经贸关系。原材料主要进口国是朝鲜、俄罗斯、韩国、日本等国家，产品主要出口国是韩国、日本、俄罗斯、美国、德国、澳大利亚、加拿大等国家。

自建区以来，珲春出口加工区坚持在竞争中求生存，在改革中谋发展，在创新中寻突破，取得了一系列新成就。

【投资环境】珲春出口加工区是2000年4月经国务院批准设立的全国首批15个试点加工区之一，2001年5月经国务院八部委验收正式封关运行。建区时规划面积2.44平方公里，2012年二次验收规划面积调整为1.836平方公里。园区位于俄罗斯、韩国、朝鲜三国交界地区，地理位置优越，基础设施完备，政务环境公开，生活配套设施更是一应俱全。同时，亲商、扶商、爱商，把全方位为企业服务作为众多投资环境的一项重要内容，坚持倡导“投资者是皇帝，项目是生命”的服务理念。珲春出口加工区集国际贸易、出口加工、保税物流等功能为一体，是具有“境内关外”特点的特殊经济区域，享有“免税、保税、退税”等特殊政策。自建区以来，珲春边境经济合作区管委会累计投入2.2亿元用于完善出口加工区内基础设施，充分发挥保税物流、出口加工、国际贸易三大功能，整合国内国际两类资源，抢抓境外产业转移机遇，促进了竞争力的提升，成为珲春市外向型经济发展核心区。目前已有86家企业落户区内，初步形成了海产品加工、木制品加工、纺织服装加工、新型材料加工等特色产业。

【招商引资】截至2014年年底，珲春出口加工区内注册企业数达到了93家，涉及水产品、木制品、纺织品、物流等产业。目前，来区洽谈外商络绎不绝，众多项目有意进驻珲春出口加工区。

2014年，根据区内土地剩余不多的现实情况，珲春出口加工区大力提高项目准入门槛。招商重点从数量转移到质量上，重视附加值高、技术含量高的科技企业的引进，提升项目质量，提高珲春出口加工区的科技含量，引导区内加工贸易转型升级。园区将建造成为高科技高附加值加工制造环节、研发中心的重要基地；面向国际市场，汇集大型高新技术龙头企业的聚集区。届时，珲春出口加工区的发展将进入一个新的阶段。

【工业】2014年区内进出口总额排前3名的重点企业有珲春兴家地板有限公司、珲春洪昊食品工贸有限公司、珲春森林狼木业有限公司。

珲春兴家地板有限责任公司是一家外商投资企业，公司厂区占地面积55 320平方米，员工人数360人，工程技术人员25人。总投资额为1亿元人民币，固定资产6 000万元人民币。全部生产设备从意大利、德国进口，是目前世界上先进的高档木质复合地板加工设备，年产量200万平方米，产品全部出口到欧美等几十个国家和地区。

珲春洪昊食品工贸有限公司是一家以水产品加工为主的企业。投资总额为3 000万元人民币，注册资本500万元人民币。公司位于珲春出口加工区内，场区用地面积为9 400平方米，建筑面积为10 652平方米。年加工海产品8 000吨。

珲春森林狼木业有限公司于2007年7月开工建设，2008年1月正式投产，总资产6 000万元人民币，占地面积4.17万平方米，共有员工150人。公司以木材综合加工为主，目前主要产品有三层实木复合地板、实木地板等木制产品。产品主要出口到美国、加拿大、日本、韩国、澳大利亚、新西兰、印度及欧洲各国。

【发展趋势】珲春出口加工区紧紧抓住国务院批准出口加工区拓展保税物流等功能这一历史机遇，加快拓展免税、保税、退税等功能的进程，着力引进加工贸易企业，实现加工区功能叠加。加大招商引资力度，着力引进龙头项目，增强龙头项目的带动和辐射作用。着力加强区内、区外的配套能力，实现加工区的初步繁荣和带动作用。逐步向综合保税区和自由贸易区发展，形成具有口岸、物流、加工等功能的特殊监管区域。

【机构设置与管委会领导】珲春出口加工区管委会与珲春边境经济合作区管委会实行“两块牌子、一套人马”的管理模式。出口加工区管委会下设出口加工区管理局。

管委会领导：珲春出口加工区管委会副主任于琨；珲春出口加工区管理局局长赵斌，负责企业管理和服务企业等方面的具体工作。

【招商部门】珲春出口加工区的项目引进由珲春出口加工区管理局与珲春边境经济合作区招商局共同负责，不定期组织招商协调会，进一步整合资源，形成合力。联系人：赵斌，联系电话：0433－7612218，传真：0433-7612240。

辽宁大连出口加工区 B 区
LIAONING DALIAN EXPORT PROCESSING ZONE B

【概况】 辽宁大连出口加工区 B 区是经国务院批准成立的出口加工区，占地面积 1.45 平方公里，一期占地 60 万平方米。2007 年 6 月 28 日，出口加工区 B 区完成了一期围网、巡逻路、主卡口、海关、检验检疫综合楼、查验场地、查验库房等设施的建设，并通过海关总署等部委的正式验收，正式封关运作。

辽宁大连出口加工区 B 区拥有其独有的发展特色，是大连承接高端半导体生产制造这一战略新兴产业的核心区。目前，出口加工区内只有英特尔（大连）一家生产企业，也是英特尔在亚洲设立的第一家芯片制造企业。

【投资环境】 辽宁大连出口加工区 B 区位于大连金州新区，大连是三面环海的港口城市，具有海洋性气候特点，温和湿润，四季分明；具有得天独厚的区位口岸优势，优良的港口条件，雄厚的临港工业基础，全方位的对外开放和完善的现代服务功能。大连地区人才素质高，劳动力资源丰富，政策优惠、政府高效，并为了方便投资者不断改善投资环境，简化审批手续。大连金州新区生活设施齐备，外商居住区、中高档楼盘、购物中心、酒店餐饮、医院、国际学校一应俱全，使外商在这里可以高品质地生活和工作。

【英特尔半导体芯片项目】 2006 年，美国英特尔公司在中国大连出口加工区 B 区设立英特尔半导体（大连）有限公司。2007 年 5 月英特尔半导体芯片项目开工建设，一期投资 25 亿美元，占地面积 60 万平方米，建筑面积 16 万平方米；主导产品是生产 12 英寸 65 纳米芯片组。2010 年年底，该项目建成并投产。公司现有员工1 700人。

该项目的落地和正式投产标志着大连金州新区将成为英特尔公司亚洲最大的芯片生产基地，奠定了大连在中国集成电路产业“一轴一带”布局中的重要地位。一大批世界级产业链相关或非相关企业逐步向这里聚集。

【发展趋势】 在大连市政府领导下，金州新区正在以位于大连出口加工区 B 区的英特尔芯片项目为龙头，全力打造半导体产业千亿集群。规划了高端芯片制造基地，占地 3 平方公里，承接半导体制造、封装测试类企业；规划了半导体服务基地，占地 2 平方公里，承接半导体设计、研发、软件外包及生产相关服务业类项目；规划了 IT 产业基地，占地 5 平方公里，主要承载 LED、OLED、TFT 配套等产业类项目。以“三个基地”为核心的产业平台逐步形成。

英特尔芯片项目的入驻促进了加工区内外的产业结构优化和半导体产业集群的形成。德国林德旗下的联华气体、美国空气产品、美国摩西湖化学制品有限公司等气体供应商已在大连投资设厂；美国联邦快递、敦豪快递及日本近铁、德国辛克等世界级物流服务商承担了项目的物流配送业务。一批英特尔芯片及半导体产业相关的服务性公司正纷至沓来，呈现出良好的发展态势。

【机构设置与管委会领导】 2010 年，大连经济技术开发区与大连金州区合并成立大连金州新区。大连金州新区管委会经贸局下设出口加工区管理局，专门负责出口加工区 B 区事务的综合协调和日常管理工作。

管委会领导：出口加工区 B 区分管主任张世坤，出口加工区管理局局长马秀莲。

【招商部门】 出口加工区管理局。联系电话：0411-87630195，传真：0411-87614959。

内蒙古呼和浩特出口加工区
INNER MONGOLIA HOHHOT EXPORT PROCESSING ZONE

【概况】呼和浩特出口加工区于 2002 年 6 月经国务院批准设立，规划面积 2.21 平方公里，一期开发建设了 1.038 平方公里。2007 年 7 月经国务院九部委联合验收组验收封关运行，是内蒙古自治区唯一的国家级出口加工区，是呼和浩特扩大开放，利用国内外两种资源两个市场，培育先进制造业和现代物流业的重要窗口。

【经济发展】呼和浩特出口加工区封关运行以来已有 26 家企业入驻开展生产经营活动，企业类型有加工贸易、保税物流、进出口贸易等。封关运作以来，园区累计实现工业产值 46.3 亿元，实现工业增加值 15.7 亿元，实现进出口额 8.2 亿美元。

【投资环境】呼和浩特出口加工区基础设施配套完善。区内道路、热力、燃气、供电、给水、污水、雨水、通讯及网络配套已建设完成，基本实现了“九通一平”，建成了 4.4 公里不间断全封闭金属围网；建有一个永久性卡口，卡口设置 6 条通道，其中货车通道 2 条，客车通道 2 条，人员通道 2 条，通道安装由电子闸门放行系统、车辆自动识别系统和摄像系统组成的闭路电视监控系统；建有可供海关及检验检疫部门共同使用的14 944平方米的验货场地，其出入口设置 2 台电子地磅。区内建有1 550平方米的监管仓库，1 000平方米验货平台，17 000平方米标准厂房，5 268平方米综合办公楼。呼和浩特出口加工区保税物流中心总建筑面积7 200平方米，其中普通仓库3 555平方米，多功能仓库3 600平方米。出口加工区积极改善投资环境，努力建设基础设施，为区内外企业开展商贸业务提供良好的条件。此外，进行智能卡口升级改造、道路拓宽改造、园区绿化改造，以及海关监管仓库的扩容改造，极大地提高加工区的服务招商能力。

【招商引资与产业发展】自 2007 年封关运作至今，根据出口加工区功能定位，按照保税加工、保税物流和保税贸易协调发展的方针，调结构、抓招商，同时积极拓展国家赋予出口加工区的保税物流功能，开展招商引资工作。目前已引进多家国内外知名企业，其中有瑞士独资企业内蒙古北特通信有限责任公司，该公司年光缆生产能力 19 万公里，光缆活动连接器 600 万条，电缆活动连接器 800 万条，以及适配器陶瓷套管3 000万套；内蒙古晟纳吉光伏材料有限公司，该公司专业生产太阳能级和半导体级的单晶硅棒及太阳能级的单晶硅片，是国内外光伏领域和半导体领域单晶硅生长技术最为卓越的公司之一；内蒙古红番食品有限责任公司，是一家从事罐装番茄酱生产加工出口的企业；内蒙古东润能源科技有限公司，是致力于发展低碳经济技术——“智慧能源技术”的高新技术公司；内蒙古佰邦科技开发有限公司，主要生产和经营木制雪糕棒系列产品，雪糕棒自动化生产设备及相关产品的营销策划等，是一家集生产、科研、电子商务与服务策划为一体的综合企业；美卡菲（呼和浩特）贸易有限公司，是新加坡上市公司FOOD EMPIRE（富旺朝）食品集团在华投资的唯一独资子公司，主要经营美卡菲MacCoffee，新加坡进口速溶咖啡、速溶奶茶、速溶麦片、进口休闲食品等；内蒙古中外运保税物流有限公司和内蒙古昊天国际运输代理有限公司，依托呼和浩特出口加工区保税物流中心，以海运、空运、陆运等多式联运方式开展进出口货物及保税货物的仓储、运输、物流配送、保险，以及其他相关的运输服务及运输咨询业等业务。

呼和浩特市产业中，以乳业为核心的绿色食品加工业、光伏新材料加工业、光电通信、生物制药、纺织服装制造业、装备制造业等产业具有外向型特征，且具备较大的比较优势。综合以上出口加工区先进制造业发展基础和要素，呼和浩特出口加工区将依托区内龙头企业重点推进以下项目：光伏新材料加工以延伸光伏产业链条为导向，引进与之配套的上下游加工企业；光电通信产业要承接国内外的光电通信关联产业，形成产业集群；食品加工业将以内蒙古优质的绿色农畜产品为原料进行深加工，增加品种数量，扩大规模，提升档次；羊绒制品企业引进先进生产技术和高质量原料，发展高端羊绒服装和纺织品的加工。

近年来呼和浩特市一直高度重视物流业发展，物流节点系统逐步完善，各类物流园区、物流中心、仓储设施等建设步伐加快。呼和浩特出口加工区将依托便利的交通条件，培育现代物流企业，大力引进有实力的第三方物流公司在区内设立分支机构或地区总部，为区内外的生产企业和进出口贸易企业提供进口分拨、出口集拼、国内结转等保税物流服务。依托毗邻蒙古、俄罗斯的优势，打造中国北方北亚、欧洲产品的采购分销中心。

【发展趋势】加快出口加工区优化整合，升级申建呼和浩特综合保税区是破解困扰呼和浩特出口加工区发展的关键。围绕这项重要工作，呼和浩特出口加工区从边疆地区发展的实际出发，调整发展思路，加快发展步伐。按照《国务院关于促进海关特殊监管区域科学发展的指导意见》及国家实施“一带一路”战略和内蒙古自治区“8337”发展战略，从有利于地区开放型经济健康发展的角度，创新同俄罗斯、蒙古的经贸合作，提出拓展提升海关特殊监管区的功能，推进加工区的优化转型，从优化产业结构、优化贸易多元、优化区域功能、优化管理职能、优化监管模式5个方面，重点发展以下产业：

跨境贸易电子商务。充分利用现代信息技术特别是移动信息技术，以云计算产业基地为基础，利用呼和浩特成为国家电子商务示范城市、国家向北开放和国家支持跨境电子商务发展的契机，重点依托北亚特色产品，以及本地具有地理标志意义的牛羊肉、食用菌、土豆、荞麦、莜麦等名优特农畜产品和奶制品、羊绒制品、生物制品、电子产品等优质工业产品，建设集信息发布、业务洽谈、检验检测、产品认证、报关报检、国际结算、国际物流、结汇退税等功能于一体的跨境贸易电子商务平台。

融资租赁。复制自贸区的创新制度后，区内可积极引进国内外融资租赁公司，开展境内境外全流向的融资租赁业务，为区内外企业提供机械设备的融资租赁服务。

期货保税交割。依托内蒙古自治区特色资源，与二连浩特口岸、集宁煤炭集散中心合作，推广自贸区的期货保税交割模式，开展能源等大宗货物期货保税交割业务。

信息服务。承接国内外软件外包业务，培育建设软件产业集群和软件外包服务基地；引进通信、网络类企业，发展以数字化传媒为重点的信息服务业；依托云计算产业基地，为区内生产、物流企业搭建云信息平台。

【机构设置与管委会领导】呼和浩特出口加工区管委会下设综合办公室、经济发展（招商）局、财政局、建设局等4个机构。管委会具体负责区内行政管理、开发建设、经济发展、招商引资等工作。

【招商部门】呼和浩特出口加工区经济发展局。联系人：牟兰，联系电话：0471－2285745，传真电话：0471－2285261，呼和浩特出口加工区网址：http：//www.hhepz.gov.cn/。

上海松江出口加工区

SHANGHAI SONGJIANG EXPORT PROCESSING ZONE

【概况】 上海松江出口加工区由 A 区和 B 区组成，总规划面积 5.96 平方公里。上海松江出口加工区 A 区于 2000 年 4 月 27 日经国务院批准设立，为全国首批出口加工区之一，规划面积 2.98 平方公里，于 2001 年年初封关运作，已全部开发完毕；B 区于 2003 年 3 月 14 日经国务院批准设立，规划面积 2.98 平方公里，分两期开发，2003 年 11 月一期 1.33 平方公里封关运作。

松江出口加工区的总体目标是成为全球重要的 IT 产业生产基地和一流的现代化工业园区，实现内外销兼顾、保税物流功能完善、国内外贸易功能齐全、从研发到售后一条龙的综合性区域，为海内外投资者创造一个大展宏图、投资兴业的家园。

【经济发展】 据统计，2014 年全年，松江出口加工区共完成工业产值1 633亿元；完成进出口总额 367 亿美元，其中进口 89 亿美元，出口 278 亿美元；完成利润总额 13 亿元；完成增加值 88 亿元；完成税收总额 21 亿元，其中海关及代征税 15 亿元，工商税收 6 亿元。自封关运行至 2014 年年底，园区已累计实现进出口总额3 952亿美元。在物流功能拓展方面，截至 2014 年 12 月，松江出口加工区内共有第三方物流企业 21 家，仓储面积达 19.7 万平方米，2014 年全年完成营业收入 3.7 亿元，出入库金额达 276 亿美元。目前，加工区保税物流业务除传统物流仓储业务之外，已衍生出简单装配、分拣、分拨配送等业务，并逐步尝试进口奢饰品、食品及生活用品等全新业务，发展空间巨大。

【投资环境】 上海松江出口加工区地理位置优越，距上海虹桥国际机场 20 公里；距上海浦东国际机场 42 公里；周边有沪昆高速公路、沈海高速公路、申嘉湖高速公路、嘉金高速公路等高等级的公路，构成便捷的公路交通网络。上海市区外环线距松江出口加工区仅 18 公里。

作为千年文化古城的松江，历来注重人才素质的培养。目前已拥有一座包括 7 所大学的现代化大学城（其中包括上海外国语大学、上海对外贸易学院、上海立信会计大学、东华大学、华东政法大学、上海工程技术大学、复旦视觉艺术学院）、几十所中学、中大专院校、职业技术院校等，可以为区内企业提供不同专业、不同层次的专门人才，同时还能提供各种人员的培训服务。

作为全国最早的出口加工区之一，上海松江出口加工区已经运作多年，基础设施配套完善，管理机构运作娴熟，各类服务措施齐全，是中外客商的投资宝地。松江出口加工区实行全封闭管理，区内海关、商检、税务、工商、银行、外贸、运输、报关等一应俱全，落户企业在区内可办理完一切进出口手续。目前，区内货物进出口的通关物流时间只需 4 小时，达到先进国家水平。

【招商引资】《国务院关于促进海关特殊监管

区域科学发展的指导意见》（国发〔2012〕58号）指出，“在基本不突破原规划面积的前提下，逐步将现有出口加工区、保税物流园区、跨境工业区、保税港区及符合条件的保税区整合为综合保税区”。松江出口加工区提前布局规划，完成园区功能调整的硬件配套；密切关注传统加工制造业动向，配合企业完成产业转型升级。2014年全年，园区实现外商投资总额2 200万美元。截至2014年年底，区内落户企业达111家，其中外资84家，内资27家，外商投资总额24.54亿美元。2014年年底，园区从业人员近8万人，带动解决周边就业岗位约2万个。

【工业】经过多年调整，松江出口加工区内的出口型加工贸易企业面对国内外经济大环境的变迁主动转型，避免被淘汰的命运。尽管在成本、环境压力下，园区内部分产线已向中西部转移，但一些具有高技术含量、高附加值的产品也在逐渐被引入加工区。以广达集团为例，在成本、环境压力下，企业在松江出口加工区内部分产线已向中西部转移，笔记本电脑的产量也从高峰的年产5 000万台锐减至半数。但与此同时，一些具有高技术含量、高附加值的产品也在逐渐被引入加工区，并且在经过一段时间的调整之后，高端笔记本电脑和服务器占营收比重已大大提高，降低了企业对中低端笔记本市场的依赖。园区内豪微企业由于新项目的投产，2014年产值比2013年同期增长50%以上，5年内的产值将可望实现翻番增长。今后还可能在松江出口加工区设立研发中心，实现从单一的测试厂向高技术多元化型企业转型。

此外，海关总署决定在海关特殊监管区域内开展企业内销产品返区维修试点。松江出口加工区内达利（上海）电脑有限公司居于全国12家试点企业之列，企业在获得内销维修资格后，已逐渐将原本迁出的维修业务再次转移进加工区内。

【自贸区政策复制推广】2014年下半年，上海海关将上海自贸区实施的海关监管创新制度在符合条件的海关特殊监管区域复制推广后，松江出口加工区成为享受自贸区改革“红利”的示范区域。上海海关共计推出23项监管创新制度，在松江区等4个示范区复制推广17项，松江海关因地制宜地复制推广14项。其中“简化统一进出境备案清单”、“一次备案、多次使用”、“简化无纸通关随附单证”、“推进海关AEO互认”、“企业信用信息公开”、“企业自律管理”、“企业协调员制度”、“授权试验区内海关办理企业使用A类管理事项”等8项制度已实现全面推广，“批次进出、集中申报”、“加工贸易企业工单式核销”、“仓储企业联网监管”、“先进区、后报关”、“区内企业货物流转自行运输”已在部分企业推广，“智能化卡口验放”已于2014年年底完成硬件工程施工，运行测试后即可进行推广。

2014年9月，上海海关批准松江出口加工区试点跨境电商业务。10月31日，阿里巴巴（中国）有限公司与松江区政府“联姻”，阿里巴巴天猫国际正式落户松江出口加工区，迈出了转型发展中最坚实的一步，A区未来发展方向愈加清晰，即除了在原有传统行业形成从自主研发设计到核心制造、到售后维修服务的产业链外，还要在新兴跨境电商行业成为连接国际、国内两个市场的中间站。

与此同时，跨境电商业务落户给园区带来了很多保税展示方面的需求，规划中的B区将建设一定规模的展示展销场所，实行集中超市式的“前店后仓”模式，按进口机电产品、快速消费品、食品、酒、奢侈品、化妆品等区域进行常年布展，集中开票销售；同时可利用临时进出区管理模式开展进口货物的国内外参展功能。园区规划在区内、区外分设保税展示平台，推动贸易与物流相结合的业务形式，提供交易物品的保税仓储、展示展销、产品发布、产品推广、产品试用、物流配送等多项服务。

【发展趋势】《国务院关于促进海关特殊监管区域科学发展的指导意见》（国发〔2012〕58号）明确提出要深入贯彻落实科学发展观，整合特殊监管区域类型，完善政策和功能，强化监管和服务，促进特殊监管区域科学发展，更好地服务于改革开放和经济发展。这正是加工区转型升级的最佳契机。根据松江出口加工区发展现状，A区加工贸易企业众多，产业链成熟，宜推进物流与生产相结合的业务形式，物流以为生产型企业配套为主；B区发展空间广阔，潜力巨大，宜推动物流与贸易相结合的业务模式，实现园区业务从区内向区外的全面辐射。新的一年里，松江出口加工区将以继续鼓励发展并支持电子信息等产业，继续鼓励发展保税物流仓储等业务，支持各类贸易公司开展进出口商品国内分销业务，连接国内外市场的进出口商品交易，完成从自主设计研发到售后维修的产业一条龙为发展目标，积极争取向综合保税区模式转型升级。

【机构设置与管委会领导】出口加工区管委会下设7个部门，分别为出口加工区管理部、党务行政部、规划建设部、企业服务部、财务资产部、物业公司和经济发展部。

【招商部门】管委会下设出口加工区管理部负责园区具体招商工作。联系电话：021-67857003、67857012，联系部门：加工区管理部综合服务科。

上海金桥出口加工区（南区）
SHANGHAI JINQIAO EXPORT PROCESSING ZONE（SOUTH AREA）

【概况】 上海金桥出口加工区（南区）位于上海浦东新区东南部，于2002年6月经国务院八部委验收通过，是正式封关运行的特殊监管区，享受国家级出口加工区的各项优惠政策，是浦东新区唯一的国家级出口加工区，也是上海市经委命名的上海半导体装备基地。

金桥出口加工区（南区）地理位置优越，其距上海城市外环线3公里、内环线12公里，距浦东国际机场10公里，距虹桥国际机场30公里，距外高桥港区19公里，距洋山深水港50公里，空运、海运、陆运均极为方便。

作为全国最早的出口加工区之一，金桥出口加工区（南区）已经运作多年，基础设施配套完善，管理机构运作娴熟，区内实行全封闭管理。目前，金桥出口加工区（南区）保税物流为“半日游”，达到先进国家水平。

【工业经济】 2014年金桥出口加工区（南区）经济总量持续攀升，经济发展态势良好。2014年完成工业总产值22.97亿元，同比增长18.2%。区内重点企业中微半导体设备（上海）有限公司、艾默生船用过程控制系统（上海）有限公司等依托先进的科技和不断研发的新产品，发展迅猛。中微半导体设备（上海）有限公司开发的芯片刻蚀设备，在性能、输出量及成本等关键指标上都大幅领先于国际先进竞争产品，其介质刻蚀设备也在海内外一流客户芯片生产线上不断地取代海外垄断公司设备，已被广泛地应用在国际一线客户从45纳米到1x纳米工艺的芯片加工制造。目前，产品在韩国客户芯片生产线还通过了16纳米部分关键工艺认证并投入批量生产。

2014年金桥出口加工区（南区）进出口量继续大幅上涨，中微半导体设备、英联川宁饮料和安集微电子等区内重点企业出口增长迅速，出口交货值同比分别增长80.0%、16.2%和25.6%。园区全年实现进出口额为6.92亿美元，同比增长29.0%。其中，进口额3.40亿美元，同比增长37.2%；出口额3.52亿美元，同比增长22.1%。截至2014年年底，金桥出口加工区（南区）共引进36家企业，总投资16.8亿美元。

2014年上海金桥出口加工区（南区）主要经济数据统计表

指标名称	单位	2014年数值	同比
工业总产值	亿元	22.97	18.2%
营业总收入	亿元	25.07	15.7%
进出口总额	亿美元	6.92	29.0%
其中：进口	亿美元	3.40	37.2%
出口	亿美元	3.52	22.1%

【物流】 金桥出口加工区（南区）自2009年正式开展保税物流业务后，在原先保税加工

功能以外，拓展了保税物流功能，并开展研发、测试和维修等业务，使得区内企业享受到更加完善的政策配套，使金桥（南区）成为政策、效率、成本的最优化区域。

截至 2014 年年底，办理即进即出业务 3 608批，同比增长 11.3%；进出口量达到 6.60 亿美元，同比增长 40.1%。

【企业服务】 为提升落户企业服务工作实效和水平，金桥出口加工区（南区）管委会建立并完善工作例会制度、企业联络员制度等机制，注重加强企业与政府职能部门之间的沟通、协调。加强部门共建，打造规范高效的服务平台，建立了相应工作信息通报的例会制度。针对企业对通关环境、通关效率等方面的要求和需求，加工区与海关、检验检疫驻南区办事处合作，推行政策讲座、培训等服务企业措施。

【发展趋势】 金桥出口加工区（南区）将继续加强海关监管区的管理，进一步完善南区“大通关”环境，促进建立和完善电子审批管理系统、海关联网监管系统和出口加工区智能化管理信息平台，与海关、检验检疫局联动，打造制度规范、和谐高效的政府服务平台。进一步开展保税物流及研发、监测、维修功能，将出口加工区由单一的加工贸易实体经济向上下游延伸、产业链拉长、物流成本降低、附加值提高转变，推进金桥（南区）成为出口加工生产中心、离岸保税物流中心、离岸调拨配送中心、研发与检测中心、售后服务和维修中心。同时，要充分利用金桥（南区）位于浦东新区中心的区位优势，调整产业规划，提高产业能级，促进加工贸易转型升级，将原有的加工制造业形态调整转变为先进制造业，由单一的加工制造向二产、三产联动发展，形成以现代服务业为支柱业态的产业园。

上海漕河泾出口加工区
SHANGHAI CAOHEJING EXPORT PROCESSING ZONE

【经济发展】 2014年，上海漕河泾出口加工区围绕科学发展、转型升级的目标，不断优化企业在园区运营的环境、氛围，坚持开发区“客户至上，追求卓越”的管理与经营理念，稳步推进各项工作，为园区及功能辐射范围的企业提供优质服务。

受低端制造业逐步向中西部地区转移影响，加工区2014年经济呈现前高后低的态势。从全年看，加工区完成工业总产值446.56亿元，销售收入达到446.44亿元，实现工业增加值25.4亿元。园区企业全年出口总额约为65亿美元，缴纳进口环节增值税和关税约6.25亿元，缴纳工商税收约2.18亿元。

【投资环境】 上海漕河泾出口加工区是国务院批准的第三批出口加工区之一，规划面积2.9平方公里，一期开发0.9平方公里。2003年11月漕河泾出口加工区成功通过国务院八部委验收，并于次年3月1日正式封关运作。在市区两级政府和相关职能部门的支持及园区企业的努力下，加工区主要经济指标始终保持在全国出口加工区前列。

加工区经过10多年的发展，基础设施配套齐全，管理机构运作成熟，各类服务措施到位，受到各行业投资商的青睐。加工区内已经建成标准厂房11万平方米，区内道路、供电、供水、排水、排污、供暖、照明、网络通信等基础设施已经完善，海关、检验检疫部门在园区设立办事处，金融服务、政策咨询、注册服务、报关服务等软环境一应俱全，加工区保税监管功能也辐射带动了周边外向型企业的发展。

此外，直达上海市中心的地铁8号线距加工区主卡口仅10分钟步行路程，与加工区毗邻的地块已建成多块高档住宅，并引进了向明中学、仁济医院等教育和医疗资源，家乐福等大型的商业中心也纷纷落户，这些生活、交通、教育、医疗配套设施逐步完备，使得出口加工区的投资环境有了本质的提高，也为加工区进一步招商引资打下坚实的基础。

【招商引资】 截至2014年年底，上海漕河泾出口加工区内运营企业为15家。其中，11家为外商独资企业，分别来自美国、日本、开曼群岛、中国香港等8个国家和地区。从行业上分，其中12家为制造型企业，3家为仓储物流企业。加工区累计引进投资总额6.90亿美元，合同外资2.52亿美元，实际到位外资2.53亿美元。

上海漕河泾出口加工区一期土地基本饱和，2014年出口加工区招商引资主要依靠剩余的约4万平方米厂房。加工区将继续发挥漕河泾的品牌优势、区位优势，重点发展高新技术产业，引进高层次的相关配套产业。

【政策功能创新】 漕河泾出口加工区在海关、检验检疫局指导下，率先按照综合保税区、自贸试验区的标准，开展卡口通关作业和监管设施的硬件改造和升级，并成为上海首个复制自贸区“智能化卡口”功能和实现海关、商检“三个一”（一次申报、一次查验、一次放行）合作的区域。智能化卡口升级使货车原本数分钟的过卡时间缩减到数十秒，大大提高了卡口的通行速度，提高了通关效率，避免了高峰时段排队导致的供货时效风险，降低了通关成本。“三个一”合作还对查验平台进行了设施与卡口的关联和升级。领先的硬件设施确保了自贸区政策、功能在加工区的成功试点和实施，通过与海关、商检等部门的交流，目前“保税展示交易”、“批次进出、集中申报”、“货物自行运输”、“集中汇总纳税”、“委内加工”等数十项创新功能和措施在加工区已可以实施或试点，货物分类监管、内销选择性征税功能等有待进一步拓展。

【发展趋势】上海漕河泾出口加工区经历了10多年的发展历程后，已经形成电子信息制造业和医疗器械制造业两大产业集聚基地，2015年将继续发挥产业的集聚效应，围绕重点发展的主导产业，吸引检测、研发、全球维修产业入区发展，延长、完善企业产业链，打造加工区品牌。同时，上海漕河泾出口加工区希望牢牢抓住自贸区政策和功能复制、推广的契机，尽快升级为综合保税区，并充分利用园区的区位优势，推进园区进出口贸易、跨境电商等新兴业务的发展，推进园区的和谐发展。

加工区将继续以“高起点、高规划、高附加值、高产出、高质量”为目标，进一步发扬“漕河泾”品牌，进一步增强服务理念，进一步发挥企业与政府的桥梁作用，实现加工区的升级发展。

【机构设置与管委会领导】上海漕河泾出口加工区与漕河泾开发区浦江高科技园（国家级）统一由上海漕河泾开发区经济技术发展有限公司负责日常管理运行、规划建设和招商引资等方面工作。管委会办公室是出口加工区的归口管理部门，专门负责出口加工区的进出口审批、职能部门协调与综合行政管理等工作。

【招商管理部门】招商电话：021-64296666，网址：http：//www.chj-pj.com/。

江苏镇江出口加工区
JIANGSU ZHENJIANG EXPORT PROCESSING ZONE

【概述】 镇江出口加工区于2003年3月10日经国务院批准设立，规划面积为2.53平方公里。首期开发0.91平方公里，已封关运作。国务院已批准镇江出口加工区整合优化为镇江综合保税区，目前正在进行基础和监管设施建设。

镇江出口加工区位于素有“天下第一江山”美誉的中国江苏省镇江市的东部，位于国家级经济技术开发区——镇江新区内，既是长江三角洲重要的制造业基地，也是承接国际资本和产业转移的重要窗口。镇江市是中国经济发展最具活力的“长三角”地区16个重点城市之一，2013年入选国家苏南现代化创新示范区核心城市，接受上海经济圈及南京经济圈双重辐射。2012年被“福布斯”杂志评为中国最佳商业城市之一，2013年全国十大宜居城市、十大中国民营经济最具活力城市。镇江新区在商务部的综合发展指标评价指数位居全国第18位，体制创新指标评价指数列全国首位，现有30多家世界500强和国际知名企业，近10家中央企业落户。镇江出口加工区实行的是“境内关外”的管理模式，实行全封闭的海关监管管理，区内企业不仅享有海关提供的简单、快捷的通关便利，还享有国家级经济技术开发区和出口加工区的各项优惠政策，享有专职部门为落户企业提供的一切便捷的配套服务。区内建有一流的基础设施和配套设施，区外建有各种生活商务配套，可以满足企业的生产生活需求。

2014年是出口加工区抓项目招引的突破之年，抓内涵建设的关键之年，管理局强化项目建设与完善功能配套并举，加强高位协调与整体联动对接并重，新引进生产加工、服务贸易企业7家，初步形成了食品冷链物流、保税物流、新材料新能源、电子信息四大产业集聚发展的态势。

【经济发展】 园区经济发展较平稳，成功引入中陆航星飞机设备进口、力拓锆英砂等业务。2014年完成海关监管货值6.66亿美元，同比增长31.7%。其中，进出口额3.53亿美元，同比增长85.8%；保税物流业务完成5.9亿美元，同比增长43%。完成工商税收、海关税收及代征税约1.57亿元，同比略有下降，其中工商税收510万元，关税3 556万元，海关代征增值税11 600万元。

【招商引资】 项目招引和建设推进力度加大。全力突破保税加工、保税物流、保税服务3个重点招商引资方向，新引进重大节点项目3个（日上LED项目、华星美科新材料项目、齐观太阳能项目），其他生产加工、物流贸易企业4家（鼎典物流、锦润商贸、鑫正农牧科技、中达汇资产管理）。截至2014年年底，出口加工区运营、在建项目已达18个，初步形成食品冷链物流、保税物流、新材料新能源、电子信息四大产业集聚发展的态势。江苏汇鸿国际集团冷链物流基地项目和齐观太阳能项目分别于2014年6月30日、

28 日开工建设。

【贸易便利】贸易便利和相关配套提升。在镇江出口加工区和镇江港之间开辟一条“快速通道”，推进“区港联动”，海关已取消监管车运输，查验采取签单放行，简化通关手续，提高通关速度，节约企业成本，实现政策叠加、优势互补、资源整合、共同发展。此外，借鉴上海自贸区成功经验，实施了“属地申报，口岸验放”、“属地申报，属地验放”、“通报通放、快检快放、即查即放”等便利制度，进一步推动贸易便利化。

【总体定位】全面落实镇江市委市政府“生态领先、特色发展”的战略部署，坚持高端制造业和现代服务业同步发展，综合保税区和产业“三集”园区联动，强化资源整合、协同发展、先行先试、科学运作新举措，重点发展保税物流、保税加工、保税服务三大业务，力争用 3~5 年时间，构建“特色商品展示交易中心、高端制造加工贸易中心、保税仓储物流集散中心、研发检测维修服务中心”四大中心，加快形成高端入区、周边配套、辐射带动、集聚发展的新优势。园区奋力打造转型发展的升级版、改革创新的先导区、港产城融合发展的核心区。

【品牌创建】综合保税区申报取得重大实质性进展。根据《国务院关于促进海关特殊监管区域科学发展的指导意见》（国发〔2012〕58 号）“在基本不突破原规划面积的前提下，逐步将现有的出口加工区等整合为综合保税区”的精神，分析梳理申报综合保税区的最新要求和自身的优势条件，商请海关总署和江苏省政府同意。截至 2014 年年底，海关总署已汇总国家发展改革委、商务部等九部委会签文，行文呈报国务院。申报工作取得重大实质性进展。

【区域开发与建设】生产配套：区内建有监管仓库1 970平方米，保税仓库 2 万平方米，货场 8 万平方米，标准厂房 9 万平方米，35kV 变电所 1 座。

商务配套：在大港通港路西侧、镇大铁路南侧建成出口加工区商务配套中心，占地约 7 460 平方米，总建筑面积约13 500平方米，金融、报关代理、运输代理、外贸代理、人才招聘代理及快餐供应等服务机构可进驻，为进区企业提供方便周到的服务。

生活配套：在出口加工区东侧建有约 12. 99 万平方米的配套服务中心，建筑总面积约 20 万平方米，拥有白领公寓、综合商业广场、商务办公楼等；在出口加工区的东北侧建有面积18 792平方米的员工公寓“四海家园”，配套的超市、食堂等设施已投入运营，可满足区内所有企业员工的住宿、生活及娱乐。

【发展趋势】在未来 3 年，镇江出口加工区升级为镇江综合保税区后，服务功能将显著提升，创新能力将明显提升，产业承载将日渐增强，辐射带动作用将卓见成效，基本形成管理规范、通关便捷、用地集约、产业集聚、绩效突出、协调发展的格局，成为拉动区域经济快速发展的强劲引擎。特色产业进一步集聚，实现特色商品线上线下交易额 50 亿元以上；经济规模进一步扩大，实现进出口额 10 亿美元，保税物流货值 20 亿美元；产业结构进一步优化，保税物流和保税服务贸易进出口占比在 50%以上；平台作用进一步显现，建成省级特色商品展示交易中心、省级冷链物流集中区、跨境电子商务平台和区域通关中心；基本建成区域保税服务中心、长三角区域物流中心。

【招商部门】镇江出口加工区管理局全面负责出口加工区的招商引资工作。招商热线：0511-83370088；服务热线：0511-83371515；传真：0511-83373737；联系人：张超，手机：13906100801；邮箱：polder53371912@yahoo.com.cn。

江苏泰州出口加工区
JIANGSU TAIZHOU EXPORT PROCESSING ZONE

【概况】江苏泰州出口加工区于2010年4月28日经国务院批准设立，位于国家级泰州医药高新技术产业开发区内，规划面积1.76平方公里。2015年5月6日，经国务院批准，泰州出口加工区整合优化为综合保税区。2014年，出口加工区实现工业产值36.09亿元，同比增长13.35%；实现工业销售额34.86亿元，同比增长17.18%。据泰州海关统计，出口加工区2014年实现进出区业务货值29.07亿美元，同比增长22%，其中实际进出口4.38亿美元。

【项目建设】作为泰州开放型经济发展的重要平台，泰州出口加工区自设立以来，始终坚持以项目招引建设为中心，积极发挥海关特殊监管区域的政策优势，努力促进区内电子信息产业和特色服务业发展。经过多年努力，区内电子信息产业已初具规模，纬创资通、纬立资讯两家龙头企业生产规模逐步扩大，一批关联配套企业正在集聚，电子信息产业集群正在形成，发展规模和产业层次不断提升。

【保税物流】区内“一日游”、保税仓储、特殊区域转关等保税物流业务发展迅速。2014年，区内保税仓库累计入库金额达6.92亿美元，同比增长86.08%；出库金额为5.52亿美元，同比增长88.04%。目前，区内共有12家物流货代企业，其中鑫远、中外运两家物流企业2014年主营业务收入达4 297万元，同比增长56.08%。2014年中外运以第三方物流身份代理区内企业部分进出口业务，全年报关金额高达1.34亿美元。同时，该公司利用物联网技术向区内企业提供VMI（供应商管理库存）配送服务，以减轻企业的库存压力，扩大自身业务量。

【管理服务】坚持围绕企业需求，不断创新服务方式，优化服务环境，全力保障企业生产运营。积极与驻区海关、国检部门沟通协调，为企业提供24小时通关、报检服务。顺应园区发展需求，成功推进综合保税区申报工作。主动为企业提供“一站式”、“保姆式”服务，全程为企业代办行政审批手续，帮助纬创、纬立等公司完成消防、环保等方面验收；大力开展用工服务，有力推动了区内企业的快速发展。

【转型升级】努力拓展园区功能，提升开放水平，增强综合竞争力。园区积极利用升级综合保税区这一发展契机，努力从现有的“加工、组装”模式向“制造+贸易+服务”的发展模式转变，重点打造“4+1中心”，即高端研发制造中心、保税物流配送中心、进口商品展示交易中心、跨境电子商务中心、金融结算配套中心。

【招商部门】泰州出口加工区管理局下设招商服务科，负责出口加工区的招商引资工作。联系人：许才林、潘杰，招商热线：0523-80817303，传真：0523-80817305。

江苏常熟出口加工区

JIANGSU CHANGSHU EXPORT PROCESSING ZONE

【经济发展】2014 年，常熟出口加工区在全球经济不景气的情况下，基本保持了稳定的发展态势，各项经济指标基本与 2013 年持平，完成工业总产值 5.70 亿元，实现工业销售收入 6.52 亿元；完成进出口总额 3.3 亿美元，其中进口额为 2.34 亿美元，出口额为 0.96 亿美元；实现海关监管货值 33.24 亿美元，完成海关税收8 057万元。

【投资环境】常熟出口加工区位于长江三角洲经济圈中心，东距上海 80 公里，南邻苏州 45 公里，紧靠常熟港，紧邻沿江高速公路、苏嘉杭高速公路、沿江一级公路，离苏通大桥道口仅 500 米，交通区位优势十分明显。

常熟出口加工区位于常熟经济开发区内，依托开发区的支撑，产业基础扎实，产业配套能力强，物流运输便捷。企业入驻常熟出口加工区，不仅享有海关提供的简单、快捷的通关便利，还享有国家级出口加工区和开发区特有的优惠政策，海关、国检、银行、仓储等机构一应俱全，落户企业不出园区即可办理一切进出口手续。2015 年年初，常熟出口加工区又被国务院批准升级成为综合保税区，加工区将可以开展包括仓储物流、对外贸易、国际采购、分销和配送、国际中转、售后服务、商品展示、研发等多项业务类型，这将极大地提升园区的区域竞争力，使区内形成更加完整的产业链，促进常熟出口加工区进一步做大做强。

【招商引资】常熟出口加工区针对所在开发区的产业结构情况和地理位置，积极强化招商选资，围绕汽车零部件、精密机械、装备制造、新型材料等产业进行全方位招商。与此同时，重点发展加工区的保税物流业务，2014 年新引进 1 家物流企业——苏州万实货运代理有限公司。

在做好招商引资工作的同时，加工区积极筹划搭建招商载体，提升硬件环境，自 2005 年年底开始分批建设标准厂房，到目前为止共建造 8 幢70 000平方米。为促进加工区保税物流业务的发展，2009 年开始规划建设新的保税物流仓库，首期 2 幢11 600平方米已于 2010 年全部完工投入使用。2014 年，二期 2 幢11 000平方米的保税物流仓库也完成全部建设工作，于年底竣工验收并交付使用。

【工业】常熟出口加工区作为加工贸易企业的集聚区，依托临江临港和位于常熟经济技术开发区内的优势，吸引了不少企业入驻，到 2014 年年底，已有 18 家加工和物流企业入驻。其中，加工企业为 12 家，大部分为欧美企业，有 9 家企业已正式投产，1 家企业进入试生产阶段。泰富益农用机械设备（常熟）有限公司已完成厂房建设和设备安装调试全过程，于 2014 年 7 月份正式开工投产；卡彭特特种金属（常熟）有限公司到 2014 年年底已经完成厂房装修改造，生产设备大部分入区安装调试完毕，正在进行试生产，同时该公司已开始开展保税物流业务，将从国外进口的各种特殊金属棒材分销到全国各地。

自2009年拓展保税物流功能以来，常熟出口加工区全力发展保税物流业务，先后引入6家物流企业，这些物流企业为区外广达电脑、长春化工等大型加工贸易企业提供了便捷、高效的保税物流服务，对全市的辐射带动作用日益显现，进出加工区的保税物流货物每年快速递增。据海关统计，加工区进出口总额从2009年的0.46亿美元，发展到2014年的3.3亿美元，增长了7.2倍；进出区海关监管货值从2009年的1.5亿美元，发展到2014年的33.24亿美元，增长了22.2倍。到2014年年底，常熟出口加工区累计完成工业总产值36.61亿元，实现经营总收入37.36亿元，完成进出口总额23.14亿美元，实现海关监管货值137.95亿美元。

【发展趋势】 2015年，常熟出口加工区将紧紧抓住获得国务院批准升级成为常熟综合保税区的有利时机，抓紧做好各项监管配套设施的建设，争取早日通过海关总署等国家各部委（办）的验收，使综合保税区早日封关运作。同时，园区将继续深入研究综合保税区的政策优势，拓展适合于综合保税区的业务类型，争取吸引更多保税物流、商贸、维修检测及展览展示项目在区内注册运营，从而丰富加工区的业务类型，做大进出口总量，不断提高经济效益。园区还将利用开发区打造汽车整车产业基地的有利时机，围绕捷豹路虎和观致汽车项目，重点发展为本市汽车及零部件等新兴制造业配套的保税物流和保税服务业务，实现产业链向两端延伸，带动重点产业进入保税产业链和供应链，促进保税业务向高技术含量、高附加值和多元化发展，形成高端入区、周边配套、辐射带动、集聚发展的格局，将加工区建设成为以现代物流业为主导产业的一流园区。

同时，园区还将继续跟进研究上海自贸区政策，密切关注苏州工业园区综合保税区开展贸易多元化等政策试点的进展情况，把握自贸区对周边地区的服务、辐射和带动作用，借助与上海、苏州密切的互动合作优势，有针对性地对接自贸区的产业转移，进一步强化招商力度，争取上海自贸区设立后溢出的先进制造业、服务业项目等能落户常熟出口加工区。

【机构设置与管委会领导】 2005年8月，经常熟市政府批准，设立常熟出口加工区管委会，与常熟经济开发区管委会合署办公，委领导由开发区领导兼任。下设常熟出口加工区管理局，内设招商科、规划建设科、经济发展科及综合科。局属下成立了常熟出口加工区开发建设有限公司，具体负责加工区的投资及物流运作和物业管理等工作。

【招商部门】 常熟出口加工区管理局下设招商科，主要负责加工区的招商引资工作。出口加工区招商部门联系人：分管副局长王晓楠，联系电话：0512－52292757，13812817206；副科长张诚，联系电话：0512－52690181，18913634358。邮箱：stephaniewang@cedz.org，cz@cedz.org；传真：0512-52269665；常熟出口加工区网址：http://www.csepz.gov.cn，http://www.csepz.com。

江苏武进出口加工区
JIANGSU WUJIN EXPORT PROCESSING ZONE

【经济发展】 武进出口加工区于2010年3月正式封关运作，批准面积1.15平方公里，实际围网验收面积1.08平方公里。自投入运营以来，武进出口加工区坚持高起点规划、高标准建设、高效能管理的理念，以龙头企业带动产业发展作为方向，以提升本地通关环境为宗旨。2014年，江苏武进出口加工区各企业产品市场需求量持续放大，企业经营良好。截至年底，全年完成工业总产值83.9亿元，同比增长30.7%；工业产品销售额72.8亿元，同比增长44.2%；完成实际进出口额8.9亿美元，同比增长30.9%；进出区货值为37.3亿美元，同比增长58.7%；保税物流实际进出口额为2.5亿美元，同比增长33.7%。

【投资环境】 江苏武进出口加工区位于武进国家高新技术产业开发区，东至凤林路，南至武进大道，西至淹城路，北至阳湖路。地理条件优越，交通便捷，紧邻沿江高速和建设中的常泰高速，距上海虹桥机场、上海浦东机场、上海港口及南京禄口机场均在1~2小时车程范围内。

2014年，区内已建成标准厂房4万平方米，监管仓库1万平方米，保税仓库4万平方米，货物堆场17 000平方米；企业自建厂房25万平方米。吸引了台湾光宝、晶元、瑞声等一大批知名企业进驻，各项数据稳步增长。截至目前，已进驻生产性企业9家，其中外商投资企业6家，累计吸引工商注册外资5.21亿美元，到账外资4.66亿美元。

【发展趋势】 2015年，园区将紧抓国家推进“一带一路”及“苏南国家自主创新示范区”建设的机遇，以打造一流口岸为目标，以服务周边企业为宗旨，围绕建成“现代产业集聚区、保税物流示范区、服务贸易特色区”的总体定位，加快规划“一体两翼”，实现“三大转变”，打造“五大中心”，建设家门口的自贸区。

规划“一体两翼”。积极争取海关总署及各部门的支持和指导，根据产业布局情况和未来发展需要，加快规划形成“高端入区、周边配套、辐射带动、集聚发展的‘武进国际商务区’”新格局，全力打造好武进综合保税区这个主体核心并加快配套好两个功能服务区。

实现“三大转变”。一是加快实现从“加工贸易”向“服务贸易”转变。在对加工制造类大项目紧抓不懈的前提下，对服务贸易类企业实行招商倾斜、政策倾斜，实现加工贸易和服务贸易并重的双轮驱动。二是加快实现从“区内为主”向“内外联动”转变。一方面要区内外业务联动发展，实现生产型企业走出去、请进来；另一方面要加快区内外配套协同发展，在区外规划好配套仓储、物流工业园，实现区内保税仓储与区外普通仓储联动，区内保税加工与区外配套产业园联动。三是加快实现从“建设为主”向“服务为主”转变。一方面要招引配套物流公司、代理公司、供应链公司；另一方面要练好内功，注重提升配套环境，增强通关效率，深化企业服务，扩大辐射半径。

打造“五大中心”。一是加强招商引资，打造“制造中心”。园区将继续引进行业龙头企业，以光宝、晶品、瑞声等龙头企业为核心，突出对新能源新材料、LED 光电一体化、电子信息 3 个重点产业的招商，打造 IT、LED 照明、光电子芯片、电脑周边产品等上下游产业链，进而吸引相关配套企业在周边落户，建立一个辐射武进乃至周边的高端加工贸易集聚中心。二是拓展服务范围，打造“物流中心”。发挥海关特殊监管区域的政策优势，充分利用常州水、陆、空、铁口岸齐全的便利，以武进国家高新区外资高地为依托，争取吸引更多国际化物流公司进驻，提升武进地区现代物流服务水平，扩大服务半径，打造“立体物流体系”。三是充分利用资源，打造“贸易中心”。为了更好地服务周边的企业，园区将重点加快拓展 4 项贸易工程：拓展跨境电商配送中心，理清本地跨境电商的发展思路，找准配送中心的发展定位，迅速落实开展行动；拓展常州市进口商品展示交易中心，继续扩大宣传，积极招引进口商和经销商，同时吸引供应链、物流、中介服务等公司进驻，实现线上线下的双向互动；拓展有色金属进口材料展销中心，立足周边地区，重点跟进有色金属进口企业，打通销售配送渠道；拓展贸易及物流公司集聚中心，继续招引贸易、物流公司入驻，并制定相关优惠政策跟进支持，谋求更加长远的发展。四是加大扶持力度，打造“研发中心”。重点鼓励企业在区内设立高科技研发中心，以光宝科技研发中心、瑞声光电研发中心等为重点，加强政策扶持力度，争取将武进综合保税区打造成为专业化、规模化、国际化的高科技研发基地。五是强化宣传效果，打造“展示中心”。一方面在现有进口商品展示中心的基础上，吸引更多进口商、贸易商到武进综合保税区开展业务，丰富展示品种，建立品种更全、规模更大的展示交易中心；另一方面，积极拓展具有武进本地产业特色的工程机械、智能装备、机器人、医疗器械等专业展示中心，并与环太湖艺术城加强合作，推动艺术品保税展示交易平台的建设。

2015 年，江苏武进出口加工区将进一步加大招商引资力度实现招商引资新突破，在稳步推进生产企业招商工作的同时，尽全力提高企业服务及园区管理水平，实现平台运作和规范管理新突破，促进优势产业的聚集和发展，努力将江苏武进出口加工区建设成为一流出口加工基地，创建最佳综合保税区。

【招商部门】江苏武进出口加工区管理局配合武进高新区招商局进行招商活动，由经济发展科具体负责。联系人：李海标，联系电话：0519-86221205，传真：0519-86221200。

浙江杭州出口加工区
ZHEJIANG HANGZHOU EXPORT PROCESSING ZONE

【经济发展】 2014年，浙江杭州出口加工区在开发区党工委、管委会的正确领导下，在杭州市倡导大力发展信息经济和智慧经济的大背景下，以“三转一争”专题活动为抓手，以试点跨境贸易电子商务为平台，以转型申报综合保税区为契机，“转理念、优服务、推改革、促升级”，以锲而不舍、昂扬向上的精神，助力区内实体企业转型升级，配合引进阿里巴巴、银泰、中外运等极具影响力的企业，搞活园区经济，发挥产业优势，全面推进智慧加工区建设发展。

杭州出口加工区2014年实现工业总产值117.85亿元；实现税收6.41亿元，其中工商税收1.99亿元，海关关税及代征税收4.42亿元；实现进出口总额21.7亿美元，其中出口17.52亿美元；保税物流业务量达3.77亿美元。

物流企业运行良好，跨境贸易业务带动保税物流增长。2014年，杭州出口加工区通过优化模式、便捷操作、提高效率等措施，以推行保税物流可持续发展为目标，助推仓储物流分拨配送业务，优化保税物流业务结构。同时，跨境贸易电子商务（进口）试点业务的启动进一步带动了保税物流业务的发展，对周边产业的辐射带动效应日趋放大。2014年，园区保税物流业务累计货值3.77亿美元，其中跨境贸易业务累计货值0.31亿美元。

【投资环境】 杭州出口加工区设在杭州经济技术开发区内。杭州经济技术开发区是1993年4月经国务院批准设立的国家级开发区，是全国唯一集工业园区、高教园区、出口加工区于一体的国家级开发区。

杭州出口加工区内已进驻海关、国检等配套部门，以及银行、货运代理、报关行、物业、邮政等公共服务机构，为货物进出提供了24小时高效、便捷的通关和报检服务。同时，杭州出口加工区管委会一直以“亲商、安商、富商”为宗旨，实行“每月例行走访”、“重点企业跟踪服务”等长效服务机制，以“特事特办、急事急办、难事简办”为服务宗旨，做好企业与加工区现场派驻机构的“调和剂”与“润滑剂”，解决企业急事难事。通过上门“送政策、送服务、送方案”等“三送”活动，常态上门走访调研，助推企业技术改造转型。定期召开实务操作培训会，搭建交流平台，帮助企业加强与海关、商检等配套部门及管委会相关部门的沟通联系，为园区内企业创造优良的发展环境。

【招商引资】 杭州出口加工区依托杭州经济技术开发区现有招商引资平台，充分发挥海关特殊监管区域的政策功能优势，积极引进符合区域产业发展导向的优质项目。截至2014年年底，加工区共引进企业67家，其中包括东芝、松下、矢崎3家世界500强在内的工业生产型企业25家，物流企业7家，以及在杭州跨境电子商务综合实验区下沙园区注册的跨境电商企业35家，累计外商投资总额达5.03亿美元，为杭州市外向型经济发展作出了巨大的贡献。

【工业】 2014年杭州出口加工区实现工业总产值117.85亿元，工业销售产值117.84亿元。全年共有10家产值过亿元企业，其中区内龙头企业东芝信息作为加工区内唯一一家产值超50亿元的企业，虽然全年笔记本生产台数呈现增长势头，但因整个计算机制造产业仍面临市场需求疲软、销售竞争激烈、利润空间持续萎缩的局面，全年完成销售产值73.6亿元，同比下降8.46%。除此以外，区内大部分企业经营绩效良好，技术改造投入效果显现，园区整体利润同比增长，全年累计赢利企业15家，占区内工业企业的75%。2013年年底投入量产的杭州孟氏装饰材料有限公司增长迅速，2014年全年产值已突破亿元，成为区内新亿元重点企业。2014年加工区累计利润总额达3.03亿元；累计税收达6.41亿元，其中海关关税及代征税收为4.42亿元，工商税收1.99为亿元。另外，加工区6家物流企业全年累计进口货值1.37亿美元，实现利润429万元，缴纳税收402万元，基本保持稳定。

【发展趋势】 杭州出口加工区就申报综合保税区、开创“一区两片”管理模式工作会同省市相关部门，积极对接海关总署、国土资源部、住建部、发展改革委、国家税务总局、财政部等十部委。根据有关建议，对综合保税区的申报材料进行复核。同时，完成了向海关总署上报“一区两片”补充说明材料、国土部关于土地利用相关情况的说明，以及财政部关于“一区两片”说明材料的工作，目前海关总署、住建部、国土部已审批同意，财政部、商务部等其他7个部委正在进行审批。

自2014年1月28日，正式确定杭州跨境贸易电子商务进口业务试点落户杭州出口加工区以来，2014年跨境贸易进口业务累计交易102.7万单、交易额2.21亿元。其中，网购保税交易95.6万单、交易额2.08亿元；海外直邮交易7.12万单、交易额0.13亿元。跨贸试点工作获得各级高度评价：2014年7月海关总署发布《关于跨境贸易电子商务进出境货物、物品有关监管事宜的公告》，下沙园区试点模式完全符合要求，被业内称为“标准版本”；8月11日央视新闻联播以“对外贸易新增长点”为题，专题报道了下沙园区试点工作等。

【机构设置与管委会领导】 杭州出口加工区管理委员会与杭州经济技术开发区管理委员会合署办公，采用“两块牌子，一套班子”的领导管理体制，并且设立浙江杭州出口加工区综合管理局，具体负责加工区的日常管理事务，其内设3个科室：综合科、商务科、公共事务科。

管委会领导：党工委书记、管委会主任陈晨，分管副主任王永芳；杭州出口加工区综合管理局局长何伟平，副局长柴明、宣黎芳。

【招商部门】 杭州经济技术开发区招商局，联系人：陶峰，联系电话：0571-89898910。杭州出口加工区综合管理局，联系人：周郑宇，联系电话：0571-86714026。

浙江嘉兴出口加工区
ZHEJIANG JIAXING EXPORT PROCESSING ZONE

【经济发展】 2014年，嘉兴出口加工区实现工业总产值5.4亿元，同比增长5.7%；实现税收1 133万元，同比增长21.05%；实现海关税收及代征税超过1.8亿元，同比增长7.46%；实现进出口总额1.57亿美元，同比增长38.9%；进出区货值10.77亿美元，同比增长18.7%。其中，仓储物流发展较快，辐射作用初步显现。园区引进仓储物流企业6家，注册资本8 050万元，已建标准仓库2.1万平方米，业务涉及大宗原料进口保税、免税设备进口保税、"一日游"、出口集拼等，进口商品种类主要有钴精矿、铜精矿、皮革、亚麻、PTA等，服务企业覆盖长三角地区200多家。2014年实现物流营业收入1 470万元，同比增长51.3%；物流货值5.42亿美元，同比增长19.3%；货运量超过11万吨。

【投资环境】 浙江嘉兴出口加工区于2003年3月10日经国务院批准设立，是全国第三批设立的出口加工区之一，是浙江省继杭州、宁波后第3个出口加工区，也是嘉兴市的国家级对外开放平台。园区位于区位条件优越的嘉兴港区（浙江乍浦经济开发区）内，紧靠国家一类开放口岸嘉兴港（乍浦港），开发面积1.33平方公里，于2005年4月26日通过国家九部委联合验收，2006年2月28日正式封关运作，2015年1月31日经国务院批复整合优化为嘉兴综合保税区。区内配套基础设施建设完善，已具备通路、水、电、雨、污、通讯、蒸汽、天然气和土地平整等"八通一平"条件。

嘉兴市地处长江三角洲中心，毗邻上海，紧依苏南，是浙江省接轨上海的前沿阵地。嘉兴出口加工区区位条件优越，已形成铁路、公路、港口、内河、航空等各种运输方式组成的综合交通网络，投资商务成本较低；与上海、苏州、杭州、宁波等大城市实现了"一小时交通圈"。公路铁路方面，位于沪杭铁路、沪杭高速公路、乍嘉苏高速公路、杭浦高速公路、杭州湾跨海大桥和规划建设的沪乍嘉湖铁路、沪杭高铁的黄金通道上，东西大道、老沪杭公路等更拓宽了其对外通道，形成四通八达的公路网；港口与内河方面，嘉兴港是国家一类开放口岸，浙北地区重要的出海港口，唯一的海河联运港，水深与航道条件良好，距上海洋山港和宁波港分别只有53海里和74海里。乍嘉苏内河航道和六平申线，将嘉兴港码头与京杭运河、杭申线等主要内河航线联通，有力地发挥了海河联运的优势；航空方面，至上海浦东、上海虹桥、杭州萧山三大国际机场的车程均在1小时左右，依托三大空港的航空运输条件十分便利。嘉兴出口加工区所处位置已成为"长三角"沪、苏、杭、甬地区的一个重要交通枢纽。拥有便捷快速的物流大通道，交通地理区位的功能和价值日益凸显，为嘉兴出口加工区的进一步发展提供了完善便捷的交通集疏运体系保障。

滨海新城是嘉兴市现代化网络型田园城市的6个副中心之一，辖区内有一座千年古镇——乍浦镇，历史悠久，自古就有“江浙门户”、“海口重镇”之称，在清代就是浙北地区对外经济文化交往的重要门户。辖区内还有省级九龙山旅游度假区、九龙山国家森林公园、港口、杭州湾跨海大桥、海鲜美食旅游等资源，集成了“山、海、港、桥、林”于一体的滨海特色。滨海新城经过近年来的开发建设，已建成26平方公里的道路框架，交通、供水、供电、供气、污水处理等城市基础配套基本完善，与周边高速公路网络实现无缝对接，交通区位优势更加明显，港口的货物集散能力得到较大提高。按照建设“宜业宜居宜游”型城市的理念，新城的生态建设和环境保护取得明显成效，教育、卫生、商贸、住宿餐饮、旅游休闲等功能性设施不断完善。

【招商引资】浙江嘉兴出口加工区截至2014年年底，累计引进项目24个，其中外商投资企业12个，总投资11 680万美元，合同利用外资6 263万美元，实到外资3 763万美元；内资企业12个，注册资金4.85亿元人民币。企业类型包括加工企业17家，仓储物流企业5家，其他企业2家。行业涉及环保制冷剂、汽车零部件、轴承制造、生物医药、装备制造、塑料制品、纺织、食品和仓储物流等。

【港口与物流】嘉兴港（乍浦港）系国务院批准对外国籍船舶开放的一类口岸，其拥有海岸线74.1公里，可建港岸线40公里，分为独山、乍浦、海盐3个港区。航道稳定，深槽不淤，具有良好的深水岸线和建港条件，规划开发建设生产性港口岸线26.5公里，其中可供建设万吨级以上深水码头岸线约23公里。目前，嘉兴港已拥有外海生产性泊位46个，其中万吨级泊位33个，港口服务体系基本健全，已发展成为公专用泊位相配套、内外贸兼营及集装箱、散杂货和液体化工品装卸功能齐全的综合性港口。嘉兴港又是一个海河联运港口，嘉兴港背靠浙北高等级内河航道网，杭嘉湖、苏锡常太湖流域水网平原，内河运输网络发达。乍嘉苏内河航道和六平申线，将嘉兴港码头与京杭运河、杭申线等主要内河航线联通，是浙北和苏南地区重要的出海口和外贸通道，有力地发挥了海河联运优势。

2014年嘉兴港完成货物吞吐量6 880.35万吨，同比增长4.17%；累计接卸集装箱115.6万标箱，其中外贸箱33.6万标箱，集装箱量与外贸箱量分别同比增长14.42%与8.56%，集装箱吞吐量增幅连续7年居全省沿海港口首位，总量稳居全省沿海港口第2位，成功跻身全国沿海集装箱运输20强港口行列。

2014年嘉兴港与宁波港、上海港的合作持续深化，乍浦港区至宁波港集装箱航线全年中转箱量达69.15万标箱，上港集团独山集装箱码头至洋山港的“独山快航”航线实现天天班，全年接卸集装箱8.81万标箱，完成年度目标任务的110.16%。截至目前，嘉兴港集装箱航线数量已达16条，月均航班将近200艘次，集装箱的腹地辐射范围由传统的杭嘉湖平原向省内的浙中、浙南与江苏、安徽南部拓展。

【发展趋势】2015年是嘉兴出口加工区形象建设年和转型发展关键年，园区将在党工委、管委会的正确领导下，以出口加工区整合优化为综合保税区获批为契机，以积极打造有色金属加工交易基地、保税物流基地和进出口商品展示展销基地“三大基地”为重点，以综合配套为支撑，改革创新、抢抓机遇、主动作为，提振转型发展的信心，提升内外整体形象，提高区域竞争实力，全面推进出口加工区转型升级发展。

【机构设置与管委会领导】浙江嘉兴出口加

工区管委会与嘉兴港区开发建设管委会合署办公。根据“不增设机构”的原则，采用“两块牌子，一套班子”，实行统一领导、统筹规划、分工负责、分块运作、互为依托的管理体制。设立嘉兴出口加工区发展局，具体负责加工区的日常管理事务，其内设两个科室：综合服务科和产业发展科。

管委会领导：浙江嘉兴出口加工区管理委员会主任石云良，副主任马麟梁；嘉兴出口加工区发展局局长马惠芳。

【招商部门】嘉兴港区（出口加工区）招商局，招商热线：0573-85581747、85581746，传真：0573-85581777。嘉兴出口加工区发展局，联系电话：0573 - 85588101、85588102，传真：0573-85588101。

安徽芜湖出口加工区

ANHUI WUHU EXPORT PROCESSING ZONE

【经济发展】2014 年，芜湖出口加工区实现进出口值 7.26 亿美元，同比增长 35.19%。其中，出口为 4.58 亿美元，同比增长 23.73%；进口 2.68 亿美元，同比增长 60.58%。同期，芜湖市实现外贸进出口总值 64.45 亿美元，出口加工区占全市进出口值的 11.26%。2014 年，芜湖出口加工区实现工业总产值 22.03 亿元人民币，同比增长 0.09%；企业实现利润 7 381 万元人民币，同比增长 15.8%；实现税收 2.64 亿元人民币，同比增长 175.58%。

【投资环境】芜湖市地域面积 5 988 平方公里，人口 384.5 万，其中市区面积 1 292 平方公里。

芜湖濒临长江，东与长江三角洲连成一体，西接华中地区，南依黄山、九华山风景区，北临南京，交通便利，是华东地区重要的水陆交通枢纽。有 3 条高速公路、5 条铁路在此交汇，芜湖长江公铁两用大桥是沟通京九、京广、京沪、陇海等铁路大动脉的重要节点，是国家交通运输部确定的公路运输枢纽城市。芜湖港是长江逆江而上的最后一个深水良港，是长江运输的主枢纽港，芜湖朱家桥外贸码头，已和世界 50 多个国家和地区建立了业务往来。芜湖距南京禄口国际机场和合肥骆岗机场均约 1 小时车程。

在投资环境和服务方面，芜湖在全国非省会城市中名列前茅。在中国社会科学院《中国城市竞争力报告》中，芜湖列中西部非省会城市第 1 名；在第三届中国财富论坛上，芜湖获“世界投资中国——中小城市魅力奖”第 1 名；在改革开放 30 周年之际，芜湖被中央列为成功开拓中国特色发展之路的全国 18 个典型地区之一。此外，芜湖被评为中国最佳休闲城市称号。

2014 年，面对复杂多变的宏观经济环境，芜湖市经济继续保持平稳较快发展的良好态势。2014 年，全市实现地区生产总值 2 307.90亿元，同比增长 10.7%。其中，第一产业实现增加值 136.20 亿元，同比增长 4.8%；第二产业实现增加值1 516.02亿元，同比增长 11.1%；第三产业实现增加值 655.68 亿元，同比增长 10.8%。三个产业增加值比例为 5.9 : 65.7 : 28.4。从数据上看，工业生产增长较快，全年规模以上工业企业达 1 815 家，实现增加值 1 404.77 亿元，同比增长 12.3%；产值超亿元企业 835 家，超 10 亿元企业 84 家，比 2013 年分别增加 91 家和 3 家。从产业看，汽车及零部件、材料、电子电器和电线电缆四大支柱产业实现增加值 955.80 亿元，同比增长 12.1%。全市规模以上工业经济效益综合指数为 348.6%，比 2013 年提升 5.1 个百分点；全年规模以上工业主营业务收入为 5 041.24 亿元，实现利润 298.15 亿元，实现利税 579.70 亿元，同比分别增长 12.1%、9.1% 和 14.7%。

【招商引资】芜湖经济技术开发区是芜湖市

主要的工业产业集中区域。2014 年，开发区着力推进产业转型升级，注重经济运行质量，全力抓好招商引资和项目建设，超额完成各项目标任务。经济技术开发区坚持把主导产业、龙头企业培育、产业链配套作为产业发展的关键环节，目前已经形成三大主导产业，分别是以奇瑞汽车为龙头的汽车及高端装备产业，以美的、日立为代表的家用电器产业，以海螺型材、鑫科材料为代表的新材料产业，并以电子信息（平板显示）为突破口，加大招商力度，不断完善产业链，逐步形成创新型职能产业集群。

芜湖出口加工区位于芜湖经济技术开发区内。2003 年 3 月 12 日通过国家九部委验收，总体规划 2.95 平方公里，已开发面积 2.17 平方公里。其中，一期开发面积 1.1 平方公里，2003 年 3 月 12 日通过国家海关总署等九部委验收；二期开发面积 1.07 平方公里，2008 年年初启动二期工程建设，2009 年 7 月 31 日通过合肥海关组织的验收并封关运行，目前芜湖出口加工区按综合保税区的标准进行全面升级改造工作。

芜湖出口加工区管委会委托出口加工区管理局具体负责日常行政事务、加工贸易审批、物业管理、政策研究、信息交流等综合服务工作，并协助土地、建设等部门在出口加工区履行职能，同时开展出口加工区招商引资工作。

【工业】 2014 年，受国际市场不稳定的影响，芜湖出口加工区内工业龙头企业中达电子、合保电器等公司订单明显减少，营运情况显著低于预期。芜湖出口加工区管理局一方面积极协调海关、商检、外管等部门，在报关、报检、审批等环节中优化流程，帮助企业提高通关效率，为企业提供优质服务降低企业运营成本；另一方面大力引进保税物流企业，利用区港联动积极发展保税物流业务，扭转进出口值下跌的局面，实现全区进出口值大幅增长的目标。

【发展趋势】 中达电子、中鼎实业等大型出口加工型企业的投产，使芜湖出口加工区呈现出良好发展势头。随着出口加工区升级工程的启动，芜湖出口加工区将迎来新的发展机遇，一个通关更便捷、服务更周到、功能更齐全、监管更科学的芜湖出口加工区正在崛起；一个覆盖皖江流域乃至安徽省，集国际加工、国际采购、仓储、物流于一体的大型综合平台正在芜湖出口加工区逐步形成。

【机构设置与管委会领导】 芜湖出口加工区管委会和芜湖经济技术开发区管委会实行“两块牌子，一套班子”的管理模式。芜湖出口加工区管理局作为芜湖经济技术开发区管委会的职能部门，依托经济技术开发区管委会其他职能部门，承担出口加工区招商引资、日常管理和服务工作。

管委会领导：芜湖出口加工区管委会主任陆雷，芜湖经济开发区管委会副主任季学敏，芜湖出口加工区管理局局长邓小红。

【招商部门】 芜湖出口加工区管理局。局长：邓小红，联系电话：0553-5772018。

安徽合肥出口加工区
ANHUI HEFEI EXPORT PROCESSING ZONE

【概况】 合肥出口加工区于2010年7月5日经国务院批准成立，位于合肥经济技术开发区新港工业园内，规划面积1.42平方公里。

2011年年底，合肥出口加工区完成了“七通一平”、监管设施和信息化系统等三大类24项工程建设任务，全面达到海关特殊监管区域建设要求。2012年6月20日顺利通过国家九部委的联合验收，同年8月21日正式封关运作，合肥海关驻合肥出口加工区办事处和安徽出入境检验检疫局合肥出口加工区办事处正式入驻办公。

2014年，合肥出口加工区在加工区管委会的高度重视和正确领导下，在海关、检验检疫等相关部门的配合支持下，紧紧围绕“工业发展主引擎、创新发展新高地”的目标定位，以科学发展观为指导，以争创一流的出口加工区为目标，取得了长足的进步，呈现出良好的发展态势，为2015年工作再上新台阶打下坚实基础。

【经济发展】 在龙头企业联宝电子的强势带动下，合肥出口加工区的电子产业从无到有，迅速成为主导产业的发展方向，并致力于打造全球最大的中大尺寸智能设备制造基地。

2014年，联宝生产出口笔记本电脑1 700万台套，工业产值达到433亿元，个人PC产量跃居全球第一。合肥出口加工区进出口额与工作业务量也随之呈井喷式增长。

2014年，合肥出口加工区实现进出口总值45.57亿美元，同比增长266.9%，其中出口总额29.3亿美元，同比增长383.9%；完成报关单130 650票；征收各类关税18.085 1亿元，同比增长90.87%。根据中国保税区出口加工区协会的统计数据，合肥出口加工区2014年的进出口额位居全国50个出口加工区中第六名，在中西部加工区中排名第二，较2013年前进了7个名次，显示出蓬勃生机和巨大潜力。

2014年，合肥出口加工区共完成各级接待80余批次，累计办理业务审批443件，其中受理企业变更海关电子账册申请175份，模具外发加工申请23份，货物内销申请233份，其余相关审批12份。

【投资环境】 合肥出口加工区投入运行以来，重点围绕出口加工区的发展，着力打造“宜业”功能完善的配套环境。

2014年，由安徽海晨综保物流有限公司投资建设的合肥出口加工区保税物流园项目一期两栋仓库正式竣工，于2015年投入使用。项目主要从事保税物流、保税仓库及货物包装、分拣等业务，占地约3.3万平方米，规划建设公共保税仓库20 000平方米。

与此同时，合肥出口加工区十分注重企业服务。一是服务能力不断提升。合肥出口加工区在总结其他出口加工区已有的成功经验基础上，着重从服务跟踪和制度建设两个方面进一步加强企业服务工作，并做好与海关、国检等部门的业务衔接。通过召开物流联席会、走访企业等形式了解企业需求，定期走访企业，遇到特殊情况，第一时间专程拜访，针对个案及时行使管理职能，努力使企业服务工作更深入、更具体，形式更加多样化，更加符合企业的实际需要，为企业提供优质、便捷的服务，铸造区域经济发展的金字招牌。二是不断完善通关效率。2014年，在原有设施基础上，合肥出口加工区完成了场站扩建、新建内卡口和海关监管仓库建设工程，将卡口式管理模式改为双卡口场站式运营管理模式，得到了区内外企业的一致好评。所有进入加工区的车辆可先通过主卡口进入场站等候，司机可一边休息一边办理通关手续。由此，一举告别门口“堵车”现象，减少了不必要等待，改善了通关环境，提高了通关效率。

根据区内企业业务增长的需要，合肥出口加工区改革通关制度，全力为园区企业做好通关服务工作。此外，加工区还将积极完善“智能化卡口验放管理”制度所需硬件要求，不断提升无纸电子化通关率。

【招商引资】合肥出口加工区共有入驻项目4个，同时注册有合肥海晨、中外运、新宁物流等仓储物流企业9家。

合肥崧贸项目。由台湾崧贸实业有限公司投资，在加工区内注册成立了崧贸电器和崧贸科技两个企业，总投资1 800万美元，占地约1.4万平方米，建设不间断电源供应器、音视频产品等专业电子制造基地。项目全部达产后可形成产值3亿元人民币，出口额0.45亿美元。该项目于2013年7月正式投产。

联宝（合肥）电子科技有限公司项目。由联想和台湾仁宝公司合资建设，总投资10亿美元，在加工区内占地约30.5万平方米，主要生产联想PC产品，于2012年12月正式投产，创造了合肥项目建设的“合肥速度”。达产后各类产品年产能将超过2 000万台，实现100亿美元以上产值。

胜利电子项目。总投资1 500万元，租赁区内联宝电子仓库1 935平方米，从事触控显示器组装。项目达产后，将形成年组装2 000万台生产能力，实现年产值14.8亿元。

保税物流园项目。江苏海晨承建并运营，总投资2.2亿元，占地约3.3万平方米，规划建设公共保税仓库20 000平方米，现已全部建成并投入使用。

【发展趋势】一是升级为综合保税区。随着上海自贸区“十四项”监管服务制度的深入推广，合肥出口加工区已具备了综合保税区的全部功能，并且在业务内容方面已与综合保税区的监管业务内容实现一致。“十三五”期间，合肥出口加工区将借助《国务院办公厅关于印发加快海关特殊监管区域整合优化方案的通知》（国办发〔2015〕66号）政策实施优势，进一步加快升级综合保税区申报工作。

二是拓展功能。在大力发展高端制造业基础上，促进区内产业向研发、物流、销售、维修、再制造等产业链高端发展，提升附加值，促进新技术、新产品、新业态、新商业模式发展，促进合肥出口加工区产业转型升级及多元化发展。

【机构设置】根据国务院办公厅《关于同意设立安徽合肥出口加工区的复函》（国办函〔2010〕115号），安徽省机构编制委员会办公室于2011年正式同意合肥经济技术开发区管委会加挂合肥出口加工区管委会牌子，下设合肥出口加工区管理局，副处级建制。

【招商部门】招商一局24小时招商热线：0551-63811070，18956009570。外资项目咨询：瞿虹，0551-63679086（中/英）；徐庆，0551-63679059（中/德）；王睿，0551-63679072（中/日）；何鹏，0551-63679075（中/英）；冯磊，0551-63679186；张振兴，

0551－63679085。内资项目咨询：蔚鹏，0551-63679085；王鑫，0551-63679075；黄河，0551－63679075；汪锋，0551－63679084。

招商二局24小时招商热线：0551－63679333，18919667779。外资项目咨询：操佳，0551－63679379（中/英）；李蓓，0551－63679399（中/日）；江涛，0551－63679399（中/日）；廖光友，0551－63679399。内资项目咨询：马祥生，0551-63679388；吴翔，0551-63679388；邹春森，0551-63679379。

江西南昌出口加工区
JIANGXI NANCHANG EXPORT PROCESSING ZONE

【概况】 南昌出口加工区于2006年5月经国务院批准设立，坐落在南昌市大气质量和综合环境最优的南昌国家高新技术产业开发区内，规划总面积1平方公里。其中，一期（A区）0.31平方公里于2007年9月通过国家九部委验收正式封关运行，二期（B区）0.69平方公里于2010年12月28日通过国家九部委验收并正式封关运行。

【经济发展】 2014年，南昌出口加工区紧紧围绕南昌市委、市政府提出的“打造核心增长极”的战略思路，在做大园区承载的基础上，从项目上发力、从效率上追赶、从机制上超越，已成为中部靠前的出口加工区。

园区2014年全年累计实现进出口总值23.85亿美元，同比增长129.3%，其中出口10.59亿美元，同比增长110.5%。其中，工业企业进出口总值14.46亿美元，占园区进出口总值的60.6%。此外，保税物流实际进出境9.39亿美元，占园区进出口总额的39.4%。

【投资环境】 基础设施。园区共建有近40万平方米标准厂房，保税仓库5.5万平方米；园区外500米内建有企业员工公寓，小区提供企业员工租住，具备员工餐厅、商业服务、文化娱乐、体育休闲等完善的生活配套设施，并配备物业管理。

交通物流。园区地处长江中下游，鄱阳湖西南岸，承东启西，贯通南北，运输便利，距南昌火车站5公里，距赣江新水运港口20公里，距昌北国际机场25公里。为进一步提高园区进出香港货物的时效性、安全性，园区开通了“赣粤港”直通车，实现“夕发朝至”的通关效率。

人才优势。园区位于江西省最大的智力密集区，30余家高等院校和科研院所是强有力的人才、智力依托，区内昌东高校园区各类院校开设了近200个专业学科，每年可培养、输送近6万名专业技术人才。

政策引导。南昌市委、市政府高度重视南昌出口加工区发展，主要领导多次现场调研园区发展情况，并出台了对园区建设发展的优惠扶持政策；南昌高新技术产业开发区也是举全区之力助推园区发展，先后出台了招商引资、保税物流、用工补贴等专项优惠扶持政策，为园区企业做强做大提供政策支持。

【招商引资】 作为内陆地区的出口加工区，南昌出口加工区处于中部交通发达之地，园区将招商的主攻方向定位于高附加值的光电产业、终端制造业，通过精准产业定位来打造特色园区，通过优惠政策来提升园区竞争力。

2014年，新引进生产性项目2个，完成合同外资1 000万美元，现汇进资3 700万美元。在园区累计引入的23家企业中，电子类生产型企业达14家，其中荣晶科技、鑫陇科技产值均达2亿美元以上，位列全市出口企业前5位。与此同时，通过双轮驱动搭建平台，引入大型终端制造企业，完善区外配套产业链建设，从而促进园区功能服务平台的建设与发展。

【企业服务】 南昌出口加工区始终将企业服务摆在日常工作的首位，设立了项目服务小组，为企业提供注册代办、建设协调、落户、生产生活等全方位的服务，帮助园区企业专心发展，同时，对重点项目重点服务，毫不懈怠地开展“一对一”的贴身服务工作。

通过定期召开“关、检、企、局”四方联席会和不定期园区现场调研走访，及时解决企业生产经营中遇到的问题和困难，确保企业健康平稳发展。为了更好地协调园区驻区机构“为国把关”和“服务企业”的和谐关系，园区出台了旨在提升园区服务质量的驻区监管单位优质服务激励办法，并逐步建立夜间通关制度，使园区真正实现 7×24 小时预约通关。

【发展趋势】 2015 年，南昌出口加工区将继续以沿海地区产业梯度转移为契机，进一步转换观念，紧抓“两头在外”大型整机项目不放松，增强园区发展潜力。同时，充分利用好加工区平台优势，大力拓展进口商品展示销售，搭建跨境电子商务平台，拓宽招商引资视野，实现出口加工区跨越发展。

【招商部门】 南昌出口加工区管理局以“为投资者服务，让投资者赢利”为宗旨，为投资客商提供政策咨询，为投资项目提供从项目审批、项目建设到投产运营后的一条龙服务。招商热线：0791-88161548、88161320，联系人：方宁、姚锦东，手机：13755778866、13979117851，传真：0791-88161055。

山东青岛出口加工区
SHANDONG QINGDAO EXPORT PROCESSING ZONE

【概况】 青岛出口加工区位于青岛环胶州湾产业带中间位置，是2003年3月10日获国务院批准设立的第3批出口加工区之一，同年12月8日通过国家八部委联合验收。核心区规划面积2.8平方公里，其中一期1.7平方公里于2004年8月正式封关运作，配套产业区10.1平方公里。青岛出口加工区距在建的青岛胶东国际机场10公里，距青岛流亭国际机场19公里，距青岛港18公里，距前湾港33公里，距青岛即墨国际陆港20公里，周边济青高速、青银高速、308国道、204国道等路网纵横交错，形成立体式交通网络，交通便利，区位优越。

2014年，青岛出口加工区紧紧围绕建设一流出口加工区的目标，以促进园区转型升级为工作主线，以业务创新、招商引资、项目建设为重点，以打造和谐园区为目标，不断解放思想、改革创新，园区主要经济指标迅速提升，各项工作均取得较大成绩。

【招商引资】 2014年，园区不断调整招商策略，积极抓好新型产业招商。加大对文化保税、融资租赁、保税展示交易、跨境电商等新型产业的招商引资力度，取得有效进展。全年批准项目7个，批准投资总额2.57亿美元。其中，批准外资项目5个，完成合同外资9 907万美元，实际利用外资1 055万美元。截至2014年年底，青岛出口加工区累计签约内外资项目80个。其中，外资项目71个，投资总额16.9亿美元，合同外资8亿美元，到账外资4.63亿美元；内资项目9个，总投资30.5亿元人民币。所引进的项目中，投资总额过千万美元的外资项目28个，占引进外资企业总数的40%，单个外资项目平均投资额达到2 380万美元。

在招商引资过程中，青岛出口加工区重点发展电子信息、装备制造、保税物流三大产业，构建特色化产业集群。经过多年的招商运作和精心培育，电子信息、装备制造两大优势产业初具规模，保税物流企业群体正在加速形成。以投资5 000万美元的世界500强企业——泰科电子为龙头的电子信息产业现有企业13家，产品基本覆盖电子产品配件大部分领域，产值占园区企业工业总产值的56%；以世界同行业最大品牌商德国斯蒂尔集团投资8 348万美元设立的安德烈斯蒂尔动力工具（青岛）有限公司和日本洋马株式会社投资2亿美元设立的洋马发动机（山东）有限公司为龙头的装备制造业现有企业15家，产值占园区企业工业总产值的25%；总投资7 000万美元的丹麦NDI物流、新加坡广阔橡胶物流、中非纺织物流、捷克消防物流等国际知名物流公司落户，短期内将形成保税物流产业集群发展态势。这些产业集群，为园区转型升级打下良好的产业基础。

【投资环境】 青岛出口加工区不断加大开发建设力度，完善基础设施硬环境。目前，核心区及配套产业区基础设施配套分别达到“九通一平”和“七通一平”标准，道路、水电、供热、供气及信息化配套达到国内一流园区水平，成为企业投资的热土。

园区在完善区域硬环境的同时，进一步提升园区政策环境。2014 年，青岛出口加工区紧紧把握 14 项海关监管新政在全国海关特殊监管区域复制推广的契机，一直关注、研究海关监管新政复制推广工作，并积极协调青岛市口岸办、青岛海关、流亭机场海关和机场海关驻加工区办事处等单位，经过协调争取，海关 14 项监管新政中已有“内销选择性征税”、“保税维修”、“简化报关单证”等 8 项新政在青岛出口加工区推广施行，园区通关效率进一步提高，报关成本进一步降低，政策功能进一步拓展。特别是内销选择性征税、委内加工业务的开展，基本解决了制约加工区企业无法内销的瓶颈问题。

此外，进一步优化投资服务体系，不断提升区域投资服务软环境。2014 年，园区继续坚持定期走访企业制度、驻区部门联席会议制度、驻区部门与企业见面会议制度、项目协调促进领导小组会议制度等，定期掌握、研究、解决企业生产运营中遇到的问题，切实提高了服务企业的积极性和实效性，营造了良好“亲商、安商、富商”服务氛围。

【工业】2014 年，青岛出口加工区投产企业达到 57 家，占引进项目总数的 71%，区内企业用工人数达到7 700人。实现工业总产值 49 亿元，同比增长 2. 2%，其中高新技术企业工业总产值达到 13 亿元，同比增长 5. 5%；实现工业增加值 12. 4 亿元；实现销售收入 49 亿元；固定资产投资达到 6 亿元，同比增长 5%；实现利润总值 8. 7 亿元，同比增长 3%；进出口总值完成 7. 5 亿美元，同比增长 7. 6%，其中出口完成 4. 9 亿美元，同比增长 7%。

【园区管理】2014 年，青岛出口加工区着力提高行政审批效率，正式成立了出口加工区行政审批中心，秉承高效便捷的工作理念，为企业服务，全年 200 余项行政审批事项均提前完成；组织开展了出口加工区“进现场、抓开工、保安全”双百日攻坚活动。将项目进行责任分工，抓住二、三季度施工黄金季节，大力促进项目建设进程，确保待建项目早开工，开工项目早竣工，竣工项目早投产；着力优化通关通检环境，积极协调海关、国检等驻区职能部门，形成了通关速度快捷、物流监控到位、加工贸易联网监管的出口加工区监管模式；着力建设平安和谐园区，进一步强化安全生产组织领导，明确企业安全主体责任，强化安全生产宣传教育，细化安全生产网格化点位责任分工，各部门按照责任分工对区域安全点位进行了密集、常态的安全生产隐患排查，确保了全年未发生较大安全事故；加强劳动人事监管，致力于畅通职工维权渠道，设立 24 小时公开投诉电话；实行对企业劳动用工的动态管理，定期对区内企业劳资情况进行走访摸底，妥善处理企业劳资纠纷；建立了治安联动机制，区域维稳和治安防范能力有效增强。

【发展趋势】2014 年 10 月，根据青岛市在国家“一路一带”发展战略中“新亚欧大陆桥经济走廊主要节点城市”的功能定位，依托一汽大众年产 30 万台轿车的华东生产基地、济铁综合物流园等重要载体，青岛市全面启动总规划面积 95 平方公里的即墨国际陆港建设，计划构筑海陆空全方位国际贸易大通道，并设立国家级海关特殊监管区域，配套保税物流、保税服务功能，满足区域产业飞速发展的需要。

按照青岛市委市政府最新部署，结合青岛多式联运国际陆港建设需求，未来青岛出口加工区将按照国务院《关于促进海关特殊监管区域科学发展的指导意见》（国发〔2012〕58 号）要求，充分发挥陆港、空港、海港优势和保税加工、保税物流、保税服务等政策功能优势，加快向综合保税区转型，全力打造全新的发挥功能优势的政策平台，大力发展保税物流业务、保税展示交易业务、融资租赁业务、汽车和高铁保税维修业务，着力打造高端装备保税加工制造中心、国际保税物流检测中心、跨境金融租赁业务中心、进口商品保税展示交易中心等4个中心，努力在青岛三城联动发展中融入核心布局，形成特色鲜明、经济发达、文化繁荣、社会和谐的特色新区，成为青岛市融入国家“一路一带”战略的重要助推力量。

【机构设置与管委会领导】 青岛出口加工区工委于2004年12月31日由青岛市委正式公布建立，作为青岛市委的派出代表机关，受青岛市委直接领导。青岛出口加工区管委会是青岛出口加工区的行政管理部门，下设办公室、经济贸易发展局、规划建设局、招商局、公共事务管理局、计划财务管理中心6个部门。

管委会领导：青岛出口加工区工委书记、管委会主任张卫平，青岛出口加工区工委委员、管委会副主任苟团年，青岛出口加工区工委委员、管委会副主任丁剑琴，青岛出口加工区工委委员、管委会副主任陈铭传，青岛出口加工区工委委员、管委会副主任牛广林。

【招商部门】 管委会经济贸易发展局和招商局。联系电话：0532-87828881；联系人：贝利辉，电话：0532-87828889，15806587511；联系人：郃永霞，电话：18653221224。

山东威海出口加工区

SHANDONG WEIHAI EXPORT PROCESSING ZONE

【概况】 威海出口加工区于2000年4月27日经国务院批准设立，2001年1月8日通过国务院八部委联合验收小组的验收，同年10月8日正式封关运作。规划面积2.6平方公里，一期使用面积1.34平方公里，建有2万平方米的综合办公楼，5 000平方米的保税仓库和1万平方米的综合验货场。

2000年6月8日，市委、威海市政府成立威海出口加工区管委会。同年9月30日，经济技术开发区管委会增挂威海出口加工区管委会牌子，实行“一套工作机构，两块牌子”的管理体制，并设立威海经济技术开发区出口加工区管理局，负责出口加工区管理工作。

2014年，出口加工区内投产企业为45家，其中电子企业14家，食品企业4家，汽车零部件企业4家，物流企业8家，其他企业13家，就业人数计8 201人。

至2014年年末，出口加工区累计入区项目81个，总投资8.52亿美元，其中外资企业62家，实际到账外资4.76亿美元；累计实现工业总产值292.2亿元，年均增长26.2%；完成进出口额94.4亿美元，年均增长32.4%；税收实现4亿元，年均增长68%。自2009年3月出口加工区叠加保税物流功能后，区内物流企业累计完成进出区货值35.9亿美元，年均增长24.4%。

【经济发展】 2014年，出口加工区实现外贸进出口总值10.5亿美元，比2013年下降10.2%；固定资产投资0.9亿元，比2013年下降68.2%；保税物流进出区货值7.2亿美元，比2013年下降8.7%。年内，园区经济运行主要呈现以下特点：

一是税收增幅较大。园区全年完成税收收入8 487万元，比2013年增长50.2%，主要原因是土地税调整，汇算清缴补税和个别企业利润提高等。

二是产品销售收入呈现负增长。园区全年实现产品销售收入27.9亿元，比2013年下降6.8%，主要原因是受市场影响，订单减少。

三是进出口下降幅度较大。园区全年完成进出口总额比2013年下降10.2%。其中，进口51 326万美元，同比下降10.9%；出口54 064万美元，同比下降9.6%。进出口额下降的主要原因是企业订单减少。

【招商引资】 坚持招商与引资并重，重点引进科技含量高、市场竞争力强、辐射能力大、经济效益好的项目，同时鼓励企业增资扩股，扩大发展。2014年，园区会见国内外客户60余人次，赴韩国招商3次。新引进项目2个，分别为威海新元电器装配有限公司、威海格林电子有限公司。批准增资项目4个，在谈项目7个。到位外资2 410万美元，内资1 155万元。年内，指导经济效益好、发展前景广阔的企业增资扩股，日月光半导体（威海）有限公司增资2 000万美元，威海一赆电子有限公司增资3 000万美元；引导规模企业更新设备、提升产能，打造园区新的经济增长点，威海仁昌电子有限公司、威海美京电子有限公司分别增资 200 万美元和 50 万美元。

【园区建设】 2014 年，出口加工区强化安全生产管理，推动在建项目顺利进行，促进园区经济健康发展。

基础设施建设投资 100 余万元，修建宽 7 米、长 300 米的人行路，解决园区职工出行不便问题；投资 80 万元，修建拥有 108 个车位的停车场，解决企业职工停车难问题；投资近 20 万元，移植各类树木 120 余株，修整公共绿地 200 平方米，修补区内破损路面 4 处。

安全生产管理每季度开展一次安全生产大检查，重点排查企业特种设备安全使用和职工宿舍消防安全情况，提高企业安全生产管理水平。深入开展“安全生产月”活动，邀请区消防大队指导企业职工进行消防演练，组织威海世一电子有限公司、威海世比亚食品有限公司、威海精诚特种纤维有限公司等企业 200 多名职工参加火灾逃生演练活动，提高职工应急处置能力。指导 30 多家企业完善地震、突发事件等应急预案，备齐应急救援物资，并在日月光半导体（威海）有限公司组织 800 多名员工开展地震逃生应急演练。指导 14 家规模以上企业通过安全生产标准化评审工作。督导 4 家涉氨企业完成涉氨人员上岗培训和涉氨设施安全改造工作，企业安全生产管理与运营能力大幅提升。

【企业服务】 全面实行服务企业工作制度，坚持周走访、月报告、季度考核制度，建立并更新企业信息档案库，及时协助解决企业在生产经营中遇到的困难和问题 42 个，全力帮助企业防范并遏制经济下滑局面，努力营造良好发展环境。召集威海世一电子有限公司、日月光半导体（威海）有限公司、威海仁昌电子有限公司、威海广濑电机有限公司等骨干企业商讨解决用工难问题，为企业想办法，企业全年基本不缺工，企业生产得到有效保障。帮助威海兴宝纺织有限公司、威海德望新金属材料有限公司两家企业与国外总部沟通，解决订单不足、保险拖欠等问题，确保企业正常运行。

【发展趋势】 调整园区发展方向，大力发展保税仓储物流和跨境电子商务。充分发挥加工区保税仓储政策优势，抢抓中韩地方经济合作重大机遇，积极整合园区仓库资源和闲置土地资源，加快发展对韩保税物流业务和跨境电子商务，重点搭建“两个基地一个中心”，即韩国商品保税仓储基地、韩国商品物流中转基地和跨境电商货物分拨中心。实施园区升级改造，投资 1 000多万元，启动加工区海关智能信息平台及监控系统建设，新建扩建海关查验场和仓库，复制推广上海自贸区 14 项海关创新监管制度，进一步提升园区综合服务功能和吸引力。加大园区扶持力度，鼓励引导企业转型突破。认真贯彻落实山东省外经外贸工作座谈会议精神，设立企业扶持及“过桥”资金5 000万元，鼓励支持企业技术升级、增资发展和市场开拓，缓解企业资金周转困难。推进园区异地扩区，全力申报升级综合保税区。拟在现有出口加工区的基础上，在威海空港附近异地扩区 1.37 平方公里，推进加工区升级为综合保税区。

【机构设置与管委会领导】 威海经济技术开发区（出口加工区）管委会下设出口加工区管理局，是正县级事业单位，内设综合科、经济发展科、监督管理科、政工科、保税物流科 5 个职能科室，具体负责出口加工区的管理与服务工作。

管委会领导：威海经济技术开发区（出口加工区）工委书记、管委会主任吕晓东，出口加工区管理局局长林玉霞。

【招商部门】 联系电话：0631-5981061，传真：0631-5981632。

山东青岛西海岸出口加工区
SHANDONG QINGDAO WESTCOAST EXPORT PROCESSING ZONE

【概况】 青岛西海岸出口加工区于2006年5月经国务院批准成立，规划面积2平方公里，2007年7月18日通过国家验收封关运营。2013年2月，按照青岛市区划调整，青岛西海岸出口加工区划归青岛前湾保税港区管理。截至2014年年底，园区累计吸引了来自日本、美国、俄罗斯、中国台湾和中国香港等国家和地区的30多个项目落户，总投资8.12亿美元，形成了以"精密电子、保税物流、高端棉纺织、机械装备"四大产业为主导，"进口商品综合基地、融资租赁"两大产业初具规模的产业格局。

【经济发展】 2014年，青岛西海岸出口加工区全年实现工业总产值81 453万元，同比增长191%；主营业务收入达87 929万元，同比增长131.1%；实现地方税收2 532万元，同比增长128.3%；实现固定资产投资33 807万元，同比增长10.3%；实现进出口额61 742万美元，同比增长4.7%。

【投资环境】 为全面提升园区环境品质，打造一流营商环境和区域形象，西海岸出口加工区累计投入10亿元，建成了"三纵三横"6条主要道路，完成了园区三水、供电、热力、燃气等管线敷设工程，实现了"九通一平"，并建成供海关、国检使用的办公用房，在周边建设了热源厂、110千伏变电站等配套设施。2014年，西海岸出口加工区进一步完善区内基础设施建设，累计投资3 000多万元对海关闸口、查验仓库、查验平台、熏蒸场地等老旧设施进行了维修改造，组织实施电力配套工程，完成区内新建5条高压线路敷设，为园区企业发展提供了硬件保障。

按照"高起点规划、高标准建设"的要求，园区委托青岛市规划设计院和新加坡裕廊国际分别编制完成了《青岛西海岸出口加工区控制性详细规划》和《青岛西海岸出口加工区环境规划设计方案》。目前，控制性详细规划已经通过青岛市规委会的审核，环境规划设计方案已通过专家评审并开始分步实施，总投资约2 000万元的环境升级改造工程一期已经全面开工建设，计划2015年底一期、二期工程将全面完工。

【招商引资】 2014年，西海岸出口加工区共落户包括总投资2 150万美元的龙跃车轮组装与立体仓储项目，注册资本1 000万美元的宜通领航融资租赁项目，注册资金1 000万美元的融通融资租赁项目等10个新项目。

【改革创新】 按照"成熟一项、推广一项"的原则，结合园区企业需求和实施条件，西海岸出口加工区积极配合青岛海关全面推开各项创新制度，最大限度为入区企业提供便利。2014年对园区卡口的硬件设施进行了升级改造，将原出口加工区辅助管理系统升级为综合保税区辅助管理系。自9月以来，已成功试运行"简化统一进出境备案清单"、"简化无纸通关随附单证"、"批次出区、集中申报"等3项上海自贸区首批复制推广的海关监管创新制度，12月被海关总署列为内销选择性征税制度试点园区，在复制推广先行先试工作中走山东省海关特殊监管区域前列。

随着西海岸出口加工区的发展不断成熟，入区企业数量日益增多，向贸易多元化、功能多样化、产业高端化发展是必然趋势。按照国家“加快海关特殊监管区域整合优化”有关精神，园区加快向综合保税区转型的步伐，并获得海关部门的全力支持，目前正按程序上报，争取2015年获批，为区内企业转型发展打造更广阔的发展平台。

【企业服务】 2014年，西海岸出口加工区高度重视对落户企业的服务工作，不断转变政府职能，努力打造“服务型机关”：积极协调解决企业运营过程中遇到的问题，帮助区内三美电子、圣美尔企业协调扶持资金拨付事宜；参与协调裕龙橡胶、中韩物流的货权转移问题；帮助区内仓储物流企业挖掘客户资源，开拓增加仓储货物种类等。同时，主动对接海关、国检等部门，解决无纸化通关运抵报告发送费用等通关便利化问题，节省了企业通关成本并提高了通关效率。

在安全生产管理工作中，推行“安全生产网格化管理责任人登记”制度，建立电子档案，并编制出台了《青岛西海岸出口加工区应急预案》、《防火应急预案》、《机械伤害应急预案》等一系列制度，全年园区运行平稳安全，无重大事故发生。

【发展趋势】 2015年是青岛西海岸出口加工区完成4年发展计划的关键之年，园区将继续严格落实保税港区工委、管委会要求，紧紧围绕问题导向、战略导向、项目导向和需求导向，加快经济建设和转型发展，艰苦奋斗、激情创业，重点从园区转型、形象升级、功能创新和体系完善等方面抓好各项工作，营造高端入区、配套完备、辐射带动、集聚发展的良好环境，为山东省进一步深化改革、扩大开放作出更大的贡献。

【机构设置与管委会领导】 青岛西海岸出口加工区管委会为园区管理机构，下设综合处、经济发展处、土地规划建设处、园区安全监管处、设施管理处5个处室。

管委会领导：青岛西海岸出口加工区管委会主任李苏满，青岛西海岸出口加工区管委会主任助理姜红岩，青岛西海岸出口加工区管理局副局长郭宝星。

【招商部门】 青岛西海岸出口加工区管理局经济发展处承担招商引资任务并具体负责园区内招商引资的统筹协调工作。招商联系电话：0532－83157002、83157678，传真：0532－83157002，邮箱：xihaian2006@163.com，网站：www.qwepz.gov.cn。

河南郑州出口加工区
HENAN ZHENGZHOU EXPORT PROCESSING ZONE

【经济发展】 2014 年，在国际经济缓慢复苏，中国经济继续稳中求进的大背景下，郑州出口加工区紧紧围绕郑州市加快“两港两区”建设的发展战略，以重点项目建设为带动，以上海自由贸易区 14 项政策复制推广为契机，进一步拓展区域功能，优化通关环境，推进项目建设，全区主要经济指标继续保持增长态势，较好地完成了各项年度目标任务。

2014 年，全区新引进项目 9 个，批准投资总额 7 842 万美元；完成固定资产投资 14.64 亿元，同比增长 18%；完成工业总产值 79.74 亿元，同比增长 37%；完成增加值 19.28 亿元，同比增长 32%；实现经营总收入 79.82 亿元，同比增长 42%；实现进出口值 4.74 亿美元，同比增长 31%，其中进口 3.78 亿美元，同比增长 24%，出口 9 582 万美元，同比增长 66%；实现结转出区额 11.8 亿美元。区域经济在重点项目的拉动下，呈现以下三大特点：

重点项目顺利推进，带动全区主要指标保持增长。2014 年年初，富泰华公司启动了产能提升项目，并于 9 月全面达产。从统计数字来看，富泰华公司完成固定资产投资占全区的 64%，完成工业总产值占全区的 90%，完成进出口值占全区的 52%，完成国税、地税纳税占全区的 81%。在重点项目的带动下，全区主要经济指标保持稳定增长。

保税物流业务进一步拓展，保税物流与保税加工业务竞相发展。2014 年，全区新引进项目 9 个，其中加工贸易类项目 4 个，保税物流类项目 4 个。2014 年年初，上海自贸区 14 项政策在全国特殊监管区域复制推广，使保税展示交易业务在出口加工区获得许可，从而使得前期意向入区项目加快落地，年内共引进了 4 家进出口保税物流企业，产品主要涉及进口红酒、副食品、保健品、日用品、家电、机械设备等门类。同时，2014 年郑州出口加工区保税物流业务进出口值达 1.75 亿美元，已占全区进出口的 1/3；实现经营收入 2 077 万元，同比增长 65%。保税物流企业呈现出向特殊监管区域快速集聚的效应。

企业纳税额呈现较大幅度增长，纳税结构保持稳定。2014 年，郑州出口加工区共实现税收 4.97 亿元，同比增长 42%。其中，国税、地税税收 3.22 亿元，同比增长 42%；海关关税及代征税税收 1.65 亿元，同比增长 33%。从纳税主体及税源情况来看，富泰华及其配套企业、厂房及配套公寓开发企业仍然是纳税主体，海关关税及代征增值税、企业所得税、个人所得税仍是主要税源，结构保持稳定。

【投资环境】 交通优势。河南郑州出口加工区位于河南省郑州市东南部，京广铁路、陇海铁路、京珠高速公路、连霍高速公路、310 国道、107 国道、环城公路环绕四周。航空：距 4E 级郑州新郑国际机场 22 公里。

截至2014年年底，货运方面，在郑州机场运营的货运航空公司达到17家，货运航线达到32条，国内与国际地区通航点33个，全货机周航班量达到92班；客运方面，在郑州运营的客运航空公司达到26家，开通客运航线153条，基本形成覆盖全国和东南亚干支结合的航线网络。铁路：距陇海铁路圃田站3公里；距郑州铁路客运东站5公里；距亚洲吞吐量最大的货物集散中心、国家铁路一类口岸郑州铁路集装箱中心站仅一墙之隔；郑欧国际铁路货运班列是全国各地发往欧洲货运班列中的“第一号”，全程运行时间11~15天，比海运节约20天左右，比空运节约资金80%，2015年，郑欧货运专列将实现150个国际班次。公路：2小时可达中原城市群18个省辖市，6小时可达北京、石家庄、南京、武汉、西安等重要城市，最多不超过8小时可达天津、青岛、连云港等港口城市。

政策优势。河南郑州出口加工区是集保税加工、保税物流、保税研发、保税展示交易、保税检测、保税维修等综合保税功能为一体的海关特殊监管区域，进区企业不仅享有国家赋予的进出口免税、进料保税、入区退税等优惠政策，同时还享有省、市政府赋予的更多优惠，是河南省实施开放带动战略，实现中原崛起的重要平台和对外开放的新窗口，被省委、省政府定位为“全省招商引资、扩大出口的示范区”。随着中原经济区、郑州航空港经济综合实验区，以及郑州跨境贸易电子商务试点城市的批复建设，郑州出口加工区迎来了新的发展机遇。

区域建设。截至2014年年底，郑州出口加工区封关运行面积0.893平方公里，区内基础设施配套完善，建成标准厂房40万平方米、保税仓库2万平方米、集装箱堆场1万平方米，并配备有大型集装箱正面吊、叉车等设备，为入区企业提供了充足的生产、仓储场所和完善的配套设施；在出口加工区周边，18万平方米职工公寓建成并投入使用，为入区企业提供了生活便利。同时，国务院于2013年7月正式下发郑州出口加工区B区规划调整批复文件，规划面积1.807平方公里，发展空间进一步拓展。2015年，随着郑州市跨境贸易电子商务在出口加工区和综合保税区的全面推广，出口加工区将以现运行区域（A区）为发展跨境贸易电子商务的重点区域，在整合现有可用厂房及仓库的情况下，同时开工建设3万平方米仓库，推动跨境贸易电子商务的发展。

【招商引资】2014年，郑州出口加工区坚持实施项目带动战略，紧紧抓住招商引资这条“生命线”，在园区政策优势逐渐减弱的不利条件下，实现了项目引进数量和质量的新提升。一是积极谋划产业招商。深入分析产业特点及发展趋势，基于经济技术开发区、出口加工区的产业发展现状，积极谋划产业链招商。在科学分析、周密谋划的基础上，实地考察论证，广泛洽谈对接，与50多家国内外知名企业建立了密切联系，在谈项目涵盖电子通信、生物医药、超硬材料等多个新兴产业。二是积极开展驻地招商活动。多次赴长三角、珠三角和环渤海地区开展驻地招商，针对国际商品展示、智能触摸屏、车载信息系统等行业的国内外500强企业，开展了集中走访活动，深挖项目信息，拓宽了招商渠道和信息来源。三是积极开展主题招商活动。先后自主组织开展主题招商活动15次，包括“国际钻石厂商郑州行”、“百名企业家走进出口加工区”及在上海自贸区举办的“郑州出口加工区投资环境推介会”等，起到了良好的宣传效果。四是超前谋划新兴业态的拓展。围绕跨境贸易电子商务业务的拓展，提前着手引进跨境电商、网商及物流供应链管理企业，与多家国内知名电商企业达成了初步合作意向。

【工业】 2014 年，全区完成工业总产值 79.74 亿元，同比增长 37%。其中，8 家规模以上工业企业完成产值 78 亿元，占全区的 98%，产值比重占绝对优势。产值超亿元企业 5 家，分别是富泰华公司、朝歌纺纱公司、官田电子公司、锜昌科技公司和华晶微钻公司。同时，小微型工业企业因经营不善，财力紧张，关闭或搬迁出区。小微型工业企业的出区为加工区腾出了厂房资源，淘汰了低产值、低出口企业，使工业企业产业结构呈现微调，产业进一步向电子信息、新材料、新能源集中。

【发展趋势】 2015 年，郑州出口加工区将以党的“十八大”和十八届三中、四中全会精神为指导，立足郑州市打造内陆开放高地和国际商都的战略定位，围绕经济技术开发区先进制造业新城、国际物流通道枢纽地位的确立和六星级产业集聚区的创建，适应经济发展新常态，坚持稳中求进总基调，以转型发展为主线，以创新发展为动力，以差异化发展为策略，全力推进 B 区开发建设，积极推进综合保税区报批，着力推动主导产业升级，大力拓展跨境贸易电子商务、保税服务等新兴业态，进一步突出园区综合功能优势，努力打造“国际贸易示范区、保税制造引领区和政策创新先行区”，并积极探索向自由贸易区迈进，为省、市扩大对外开放提供有力支撑。

【机构设置与管委领导】 河南郑州出口加工区管委会于 2003 年 6 月经河南省编委批准设立，属郑州市政府的派出机构，管委会下设党政办公室、招商局、经济发展局、综合管理局、企业党工委办公室 5 个部门，并设有国有投资公司郑州昇阳出口加工发展有限责任公司，部门分工明确，职责完善，运转有序。目前，管委会领导班子配备主任 1 名，副主任 4 名。

【招商部门】 郑州出口加工区招商局现有招商人员 6 人，是一支素质高、业务精，工作能力强的招商队伍，招商局全体人员将竭诚为进区企业提供全方位的优质服务。郑州出口加工区招商局联系电话：0371-66866130。联系人：杜旭东（局长，英语），0371-66866126；刘明（副局长，英语），0371-66866160；朱小兵（英语），0371-66866130；王丽芳（日语），0371-66866130；郑会显（英语），0371-66866130；李冬艳（英语），0371-66866130。

广东广州出口加工区
GUANGDONG GUANGZHOU EXPORT PROCESSING ZONE

【经济发展】2014 年，广州出口加工区完成工业总产值 43.85 亿元，同比增长 56.09%。

【投资环境】广州出口加工区设在广州经济技术开发区东区内，规划面积 3.05 平方公里，按照“统一规划、分期开发”的原则，首期开发 0.9 平方公里，现已建成完善的监管设施和配套设施，包括围网、海关办公大楼、验货场和“七通一平”设施等。至 2014 年，广州出口加工区累计实现固定资产投资 114.1 亿元，其中基础（公共）设施投资达到 7.42 亿元。

广州出口加工区具有优越的地理位置，它北靠广深高速公路，南临广九铁路、广深公路，区内的主干道与黄埔新港相连，方便监管货物的转关运输，同时毗邻港口和国际空港，交通便捷，通过高速公路网可以快速连接珠三角各城市及香港和澳门。

【招商引资和工业发展】汽车产业是广州的三大支柱产业之一，在广东省、广州市的高度关注下蓬勃发展，形成“东部本田，北部日产，南部丰田”三大汽车板块。本田汽车（中国）有限公司是全国第一个整车产品 100%出口的企业，目前产品已出口欧洲 21 个国家，吸引了 70 多家汽车配套厂商落户于广州开发区，形成广州市东部汽车产业基地，成为广州汽车工业发展整体战略的重要组成部分，带动了华南地区汽车产业链的发展。

随着保税物流园区业务量的迅速增加，为进一步满足区内企业物流需求，缓解广州开发区西区的交通压力，抓住国务院批准全国出口加工区拓展保税物流功能这一契机，经过周密的布置，协调区商业发展总公司制订完善《广州出口加工区拓展保税物流功能建设方案》，项目总规划用地 165 019 平方米，其中仓储区仓库 9 000 平方米，货检服务综合楼 15 000 平方米。出口加工区拓展保税物流功能试运作仪式已于 2009 年年底启动。

2014 年，积极推进出口加工区货检场建设，拓展加工区保税物流功能。一是督促商业集团加快出口加工区货检场改扩建工程，完成货检场查验主体、综合办公楼、卡口及相关电子监控系统的建设。二是督促建设业主商业集团、道路施工主体建管中心紧抓工程进度，协调发改、规划、建设、市政、国资等职能部门加快审批，及时按海关要求修改完善货检场的场地规划和道路设计。三是积极与黄埔出入境检验检疫局对货检场检验检疫设施设备问题进行商讨研究，并就电子监管设备、信息化建设、熏蒸场地、办公配套及后勤和人员保障问题反复征求相关部门的意见，形成建设和配置方案的会议纪要呈报管委会。

【发展趋势】随着国家对出口加工区拓展保税物流等功能的全面铺开，以及对海关特殊监管区域的整合，广州出口加工区将具备更完善的政策功能，为区内外企业提供一流的加工贸易、物流配送平台和完善的检测、维修、翻新、升级支持等售后服务。同时，准备启动未开发区域的建设，把出口加工区做大做强。

本田汽车（中国）有限公司将继续紧跟国际市场导向，逐步拓展销售市场的广度和深度，扩大生产规模，实现25万辆/年的设计产量。

【机构设置与管委会领导】 广州出口加工区的地方管理机构是广州出口加工区管委会。广州出口加工区与广州经济技术开发区、广州高新技术开发区、广州保税区管理委员会合署办公，构成强大的“四区合一”行政管理体系，2003年全区通过ISO 9001和ISO 14000双认证，拥有中国对外开放最完整、最系统、最丰富的优惠政策体系，可供外商选择的投资领域最宽、政策空间最大。

2005年6月，广州市委、市政府为加快“东进”战略的实施，在原“四区合一”经济区域的基础上，成立了广州市萝岗区，面积为393.22平方公里。

广州出口加工区管委会为广州市政府的派出机构，享受市一级的审批权限，机构精简，办事高效。管委会下设办公室、发展和改革局、经济发展局、科技和信息化局、规划国土局、建设和市政园林局、环境保护和城市管理局、保税业务管理局、企业建设局（招商局）、财政局等机构。

管委会领导：广州出口加工区管委会主任陈志英，副主任李红卫、陈小华、郑锡雄、蔡刚强、郭粤明、孙秀清；萝岗区副区长张超平具体分管出口加工区业务。

【招商部门】 广州开发区保税业务管理局是广州出口加工区的经济业务主管部门，诚挚欢迎广大客商进行咨询、交流及前来投资和开展业务。园区必然践行“一切为了投资者，一切为了企业，用最好的服务，最佳的环境，让投资者获得最大的回报”的管理理念。联系人：陈坚，联系电话：020－82112062，传真：020－82112070。

广东深圳出口加工区
GUANGDONG SHENZHEN EXPORT PROCESSING ZONE

【经济发展】 截至2014年年底，深圳出口加工区实现进出口总值145.63亿美元，同比增长46.3%，其中海关特殊监管区域物流货值116.37亿美元，同比增长92.3%，在全国出口加工区中，按进出口额排名位列全国第四。

【投资环境】 深圳出口加工区是2000年4月27日国务院批准成立的首批15家出口加工区之一，规划面积3平方公里，位于深圳市坪山新区内，2001年3月31日通过国家八部委联合验收并一次性封关运作。加工区四至范围为西起深汕路，东至绿荫路，北起丹梓西路，南至金牛西路。

加工区是由海关监管的特殊区域，实行“境内关外”管理，海关实行“一次报关、一次审单、一次查验”通关管理模式，通过延长工作时间和预约加班的方法，区内企业实现了24小时通关的要求。

加工区内市政基础设施全部实现“七通一平”，区内设有管委会、海关、检验检疫等管理和服务机构，区内企业可就近办理全部进出口手续。

加工区区内企业全部实行EDI联网管理，不实行银行保证金台账制度；免征企业流转环节的增值税和消费税，不实行增值税“免、抵、退”税政策；外汇管理宽松，不实行结售汇制度；进口设备全额保税，不实行免税额度控制；国内采购的货物视同出口，实行入区退税政策。

加工区是国内唯一在同一海关关区内拥有进出境陆运、海运和空运优势的出口加工区，距深圳宝安国际机场仅60公里，距盐田国际集装箱码头仅25公里，距文锦渡、罗湖、皇岗、深圳湾等陆路口岸仅40公里。从加工区出发，车行100分钟内可抵达香港国际机场。

【招商引资】 截至2014年年底，加工区已吸引来自美国、日本、荷兰、英国、新加坡、加拿大、英属维尔京群岛、开曼群岛、萨摩亚、中国香港、中国台湾等国家和地区的106家投资企业入区经营。入区企业中外商投资企业有37家，仓储物流企业44家。累计投资总额为10.6亿美元，注册资本为4.4亿美元。已投产的加工企业47家。

四川绵阳出口加工区

SICHUAN MIANYANG EXPORT PROCESSING ZONE

【概况】 绵阳出口加工区于2005年6月3日经国务院批准设立，规划面积0.56平方公里。按照“统一规划、分期开发”的原则，2007年11月1日一期封关运行。绵阳出口加工区重点发展电子信息、汽车及零部件、新材料产业及保税物流产业。2014年，绵阳出口加工区进一步增强机遇意识、忧患意识、责任意识，稳重奋进、提质增效，进一步整合资源，在加大招商引资力度的同时，积极拓展保税物流发展空间，大力发展保税业务，在经济指标、平台建设、服务优势等方面取得较大进步。2014年实现工业总产值10.69亿元人民币，同比增长11.35%；实现进出口额7.43亿美元，同比增长16 %，其中出口额4.11亿美元，同比增长16.32 %。

【投资环境】 四川绵阳出口加工区位于四川省第二大城市绵阳，设在绵阳高新技术产业开发区内。距离省会成都90公里，位于大西南与大西北地区的结合部和整个中西部地区的几何中心地带，处于成都、重庆、西安三大城市构成的大三角区域之内和四川盆地“成绵渝”经济圈，是西南西北地区经济交流及人员来往的必经之道。绵阳出口加工区依托绵阳雄厚的科技实力，发展空间广阔。

按照“统一规划、分期开发、滚动发展”的原则，出口加工区管委会建成11幢12.1万平方米的标准厂房，2万平方米职工宿舍，1座2 340平方米的大型餐饮中心和4 000平方米的便民服务中心。同时，出口加工区管委会还大力加强加工区周边配套设施建设，搭建区内企业与银行、航空公司、货代公司、社区等联系平台，以增进金融机构对区内企业深入了解，促进货代公司进一步完善代理服务；进一步完善园区基础设施配套，加快加工区专用变电站、文化、交通设施的建设，大力引进商业服务设施等。

企业服务工作是绵阳出口加工区投资环境的一项重要内容，加工区管委会建立了职能部门联席会议制度和企业定期走访制度，定期与海关、检验检疫等职能部门召开会议，共同解决区域运营过程中企业普遍反映的问题，不定期走访企业，解决个别企业出现的个别问题，努力使企业满意，使投资者信任。管委会办公室及时关注国家政策变化，及时给予企业正确引导，将政策变化对企业的影响减少到最小。根据区内土地面积较小的实际情况，绵阳出口加工区大力提高项目准入门槛，坚持创新招商举措，加强对高科技、大品牌、规模化项目的招商力度。招商重点从数量转移到质量上，重视附加值高、项目技术含量高的科技企业的引进，提高项目质量，提高绵阳出口加工区的科技含量，引导区内加工贸易转型升级。

【招商引资】 绵阳出口加工区在发展过程中，以绵阳本地经济发展为基准，依托绵阳在科技、人力、工业基础等方面的优势，形成并确定了具有自身特色的发展思路，有效地利用绵阳的产业优势发展加工贸易，历年累计已引进入区工业企业 5 家，物流企业 2 家，从业人员数量为 7 756 人。其中，外资项目 2 个，初步形成了以电子信息业为主的研发制造基地。

【工业】 一期封关区内已累计引进入区工业企业 5 家，物流企业 2 家。其中，外资项目 2 个，批准投资总额3 100万美元，合同利用外资 310 万美元，实际利用外资 656 万美元。二期待封关区累计引进入区工业企业 11 家，物流企业 4 家，中小微科技企业 20 家。

2014 年，绵阳出口加工区出口额占绵阳高新区出口总额的 48. 2 %，占绵阳市出口总额的 19. 81 %。

【发展趋势】 绵阳出口加工区将坚持“政府引导、企业主体、市场运作、政策扶持”的原则，以效益最大化为目标，充分发挥市场机制的作用，通过保税物流功能的拓展继续做大做强，鼓励区内加工制造企业向产业链两端延伸。在加工制造的基础上充分利用保税物流功能与区外配套企业形成有机的关联体，降低企业物流和管理成本，增强企业综合竞争力。围绕支撑绵阳工业发展的六大支柱产业，突出做大做强电子信息产业，着力建设一批大项目，培育一批大企业，形成一批优势产业，变资源为财富，化优势为强势。目前，绵阳市正积极开展综合保税区的申报工作，绵阳出口加工区也按照市委、市政府的统一部署，主动配合口岸单位，全力做好综合保税区申报工作。

【机构设置与管委会领导】 绵阳出口加工区管委会与绵阳高新区管委会合署办公，实行“一套班子，两块牌子”的管理体制。下设综合管理部、规划建设部、项目服务部 3 个中层机构，负责出口加工区的规划建设、业务管理、对外招商引资、项目推进、协调服务等工作。另设绵阳出口加工区资产经营责任有限公司，负责加工区物业管理、房屋及公共设施的管理维护和租赁等方面的工作。

【招商部门】 出口加工区项目服务部。联系人：部长詹琴，电话：0816－2850362，传真：0816-2850153。

陕西西安出口加工区 A 区
SHANXI XI'AN EXPORT PROCESSING ZONE (ZONE A)

【概况】 陕西西安出口加工区2002年6月21日经国务院批准设立，2004年4月5日正式封关运行，2006年12月，成为全国首批、西北唯一一家拓展保税物流等功能试点单位。陕西西安出口加工区同时具备出口加工和保税物流等功能。

西安出口加工区A区位于国家级西安经济技术开发区内，毗邻西安新行政中心，距西安咸阳国际机场20公里，距西安火车货运站10公里、火车集装箱货运新站1公里，距西安铁路北客站2.5公里，距绕城高速公路入口仅1.5公里。加工区总规划面积1.47平方公里，目前已开发面积0.75平方公里，新片区规划调整审批工作正在进行中，新片区规划面积0.6平方公里。

西安出口加工区A区封关运行以来，已引进英国罗尔斯罗易斯，法国赛峰，德国蒂森克虏伯，美国GE、联合技术等8家世界500强企业，英国AMS航材、日本大河、美国雅奇等世界知名企业，以及中航工业西飞集团、西航集团、庆安集团，世纪互联，康龙化成等国内行业龙头企业68个项目入区，投产企业55家，累计实现进出口总额73.96亿美元，初步形成以高端航空制造为主，新能源、珠宝加工、服务贸易为辅的产业格局。

【经济发展】 2014年全年完成进出口总额14.21亿美元；完成工业总产值173.28亿元人民币，与2013年相比增长21.24%；生产总值（增加值）为46.28亿元人民币，与2013年相比增长20.24%；营业总收入为196.42亿元人民币，与2013年相比增长19.57%；完成固定资产投资26.91亿元人民币。

西安出口加工区A区在经济发展过程中，以陕西经济发展实际情况为基准，依托陕西在能源、人才、工业基础等方面的优势，逐渐形成具有自身特色的发展思路，主要体现在：

有效地利用陕西及西安的产业优势，将加工区的主导产业定位为航空、新能源、珠宝加工、服务贸易等领域。

积极推动国有企业、内资企业入区开展加工贸易，并鼓励入区企业使用国产设备和原材料，提升国产化率，有效促进提升企业核心竞争力。同时，积极倡导并促进国有企业研发、试制具有自主知识产权的加工技术及产品，促进加工贸易的转型升级。

发展航空特色出口加工区。西安出口加工区A区目前已聚集了国际、国内26家航空制造企业及航材供应、物流企业，形成较为齐全的横跨国内外的“航空产业制造链”，为国外知名的波音、空客、GE、庞巴迪等公司及国内著名的西飞、西航、贵航、沈飞、成飞等厂商和国家大飞机项目提供生产、供应、物流一体化的服务，已经显现出在航空制造业的示范、带动、辐射作用。

服务贸易的顺利开展优化了西安出口加

工区A区的投资环境和企业运营环境，除对原有的主导产业有带动提升作用外，还引进诸多新兴产业来此“筑巢引凤”。以西安为中心，辐射山西、甘肃、河南、宁夏、青海等地的“一日经济圈”已经形成，有效带动了区域经济的发展。

依托陕西在科技、教育、人才等方面的优势，每年有大批留学人员回国创办企业，园区在政策方面积极扶持。目前，已有多家留学生创办的企业入区，涉及机械加工、生物科技、医药研发、电子信息等行业。

提高土地利用率，走集约化发展之路。在招商过程中，鼓励企业租或买已建成的标准厂房，提高土地使用效率，加快企业投产速度。

【投资环境】 投资环境是区域发展的软实力，加工区始终把完善投资环境，提升服务质量放在首位，西安出口加工区A区为承接国外及东部地区加工贸易的产业转移，从软、硬件环境及招商、安商的各项优惠政策上，做好全方位的准备。

加大基础设施建设力度，完善投资环境。加工区目前建设有现代化多功能标准厂房25万平方米，其中已建成的一期单层标准厂房7栋，二期四层标准厂房1栋，三期四层标准厂房4栋，四期标准厂房4栋；保税仓库5栋，面积3.6万平方米，堆场1.85万平方米。建设了公寓楼2万平方米，可容纳5 000人居住；加工区服务中心大楼2.5万平方米，可为企业提供办公、餐饮等服务；员工餐厅6 734平方米，可同时容纳5 000人就餐。

区内道路、给排水、供电、供热、供气、通信、宽带及生活服务等设施齐全。18层2.5万平方米的加工区服务中心大楼可满足区内企业办公需要。加工区周边地区的白桦林居、雅荷春天、西安中学、经发中小学、西安图书馆、城市运动公园、西安国际高尔夫运动中心、长安医院等完善的生活配套设施，为加工区营造出良好的人居环境，形成设施齐全的生活配套圈。

【招商引资】 2014年引进了世界500强GE并购意大利航空与西航发动机合资零部件生产项目、周六福珠宝二期项目、航空发动机零部件项目等11个项目入区。累计批准8家保税物流企业入驻。保税物流货物主要包括飞机机翼组件、航空发动机零部件、光伏组件、显像管、汽车发动机、食品添加剂、稀有金属材料等200余种产品，业务涉及省内外400多家企业，行业涉及航空、机械、电子、新材料、纺织、汽车等，并辐射到10多个国家和地区。

【发展趋势】 2015年，西安出口加工区A区在招商引资方面，将加大对航空、机械电子、珠宝加工、服务贸易等产业的招商力度。在日常管理工作中，不断创新运行机制，提高管理和服务水平，努力完善各类各项操作管理职能，着力发挥加工制造及保税物流功能对周边地区的辐射带动作用，为进一步促进区域经济发展作出新的贡献。

2015年，西安出口加工区A区进出口总额有望突破16亿美元。力争尽早形成以航空、新能源、珠宝加工、服务贸易等为主导的产业集群，打造具有内陆特色的加工区，为西安及陕西周边地区的外向型经济发展真正发挥积极的提升和促进作用。

【机构设置与管委会领导】 陕西西安出口加工区管委会下设陕西西安出口加工区A区管理办和陕西西安出口加工区B区管理办。

管委会领导：陕西西安出口加工区管委会主任韩松，副主任段永和；陕西西安出口加工区A区管理办主任饶宏，副主任王宁红。

【招商部门】 西安出口加工区A区下设招商部门。联系电话：029－86531010、86531038、86531019、86531016、86402928。

保税港区（综合保税区）

洋山保税港区
YANGSHAN FREE TRADE PORT AREA

【概况】 洋山保税港区于2005年6月由国务院批准设立（国函〔2005〕54号），由小洋山港口区域、芦潮港陆上区域和连接洋山岛与陆地的东海大桥组成，经过扩区后，规划面积为14.16平方公里，其中岛域面积7.31平方公里，陆域面积6.85平方公里，均已封关运作。

2014年，洋山保税港区以区域招商稳商、重点功能拓展及规模化运作、区域综合环境完善为主线，聚焦制度创新，在加快推进国际航运物流中心建设的基础上，发挥以国际贸易为主导的分拨配送、中转集拼、大宗商品平台、跨境电商等业务运作，在航运产业和大宗商品行业持续向好发展的带动下，区域经济保持快速增长的态势。据统计，2014年洋山保税港区新设企业630家，比2013年增长30.4%；投资企业完成经营总收入2 093.43亿元，同比增长33.3%；进出口总额达121.82亿美元，同比增长14.8%；税务部门税收（全口径）达53.68亿元；年末企业从业人员为2.99万人，同比增长26.3%。

【国际贸易】 2014年，洋山保税港区推动海关、检验检疫等部门进一步推进改革试点措施，加快发展功能性贸易平台，进出口贸易保持两位数增速，完成进出口总额121.82亿美元，同比增长14.8%。

开展进出口业务的企业显著增加。2014年洋山保税港区共有129家投资企业直接开展进出口业务活动，比2013年增长46.6%，净增41家。其中，进出口额超1亿美元的有18家，比2013年净增5家，合计完成进出口额110.12亿美元，比2013年增长15.3%，占洋山保税港区进出口额的90.4%。

发生进出口业务往来的国家和地区范围稳步拓宽。2014年洋山保税港区投资企业共与世界各地的166个国家和地区发生进出口业务往来，比2013年净增7个国家和地区。从国家和地区来看，共与27个国家和地区的进出口额超过1亿美元，比2013年净增2个国家和地区，合计进出口额为107.71亿美元，比2013年增长18.1%，占洋山保税港区进出口额的89.0%。

进口额持续较快增长。2014年洋山保税港区深化发展期货保税交割功能，利用大宗商品产业集聚优势，推动以金属铜、镍等为主体的大宗商品的进口业务，进口额继续快速增长，达到77.65亿美元，同比增长22.3%，占洋山保税港区进出口额的63.7%。

出口额呈现小幅上升。2014年洋山保税港区以镍制品为主的大宗商品出口额迅猛增长，弥补了部分机械设备产品出口下降所带来的不利影响，推动出口额小幅上升，完成44.17亿美元，同比增长3.7%，占洋山保税港区进出口额的36.3%。

【产业发展】 随着洋山保税港区制度创新和

功能培育的深化发展，吸引了越来越多的船运、分拨配送、有色金属、融资租赁企业的入驻运作，规模效应进一步显现，特别是航运产业和大宗商品产业的加快发展，带动企业经营规模迅速扩大。据统计，2014 年洋山保税港区投资企业完成经营总收入 2 093.43 亿元，比 2013 年增长 33.3%。

航运物流服务收入保持较快增长。航运物流业是洋山保税港区经济发展的重要方面，随着中远、中海等航运企业的进一步集聚，以及斯凯孚、克莱斯勒、得斯威跨国公司分拨配送中心的建立运作，港口码头等业务规模的持续扩大，航运物流服务收入保持较快增长。2014 年洋山保税港区完成航运物流服务收入 962.91 亿元，比 2013 年增长 18.4%，占洋山经营收入的 46.0%。其中，港口运输业完成收入 730.88 亿元，比 2013 年增长 23.5%，占洋山航运物流服务收入的 75.9%，所占比重比 2013 年提高 3.1 个百分点；航运服务产业完成收入 232.02 亿元，比 2013 年增长 4.9%，占洋山航运物流服务收入的 24.1%。

大宗产业推动商品销售额大幅攀升。大宗商品集散功能是洋山保税港区依托自身优势发展的主要方向之一，凭借独有的口岸和航线优势，大宗商品已经形成集聚态势，形成“期货保税交割平台”，洋山已成为我国大宗商品进出口物流重要的中转集散地和贸易中心。2014 年在大宗商品产业规模效应的助推下，洋山保税港区贸易企业完成的商品销售额突破千亿元大关，达到 1 125.64 亿元，比 2013 年增长 50.5%。

【口岸功能】 2014 年，洋山保税港区不断深化国际航运综合试验区建设，积极营造和完善更为便捷高效的口岸通关软硬件环境，努力克服国际航运市场持续低迷所带来的不利影响，促使航运口岸枢纽功能不断凸显。

口岸中转功能持续发挥作用。洋山深水港积极依托区位和政策的叠加优势，进一步提升作业效能，不断拓展和发挥水水中转、国际中转的枢纽作用，确保集装箱吞吐量和货物吞吐量均呈现小幅增长的态势。据统计，2014 年洋山保税港区完成货物吞吐量 14 156.4 万吨，比 2013 年增长 4.7%，占上海港货物吞吐量的 18.7%；完成集装箱吞吐量1 520.2万标箱，同比增长 5.8%，占上海港集装箱量的 43.1%，所占比重比 2013 年提高 0.4 个百分点。其中，体现对国内经济腹地辐射服务作用的“水水中转”集装箱量为 755.5 万标箱，同比增长 5.7%，占洋山港箱量的 49.7%；体现对国际市场中转功能的“国际中转”集装箱量为 167.0 万标箱，同比增长 5.1%，占洋山港箱量的 11.0%。此外，2014 年洋山港国内航行船舶达35 171 艘次，同比增长 10.9%，其中内支线集装箱船为 9 484 艘次，国际干线集装箱船进出港 8 646艘次。

口岸外贸进出口货值稳中有升。洋山港积极完善航运物流和口岸通关配套设施，大力发展分拨配送等配套功能，口岸外贸进出口货值保持稳中有升的态势。据统计，2014 年全国各地的投资企业通过洋山外贸口岸完成进出口货值 18 274.5 亿元，比 2013 年增长 6.0%，占上海口岸外贸进出口货物总值的 26.1%。其中，口岸外贸出口货值为 12 744.3亿元，同比增长 5.9%，占上海口岸外贸出口货物总值的 30.6%；口岸外贸进口货值为 5 530.2 亿元，同比增长 6.3%，占上海口岸外贸进口货物总值的 19.4%。

此外，2014 年全国各地的各类外贸企业通过洋山口岸进出口货物而向上海海关缴纳的各类关税和代征税为 636.5 亿元，占上海海关征税总额的 17.0%，所占比重比 2013 年提高 1.0 个百分点。其中，由洋山海关直接征收 382.9 亿元，比 2013 年增长 1.6%，占比为 60.2%，其余部分由市区海关（如浦江海关）直接征收。

【功能拓展】通关便利化水平持续提升。洋山保税港区试点并推广运作了一线“先进区后备案”、“批次进出，集中申报”模式，启动试点内外贸一体化运作、联网监管和货物状态分类监管及国际贸易“单一窗口”模式，贸易便利化水平进一步提升。同时，洋山保税港区“区港直通道”正式启用，实施7×24小时智能化验放模式，“区港一体化”运作进入了新的发展阶段。

航空维修配套服务功能加快完善。对于从洋山保税港区仓库内运出的专用船舶设备，可以保税状态供船，凭货物已上船的船监章和海关章进行仓库核销，为到洋山深水港及中国船厂的全球船东提供船用柴油机等设备“一站式快速维修”。

国际中转集拼业务走通全流程。对国际中转集拼业务简化进境备案流程，在同一个仓库内完成国际中转货物与国内沿江沿海货物、上海本港货物的二次拆拼及整合操作。已走通全流程，解决了以往只能进行整箱中转，无法进行二次拆拼的难题。

航运服务功能不断取得突破。国际船管企业登记“先照后证”在海事、交通港口部门支持下得以落实；随着服务业开放的细则出台，引进了中海液化气船舶管理（上海）有限公司、上海润元船舶管理有限公司、马士基船舶管理咨询（上海）有限公司等多家内外资船舶管理公司。海关总署就沿海捎带业务设计了内支线监管流程，中远、中海已基本走通流程。

贸易功能创新不断完善延伸。进口食品酒业展示交易中心、洋山进口食品展示贸易中心均已实现平稳运作，保税展示交易初步形成规模化运作；冷链产业全面投入运营，并不断延伸产业链；洋山保税港区进境水果查验场站已启动运行，形成海关及检验检疫联合查验模式，填补了洋山口岸无法对进口水果实施检验检疫查验及海关保税查验的功能空白。“元初供应链”利用“跨境通”平台及洋山保税港区跨境电商专用查验平台，成功试点跨境电商洋山模式，商品涵盖玩具、厨房用品和其他日用品等。

【经济效益】洋山保税港区开展经营和纳税企业数量进一步增加，企业经营效益处于良好区间范围。据统计，2014年洋山保税港区完成税务部门税收（全口径）53.68亿元。其中，增值税为25.66亿元，占洋山保税港区税务部门税收的47.8%；企业所得税为21.28亿元，占比为39.6%；个人所得税为2.90亿元，占比为5.4%。另外，印花税为1.65亿元，比2013年增长141.2%；营业税为1.51亿元。

【招商部门】洋山保税港区由中国（上海）自由贸易试验区管理委员会保税区管理局统一管理。联系电话：021-58698500

烟台保税港区
YANTAI FREE TRADE PORT ZONE

【开发建设】 2009年9月7日，烟台保税港区经国务院以国函〔2009〕108号文件正式批复设立，成为全国第13家、全省第2家保税港区，也是目前按照“功能整合、政策叠加”要求，全国第一家以出口加工区和临近港口整合转型升级形成的保税港区。2010年7月30日通过国家十一部委验收组的联合验收，之后仅用5个月时间，完成开关运作的各项准备，于2011年1月12日正式开关运作，成为烟台开放发展史上的一个重要里程碑。2014年3月13日，烟台保税港区获海关总署批复，成为全国14个跨境贸易电子商务试点之一。

烟台保税港区规划面积为7.26平方公里，分为两个区块：区块一面积为5平方公里，包括原出口加工区A区0.7平方公里和烟台港4.3平方公里；区块二面积为2.26平方公里，即位于烟台开发区内的原出口加工区B区。一期封关面积为4.86平方公里，其中区块一3.05平方公里；区块二1.81平方公里。

【投资环境】 烟台保税港区位于烟台市城区北部，外与日韩隔海相望（距离韩国235海里，距离日本529海里），内与城区紧密相连，距烟台火车站1公里，距烟台莱山国际机场17公里，北接沈海高速，与烟大铁路轮渡仅一网之隔，距离市区中心商圈不到2公里。

烟台保税港区是真正实现区港一体化运作的海关特殊监管区域，货物下船即可入区。烟台港是中国环渤海港口群主枢纽港之一，以集装箱、矿石、煤炭、油品为四大主营货种。2014年，烟台港完成货物吞吐量2.36亿吨，同比增长6.6%；完成集装箱吞吐量235.6万标箱，同比增长9.6%。其中，化肥出口量和水泥出口量等指标位居全国前列。已开通内外贸集装箱航线50条，月均航班300班左右，经烟台港可连接环渤海地区、长三角地区、珠三角地区主要港口，可承接世界各地货物。

保税港区开关运作后，加快港口集装箱码头及后续配套工程建设，推进航线开辟，促进货源集聚，着力打造大进大出、快进快出的国际物流通道。一期封关区域内的集装箱泊位已全部形成作业能力，集装箱年吞吐能力由150万标箱扩大到500万标箱以上。近年来，港口作业区新建设通用仓库3万平方米、保税仓库5 000平方米、后方堆场16万平方米，进一步促进区域功能升级。捷时达物流产业园、中外运物流场站和益通仲伯物流保税仓储等一批高标准、特色化、专业性大型保税仓储设施已经或即将投入使用，将有力提升产业集聚和功能承载水平。

【招商引资】 烟台保税港区成立后，坚持“走出去、请进来”双管齐下，全面加大政策功能推介力度。集中力量抓好重点招商，变招商引资为“选商择资”，重点面向跨国公司、企业总部、世界500强，着力引进投资强度大、附加值高、发展前景好，具有强力拉动作用的大项目；突出热点地区深入招商，以日本、韩国及我国港澳台地区为招商重点区域，有针对性地加大工作力度，确保招商取得实效；强化特色产业专业招商，按照“两头延伸”的要求，以产业升级、项目置换为着力点，围绕商品展示、保税物流、保税加工“产业链”论证并筛选项目，加大功能招商力度，凸显保税港区政策虹吸与聚焦效应。2014 年累计入驻项目 151 个，外商投资企业 53 个；全年新增注册企业 214 家，大多数为保税物流、高新技术等高端新兴项目。

【经济发展】 自开关运作以来，烟台保税港区紧紧围绕山东半岛蓝色经济区和烟台东部新区建设，突出“发挥保税港区特殊政策功能优势”这一核心，加快新兴产业培育，狠抓园区转调升级，全区实现又好又快发展。2014 年全区完成外贸进出口额 173.1 亿美元，在全国保税港区中名列第二，占山东省海关特殊监管区进出口总额的 61.8%；完成保税物流货值 122.9 亿美元，同比增长 25.4%；合同外资为 1 901 万美元，同比增长 14.9%；实际利用外资 1 331 万美元，同比增长 15.5%。

【目标定位】 作为三大战略实施的重要前沿功能区，烟台保税港区坚持从区域经济发展的全局和高度着眼，紧紧围绕建设“区域性贸易中心、航运中心、高技术产业中心”和“东北亚枢纽港”的发展目标，以保税物流为重点，以国际商品展示为突破口，以高端高质高效新兴产业为引擎，以港口航线开辟、货源培育为保障，努力打造在国内外有较大影响力的区域性物流中心、特色突出的商品展示交易中心、高效便捷的航运服务中心和产业聚集的临港产业集群，在政策功能运用、产业转型发展和先行先试上更好地发挥引领带动作用，为区域经济发展提供有力政策支撑。

【创新工作】 立足于服务区域经济发展和功能创新，烟台保税港区抢抓机遇先行先试，加快政策功能产业升级，着力打造新的政策高地。一是加快复制推广上海自贸区创新制度。目前已有 13 项制度经青岛海关同意上报海关总署，获准上报项目在青岛关区排在首位。2014 年 9 月下旬，“统一备案清单”、“批次进出，集中申报”、“简化无纸通关作业随附单证”和“集中汇总纳税”等首批创新制度在保税港区落地实施；2014 年 12 月份又获海关总署批复进入内销选择性征收关税系统测试试点名单，创新制度带来的红利正在逐步释放。二是全力争取新的政策试点落地。经过积极争取，获海关总署批复，成为全国第 14 个、全省第 2 个跨境贸易电子商务试点城市。加快推进电商交易、通关服务、通关管理 3 个平台和海关监管中心建设，在先行启动邮运、空运模式的基础上，正在加紧启动海运模式和直购进口，打造区内外互接联动的电子商务产业格局。三是加强内外互动合作。以烟台港为主体，串联起渤海南岸若干港口的互动链条，打通转水通道。加大与国外港口的合资合作力度，目前已与韩国仁川、京畿平泽港湾公社签订战略合作协议。2014 年分别与烟台大学、烟台山西商会、临沂商城签订合作协议，拓宽了与企业、科研院校、商贸基地的业务合作渠道。

【发展趋势】 烟台保税港区开关运作以来，依托特殊政策功能，大力发展保税加工、保税物流和保税服务，已初步形成东区以港口作业和保税物流为主，西区以保税加工制造为主的产业发展格局。一是新兴功能产业迅速崛起。开关运作以来，通过运用保税港区的独特政策和功能集成优势，以国际商品展示为突破口，创造和诱发商机，促进贸易生成，形成以保税加工贸易和现代物流为着力点，以保税仓储和现代港口运营为保障的多元化口岸物流新业态。目前区内建立起了国际葡萄酒、进口奶粉、国外工业名优产品和保健食品等五大商品展示中心，汇集了30多个国家和地区的3 000多个品种、近百个国际知名品牌。在区内五大展示中心的基础上，向区外扩展20多家，实现国际商品展示业务由“点”到“面”的突破。二是产业转调升级成效显著。针对保税港区“小空间”、“大政策”的现实矛盾，坚持“立体发展、辐射发展”的理念，推动发展方式由粗疏向集约转变，产业培育由传统向现代升级，项目引进由低层次向高层次置换。目前区内出口货物种类从金属制品、木材加工、机器设备及零部件等领域，扩展到集成电路系统、液晶显示部件和海洋工程设备等高技术含量和高附加值产品。三是港口特色保税物流建设实现新的突破。开关运作以来，充分发挥保税港区政策功能和烟台港货源优势，大力拓展大宗货源仓储转口贸易等业务，打造化肥、铝土矿、煤炭等特色保税物流板块。2014年，港口化肥、石油焦、铜矿砂等增势强劲，同比分别增长89.3%、74.3%和109.1%，港口大宗货源进出口占全区进出口总额的75%以上。“烟台港精装化肥”品牌国际影响力得到进一步提升，2014年首次超过卡塔尔的乌姆赛义德港，成为世界第一大化肥出口港，为打造世界化肥贸易“FOB烟台”价格体系提供了重要保障。

【机构设置与管委会领导】烟台保税港区管委会为山东省政府派出机构，机构规格为副厅级。按照“精简、统一、高效”的原则，管委下设办公室、经贸发展局、规划建设局、财政局及西区管理局5个正处级工作部门和综合服务管理中心1个副处级事业单位。海关、检验检疫、国税、地税、工商及银行、保险等单位在烟台保税港区设有派驻机构。

管委会领导：烟台保税港区工委书记、管委会主任于华文，工委委员、管委会副主任栾秉政，工委委员、纪工委书记邵立荣，工委委员、管委会副主任国树军，工委委员、西区管理局局长闫庆华。

【招商部门】烟台保税港区经贸发展局为专业招商部门，主要负责区内企业的前期招商和后期管理服务。经贸发展局副局长于秋杰，联系电话：0535－6877612、6877611、6877621。网址：http://ftpa.yantai.gov.cn/，地址：山东省烟台市芝罘区环海路88号，邮编：264012。

青岛保税港区
QINGDAO FREE TRADE PORT AREA

【开发建设】 2014年，青岛保税港区积极创新开放模式，切实发挥辐射带动作用，产业结构不断优化，服务业平稳增长，港口吞吐量大幅提高，财政收入稳步提升，全区各项事业实现新突破。

在推进现有区域转型升级的同时，青岛保税港区创新发展思路，发挥保税政策功能优势，实施功能区战略，形成“一区多园”联动发展模式，打开青岛开放型经济大进大出、快进快出的物流通道。目前，已在德州、潍坊、济宁、临沂、菏泽等地辟建了50多平方公里的功能区，其中潍坊诸城功能区已获批保税物流中心，德州功能区已被山东省委、省政府确定为“一圈一带”建设的经济制高点，正在申报综合保税区。泰安、滨州、聊城功能区正抓紧筹划建设，报批保税物流中心工作已经同步启动。自青岛西海岸出口加工区2013年2月划转以来，整合效应突出，2014年实现工业总产值8.1亿元，同比增长191%；主营业务收入为8.8亿元，同比增长131%，加快向综合保税区转型升级。

【投资环境】 青岛保税港区于2008年9月7日经国务院批准设立，规划面积9.72平方公里，设计建设21个码头泊位，是我国第一个实现区（保税区）、园（保税物流园区）、港（临近港口）转型升级形成的保税港区。2013年年初，青岛市委、市政府重新调整保税港区发展建设规划，形成保税区、保税港区、出口加工区、汽车物流园区和功能拓展区联动发展格局，规划总面积达到65.73平方公里。

目前，青岛保税港区已建成全国第一家“美元挂牌、保税交易”的国际橡胶交易市场，并发展成为全球第三大进口胶交易定价中心；建成全国第一家矿权、矿产品交易所；建成全国第一家棉花交易市场；培育出全国第一家境外烟叶国际采购中心；培育了3个国家级重点实验室和两个国家级企业技术中心；培育出山东省第一家民营上市企业——青岛软控在深圳挂牌，并被科技部授予“国际科技合作基地”称号；获批汽车整车进口口岸，建设进口商品总部基地，其中2014年汽车口岸进口整车5 800多辆，仅用17个月时间，在全国19家汽车口岸中排名上升至第六；引进韩国指定质检机构KTR青岛支院，并开展中韩检测业务合作，国内出口韩国的食品、农产品率先实现“一次性检验”通关，在中韩贸易便利化方面先行先试。

2014年，青岛保税港区以深化改革为动力，以扩大开放为引领，进一步解放思想，开拓创新，加快推进青岛自由贸易港区申办工作，积极探索在政府职能转变、投资管理体制改革、金融开放创新、海洋经济发展等方面先行先试，形成可复制可推广的开放经验，努力建设投资贸易便利、高端产业集聚、航运服务完善、金融功能健全、辐射联动效益突出、监管高效便捷、法制环境规范的国际一流自由贸易港区。

【招商引资】2014 年，青岛保税港区不断加大招商引资力度，积极转变招商思路，项目引进质量有所提高。全年共引进项目 913 个，同比增长 98.5%。其中，外资投资总额 5.7 亿美元，同比增长 175.9%；合同外资为 3.5 亿美元，同比增长 37.9%；实际利用外资 1.6 亿美元，同比增长 59.5%。引进内资项目 893 个，同比增长 104.8%；合同资金为 68.6 亿元，同比增长 128%。

【对外贸易】2014 年，面对复杂多变的国际形势，青岛保税港区积极开展多项举措，强化企业服务，优化外贸结构，加快转型升级，全区共实现外贸进出口总额 76 亿美元，其中进口额 55 亿美元，出口额 21 亿美元。同时，加大对高附加值和生活消费品产业的培育扶持力度，加快构建汽车、酒水、食品、母婴用品等进口商品交易分拨配送中心，积极引进大型工业企业、商贸企业及仓储物流企业，融资租赁等新兴业态发展迅猛，累计注册融资租赁企业 11 家，注册资金达到 3 亿美元，有效地服务实体经济，确保全区外贸进出口稳步增长。

【经济发展】以功能政策优势引导区域产业转型升级，带动青岛保税港区第三产业的快速发展，产业结构进一步的优化，经济发展稳中有进。2014 年，全区实现生产总值 114.2 亿元，同比增长 7.9%（可比价增长 5.4%）。其中，第二产业增加值为 21.9 亿元，增速为 2.1%，占全区 GDP 的 19.2%；第三产业增加值为 92.2 亿元，增速为 6.3%，占全区 GDP 的 80.8%；实现全部收入（包括海关关税及代征税）54.3 亿元，同比增长 5.5%；完成公共财政预算收入为 8 亿元，同比增长 24.2%；公共财政预算收入 8 亿元，同比增长 24.2%；实际利用外资 1.6 亿美元，同比增长 59.5%；集装箱吞吐量为 1 371 万标箱，同比增长 11.6%。

【发展趋势】围绕山东省“蓝黄”两大国家战略，按照“在国内，立足青岛，服务山东，依托陇海线，支撑环渤海，打造山东半岛蓝色经济区核心功能区；在国际，面向环黄海，构筑世界先进的自由贸易港区，建设东北亚具较大影响力的国际航运枢纽核心区”的目标定位，致力于建设国际航运服务中心、区域性国际物流中心、东北亚国际贸易中心、大宗商品交易定价中心，努力为青岛、山东乃至沿黄流域开发开放提供支持和动力。

【机构设置与管委会领导】根据《山东省青岛前湾保税港区条例》，青岛前湾保税港区管委会为山东省人民政府的派出机构，负责保税港区的管理工作。保税港区管委会根据工作需要，按照精简、统一、效能的原则，设置相应的行政管理机构；按程序报经省级公务员主管部门批准，可以对专业性较强的职位和辅助性职位实行聘任制。

保税港区管委会履行下列职责：组织编制保税港区总体规划，并按法定程序报经批准；制定保税港区经济发展规划和年度计划并组织实施；根据国家和省有关产业政策，组织编制产业发展目录，统筹产业布局，对投资项目实施管理；管理保税港区的发展改革、科技、财政、建设、交通运输、人力资源和社会保障、环境保护、商务和安全生产等工作；根据省和所在市人民政府授权或者接受有关部门的委托，负责土地、规划等方面的管理工作；协调配合海关、检验检疫、边防检查、海事、外汇管理及工商行政管理、税务、质量技术监督等有关部门的工作。

【招商部门】招商热线：0532－86767122、86767232、86768662。企业服务热线：0532-86768110。

厦门海沧保税港区

XIAMEN HAICANG FREE TRADE PORT ZONE

【港区建设】 厦门海沧保税港区2014年完成固定资产投资21.59亿元，完成预定计划的112%，4个省市重点项目（远海自动化码头、11号液体化工泊位、20~21号散杂货泊位、海之星商务大厦）均提前超额完成固定资产投资任务目标。加快推进疏港干道建设和港区综合整治。港区集疏运路网建设有序展开，海景路全面通车，港南路拓宽工程和三都路道路维修工程竣工完成，港北路中段启动建设，初步形成港区"三纵四横"的集疏运路网格局，港区集疏运能力进一步提升。开展港区内部及周边环境整治工作，组织实施8个绿化提升项目和三都路等3个道路修缮施工项目，完成绿化面积3.65万平方米，提升港区环境品质，改变港区"脏乱差堵"的现状，营造与东南国际航运中心核心港区定位相符的优美环境。加快推进重大项目建设，全力推进龙头项目建设提速。推动远海自动化码头提前4个月完成全年投资计划，顺利完成海沧港区14号泊位围网并入保税港区的正式验收工作，增加保税港区封关区域面积0.267平方公里，为年底实现码头堆场自动化试运行奠定基础。加大重大项目协调保障。重点做好11号液体化工泊位、20~21号散杂货泊位、IOI、中储粮直属库搬迁等重点项目的跟踪和服务；推进西查验中心临时查验场所扩建工作，争取尽快动工建设。积极推进海沧南港区规划建设，主动与市港口局对接，建立起信息沟通协调机制，成立南港区建设服务小组，明确分工协作，配合港口局开展水利防洪、通航、环评、海域使用等专题论证有关工作。组织调研并委托中交三航院编制方案，经多次征询各方意见，现已修改完善成稿，研究成果认为可按照"先远洋后近洋，先内贸后外贸，先集装箱后散货"的搬迁规划，推动东渡港业务加快向海沧港区转移，并从码头岸线建设、后方陆域规划、集疏运体系建设、监管配套服务等方面推动海沧港做强做大。

【投资环境】 持续推进通关监管方式优化和创新，全力推动一批优化通关环境的措施落地。推行电子围网，以嘉里物流中心为试点实施物流联网分类监管，推动保税延展业务开展；海投物流和宇达作为首批"企业自主发送运抵报告"试点；开通保税港区"空运货站直通车"；全面推行"两单一审"业务，推动智能卡口优化提升，通关效率不断提高；海翼物流"涉税分送集报"业务成功试运行；东南红酒交易中心保税展示交易正式运作；国检出台3项优惠政策为红酒交易中心开放绿色通道；配合国检积极争取并获准成为进口粮食口岸。这些政策有力提高通关效率、节约经营成本、激活物流加工业务，推动保税港区加快发展。推动关检正式启动"三个一"通关新模式。厦门海关、厦门检验检疫推行"一次申报、一次查验、一次放行"通关新模式，通关数据正式载入政府主导的电子口岸平台，原本需要分别向海关、检验检疫部门办理的手续和环节，通过整合、优化，使企业可一次性办理完所有手续。加快通关一体化信息平台建设，建立由市政府、海关、国检共同组成的厦门市通关一体化信息平台工作小组，筹划建立通关、港航、贸易信息一体化系统，着力提高贸易便利化水平。加快港航服务配套设施建设，完成港区5个临时拖头停车场的立项建设，其中海景路、宁店临时停车场已投入使用。强化港区信息网络建设，与福建电子口岸公司签订管理维护合同，规范港区光纤网络管理，确保港区电子大通关平台建设的硬件安全。

厦门海沧保税港区将主动适应经济发展的新常态，坚持稳中求进，致力于改革创新，加快转型发展，着力推动速度、结构、质量、环境的协调发展，以时不我待的紧迫感推进厦门自贸试验区建设，力争将保税港区打造成为引领厦门乃至全省加快改革开放，实现科学发展、跨越发展的重要引擎。

【招商引资】 保税港区创新政策优势逐步显现，企业对未来投资充满信心。投资3 000万美元的瑞信融资租赁正式入驻；厦门外贸供应链公司将开展跨境电商和出口产品维修业务；总投资92亿元的瑞声科技、贝姆勒，以及服务外包产业园区等43个在谈项目加紧推进。

【经济发展】 2014年，厦门海沧保税港区立足全面深化改革、建设美丽厦门的新形势，以加快推进海关特殊监管区域整合和自贸区建设为动力，多措并举，不断激发产业转型和港口发展新活力，保税港区发展的体制更顺、基础更实、动力更强、态势更好。全年海沧港货物吞吐量累计达6 730万吨，同比增长12.3%，高出厦门港增速4.9个百分点；集装箱吞吐量达476.42万标箱，同比增长24.96%，高出厦门港增速17.94个百分点，占厦门港的55.6%；海沧港外贸进出口额为403.57亿美元，同比增长18.6%；完成进出口额29亿美元，同比增长9.4%；完成工商税收收入14 291万元，同比增长25%；完成工业总产值47.5亿元。

【自贸园区建设】 推动成立领导小组工作班子，统筹协调推进自贸区申报建设工作。组建专门工作班子，主动参与制定并完善省、市自贸区总体方案。深入调研厦门3个海关特殊监管区功能政策和发展现状，提出《厦门海关特殊监管区域整合和自贸区建设工作思路》，围绕打造“投资环境国际化的试验区，两岸投资贸易便利化的先行区”的总体目标，研究形成《海关特殊监管区域整合和自贸区建设工作实施方案》。在福建省率先全面复制推广上海自贸区21项制度创新成果，其中16项已实施，4项部分实施。复制推广上海自贸区海关监管14项制度创新成果，其中6项监管创新制度部分实施，其他待海关总署明确或开发系统后即可实施。创新审批服务模式，积极推进投资便利化。推进“审批清单+简化审批”的外商投资审批制度改革，创新简化审批流程和环节，率先在全省实行“一表申报、一口受理”企业设立服务模式。制定完善《厦门自由贸易试验区总体工作方案》及2015年创新试点工作任务。方案围绕“建设‘一区三中心’，打造美丽中国典范城市先行区、新福建示范区、两岸交流合作试验区”的总体目标，提出创新产业转型发展路径、创新贸易监管服务制度、扩大金融领域开放、拓展海空航运服务功能、深化两岸交流交往等五大方面16条内容，并着重从管理体制机制及政策创新方面提出91项试点任务清单。在此基础上，梳理56项2015年创新试点工作任务，明确十大重点发展产业。

【产业转型】 大力培育发展新业态，推动产业转型发展。融资租赁新业态取得突破，注册资本为3 000万美元的瑞信融资租赁正式入驻保税港区，嘉实（厦门）融资租赁正在推进，海翼集团正在洽谈轨道交通等大型设备的融资租赁业务。瑞声科技（一期投资1亿美元，注册资本5 000万美元）、贝姆勒（投资额9 000万元）等大型高新技术项目相继落户保税港区，预计2015年年底可建成投产，将进一步助力保税港区转型发展。围绕厦门市国家信息消费示范城市建设，筹划提出以厦门出口加工区空置厂房为基础建设服务外包产业园（厂房总建筑面积72万平方米，现空置25万平方米）。利用出口加工区厂房及用地，分期、分类加以改造装修和规划建设，重点发展ITO、BPO、KPO、新型信息消费、电子商务、委托维修业务、保税物品销售、融资租赁、大宗商品交易等现代服务新业态，力争打造成为国家级服务外包示范基地。按照“建设招商两手抓”的工作思路，同步启动并全面推进招商工作。截至2014年12月底，已有19家企业明确投资意向，其中有7家企业完成工商注册，注册资本约2亿元，其余12家企业陆续办理注册手续，另有多家企业正在积极接洽中，预计这批项目运营将于2018年实现百亿营业收入。

苏州工业园综合保税区
SUZHOU INDUSTRIAL PARK INTEGRATED FREE TRADE ZONE

【开发建设】 苏州工业园综合保税区规划面积为 5.28 平方公里，分为东、西两个围网区，是在原监管点、出口加工区和保税物流中心 B 型基础上整合而成。2007 年 8 月 28 日，园区首期 4.2 平方公里顺利通过海关总署等国家九部委的联合验收，2008 年 1 月 15 日正式封关运作。2009 年 4 月 22 日，园区二期 0.66 平方公里也顺利通过验收。目前，园区累计封关面积为 4.86 平方公里。

【投资环境】 苏州工业园区位于长三角腹地，是上海向内陆地区货物疏散和补给的枢纽，海陆空运输条件优越。沪宁高速公路、铁路贯穿东西，苏嘉杭高速直通南北，两小时车程可达上海浦东、虹桥机场，以及杭州萧山机场和南京禄口机场。沿长江有太仓港、张家港等诸多支线港口作为上海、宁波港的补充，企业货物出口可供选择的口岸多、运费低。

园区高度重视环境载体建设。截至目前，建成各类保税仓库 40 万平方米，厂房约 170 万平方米，区外周边建成非保税仓库 60 万平方米，商业和办公设施 60 万平方米。已初步形成设施先进、配套完善、交通便利，集保税加工、保税物流和进出口贸易为一体的综合性功能区域。苏州工业园区东大门的城市建筑形态在此已显雏形，为开发区进一步发展创造了新的增长点。

【经济发展】 2014 年，园区紧密围绕转型升级发展要务，积极创新求变，着力破解发展难题，区域功能政策实现较大突破，新业务新业态取得迅速增长，营商环境得到进一步优化完善。推进了园区从以加工贸易为主的单一发展模式向以多元贸易为主的新型业务形态的顺利转变，促进了区域从原有的园区配套功能区性质向对整个园区发展起到带动和支撑作用重要板块的提档升级。2014 年累计实现监管货值 1 024.7 亿美元（含二线进出口，其中进出境货值 219.3 亿美元，进出区货值 805.3 亿美元），累计实现监管货运量 365.975 万吨。

【贸易多元化】 经过多年来的积极争取，汇集各方力量，周密谋划贸易多元化业务方案，园区于 2014 年 9 月正式获得国务院批复同意在区内设立贸易功能区，调整相关税收规定，开展贸易多元化试点。该政策的率先试点极大拓展了区域功能，突破了困扰企业多年的内外贸发展瓶颈，充分满足了企业进行全球采购、分拨、销售的多样性、多元化贸易需求，实现了企业发展模式由外购外销、两头在外的“V”型向内购、内销、外购、外销相结合的“X”型的转变，助推了区域核心功能的全面打造，促进了内外贸一体化发展。

【功能平台】 自 2013 年 10 月 29 日获批以来，药品进口口岸运营正常，实现通关票数共计 70 票，操作货物计 1 292 件，重量达 495 吨，货值约 5 170 万美元，直接办理业务的企业已达 9 家。进出口食品口岸监管场所业务发展迅速，吸引了22家食品企业和3家化妆品企业参与运作，2014年共操作货物计1 296件，重量达494吨，操作货值达5 170万美元。与苏州市国检局合作建立的江苏省首座植物种苗隔离检疫温室竣工落成并投入使用，2014年共操作1 176票，实现进出口128万件，操作货物重量达32 050吨，成为进境种苗指定口岸的重要组成部分。生物材料国际物流平台硬软件建设积极推进，该平台的成立将可实现出入境生物试剂的“快报快检快放”，促进园区生物医药产业加快发展。

【招商引资】 2014年，园区紧扣发展定位，把强化招商、推进项目入驻，以及引进一大批优质、重点、龙头型企业当做头等大事来抓。随着政策功能的不断优化与提升，园区积极整合现有资源，用足用好现有政策功能，加大引进从事集中采购与销售、物流管理、财务结算和区域运营的总部项目。同时，园区通过充分发挥园区口岸功能优势，持续优化进出口流程，搭建良好的平台运营环境，促进平台型企业加快集聚。此外，园区为加快外贸增长，做大做强进出口贸易，助推贸易转型发展，相继引入了多家新型贸易类企业，进一步丰富了区域的业务业态，促进园区进出口外贸形成新的增量。2014年，园区累计吸引了32个优质项目落户，有效推进了国际商贸产业集聚。

【信息化建设】 2014年，园区在“智慧园区”的总体建设框架下，进一步完善升级“智慧国际商务区”功能系统，全面提升场站运转效率；持续优化海关特殊监管区外汇监测服务系统，并形成复制推广至苏州其他区域的中心引领地位；成功研发“网汇通”系统，创新实现企业线上收付汇；配合园区跨境人民币试点工作，开发跨境人民币登记系统，为跨境人民币业务提供有力支撑。园区一系列信息化平台系统的常态化升级创新，极大地促进了园区通关效率的提升，释放了企业的经营活力，实现了企业发展的提速增效，也为区域迎接新的机遇与挑战积累了技术经验和保障手段。

【亲商服务】 为充分帮助区内企业排忧解难，做好后勤保障工作，园区持续贯彻亲商、安商、富商的服务理念，主动了解企业运营情况，关心企业发展需求，帮助企业协调海关、国检、外管、工商等相关部门解决企业面临的实际困难，推出各类有利于企业经营的帮扶措施。

苏州高新技术产业开发区综合保税区

SUZHOU NATIONAL NEW & HI-TECH DISTRICT INTEGRATED FREE TRADE ZONE

【开发建设】 苏州高新区综合保税区位于苏州国家高新区北部，区域规划控制面积3.51平方公里，由原高新区出口加工区（2003年3月批准设立）和原高新区保税物流中心（B型）（2005年8月批准设立）整合形成。2010年8月10日由国务院批准设立，同年11月4日通过国家十部委联合验收，实现封关运作。苏州高新区综合保税区以“信息化围网”手段进行监管，按照功能划分为口岸作业区、保税物流区、保税加工区。

口岸作业区，面积0.29平方公里，是整个高新区进出口货物通关和检验检疫的唯一场所，可用于保税货物、一般监管货物、特殊区域间货物及国际快件货物的转关通关。区内建有监管仓库10座9万平方米，查验场地1.2万平方米，停车场3.6万平方米，集装箱堆场4.4万平方米。保税物流区，面积0.52平方公里，区内重点发展保税仓储业务、国际分拨配送业务及国际贸易。区内建有12万平方米现代化仓库，其中恒温仓库800平方米，主要用于存储电子元器件、汽车零部件、光伏设备、医疗器械，以及进口食品、酒类等货种。保税加工区，面积2.7平方公里，区内重点发展保税加工、检测维修等业务。区内建有各类厂房面积约175万平方米，其中企业自建厂房113万平方米，标准厂房41万平方米，主要用于加工贸易生产企业的入驻。

另外，综合保税区围网外设有配套工业园0.59平方公里，为综合保税区提供生产配套服务。同时，利用紧邻综合保税区的区位优势，为区内企业开展研发、检测、维修等功能拓展业务提供载体支持。

【投资环境】 苏州高新区综合保税区在载体建设上一直坚持高标准、严要求，努力建设具有国内一流载体的综合保税区。截至2014年年底，综合保税区（含围网外）共建成各类厂房仓库209.98万平方米，其中标准厂房63.2万平方米，保税仓库21.3万平方米，企业自建厂房125.48万平方米；在建厂房4.22万平方米。区外规划建设普通仓库60万平方米，目前已完成10.8万平方米的建设及招商工作。所有载体的规划设计、环境安全均达到国内一流建设标准，广泛吸引各类优质企业投资入驻。

高新区报关报检服务中心，是现今国内最具规模、通关功能最为齐备的一流区域物流通关平台之一。其将涉及货物通关流程的所有行政和社会服务纳入其中，实现海关、国检、经贸等行政管理部门，海关特殊监管区域管理部门，以及报关、货代等物流服务企业集中办公，真正实现“一个窗口”对外，“一条龙”服务的一站式通关模式。

苏州高新区综合保税区工商分局于2013年3月正式挂牌，专为综合保税区内企业提供登记、注册、发照、年检等日常业务，为区内各类企业发展提供便捷高效的服务。

综合保税区周边规划建设有普通仓库60

万平方米，商业办公设施3.7万平方米，已初步形成设施先进、配套完善、交通便利，集保税加工、保税物流和进出口贸易为一体的综合性功能区域。

【招商引资】 截至2014年年底，园区累计入驻各类市场主体175家，其中工业83家，贸易34家，物流、金融及其他服务业等58家，累计项目总投资34.9亿美元。2014年度，苏州高新区综合保税区（含围网外）共引进项目25个，其中工业项目9个，国际贸易项目8个，保税物流、电子商务等项目8个，新增项目总投资3.0亿美元。

高新区综合保税区保税加工项目主要来自欧美、日韩、东南亚和中国台湾等国家和地区。投资领域主要涉及电子、精密机械、新材料、家用产品、汽车零部件等科技含量较高、附加值较大的产业。电子和精密机械目前是保税加工的两大主导产业。区内的新宁、大田、世德堂等知名物流企业为全国28个省份近2 000家生产企业提供保税物流服务。

【对外贸易】 苏州高新区综合保税区利用功能政策和区位优势，依托苏州进口食品（化妆品）集中监管样板及进口食品（化妆品）销售展示中心，大力发展国际贸易，建设专业化国际贸易服务平台，打造集展示、推广、交易、仓储、品鉴、电子商务、融资租赁、配套服务于一体的国际贸易集聚区。

苏州进口食品（化妆品）集中监管样板位于综合保税区东区内，2011年10月获批设立，是江苏省首家进口食品检验检疫监管样板。监管样板建筑面积8 332平方米，设有常温食品存放区、化妆品存放区、恒温仓库，贴标作业区、查验区、留样室等功能区域。通过电子监控、溯源管理（二维码）、风险预警、分批核销等信息化的管理系统改变传统进口食品检验监管模式，优化通关流程，提高通关效率，并有效保证进口食品的质量安全。

2014年，综合保税区积极拓展监管样板平台功能，结合进口冷藏冷冻品的市场需求，开展冷链物流业务，搭建冷链物流基础平台。3月，综合保税区成功开通了全省首家“进口鲜奶快递通道”，配合国内冷链运输，建立了澳洲鲜奶出口中国市场的通路服务平台。该通道采用全程冷链运输方式，进口澳大利亚巴氏杀菌奶，全程用时仅5天，是澳大利亚至中国唯一具有可持续性商业运作的鲜奶出口操作平台，实现了江苏省内鲜奶进口业务零的突破，使综合保税区成为继青岛保税港区之后全国第二个开展进口鲜奶业务的口岸。下一步，综合保税区计划投资1 200万元在区内建设5 120平方米冷库。其中，零下25℃冷冻库460平方米，主要储存进口三文鱼等高端水产品；零下18℃冷冻库2 231平方米，主要储存进口肉类、禽类肉制品等；0℃～6℃冷藏库992平方米，主要储存进口鲜奶、水果、保鲜肉类等。

苏州高新区进口食品（化妆品）销售展示中心集仓储、展示、加工、分拨配送于一体，依托进口食品检验检疫监管样板将业务服务延伸至仓储物流、进口代理、清关、现货交易、电子商务、团购、直销等领域。展销中心凭借优惠的扶持政策、高效的食品检验通关效率，吸引了包括屈臣氏、优传、尼古拉等众多进口食品贸易商，汇集了来自世界绝大多数葡萄酒产区的数千种性价比极高的原瓶装进口葡萄酒。

截至2014年年底，苏州高新区综合保税区全年累计进口食品货量为32 363.4吨，进口额为1.52亿美元。其中，进口鲜奶55个批次，共计246.3吨，进口额为70.4万美元。

【经济发展】 2014年完成工业总产值490.8亿元；实现固定资产投资12亿元；实现进出口总值129.0亿美元，其中出口87.4亿美元；实现监管货值546.8亿美元；实际利用外资 132 万美元。截至 2014 年年底，高新区综合保税区累计完成规模以上工业总产值 2 334.7 亿元，固定资产投资 162.3 亿元，实现进出口总值 825.3 亿美元。

【物流通路】为更好地服务企业，顺应转型升级步伐，综合保税区进一步整合物流供应链，提升通关环境，形成多种通路叠加的大型国际性物流枢纽。

铁路运输。为推进江苏省、苏州市“一路一带”战略建设，进一步完善苏州市及高新区国际口岸功能，拓展新兴市场，扩大国际合作，加强国际经贸交流，苏州高新区综合保税区依托特殊监管区政策优势，以及地理位置优势，积极推动“苏满欧”和“苏新欧”班列项目。“苏满欧”班列是目前国内唯一一条以“苏”字打头，经内蒙古自治区满洲里出境的“中欧快线”班列。该班列相较其他地区的中欧线路，具有途经国家少，过境环节稳定便捷，单据更为简单，运输速度更快等优势，同时也是全国唯一以小时为单位计时的“中欧快线”。班列以苏州铁路货运西站为起点，纵贯华东、华北、东北，经内蒙古自治区满洲里出境，横跨俄罗斯全境，途经白俄罗斯，最终到达波兰华沙，全程运输运距11 200公里，最短用时 12 天。途中在莫斯科完成对俄拆挂、甩挂业务，在终点波兰华沙开展对德国、法国、意大利等其他欧洲国家的分拨业务。2014 年 3 月起，班列实现常态化运行，至年底发运出口班列 35 列，货物17 391吨，发运 20 尺标准集装箱 3 158箱，货值 2.3 亿美元。货源主要来自苏州本地、华东及华南地区，货物种类以液晶显示屏、电源板、电源等电子产品为主，出口地区以波兰、德国、捷克等中欧地区为主。2015 年，综合保税区在发展东线中欧班列的基础上，积极拓展西线中亚班列，力争将苏州打造成为华东地区集中欧班列、中亚班列为一体的铁路国际货运“桥头堡”。“苏新欧”国际货运班列以高新区综合保税区为起点，在苏州铁路货运西站装车，经新疆维吾尔自治区阿拉山口口岸出境，到达哈萨克斯坦、吉尔吉斯斯坦、塔吉克斯坦、乌兹别克斯坦和土库曼斯坦等中亚国家，全程运行时间约 10 天。

陆路运输。高新区综合保税区与物流供应商 OTL 合作，在区内建立其华东地区集散中心，开通苏州至越南、泰国、缅甸等东盟国家的跨境卡车航班仓储运输业务。同时，为了充分利用回程运输资源，综合保税区正配合苏州出入境检验检疫局向国家质检总局申请陆路水果进口口岸，为东南亚热带水果进入华东市场建立一条快速、低价、高效的物流渠道。

此外，苏州高新区综合保税区大力开展保税仓储和国际分拨配送业务，满足了加工制造企业对保税物流业务发展的需求，改变物流业务模式，大力发展物流服务业务外包，为本地物流市场注入了先进的经营理念、经营模式和管理技术，推动了本地第三方、第四方物流市场的发育和成长。

【业务拓展】跨境电子商务。苏州高新区综合保税区率先重点研究以快件形式进、出境的电子商务（个人物品）通关操作流程，构建跨境电子商务服务平台，借助现有的国际快件监管中心载体，实现电商通关、海关、国检、外管、税务等部门数据交换与信息共享等服务功能，为国内消费者跨境网购开辟一条透明、阳光、便利的通道，使之成为推动区域外向型经济增长、转型的又一有利抓手和有效途径。

2014 年，苏州高新区综合保税区充分发挥功能优势，依托“苏满欧”等国际物流通路平台，与知名跨境贸易电子商务企业大龙网合作，共同开发建设“苏州跨境电子商务产业生态圈”项目。该项目预计总投资 3 亿元，将建设海关总署通关平台、苏州跨境电子商务公共服务平台、跨境电商复合监管仓、跨境电商基础服务平台等软硬件基础设施，计划通过2～3年的发展，形成拥有10家超亿元跨境贸易供应商、20家国内外知名上下游企业的产业集聚区。

【发展趋势】苏州高新区综合保税区规划在继续做大做强保税加工、保税物流的基础上，通过设立研发中心、配送分拨中心、生产中心、销售中心、结算中心、维修中心，拓展国际贸易、委内加工等领域，努力向保税服务等多元化方向发展。同时，积极构建“两个平台，两个中心”。一是大力构建国际联运口岸平台，完成枢纽和通路建设；二是深化拓展贸易促进平台，建立协同机制，促进功能创新；三是集中建设国际分拨中心，完善服务体系，优化通关效率；四是重点培育国际贸易（技术）服务中心，拓展产业类型，促进产业升级。

【机构设置与管委会领导】2012年6月，经苏州高新区管委会批准，正式设立“苏州高新技术产业开发区综合保税区管理办公室”，作为苏州国家高新产业技术开发区管理委员会的派出机构，行使对综合保税区的行政管理权。苏州高新区综合保税区管理办公室下设行政管理部、计划财务部、经济发展部、开发建设部、综合管理部5个工作部门。为了更好地推进综合保税区的开发建设，设立苏州高新区出口加工区投资开发有限公司、苏州高新区保税中心有限公司，负责综合保税区的土地开发、基础设施建设、标准厂房仓库租赁、物流仓储经营等事宜。

【招商部门】经济发展部。联系人：徐玉、程欣；联系电话：0512－68018661、66161301；传真：0512－66161303；电子邮件：xu. y@snd. gov. cn，cheng. x@ snd. gov. cn；门户网站：http：//www. snd-iftz. gov. cn/。

上海浦东机场综合保税区

SHANGHAI PUDONG AIRPORT FREE TRADE ZONE

【概况】上海浦东机场综合保税区于2009年7月3日由国务院正式批准设立（国函〔2009〕77号），规划面积3.59平方公里。2010年4月2日开始一期1.60平方公里的封关运作。2011年12月28日完成二期1.99平方公里的封关验收，实现园区3.59平方公里整体封关运作。

2014年，浦东机场综合保税区以打造区港一体化临空功能服务先导区为目标，聚焦重点产业板块发展方向，特色产业集聚效应不断显现，运营环境进一步提升，区域经济保持较快增长。据统计，2014年浦东机场综合保税区新设企业295家，同比增长83.2%；投资企业完成经营总收入32.81亿元，同比增长21.3%；完成进出口总额76.47亿美元，同比增长96.9%；税务部门实现税收（全口径）3.59亿元，同比增长79.6%。

【开发建设】2014年，浦东机场综合保税区园区道路、河道、市政管线、监管设施、信息系统等配套设施建设进一步完善，区域环境进一步优化，西货区和仓储作业区均已开展业务活动。“一口受理”窗口建设工作顺利完成，智能化卡口改造工程已近完成；国际空港物流基地A地块和B、C地块仓储用房建设项目有序进行。2014年，浦东机场综合保税区完成固定资产投资额2.10亿元，累计完成固定资产投资额63亿元。

【国际贸易】2014年浦东机场综合保税区在海关、检验检疫等部门改革创新助推下，进一步提高通关效率，提升服务水平，租赁飞机进口业务和电子产品进出口业务快速发展，带动进出口额继续呈现迅猛扩大势头。据统计，2014年浦东机场综合保税区投资企业完成进出口总额76.47亿美元，同比增长96.9%。

租赁贸易进出口猛增，物流货物仍占主要比重。从贸易方式上看，在租赁飞机进口额的推动下，租赁贸易进出口额猛增。2014年浦东机场综合保税区完成租赁贸易进出口额24.82亿美元，同比增长184.4%，占机场综合保税区进出口额的32.5%，所占比重比2013年提高10.0个百分点；物流货物进出口额仍占主要比重，完成49.26亿美元，同比增长100.4%，占比为64.4%；加工贸易和一般贸易分别完成进出口额1.15亿美元和1.08亿美元，合计占比为2.9%。

进出口企业数量增加较多，1 000万美元以上企业增加较快。据统计，2014年浦东机场综合保税区直接开展进出口业务的投资企业有53家，比2013年增长103.8%，净增27家。进出口额超过1 000万美元的企业数量增加较快，达到33家，比2013年增长106.3%，净增17家。其中，有13家企业进出口额超过1亿美元，比2013年净增5家。

进口贸易增长迅猛。据统计，2014年浦东机场综合保税区完成进口额51.74亿美元，比2013年增长107.0%，占进出口总额的67.7%。物流货物和租赁贸易均成倍增长，物流货物进口额达到25.62亿美元，同比增长135.5%，占比为49.5%；租赁贸易进口额达到24.82亿美元，同比增长184.4%，占比为48.0%。从欧、美进口额所占比重大。其中，从欧洲进口额为21.10亿美元，同比增长98.8%，从北美洲进口额为19.26亿美元，同比增长122.6%。高新技术产品占比8成以上，2014年浦东机场综合保税区列入高新技术产品范畴的进口额完成44.87亿美元，同比增长114.6%，占浦东机场综合保税区进口额的86.7%。

出口贸易保持快速增长。据统计，2014年浦东机场综合保税区完成出口额24.72亿美元，同比增长78.6%，占机场综合保税区进出口额的32.3%。物流货物出口额占据绝对比重，完成物流货物出口额23.64亿美元，同比增长72.5%，占机场综合保税区出口额的95.6%。商品出口的主要市场是亚洲国家和地区，完成15.34亿美元，同比增长58.7%，占浦东机场综合保税区出口额62.0%。向欧洲出口额呈现倍增态势，完成6.04亿美元，同比增长240.4%，占比为24.4%；向北美洲出口额2.62亿美元，同比增长27.7%。高技术含量产品数量种类增加、增长快，全年浦东机场综合保税区列入高新技术产品范畴的出口额为21.73亿美元，同比增长61.3%，占浦东机场综合保税区出口额的87.9%。

【产业发展】投资企业充分利用“区港一体化”优势，在不断完善优化的营运环境下，着力突出国际中转、保税仓储、分拨配送、融资租赁等方面的业务拓展，经营规模快速扩大。据统计，2014年浦东机场综合保税区投资企业完成经营总收入32.81亿元，同比增长21.3%。

航运物流服务收入是经营收入的主体。随着“先入区、后报关”等监管模式的创新及贸易便利化水平的进一步提升，物流业务收入规模不断扩大，成为浦东机场综合保税区企业经营收入完成的主体。2014年，物流业务收入为18.18亿元，同比增长12.1%，占浦东机场综合保税区经营总收入的55.4%。融资租赁企业作为区域特色功能产业的融资租赁收入增长快，集聚效应逐步显现。2014年租赁业务收入为10.78亿元，同比增长26.7%，占浦东机场综合保税区经营总收入的32.9%；航空维修及配套服务业务规模初显，完成营业收入2.96亿元。

园区货物进出规模大、效率高。随着浦东机场综合保税区国际中转和分拨配送功能的深化发展，园区进出货物增势显著。据统计，2014年浦东机场综合保税区海关部门完成进出报关票数13.30万票，同比增长34.4%；进出境备案（指“一线”：浦东机场综合保税区与境外之间）货值50.46亿美元，同比增长98.4%，其中进境备案27.64亿美元，出境备案合22.82亿美元；视同进出口（指“二线”：浦东机场综合保税区与国内一般区域之间）货值26.59亿美元，同比增长48.0%，其中视同进口12.70亿美元，视同出口13.89亿美元；驻区海关办事处征税完成11.25亿元，同比增长38.5%。

【功能拓展】国际贸易与保税展示功能不断深化。一是2014年1月上海检验检疫局出台支持日上开展创新业务的政策，日上试验店正开展完税销售各项准备工作。二是跨境贸易电子商务服务平台自2013年年底正式运营以来，完成签约商户超过60家，业务爆发式增长，美国亚马逊、香港大昌行、韩国现代百货集团、中免集团、“1号店”等国内外大型电商已经上线运行，城市超市、台湾统一超市等一大批知名商户即将上线。

航空维修配套服务功能加快完善。波音维修项目运作良好，中外运捷普电子检测维修项目已正式注册，将启动全球检测维修业务。春秋航空模拟机培训基地基建项目已通过竣工验收，首批 2 台模拟机已完成安装，经过调试后已于当年 8 月正式投入使用。

贸易便利化水平进一步提升。一是积极推进“先入区、后报关”等监管模式创新。日上、城市超市、波音维修已开展空运舱单“先入区、后报关”试点运作，城市超市、日上已开展海运舱单“先入区、后报关”试点运作，盟天、近铁已开展自贸区集中申报、自行运输试点运作。二是积极推进智能化卡口改造工作。目前试点车道电子车牌识别仪、电子关锁施封核销设备、箱号识别仪和高清摄像头等智能化卡口硬件设备已安装完毕，近期将开展测试工作。

区港一体化发展深入拓展。一是积极推动货物状态分类监管模式试点准备工作。在区港一体化常态化运作的基础上，积极调研企业非保税货物入区运作需求，鼎隆物流等参与试点，并优化相关运作流程，为试点工作做好各项准备。二是积极发挥空运货物服务平台运作功能。全年空运货物服务平台区港一体总运单直通模式、分运单并联入区模式业务量大幅增长，物流效率进一步提升。

【经济效益】 随着浦东机场综合保税区软硬件配套设施建设的不断完善，新兴企业数量进一步增加，企业经营规模逐年扩大，产出效益逐步增多，税务部门税收增势显著。据统计，2014 年浦东机场综合保税区完成税务部门税收（全口径）3.59 亿元，同比增长 79.6%。增值税已经超过企业所得税成为第一大税种，2014 年增值税持续倍增，完成 1.72 亿元，同比增长 2.1 倍，占浦东机场综合保税区税务部门税收绝对额的 47.9%，增量的 73.3%；企业所得税完成 1.17 亿元，同比增长 7.6%，占比为 32.5%；营业税和个人所得税分别完成 3 008 万元和 2 946 万元，同比分别增长 86.0%和 84.4%。

【招商部门】 上海浦东机场综合保税区由中国（上海）自由贸易试验区管理委员会保税区管理局统一管理。联系电话：021－58698500。

郑州新郑综合保税区
ZHENGZHOU XINZHENG INTEGRATED BONDED ZONE

【概况】郑州新郑综合保税区于2010年10月24日经国务院批准设立，是全国第13个、中部六省第1家综合保税区，规划面积5.073平方公里，2011年11月4日正式封关运行。目前已封关面积（一期、二期）2.81平方公里。

随着河南电子口岸平台的正式上线运行，肉类口岸的建成，口岸作业区的升级改造，跨境贸易电子商务业务的顺利开展，以及京东、唯品会等多家企业的投资入驻，郑州新郑综合保税区已成为河南省改革开放的综合实验区。

进一步推动了综合保税区功能拓展。按照海关总署关于将海关特殊监管区域建设成为加工生产、售后维修、物流配送、产品内销、设计研发、金融结算六大中心的总体思路，郑州新郑综合保税区紧密结合区内产业特点，积极推动海关特殊监管区域转型升级、功能优化，先后实现了苹果手机加工生产、售后维修、成品内销业务在郑州新郑综合保税区的落地。

推进自贸区14项海关监管创新制度复制推广。按照海关总署及郑州海关的统一部署，郑州新郑综合保税区逐步复制推广上海自贸区14项海关监管创新制度，进一步简化通关手续，加快通关速度，降低企业运营成本。截至目前，共有11项制度得到实施，取得了较好成效。如“境内外维修”制度，不仅拓展了综合保税区的功能，而且使维修中心的雏形基本形成，推动加工制造向产业链两端延伸；“加工贸易工单式核销”制度，弥补了传统单损耗核销缺陷，填补了郑州关区业务空白，为特殊区域海关的据实核销提供了依据；“区内自行运输”、“批次进出、集中申报”、“简化统一备案清单”、“简化通关随附单证”、“集中汇总纳税”等制度的实施，进一步推进了海关通关制度改革，实现了提速、减负、增效。

“港仓内移”业务稳步开展。郑州新郑综合保税区从实际出发，不断探索业务改革与企业实际需求、地方经济发展之间的契合点，在海关职能部门的指导帮助下首创“港仓内移”业务。该业务使苹果客户的全球待维修苹果手机、手机零组件等不再集中香港仓库（中转库），直接从境外集中到综合保税区监管场所指定区域进行分拣、理货、报关，实现了特殊区域货物的先入区后报关功能。该业务在大大提升苹果手机、手机零组件（液晶显示屏模组）返区维修业务入区的通关时效的同时，也为企业节省了物流成本。“港仓内移”业务自2014年11月份开展以来，手机维修业务已经常态化，下一步将测试开展手机零组件业务。

推进口岸作业区建设。根据有关要求，为加快推进综合保税区口岸作业区改造工作，由郑州航空港经济综合实验区会同郑州海关、富士康集团，共同制定口岸作业区改造方案，项目占地约22.8万平方米。

推进跨境贸易电子商务服务试点工作。根据河南省政府专题会议“多载体、多模式、多元化、全覆盖”的发展思路，加快推进依托河南电子口岸平台，开发建设跨境电子商务通关服务平台和管理平台，完成保税模式的系统开发及相关业务场地、仓储系统建设，并上线测试。

【投资环境】郑州地处中原，具有连南贯北、承东启西的区位优势，是我国重要的交通枢纽，素有中国铁路心脏之称。郑州新郑综合保税区位于郑州东南的郑州航空港实验区，南邻郑州新郑国际机场，西邻京珠高速公路，北邻郑民高速；京广、陇海两大铁路干线，北京至武汉、西安至徐州，以及正在规划中的郑州至重庆高速客运铁路在此交汇；京港澳、连霍高速公路，国道 107 线、310 线在此形成“双十字”大交叉。还将建成郑州高铁南站，新 107 国道也将从东面通过，同时拥有铁路一类、二类口岸各 1 个，航空一类口岸和公路二类口岸各 1 个，货物在郑州直接联检封关，实现陆、海、空多式联运，直达国外。

【经济发展】郑州新郑综合保税区 2014 年累计完成进出口总值约 388.21 亿美元，同比增长 8.47%，占河南省进出口总额的 60%，外贸进出口创历史新高。其中，出口 213.24 亿美元，同比增长 5.04%；进口 174.97 亿美元，同比增长 12.97%。进出口总值在全国综合保税区中连续多年排名第二，在全国海关特殊监管区域中排名第四。综合保税区海关全年累计完成进出口报关单 190 649 票，同比增长 21.97%。2014 年 1～12 月，综合保税区共实现苹果手机结关进口2 680.48万台，同比增长 77.69%；内销货值 147.71 亿美元，同比增长 97.5%。

【招商引资】截至 2014 年年底，郑州新郑综合保税区已封关区域内建成标准厂房 76 栋计 230 万平方米，各类仓库 22.81 万平方米。目前，郑州新郑综合保税区内已入驻富士康、天宇、业成科技、上海畅联、中国技术进出口公司、中外运、海程邦达、上海畅联等 36 家电子制造和物流企业，主要开展保税加工、保税物流、仓储贸易、保税维修及口岸作业等保税业务。其中，不乏世界 500 强企业和上市公司，富士康、畅联、中技公司、邦达吉通等年产值达亿元以上。此外，为促进区内功能业务多元化发展，进一步拓展郑州新郑综合保税区的功能，园区积极引进培育跨境电商龙头企业。目前，京东集团和唯品会两家龙头电商已经落户郑州新郑综合保税区，跨境贸易电子商务保税业务开展顺利。

同时，与万国优品、中外运、飞牛网等多家电商、物流商、支付的等企业代表也进行了集中接洽。南跨境贸易电子商务通关服务平台已基本实现与财付通、京东金融、广东银联等知名支付企业的技术对接，为跨境贸易电子商务的发展奠定了基础。

【发展趋势】一是不断完善河南电子口岸平台业务功能。河南电子口岸平台作为河南省唯一的大通关、大物流、大外贸的口岸公共信息服务平台，贯通了进出口业务的全部流程，既包括海关、检验检疫、工商、税务、外汇等口岸监管部门的政务活动，又涵盖了电商、物流、加工贸易等企业的商务活动，支持“通关监管、物流服务、网上交易、电子支付”等各个环节，代表地方政府实现各监管部门之间横向数据共享，强化监管职能，并承担着向进出口贸易企业提供全方位政务化公开、信息咨询和口岸业务在线办理的公共服务职能。

二是不断推动口岸服务功能提升。一方面是进一步完善综合保税区口岸作业区功能，创新海关监管模式，采取“货到报关”，使用智能化电子卡口验放，在场站内完成车卡单关联，提高通关速度；在作业区设置内卡口，通过内卡口与区内保税加工企业及保税物流企业实现有效分离，实现海关及国检的有效监管，为以后综合保税区长远发展规划、开展口岸物流业务及食品药品跨境电商等特色口岸提供支持和保障。另一方面是依托优势资源，申报海鲜进口口岸、花卉进口口岸等多种口岸，加快建设进口医药、食品等区域性物流配送中心和展示交易中心，不断提升航空港经济实验区口岸综合服务功能，利用河南农业和食品加工大省优势，开展农产品、医药、食品等多种保税物流项目，并探索在综合保税区内开设进口食品等期货保税指定交割仓库。

【机构设置与管委会领导】郑州新郑综合保税区管委会作为河南省政府派出机构，与航空港经济综合实验区管委会合署办公，实行“一个机构，两块牌子”。管委会下设机构郑州航空港综合实验区（郑州新郑综合保税区）口岸业务服务局，负责综合保税区区内管理、企业服务、政策协调、接待宣传和后勤保障等工作。

管委会领导：党工委书记张延明，党工委副书记、主任马健，党工委专职副书记法建强，副主任张春阳、马锁文，主任助理常继红。口岸业务服务局局长：徐笠

【招商部门】企业入驻、相关政策咨询联系人：李纪昉，联系电话：0371－86196688、86196699，电子邮箱：teo222@163.com。

淮安综合保税区

HUAI'AN INTEGRATED FREE TRADE ZONE

【开发建设】 2012年7月19日，淮安综合保税区获国务院批准设立，面积4.92平方公里，共分两个区块。其中，南区3.35平方公里，系在原淮安出口加工区1.36平方公里基础上向东向北扩大；北区1.57平方公里，位于淮安空港片区。按照分步实施计划，2012年12月20日，淮安综合保税区申请验收的一期2.63平方公里通过江苏省验收组的预验收，2013年1月30日通过国家十部委联合验收。园区四至范围为：东至237省道，南至新海口路，西至徐杨中心路，北至深圳路。区内土地符合土地利用总体规划，按规定程序履行具体用地报批手续。区内基础设施开发建设完毕，已实现“九通一平”，建成主干道、巡逻通道、雨水污水排放系统和供水、供电、通信等设施。区内无商业、住宅、营业性生活消费设施等。

【投资环境】 淮安综合保税区位于江苏淮安经济技术开发区境内。区内交通便捷，京沪、宁宿徐、宿淮、宁淮和淮盐5条高速公路在境内交汇，新长铁路贯穿境内，淮安涟水机场已开通北京、上海、广州、重庆、厦门、武汉等10条航线。淮安设有二类水路口岸，并积极申报一类口岸，直接对接上海、扬州、连云港、太仓、南京等江海港口。

园区内设有海关、出入境检验检疫办事处、陆路口岸直通式进出口货物分流中心和物流保税仓库。同时，实施区港联动、区域通关、分送集报等创新高效的通关政策，积极推行“一次申报、一次审单、一次放行”的通关模式，确保为每位进区投资的客商提供优质、高效、满意的服务。

【招商引资】 2014年，淮安综合保税区坚持项目为王，主攻外资到账，采取“重点突破，紧盯不放”的策略，扎实开展驻点招商。成功引进总投资3亿美元的香港惠浦创新光电项目、臻鼎科技项目、宏盛点项目及富恒电子项目，其中富恒电子、宏盛点项目均实现当年签约、当年注册、当年投产。超额完成协议注册外资16 920万美元，目标完成率达序时进度338.4%。超额完成协议注册外资实际到账8 052.7万美元，目标完成率达序时进度167.8%。作为亮点之一的鸿升装饰幕墙项目，截至2014年10月底，累计完成纳税809万元，成为开发区项目中当年建设、当年纳税的企业。

【经济发展】 截至2014年年底，园区共引进各类企业15家，注册外资6.06亿美元，累计完成投资28亿美元。全年实现工业总产值858.7亿元，同比增长46%；实现销售收入855.8亿元，同比增长44%；完成海关税收及代征税2.06亿元。

2014年实现进出区总值25.4亿美元，同比下降10.7%；入区货量208 906吨，出区货量216 016吨；实际进出口39 065万美元，同比增长6.4%，其中进口23 260万美元，同比下降11.3%，出口15 805万美元，同比增长 50.5%；实现保税物流额86 680万美元。园区已逐步形成一个以精密模具、电子接插件、PCB（印刷电路板）等产品生产为主，以保税物流功能配套为辅的高科技出口加工基地，对周边地区产生了显著的辐射带动和示范作用；已成为“江苏省新型电子元器件高技术特色产业基地”、“江苏省新型工业化产业示范基地”和“江苏省电子信息产业链国际合作示范区”，处于淮安 IT 产业的领军地位，为淮安带来了“台资聚集高地、IT 产业领地”的美誉。

【发展趋势】淮安综合保税区紧紧围绕“江北争第一、全国创一流”总目标，坚持“稳中求进、提质增效、改革创新”总基调，聚焦“三大重点”（重大项目落户、平台功能拓展、整体形象提升），实施“五项工程”（项目集聚、平台优化、园区建设、形象提升、机制创新），完善综合保税区功能，提升辐射力影响力，推动综合保税区跨越发展。

【机构设置与管委会领导】淮安综合保税区管理办公室下设综合管理部、经济管理部、投资促进部、规划建设部和保税业务管理部5 个部门。

管委会领导：淮安经济技术开发区党工委委员、管委会副主任刘晓录，兼任淮安综合保税区管理办公室主任职务。

【招商部门】淮安综合保税区管理办公室投资促进部诚挚欢迎广大投资者和业务需求者咨询、交流及开展业务。招商热线：0517-86283718，传真：0517-86283729，联系人：汤先生、赵先生。

海口综合保税区

HAIKOU INTEGRATED FREE TRADE ZONE

【开发建设】2014年，海口综合保税区认真贯彻落实党的“十八大”、十八届三中和四中全会精神，按照海口市委、市政府总体部署，以加快园区产业发展为主线，重点抓好招商选资，着力推动重点项目建设，不断完善园区基础设施，强化安全生产，营造良好的投资环境，以深入开展党的群众路线教育实践活动为契机，切实改进作风，推进依法行政，树立法规制度的刚性权威，积极主动服务企业，实现经济持续健康发展，园区和谐稳定。

【招商引资】2014年年初以来，园区通过定向招商、节会招商、以商招商等方式，积极引进企业和项目。全年共引进商贸和物流企业19家，注册资金达24 800万元。在10月初结束的“2014海南（广州）投资推介会暨项目签约仪式”上，园区与中国供销（海南）实业发展有限公司签约海南国际冷链保税物流园项目，项目协议投资20亿元，拟建设进出口粮油食品、水产、肉类和烟酒等保税冷链大型仓储群。此外，光伏制造、钻石珠宝加工展销、大宗商品保税仓储、国际冷链保税物流、国际商品展示交易等项目也相继进驻园区。

海口综合保税区落实“六个一”责任模式，扎实开展“重点项目推进月”活动，与驻区机关建立重点项目联合推进机制，全力服务项目建设，区内重点项目有序推进。

由香港安基公司投资建设，总投资2.4亿元的安基珠宝钻石精加工与展销项目于2013年年底动工建设，目前已完成基建投资9 000多万元，8.7万平方米的厂房、展销中心、仓库、综合办公楼于2014年年底封顶，2015年上半年投入运营。

总投资1亿元的全星制药技改二期项目已完成投资9 262万元，项目已完成总体进度的90%，3条生产线及车间已建设完毕，并通过新版GMP认证。剩余1条生产线及车间也基本改造完毕。

大印保税物流1幢23层的总部经济大楼总投资9亿元，目前已完成桩基工程，正在加紧建设整体框架结构。

经国务院批准增设的海口港区汽车整车进口口岸，目前正在抓紧推进口岸基础设施和监管设施建设。

【经济发展】2014年，在华信、大印、大新华航空等企业的带动下，加上综合保税区国际商品展示交易中心开业，园区商贸服务业快速发展。全年完成商贸总收入584.78亿元，同比增长117.08%；完成税收15亿元，同比增长7.14%；完成工业总产值147.36亿元，同比下降5.68%；实现工业销售产值143.26亿元，同比下降7.12%；完成工业增加值31.14亿元，同比下降12.66%；实现进出口货值2.59亿美元，同比下降6.83%；实现利润总额9.61亿元，同比下降19.18%。

商贸物流企业。在全球经济形势十分严

峻的情况下，海口综合保税区的贸易物流业不仅在企业数量上有所增加，而且在贸易额上也有大幅度的增长。特别是在海口国能、大印和酒类企业，以及石油、橡胶和进口红酒等大宗商品的快速拉动下，2014年共完成营业总收入584.78亿元，同比增长117.08%。其中，海口国能完成营业总收入515.06亿，大印完成营业总收入52.52亿元，德富完成营业总收入17.21亿元。

汽车制造业。16家企业2014年共完成工业总产值86.63亿元，同比下降10.98%。其中，海马汽车共完成工业总产值64.59亿元，同比下降12.68%。海汽产值下降的主要原因：一是海马汽车在二季度要推出新产品（SUV）轿车，从而大量压缩老品牌小轿车的生产量；二是受全球经济不景气的影响导致海马汽车产值大幅度下降；三是进口与合资品牌车严重冲击自主品牌车的生产与售价（如长安牌小轿车车价下降20%）；四是台风“威玛逊”导致停产半个月，还有供电公司限电使生产停止近一个月。其配套厂也因限电和受海汽的影响，大部分企业产值都有不同程度的下降。

生物制药。28家企业2014年共完成工业总产值38.85亿元，同比增长2.15%。生物制药行业略有增长的原因是，在一部分药企搬迁到海口药谷以后，其他药企已渡过全球经济低迷期，还有一些小企业正处在快速上升发展阶段，如锦瑞制药、灵康制药、三风友制药、紫杉园制药和林恒制药。此外，还有增幅比较大的老药企，如中和药业、澳美华制药、葫芦娃制药、中化联合制药、奇力制药、碧凯制药等。

机电信息产业。8家企业2014年共完成工业总产值20.59亿元，同比增长1.01%。其中，金盘电气完成工业产值14.94亿元，同比下降4.62%。工业产值下降的主要原因是订单减少和台风“威玛逊”影响正常生产所致。三星完成工业产值5.13亿元，同比增长17.4%，增长的主要原因是第二代“新工法”在2014年年初已经完成，并投入批量生产，使三季度、四季度订单增多而导致产量大增。

其他加工业。13家企业2014年共完成工业总值5 286.9万元，同比增长6.46%，增长原因是新增加统计企业翔绎包装所致。

【外资与合资企业经营情况】区内共有外资与合资企业14家，其中外商独资企业有3家，合资企业有11家。全年共完成工业总产值31.16亿元，同比增长6.97%；出口销售收入9 010万美元，同比增长16.27%。

【发展趋势】按照海口市委《关于推动全面深化改革的实施意见》任务分解，海口综合保税区主动作为，先行先试，将主要开展以下工作：

力争海南国际大宗商品交易中心尽早获批，加快培育和建成东南亚进口橡胶、大宗商品交易中心。发挥海南大印集团在橡胶国际贸易方面的产业优势，建设以橡胶、棕榈油、大米等大宗商品为主要交易品种的，具有东南亚特色的现货和远期现货交易平台，打造国际商品交易中心。同时，依托中国华信集团的优势，做大石油天然气贸易。

推动跨境贸易电商服务试点申报工作。目前园区已引进一家跨境电商企业“保税店.com”,开展相关业务，积累经验。

探索开展融资租赁业务。6月25日邀请海口海关、工商、国税、国检、市发展改革委等相关单位到天津东疆保税港区考察学习天津飞机租赁业务，取得积极成果。

开展负面清单管理模式试点。6月27日，印发《海口综合保税区探索推行“负面清单”试点工作方案》，并成立专门的推行“负面清单”试点工作领导小组对有关职能部门的“负面清单”进行梳理核实，组织专家论证，会同法务部门对“负面清单”的内容进行审查。

积极开展临空产业园（空港综合保税区）及其配套区的筹备工作。2014 年 4 月，邀请省市发展改革委、市商务、海口海关、检验检疫等相关单位，开展空港可研报告评审并通过，已按专家意见完善定稿。

要加快推进海口港区整车进口口岸建设，拓展汽车保税展示、交易、分拨、检测维修等功能，打造海南乃至华南地区汽车整车及零部件进出口的最便捷通道和集散地。

要拓展综合保税区国际商品交易展示中心功能，加快在海口市区内建设国际商品展示交易直销店，结合实体店与跨境电商，推动进口保税商品展示展销业务向纵深发展。

抓紧推进重点项目建设，争取大印橡胶物流、安基珠宝钻石展销等重点项目早日建成、早日见效。

进一步提升行政审批效率，真正营造“零障碍、低成本、高效率”的最优投资环境。

济南综合保税区
JINAN COMPREHENSIVE BONDED ZONE

【概况】2014 年是济南综合保税区封关验收后快速发展的一年。在认真学习、深刻认识综合保税区发展目标、工作任务和功能政策的基础上，各项工作全面展开：全年任务指标全面完成且增长幅度保持了较高水平；招商引资项目硕果累累，引进了齐鲁城市建设等 16 个项目；中日韩保税展示交易济南先行示范区研究论证工作积极展开，已做好实施推动等准备工作；被省市经信委列入山东省智慧园区试点园区，多项建设工作正在积极筹备中；跨境电子商务平台年底投入试运行；新卡口、保税进口商品展示交易中心即将投入使用；刘公河一期整治工程初见端倪；港盛大厦即将开工；齐鲁制药、奥特莱斯、泺亨等多个重点项目全面开工建设；党的群众路线教育实践活动扎实开展，党风廉政建设进一步加强。这一切都预示着济南综合保税区正日益成为济南东部最具发展活力的新区。

【开发建设】一是项目建设。自 2014 年年初开始，综合保税区克服各种困难，及时协调解决建设中的问题和困难，保障了中航和辉、齐鲁制药等多个项目落地开工。目前，齐鲁制药生物医药产业园已全面开工；新卡口主体已全部完工；刘公河整治一期工程已完成河道整形、挡墙、园路及茶吧等大部分工程。晶正电子完成主体建设并通过验收；为园区员工服务的公租房已完成交接、招租，正配合房管中心做好人员审核，争取尽快入驻；保税大厦 A、B 座已全面开工，C 座正进行分项装饰装修施工。进口商品展示交易中心于 2014 年年底完成装修，于 2015 年 1 月底试营业。

二是园区建设。自封关验收以来，重点加强园区建设，同海关、检验检疫等部门及时沟通，以为企业服务为宗旨，推动各项工作快速发展。为了区内企业的便利，园区成立了场站营运中心，同海关共同管理监管仓库。同时，加强执法中队的管理，改革创新，增加人员，扩大其管理范围，在园区管理、城管管理结合上走出一条新路。在配套服务上，为海关、检疫、国税、地税、工商、口岸办、公安、银行等部门提供各种服务，并得到好评。

三是企业服务。园区不断改善服务理念，加强与企业的联系和沟通，定期走访企业，及时掌握和解决企业发展中遇到的各种困难。帮助企业解决入驻、注册、投融资等有关问题；积极与中介服务机构建立合作联盟，使企业在人才设计、人才招聘、科技项目申报、账务管理、银企合作中真正得到实惠；重视企业的来电处理及来访接待，做到有问必答，解决企业后顾之忧。

四不断创新改革。综合保税区作为改革开放的前沿、对外开放的窗口，各项新政在这里得到实施。园区根据相关外商投资法律法规，借鉴上海自贸区经验，结合综合保税区实际，在与济南市商务局开发区管理处充分沟通、调研座谈的基础上，研究推进在济南综合保税区内实行外商投资准入特别管理措施（负面清单），制定了《济南综合保税区外商投资准入特别管理措施实施方案》、《推进外资企业“负面清单”模式设立联合审批平台工作方案》，成立了领导小组，积极争取在济南综合保税区复制上海自贸区现有的外商投资“负面清单”管理模式，在外商投资经营范围上取消逐项登记制度，释放企业自主空间，进一步探索综合保税区“一口受理，并联审核”的外商投资企业联合审批机制，更好地发挥综合保税区桥头堡作用。

【跨境电子商务】跨境电子商务作为将来的发展方向，已逐渐融入人们的生活当中。园区同海关、检疫等有关部门密切合作，先后完成了快件监管中心的设备采购、安装和调试，进出口电商企业交易平台也已与亚马逊、银联支付交易平台洽谈了合作意向。亚马逊已在济南建设了亚马逊济南运营中心，把济南列为重点物流节点。

作为济南中日韩保税展示交易济南先行示范区，园区研究制定了《建设济南综合保税区中日韩保税展示交易济南先行示范区实施方案》，抢抓中日韩自贸区谈判和山东“中日韩地方经济合作示范区”规划建设等历史机遇，依托综合保税区规划建设的对外大宗商品展示交易中心和跨境电子商务平台，在济南综合保税区围网内外配套建设中日韩大宗商品展示交易中心和中日韩跨境电子商务交易平台。同时，在综合保税区增挂“中日韩保税展示交易济南先行示范区”的牌子，吸引日韩的知名企业和研究机构设点展示产品。

【投资环境】一年来，济南综合保税区不断致力于完善和提升园区投资环境，整体形象得到明显提升。一是完善水、电、气各类管网等基础设施建设，不断提升园区硬件环境；二是加强环境综合整治和绿化保洁提升，特别是针对验收工作制定了详尽的环境综合整治方案并逐步得到推进和落实，园区整体环境得到了明显改善；三是加强主动服务，提升软环境建设，与海关、国地税、工商、国检等部门加强沟通和互动，为企业及时送政策法规和提供培训，不断提升服务质量和水平，打造综合保税区软环境；四是加强对外宣传工作，与宣传部门积极联合，围绕园区产业发展、重点项目建设及平台建设等几条主线，对园区进行了多角度、全方位、高密度的宣传报道，取得明显成效。

【招商引资】2014 年以来，园区围绕产业发展规划，不断加大服务力度，积极推介、洽谈和引进项目，招商引资保持了良好的发展态势，全年共引进齐鲁城市建设、宇东贸易等 16 个项目，总投资达 22 亿元，涵盖国际贸易、总部经济、航空装备、进口商品展示交易、融资租赁等多个领域，为园区发展注入了新的活力。

在工作举措上，一是注重产业链招商，坚持区内外企业相互配套、互动发展的原则，促进产业集群发展，增强园区“造血”功能，促进产业向价值链高端提升；二是重点抓好现代物流业和国际贸易业的招商，着力引进国内外知名物流企业和进出口额大的国际贸易公司，形成第三方物流与自营物流、区内物流与区外物流、保税物流与非保税物流并存联动发展的物流产业布局；三是强化对融资租赁、保税展示交易、跨境电子商务等新型贸易业态的招商引资，促进金融资本进入租赁公司，推动企业转型升级和经济优化发展。新签约的千禧融资租赁等 3 个项目，其注册资金达 1.3 亿美元。

【经济发展】 2014 年，在济南综合保税区全员的共同努力下，园区各项指标均实现大幅度增长。全年综合保税区内新批准入驻企业数为 14 家，与 2014 年相比增长 100%，其中外资企业 2 家，同比增长 100%；批准投资总额达 8 434 万美元，同比增长 83.8%，其中外商投资总额为 5 945 万美元，同比增长 271.6%；实现经济总收入 20.85 亿元，同比增长 20.39%；完成税收总额 2.51 亿元，同比增长 22.24%；实现增加值 4.7 亿元，同比增长 44.93%；完成高新产业产值 1.46 亿元，同比增长 154.84%；实现出口创汇 8 622 万美元，同比增长 3.37%；实现工业总产值 19.39 亿元，同比增长 27.2%。

【发展趋势】 未来几年，济南综合保税区将按照“整体规划，分步实施”的要求，围绕加快加工制造中心、展览展示销售中心、结算中心、物流中心、检测维修中心等五大中心建设，积极打造进口商品展示直销平台、跨境电子商务服务平台和文化艺术品交易平台，加快重点项目和配套设施建设，大力实施“招大引强”和产业链招商措施，不断优化园区服务环境，并加快空港功能区（综合保税区 B 区）申报和规划，实现区港联动，区区联动，进一步扩大对外开放优势，增强可持续发展的后劲，力争使综合保税区各项工作再上一个新台阶。

继续加大招商引资力度。围绕园区“五大中心和四大平台”建设及半导体集成电路、生物医药、仓储物流、国际贸易等主导产业，大力实施产业链招商，重点引进一批核心竞争力强、带动能力明显的龙头项目。加快在谈的深圳福田国际电子商务产业园等项目谈判，争取尽快签约落地。强化融资租赁、金融、保险、担保等现代金融服务业的招商，完善功能，打造政策和环境高地。

加快推进重点项目建设。加快道路、桥梁、水电等基础设施建设，供水加压站和热源厂争取投入使用，满足区内项目建设和生产需求。港盛大厦计划 2015 年年底前主体工程完成 10 层以上。泺亨项目一期项目 2015 年年底完成。六期保税仓库一期 4.6 万平方米计划 2016 年年初竣工。晶正电子项目 2015 年 6 月竣工投产。跨境电子商务平台与海关联网运行。针对综合保税区服务业发展的新形势、新特点，结合综合保税区重点服务业发展现状，做好山东省重点服务业园区的申报工作。

积极推进上海自贸区创新制度复制推广工作。济南海关率先在山东省海关特殊监管区域启动推广，并确定先期在济南综合保税区试点复制简化无纸通关随附单证制度、简化进出境备案清单制度、批次进出集中申报 3 项制度。园区将加快推动复制推广工作，使更多入区企业享受到制度创新带来的便利和优惠，为接轨自贸区打好基础。

不断加强廉政、稳定和民生建设。严格贯彻落实党的“十八大”和十八届三中、四中全会精神，深入扎实开展好党的群众路线教育实践活动，筑牢拒腐防变的思想防线。完善工程招投标、土地“招拍挂”等重大事项决策制度建设。协调处理好与驻区海关、国检、国税、地税、工商、口岸等各部门关系，健全完善服务体系。确保园区和谐稳定的发展局面，为园区创造更大的发展空间。

【机构设置与管委会领导】 济南综合保税区建设管理筹建委员会（筹）为济南综合保税

区的管理机构。其下设党政办公室、发展改革局、经济发展局、财政局、规划建设局、保税物流局。

管委会领导：筹委会主任马玉星，副主任张端武、张金龙、张承新。

【招商部门】经济发展局为济南综合保税区招商业务主管部门。招商电话：0531-88237808、88237819，传真：0531-88237807。

南京综合保税区（江宁）
NANJING INTEGRATED FREE TRADE ZONE（JIANGNING）

【发展概况】2014 年，南京综合保税区江宁片区封关运行一年来，面对复杂的国内外经济环境，上下齐心协力，积极进取，进一步优化发展环境，深化综合保税区功能拓展，做强先进制造业，培育现代服务业，进出口总额实现三位数增长，区域经济保持了强劲的发展势头。

一是进出口总额逆势上扬。2014 年，在全国对外贸易呈现普遍下降态势的情况下，南京综合保税区江宁片区实现逆势增长。全年实现进口 12.45 亿美元，同比增长 59.52%；出口 27.44 亿美元，同比增长 204.79%。进出口总额为 39.89 亿美元，同比增长 137.32%。

二是检测维修业务获批。加快培育发展维修产业是南京综合保税区江宁片区 2014 年的重点工作之一，经过综合保税区江宁管理局和企业的不断努力，华宝获得了海关总署批准，成为全国首批 17 家可开展该业务的企业之一，为江宁片区打造高附加值产品检测维修中心，发展现代服务业迈出了坚实的一步。

三是四大中心初具规模。根据南京综合保税区管委会制定的发展要求，结合江宁片区的实际情况，园区发展定位为打造保税加工制造中心、高附加值产品检测维修中心、国际物流分拨中心、高端商品展示交易中心、医疗器械健康中心等“五大功能中心”。目前除医疗器械健康中心外，另外四大中心现已初具规模。

【投资环境】南京综合保税区江宁片区位于国家级开发区南京江宁经济技术开发区内，区内各项基础设施齐全，具有以下 4 个方面的独特优势：

一是依托紧邻重大交通枢纽的优势。园区位于禄口国际机场和亚洲最大的高铁南京南站之间，南京地铁 3 号线、5 号线、6 号线及绕越公路东西而过，机场高速南北而过，将军路和宁溧路纵贯地块，无论是人流、物流还是信息流，都具有无可比拟的交通区位优势。

二是依托开发区强大的产业集聚优势。江宁开发区经过 20 多年的建设发展，已经形成汽车、电子信息、智能电网、软件、通信与网络、航空和物流等现代产业，千亿级、五百亿级、百亿级的产业集群保持着旺盛的发展活力。

三是依托开发区独特的高端人才集聚优势。江宁开发区内集聚了东大、南航等一大批高校、科研机构、重点实验室，以及海归人才、创新创业人才，是国家级“千人计划”和“万人计划”双基地，为综合保税区的发展提供了强大的人才支撑。

四是依托职能单位贴身服务的优势。金陵海关和南京出入境检验检疫局的本部均设在江宁开发区内，可为园区的建设发展提供最近距离、最高效率的优质服务。

【招商引资】2014 年，南京综合保税区江宁管理局在加快推进先进制造业的同时，全力发展现代服务业，招商引资取得了一定成绩。先进制造业方面，吉宝通讯、海格木工等制造业企业当年投产、当年见效。其中，吉宝自2014年三季度正式投入运营，至12月底，出货已突破439万台，出货金额达10.9亿美元。现代服务业方面，南京国际商品博览中心项目的改造已完成，已有澳大利亚奶粉、新西兰蜂蜜等多个项目注册，同时还有优传项目，跨境电商，维修项目，法国、西班牙红酒，橄榄油等多个项目在深度推进中。与南京市出入境检验检疫局合作的南京食品检验样板库项目正在全力推进中，该项目将被打造成为南京最大的保税进口食品集散中心。

【管理与服务】 一是积极主动服务企业。为区内华宝通讯、吉宝通讯、海格木工、上美塑胶等项目提供优质服务，帮助企业协调货物通关、人才公寓、过渡仓库等问题；为进出口企业减负增效，提高服务效率，确保运作高效有序。会同驻区海关、国检等单位积极帮助企业适应新监管政策的调整。

二是努力协调海关、国检解决企业需求。2014年，园区内企业发展势头良好，进出口额增长迅猛，货物通关量大，需海关24小时通关。综合保税区管理局在金陵海关、海关驻江办人员大幅调整的情况下，主动沟通，积极争取，在海关驻江办、金陵海关及国检驻江办的共同支持下，实行全天候24小时加班预约制。国检方面，南京市国检于2014年8月选择南京综合保税区江宁平台作为全省唯一试点单位，率先实现了检验检疫业务的全程无纸化，提高了通关效率，促进了贸易便利化。

三是积极争取先行先试。经过南京综合保税区江宁管理局积极与南京海关、金陵海关、海关驻江办等各级海关沟通、协调、对接，目前，在上海自贸区推行的14项可复制、可推广的监管创新政策已有“简化通关作业随附单证”、“境内外保税维修”、“批次进出、集中申报”、“简化、统一备案清单”等7项率先在综合保税区江宁片区执行，为区内企业提供了快捷通关便利。

【发展趋势】 2015年是南京综合保税区江宁片区全面深化发展的关键之年。根据江宁区第十六届人代会政府工作报告中2015年的工作要求，加快外贸转型发展，发挥综合保税区平台作用。南京综合保税区江宁管理局将在继续优化产业布局，调整产业结构，保持出口稳步增长的总基调上，夯实先进制造业，发展现代服务业，加快对接上海自贸区，全面提升综合保税区发展水平。

一是加大招商引资力度，发展综合保税区特色。根据南京市政府、市综保委对园区促进贸易转型的发展要求，推动加工贸易企业向研发、检测、维修、营销服务等高附加值环节延伸，搭建具有国际水准的大宗商品交易、保税仓储物流、外贸综合服务等多类型贸易平台。继续夯实高附加值产品检测维修中心、高端商品展示交易中心等已具规模的四大中心基础，同时培育发展医疗器械健康中心。针对各中心的规划要求、特点，有针对性地开展招商引资，形成独具特色的综合保税区江宁片区。

二是在加快发展高端制造业的同时全力发展现代服务业。重点打造进口商品展示交易中心，依托南京国际商品博览中心这一新平台，全力推进招商工作；与海关驻江办开展合作共建，全力推进国际商品博览中心的运营，力争早日出亮点并推进二期计划的实施。加大与南京市检验检疫局合作的食品监管库项目建设的进度，为南京及周边地区进口食品搭建监管、检疫、展示、贸易、保税平台，并积极申报省级食品检验检疫示范区。

三是促进发展转型，吸引外贸业态入

区。根据南京市综保委对综合保税区江宁片区促进发展转型的发展要求，发挥南京“六朝古都”、“十朝都会”的文化传统优势，管理局将加快建设步伐，开展电子商务，吸引更多的进出口贸易公司，并尝试引入文化服务贸易公司进驻综合保税区，培养文化、工艺品、艺术品展览展示交易等文化贸易形态。争取通过搭建文化产品服务平台，吸引文化产业项目和文化创意公司入驻综合保税区，打造文化服务贸易中心。

四是对接上海自贸区，争取更多政策落地。2015 年，南京综合保税区江宁片区将全面深化对接上海自贸区优惠政策，努力做好与驻区海关、国检及国税、金融等部门的主动对接，争取“可复制、可推广”的相关政策更多地在南京综合保税区江宁片区落地，先行先试，进一步提高口岸通关效率，优化通关环境，提升运营水平。

【机构设置与管委会领导】 南京综合保税区管委会（江宁）管理局作为南京综合保税区江宁片区的职能管理部门，负责园区日常事务的管理与企业服务工作。

【招商部门】 南京综合保税区江宁片区招商工作由管理局经济发展与产业促进部负责。部门负责人：何伟，电话：025－52724977，电子邮箱：hw@ jndz. gov. cn。

南通综合保税区

NANTONG FREE TRADE ZONE

【开发建设】 南通综合保税区规划面积为5.29平方公里，实行“一区两片”的发展格局。其中，A区1.5平方公里，地处南通经济技术开发区中心区域，周边商业和产业环境已经成熟，着重发展研发、展览展示、检测维修等保税服务业，适当增加环境友好型保税加工业；B区3.79平方公里，位于规划中的年吞吐量200万标箱的通海港区集装箱码头后延，着力发展保税加工和保税物流业。南通综合保税区一期1.77平方公里区域已经通过国家十部委正式验收，其中A区一期验收面积0.62平方公里，B区一期验收面积1.15平方公里。

【投资环境】 南通综合保税区位于国家级南通经济技术开发区内，处于中国沿海南北交通动脉和长江入海的枢纽位置。母城南通位于长江入海口北岸，与上海、苏州隔江相望，是长三角地区重要的工业基地和长江流域重要的枢纽城市，也是长三角地区距离上海自贸区最近的城市。当前南通正在全面推进沿海开发和长三角一体化两大国家战略，以创建陆海统筹发展综合配套改革试验区为突破口，在更高层次吸纳资源要素，更宽领域集聚发展能量。南通被誉为中国的平安之乡、教育之乡、文博之乡、长寿之乡、体育之乡、建筑之乡、纺织之乡，2014年被新加坡国立大学评为大中华地区宜居城市第8名。

南通经济技术开发区于1984年12月经国务院批准设立，是我国首批14个国家级经济技术开发区之一，辖区面积183.8平方公里，户籍人口25万人。

南通经济技术开发区充分发挥“靠江靠海靠上海”的独特优势，业已成为海内外客商投资兴业的热土。截至2014年年底，全区累计吸引境外投资约180亿美元，外商投资企业800余家，其中世界500强公司来区设立外商投资企业70多家，汇丰银行、名古屋银行、嘉吉、江森自控、西屋电气、默克、普洛斯物流、中外运、爱信精机、东丽、丸红、住友、浦项、SK集团、吉宝等知名公司已入驻。

南通经济技术开发区着力规划建设“5+3+1”特色园区，即电子信息产业园、装备制造产业园、精密机械产业园、医药健康产业园、新材料产业园等5个先进制造业园区，能达商务区、综合保税区、品牌商业集聚区等3个综合性功能园区，以及苏通科技产业园1个合作园区。

南通经济技术开发区致力于“新产业、新园区、新城市、新人才”建设，以“5+3+1”特色园区为载体，推进产城融合发展，优化生产、生活、生态空间，努力打造先进产业的集聚区、科技创新的先导区、体制创新的示范区、现代化的新城区。

南通综合保税区基础设施建设实现“九通一平”，生产要素完备，配套条件优越。总建筑面积15万平方米，可容纳近2万员工的职工、人才公寓已经建成，可为综合保税区内企业提供生活居住配套。位于南通综合保税区A区东南侧的星湖商业板块占地面积20万平方米，建筑面积33万平方米，是集休闲、中西餐饮、娱乐、购物、商务、旅游、文化、办公于一体的商贸综合体。南通综合保税区B区紧邻苏通长江大桥和200万标箱的通海港区，产业发展与生活配套完善，实现区港联动发展。通海港区一期3个7万吨泊位（水工结构按10万吨设计）已启动报批工作，于2015年内开工建设。

南通综合保税区基础设施和公用事业配套条件优越，为客商投资兴业提供完备的生产要素。其中，A区建有4万平方米的公共保税物流仓库；B区规划建设8万平方米公共保税物流仓库，已建成两栋总建筑面积1.3万平方米的保税物流仓库。

【招商引资】 截至2014年年底，南通综合保税区内注册企业为62家，注册资本25.39亿元，总投资51.90亿元。其中，保税加工类企业22家，总投资36.54亿元；保税物流类企业12家，总投资5.42亿元；展览展示类企业2家，总投资2.50亿元；贸易类企业23家；保税服务、研发和检测维修类企业各1家。

南通综合保税区A区着重发展研发、展览展示、检测与维修、国际贸易等保税服务业，适当增加环境友好型保税加工业。

南通综合保税区B区着力发展保税加工、保税物流业（保税仓储、国际采购与配送、国际转口贸易）和口岸作业。

【产业聚焦】 加工制造中心：鼓励电子信息、精密机械、医药健康、装备制造、新材料、新能源、节能环保等产业的成品出口型、原料进口型、进口设备高价值型、成品低关税型加工制造类企业入区发展。

展览展示中心：鼓励企业充分利用境外货物入区保税等政策，开展进口商品展览展示交易活动，设立国际棉花棉纱纺织原料展览展示交易中心，船舶配件、备品备件展览展示交易中心，高端消费品展览展示交易中心，进口五金机电、建材、工业装备、航空、汽车零部件、工业产品通用件与基础件等展览展示交易中心。

结算中心：鼓励发展国际贸易结算中心、地区总部、营运中心、测试中心、数据中心、离岸金融服务中心、国际贸易技术服务中心等创新服务业，开展期货保税交割、融资租赁及其他新型保税服务业务。

物流中心：重点吸引国际性专业物流公司及国内知名的大型物流公司入区设立区域性国际物流中心、国际分拨配送中心、国际采购中心等，大力发展第三方、第四方物流业务，延伸物流供应链和分销链。

检测维修中心：鼓励企业在综合保税区内开展高技术含量、高附加值产品检测维修业务，设立飞机及其零部件的检测维修中心，航天设备及零部件的检测维修中心，汽车、电子产品检测维修中心，精密钟表检测维修中心等。

研发中心：鼓励企业利用综合保税区研发设备免征进口关税和进口环节增值税、进口研发料件保税等政策，在区内设立研发中心、服务外包中心。

配套区：充分借鉴上海自贸区特别是外高桥森兰国际社区的开发建设经验，高起点规划非保税加工、非保税物流、商住、文化休闲等配套区，紧邻南通综合保税区，面积2.52平方公里。

【经济发展】 南通综合保税区内已投产保税加工型企业主要产品为医药健康产品、汽车配套产品、纺织品、家具等，在建保税加工型企业建成投产后产品包括生物医药、金融特种设备、电子元器件、汽车零配件、海洋工程产品、可降解材料等。南通综合保税区发展公司1.2万平方米物流仓库、3 000立方米冷冻冷藏库项目，以及南通福汉兴业现代物流中心有限公司的3.2万平方米物流仓库和分拨场所建成投运，可开展进口物资的分拨业务和出口物资的集拼业务，并提供供应链一体化服务。南通综合保税区积极发挥功能优势，推进特色平台建设。纺织原料交易平台是南通综合保税区首个集信息流、物流、商流、资金流为一体的大宗商品现货电子交易平台，被江苏省商务厅列为南通地区唯一的省进口商品交易中心试点。进口商品展示直销平台旗舰店汇聚了生鲜产品、休闲食品、日用品、酒水等四大类3 000多种进口商品。跨境贸易电子商务平台向美国、英国、挪威、澳大利亚等4个国家的10位消费者完成了以家纺产品为主的首批10票B2C跨境电子商务交易。

2014年，南通综合保税区实现经营收入10.7亿元，同比增长112.74%；工业总产值7.35亿元，同比增长76.72%；进出口额15 424万美元，同比增长92.3%。截至2014年年底，综合保税区累计实现进出口额26.05亿美元，进出区监管货值29.49亿美元；累计注册外资企业16家，合计总投资4.5亿美元，注册资本2亿美元。

【发展趋势】南通综合保税区将围绕保税加工、保税物流、口岸作业、保税服务四大产业，着力建设研发中心、加工制造中心、展览展示销售中心、结算中心、物流中心、检测维修中心等六大中心，打造国际棉花棉纱纺织原料交易平台、进口商品展示直销平台、跨境贸易电子商务服务平台、食用油交易平台、汽车交易平台、石化交易平台等六大平台，力争早日建成“投资自由化、贸易便利化、金融国际化、行政高效化”的长三角现代物流和加工贸易运营示范区。

【招商部门】南通综合保税区24小时招商服务热线：0513－85980289。网址：http://www.ntftz.gov.cn。

盐城综合保税区
YANCHENG FREE TRADE ZONE

【概况】盐城综合保税区规划总面积36.6平方公里，其中封关区域规划面积2.28平方公里，首期封关区域面积1.21平方公里。2012年6月16日，盐城综合保税区获得国务院正式批准设立，2013年9月正式封关运作，是江苏省第一家在无出口加工区基础上批准成立的综合保税区。封关运行以来，盐城综合保税区发展快、产业新，重要指标增幅在全省名列前茅。

【开发建设】自封关运行以来，截至2014年年底，盐城综合保税区已完成各类基础设施投入8亿元，建成各类厂房库房近35万平方米，封关区内实现“十通一平”，建成道路、绿化、卡口、监管仓库、验货场地、巡逻匝道等各类基础设施和监管设施，海关、国检等业务单位正式入驻，实行24小时全封闭的“一站式”通关服务。截至2014年年底，盐城综合保税区内已注册企业32家，累计完成进出口总额16.51亿美元，整体发展态势良好。

【投资环境】盐城综合保税区投资环境优势显著，具体表现在以下几个方面：

区位优势明显。盐城综合保税区地处江苏沿海中部，距离国际深水港仅有30分钟车程，距离国际机场10分钟车程，境内沈海高速、盐徐高速、宁靖盐高速、新长铁路、通榆运河贯穿其中，已融入上海2小时经济圈。

政策优势叠加。盐城综合保税区地处长三角核心区，坐拥“一带一路”、江苏沿海开发、长三角一体化等多项国家战略。随着中韩（盐城）产业园取得突破性进展，盐城综合保税区将为中韩两国企业合作搭建更加便捷、有利的平台。

人力资源充沛。积极推动盐城各专业技术院校与园区入驻企业合作，通过“冠名办班”，帮助企业进行“订单培养”，提前锁定企业发展中急需的技能人才；每周组织人才市场招聘，为企业发展储备充足人力资源。

体制机制健全。盐城综合保税区实行服务问责、现场服务、热线联系和信息反馈等制度，会同海关、国检等驻区机构，常态化开展挂钩服务活动，为园区入驻企业开展贴身式“一站服务”。

功能配套完善。开发区新嘉源工业邻里中心项目投入使用，国际学校、国际医院、新天地美食街等重点城建项目加紧建设，BRT快速公交系统覆盖全区，为入驻企业高管和白领人士提供优良生活居住条件。

【招商引资】2014年，盐城综合保税区紧紧围绕产业发展特色，以原料、成品两头在外的重大工业项目、总部经济、物流仓储、跨境电子商务作为招商重点。全年签约项目22个，其中工业制造类项目4个；竣工工业项目3个，物流项目6个。总投资7.5亿元的国投自贸园项目、3 600万美元的华印工贸项目、3 000万美元的迈奇电子项目、1 500万美元的港隆纺织项目、1 500万美元的前海国际贸易项目等一批工业装备制造类、仓储物流类、电子信息类和国际棉纺类等多领域项目相继落户。

为鼓励符合综合保税区产业发展实际的项目落户，盐城综合保税区制定了促进产业转型升级的鼓励政策，明确了项目入区条件，在厂房租金、外贸进出口额、产业政策等方面出台相应扶持政策，鼓励引导具有大规模、高产出的两头在外项目落户。同时，与驻区海关、国检一道，对入驻企业实行“一套人马服务、一条龙审批服务、一站式通关服务、一次性国检服务、一步到位基础设施配套服务”的“五个一”服务方式，确保企业通关便捷、环节减少、时间缩短、手续简化、效率提升。

【对外贸易】 盐城综合保税区学习借鉴上海自贸区经验做法，利用海关政策优势，引入新项目，引进新业态，着力打造“四大中心”，加速推进转型升级。

高端制造业中心。加快推进国投自贸园商业综合体和高标准多层厂房建设，预计2015年年底前建成并投入使用。在现有工业加工制造基础上，加大光电、电子、高端装备制造业项目招商力度，提升高端制造业。

国际分拨中心。加快推进高标准保税仓库建设，开展进出口货物存储、国际转口贸易、国际采购与分销配送、国际中转等业务，建设国际分拨中心。

进出口商品展示交易中心。利用特殊监管区域保税延展功能，建立交易展示场所，减少中间环节，进行保税货物的展示及交易，开展进口商品展示展销和跨境电商业务，进而利用港口、机场和综合保税区三方联动，打造国际快件监管中心。

国际融资租赁中心。利用上海自贸区融资租赁辐射作用，引进融资租赁公司，开展汽车整车及发动机、医疗器械等设备产品跨境融资租赁服务。通过培育新业态，引入大项目，做大进出口规模。

【功能拓展】 盐城综合保税区发挥功能平台作用，创新业务试点，面向江苏省及长三角地区提供平台服务，营造良好发展环境。

创建进口商品直销中心。充分利用综合保税区功能平台，采用商品直销方式，依托口岸信息平台、电子商务平台及国际采购的资源优势，以进口商品分拨、直销、批发、零售、进口代理、跨境电子商务为主营业务，通过进出口贸易公司进行投资建设和运营管理，配套封关区域外的商业综合体，打造跨境电商集聚发展区。

推进贸易便利化改革。建立海关、国检、口岸、场站大通关协调机制，制定激励办法，提高通关效率，打造最优通关和营商环境。与大丰港、南洋国际机场联动建设盐城综合保税区“无水口岸”，创建国际快件监管中心。

创新政策试点突破。完成江苏省首票选择性征收关税业务，委内加工、内销产品返区维修等业务已正常开展，贸易多元化、简化统一进出境备案清单、批次进出集中申报、智能化卡口验放、简化无纸通关随附单证等制度逐步复制推广，企业生产运输成本有效降低，综合竞争力不断提升。

【发展趋势】 盐城综合保税区重点发展包括电子信息、光电、汽车零部件、新材料、国际贸易、仓储物流、跨境电商在内的产业体系，全力打造培育出口龙头企业的重要增长极，成为江苏省外向型经济新标杆和国际化发展新高地。通过虚拟口岸功能的实体化，发展成为上海海港、空港在江苏沿海地区的喂给、疏散港，并发展成为长三角地区制造业集群的生产服务业基地和最具活力的国际货物集散地。

【招商部门】盐城综合保税区管理委员会诚挚欢迎广大客商进行咨询、交流、投资和开展业务。招商热线：0515-69977907、69977911、69977921，传真：0515-69977931。

舟山港综合保税区
ZHOUSHAN PORT FREE TRADE ZONE

【概况】 2012年9月29日，国务院正式批复设立舟山港综合保税区。舟山港综合保税区规划总面积5.85平方公里，按照“一区两片”模式，设置本岛分区和衢山分区，其中本岛分区规划面积2.83平方公里，衢山分区规划面积3.02平方公里，两分区相距约22海里。2013年11月22日，综合保税区一期通过国务院联合验收组正式验收。2014年1月8日，综合保税区本岛分区正式封关运行。

【战略定位】 舟山港综合保税区作为舟山群岛新区“三步走”建设舟山自由贸易港区的第一步，着重加强与上海、宁波之间的优势互补，大力发展船舶、海洋工程装备、海洋生物产业、海洋新能源装备及海洋高新技术等产业，建设成为富有特色的现代海洋产业基地；大力发展国际进口商品展示、交易，建设成为我国重要的进口商品基地；大力发展以油品、矿砂、煤炭、化工品及件杂货等大宗商品的储存、中转为主的现代港口物流业，建设成为我国大宗商品的国际物流配送中心；全力打造我国江海联运服务的重要平台、浙江海洋经济发展示范区的重要载体、浙江舟山群岛新区发展的核心功能区，努力发展成为面向亚太地区以大宗商品为主的综合保税区。

【规划布局】 本岛分区位于舟山本岛北部，毗邻舟山经济开发区，周围20平方公里范围内集聚区了众多的海洋工程装备制造、海洋生物医药、新兴能源、仓储物流企业及研发中心，为本岛分区下步发展奠定了扎实的产业基础。本岛分区分为口岸作业区、保税物流区、保税加工区、口岸查验区，同时在区外设置码头作业区和综合配套区。码头作业区位于本岛分区北部，规划建设码头4座，其中1个3万吨兼靠5万吨件杂货码头、1个5万吨兼靠7万吨多功能集装箱码头已经建设完成投入使用。综合配套区面积0.18平方公里，规划设置口岸联检综合办公大楼、企业服务中心、进口商品交易中心、五星级商务酒店、游艇展示服务中心，集投资创业、商务洽谈、居住休闲服务为一体。

衢山分区位于衢山鼠浪湖岛，规划面积3.02平方公里。鼠浪湖岛水深岸线条件优越，规划建设30万吨码头4个，20万吨、10万吨码头各1个，5万吨级码头4个。目前已通过核准建设2个30万吨级码头（其中一座码头水工结构均按靠泊40万吨散货船设计）、1个10万吨级和2个5万吨级装船泊位。重点发挥鼠浪湖岛的水深岸线和区位条件优势，努力将衢山分区打造成为我国大宗商品储运中转加工和交易中心、区域性大宗商品定价中心。

【经济发展】 2014年，全区累计完成注册企业1 049家，总注册资金145.5亿元。其中，市外注册企业419家，总注册市外资金44.5亿元；浙商回归资金为25.5亿元；完成贸易额146亿元，其中注册企业贸易额41亿元，保税燃料油结算量贸易额105亿元；实现税收总收入7 137.2万元，同比增长201%；区内进出区货物为4 457.67吨，货值为2 117.91万美元；配套码头货物吞吐量为10.38万吨。

【投资环境】舟山港综合保税区位于太平洋西部，远东航运网络中心地带，与日本、韩国、中国香港等亚太新兴港口形成等距离的海运网络，同时处于我国长江三角洲和东部沿海要冲，位于南北海运大通道和长江黄金水道的交汇地带，是长江三角洲综合运输网的重要节点，国际物流和国内物流的结合区域。

交通方面。舟山跨海大桥直通杭州湾大桥、沪杭甬高速；舟山港位于东南沿海与长江口T形交汇处，完善的集疏运网络可运输至长江沿岸和各沿海港口城市；随着杭州湾跨海大桥、舟山大陆连岛大桥、环岛公路等项目建成通车，已融入上海3小时经济圈；规划建设中的杭州湾东方大通道将使舟山从北部连接上海，实现1小时到达，全长130公里构成上海—舟山—宁波大通道；普陀山机场空中航线通达上海、广州、深圳、大连、厦门、福州、汕头等11个沿海城市；水上交通远洋运输直达韩国、日本、新加坡等地港口；园区配套码头陆续开通了舟山至日本直航航线、台湾小贸航线，以及同宁波港、太仓港外贸内支线。

贸易投资软环境方面。一是着力打造"三零"服务区。对符合条件企业实行"零审批"，对企业工商登记注册实行"零收费"、"零距离"。设立企业综合服务中心，提供一站式服务，市场监督、国地税、国土等分支机构入驻企业综合服务中心，企业不出区即办妥工商注册所有手续。二是创新开展区外"保税展示交易"业务，大大节省企业运营成本。香港俊思集团"海外仓"项目推进顺利，常态化运营预计年贸易额达10亿元人民币。三是不断推进通关监管模式改革。积极引入信息化监管手段，相继推出"两单一审"、"无纸化通关"等各类监管便利化措施20余项；复制推广"区外保税展示"、"简化无纸通关随附单证"等多项上海自贸区监管创新制度；开展关检联合"三个一"试点。四是积极完善通关制度建设。严格践行"24小时预约通关服务制"，建立综合保税区口岸部门联席会议制度，为企业提供高效便捷通关服务。

【产业发展】目前，以国际贸易、仓储物流、外轮供应、船舶管理、海事仲裁、船舶代理、跨境电商等具有江海联运和海事服务特色的产业正在加快布局和集聚中。综合保税区重点推进十大专业交易市场建设，即浙江省石油化工交易中心、进口商品交易市场、进口水产品与冷链交易市场、国际船舶及成套设备交易市场、矿产品交易市场、金属交易市场、进口粮油交易市场、大宗基础原材料交易市场、文化艺术品交易市场、进口木材交易市场。园区重点招商项目包括本岛分区保税物流园区仓储项目、大型冷链保税仓储物流中心项目、专业交易市场项目、衢山分区保税燃料油仓储物流项目、浙江省进口商品基地项目及舟山港综合保税区国际商品会展中心项目等。

【机构设置与管委会领导】舟山港综合保税区管委会与浙江舟山群岛新区海洋产业集聚区管委会、舟山经济开发区管委会实行"三块牌子，一套班子"的管理模式。管委会下设办公室、党群工作部、财政局、经济发展局、规划与建设局、物流贸易、口岸事务管理局、执法分局及衢山分区办事处。

【招商部门】物流贸易局。投资热线：0580-8065068 8065065 8065010，传真电话：0580-8065065，e-mail：zsttz2012@sina.com。

黑龙江绥芬河综合保税区
HEILONGJIANG SUIFENHE COMPREHENSIVE FREE TRADE ZONE

【概况】 绥芬河综合保税区于2009年4月21日经国务院批准设立，规划控制面积1.8平方公里，是全国第6个获得批复的综合保税区。绥芬河综合保税区一期工程1.2平方公里，已于2010年8月31日通过国家验收，并正式通关运营；二期0.6平方公里，基础设施现已全部完工待国家验收。

【投资环境】 黑龙江绥芬河综合保税区位于黑龙江省绥芬河市。绥芬河市与俄罗斯滨海边疆区接壤，是中俄边境蓬勃发展的口岸城市。距哈尔滨市460公里，距俄罗斯远东港口城市海参崴210公里，拥有公路、铁路两个国家一类口岸。与其他中俄边境口岸不同的是，绥芬河可以成为具有“出海口”意义的陆海联运输港大通道，进而开拓连接东北亚和走向亚太地区的“黄金通道”。

绥芬河是一座具有百年历史的口岸城市，1903年中东铁路通车后，曾与俄罗斯海参崴、中国哈尔滨得到同步发展。当时有俄、日、英、美、法等18个国家商贾云集于此，时称“国境商都”。自1992年被国务院批准为首批沿边开放城市以来，绥芬河市已培育形成商贸旅游业、进出口加工业、现代服务业等支柱产业，已经成为对俄木材、机电产品、果菜及民贸商品进出口集散地，是中国对俄贸易最重要的口岸城市之一。对俄贸易额连续多年约占全国的1/10，占黑龙江省的2/3。2008年，绥芬河被国家确定为改革开放30年中国特色发展之路18个典型地区之一。

绥芬河口岸扩能改造正在实施，改造后绥芬河铁路口岸过货能力将达到3 000万吨；绥芬河到黑龙江省会哈尔滨市的电气化高速铁路已开工建设，建成后到哈尔滨仅需2个多小时；绥牡高速公路已建成通车；绥芬河支线机场即将开工建设。特别是俄罗斯远东自由港的批复，将给绥芬河综合保税区发展带来新的机遇。

【经济发展】 运营以来，绥芬河综合保税区已累计入驻企业430户，招商引资实际到位资金31亿元，建设标准化工业厂房55万平方米，实现贸易额12亿美元，过货量达360万吨，税收收入完成1.2亿元（不含土地出让金）。2014年，入区企业达到355户，新增企业83户，同比增长18%；招商引资到位资金10.5亿元，同比增长5%；进出口货运总量实现180万吨，同比增长150%；进出口贸易额实现10亿美元，同比增长80%；实现税收收入4 600万元。进出口品种主要涉及进口天然气、润滑油、煤炭、粮食、海产品、木材等资源类货物的贸易和加工；出口涉及耐火材料、改性塑料、LED产品、电子、服装、水果、山产品、建材等货物的贸易和加工等。

【功能创新】 黑龙江绥芬河综合保税区在海关总署和国家各部委大大力支持下，功能政策不断创新。经过努力，为保税区企业争取了边境小额贸易政策和在综合保税区自由报关进口政策。国外二手车入区仓储正式获得允许。出境人员购买名品中心进口货物免税政策正式开通。非必检货物从大连大窑湾口岸可直接转至绥芬河综合保税区查验。国家质检总局批准台湾水果可以从哈尔滨国际机场口岸转关至综合保税区检验。商事制度改革业务在综合保税区成功开展。绥芬河综合保税区被黑龙江省人力资源和社会保障厅正式批准为首批“博士后创新创业实践基地”。

【发展趋势】根据国家赋予综合保税区的基本功能，结合绥芬河综合保税区区位、资源和产业特点，针对综合保税区目前对区域主要发挥的是“发酵剂”、“助推器”和“示范地”作用的实际，绥芬河综合保税区的功能定位是打造“四个产业中心”，对接“一个平台”，即打造国际贸易中心、进出口加工中心、展示分拨交易中心、仓储物流中心，对接符拉迪沃斯托克自由港功能，推动哈牡绥东区域经济一体化，成为助力龙江陆海丝绸之路经济带发展的服务平台。

按照“四个产业中心和一个平台”的功能定位，重点在3个产业项目方面实现重点突破。一是在贸易物流仓储上实现突破。广泛吸引全国、全省和俄罗斯贸易企业入区，做大转口贸易、过境贸易，实现贸易快速发展，在贸易企业数量上实现突破。推动已入区贸易企业开展业务，实现进出口品种、贸易额、过货量和财政贡献率不断增加。重点吸引企业建立整合物流、贸易、仓储、结算等功能的营运中心或直销体验店，如红酒营运中心、俄罗斯食品体验直销店等，形成东北亚商品仓储集散地。二是在进出口加工上实现突破。重点发展玉米、大豆等农产品物理碾压制片、饲料加工等加工项目；重点发展豆油、面条、饼干等深加工，蜂蜜、糖果等分装项目；重点吸引利用进口原料加工复出口项目和利用进口原料加工内销项目。三是在展示分拨交易上实现突破。搞好国际名品展示中心运营，加强与国内和省内其他区域的联动，在俄罗斯商品、韩国商品等展示分拨上实现区域和数量上的突破。推进大宗商品交易中心和贵金属交易中心建设，发展以木材保税仓储交易、俄罗斯农产品保税交易为主要内容的大宗商品交易，发展以稀有金属、黑色金属、有色金属保税交易为主要内容的贵金属交易，为开展保税期货交割业务探索经验。

【机构设置与管委会领导】黑龙江绥芬河综合保税区采用“政府主导，市场化运作”模式。按照政企合一的方式组建综合保税区管委会和综合保税区投资运营有限公司，实行“两块牌子，一套班子”的运作方式。管委会由政府授权统一承接市级部门行政管理职能，对综合保税区进行服务和管理；开发公司负责对保税区的基础设施开发建设，对土地实施集约化经营，其收益用于保税区基础设施建设及维护。按照《黑龙江绥芬河综合保税区管理办法》规定，绥芬河综合保税区管委会为省政府的派出机构，委托绥芬河市政府管理，在黑龙江绥芬河综合保税区领导小组指导下，统一负责综合保税区的日常管理工作。

管委会领导：党工委书记、管委会主任迟德彬，管委会副主任林虎、何炳利、伞君仁，党工委副书记李波。

【招商部门】黑龙江绥芬河综合保税区管委会经贸局是管委会的招商机构，承接黑龙江绥芬河综合保税区的招商引资工作。联系人：刘建奎，联系电话，0453-3926177，传真：0453-3923077。

长春兴隆综合保税区
CHANGCHUN XINGLONG FREE TRADE ZONE

【基本概况】 长春兴隆综合保税区于2011年12月16日经国务院批准设立，为我国第19个综合保税区，也是吉林省唯一的综合保税区。其规划面积4.89平方公里，分三期建设，其中一期1.536平方公里，配套区13.11平方公里。2012年6月，综合保税区全面启动建设工作，2013年10月31日一期工程通过国家十部委联合验收。2014年3月13日，综合保税区实现封关运营。2014年5月4日，海关总署批准园区开展跨境贸易电子商务出口业务。2015年3月17日，国家质检总局批准筹建进口肉类指定查验场。

【区域位置】 长春兴隆综合保税区位于长春市东北部，长春经济开发区兴隆山镇内，距长春市仅10公里，交通十分便利。航空方面，通过机场大路至长春龙嘉国际机场仅10分钟车程。铁路方面，紧邻长图铁路线上的兴隆山火车站，通过综合保税区专用线与大连港实现了无缝对接，周边哈大铁路、长吉城际铁路从此经过。公路方面，长春至吉林的101省道、长春至沈阳和哈尔滨的102国道、北京—沈阳—长春—哈尔滨的高速公路、长春绕城高速公路等绕经区域。航空、铁路、公路三位一体的综合交通优势较为明显。

【战略定位】 提升经济外向度，创建吉林对外开放的新窗口；依托国家战略，打造区域产业优化升级的新引擎；辐射东北亚，构筑国际贸易与经济技术合作的新平台。

【产业定位】 以服务贸易和加工贸易为主，形成具有兴隆特色的“2+2”产业体系，即现代物流、保税展示和国际贸易、高端制造、特色产品加工。

【发展目标】 建设“一个平台、两个中心、三个基地”，即以运营最佳、服务最优为宗旨，构建区域贸易通关新平台；以区域市场为导向，建设东北地区重要的国际商品展览展示交易中心；以公路港、铁路港、航空港为主体，建设三位一体的辐射东北亚区域的现代化物流中心；以汽车关键零部件加工、精密机械制造为基础，打造吉林高端制造产品出口加工基地；以粮食深加工、特色资源产品加工为龙头，打造吉林特色产品出口加工基地；以电子商务、新材料等为重点，打造吉林重要的战略新兴产业培育基地。

【发展原则】 总体发展原则为：物流为先导，产业做支撑，贸易来激活。实施聚合存量、引进增量、培育新增长点的“三步走”发展策略。

【开发建设】 长春兴隆综合保税区秉承高起点、高标准原则，累计投入80亿元，进行了综合保税区及配套区征地、拆迁和基础设施建设，主要包括大型停车场、露天堆场、查验场地、标准厂房、保税仓库、联检大楼、查验中心、主副卡口、吉林省跨境电子商务运营中心等。综合保税区围网内实现了“九通一平”，配套区13平方公里实现了“七通一平”，建成道路已全部完成新植绿化。同时，开发建设了国内最先进的海关智能化监管系统和辅助管理平台，实现区域无盲区、无死角24小时有效监管，实现了与海关总署、国家质检总局的数据对接。截至目前，长春兴隆综合保税区已经形成标准厂房15万平方米、公共保税仓库2.3万平方米、集装箱货运站场10万平方米的规模。

【规划设计】 为充分发挥辐射带动作用，综合保税区确定了“一湖、一河、二绿带、三轴（产业功能发展轴、城市功能发展轴、生态功能发展轴）、四板块（综合保税产业区、产业服务集聚区、会展商贸拓展区、国际生活引领区）”的总体格局。通过高水平规划设计，积极提升区域品质，加快产业转型升级。未来综合保税区将可容纳10万人，以“业、居、游”为主线，促进产业服务、会展商贸、休闲体验、文化商务等功能有机融合，打造成为带动“长东北”，辐射“长吉图”，对接东北亚的“中国长春开放开发核心集聚区”。

【经济发展】 长春兴隆综合保税区积极开展保税加工、保税物流、跨境电子商务等业务，实行24小时“通关全服务”。已签约项目70个，计划总投资97.1亿元人民币，达产后可实现年进出口额21亿美元，主要涉及装备制造、现代物流、国际贸易和现代服务业四大类型。跨境电子商务开通了至俄罗斯的总包直封邮路，设立了国际小包集中收寄处，吸引了阿里巴巴、顺丰等项目入驻。开通了长春—莫斯科、长春—爱沙尼亚—莫斯科货运包机。2014年5月13日与大窑湾口岸实现检验检疫转检直通。2015年6月25日与大连全面战略合作，开通了至大连港的保税货运班列。2015年7月29日启动了进口肉类指定查验场建设。2015年8月31日启动了长春—满洲里—德国（施瓦茨海德）的“长满欧”国际货运班列。截至目前，累计完成报关单（含备案清单）3 800份，实现业务额1.85亿美元。跨境电子商务实现小包出口100万件。

【机构设置与管委会领导】 2012年3月26日，吉林省编委批准设立长春兴隆综合保税区党工委和管委会，分别为长春市委、市政府派出机构，负责对综合保税区进行统一管理，下设综合（信息）处、经贸发展处和规划建设处。长春海关和吉林出入境检验检疫局分别在综合保税区设立派驻机构，分别负责综合保税区的现场监管、检验检疫业务，“一站式”申报大厅为企业提供一流服务环境。

【招商部门】 经贸发展处，联系电话：0431-81880021、81880022；投资促进一局，联系电话：0431-84809581；投资促进二局，联系电话：0431-84809808；服务业发展办公室，联系电话：0431-84634662；驻天津办事处，联系电话022-27282198；驻上海办事处，联系电话：21-56965186。

统计资料篇

保税区（保税物流园区）

2014 年全国保税区下分贸易方式进出口贸易额统计表

地区		贸易方式	进出口合计		出口		进口	
			2014 年 1 月至 2014 年 12 月		2014 年 1 月至 2014 年 12 月		2014 年 1 月至 2014 年 12 月	
中文	代码	中文	美元值（万）	美元值同比（%）	美元值（万）	美元值同比（%）	美元值（万）	美元值同比（%）
		保税区合计	23 207 672.6	−26.8	8 361 105.6	−33.2	14 846 567.0	−22.6
天津港保税区	12074	合计	1 445 929.7	−3.0	278 383.9	7.8	1 167 545.8	−5.2
		一般贸易	883 392.0	−4.0	146 322.1	−4.6	737 069.9	−3.8
		国家间、国际组织无偿援助和赠送的物资	42.3		42.3			
		进料加工贸易	1 646.6	−33.8	1 243.5	−38.3	403.0	−14.2
		对外承包工程出口货物	735.9		735.9			
		租赁贸易	16.0		16.0			
		出料加工贸易	0.7	−73.8	0.4	−19.7	0.3	−87.2
		保税监管场所进出境货物	323.9	−16.6			323.9	−16.1
		海关特殊监管区域物流货物	558 708.1	−1.4	129 566.2	26.3	429 141.9	−7.5
		其他贸易	1 064.1	10.9	457.4	35.9	606.7	−2.7
大连大窑湾保税区	21024	合计	283 363.7	0.1	61 812.4	8.7	221 551.3	−2.1
		一般贸易	164 278.8	−1.0	31 034.2	−5.8	133 244.5	0.2
		来料加工装配贸易	14 392.9	11.2	13 278.0	12.5	1 114.9	−2.9
		进料加工贸易	26 204.7	31.3	14 914.5	44.8	11 290.2	16.8
		加工贸易进口设备	19.8	9.9			19.8	9.9
		外商投资企业作为投资进口的设备、物品	67.8				67.8	

续表

地区		贸易方式	进出口合计		出口		进口	
			2014年1月至2014年12月		2014年1月至2014年12月		2014年1月至2014年12月	
中文	代码	中文	美元值（万）	美元值同比（%）	美元值（万）	美元值同比（%）	美元值（万）	美元值同比（%）
		保税监管场所进出境货物	720.7	9.0			720.7	13.4
		海关特殊监管区域物流货物	76 965.6	-7.0	2 561.1	47.8	74 404.5	-8.2
		其他贸易	713.4	-7.3	24.6	-20.7	688.8	-6.8
上海外高桥保税区	31224	合计	9 836 468.3	4.5	2 400 873.5	9.8	7 435 594.8	2.9
		一般贸易	2 403 918.5	24.7	434 515.9	1.5	1 969 402.6	31.3
		来料加工装配贸易	133 263.9	-4.8	95 473.0	-0.1	37 790.9	-15.1
		进料加工贸易	640 909.6	-0.4	346 306.0	18.8	294 603.5	-16.3
		加工贸易进口设备	259.8	-47.5			259.8	-47.5
		租赁贸易	1.2	-99.4			1.2	-99.4
		外商投资企业作为投资进口的设备、物品	27 448.4	29.5			27 448.4	29.5
		保税监管场所进出境货物	15 892.3	142.5	810.9	106.9	15 081.5	144.8
		海关特殊监管区域物流货物	6 604 659.2	-0.9	1 523 460.2	11.2	5 081 198.9	-4.0
		其他贸易	10 115.4	34.6	307.4	284.3	9 808.0	31.9
张家港保税区	32154	合计	403 155.2	-7.5	115 752.3	3.2	287 402.9	-11.2
		一般贸易	130 380.9	0.6	37 999.8	60.1	92 381.1	-12.7
		来料加工装配贸易	15 921.4	16.0	8 509.8	8.3	7 411.6	26.3
		进料加工贸易	80 181.9	-6.7	62 206.9	-9.1	17 975.0	2.7
		保税监管场所进出境货物	36 342.9	24.2	616.8	-91.9	35 726.1	64.9
		海关特殊监管区域物流货物	140 290.6	-20.8	6 418.7	42.7	133 871.9	-22.4
		其他贸易	37.5	-50.6	0.2	-70.5	37.3	-50.4
宁波北仑港保税区	33024	合计	855 227.3	48.6	432 231.2	176.2	422 996.1	1.0
		一般贸易	577 976.0	96.9	323 808.4	472.8	254 167.7	7.3
		来料加工装配贸易	3 679.4	-6.0	2 076.2	-8.0	1 603.1	-3.3
		进料加工贸易	113 371.8	-7.1	57 759.5	-12.3	55 612.3	-1.1

续表

地区		贸易方式	进出口合计		出口		进口	
			2014年1月至2014年12月		2014年1月至2014年12月		2014年1月至2014年12月	
中文	代码	中文	美元值（万）	美元值同比（%）	美元值（万）	美元值同比（%）	美元值（万）	美元值同比（%）
		保税监管场所进出境货物	822.9	-83.6			822.9	-83.6
		海关特殊监管区域物流货物	158 113.3	5.5	47 378.8	53.6	110 734.5	-7.0
		其他贸易	1 263.9	9.4	1 208.3	14.3	55.6	-43.3
福建马尾保税区	35014	合计	28 352.1	68.6	10 726.5	38.3	17 625.6	94.6
		一般贸易	18 423.5	32.0	9 935.6	54.4	8 488.0	12.8
		来料加工装配贸易	653.3	-5.4	470.4	-5.8	182.9	-4.3
		保税监管场所进出境货物	305.5	7.8			305.5	9.1
		海关特殊监管区域物流货物	8 969.7	376.9	320.6	-60.8	8 649.2	713.6
		其他贸易	0.1	-80.4	0.0		0.1	-83.6
厦门象屿保税区	35024	合计	462 267.3	12.6	297 656.2	10.9	164 611.1	15.8
		一般贸易	129 310.1	28.8	101 435.9	31.6	27 874.2	19.3
		来料加工装配贸易	532.4	-4.1	354.9	-6.7	177.5	1.5
		进料加工贸易	42 029.6	11.9	22 462.4	13.6	19 567.2	10.0
		易货贸易	7.4		7.4			
		保税监管场所进出境货物	26 542.2		3.4		26 538.9	
		海关特殊监管区域物流货物	263 498.6	-2.7	173 384.3	1.3	90 114.4	-9.5
		其他贸易	347.0	-72.7	8.0	38.5	338.9	-73.2
青岛保税区	37024	合计	522 057.2	-18.1	126 352.9	-3.0	395 704.3	-22.0
		一般贸易	186 910.9	-11.0	53 012.8	11.9	133 898.1	-17.7
		来料加工装配贸易	17 759.1	-1.8	11 442.1	-4.4	6 317.0	3.3
		进料加工贸易	28 560.3	-4.3	21 835.7	2.2	6 724.6	-20.7
		加工贸易进口设备	103.9	9.5			103.9	9.5
		保税监管场所进出境货物	50 118.6	24.1	2 662.1	-43.9	47 456.5	33.2

续表

地区		贸易方式	进出口合计		出口		进口	
			2014年1月至2014年12月		2014年1月至2014年12月		2014年1月至2014年12月	
中文	代码	中文	美元值（万）	美元值同比（%）	美元值（万）	美元值同比（%）	美元值（万）	美元值同比（%）
		海关特殊监管区域物流货物	238 498.6	-29.7	37 400.1	-16.4	201 098.5	-31.7
		其他贸易	105.6	93.7	0.1	-81.8	105.5	96.0
广州保税区	44014	合计	253 203.8	-5.9	76 466.2	-10.3	176 737.6	-3.9
		一般贸易	89 506.8	29.2	8 141.2	-4.4	81 365.5	34.0
		来料加工装配贸易	1 891.5	-29.0	1 253.7	-19.6	637.8	-42.3
		进料加工贸易	71 442.5	-19.4	47 560.1	-18.4	23 882.3	-21.2
		加工贸易进口设备	107.4	419.4			107.4	419.4
		外商投资企业作为投资进口的设备、物品	2 285.6	269.4			2 285.6	269.4
		保税监管场所进出境货物	296.7				296.7	
		海关特殊监管区域物流货物	87 626.4	-18.8	19 482.9	15.8	68 143.4	-25.2
		其他贸易	47.0	1 450.3	28.1	4 478.1	18.9	681.3
深圳保税区	44034	合计	8 874 561.8	-50.3	4 448 856.7	-51.0	4 425 705.1	-49.6
		一般贸易	291 616.8	28.8	116 921.8	9.4	174 695.0	46.3
		来料加工装配贸易	229 891.6	-41.9	222 582.5	-39.8	7 309.1	-72.3
		进料加工贸易	4 263 078.8	-11.2	2 237 948.2	-13.2	2 025 130.7	-9.0
		保税监管场所进出境货物	30 290.4	2.6	11 279.4	-23.6	19 010.9	28.9
		海关特殊监管区域物流货物	4 059 670.9	-67.3	1 860 122.7	-69.0	2 199 548.2	-65.6
		其他贸易	13.3	24.5	2.2	610.2	11.1	6.8
珠海保税区	44044	合计	218 308.0	-22.9	102 491.8	-38.0	115 816.3	-1.9
		一般贸易	14 056.5	-84.7	6 817.4	-91.2	7 239.1	-48.8
		来料加工装配贸易	2 383.4	16.6	1 524.5	12.1	859.0	25.7
		进料加工贸易	93 965.5	7.6	65 114.0	10.6	28 851.5	1.5
		加工贸易进口设备	247.0	-13.7			247.0	-13.7
		海关特殊监管区域物流货物	107 654.4	5.9	29 035.9	6.9	78 618.5	5.5
		其他贸易	1.2				1.2	

续表

地区		贸易方式	进出口合计		出口		进口	
			2014 年 1 月至 2014 年 12 月		2014 年 1 月至 2014 年 12 月		2014 年 1 月至 2014 年 12 月	
中文	代码	中文	美元值（万）	美元值同比（%）	美元值（万）	美元值同比（%）	美元值（万）	美元值同比（%）
汕头保税区	44054	合计	24 778. 2	-15. 8	9 502. 0	-19. 5	15 276. 2	-13. 3
		一般贸易	5 599. 3	-33. 7	1 989. 4	-48. 0	3 609. 9	-21. 8
		进料加工贸易	10 252. 4	-0. 7	6 198. 5	-6. 6	4 053. 9	10. 2
		海关特殊监管区域物流货物	8 920. 5	-16. 3	1 314. 1	-1. 3	7 606. 3	-18. 4
		其他贸易	6. 1	869. 8			6. 1	

2014年全国保税区经济指标统计情况表

指标	单位	合计		
		当年累计	同比（%）	历年累计
增加值	万元	43 269 106	2.56	286 921 128
经营总收入		316 403 994	4.81	2 035 875 649
其中：技术服务收入		822 000	6.01	866 214
工业总产值		58 162 270	3.92	423 094 947
其中：高新技术产业		17 718 550	17.96	108 142 827
商品销售额		251 949 150	5.74	1 544 569 160
物流企业经营收入		51 211 485	4.73	375 468 618
批准企业数	个	16 928	104.25	80 057
其中：加工企业		52	-27.78	2 777
贸易企业		9 646	64.13	53 469
仓储物流企业		601	15.13	5 398
批准外资企业数		2 162	279.96	20 096
其中：加工企业		15	-16.67	1 780
贸易企业		1 059	200.85	15 086
仓储物流企业		11	-67.65	1 699
批准投资总额	万美元	8 620 953	169.49	26 930 174
其中：外商投资总额		2 357 789	155.45	13 239 938
合同利用外资		1 582 105	101.88	9 320 150
企业实际到位资金		6 202 564	439.83	17 275 034
其中：实际利用外资		491 390	12.29	4 673 040
房屋竣工建筑面积	平方米	1 883 323	8.87	18 167 324
固定资产投资额	万元	5 670 945	-22.00	42 451 259
其中：基础设施投资		403 486	-16.63	7 180 383
税收总额		19 604 172	7.43	152 277 711
其中：海关税收及代征税		11 484 128	7.38	98 690 303
税务部门税收		8 120 044	7.84	53 584 961
期末从业人员	人	765 380	4.61	765 380
其中：期末外资企业从业人员		439 423	-10.05	439 423
期末批准面积	平方公里	42.27	0.00	42.27
期末验收封关面积		37.9	0.00	37.9

续表

指标	单位	上海外高桥保税区		
		当年累计	同比（%）	历年累计
增加值	万元	18 545 400	8.20	133 610 300
经营总收入		140 020 400	9.16	970 384 900
其中：技术服务收入		822 000	6.01	866 214
工业总产值		5 727 000	-11.37	80 143 100
其中：高新技术产业		762 800	-1.69	11 682 300
商品销售额		127 869 600	10.01	840 829 500
物流企业经营收入		40 603 500	10.44	295 010 700
批准企业数	个	10 515	178.76	21 126
其中：加工企业		5	-54.55	353
贸易企业		5 315	95.40	12 479
仓储物流企业		175	110.84	1 297
批准外资企业数		1 893	510.65	7 245
其中：加工企业		4	—	100
贸易企业		908	318.43	6 000
仓储物流企业		0	-100.00	1 000
批准投资总额	万美元	6 664 267	384.92	10 499 395
其中：外商投资总额		1 636 285	424.55	4 008 214
合同利用外资		818 222	475.94	2 078 044
企业实际到位资金		5 008 986	335.95	6 612 735
其中：实际利用外资		62 100	-10.65	864 400
房屋竣工建筑面积	平方米	330 900	129.00	2 442 100
固定资产投资额	万元	255 800	-9.32	5 137 200
其中：基础设施投资		20 800	-35.00	1 131 798
税收总额		11 074 900	11.31	80 113 300
其中：海关税收及代征税		5 883 900	6.46	47 620 900
税务部门税收		5 191 000	17.37	32 492 400
期末从业人员	人	264 400	1.11	264 400
其中：期末外资企业从业人员		254 400	1.84	254 400
期末批准面积	平方公里	10	0.00	10
期末验收封关面积		8.96	0.00	8.96

续表

指标	单位	天津港保税区		
		当年累计	同比（%）	历年累计
增加值	万元	14 000 000	16.12	70 987 511
经营总收入		70 175 732	14.03	368 925 212
其中：技术服务收入		0	—	0
工业总产值		18 416 101	11.02	88 637 525
其中：高新技术产业		9 215 459	43.56	35 192 493
商品销售额		41 965 900	15.62	201 437 247
物流企业经营收入		4 694 019	18.65	40 193 835
批准企业数	个	2 578	116.64	22 441
其中：加工企业		22	10.00	671
贸易企业		1 160	118.87	11 319
仓储物流企业		119	58.67	1 876
批准外资企业数		104	23.81	6 204
其中：加工企业		3	-50.00	385
贸易企业		37	15.63	4 754
仓储物流企业		0	-100.00	291
批准投资总额	万美元	1 131 523	9.72	10 093 911
其中：外商投资总额		514 159	19.08	5 738 631
合同利用外资		649 724	26.95	5 049 750
企业实际到位资金		849 653	—	6 726 465
其中：实际利用外资		361 779	20.79	2 502 163
房屋竣工建筑面积	平方米	0	—	1 080 000
固定资产投资额	万元	3 407 000	20.82	22 855 197
其中：基础设施投资		237 633	0.65	3 322 459
税收总额		5 088 664	10.18	40 895 670
其中：海关税收及代征税		3 626 289	12.50	31 494 327
税务部门税收		1 462 375	4.84	9 401 343
期末从业人员	人	193 219	2.86	193 219
其中：期末外资企业从业人员		56 092	-29.31	56 092
期末批准面积	平方公里	5	0.00	5
期末验收封关面积		5	31.58	5

续表

指标	单位	青岛保税区		
		当年累计	同比（%）	历年累计
增加值	万元	1 342 185	10.50	9 516 151
经营总收入		6 358 688	16.25	44 481 145
其中：技术服务收入		0	—	0
工业总产值		418 234	-4.48	6 877 657
其中：高新技术产业		373 178	-6.30	3 197 357
商品销售额		4 262 210	22.77	26 934 322
物流企业经营收入		1 365 748	15.14	7 619 860
批准企业数	个	911	98.04	7 628
其中：加工企业		0	-100.00	207
贸易企业		792	89.93	7 079
仓储物流企业		11	-45.00	183
批准外资企业数		21	-12.50	1 478
其中：加工企业		0	-100.00	164
贸易企业		17	21.43	1 273
仓储物流企业		1	-75.00	33
批准投资总额	万美元	168 984	147.79	924 579
其中：外商投资总额		65 731	220.67	438 163
合同利用外资		34 754	38.03	273 056
企业实际到位资金		58 326	—	593 076
其中：实际利用外资		16 048	59.51	131 532
房屋竣工建筑面积	平方米	156 000	393.91	1 705 762
固定资产投资额	万元	51 373	-14.59	738 906
其中：基础设施投资		1 559	1 221.19	82 461
税收总额		531 688	3.18	3 865 523
其中：海关税收及代征税		369 493	-8.86	2 719 244
税务部门税收		162 195	47.60	1 146 279
期末从业人员	人	37 095	17.11	37 095
其中：期末外资企业从业人员		25 679	21.49	25 679
期末批准面积	平方公里	9.72	0.00	9.72
期末验收封关面积		7.94	0.00	7.94

续表

指标	单位	张家港保税区		
		当年累计	同比（%）	历年累计
增加值	万元	4 293 231	2.78	28 069 013
经营总收入	万元	44 767 044	0.87	297 843 625
其中：技术服务收入	万元	0	—	0
工业总产值	万元	11 478 032	-0.77	80 323 055
其中：高新技术产业	万元	2 496 502	10.88	16 641 794
商品销售额	万元	42 717 819	1.22	277 241 752
物流企业经营收入	万元	1 495 604	40.77	6 087 884
批准企业数	个	1 182	24.55	7 083
其中：加工企业	个	13	-13.33	331
贸易企业	个	1 046	26.48	6 310
仓储物流企业	个	123	14.95	442
批准外资企业数	个	26	-13.33	614
其中：加工企业	个	5	-16.67	181
贸易企业	个	18	-14.29	384
仓储物流企业	个	2	100.00	46
批准投资总额	万美元	214 702	25.49	2 568 715
其中：外商投资总额	万美元	81 895	-11.85	1 634 519
合同利用外资	万美元	36 252	-41.59	956 931
企业实际到位资金	万美元	108 877	—	2 247 226
其中：实际利用外资	万美元	26 635	-5.74	518 479
房屋竣工建筑面积	平方米	1 257 768	3.38	8 929 808
固定资产投资额	万元	1 284 230	0.87	8 280 496
其中：基础设施投资	万元	130 602	-17.60	1 738 263
税收总额	万元	1 225 070	1.47	10 859 408
其中：海关税收及代征税	万元	754 333	4.59	6 794 809
税务部门税收	万元	470 737	-3.16	4 064 599
期末从业人员	人	52 023	7.43	52 023
其中：期末外资企业从业人员	人	21 480	0.61	21 480
期末批准面积	平方公里	4.1	0.00	4.1
期末验收封关面积	平方公里	4.1	0.00	4.1

续表

指标	单位	宁波保税区		
		当年累计	同比（%）	历年累计
增加值	万元	1 592 764	6.14	14 065 446
经营总收入		26 711 100	-3.12	171 346 790
其中：技术服务收入		0	—	0
工业总产值		4 559 703	0.10	43 837 511
其中：高新技术产业		3 836 155	-2.07	32 351 162
商品销售额		21 352 255	-4.47	127 353 385
物流企业经营收入		1 045 410	39.39	3 365 511
批准企业数	个	636	26.19	10 001
其中：加工企业		0	—	337
贸易企业		593	27.25	9 381
仓储物流企业		0	-100.00	38
批准外资企业数		14	7.69	1 043
其中：加工企业		0	—	255
贸易企业		14	55.56	754
仓储物流企业		0	—	30
批准投资总额	万美元	150 157	140.03	1 175 560
其中：外商投资总额		12 617	-35.23	683 324
合同利用外资		11 122	-7.43	430 825
企业实际到位资金		149 334	—	449 334
其中：实际利用外资		8 863	-15.71	223 283
房屋竣工建筑面积	平方米	115 251	-48.03	3 221 524
固定资产投资额	万元	144 852	18.57	2 428 521
其中：基础设施投资		0	—	229 558
税收总额		506 211	5.73	4 893 210
其中：海关税收及代征税		138 406	7.54	1 923 280
税务部门税收		367 805	5.06	2 969 930
期末从业人员	人	50 384	0.96	50 384
其中：期末外资企业从业人员		46 857	-1.17	46 857
期末批准面积	平方公里	2.3	0.00	2.3
期末验收封关面积		2.3	0.00	2.3

续表

指标	单位	福州保税区		
		当年累计	同比（%）	历年累计
增加值	万元	168 930	4.25	740 926
经营总收入	万元	248 180	-8.72	890 780
其中：技术服务收入	万元	0	—	0
工业总产值	万元	87 345	-6.46	668 486
其中：高新技术产业	万元	0	—	0
商品销售额	万元	300 441	-2.61	1 376 899
物流企业经营收入	万元	78 890	-5.44	316 912
批准企业数	个	278	46.32	1 935
其中：加工企业	个	0	—	31
贸易企业	个	267	46.70	1 677
仓储物流企业	个	11	37.50	155
批准外资企业数	个	1	0.00	403
其中：加工企业	个	0	—	15
贸易企业	个	1	0.00	332
仓储物流企业	个	0	—	52
批准投资总额	万美元	69 970	311.61	255 194
其中：外商投资总额	万美元	115	-91.74	65 088
合同利用外资	万美元	82	-80.05	34 754
企业实际到位资金	万美元	1 226	—	184 505
其中：实际利用外资	万美元	293	3.17	17 260
房屋竣工建筑面积	平方米	0	—	1 000
固定资产投资额	万元	5 554	-26.10	173 590
其中：基础设施投资	万元	3 283	42.12	130 864
税收总额	万元	32 246	18.34	636 315
其中：海关税收及代征税	万元	0	-100.00	421 010
税务部门税收	万元	32 246	19.28	215 304
期末从业人员	人	6 000	0.00	6 000
其中：期末外资企业从业人员	人	1 000	0.00	1 000
期末批准面积	平方公里	1.8	0.00	1.8
期末验收封关面积	平方公里	0.68	0.00	0.68

续表

指标	单位	厦门象屿保税区		
		当年累计	同比（%）	历年累计
增加值	万元	700 613	20. 74	3 472 330
经营总收入		6 665 912	24. 21	28 485 642
其中：技术服务收入		0	—	0
工业总产值		215 433	10. 94	1 254 403
其中：高新技术产业		25 706	—	25 706
商品销售额		5 605 000	27. 50	20 603 534
物流企业经营收入		985 700	36. 72	4 554 833
批准企业数	个	449	26. 48	3 645
其中：加工企业		1	—	34
贸易企业		270	37. 06	1 332
仓储物流企业		103	0. 00	723
批准外资企业数		9	12. 50	575
其中：加工企业		0	—	2
贸易企业		6	-25. 00	57
仓储物流企业		1	—	13
批准投资总额	万美元	172 027	155. 10	488 123
其中：外商投资总额		16 187	658. 17	69 062
合同利用外资		8 136	303. 37	61 011
企业实际到位资金		14 133	—	51 086
其中：实际利用外资		4 017	49. 44	44 626
房屋竣工建筑面积	平方米	0	—	0
固定资产投资额	万元	250 000	78. 15	756 406
其中：基础设施投资		1 000	100. 00	98 670
税收总额		120 783	23. 05	740 398
其中：海关税收及代征税		25 000	-5. 58	321 925
税务部门税收		95 783	33. 63	418 473
期末从业人员	人	20 003	0. 02	20 003
其中：期末外资企业从业人员		0	—	0
期末批准面积	平方公里	0. 63	0. 00	0. 63
期末验收封关面积		0. 63	0. 00	0. 63

续表

指标	单位	汕头保税区		
		当年累计	同比（%）	历年累计
增加值	万元	266 902	1. 50	2 478 870
经营总收入		561 974	7. 92	4 451 651
其中：技术服务收入		0	—	0
工业总产值		527 433	13. 29	3 892 413
其中：高新技术产业		153 241	-5. 77	1 209 374
商品销售额		96 461	-5. 79	1 100 796
物流企业经营收入		70 569	-10. 47	879 530
批准企业数	个	1	-83. 33	277
其中：加工企业		0	-100. 00	122
贸易企业		0	—	132
仓储物流企业		1	—	19
批准外资企业数		0	—	199
其中：加工企业		0	—	80
贸易企业		0	—	108
仓储物流企业		0	—	11
批准投资总额	万美元	1 499	-32. 99	65 743
其中：外商投资总额		1 026	-39. 18	42 901
合同利用外资		1 026	-28. 90	31 885
企业实际到位资金		939	—	59 292
其中：实际利用外资		569	88. 41	23 484
房屋竣工建筑面积	平方米	23 404	-79. 71	697 130
固定资产投资额	万元	57 197	17. 85	488 553
其中：基础设施投资		1 007	-38. 60	115 178
税收总额		26 286	0. 87	495 174
其中：海关税收及代征税		10 199	-0. 55	356 312
税务部门税收		16 087	1. 78	138 862
期末从业人员	人	4 171	1. 51	4 171
其中：期末外资企业从业人员		1 421	0. 00	1 421
期末批准面积	平方公里	2. 34	0. 00	2. 34
期末验收封关面积		2. 34	0. 00	2. 34

续表

指标	单位	广州保税区		
		当年累计	同比（%）	历年累计
增加值	万元	421 190	-6.58	3 400 751
经营总收入		4 448 847	6.60	30 179 574
其中：技术服务收入		0	—	0
工业总产值		618 211	-17.94	10 229 674
其中：高新技术产业		189 806	-64.02	5 272 445
商品销售额		3 044 388	7.79	19 698 514
物流企业经营收入		850 145	7.96	4 203 153
批准企业数	个	45	-8.16	2 628
其中：加工企业		2	—	64
贸易企业		13	-27.78	2 376
仓储物流企业		6	-45.45	56
批准外资企业数		2	-60.00	777
其中：加工企业		0	—	60
贸易企业		0	-100.00	698
仓储物流企业		0	—	3
批准投资总额	万美元	1 547	-89.75	255 600
其中：外商投资总额		496	-95.97	212 176
合同利用外资		435	-85.00	110 981
企业实际到位资金		1 256	—	78 904
其中：实际利用外资		1 256	-7.51	78 904
房屋竣工建筑面积	平方米	0	—	0
固定资产投资额	万元	114 072	-16.56	865 600
其中：基础设施投资		0	—	127 099
税收总额		80 955	-7.02	1 252 398
其中：海关税收及代征税		0	—	0
税务部门税收		80 955	-7.02	1 249 957
期末从业人员	人	24 901	92.84	24 901
其中：期末外资企业从业人员		15 685	29.06	15 685
期末批准面积	平方公里	1.4	0.00	1.4
期末验收封关面积		1.4	0.00	1.4

续表

指标	单位	深圳保税区		
		当年累计	同比（%）	历年累计
增加值	万元	1 578 191	8.89	18 469 259
经营总收入	万元	14 944 609	17.03	97 539 130
其中：技术服务收入	万元	0	—	0
工业总产值	万元	14 944 609	16.73	96 084 459
其中：高新技术产业	万元	0	—	0
商品销售额	万元	4 406 408	18.98	21 857 461
物流企业经营收入	万元	0	-100.00	303 100
批准企业数	个	165	-27.63	2 335
其中：加工企业	个	7	-12.50	445
贸易企业	个	104	-13.33	1 116
仓储物流企业	个	43	-53.26	504
批准外资企业数	个	46	4.55	1 136
其中：加工企业	个	1	0.00	360
贸易企业	个	39	56.00	634
仓储物流企业	个	4	-69.23	141
批准投资总额	万美元	11 106	-40.81	350 340
其中：外商投资总额	万美元	7 484	-60.12	202 303
合同利用外资	万美元	7 484	-34.53	181 929
企业实际到位资金	万美元	5 277	—	187 864
其中：实际利用外资	万美元	5 277	9.03	187 864
房屋竣工建筑面积	平方米	0	—	0
固定资产投资额	万元	0	—	0
其中：基础设施投资	万元	0	—	0
税收总额	万元	741 383	5.18	7 522 687
其中：海关税收及代征税	万元	609 451	3.90	6 542 437
税务部门税收	万元	131 932	11.55	980 250
期末从业人员	人	95 120	174.83	95 120
其中：期末外资企业从业人员	人	0	—	0
期末批准面积	平方公里	1.98	0.00	1.98
期末验收封关面积	平方公里	1.55	0.00	1.55

续表

指标	单位	珠海保税区		
		当年累计	同比（%）	历年累计
增加值	万元	359 700	14. 21	2 110 571
经营总收入		1 501 508	24. 53	21 347 200
其中：技术服务收入		0	—	0
工业总产值		1 170 169	11. 75	11 146 664
其中：高新技术产业		665 703	17. 14	2 570 196
商品销售额		328 668	33. 08	6 135 750
物流企业经营收入		21 900	55. 56	12 933 300
批准企业数	个	168	24. 44	958
其中：加工企业		2	-33. 33	182
贸易企业		86	6. 17	268
仓储物流企业		9	28. 57	105
批准外资企业数		46	58. 62	422
其中：加工企业		2	100. 00	178
贸易企业		19	35. 71	92
仓储物流企业		3	200. 00	79
批准投资总额	万美元	35 171	62. 42	253 014
其中：外商投资总额		21 794	878. 63	145 557
合同利用外资		14 868	196. 35	110 984
企业实际到位资金		4 557	—	84 547
其中：实际利用外资		4 553	22. 85	81 045
房屋竣工建筑面积	平方米	0	—	90 000
固定资产投资额	万元	100 867	20. 52	726 790
其中：基础设施投资		7 602	34. 72	204 033
税收总额		175 986	10. 26	1 003 628
其中：海关税收及代征税		67 057	2. 56	496 059
税务部门税收		108 929	15. 60	507 564
期末从业人员	人	18 064	8. 23	18 064
其中：期末外资企业从业人员		16 809	12. 81	16 809
期末批准面积	平方公里	3	0. 00	3
期末验收封关面积		3	0. 00	3

2014年全国保税区进口额前30位国家和地区排名表

序号	国家和地区		2014年	
	中文	代码	进口额（万美元）	同比（%）
	保税区合计		14 846 566.96	-22.6
1	中华人民共和国	142	1 725 835.47	-46.3
2	日本	116	1 495 651.90	2.1
3	美国	502	1 163 941.17	-28.7
4	韩国	133	1 154 985.26	-11.9
5	马来西亚	122	1 005 493.50	-31.6
6	中国台湾	143	896 799.89	-66.2
7	英国	303	872 900.63	46.1
8	南非	244	853 004.15	-41.9
9	德国	304	764 986.42	7.0
10	缅甸	106	574 474.62	1 957.7
11	泰国	136	351 241.32	-5.4
12	澳大利亚	601	312 405.81	8.7
13	瑞士	331	310 549.80	17.2
14	法国	305	295 155.31	-6.3
15	新加坡	132	277 807.24	-11.0
16	越南	141	219 191.49	-12.3
17	意大利	307	210 589.85	17.9
18	菲律宾	129	202 695.61	-16.4
19	哥斯达黎加	415	199 201.51	-27.4
20	巴西	410	178 742.46	4.1
21	印度	111	124 789.04	-21.1
22	印度尼西亚	112	120 886.31	-13.8
23	斯洛伐克	353	117 962.01	-12.8
24	墨西哥	429	112 572.67	9.7
25	爱尔兰	306	98 577.99	34.8
26	荷兰	309	87 626.09	-16.1
27	沙特阿拉伯	131	80 434.00	-10.1
28	中国香港	110	63 699.59	-65.6
29	比利时	301	62 355.75	8.8
30	新西兰	609	61 851.38	11.5

2014 年全国保税区出口额前 30 位国家和地区排名表

序号	国家和地区		2014 年	
	中文	代码	出口额（万美元）	同比（%）
	保税区合计		8 361 105.60	-33.2
1	中国香港	110	4 459 059.94	-50.4
2	美国	502	747 766.81	13.8
3	新加坡	132	367 525.85	29.1
4	日本	116	323 328.68	-12.3
5	韩国	133	287 016.28	25.3
6	马来西亚	122	167 458.97	2.0
7	荷兰	309	158 223.65	54.8
8	德国	304	155 935.58	3.6
9	中国台湾	143	155 158.05	-5.4
10	澳大利亚	601	104 350.21	-6.2
11	泰国	136	100 480.98	6.3
12	英国	303	81 269.55	0.0
13	印度	111	74 132.25	-5.6
14	越南	141	69 782.95	88.3
15	墨西哥	429	63 051.70	24.4
16	印度尼西亚	112	62 301.32	20.3
17	菲律宾	129	49 236.08	27.7
18	意大利	307	48 986.07	21.5
19	伊朗	113	48 908.02	15.7
20	法国	305	48 607.51	-3.4
21	阿联酋	138	48 226.34	25.4
22	俄罗斯联邦	344	47 969.75	-3.2
23	加拿大	501	47 077.44	9.3
24	比利时	301	45 717.40	14.8
25	巴西	410	42 553.18	-26.1
26	西班牙	312	39 203.20	16.6
27	土耳其	137	38 121.22	31.9
28	南非	244	27 928.45	14.7
29	沙特阿拉伯	131	26 659.65	59.6
30	尼日利亚	236	23 031.16	37.9

2014 年全国保税区主要进口商品分类统计表（22 大类）

商品类别	2014 年	
	进口额（万美元）	同比（%）
合计	14 846 566.96	-22.6
第十六类　机器、机械器具、电气设备及其零件；录音机及放声机、电视图像、声音的录制和重放设备及其零件、附件	6 138 181.00	-41.4
第十七类　车辆、航空器、船舶及运输设备	1 371 273.19	31.0
第六类　化学工业及其相关工业的产品	1 162 805.75	5.8
第十八类　光学、照相、电影、计量、检验、医疗或外科用仪器及设备、精密仪器及设备；钟表；乐器；上述物品的零件、附件	1 134 747.75	-20.0
第七类　塑料及其制品；橡胶及其制品	1 072 293.10	-5.5
第二十二类　特殊交易品及未分类商品	862 264.39	-44.3
第十四类　天然或养殖珍珠、宝石或半宝石、贵金属、包贵金属及其制品；仿首饰；硬币	823 301.15	535.7
第十五类　贱金属及其制品	466 265.24	-13.5
第五类　矿产品	414 994.24	4.7
第十一类　纺织原料及纺织制品	361 560.55	-11.1
第四类　食品；饮料、酒及醋；烟草、烟草及烟草代用品的制品	244 663.99	-2.1
第二类　植物产品	230 820.16	24.4
第三类　动、植物油、脂及其分解产品；精制的食用油脂；动、植物蜡	135 578.75	-14.8
第一类　活动物；动物产品	108 620.91	-4.0
第十类　木浆等；废纸；纸、纸板及其制品	84 844.64	12.1
第十三类　石料、石膏、水泥、石棉、云母及类似材料的制品；陶瓷产品；玻璃及其制品	59 503.37	-7.3
第八类　生皮、皮革、毛皮及其制品；鞍具及挽具；旅行用品、手提包及类似品；动物肠线（蚕胶丝除外）制品	55 922.86	-9.0
第二十类　杂项制品	54 648.87	40.2
第九类　木及木制品；木炭；软木及软木制品；稻草、秸秆、针茅或其他编结材料制品；篮筐及柳条编结品	32 275.80	98.7
第十二类　鞋、帽、伞、杖、鞭及其零件；已加工的羽毛及其制品；人造花；人发制品	17 706.82	-6.8
第二十一类　艺术品、收藏品及古物	14 294.36	15.3
第十九类　武器、弹药及其零件、附件	0.06	19.8

2014 年全国保税区主要出口商品分类统计表（22 大类）

商品类别	2014 年	
	出口额（万美元）	同比（%）
合计	8 361 105. 60	-33. 2
第十六类　机器、机械器具、电气设备及其零件；录音机及放声机、电视图像、声音的录制和重放设备及其零件、附件	4 590 178. 78	-45. 7
第十四类　天然或养殖珍珠、宝石或半宝石、贵金属、包贵金属及其制品；仿首饰；硬币	1 399 565. 29	-15. 6
第十八类　光学、照相、电影、计量、检验、医疗或外科用仪器及设备、精密仪器及设备；钟表；乐器；上述物品的零件、附件	501 966. 62	-37. 2
第六类　化学工业及其相关工业的产品	331 712. 99	6. 6
第十一类　纺织原料及纺织制品	322 714. 97	13. 8
第十五类　贱金属及其制品	306 477. 64	19. 5
第七类　塑料及其制品；橡胶及其制品	216 122. 01	4. 7
第二十类　杂项制品	159 232. 69	60. 4
第十七类　车辆、航空器、船舶及运输设备	102 621. 54	-17. 1
第十二类　鞋、帽、伞、杖、鞭及其零件；已加工的羽毛及其制品；人造花；人发制品	91 878. 98	39. 7
第十三类　石料、石膏、水泥、石棉、云母及类似材料的制品；陶瓷产品；玻璃及其制品	75 938. 25	53. 8
第八类　生皮、皮革、毛皮及其制品；鞍具及挽具；旅行用品、手提包及类似品；动物肠线（蚕胶丝除外）制品	74 340. 05	13. 6
第四类　食品；饮料、酒及醋；烟草、烟草及烟草代用品的制品	52 583. 71	60. 7
第十类　木浆等；废纸；纸、纸板及其制品	44 571. 19	42. 6
第五类　矿产品	32 649. 88	3. 0
第二类　植物产品	17 025. 02	-7. 8
第二十一类　艺术品、收藏品及古物	16 668. 33	67. 8
第一类　活动物；动物产品	14 327. 46	41. 5
第九类　木及木制品；木炭；软木及软木制品；稻草、秸秆、针茅或其他编结材料制品；篮筐及柳条编结品	9 786. 69	49. 6
第三类　动、植物油、脂及其分解产品；精制的食用油脂；动、植物蜡	726. 19	-42. 8
第十九类　武器、弹药及其零件、附件	12. 02	3 679. 3
第二十二类　特殊交易品及未分类商品	5. 29	198. 8

上海外高桥保税区统计数据表

（1）2014年上海外高桥保税区主要经济指标完成情况表

指标名称	单位	2014年	比上年增长（%）
增加值	万元	18 545 400	8.2
销售收入	万元	140 020 400	9.2
工业总产值	万元	5 727 000	-10.1
其中：高新技术产业	万元	762 800	-1.7
电子信息产业	万元	3 529 500	-18.6
商品销售额	万元	127 869 600	10.0
物流企业营业收入	万元	40 603 500	10.4
当年批准企业数	个	10 515	（1.8倍）
其中：加工企业	个	5	-54.5
贸易企业	个	5 315	95.4
仓储物流企业	个	175	（1.0倍）
当年批准外资企业数	个	1 893	（5.1倍）
其中：加工企业	个	4	—
贸易企业	个	908	（3.2倍）
仓储物流企业	个	0	-100.0
当年批准投资总额	万美元	6 664 267	（3.8倍）
其中：外商投资总额	万美元	1 636 285	（4.2倍）
当年合同利用外资	万美元	818 222	（4.8倍）
当年实际利用外资	万美元	62 100	-10.7
期末施工房屋面积	平方米	658 500	9.2
房屋竣工面积	平方米	33.09	（1.3倍）
税收总额	万元	11 074 900	11.3
其中：工商税收	万元	5 191 000	17.4
海关税收及代征税	万元	5 883 900	6.5
固定资产投资额	万元	255 800	-9.3
其中：基础设施投资	万元	20 800	-35.0
期末从业人员	人	264 400	1.1
其中：外资企业从业人员	人	254 400	1.8
期末保税区批准面积	平方公里	10	0.0
期末保税区验收封关面积	平方公里	8.96	0.0

（2）截至2014年上海外高桥保税区历年招商引资情况表

指标	单位	历年累计
批准企业	个	21 126
其中：外资企业		7 245
投资总额	（万美元）	10 499 395
其中：外商投资总额		4 008 214
合同外资额		2 078 044
实际利用外资		864 400

（3）2014年上海外高桥保税区出口加工企业工业产值排名表

单位：万元

序号	行业类别	工业总产值	比重（%）
	保税区合计	5 726 998	100.0
1	计算机、通信和其他电子设备制造业	3 284 976	57.4
2	汽车制造业	609 796	10.6
3	化学原料和化学制品制造业	455 303	8.0
4	通用设备制造业	418 077	7.3
5	专用设备制造业	208 459	3.6
6	橡胶和塑料制品业	184 373	3.2
7	仪器仪表制造业	91 328	1.6
8	金属制品业	89 786	1.6
9	电气机械及器材制造业	85 852	1.5
10	家具制造业	59 509	1.0
11	烟草制品业	48 640	0.8
12	非金属矿物制品业	47 949	0.8
13	有色金属冶炼和压延加工业	44 616	0.8
14	铁路、船舶、航空航天和其他运输设备制造业	42 434	0.7
15	电力、热力生产和供应业	15 133	0.3
16	金属制品、机械和设备修理业	11 675	0.2
17	食品制造业	8 995	0.2
18	印刷和记录媒介复制业	7 117	0.1
19	造纸及纸制品业	5 947	0.1
20	纺织服装、服饰业	4 729	0.1
21	皮革、毛皮、羽毛及其制品和制鞋业	2 306	0.0

（4）2014年上海外高桥保税区贸易企业商品销售额排名表

单位：万元

序号	行业类别	商品销售额	比重（%）
	保税区合计	127 869 600	100.0
1	机械设备、五金交电及电子产品批发	71 638 400	56.0
2	矿产品、建材及化工产品批发	28 424 200	22.2
4	医药及医疗器材批发	10 127 600	7.9
3	纺织、服装及日用品批发	9 134 900	7.1
5	食品、饮料及烟草制品批发	3 791 700	3.0
6	文化、体育用品及器材批发	1 908 500	1.5
7	其他产品批发	1 399 300	1.1
8	农畜产品批发	1 392 500	1.1
9	贸易经纪与代理	52 500	0.0

深圳保税区统计数据表

（1）2014 年深圳保税区主要经济指标完成情况表

指标名称	单位	2014 年	比上年增长（%）
增加值	万元	1 278 191	8.9
销售收入	万元	14 944 609	16.7
工业总产值	万元	14 944 609	16.7
商品销售额	万元	4 406 408	19.0
物流企业营业收入	万元	2 241 078	12.8
当年批准企业数	个	165	-27.6
其中：加工企业	个	7	-12.5
贸易企业	个	104	-13.3
仓储物流企业	个	43	-53.3
当年批准外资企业数	个	46	4.6
其中：加工企业	个	1	0.0
贸易企业	个	39	56.0
仓储物流企业	个	4	-66.7
当年批准投资总额	万美元	11 105.6	-40.8
其中：外商投资总额	万美元	7 483.3	-60.1
当年合同利用外资	万美元	7 354.6	-35.7
当年实际利用外资	万美元	5 277.9	9.1
税收总额	万元	741 382.36	5.2
其中：工商税收	万元	131 930.87	11.5
海关税收及代征税	万元	609 451.49	3.9
期末从业人员	人	83 500	0.0
期末保税区批准面积	平方公里	2.51	0.0
期末保税区验收封关面积	平方公里	2.51	0.0

（2）-1 截至2014年深圳保税区历年招商引资情况表

指标	单位	历年累计
批准企业	个	2 335
其中：外资企业		1 136
投资总额	（万美元）	350 340
其中：外商投资总额		202 302
合同外资额		181 929
实际利用外资		187 864

（2）-2 截至2014年深圳保税区历年主要外商投资情况表

按项目数排列			按投资额排列		
序号	国别（地区）	项目数（个）	序号	国别（地区）	投资额（万美元）
1	中国香港	1 068	1	中国香港	99 322
2	英属维尔京群岛	75	2	英属维尔京群岛	35 378
3	中国台湾	42	3	新加坡	18 851
4	美国	40	4	荷兰	13 458
5	新加坡	37	5	美国	11 591
6	日本	25	6	日本	4 014
7	萨摩亚	19	7	中国台湾	3 184
8	加拿大	15	8	英国	1 684
9	英国	9	9	萨摩亚	1 308
10	荷兰	8	10	德国	865

（3）2014年深圳保税区出口加工企业工业产值排名表

单位：万元

序号	企业名称	工业总产值	序号	企业名称	工业总产值
1	联想信息产品（深圳）有限公司	2 330 606	16	才众电脑（深圳）有限公司	344 960
2	深圳市诚信好珠宝有限公司	1 301 382	17	深圳市奇石多彩珠宝有限公司	333 359
3	金富盛发珠宝首饰（深圳）有限公司	1 004 019	18	昱科环球存储科技（深圳）有限公司	300 594
4	深圳市金宝恒利达翡翠珠宝有限公司	918 260	19	深圳赛意法微电子有限公司	288 705
5	骏鸿珠宝首饰（深圳）有限公司	828 163	20	深圳市雅爵贸易发展有限公司	273 746
6	深圳市安盛华钟表有限公司	723 420	21	深圳市金宝昌珠宝首饰有限公司	208 565
7	深圳市钻哥购珠宝有限公司	632 670	22	六瑞珠宝（深圳）有限公司	192 913
8	麦迪实电子科技深圳有限公司	616 807	23	深圳市金森万铭珠宝有限公司	189 281
9	深圳市大万珠宝首饰有限公司	554 403	24	戈尔科技（深圳）有限公司	112 293
10	深圳市金宝丰珠宝首饰有限公司	456 931	25	润汇首饰（深圳）有限公司	112 001
11	晨隆珠宝首饰（深圳）有限公司	446 405	26	新美亚科技（深圳）有限公司	103 764
12	深圳市安盛华首饰制造有限公司	429 335	27	拓汇斯科技（深圳）有限公司	51 728
13	品新科技（深圳）有限公司	413 982	28	奥兰若科技（深圳）有限公司	50 516

续表

序号	企业名称	工业总产值	序号	企业名称	工业总产值
14	汇艺珠宝首饰（深圳）有限公司	405 539	29	宏雅珠宝深圳有限公司	36 370
15	深圳市粤豪珠宝有限公司	366 401	30	国际商业机器系统集成（深圳）有限公司	32 970

（4）2014 年深圳保税区贸易企业商品销售额排名表

单位：万元

序号	企业名称	商品销售额	序号	企业名称	商品销售额
1	乐金显示贸易（深圳）有限公司	1 204 772	16	长龙化工（深圳）有限公司	44 366
2	法之龙运动品（深圳）有限公司	415 692	17	艾睿电子（深圳）有限公司	42 299
3	恩益禧视像设备贸易（深圳）有限公司	348 551	18	天田国际贸易（深圳）有限公司	38 620
4	深圳市东方嘉盛供应链股份有限公司	297 950	19	日立高新技术（深圳）贸易有限公司	34 420
5	卡西欧电子（深圳）有限公司	239 103	20	白桦家具（深圳）有限公司	31 953
6	3M 国际贸易（深圳）有限公司	148 748	21	深圳市康赛实业有限公司	31 484
7	深圳市恒宝丰实业有限公司	148 085	22	深圳市安捷利供应链有限公司	30 037
8	松下电器机电（深圳）有限公司	130 525	23	美蓓亚贸易（深圳）有限公司	27 427
9	深圳市世纪通供应链股份有限公司	111 230	24	深圳市安聚富化工有限公司	25 823
10	安富利物流（深圳）有限公司	71 964	25	深圳市立诚信贸易有限公司	25 803
11	深圳帝人化成贸易有限公司	63 800	26	深圳市时代海纳供应链有限公司	22 958
12	深圳市德信通供应链管理有限公司	63 670	27	深圳中佳和化工有限公司	22 720
13	南团贸易（深圳）有限公司	52 601	28	合昌国际贸易（深圳）有限公司	21 695
14	建生裕科贸易（深圳）有限公司	49 784	29	明丰供应链（深圳）有限公司	20 486
15	凯普松贸易（深圳）有限公司	49 125	30	深圳市宏星建邦化工产品有限公司	19 894

（5）2014 年深圳保税区物流企业营业收入排名表

单位：万元

序号	企业名称	营业收入	序号	企业名称	营业收入
1	深圳市腾邦物流股份有限公司	832 820	16	深圳市盐田区盐田港保税区投资开发有限公司	10 510
2	深圳市润泰供应链管理有限公司	378 612	17	嘉里物流（深圳）有限公司	10 506
3	深圳市旗丰供应链服务有限公司	334 253	18	深圳市腾邦供应链有限公司	10 772
4	深圳综合信兴物流有限公司	181 626	19	日通国际物流深圳有限公司	10 456
5	乔达国际货运代理（深圳）有限公司	52 948	20	深圳正佳物流有限公司	7 655
6	深圳市德泰欣供应链有限公司	41 345	21	深圳市中天元供应链管理有限公司	7 568
7	深圳市海格物流股份有限公司	39 409	22	全球物流（深圳）有限公司	6 136
8	近铁国际物流（深圳）有限公司	32 242	23	中联富运仓储运输（深圳）有限公司	5 288
9	深圳市集万物流有限公司	28 986	24	深圳市海格天翼国际物流有限公司	4 976
10	深圳市正佳供应链管理有限公司	24 074	25	新兴物流（深圳）有限公司	4 694
11	嘉里大通物流（深圳）有限公司	19 529	26	深圳市新合诺供应链管理有限公司	4 647

续表

序号	企业名称	营业收入	序号	企业名称	营业收入
12	飞力达物流（深圳）有限公司	16 218	27	中海物流（深圳）有限公司	4 275
13	中建投物流有限公司	15 692	28	深圳畅联国际物流有限公司	3 388
14	深圳能源物流有限公司	14 790	29	深圳市众佳禾物流有限公司	3 726
15	深圳欧唯特物流服务有限公司	14 633	30	铭可达国际物流（深圳）有限公司	3 362

广州保税区统计数据表

（1）2014年广州保税区主要经济指标完成情况表

指标名称	单位	2014年	比上年增长（%）
增加值	万元	421 190	-6.6
销售收入	万元	4 448 847	6.6
工业总产值	万元	618 211	-17.9
其中：高新技术产业	万元	189 806	-64.0
电子信息产业	万元	418 214	-20.7
商品销售额	万元	3 044 388	7.8
物流企业营业收入	万元	850 145	8.0
当年批准企业数	个	45	-8.2
其中：加工企业	个	2	—
贸易企业	个	13	-27.8
仓储物流企业	个	6	-45.5
当年批准外资企业数	个	2	-60.0
其中：加工企业	个	0	—
贸易企业	个	0	-100.0
仓储物流企业	个	0	—
当年批准投资总额	万美元	1 547	-89.8
其中：外商投资总额	万美元	496	-96.0
当年合同利用外资	万美元	435	-85.0
当年实际利用外资	万美元	1 256	-7.5
税收总额	万元	80 955	-7.0
其中：工商税收	万元	80 955	-7.0
海关税收及代征税	万元	0	—
固定资产投资额	万元	114 072	-16.6
期末从业人员	人	24 901	92.8
其中：外资企业从业人员	人	15 685	29.1
期末保税区批准面积	平方公里	1.4	0.0
期末保税区验收封关面积	平方公里	1.4	0.0

(2)-1 截至2014年广州保税区历年招商引资情况表

指标	单位	历年累计
批准企业	个	3 401
其中：外资企业		781
投资总额	(万美元)	255 598
其中：外商投资总额		212 175
合同外资额		112 700
实际利用外资		78 900

(2)-2 截至2014年广州税区历年主要外商投资情况表

按项目数排列			按投资额排列		
序号	国别（地区）	项目数（个）	序号	国别（地区）	投资额（万美元）
1	中国香港	151	1	中国香港	27 847
2	英属维尔京群岛	32	2	英属维尔京群岛	19 919
3	日本	24	3	巴巴多斯	5 640
4	中国台湾	18	4	开曼群岛	4 677
5	美国	13	5	塞浦路斯	2 999
6	新加坡	10	6	日本	2 100
7	马来西亚	6	7	马来西亚	1 838
8	韩国	6	8	美国	1 710
9	开曼群岛	4	9	澳大利亚	1 468
10	德国	4	10	荷兰	1 282

(3) 2014年广州保税区出口加工企业工业产值排名表

单位：万元

序号	企业名称	序号	企业名称
1	广茂科技（广州）有限公司①	13	广州友益电子科技有限公司
2	广川科技（广州）有限公司	14	广州鸿森材料有限公司
3	广上科技（广州）有限公司	15	广州融达电源材料有限公司
4	海瑞克（广州）隧道设备有限公司	16	广合科技（广州）有限公司
5	广大科技（广州）有限公司	17	珐玛珈（广州）包装设备有限公司
6	广天科技（广州）有限公司	18	费森尤斯卡比（广州）医疗用品有限公司
7	盛势达（广州）化工有限公司	19	广州御银自动柜员机技术有限公司
8	卡尔蔡司光学科技（广州）有限公司	20	卡尔蔡司（广州）太阳镜片有限公司
9	广州华微电子有限公司	21	广州利时德控制拉索有限公司
10	广州卓德嘉薄膜有限公司	22	广州市南方特种涂装有限公司
11	广州泰星电子有限公司	23	蒂森克虏伯不锈钢国际（广州）有限公司
12	东马油脂（广州保税区）有限公司	24	广振科技（广州）有限公司

① 纳入保税区规模以上统计企业24家。

（4）2014年广州保税区贸易企业商品销售额排名表

单位：万元

序号	企业名称	序号	企业名称
1	广州市国美电器有限公司	16	广州宏协贸易有限公司
2	益海嘉里食品营销有限公司广州分公司	17	富昱（广州）贸易有限公司
3	广州中邮普泰移动通信设备有限责任公司	18	希比希（广州）贸易有限公司
4	广州住友商事有限公司	19	广州迪爱生贸易有限公司
5	广州富地石油有限公司	20	广州冈谷钢机贸易有限公司
6	广州中储国际贸易有限公司	21	广州保银投资有限公司
7	爱思开综合化学国际贸易（广州）有限公司	22	广州保税区捷宝运动用品有限公司
8	广州宝力机械科技有限公司	23	广州美加棉花贸易有限公司
9	广州市雄资石油化工有限公司	24	广州市美高工业器材有限公司
10	广州威穗国际贸易有限公司	25	广州国融贸易有限公司
11	广州保税区佳讯电讯有限公司	26	三华合成（广州）塑胶有限公司
12	广州稻烟产业贸易有限公司	27	旭化成塑料（广州）有限公司
13	广州菱宝工程塑料贸易有限公司	28	广州闪星锑业有限公司
14	保世高（广州）贸易有限公司	29	旭尚工（广州）贸易有限公司
15	广州佳立通信设备有限公司	30	道达尔石油（广州有限公司）

厦门象屿保税区统计数据表

(1) 2014 年厦门象屿保税区主要经济指标完成情况表

指标名称	单位	2014 年	比上年增长 (%)
增加值	万元	700 613	20.8
销售收入	万元	680 192	26.8
工业总产值	万元	215 433	10.9
其中：高新技术产业	万元	0	—
电子信息产业	万元	172 562	11.6
商品销售额	万元	5 607 080	27.5
物流企业营业收入	万元	985 659	36.7
当年批准企业数	个	449	34.0
其中：加工企业	个	3	—
贸易企业	个	270	37.6
仓储物流企业	个	116	0.1
当年批准外资企业数	个	9	12.5
其中：加工企业	个	0	—
贸易企业	个	6	-25.0
仓储物流企业	个	1	—
当年批准投资总额	万美元	172 027	155.1
其中：外商投资总额	万美元	16 187	685.2
当年合同利用外资	万美元	8 136	303.1
当年实际利用外资	万美元	4 276	59.1
期末货物存放量	万吨	0	—
企业货运总量	万吨	138.04	39.9
期末施工房屋面积	平方米	0	—
房屋竣工面积	平方米	0	—
税收总额	万元	103 783	48.9
其中：工商税收	万元	98 783	55.6
海关税收及代征税	万元	25 000	20.2
固定资产投资额	万元	250 000	78.6
其中：基础设施投资	万元	1 000	200.0
期末从业人员	人	20 003	0.0
其中：外资企业从业人员	人	0	—
期末保税区批准面积	平方公里	0.63	0.0
期末保税区验收封关面积	平方公里	0.63	0.0

(2) 截至2014年厦门象屿保税区历年招商引资情况表

指标	单位	历年累计
批准企业	个	3 498
其中：外资企业		577
投资总额	（万美元）	391 096
其中：外商投资总额		391 096
合同外资额		58 052
实际利用外资		44 457

（3）2014年厦门象屿保税区出口加工企业工业产值排名表

单位：万元

序号	企业名称	序号	企业名称
1	贝莱胜电子（厦门）有限公司	4	皇基（厦门）塑胶工业有限公司
2	安保（厦门）塑胶工业有限公司	5	厦门翔义混凝土有限公司
3	日东电工（厦门）有限公司		

（4）2014年厦门象屿保税区贸易企业商品销售额排名表

单位：万元

序号	企业名称	序号	企业名称
1	厦门象屿物流集团有限责任公司	6	厦门宇信兴业进出口贸易有限公司
2	厦门成大进出口贸易有限公司	7	厦门大正贸易有限公司
3	厦门市明穗粮油贸易有限公司	8	厦门建发象屿保税区贸易有限公司
4	福建省兴大进出口有限公司	9	厦门嘉鑫盛进出口有限公司
5	厦门万翔网络商务有限公司	10	厦门航开保税贸易有限公司

（5）2014年厦门象屿保税区物流企业营业收入排名表

单位：万元

序号	企业名称	序号	企业名称
1	厦门速传物流发展股份有限公司	6	厦门佳事通供应链有限公司
2	中海集装箱运输厦门有限公司	7	厦门港务运输有限公司
3	厦门外代国际货运有限公司	8	北京康捷空国际货运代理有限公司厦门分公司
4	厦门荣利达物流集团有限公司	9	全球国际货运代理（中国）有限公司厦门分公司
5	港中旅华贸国际物流股份有限公司厦门分公司	10	厦门象屿新创建码头有限公司

宁波保税区统计数据表

（1）2014 年宁波保税区主要经济指标完成情况表

指标名称	单位	2014 年	比上年增长（%）
增加值	万元	1 592 764	6.1
销售收入	万元	26 711 100	-3.1
工业总产值	万元	4 559 703	0.1
其中：高新技术产业	万元	3 836 155	-2.1
电子信息产业	万元	3 512 193	-2.1
商品销售额	万元	21 352 255	-4.5
物流企业营业收入	万元	1 045 410	39.4
当年批准企业数	个	636	26.2
其中：贸易企业	个	593	27.3
当年批准外资企业数	个	14	7.7
其中：贸易企业	个	14	55.6
当年批准投资总额	万美元	150 157	140.3
其中：外商投资总额	万美元	12 617	-35.2
当年合同利用外资	万美元	11 122	-7.4
当年实际利用外资	万美元	8 863	-15.7
期末货物存放量	万吨	14.5	37.6
企业货运总量	万吨	33.91	-65.6
期末施工房屋面积	平方米	177 500	-45.1
房屋竣工面积	平方米	115 251	-48.0
税收总额	万元	506 211	5.7
其中：工商税收	万元	367 805	5.1
海关税收及代征税	万元	138 406	7.5
固定资产投资额	万元	144 852	18.6
期末从业人员	人	50 384	1.0
其中：外资企业从业人员	人	46 857	-1.2
期末保税区批准面积	平方公里	2.3	—
期末保税区验收封关面积	平方公里	2.3	—

(2)-1　截至2014年宁波保税区历年招商引资情况表

指标	单位	历年累计
批准企业	个	10 001
其中：外资企业		1 043
投资总额	（万美元）	1 175 560
其中：外商投资总额		683 324
合同外资额		430 825
实际利用外资		223 283

(2)-2　截至2014年宁波保税区历年主要外商投资情况表

按项目数排列			按投资额排列		
序号	国别（地区）	项目数（个）	序号	国别（地区）	投资额（万美元）
1	中国香港	204	1	中国香港	147 922
2	中国台湾	106	2	萨摩亚	119 585
3	美国	106	3	英属维尔京群岛	102 198
4	英属维尔京群岛	52	4	中国台湾	56 051
5	日本	42	5	美国	26 197
6	萨摩亚	27	6	日本	17 915
7	澳大利亚	21	7	开曼群岛	13 625
8	韩国	19	8	文莱	9 590
9	新加坡	19	9	英国	5 718
10	加拿大	20	10	新加坡	5 683

(3)　2014年宁波保税区出口加工企业工业产值排名表

单位：万元

序号	企业名称	工业总产值	序号	企业名称	工业总产值
1	宁波技嘉科技有限公司	161 699	16	宁波立立半导体有限公司	15 316
2	宁波中盟钢铁有限公司	100 016	17	宁波亿丰食品有限公司	15 260
3	宁波维科电池股份有限公司	86 880	18	初田（宁波）消防器材有限公司	15 251
4	浙江金瑞泓科技股份有限公司	59 414	19	宁波冠硕电子有限公司	12 493
5	宁波汉圣化工有限公司	54 950	20	工进利天泵（宁波）有限公司	11 448
6	宁波丰盛食品有限公司	43 194	21	宁波波峰电子有限公司	10 485
7	光圣科技（宁波）有限公司	39 347	22	宁波威瑞泰默赛多相流仪器设备有限公司	9 900
8	宁波兰羚钢铁实业有限公司	37 817	23	美洲豹曲轴（宁波）有限公司	9 893
9	宁波保税区提爱思泉盟汽车内饰有限公司	23 769	24	宁波比亚迪半导体有限公司	9 770
10	宁波索宝食品有限公司	22 866	25	宁波洛克威卫浴器材有限公司	9 420
11	宁波闳光电子有限公司	19 761	26	宁波晶元太阳能有限公司	7 917
12	晟铭电子（宁波）有限公司	19 377	27	宁波山汰光电科技有限公司	7 221
13	宁波亚乐克汽车部件有限公司	19 232	28	宁波耐特电力设备部件有限公司	6 833

续表

序号	企业名称	工业总产值	序号	企业名称	工业总产值
14	庆达西（宁波）钢构制造有限公司	16 422	29	宁波荣安生物药业有限公司	6 621
15	宁波理工监测科技股份有限公司	15 864	30	宁波基熹金属制品有限公司	6 126

（4）2014 年宁波保税区贸易企业商品销售额排名表

单位：万元

序号	企业名称	商品销售额	序号	企业名称	商品销售额
1	宁波聚雄进出口有限公司	922 696	16	宁波太一进出口贸易有限公司	233 944
2	宁波保税区首德贸易有限公司	780 919	17	宁波保税区杭钢外贸发展有限公司	226 312
3	宁波保税区天中玉国际贸易有限公司	603 111	18	宁波保税区曼斯特化工有限公司	218 947
4	宁波萍钢贸易有限公司	443 279	19	宁波甬石农垦油品有限公司	211 055
5	宁波保税区创世国际贸易有限公司	416 706	20	宁波大祥贸易有限公司	204 638
6	浙江杉杉鸿志进出口有限公司	402 740	21	宁波亿源国际贸易有限公司	200 464
7	宁波科固国际贸易有限公司	383 184	22	宁波保税区正会商贸有限公司	200 017
8	宁波舟宇金属材料有限公司	380 920	23	宁波溢远国际贸易有限公司	197 078
9	宁波慈美国际贸易有限公司	376 769	24	宁波东辰矿业有限公司	162 592
10	宁波谦和贸易有限公司	342 104	25	浙江汇丰石化有限公司	161 186
11	宁波柏森国际贸易有限公司	277 569	26	浙江和辉电力燃料有限公司	161 034
12	宁波保税区首美贸易有限公司	258 287	27	浙江聚发化工有限公司	160 749
13	宁波联合燕华化工股份有限公司	246 495	28	宁波保税区众振国际贸易有限公司	148 573
14	宁波保税区港华物资贸易有限公司	240 256	29	宁波吉隆进出口有限公司	148 416
15	宁波保税区永谐国际贸易有限公司	239 009	30	宁波道润国际贸易有限公司	145 192

（5）2014 年宁波保税区物流企业营业收入前 30 位

单位：万元

序号	企业名称	营业收入	序号	企业名称	营业收入
1	宁波浙金钢材有限公司	547 310	11	宁波保税区华东进口商品市场开发有限公司	2 127
2	宁波冠保仓储有限公司	202 102	12	宁波保税区广盛物流有限公司	1 626
3	前程物流有限公司	76 948	13	宁波联合埃希物流有限公司	1 279
4	宁波丰盛食品有限公司	73 850	14	宁波保税区港龙集装箱运输有限公司	923
5	宁波太平国际贸易联运有限公司	48 664	15	宁波长海国际物流有限公司	644
6	宁波迅星贸易有限公司	11 605	16	宁波盛悦化工有限公司	268
7	宁波保税区高新货柜有限公司	7 049	17	宁波亿百华国际物流有限公司	259
8	宁波保税区安信国际集装箱储运有限公司	4 883	18	宁波保税区迅诚物流有限公司	193
9	宁波大港新世纪货柜有限公司	3 497	19	宁波保税区海盛仓储有限公司	4
10	宁波保税区海升物流有限公司	2 971			

珠海保税区统计数据表

（1）2014年珠海保税区主要经济指标完成情况表

指标名称	单位	2014年	比上年增长（%）
增加值	万元	359 700	14.2
销售收入	万元	1 501 508	24.5
工业总产值	万元	1 170 169	11.7
其中：高新技术产业	万元	665 703	17.1
电子信息产业	万元	—	—
商品销售额	万元	328 668	33.1
物流企业营业收入	万元	21 900	55.6
当年批准企业数	个	168	24.4
其中：加工企业	个	2	-33.3
贸易企业	个	86	6.1
仓储物流企业	个	9	28.5
当年批准外资企业数	个	46	58.6
其中：加工企业	个	2	100.0
贸易企业	个	19	35.7
仓储物流企业	个	3	200.0
当年批准投资总额	万美元	35 171	62.4
其中：外商投资总额	万美元	21 749	878.6
当年合同利用外资	万美元	14 868	196.4
当年实际利用外资	万美元	4 553	22.8
期末货物存放量	万吨	—	—
企业货运总量	万吨	244 706	4.5
期末施工房屋面积	平方米	0	—
房屋竣工面积	平方米	0	—
税收总额	万元	175 986	11.7
其中：工商税收	万元	108 929	15.6
海关税收及代征税	万元	67 057	6.2
固定资产投资额	万元	100 867	20.5
其中：基础设施投资	万元	7 602	34.7
期末从业人员	人	18 064	-2.2
其中：外资企业从业人员	人	16 809	3.0
期末保税区批准面积	平方公里	3	0.0
期末保税区验收封关面积	平方公里	3	0.0

(2)-1 截至2014年珠海保税区历年招商引资情况表

指标	单位	历年累计
批准企业	个	958
其中：外资企业		422
投资总额	（万美元）	253 014
其中：外商投资总额		145 557
合同外资额		110 984
实际利用外资		81 045

(2)-2 截至2014年珠海保税区历年主要外商投资情况表

按项目数排列			按投资额排列		
序号	国别（地区）	项目数（个）	序号	国别（地区）	投资额（万美元）
1	中国澳门	182	1	中国香港	44 420
2	中国香港	121	2	中国澳门	30 806
3	美国	19	3	德国	25 320
4	英国	12	4	美国	13 523
5	中国台湾	10	5	英国	6 000
6	日本	10	6	中国台湾	4 790
7	德国	9	7	加拿大	4 241
8	加拿大	4	8	日本	2 776
9	澳大利亚	3	9	丹麦	1 905
10	丹麦	1	10	澳大利亚	195

(3) 2014年珠海保税区出口加工企业工业产值排名表

单位：万元

序号	企业名称	序号	企业名称
1	珠海保税区摩天宇航空发动机维修有限公司	16	珠海保税区额部汽配制造有限公司
2	爱普科斯电子元器件（珠海保税区）有限公司	17	珠海市中富胶盖有限公司
3	珠海保税区光联通讯技术有限公司	18	珠海保税区星汉智能卡有限公司
4	珠海和佳医疗设备股份有限公司	19	盈家（珠海保税区）卫生用品有限公司
5	珠海市保税区丽珠合成制药有限公司	20	茵科门控（珠海保税区）有限公司
6	珠海泰科电子有限公司	21	柏赛塑胶科技（珠海市保税区）有限公司
7	黑钻运动设备（珠海保税区）有限公司	22	珠海保税区天然宝杰数码科技材料有限公司
8	康乐保（中国）有限公司	23	珠海温而耐温控设备有限公司
9	珠海保税区中富聚酯啤酒瓶有限公司	24	珠海保税区御国色素有限公司
10	珠海市保税区洛得电子有限公司	25	珠海保税区柏劲服装有限公司

续表

序号	企业名称	序号	企业名称
11	珠海保税区和佳泰基医疗设备工程有限公司	26	美塞斯（珠海保税区）工业自动化设备有限公司
12	珠海加特精密工业有限公司	27	波菲丽斯塑胶科技（珠海保税区）有限公司
13	中伦纺织（珠海保税区）有限公司	28	珠海保税区三晶技研模具注塑有限公司
14	帅福得（珠海保税区）电池有限公司	29	珠海保税区西尾食品有限公司
15	迅得机械（珠海保税区）有限公司	30	珠海保税区和佳医学影像设备有限公司

（4）2014 年珠海保税区贸易企业商品销售额排名表

单位：万元

序号	企业名称	序号	企业名称
1	中轻（珠海）发展有限公司	13	珠海中航法斯特标准件有限公司
2	广东中油洁能石化有限公司	14	珠海市齐贤贸易有限公司
3	珠海市凯丽有限公司	15	珠海保税区宝石琴酒类展览有限公司
4	珠海天威泛凌贸易有限公司	16	珠海保税区汇华纺织品有限公司
5	中油洁能（珠海）石化有限公司	17	珠海保税区华凯医疗器械有限公司
6	珠海恒沣能源有限公司	18	珠海宇上品贸易有限公司
7	珠海宏盛金属材料有限公司	19	珠海市贝壳科技有限公司
8	三键贸易（珠海保税区）有限公司	20	珠海市茂通发展有限公司
9	珠海保税区皆和发展有限公司	21	珠海市天圆多媒体技术有限公司
10	万耐特（珠海珠澳跨境工业区）温控设备有限公司	22	珠海保税区佳丰国际贸易有限公司
11	珠海保税区亨业纺织贸易有限公司	23	珠海市天都酒业有限公司
12	珠海保税区虹扬电子科技有限公司		

（5）2014 年珠海保税区物流企业营业收入排名表

单位：万元

序号	企业名称	序号	企业名称
1	东京兵兼（珠海保税区）仓储贸易有限公司	8	珠海保税区天盛仓储服务有限公司
2	珠海保税区民生工业仓储有限公司	9	珠海路坦物流服务有限公司
3	山九陆通（珠海保税区）储运有限公司	10	珠海保税区鸿禧物流有限公司
4	西域（珠海保税区）物流有限公司	11	珠海力达国际供应链管理有限公司
5	珠海中油洁能危险品运输有限公司	12	珠海港普洛斯物流园有限公司
6	珠海协力报关有限公司	13	珠海珠澳跨境工业区大鹏仓储物流有限公司
7	珠海市利海达报关代理有限公司	14	捷通（珠海）珠澳跨境工业区国际仓储有限公司

张家港保税区统计数据表

（1）2014年张家港保税区主要经济指标完成情况表

指标名称	单位	2014年	比上年增长（%）
增加值	万元	4 293 231	2.8
销售收入	万元	44 767 044	0.9
工业总产值	万元	11 478 032	-0.8
其中：高新技术产业	万元	2 496 502	10.9
电子信息产业	万元	82 336	-67.9
商品销售额	万元	42 717 819	1.2
物流企业营业收入	万元	1 495 604	40.8
当年批准企业数	个	1 182	24.6
其中：加工企业	个	13	-13.3
贸易企业	个	1 046	26.5
仓储物流企业	个	123	15.0
当年批准外资企业数	个	26	-13.3
其中：加工企业	个	5	-16.7
贸易企业	个	18	-14.3
仓储物流企业	个	2	100.0
当年批准投资总额	万美元	214 702	-25.5
其中：外商投资总额	万美元	81 895	-11.9
当年合同利用外资	万美元	36 252	-41.6
当年实际利用外资	万美元	26 635	-5.7
期末货物存放量	万吨	786.25	-7.0
企业货运总量	万吨	1 187.77	12.5
期末施工房屋面积	平方米	2 660 709	459.1
房屋竣工面积	平方米	1 257 768	3.4
税收总额	万元	1 225 070	1.5
其中：工商税收	万元	470 737	-3.2
海关税收及代征税	万元	754 333	4.6
固定资产投资额	万元	1 284 230	0.9
其中：基础设施投资	万元	130 602	-17.6
期末从业人员	人	52 023	7.4
其中：外资企业从业人员	人	21 480	0.6
期末保税区批准面积	平方公里	4.1	0.0
期末保税区验收封关面积	平方公里	4.1	0.0

（2）-1 截至 2014 年张家港保税区历年招商引资情况表

指标	单位	历年累计
批准企业	个	7 083
其中：外资企业	个	614
投资总额	（万美元）	2 568 715
其中：外商投资总额	（万美元）	1 634 519
合同外资额	（万美元）	956 931
实际利用外资	（万美元）	518 479

（2）-2 截至 2014 年张家港保税区历年主要外商投资情况表

按项目数排列			按投资额排列		
序号	国别（地区）	项目数（个）	序号	国别（地区）	投资额（万美元）
1	中国香港	262	1	中国香港	441 971
2	美国	59	2	新加坡	154 225
3	日本	50	3	美国	113 087
4	中国台湾	47	4	英属维尔京群岛	89 928
5	英属维尔京群岛	40	5	日本	76 382
6	韩国	38	6	英国	28 989
7	新加坡	37	7	中国台湾	23 696
8	澳大利亚	23	8	韩国	21 510
9	萨摩亚	16	9	萨摩亚	18 527
10	英国	13	10	澳大利亚	8 707

（3）2014 年张家港保税区出口加工企业工业产值排名表

单位：万元

序号	企业名称	工业总产值	序号	企业名称	工业总产值
1	中粮东海粮油工业（张家港）有限公司	2 050 270	16	江苏赛宝龙石化有限公司	123 473
2	江苏华昌（集团）有限公司	707 820	17	泰柯棕化（张家港）有限公司	109 395
3	道康宁（张家港）有限公司	314 672	18	斯泰隆丁苯胶乳（张家港）有限公司	107 902
4	江苏永恒钢铁实业有限公司	313 362	19	双狮（张家港）精细化工有限公司	80 171
5	东华能源股份有限公司	305 504	20	新能（张家港）能源有限公司	75 149
6	路易达孚（霸州）饲料蛋白有限公司张家港分公司	273 610	21	雅仕德化工（江苏）有限公司	74 686
7	佐敦涂料（张家港）有限公司	232 117	22	张家港保税区新乐毛纺织造有限公司	71 882
8	陶氏化学（张家港）有限公司	201 869	23	华奇（张家港）化工有限公司	67 771
9	张家港保税区康得菲尔实业有限公司	182 466	24	张家港保税区长源热电有限公司	67 210
10	张家港康得新光电材料有限公司	179 561	25	益江（张家港）粮油工业有限公司	66 411
11	道康宁（张家港）有机硅有限公司	150 878	26	丰田合成（张家港）科技有限公司	66 301

续表

序号	企业名称	工业总产值	序号	企业名称	工业总产值
12	天宇羊毛工业（张家港保税区）有限公司	145 486	27	张家港保税区澳丰毛纺有限公司	62 950
13	南港（张家港保税区）橡胶工业有限公司	138 965	28	江苏丽天新材料有限公司	59 088
14	瓦克化学（张家港）有限公司	130 070	29	迁产业重机（江苏）有限公司	56 361
15	江苏永恒炉料实业有限公司	128 326	30	东马棕榈工业（张家港）有限公司	53 416

（4）2014 年张家港保税区贸易企业商品销售额排名表

单位：万元

序号	企业名称	商品销售额	序号	企业名称	商品销售额
1	张家港玖隆钢铁贸易有限公司	4 260 161	16	张家港保税区峰扬国际贸易有限公司	262 691
2	张家港保税区旭江贸易有限公司	2 350 926	17	张家港保税区吉鑫贸易有限公司	251 270
3	张家港保税区沙钢冶金炉料有限公司	1 096 477	18	张家港保税区韵泽国际贸易有限公司	249 638
4	丰立集团有限公司	651 332	19	中国国投国际贸易张家港有限公司	239 838
5	张家港保税区沙钢资源贸易有限公司	522 911	20	张家港保税区君安国际贸易有限公司	227 830
6	中国石化化工销售有限公司张家港经营部	515 407	21	张家港保税区致德国际贸易有限公司	221 336
7	江苏丰谷油脂有限公司	506 645	22	张家港保税区安阜国际贸易有限公司	219 927
8	张家港保税区荣德贸易有限公司	472 309	23	张家港保税区耀冕国际贸易有限公司	216 404
9	道康宁（张家港）投资有限公司	377 512	24	张家港保税区韶鑫国际贸易有限公司	215 164
10	江苏沙钢世富钢铁炉料有限责任公司	311 850	25	张家港保税区昊江油脂贸易有限公司	210 133
11	江苏国泰华博进出口有限公司	308 367	26	张家港保税区开新利能源有限公司	208 846
12	张家港保税区鑫东鸣贸易有限公司	284 441	27	江苏嘉轩国际贸易有限公司	206 281
13	张家港保税区塑石国际贸易有限公司	283 815	28	江苏卫吉实业有限公司	195 257
14	张家港保税区德威进出口贸易有限公司	274 329	29	张家港保税区卓泰国际贸易有限公司	194 959
15	苏州港口张家港保税区现代物流有限公司	274 119	30	张家港保税区开滦沙钢能源有限公司	187 786

（5）2014 年张家港保税区物流企业营业收入排名表

单位：万元

序号	企业名称	营业收入	序号	企业名称	营业收入
1	东华能源股份有限公司	305 504	16	张家港保税区扬子江物流服务有限公司	17 494
2	苏州港口张家港保税区现代物流有限公司	274 119	17	张家港保税物流园区远欣国际贸易有限公司	11 872
3	张家港保税物流园区华芳物流有限公司	174 404	18	张家港保税港区港务有限公司	8 362
4	中油泰富船舶燃料有限公司	156 355	19	中国石油天然气运输公司张家港保税区分公司	7 797

续表

序号	企业名称	营业收入	序号	企业名称	营业收入
5	中华棉花集团张家港保税物流园区国际贸易有限公司	120 285	20	兴和鑫（张家港保税区）实业有限公司	3 593
6	道氏硅业张家港物流有限公司	48 544	21	张家港万达物流有限公司	3 428
7	张家港保税物流园区浩阳国际贸易有限公司	46 322	22	张家港保税物流园区茂达国际贸易有限公司	3 314
8	张家港保税区长江国际港务有限公司	42 237	23	张家港保税物流园区龙亿国际物流有限公司	3 282
9	张家港保税物流园区浦钢国际贸易有限公司	40 264	24	江苏逸仕路物流有限公司	3 163
10	江苏一达通企业服务有限公司	33 151	25	张家港保税物流园区东爱进出口有限公司	3 142
11	张家港保税物流园区万源物流有限公司	32 438	26	张家港保税区越港运输有限公司	2 859
12	张家港保税物流园区中纤国际贸易有限公司	27 230	27	上海丸协运输有限公司张家港保税区分公司	2 758
13	张家港孚宝仓储有限公司	19 852	28	张家港保税区诚安达运输有限责任公司	2 435
14	张家港保税区东方华垦仓储有限公司	19 336	29	张家港保税区协力国际储运有限公司	2 315
15	张家港保税物流园区长华化工有限公司	18 911	30	张家港保税物流园区扬子江化学品运输有限公司	2 167

2014 年全国保税物流园区下分贸易方式进出口贸易额统计表

地区		贸易方式	进出口合计		出口		进口	
			2014 年 1 月至 2014 年 12 月		2014 年 1 月至 2014 年 12 月		2014 年 1 月至 2014 年 12 月	
中文	代码	中文	美元值（万）	美元值同比（%）	美元值（万）	美元值同比（%）	美元值（万）	美元值同比（%）
物流园区合计			1 594 501.5	3.9	943 123.0	3.9	651 378.5	3.8
天津保税物流园区	12077	合计	79 919.6	14.2	20 664.4	-7.8	59 255.2	24.6
		一般贸易	1 813.8	37.0	294.3	-64.8	1 519.5	212.0
		海关特殊监管区域物流货物	78 105.7	13.8	20 370.1	-5.5	57 735.6	22.6
		其他贸易	0.1	-98.6			0.1	-97.0
上海保税物流园区	31227	合计	588 808.8	22.2	224 870.6	12.7	363 938.2	29.0
		一般贸易	411.8	-6.8	411.8	-5.1		
		海关特殊监管区域物流货物	588 396.4	22.3	224 458.8	12.7	363 937.6	29.0
		其他贸易	0.6	-40.8			0.6	-40.8
厦门象屿保税物流园区	35027	合计	106 542.6	4.6	95 643.0	11.4	10 899.6	-31.9
		一般贸易	585.7	-59.8	499.5	-63.6	86.2	1.2
		保税监管场所进出境货物	25 430.3	1 315 621.7	25 420.3	1 315 107.6	9.9	
		海关特殊监管区域物流货物	80 487.0	-19.8	69 723.2	-17.4	10 763.8	-32.4
		其他贸易	39.7	26 784.3	0.0		39.6	26 781.1
广州保税物流园区	44017	合计	115 655.5	-0.3	46 210.9	21.7	69 444.6	-11.0
		一般贸易	944.5	-3.9	41.0		903.5	-8.1

续表

地区		贸易方式	进出口合计		出口		进口	
			2014 年 1 月至 2014 年 12 月		2014 年 1 月至 2014 年 12 月		2014 年 1 月至 2014 年 12 月	
中文	代码	中文	美元值（万）	美元值同比（%）	美元值（万）	美元值同比（%）	美元值（万）	美元值同比（%）
		海关特殊监管区域物流货物	98 243.0	-14.6	29 701.9	-21.8	68 541.0	-11.0
		其他贸易	16 468.0	4 544 049.7	16 467.9		0.1	-85.9
深圳盐田保税物流园区	44037	合计	703 575.0	-8.1	555 734.1	-1.0	147 840.9	-27.6
		一般贸易	4 808.4	-3.9	4 625.8	-7.4	182.6	1 462.0
		保税监管场所进出境货物	49 503.3	4.8	49 503.3	4.8		
		海关特殊监管区域物流货物	649 263.3	-9.0	501 605.0	-1.5	147 658.3	-27.7

2014 年全国保税物流园区经济指标统计情况表

指标	单位	合计		
		当年累计	同比（%）	历年累计
增加值	万元	178 169	118. 77	589 647
经营总收入	万元	1 416 532	117. 91	4 442 342
批准企业数	个	45	542. 86	306
其中：贸易企业	个	0	—	103
物流企业	个	15	114. 29	133
批准外资企业数	个	1	—	101
其中：贸易企业	个	0	—	43
物流企业	个	1	—	43
批准投资总额	万美元	300	-94. 40	94 929
其中：外商投资总额	万美元	100	-90. 20	69 732
合同利用外资	万美元	100	-90. 20	41 819
实际利用外资	万美元	0	—	11 648
期末货物存放量	万吨	0	—	0
企业货运总量	万吨	117. 03	-2. 68	675. 88
房屋竣工面积	平方米	0	—	147 200
税收总额	万元	3 445 299	-21. 84	28 977 664
其中：海关税收及代征税	万元	3 164 220	-27. 88	28 451 467
税务部门税收	万元	276 164	1 201. 00	463 063
固定资产投资额	万元	25 700	49. 10	387 474
其中：基础设施投资	万元	0	—	162 552
期末从业人员	人	5 881	28. 69	5 881
期末批准面积	平方公里	4. 19	0. 00	4. 19
期末验收封关面积	平方公里	2. 74	-4. 86	2. 74

续表

指标	单位	天津港保税物流园区		
		当年累计	同比（%）	历年累计
增加值	万元	123 995	1 512.63	186 034
经营总收入	万元	945 897	894.30	1 550 869
批准企业数	个	0	—	144
其中：贸易企业	个	0	—	77
物流企业	个	0	—	36
批准外资企业数	个	0	—	59
其中：贸易企业	个	0	—	35
物流企业	个	0	—	11
批准投资总额	万美元	0	—	12 869
其中：外商投资总额	万美元	0	—	7 705
合同利用外资	万美元	0	—	5 599
实际利用外资	万美元	0	—	5 599
期末货物存放量	万吨	0	—	0
企业货运总量	万吨	0	—	0
房屋竣工面积	平方米	0	—	0
税收总额	万元	3 189 518	5.31	22 175 925
其中：海关税收及代征税	万元	2 927 821	-3.20	21 832 423
税务部门税收	万元	256 797	6 273.72	284 620
固定资产投资额	万元	0	—	23 641
其中：基础设施投资	万元	0	—	2 909
期末从业人员	人	2 013	199.55	2 013
期末批准面积	平方公里	1.5	0.00	1.5
期末验收封关面积	平方公里	0.46	-23.33	0.46

续表

指标	单位	厦门象屿保税物流园区		
		当年累计	同比（%）	历年累计
增加值	万元	26 259	21.42	144 395
经营总收入		56 140	22.67	281 603
批准企业数	个	28	—	70
其中：贸易企业		0	—	2
物流企业		0	—	40
批准外资企业数		0	—	13
其中：贸易企业		0	—	0
物流企业		0	—	13
批准投资总额	万美元	0	—	2 546
其中：外商投资总额		0	—	1 405
合同利用外资		0	—	1 405
实际利用外资		0	—	450
期末货物存放量	万吨	0	—	0
企业货运总量		59.48	-8.76	409.46
房屋竣工面积	平方米	0	—	30 000
税收总额	万元	46 869	-11.36	433 812
其中：海关税收及代征税		43 644	-13.09	410 597
税务部门税收		3 210	20.77	19 003
固定资产投资额		0	—	75 400
其中：基础设施投资		0	—	30 000
期末从业人员	人	1 605	0.31	1 605
期末批准面积	平方公里	0.7	0.00	0.7
期末验收封关面积		0.29	0.00	0.29

续表

指标	单位	深圳盐田港保税物流园区		
		当年累计	同比（%）	历年累计
增加值	万元	0	-100.00	35 884
经营总收入		0	-100.00	138 382
批准企业数	个	14	250.00	45
其中：贸易企业		0	—	7
物流企业		12	200.00	29
批准外资企业数		0	—	12
其中：贸易企业		0	—	3
物流企业		0	—	7
批准投资总额	万美元	0	—	14 603
其中：外商投资总额		0	—	12 238
合同利用外资		0	—	5 660
实际利用外资		0	—	5 599
期末货物存放量	万吨	0	—	0
企业货运总量		57.55	4.52	266.42
房屋竣工面积	平方米	0	—	0
税收总额	万元	197 412	-14.03	2 293 527
其中：海关税收及代征税		192 755	-14.54	2 195 517
税务部门税收		4 657	14.00	97 970
固定资产投资额		0	—	0
其中：基础设施投资		0	—	0
期末从业人员	人	1 463	0.00	1 463
期末批准面积	平方公里	0.96	0.00	0.96
期末验收封关面积		0.96	0.00	0.96

续表

指标	单位	上海外高桥保税物流园区		
		当年累计	同比（%）	历年累计
增加值	万元	27 915	-14.05	223 334
经营总收入	万元	414 495	-9.51	2 471 488
批准企业数	个	3	0.00	47
其中：贸易企业	个	0	—	17
物流企业	个	3	0.00	28
批准外资企业数	个	1	—	17
其中：贸易企业	个	0	—	5
物流企业	个	1	—	12
批准投资总额	万美元	300	-94.40	64 911
其中：外商投资总额	万美元	100	-90.20	48 384
合同利用外资	万美元	100	-90.20	29 155
实际利用外资	万美元	0	—	0
期末货物存放量	万吨	0	—	0
企业货运总量	万吨	0	—	0
房屋竣工面积	平方米	0	—	117 200
税收总额	万元	11 500	-98.95	4 074 400
其中：海关税收及代征税	万元	0	-100.00	4 012 930
税务部门税收	万元	11 500	10.00	61 470
固定资产投资额	万元	25 700	49.10	288 433
其中：基础设施投资	万元	0	—	129 643
期末从业人员	人	800	-4.19	800
期末批准面积	平方公里	1.03	0.00	1.03
期末验收封关面积	平方公里	1.03	0.00	1.03

2014 年全国保税物流园区进口额前 30 位国家和地区排名表

序号	国家和地区		2014 年	
	中文	代码	进口额（万美元）	同比（%）
	合计		651 378.5	3.8
1	日本	116	82 569.2	26.2
2	印度	111	77 455.0	138.8
3	美国	502	55 616.4	5.7
4	澳大利亚	601	44 641.4	-8.6
5	中华人民共和国	142	42 878.3	-27.9
6	俄罗斯联邦	344	42 145.2	66.8
7	智利	412	41 219.0	45.9
8	韩国	133	38 234.3	-7.7
9	赞比亚	253	27 931.1	65.6
10	德国	304	22 451.8	-15.6
11	菲律宾	129	18 078.6	3.9
12	中国台湾	143	15 159.1	-69.6
13	新西兰	609	11 829.4	27.2
14	刚果（金）	252	10 255.0	746.1
15	新加坡	132	9 736.7	-78.2
16	越南	141	8 603.1	94.0
17	沙特阿拉伯	131	8 324.6	23.1
18	法国	305	8 247.6	-1.2
19	泰国	136	7 253.7	32.9
20	印度尼西亚	112	6 081.5	-11.7
21	马来西亚	122	6 053.7	136.5
22	加拿大	501	5 855.0	12.2
23	挪威	326	5 327.7	-41.0
24	芬兰	318	4 842.3	6.6
25	意大利	307	3 822.5	45.7
26	比利时	301	3 644.8	-63.3
27	西班牙	312	3 534.3	267.5
28	荷兰	309	3 458.0	16.1
29	巴西	410	3 146.4	45.8
30	伊朗	113	2 933.6	219.2

2014年全国保税物流园区出口额前30位国家和地区排名表

序号	国家和地区		2014年	
	中文	代码	出口额（万美元）	同比（%）
	合计		943 123.0	3.9
1	美国	502	202 221.9	12.7
2	中国香港	110	178 840.6	-3.1
3	日本	116	53 786.5	-16.8
4	英国	303	44 495.6	4.2
5	马来西亚	122	43 139.0	11.7
6	德国	304	35 435.2	13.0
7	荷兰	309	30 123.7	44.3
8	中国台湾	143	28 578.7	77.6
9	澳大利亚	601	26 542.8	31.2
10	印度	111	25 018.6	67.0
11	韩国	133	21 453.0	16.3
12	新加坡	132	20 458.5	12.5
13	加拿大	501	17 283.1	-36.4
14	印度尼西亚	112	14 801.7	20.9
15	比利时	301	14 704.2	19.1
16	西班牙	312	13 423.0	39.4
17	阿联酋	138	13 148.5	1.0
18	法国	305	12 693.8	37.1
19	墨西哥	429	11 674.6	19.5
20	泰国	136	10 499.2	-17.6
21	意大利	307	7 474.5	25.6
22	波兰	327	7 436.7	15.3
23	越南	141	7 355.0	-64.0
24	巴西	410	6 981.7	10.2
25	俄罗斯联邦	344	6 950.1	83.9
26	南非	244	6 543.9	-3.4
27	丹麦	302	5 871.6	0.2
28	捷克	352	4 901.9	62.0
29	沙特阿拉伯	131	4 740.3	22.1
30	土耳其	137	4 011.2	122.4

2014 年全国保税物流园区主要进口商品分类统计表（22 大类）

商品类别	2014 年	
	进口额（万美元）	同比（%）
合计	651 378.5	3.8
第十五类　贱金属及其制品	355 922.5	23.3
第十六类　机器、机械器具、电气设备及其零件；录音机及放声机、电视图像、声音的录制和重放设备及其零件、附件	75 269.7	-0.4
第十三类　石料、石膏、水泥、石棉、云母及类似材料的制品；陶瓷产品；玻璃及其制品	56 697.1	-19.7
第七类　塑料及其制品；橡胶及其制品	33 995.0	23.7
第六类　化学工业及其相关工业的产品	32 254.0	-22.8
第十八类　光学、照相、电影、计量、检验、医疗或外科用仪器及设备、精密仪器及设备；钟表；乐器；上述物品的零件、附件	23 977.3	-60.4
第一类　活动物；动物产品	21 415.2	28.4
第十一类　纺织原料及纺织制品	18 205.8	56.8
第五类　矿产品	11 263.6	-19.4
第四类　食品；饮料、酒及醋；烟草、烟草及烟草代用品的制品	6 305.7	-8.4
第十二类　鞋、帽、伞、杖、鞭及其零件；已加工的羽毛及其制品；人造花；人发制品	5 698.1	51.7
第二十类　杂项制品	3 138.1	24.4
第十类　木浆等；废纸；纸、纸板及其制品	3 012.0	-24.3
第十七类　车辆、航空器、船舶及运输设备	1 631.3	54.7
第八类　生皮、皮革、毛皮及其制品；鞍具及挽具；旅行用品、手提包及类似品；动物肠线（蚕胶丝除外）制品	1 536.1	105.9
第二类　植物产品	815.9	22.6
第九类　木及木制品；木炭；软木及软木制品；稻草、秸秆、针茅或其他编结材料制品；篮筐及柳条编结品	136.7	0.2
第三类　动、植物油、脂及其分解产品；精制的食用油脂；动、植物蜡	65.1	-56.5
第十四类　天然或养殖珍珠、宝石或半宝石、贵金属、包贵金属及其制品；仿首饰；硬币	31.5	12.6
第二十一类　艺术品、收藏品及古物	8.0	-99.2
第十九类　武器、弹药及其零件、附件		

2014 年全国保税物流园区主要出口商品分类统计表（22 大类）

商品类别	2014 年	
	出口额（万美元）	同比（%）
合计	943 123.0	3.9
第八类　生皮、皮革、毛皮及其制品；鞍具及挽具；旅行用品、手提包及类似品；动物肠线（蚕胶丝除外）制品	23 912.5	17.5
第二类　植物产品	780.3	-11.8
第二十类　杂项制品	61 628.8	19.3
第二十一类　艺术品、收藏品及古物	237.1	-72.5
第九类　木及木制品；木炭；软木及软木制品；稻草、秸秆、针茅或其他编结材料制品；篮筐及柳条编结品	2 606.3	30.4
第六类　化学工业及其相关工业的产品	21 213.8	-38.2
第七类　塑料及其制品；橡胶及其制品	27 046.8	23.0
第三类　动、植物油、脂及其分解产品；精制的食用油脂；动、植物蜡	5.6	14.7
第十八类　光学、照相、电影、计量、检验、医疗或外科用仪器及设备、精密仪器及设备；钟表；乐器；上述物品的零件、附件	74 403.4	-39.5
第十二类　鞋、帽、伞、杖、鞭及其零件；已加工的羽毛及其制品；人造花；人发制品	62 240.7	-2.2
第十九类　武器、弹药及其零件、附件	18.4	10.9
第十类　木浆等；废纸；纸、纸板及其制品	7 479.7	5.6
第十六类　机器、机械器具、电气设备及其零件；录音机及放声机、电视图像、声音的录制和重放设备及其零件、附件	339 348.2	5.4
第十七类　车辆、航空器、船舶及运输设备	7 270.7	14.8
第十三类　石料、石膏、水泥、石棉、云母及类似材料的制品；陶瓷产品；玻璃及其制品	69 313.3	92.8
第十四类　天然或养殖珍珠、宝石或半宝石、贵金属、包贵金属及其制品；仿首饰；硬币	987.7	95.0
第十五类　贱金属及其制品	118 008.4	8.1
第十一类　纺织原料及纺织制品	121 843.3	18.1
第四类　食品；饮料、酒及醋；烟草、烟草及烟草代用品的制品	1 499.5	7.3
第五类　矿产品	3 225.3	17.9
第一类　活动物；动物产品	53.4	-80.1

上海外高桥保税物流园区统计数据表

（1）2014 年上海外高桥保税物流园区主要经济指标完成情况表

指标名称	单位	2014 年	比上年增长（%）
营业（销售）收入	万元	414 495	-9.5
当年批准企业数	个	3	0.0
其中：贸易企业	个	0	—
仓储物流企业	个	3	0.0
当年批准外资企业数	个	1	—
其中：贸易企业	个	0	—
仓储物流企业	个	1	—
当年批准投资总额	万美元	300	-94.4
当年合同利用外资	万美元	100	-90.2
税收总额	万元	11 500	-99.0
其中：工商税收	万元	11 500	10.0
海关税收及代征税	万元	0	—
固定资产投资额	万元	25 700	49.1
期末从业人员	人	800	-4.2
期末物流园区批准面积	平方公里	1.03	0.0
期末物流园区验收封关面积	平方公里	1.03	0.0

（2）截至 2014 年上海外高桥保税物流园区历年招商引资情况表

指标	单位	历年累计
批准企业	个	47
其中：外资企业		17
投资总额	（万美元）	64 911
其中：外商投资总额		48 384
合同外资额		29 155

深圳盐田港保税物流园区统计数据表

（1）2014 年深圳盐田港保税物流园区主要经济指标完成情况表

指标名称	单位	2014 年	比上年增长（%）
增加值	万元	20 428.7	4.0
营业（销售）收入	万元	62 226	24.2
当年批准企业数	个	14	250.0
其中：贸易企业	个	0	0.0
仓储物流企业	个	12	200.0
当年批准外资企业数	个	0	0.0
其中：贸易企业	个	0	0.0
仓储物流企业	个	0	0.0
当年批准投资总额	万美元	0	0.0
其中：外商投资总额	万美元	0	0.0
当年合同利用外资	万美元	0	0.0
当年实际利用外资	万美元	0	0.0
期末货物存放量	万吨	—	—
企业货运总量	万吨	57.548 3	4.5
期末施工房屋面积	平方米	—	—
房屋竣工面积	平方米	—	—
税收总额	万元	197 411.81	-14.0
其中：工商税收	万元	4 657.4	14.0
海关税收及代征税	万元	192 754.41	-14.5
固定资产投资额	万元	—	—
其中：基础设施投资	万元	—	—
期末从业人员	人	1 412	-3.5
其中：外资企业从业人员	人	—	—
期末物流园区物批准面积	平方公里	0.96	0.0
期末物流园区验收封关面积	平方公里	0.96	0.0

（2）-1　截至2014年深圳盐田港保税物流园区历年招商引资情况表

指标	单位	历年累计
批准企业	个	45
其中：外资企业		12
投资总额	（万美元）	
其中：外商投资总额		12 238
合同外资额		5 660
实际利用外资		5 599

（2）-2　截至2014年深圳盐田港保税物流园区历年主要外商投资情况表

按项目数排列			按投资额排列		
序号	国别（地区）	项目数（个）	序号	国别（地区）	投资额（万美元）
1	中国香港	11	1	中国香港	7 398
2	美国	1	2	马来西亚	3 340
3	马来西亚	1	3	美国	1 050
4	中国台湾	1	4	中国台湾	450

（3）2014年深圳盐田港保税物流园区物流企业营业收入排名表

单位：万元

序号	企业名称	营业收入	序号	企业名称	营业收入
1	嘉里物流（深圳）有限公司	10 506	9	力又实业（深圳）有限公司	2 470
2	中建投物流有限公司	15 692	10	日通储运（深圳）有限公司	2 491
3	深圳市盐田区盐田港保税区投资开发有限公司	10 510	11	深圳市中远盐田港物流有限公司	1 001
4	深圳畅联国际物流有限公司	3 388	12	深圳中天元物流有限公司	562
5	深圳市通捷利物流有限公司	3 255	13	深圳市中海港口物流有限公司	1 069
6	中联富运仓储运输（深圳）有限公司	5 288	14	深圳顺泰仓物流有限公司	278
7	新兴物流（深圳）有限公司	4 694			

出口加工区

2014 年全国出口加工区下分贸易方式进出口贸易额统计表

地区		贸易方式	进出口合计		出口		进口	
			2014 年 1 月至 2014 年 12 月		2014 年 1 月至 2014 年 12 月		2014 年 1 月至 2014 年 12 月	
中文	代码	中文	美元值（万）	美元值同比（%）	美元值（万）	美元值同比（%）	美元值（万）	美元值同比（%）
		出口加工区合计	13 138 965.0	15.9	8 065 425.3	12.1	5 073 539.7	22.5
天津出口加工区	12075	合计	33 600.0	12.9	9 162.2	-6.8	24 437.8	22.6
		一般贸易	0.2	289.1	0.2	788.9		
		进料加工贸易	10 073.7	-16.6	8 233.9	-15.7	1 839.7	-20.3
		海关特殊监管区域物流货物	23 078.0	32.3	928.1	1 358.0	22 149.9	27.5
		海关特殊监管区域进口设备	448.1	83.9			448.1	83.9
河北秦皇岛出口加工区	13035	合计	4 266.0	-6.7	2 961.5	-15.8	1 304.5	23.7
		来料加工装配贸易	1 819.2	13.6	1 089.9	20.5	729.3	4.6
		进料加工贸易	1 566.5	-12.6	1 439.1	-8.7	127.4	-40.8
		海关特殊监管区域物流货物	877.7	-25.1	432.5	-58.2	445.2	228.0
		海关特殊监管区域进口设备	2.6	-59.3			2.6	-59.3
河北廊坊出口加工区	13105	合计	4 971.7	13.8	3 185.7	12.7	1 786.0	15.8
		一般贸易	1 357.2	31.3			1 357.2	31.3
		来料加工装配贸易	79.5	176.4	42.2	139.6	37.4	234.5
		进料加工贸易	3 219.9	3.2	3 104.9	11.6	115.1	-65.8
		海关特殊监管区域物流货物	274.5	258.4	38.7	42.1	235.8	377.7

续表

地区		贸易方式	进出口合计 2014年1月至2014年12月		出口 2014年1月至2014年12月		进口 2014年1月至2014年12月	
中文	代码	中文	美元值（万）	美元值同比（%）	美元值（万）	美元值同比（%）	美元值（万）	美元值同比（%）
		海关特殊监管区域进口设备	40.5	-63.7			40.5	-63.7
内蒙古呼和浩特出口加工区	15015	合计	2 650.9	-45.6	1 057.5	8.5	1 593.3	-59.1
		来料加工装配贸易	713.9	-1.1	272.1	-26.0	441.8	24.7
		进料加工贸易	1 111.0	49.6	785.4	29.3	325.6	140.7
		海关特殊监管区域物流货物	771.9	-77.4			771.9	-77.4
		海关特殊监管区域进口设备	54.1	70 537.1			54.1	70 537.1
辽宁大连出口加工区	21025	合计	85 380.8	-6.5	65 169.9	-3.5	20 211.0	-14.8
		来料加工装配贸易	3 663.7	-6.8	2 043.5	1.3	1 620.3	-15.2
		进料加工贸易	76 927.0	-5.5	61 875.8	-3.5	15 051.2	-13.0
		海关特殊监管区域物流货物	1 454.0	-22.8	1 250.6	-13.9	203.4	-52.8
		海关特殊监管区域进口设备	3 336.0	-18.6			3 336.0	-18.6
吉林珲春出口加工区	22075	合计	35 313.6	66.7	17 360.3	49.9	17 953.3	87.0
		来料加工装配贸易	204.1	98.2	45.1	-35.0	158.9	373.9
		进料加工贸易	23 935.1	71.1	15 638.0	55.7	8 297.1	110.2
		海关特殊监管区域物流货物	11 170.0	58.1	1 677.2	14.1	9 492.9	69.6
		海关特殊监管区域进口设备	4.4	-81.6			4.4	-81.6
上海漕河泾出口加工区	31115	合计	867 573.4	-24.7	650 262.3	-32.0	217 311.1	11.2
		一般贸易	0.0				0.0	
		来料加工装配贸易	0.6	-67.1			0.6	-67.1
		进料加工贸易	836 841.2	-25.5	641 559.5	-32.2	195 281.7	9.9
		海关特殊监管区域物流货物	26 968.6	-0.3	8 702.8	-22.4	18 265.8	15.4

续表

地区		贸易方式	进出口合计		出口		进口	
			2014年1月至2014年12月		2014年1月至2014年12月		2014年1月至2014年12月	
中文	代码	中文	美元值（万）	美元值同比（%）	美元值（万）	美元值同比（%）	美元值（万）	美元值同比（%）
		海关特殊监管区域进口设备	3 761.3	97.8			3 761.3	97.8
		其他贸易	1.8	549.1			1.8	549.1
上海嘉定出口加工区	31145	合计	47 093.9	-4.9	22 112.8	-8.6	24 981.1	-1.4
		一般贸易	164.0	160.8			164.0	160.8
		进料加工贸易	12 529.2	37.7	11 784.8	32.5	744.4	257.4
		海关特殊监管区域物流货物	34 395.6	-14.8	10 328.0	-32.5	24 067.6	-4.0
		海关特殊监管区域进口设备	5.1				5.1	
上海闵行出口加工区	31175	合计	168 610.7	1.4	127 223.6	7.3	41 387.1	-13.4
		一般贸易	1.5	149.9	1.5	149.9		
		来料加工装配贸易	11 469.0	-28.1	8 477.9	-15.7	2 991.1	-49.4
		进料加工贸易	145 011.7	5.8	115 837.7	10.6	29 174.0	-9.6
		海关特殊监管区域物流货物	11 852.4	-7.7	2 906.6	-22.4	8 945.8	-1.7
		海关特殊监管区域进口设备	276.0	-43.7			276.0	-43.7
		其他贸易	0.2				0.2	
上海松江出口加工区	31185	合计	3 549 680.7	4.0	2 734 251.7	2.4	815 429.0	9.7
		一般贸易	48.2	-32.1	45.5	-30.7	2.7	-49.1
		来料加工装配贸易	1 739.6	-52.0	84.8	119.0	1 654.8	-53.8
		进料加工贸易	3 151 184.8	4.0	2 621 839.6	2.7	529 345.3	11.1
		海关特殊监管区域物流货物	377 667.8	3.2	112 281.9	-4.3	265 385.9	6.7
		海关特殊监管区域进口设备	19 040.3	33.2			19 040.3	33.2
		其他贸易	0.1	-46.1			0.1	-46.1
上海青浦出口加工区	31205	合计	96 989.1	10.9	46 570.4	15.2	50 418.7	7.1
		一般贸易	4.7	70.4	0.6		4.1	48.6

续表

地区		贸易方式	进出口合计		出口		进口	
			2014 年 1 月至 2014 年 12 月		2014 年 1 月至 2014 年 12 月		2014 年 1 月至 2014 年 12 月	
中文	代码	中文	美元值（万）	美元值同比（%）	美元值（万）	美元值同比（%）	美元值（万）	美元值同比（%）
		来料加工装配贸易	229.1	200.4	4.4	-43.1	224.7	228.0
		进料加工贸易	74 001.1	9.8	37 625.4	20.3	36 375.7	0.7
		海关特殊监管区域物流货物	20 431.6	25.8	8 939.9	-2.0	11 491.6	61.6
		海关特殊监管区域进口设备	2 322.6	-38.4			2 322.6	-38.4
上海金桥出口加工区（南区）	31225	合计	69 216.5	29.0	35 230.9	22.1	33 985.6	37.2
		一般贸易	2.3	-66.1	0.4		1.9	-71.4
		进料加工贸易	54 441.2	33.8	33 448.4	20.1	20 992.8	63.7
		海关特殊监管区域物流货物	2 757.6	-76.8	1 782.1	77.5	975.5	-91.0
		海关特殊监管区域进口设备	12 015.0	1 015.2			12 015.0	1 015.2
		其他贸易	0.4	-81.6			0.4	-81.6
江苏常州出口加工区	32045	合计	24 885.0	-4.7	13 183.5	22.3	11 701.5	-23.7
		一般贸易	0.1	-100.0			0.1	-100.0
		进料加工贸易	21 051.4	13.2	12 653.8	24.1	8 397.6	0.0
		海关特殊监管区域物流货物	3 133.9	-52.2	529.7	-8.2	2 604.2	-56.5
		海关特殊监管区域进口设备	699.6	73.5			699.6	73.5
江苏武进出口加工区	32045	合计	87 616.4	29.9	32 632.6	31.8	54 983.8	28.8
		一般贸易	0.2				0.2	
		进料加工贸易	57 299.9	28.2	30 439.4	38.7	26 860.5	18.0
		海关特殊监管区域物流货物	25 424.4	30.9	2 193.2	-21.9	23 231.2	39.9
		海关特殊监管区域进口设备	4 891.9	46.8			4 891.9	46.8
江苏吴中出口加工区	32055	合计	405 556.7	1.2	192 254.9	-10.0	213 301.9	14.1
		一般贸易	2.4	439.0	2.4	439.0		

续表

地区		贸易方式	进出口合计		出口		进口	
			2014 年 1 月至 2014 年 12 月		2014 年 1 月至 2014 年 12 月		2014 年 1 月至 2014 年 12 月	
中文	代码	中文	美元值（万）	美元值同比（%）	美元值（万）	美元值同比（%）	美元值（万）	美元值同比（%）
		来料加工装配贸易	1.8	-98.7			1.8	-98.7
		进料加工贸易	1 936.9	-16.9	1 652.1	-6.2	284.8	-50.0
		海关特殊监管区域物流货物	403 152.3	1.4	190 600.3	-10.1	212 551.9	14.4
		海关特殊监管区域进口设备	463.4	14.0			463.4	14.0
江苏南通出口加工区	32065	合计	10 732.0	33.8	5 440.5	-10.3	5 291.6	170.8
		一般贸易	693.4	2 041.8	0.0	-95.5	693.4	2 084.3
		进料加工贸易	7 056.3	-7.1	4 726.5	-17.3	2 329.8	23.9
		保税监管场所进出境货物	534.8				534.8	
		海关特殊监管区域物流货物	1 726.0	397.7	713.9	105.8	1 012.1	
		海关特殊监管区域进口设备	721.5	1 593.4			721.5	1 593.4
江苏连云港出口加工区	32075	合计	27 767.8	-11.4	14 818.4	17.5	12 949.4	-30.8
		来料加工装配贸易	4 832.8	-10.3	3 009.6	-20.6	1 823.2	14.1
		进料加工贸易	4 467.5	-54.9	3 614.2	-56.3	853.4	-47.4
		海关特殊监管区域物流货物	18 460.1	15.2	8 194.5	1 406.7	10 265.6	-33.7
		海关特殊监管区域进口设备	7.3	-60.3			7.3	-60.3
		其他贸易	0.0				0.0	
江苏扬州出口加工区	32105	合计	60 937.7	30.4	39 226.6	24.5	21 711.1	42.5
		来料加工装配贸易	4 801.1	-61.2	2 654.1	-70.5	2 146.9	-36.7
		进料加工贸易	36 510.7	49.9	24 266.0	37.3	12 244.7	83.5
		海关特殊监管区域物流货物	18 831.8	111.5	12 306.4	154.7	6 525.4	60.2
		海关特殊监管区域进口设备	794.1	-27.6			794.1	-27.6
江苏镇江出口加工区	32115	合计	34 351.3	83.8	11 338.9	341.7	23 012.4	42.8

续表

地区		贸易方式	进出口合计		出口		进口	
			2014 年 1 月至 2014 年 12 月		2014 年 1 月至 2014 年 12 月		2014 年 1 月至 2014 年 12 月	
中文	代码	中文	美元值（万）	美元值同比（%）	美元值（万）	美元值同比（%）	美元值（万）	美元值同比（%）
		进料加工贸易	2 986. 3	0. 4	836. 0	23. 8	2 150. 3	-6. 4
		海关特殊监管区域物流货物	31 252. 6	100. 3	10 502. 9	455. 2	20 749. 7	51. 3
		海关特殊监管区域进口设备	112. 3	102. 6			112. 3	102. 6
江苏泰州出口加工区	32125	合计	43 815. 0	-13. 6	22 583. 4	55. 6	21 231. 6	-41. 3
		进料加工贸易	29 716. 0	-24. 5	11 019. 9	1. 4	18 696. 1	-34. 4
		海关特殊监管区域物流货物	13 364. 0	192. 0	11 563. 6	216. 6	1 800. 5	94. 7
		海关特殊监管区域进口设备	735. 0	-89. 1			735. 0	-89. 1
江苏常熟出口加工区	32145	合计	31 782. 0	-59. 6	8 900. 8	43. 4	22 881. 2	-68. 5
		来料加工装配贸易	8 011. 4	18. 3	4 004. 0	110. 8	4 007. 4	-17. 7
		进料加工贸易	5 687. 3	-9. 1	3 051. 9	-1. 8	2 635. 4	-16. 2
		海关特殊监管区域物流货物	16 495. 1	-74. 7	1 844. 9	54. 2	14 650. 2	-77. 1
		海关特殊监管区域进口设备	1 588. 0	238. 7			1 588. 0	238. 7
		其他贸易	0. 2				0. 2	
江苏吴江出口加工区	32255	合计	48 627. 1	-50. 4	32 900. 1	-45. 1	15 727. 0	-58. 7
		来料加工装配贸易	280. 8	-94. 7	25. 6	-99. 5	255. 2	35 195. 2
		进料加工贸易	17 480. 1	-52. 3	12 018. 6	-49. 1	5 461. 5	-58. 1
		海关特殊监管区域物流货物	30 308. 9	-44. 8	20 856. 0	-32. 7	9 452. 9	-60. 5
		海关特殊监管区域进口设备	557. 4	-49. 3			557. 4	-49. 3
浙江杭州出口加工区	33015	合计	214 882. 5	4. 9	173 858. 1	5. 1	41 024. 3	3. 9
		一般贸易	0. 2	-55. 6	0. 1	-33. 0	0. 0	-78. 7
		进料加工贸易	188 153. 9	4. 0	169 540. 5	6. 7	18 613. 4	-15. 5
		海关特殊监管区域物流货物	23 137. 7	5. 1	4 317. 5	-34. 4	18 820. 2	21. 9

续表

地区		贸易方式	进出口合计		出口		进口	
			2014 年 1 月至 2014 年 12 月		2014 年 1 月至 2014 年 12 月		2014 年 1 月至 2014 年 12 月	
中文	代码	中文	美元值（万）	美元值同比（%）	美元值（万）	美元值同比（%）	美元值（万）	美元值同比（%）
		海关特殊监管区域进口设备	3 590.5	78.5			3 590.5	78.5
		其他贸易	0.2	-81.0			0.2	-81.0
浙江宁波出口加工区	33025	合计	433 777.8	-9.0	187 279.4	-7.0	246 498.4	-10.5
		来料加工装配贸易	0.5	-100.0			0.5	-100.0
		进料加工贸易	350 106.3	-8.6	156 422.7	-5.9	193 683.6	-10.8
		海关特殊监管区域物流货物	81 941.0	-8.4	30 856.6	-12.5	51 084.4	-5.7
		海关特殊监管区域进口设备	1 729.3	69.6			1 729.3	69.6
		其他贸易	0.6	192.6			0.6	192.6
浙江嘉兴出口加工区	33045	合计	16 675.9	26.8	8 411.3	-6.9	8 264.6	100.5
		来料加工装配贸易	1.1	-99.8	1.1	-99.8		
		进料加工贸易	7 673.7	6.1	6 869.2	2.1	804.5	59.8
		海关特殊监管区域物流货物	8 819.7	96.2	1 541.0	-12.2	7 278.7	165.7
		海关特殊监管区域进口设备	181.4	-75.1			181.4	-75.1
浙江慈溪出口加工区	33205	合计	17 250.6	60.3	7 345.3	125.3	9 905.3	32.1
		进料加工贸易	185.6	-25.2	162.9	-28.9	22.8	20.1
		海关特殊监管区域物流货物	17 064.2	64.8	7 182.5	136.9	9 881.7	34.9
		海关特殊监管区域进口设备	0.8				0.8	
安徽合肥出口加工区	34015	合计	455 651.0	266.7	293 011.3	384.5	162 639.7	155.0
		进料加工贸易	281 747.4	225.5	275 721.9	363.3	6 025.5	-77.7
		海关特殊监管区域物流货物	171 076.4	401.0	17 289.5	1 694.2	153 787.0	363.5
		海关特殊监管区域进口设备	2 827.2	-20.4			2 827.2	-20.4

续表

地区		贸易方式	进出口合计		出口		进口	
			2014 年 1 月至 2014 年 12 月		2014 年 1 月至 2014 年 12 月		2014 年 1 月至 2014 年 12 月	
中文	代码	中文	美元值（万）	美元值同比（%）	美元值（万）	美元值同比（%）	美元值（万）	美元值同比（%）
安徽芜湖出口加工区	34025	合计	72 642.9	35.2	45 799.8	23.7	26 843.2	60.6
		一般贸易	0.3	-33.5	0.3	-33.5		
		进料加工贸易	40 535.3	1.6	31 050.5	3.6	9 484.8	-4.3
		海关特殊监管区域物流货物	32 033.2	134.0	14 749.0	109.7	17 284.3	159.8
		海关特殊监管区域进口设备	74.0	-50.1			74.0	-50.1
		其他贸易	0.1	-91.5			0.1	-91.5
福建福州福清出口加工区	35015	合计	5 846.7	33.4	5 726.4	32.0	120.4	169.1
		一般贸易	159.8		159.8			
		来料加工装配贸易	4 292.2	47.0	4 231.2	47.1	61.0	40.8
		进料加工贸易	566.6	-18.7	564.4	-18.9	2.3	62.9
		海关特殊监管区域物流货物	823.9	7.5	771.0	0.6	52.9	
		海关特殊监管区域进口设备	4.2				4.2	
福建泉州出口加工区	35055	合计	203 071.4	-1.6	103 675.1	-1.4	99 396.3	-1.9
		进料加工贸易	200 779.6	-1.2	103 209.4	-0.8	97 570.1	-1.7
		海关特殊监管区域物流货物	2 279.2	-24.8	465.6	-56.6	1 813.6	-7.4
		海关特殊监管区域进口设备	11.7	-88.3			11.7	-88.3
		其他贸易	0.9	1 508.2			0.9	1 508.2
江西南昌出口加工区	36015	合计	264 555.2	154.2	129 049.0	159.5	135 506.2	149.3
		进料加工贸易	146 431.3	50.5	72 227.9	46.3	74 203.4	54.8
		海关特殊监管区域物流货物	117 944.4	5 326.8	56 821.1	15 370.6	61 123.2	3 284.3
		海关特殊监管区域进口设备	179.6	-96.1			179.6	-96.1

续表

地区		贸易方式	进出口合计		出口		进口	
			2014 年 1 月至 2014 年 12 月		2014 年 1 月至 2014 年 12 月		2014 年 1 月至 2014 年 12 月	
中文	代码	中文	美元值（万）	美元值同比（%）	美元值（万）	美元值同比（%）	美元值（万）	美元值同比（%）
江西九江出口加工区	36045	合计	151 965. 2	194. 5	79 392. 6	141. 5	72 572. 6	287. 5
		进料加工贸易	89 005. 6	193. 4	47 263. 5	124. 6	41 742. 1	348. 9
		海关特殊监管区域物流货物	62 956. 1	196. 1	32 129. 1	171. 5	30 827. 0	226. 9
		海关特殊监管区域进口设备	3. 5	142. 6			3. 5	142. 6
江西赣州出口加工区	36075	合计	63 421. 8	130. 9	34 636. 9	31. 9	28 784. 9	2 284. 0
		进料加工贸易	57 232. 2	1 375. 6	29 028. 7	913. 3	28 203. 5	2 682. 1
		海关特殊监管区域物流货物	6 073. 3	-74. 0	5 608. 2	-76. 0	465. 1	
		海关特殊监管区域进口设备	116. 3	-39. 9			116. 3	-39. 9
江西井冈山出口加工区	36105	合计	1 757. 2	6 304. 2	1 180. 0		577. 1	2 003. 5
		进料加工贸易	1 204. 2	25 488. 5	903. 5		300. 7	6 288. 9
		海关特殊监管区域物流货物	553. 0	3 208. 2	276. 5		276. 5	1 554. 1
山东青岛出口加工区	37025	合计	75 006. 7	7. 6	49 219. 8	6. 9	25 786. 9	9. 0
		一般贸易	0. 1		0. 1			
		来料加工装配贸易	8 190. 5	-6. 5	5 608. 4	-4. 9	2 582. 0	-9. 8
		进料加工贸易	57 929. 3	6. 9	41 046. 5	7. 4	16 882. 8	5. 5
		海关特殊监管区域物流货物	7 755. 0	61. 6	2 564. 8	32. 9	5 190. 3	81. 0
		海关特殊监管区域进口设备	1 131. 8	-41. 3			1 131. 8	-41. 3
山东青岛西海岸出口加工区	37025	合计	61 894. 7	4. 6	13 466. 6	48. 6	48 428. 2	-3. 4
		一般贸易	161. 9	11 557. 3	19. 8	1 376. 1	142. 2	280 306. 7
		来料加工装配贸易	5 143. 8	-38. 5	3 467. 8	-34. 1	1 676. 0	-46. 0
		进料加工贸易	4 032. 9	51. 7	2 203. 7	34. 7	1 829. 2	78. 9

续表

地区		贸易方式	进出口合计		出口		进口	
			2014 年 1 月至 2014 年 12 月		2014 年 1 月至 2014 年 12 月		2014 年 1 月至 2014 年 12 月	
中文	代码	中文	美元值（万）	美元值同比（%）	美元值（万）	美元值同比（%）	美元值（万）	美元值同比（%）
		保税监管场所进出境货物	200.0	16.1			200.0	16.1
		海关特殊监管区域物流货物	51 579.3	10.6	7 775.3	259.4	43 803.9	-1.5
		海关特殊监管区域进口设备	776.9	-42.8			776.9	-42.8
		其他贸易	0.1				0.1	
山东烟台出口加工区	37065	合计	1 731 155.9	9.9	1 015 465.3	11.7	715 690.5	7.5
		一般贸易	7.5	-73.1			7.5	-72.5
		来料加工装配贸易	12 373.6	7.8	7 751.5	21.5	4 622.1	-9.4
		进料加工贸易	1 256 530.4	17.4	807 936.9	18.4	448 593.6	15.7
		海关特殊监管区域物流货物	460 290.8	-6.1	199 777.0	-9.4	260 513.9	-3.4
		海关特殊监管区域进口设备	1 953.5	-35.6			1 953.5	-35.6
山东威海出口加工区	37105	合计	105 622.3	-11.7	54 263.6	-9.9	51 358.7	-13.6
		一般贸易	0.0	-91.4	0.0	-90.6		
		来料加工装配贸易	36 116.7	-18.6	22 341.8	-16.7	13 774.9	-21.5
		进料加工贸易	57 248.1	-10.2	27 138.3	-11.6	30 109.9	-8.8
		海关特殊监管区域物流货物	9 310.1	20.5	4 783.5	78.0	4 526.6	-10.1
		海关特殊监管区域进口设备	2 947.4	-17.3			2 947.4	-17.3
河南郑州出口加工区	41015	合计	47 399.4	30.5	9 581.9	65.7	37 817.6	23.9
		来料加工装配贸易	3 376.3	22.6	1 943.6	25.1	1 432.6	19.3
		进料加工贸易	17 941.0	41.3	6 429.1	314.3	11 511.9	3.3
		海关特殊监管区域物流货物	17 496.1	-3.6	1 209.1	-54.8	16 287.0	5.2
		海关特殊监管区域进口设备	8 586.0	218.2			8 586.0	218.2
湖北武汉出口加工区	42015	合计	134 839.4	6 002.0	67 630.7	7 132.4	67 208.8	5 172.8

续表

地区		贸易方式	进出口合计		出口		进口	
			2014 年 1 月至 2014 年 12 月		2014 年 1 月至 2014 年 12 月		2014 年 1 月至 2014 年 12 月	
中文	代码	中文	美元值（万）	美元值同比（%）	美元值（万）	美元值同比（%）	美元值（万）	美元值同比（%）
		进料加工贸易	134 655. 8	6 024. 7	67 501. 9	7 119. 4	67 153. 9	5 214. 6
		海关特殊监管区域物流货物	128. 8	1 119. 6	128. 8			
		海关特殊监管区域进口设备	54. 9				54. 9	
湖南郴州出口加工区	43115	合计	127 569. 0	-0. 8	71 122. 8	-0. 1	56 446. 1	-1. 8
		来料加工装配贸易	23 883. 4	-30. 4	13 974. 9	-41. 7	9 908. 5	-4. 4
		进料加工贸易	101 486. 5	8. 4	56 609. 8	21. 4	44 876. 8	-4. 5
		海关特殊监管区域物流货物	1 907. 1	214. 2	538. 1	-10. 7	1 368. 9	30 004. 6
		海关特殊监管区域进口设备	292. 0	139. 8			292. 0	139. 8
广东广州出口加工区	44015	合计	72 079. 3	40. 6	68 061. 2	73. 7	4 018. 0	-66. 7
		一般贸易	9. 2	51 211. 1			9. 2	51 211. 1
		进料加工贸易	47 360. 7	-4. 3	43 882. 2	15. 9	3 478. 5	-70. 1
		海关特殊监管区域物流货物	24 193. 0	1 754. 4	24 179. 0	1 753. 4	14. 0	
		海关特殊监管区域进口设备	516. 3	17. 2			516. 3	17. 2
广东深圳出口加工区	44035	合计	1 456 115. 5	46. 3	828 086. 5	48. 4	628 029. 0	43. 5
		一般贸易	5. 7				5. 7	
		进料加工贸易	277 075. 2	-28. 1	231 712. 3	-17. 6	45 362. 9	-56. 4
		保税监管场所进出境货物	2 659. 0		54. 0		2 605. 0	
		海关特殊监管区域物流货物	1 163 516. 0	92. 2	596 320. 2	115. 4	567 195. 8	72. 7
		海关特殊监管区域进口设备	12 859. 6	153. 2			12 859. 6	153. 2
广西北海出口加工区	45055	合计	98 139. 1	13. 5	60 461. 2	12. 4	37 678. 0	15. 3
		来料加工装配贸易	5 375. 6	30. 5	2 974. 3	37. 6	2 401. 3	22. 6

续表

地区		贸易方式	进出口合计		出口		进口	
			2014 年 1 月至 2014 年 12 月		2014 年 1 月至 2014 年 12 月		2014 年 1 月至 2014 年 12 月	
中文	代码	中文	美元值（万）	美元值同比（%）	美元值（万）	美元值同比（%）	美元值（万）	美元值同比（%）
		进料加工贸易	87 747.3	14.5	54 635.7	11.8	33 111.5	19.1
		海关特殊监管区域物流货物	4 838.6	-12.6	2 851.1	3.5	1 987.5	-28.5
		海关特殊监管区域进口设备	177.7	25.7			177.7	25.7
四川绵阳出口加工区	51075	合计	18 102.9	12.3	16 637.8	15.9	1 465.1	-17.3
		来料加工装配贸易	593.4	-1.4	591.3	1.3	2.1	-88.0
		进料加工贸易	17 475.9	13.1	16 045.1	17.1	1 430.8	-18.0
		海关特殊监管区域物流货物	1.4	-97.9	1.4	-97.9		
		海关特殊监管区域进口设备	32.1	273.9			32.1	273.9
		其他贸易	0.0				0.0	
云南昆明出口加工区	53015	合计	7 037.8	-10.1	1 403.5	288.6	5 634.4	-24.5
		一般贸易	79.7	95.0	3.1	-88.2	76.6	422.4
		进料加工贸易	61.9	29.0	60.1	25.3	1.8	
		海关特殊监管区域物流货物	6 896.2	-10.3	1 340.2	367.4	5 556.0	-24.9
陕西西安出口加工区	61015	合计	1 556 222.9	55.6	648 416.2	59.3	907 806.7	53.1
		一般贸易	891.1	31.9	814.2	27.3	76.9	116.1
		来料加工装配贸易	8 543.2	-14.4	4 368.7	-20.6	4 174.4	-6.7
		进料加工贸易	1 278 507.9	96.9	635 490.4	155.6	643 017.5	60.4
		海关特殊监管区域物流货物	254 796.8	-22.2	7 742.9	-94.9	247 053.9	41.0
		海关特殊监管区域进口设备	13 481.1	9.4			13 481.1	9.4
		其他贸易	2.9	1 045.7			2.9	1 045.7
新疆乌鲁木齐出口加工区	65015	合计	4 863.6	-32.1	4 414.7	-37.3	448.9	251.1
		进料加工贸易	1 605.9	1.4	1 224.3	-18.2	381.6	340.7

续表

			进出口合计		出口		进口	
地区		贸易方式	2014 年 1 月至 2014 年 12 月		2014 年 1 月至 2014 年 12 月		2014 年 1 月至 2014 年 12 月	
中文	代码	中文	美元值（万）	美元值同比（%）	美元值（万）	美元值同比（%）	美元值（万）	美元值同比（%）
		海关特殊监管区域物流货物	3 233.8	-41.7	3 190.4	-42.4	43.4	639.7
		海关特殊监管区域进口设备	23.9	-30.0			23.9	-30.0

2014 年全国出口加工区经济指标统计情况表

指标	单位	合计		
		当年累计	同比（%）	历年累计
增加值	万元	5 901 142	7.33	36 170 219
经营总收入		59 997 918	16.80	425 355 315
其中：技术服务收入		944 115	—	2 401 448
工业总产值		59 920 511	15.77	443 108 364
其中：高新技术产业		16 535 991	-1.57	121 662 471
物流企业经营收入		315 531	4.85	1 376 964
企业利润总额		1 397 630	42.24	8 872 408
综合能源耗费量	吨标准煤	726 672	0.79	3 994 228
批准企业数	个	176	6.02	1 710
其中：加工企业		63	—	1 092
物流企业		96	57.38	426
批准外资企业数		43	-23.21	877
批准投资总额	万美元	229 332	-19.18	3 688 450
其中：外商投资额		129 185	-30.58	2 995 644
合同利用外资		95 791	-35.37	1 608 031
企业实际到位资金		109 602	-45.31	1 770 440
其中：实际利用外资		63 278	-32.08	1 194 140
固定资产投资额	万元	1 347 115	-0.21	16 605 507
其中：基础设施投资		100 019	-40.73	3 528 349
土地实际已租售面积	平方米	1 568 841	142.11	32 660 207
房屋竣工建筑面积		1 723 042	128.64	19 923 732
其中：已建成厂房面积		1 430 651	138.54	17 778 158
已投产运作企业数	个	75	—	1 043
其中：已投产加工企业数		39	25.81	757
已投产物流企业数		34	61.90	270
其中：投资额 1 000 万美元以上		21	—	278
税收总额	万元	1 333 506	10.86	6 712 184
其中：海关税收及代征税		985 481	7.55	4 981 855
税务部门税收		310 373	10.53	1 721 723
期末从业人员	人	405 230	-0.69	405 230
期末批准面积	平方公里	126.51	1.75	126.51
期末验收封关面积		70.91	0.82	70.91

续表

指标	单位	辽宁大连出口加工区 B 区		
		当年累计	同比（%）	历年累计
增加值	万元	247 176	-16.72	1 241 976
经营总收入	万元	348 820	-9.85	2 445 433
其中：技术服务收入	万元	0	—	0
工业总产值	万元	348 820	-9.85	2 445 433
其中：高新技术产业	万元	0	—	0
物流企业经营收入	万元	0	—	0
企业利润总额	万元	139 124	-7.53	835 476
综合能源耗费量	吨标准煤	16 412	-12.27	69 877
批准企业数	个	0	—	1
其中：加工企业	个	0	—	1
物流企业	个	0	—	0
批准外资企业数	个	0	—	1
批准投资总额	万美元	0	—	250 000
其中：外商投资额	万美元	0	—	250 000
合同利用外资	万美元	0	—	62 500
企业实际到位资金	万美元	0	—	62 500
其中：实际利用外资	万美元	0	—	62 500
固定资产投资额	万元	0	—	1 504 000
其中：基础设施投资	万元	0	—	1 000
土地实际已租售面积	平方米	0	—	600 000
房屋竣工建筑面积	平方米	0	—	160 000
其中：已建成厂房面积	平方米	0	—	160 000
已投产运作企业数	个	0	—	1
其中：已投产加工企业数	个	0	—	1
已投产物流企业数	个	0	—	0
其中：投资额 1 000 万美元以上	个	0	—	0
税收总额	万元	9 365	-17.87	102 169
其中：海关税收及代征税	万元	0	—	181
税务部门税收	万元	9 365	-17.87	101 988
期末从业人员	人	1 700	0	1 700
期末批准面积	平方公里	1.45	0	1.45
期末验收封关面积	平方公里	0.6	0	0.6

续表

指标	单位	天津出口加工区		
		当年累计	同比（%）	历年累计
增加值	万元	2 588	—	2 588
经营总收入		124 152	—	124 152
其中：技术服务收入		0	—	0
工业总产值		124 152	-63.42	3 441 888
其中：高新技术产业		0	-100.00	134 677
物流企业经营收入		124	-63.53	1 691
企业利润总额		-697	—	275 518
综合能源耗费量	吨标准煤	0	-100.00	52 988
批准企业数	个	5	—	28
其中：加工企业		0	—	19
物流企业		5	—	9
批准外资企业数		0	—	12
批准投资总额	万美元	1	—	20 106
其中：外商投资额		0	—	17 423
合同利用外资		1	—	9 479
企业实际到位资金		1	—	9 979
其中：实际利用外资		0	—	9 146
固定资产投资额	万元	0	—	87 348
其中：基础设施投资		0	—	12 076
土地实际已租售面积	平方米	0	—	977 100
房屋竣工建筑面积		0	—	255 879
其中：已建成厂房面积		0	—	231 979
已投产运作企业数	个	0	—	28
其中：已投产加工企业数		0	—	19
已投产物流企业数		0	—	9
其中：投资额1 000万美元以上		0	—	0
税收总额	万元	9 414	-36.56	56 953
其中：海关税收及代征税		7 272	-33.31	45 341
税务部门税收		2 142	-45.57	11 583
期末从业人员	人	5 116	0.00	5 116
期末批准面积	平方公里	2.54	0.00	2.54
期末验收封关面积		1.43	0.00	1.43

续表

指标	单位	新疆乌鲁木齐出口加工区		
		当年累计	同比（%）	历年累计
增加值	万元	2 296	-25. 82	11 589
经营总收入	万元	21 321	-17. 98	61 400
其中：技术服务收入	万元	0	—	0
工业总产值	万元	17 983	-21. 14	81 831
其中：高新技术产业	万元	5 365	-36. 96	40 946
物流企业经营收入	万元	0	—	2
企业利润总额	万元	175	-64. 14	1 030
综合能源耗费量	吨标准煤	1 325	17. 15	8 275
批准企业数	个	0	—	9
其中：加工企业	个	0	—	7
物流企业	个	0	—	2
批准外资企业数	个	0	—	1
批准投资总额	万美元	0	—	11 316
其中：外商投资额	万美元	0	—	600
合同利用外资	万美元	0	—	300
企业实际到位资金	万美元	0	—	1 159
其中：实际利用外资	万美元	0	—	236
固定资产投资额	万元	0	—	22 954
其中：基础设施投资	万元	0	—	3 329
土地实际已租售面积	平方米	0	—	229 310
房屋竣工建筑面积	平方米	0	—	64 332
其中：已建成厂房面积	平方米	0	—	54 881
已投产运作企业数	个	0	—	5
其中：已投产加工企业数	个	0	—	4
已投产物流企业数	个	0	—	1
其中：投资额 1 000 万美元以上	个	0	—	0
税收总额	万元	76	137. 50	373
其中：海关税收及代征税	万元	0	—	0
税务部门税收	万元	68	142. 86	337
期末从业人员	人	263	42. 93	263
期末批准面积	平方公里	3	0. 00	3
期末验收封关面积	平方公里	0. 4	0. 00	0. 4

续表

指标	单位	浙江嘉兴出口加工区		
		当年累计	同比（%）	历年累计
增加值	万元	10 682	22.95	46 749
经营总收入	万元	58 679	11.61	248 317
其中：技术服务收入	万元	4 617	—	4 617
工业总产值	万元	54 329	5.73	242 757
其中：高新技术产业	万元	0	—	0
物流企业经营收入	万元	1 470	71.93	2 679
企业利润总额	万元	2 207	54.12	10 994
综合能源耗费量	吨标准煤	3 052	35.10	12 228
批准企业数	个	2	-33.33	24
其中：加工企业	个	1	—	17
物流企业	个	1	-50.00	5
批准外资企业数	个	2	—	12
批准投资总额	万美元	4 070	722.22	20 170
其中：外商投资额	万美元	4 070	—	11 680
合同利用外资	万美元	2 521	—	6 263
企业实际到位资金	万美元	593	-24.65	5 894
其中：实际利用外资	万美元	593	97.67	3 763
固定资产投资额	万元	27 778	1 283.37	184 974
其中：基础设施投资	万元	15 718	—	18 134
土地实际已租售面积	平方米	64 484	30.91	501 719
房屋竣工建筑面积	平方米	0	-100.00	150 476
其中：已建成厂房面积	平方米	0	-100.00	150 451
已投产运作企业数	个	0	—	14
其中：已投产加工企业数	个	0	—	12
已投产物流企业数	个	0	—	2
其中：投资额1 000万美元以上	个	0	—	5
税收总额	万元	19 125	8.18	47 777
其中：海关税收及代征税	万元	17 992	7.46	42 273
税务部门税收	万元	1 133	21.05	5 504
期末从业人员	人	884	-20.00	884
期末批准面积	平方公里	2.98	0.00	2.98
期末验收封关面积	平方公里	1.3	0.00	1.3

续表

指标	单位	内蒙古呼和浩特出口加工区		
		当年累计	同比（%）	历年累计
增加值	万元	2 967	-70.71	156 762
经营总收入	万元	11 841	-66.66	172 269
其中：技术服务收入	万元	0	—	0
工业总产值	万元	12 464	-67.47	462 923
其中：高新技术产业	万元	0	—	32 413
物流企业经营收入	万元	43	126.32	81
企业利润总额	万元	96	-77.36	797
综合能源耗费量	吨标准煤	3 898	71.12	50 761
批准企业数	个	1	—	26
其中：加工企业	个	1	—	5
物流企业	个	0	—	3
批准外资企业数	个	0	—	3
批准投资总额	万美元	150	—	4 554
其中：外商投资额	万美元	0	—	2 132
合同利用外资	万美元	0	—	2 080
企业实际到位资金	万美元	0	—	1 863
其中：实际利用外资	万美元	0	—	1 811
固定资产投资额	万元	0	-100.00	95 828
其中：基础设施投资	万元	0	-100.00	50 729
土地实际已租售面积	平方米	0	—	138 175
房屋竣工建筑面积	平方米	0	-100.00	68 639
其中：已建成厂房面积	平方米	0	-100.00	52 787
已投产运作企业数	个	1	—	7
其中：已投产加工企业数	个	1	—	4
已投产物流企业数	个	0	—	1
其中：投资额1 000万美元以上	个	0	—	1
税收总额	万元	995	-75.95	11 048
其中：海关税收及代征税	万元	789	-76.58	9 184
税务部门税收	万元	206	-73.18	1 804
期末从业人员	人	758	-5.72	758
期末批准面积	平方公里	2.21	0.00	2.21
期末验收封关面积	平方公里	1.04	0.00	1.04

续表

指标	单位	山东威海出口加工区		
		当年累计	同比（%）	历年累计
增加值	万元	72 792	-5. 32	862 764
经营总收入	万元	282 677	-12. 37	2 915 385
其中：技术服务收入	万元	0	—	0
工业总产值	万元	288 937	-22. 22	2 922 185
其中：高新技术产业	万元	81 897	18. 93	413 313
物流企业经营收入	万元	3 131	57. 65	9 737
企业利润总额	万元	345	-6. 25	25 899
综合能源耗费量	吨标准煤	3 838	-7. 34	32 292
批准企业数	个	6	500. 00	81
其中：加工企业	个	5	—	68
物流企业	个	1	—	13
批准外资企业数	个	5	400. 00	62
批准投资总额	万美元	10 916	12 593. 02	85 190
其中：外商投资额	万美元	10 916	99 136. 36	79 297
合同利用外资	万美元	6 000	127. 27	74 381
企业实际到位资金	万美元	2 410	-7. 84	47 593
其中：实际利用外资	万美元	2 410	-7. 84	44 743
固定资产投资额	万元	9 284	-68. 16	317 319
其中：基础设施投资	万元	150	-99. 23	192 740
土地实际已租售面积	平方米	0	—	1 127 010
房屋竣工建筑面积	平方米	0	-100. 00	459 552
其中：已建成厂房面积	平方米	0	-100. 00	452 860
已投产运作企业数	个	0	—	45
其中：已投产加工企业数	个	0	—	37
已投产物流企业数	个	0	-100. 00	8
其中：投资额1 000万美元以上	个	0	—	14
税收总额	万元	9 389	60. 80	45 649
其中：海关税收及代征税	万元	102	-45. 74	3 583
税务部门税收	万元	8 487	50. 19	41 266
期末从业人员	人	8 201	-21. 48	8 201
期末批准面积	平方公里	2. 6	0. 00	2. 6
期末验收封关面积	平方公里	1. 34	0. 00	1. 34

续表

指标	单位	山东潍坊出口加工区		
		当年累计	同比（%）	历年累计
增加值	万元	134 365	109.44	264 176
经营总收入		415 242	49.08	940 326
其中：技术服务收入		0	—	0
工业总产值		399 279	44.51	920 376
其中：高新技术产业		378 897	47.39	854 548
物流企业经营收入		4 030	62.89	11 439
企业利润总额		62 032	84.50	123 441
综合能源耗费量	吨标准煤	3 692	98.39	7 965
批准企业数	个	5	-50.00	58
其中：加工企业		4	—	49
物流企业		0	-100.00	8
批准外资企业数		1	—	15
批准投资总额	万美元	17 054	-57.88	164 429
其中：外商投资额		100	—	31 533
合同利用外资		100	—	11 010
企业实际到位资金		21 757	48.83	74 470
其中：实际利用外资		306	236.26	2 299
固定资产投资额	万元	136 476	25.48	435 576
其中：基础设施投资		4 593	-67.54	28 946
土地实际已租售面积	平方米	918 651	1 041.01	2 365 004
房屋竣工建筑面积		518 542	92.01	1 081 478
其中：已建成厂房面积		347 097	52.71	833 760
已投产运作企业数	个	7	—	28
其中：已投产加工企业数		5	—	20
已投产物流企业数		2	—	8
其中：投资额1 000万美元以上		1	—	4
税收总额	万元	35 071	7.28	109 721
其中：海关税收及代征税		17 144	-14.34	60 052
税务部门税收		17 927	41.45	49 667
期末从业人员	人	6 026	0.00	6 026
期末批准面积	平方公里	5.17	0.00	5.17
期末验收封关面积		1.7	0.00	1.7

续表

指标	单位	江苏常州出口加工区		
		当年累计	同比（%）	历年累计
增加值	万元	30 360	2.17	172 090
经营总收入	万元	90 164	12.72	791 202
其中：技术服务收入	万元	0	—	0
工业总产值	万元	88 196	18.03	781 795
其中：高新技术产业	万元	2 853	—	2 853
物流企业经营收入	万元	1 968	50.57	6 375
企业利润总额	万元	18 544	119.09	49 441
综合能源耗费量	吨标准煤	1 235	-59.46	26 805
批准企业数	个	1	—	14
其中：加工企业	个	1	—	13
物流企业	个	0	—	1
批准外资企业数	个	1	—	13
批准投资总额	万美元	2 130	-50.81	46 620
其中：外商投资额	万美元	2 130	—	38 240
合同利用外资	万美元	2 130	—	21 287
企业实际到位资金	万美元	2 130	-50.81	20 843
其中：实际利用外资	万美元	2 130	-50.81	20 696
固定资产投资额	万元	1 800	—	194 661
其中：基础设施投资	万元	0	—	139 367
土地实际已租售面积	平方米	0	—	211 309
房屋竣工建筑面积	平方米	0	—	234 471
其中：已建成厂房面积	平方米	0	—	234 471
已投产运作企业数	个	0	—	13
其中：已投产加工企业数	个	0	—	10
已投产物流企业数	个	0	—	3
其中：投资额1 000万美元以上	个	0	—	4
税收总额	万元	7 846	-32.76	51 627
其中：海关税收及代征税	万元	5 593	-47.05	34 784
税务部门税收	万元	2 253	103.89	16 540
期末从业人员	人	1 030	0.00	1 030
期末批准面积	平方公里	1.66	0.00	1.66
期末验收封关面积	平方公里	1.33	0.00	1.33

续表

指标	单位	江苏吴中出口加工区		
		当年累计	同比（%）	历年累计
增加值	万元	32 378	27.27	168 102
经营总收入	万元	45 725	-38.51	2 230 006
其中：技术服务收入	万元	102	—	102
工业总产值	万元	35 458	-46.31	2 178 217
其中：高新技术产业	万元	0	—	0
物流企业经营收入	万元	4 672	27.48	26 137
企业利润总额	万元	-5 576	—	-70 167
综合能源耗费量	吨标准煤	6 305	13.48	26 700
批准企业数	个	2	0.00	35
其中：加工企业	个	1	—	7
物流企业	个	1	-50.00	22
批准外资企业数	个	0	-100.00	8
批准投资总额	万美元	1 274	-89.27	69 363
其中：外商投资额	万美元	1 060	6.00	41 556
合同利用外资	万美元	1 060	-73.50	32 808
企业实际到位资金	万美元	322	-94.52	23 080
其中：实际利用外资	万美元	320	-92.00	10 358
固定资产投资额	万元	3 703	51.51	261 819
其中：基础设施投资	万元	0	—	86 903
土地实际已租售面积	平方米	0	—	903 359
房屋竣工建筑面积	平方米	0	—	344 404
其中：已建成厂房面积	平方米	0	—	344 404
已投产运作企业数	个	1	—	21
其中：已投产加工企业数	个	1	—	4
已投产物流企业数	个	0	—	16
其中：投资额 1 000 万美元以上	个	0	—	4
税收总额	万元	25 965	-1.37	132 011
其中：海关税收及代征税	万元	25 092	3.64	125 723
税务部门税收	万元	873	-58.70	6 286
期末从业人员	人	1 393	2.65	1 393
期末批准面积	平方公里	3	0.00	3
期末验收封关面积	平方公里	1.38	0.00	1.38

续表

指标	单位	江苏吴江出口加工区		
		当年累计	同比（%）	历年累计
增加值	万元	8 000	-7.73	91 257
经营总收入	万元	79 765	-66.63	2 221 817
其中：技术服务收入	万元	0	—	0
工业总产值	万元	81 947	-69.58	2 560 368
其中：高新技术产业	万元	6 439	-93.38	1 511 352
物流企业经营收入	万元	1 216	8.47	7 260
企业利润总额	万元	-5 216	—	-48 335
综合能源耗费量	吨标准煤	2 669	-22.64	18 013
批准企业数	个	1	-66.67	32
其中：加工企业	个	1	—	27
物流企业	个	0	-100.00	5
批准外资企业数	个	1	-66.67	29
批准投资总额	万美元	36	-99.78	92 757
其中：外商投资额	万美元	36	-99.78	91 117
合同利用外资	万美元	26	-99.60	42 062
企业实际到位资金	万美元	79	-97.14	20 458
其中：实际利用外资	万美元	79	-97.14	18 859
固定资产投资额	万元	2 750	-79.06	167 288
其中：基础设施投资	万元	0	-100.00	37 054
土地实际已租售面积	平方米	0	—	388 165
房屋竣工建筑面积	平方米	0	—	221 124
其中：已建成厂房面积	平方米	0	—	219 924
已投产运作企业数	个	1	—	13
其中：已投产加工企业数	个	1	—	10
已投产物流企业数	个	0	—	3
其中：投资额1 000万美元以上	个	0	—	5
税收总额	万元	26 983	26.10	90 484
其中：海关税收及代征税	万元	26 144	28.20	85 453
税务部门税收	万元	839	-16.52	5 031
期末从业人员	人	1 123	-24.63	1 123
期末批准面积	平方公里	1	0.00	1
期末验收封关面积	平方公里	1	0.00	1

续表

指标	单位	江苏扬州出口加工区		
		当年累计	同比（%）	历年累计
增加值	万元	22 833	-55.78	410 519
经营总收入	万元	358 450	-22.60	1 455 490
其中：技术服务收入	万元	0	—	0
工业总产值	万元	300 801	-24.80	2 453 586
其中：高新技术产业	万元	0	—	0
物流企业经营收入	万元	7 209	-8.84	93 411
企业利润总额	万元	22 289	-17.41	238 243
综合能源耗费量	吨标准煤	1 148	-68.64	13 018
批准企业数	个	4	-42.86	30
其中：加工企业	个	0	—	24
物流企业	个	4	—	6
批准外资企业数	个	4	-42.86	28
批准投资总额	万美元	58 228	282.07	172 859
其中：外商投资额	万美元	58 228	282.07	171 078
合同利用外资	万美元	38 854	115.60	122 505
企业实际到位资金	万美元	28 969	2 734.54	73 504
其中：实际利用外资	万美元	28 969	2 734.54	73 497
固定资产投资额	万元	1 436	-58.94	431 245
其中：基础设施投资	万元	0	—	148 582
土地实际已租售面积	平方米	0	—	731 817
房屋竣工建筑面积	平方米	0	—	520 987
其中：已建成厂房面积	平方米	0	—	520 987
已投产运作企业数	个	0	—	15
其中：已投产加工企业数	个	0	—	13
已投产物流企业数	个	0	—	2
其中：投资额1 000万美元以上	个	0	—	13
税收总额	万元	8 178	-58.84	115 567
其中：海关税收及代征税	万元	5 667	-55.14	76 534
税务部门税收	万元	2 511	-65.31	39 033
期末从业人员	人	2 190	15.45	2 190
期末批准面积	平方公里	3	0.00	3
期末验收封关面积	平方公里	1.47	0.00	1.47

续表

指标	单位	江苏常熟出口加工区		
		当年累计	同比（%）	历年累计
增加值	万元	14 955	14.24	66 651
经营总收入		65 205	-8.71	373 613
其中：技术服务收入		0	—	0
工业总产值		56 954	-3.93	366 094
其中：高新技术产业		0	—	0
物流企业经营收入		7 732	-19.93	26 046
企业利润总额		4 106	118.75	8 581
综合能源耗费量	吨标准煤	657	2.98	3 206
批准企业数	个	2	—	15
其中：加工企业		2	—	10
物流企业		0	—	5
批准外资企业数		2	—	10
批准投资总额	万美元	4 000	2 566.67	14 118
其中：外商投资额		4 000	2 566.67	13 765
合同利用外资		1 600	700.00	6 071
企业实际到位资金		1 450	553.15	5 406
其中：实际利用外资		1 450	553.15	5 053
固定资产投资额	万元	0	—	53 338
其中：基础设施投资		0	—	28 000
土地实际已租售面积	平方米	0	-100.00	240 811
房屋竣工建筑面积		14 200	—	137 940
其中：已建成厂房面积		3 200	—	122 440
已投产运作企业数	个	2	—	15
其中：已投产加工企业数		2	—	10
已投产物流企业数		0	—	5
其中：投资额1 000万美元以上		2	—	5
税收总额	万元	11 381	-17.66	68 041
其中：海关税收及代征税		8 057	-28.00	58 327
税务部门税收		3 204	21.73	9 427
期末从业人员	人	1 191	-2.78	1 191
期末批准面积	平方公里	0.94	0.00	0.94
期末验收封关面积		0.53	0.00	0.53

续表

指标	单位	上海嘉定出口加工区		
		当年累计	同比（%）	历年累计
增加值	万元	17 102	43.29	67 756
经营总收入	万元	79 964	35.12	413 382
其中：技术服务收入	万元	0	—	0
工业总产值	万元	76 303	29.40	410 646
其中：高新技术产业	万元	0	—	0
物流企业经营收入	万元	0	—	0
企业利润总额	万元	7 262	23.06	44 803
综合能源耗费量	吨标准煤	5 129	158.78	12 558
批准企业数	个	3	—	7
其中：加工企业	个	0	—	2
物流企业	个	0	—	3
批准外资企业数	个	0	—	1
批准投资总额	万美元	0	—	4 000
其中：外商投资额	万美元	0	—	4 000
合同利用外资	万美元	0	—	4 000
企业实际到位资金	万美元	0	—	2 108
其中：实际利用外资	万美元	0	—	2 108
固定资产投资额	万元	0	—	80 362
其中：基础设施投资	万元	0	—	57 540
土地实际已租售面积	平方米	0	—	40 000
房屋竣工建筑面积	平方米	0	—	22 290
其中：已建成厂房面积	平方米	0	—	22 290
已投产运作企业数	个	0	—	7
其中：已投产加工企业数	个	0	—	1
已投产物流企业数	个	0	—	6
其中：投资额1 000万美元以上	个	0	—	1
税收总额	万元	1 811	1 729.29	3 281
其中：海关税收及代征税	万元	0	—	78
税务部门税收	万元	0	—	1 219
期末从业人员	人	2 315	118.40	2 315
期末批准面积	平方公里	3	0.00	3
期末验收封关面积	平方公里	1	0.00	1

续表

指标	单位	福建福州出口加工区		
		当年累计	同比（%）	历年累计
增加值	万元	2 567	-11.76	22 196
经营总收入	万元	18 253	-11.48	67 484
其中：技术服务收入	万元	0	—	0
工业总产值	万元	17 228	-13.41	65 743
其中：高新技术产业	万元	0	—	0
物流企业经营收入	万元	1 099	7.75	5 709
企业利润总额	万元	626	-26.09	2 676
综合能源耗费量	吨标准煤	367	-0.81	894
批准企业数	个	0	-100.00	20
其中：加工企业	个	0	—	10
物流企业	个	0	-100.00	10
批准外资企业数	个	0	-100.00	5
批准投资总额	万美元	0	-100.00	9 801
其中：外商投资额	万美元	0	-100.00	6 980
合同利用外资	万美元	0	-100.00	3 830
企业实际到位资金	万美元	0	-100.00	5 821
其中：实际利用外资	万美元	0	-100.00	2 767
固定资产投资额	万元	8 040	68.20	99 342
其中：基础设施投资	万元	78	4.00	23 503
土地实际已租售面积	平方米	0	-100.00	326 007
房屋竣工建筑面积	平方米	21 770	141.89	141 450
其中：已建成厂房面积	平方米	17 178	90.87	89 758
已投产运作企业数	个	0	—	7
其中：已投产加工企业数	个	0	—	1
已投产物流企业数	个	0	-100.00	6
其中：投资额1 000万美元以上	个	0	—	1
税收总额	万元	51 510	-16.53	179 563
其中：海关税收及代征税	万元	51 106	-16.24	175 098
税务部门税收	万元	404	-32.67	4 363
期末从业人员	人	365	5.80	365
期末批准面积	平方公里	1.14	0.00	1.14
期末验收封关面积	平方公里	0.44	0.00	0.44

续表

指标	单位	福建泉州出口加工区		
		当年累计	同比（%）	历年累计
增加值	万元	0	—	7 321
经营总收入	万元	573 984	-0.16	1 509 137
其中：技术服务收入	万元	52 019	—	21 721
工业总产值	万元	544 360	-4.86	5 080 500
其中：高新技术产业	万元	0	—	0
物流企业经营收入	万元	0	—	9 102
企业利润总额	万元	3 869	1 048.07	254 269
综合能源耗费量	吨标准煤	685	-47.51	6 409
批准企业数	个	3	-62.50	17
其中：加工企业	个	0	—	14
物流企业	个	0	—	0
批准外资企业数	个	1	-50.00	5
批准投资总额	万美元	4 981	243.52	40 267
其中：外商投资额	万美元	166	232.00	8 012
合同利用外资	万美元	883	783.00	6 584
企业实际到位资金	万美元	6 749	-36.94	42 035
其中：实际利用外资	万美元	883	-39.19	6 120
固定资产投资额	万元	14 577	40.26	161 073
其中：基础设施投资	万元	2 631	586.95	78 134
土地实际已租售面积	平方米	347 000	—	546 123
房屋竣工建筑面积	平方米	1 021 045	—	1 203 202
其中：已建成厂房面积	平方米	947 820	—	1 129 977
已投产运作企业数	个	1	—	10
其中：已投产加工企业数	个	0	—	8
已投产物流企业数	个	0	—	0
其中：投资额1 000万美元以上	个	1	—	5
税收总额	万元	12 090	-32.03	48 700
其中：海关税收及代征税	万元	8 460	-48.62	42 875
税务部门税收	万元	3 630	174.58	5 825
期末从业人员	人	610	-16.67	610
期末批准面积	平方公里	3	-18.92	3
期末验收封关面积	平方公里	2.04	-44.86	2.04

续表

指标	单位	浙江慈溪出口加工区		
		当年累计	同比（%）	历年累计
增加值	万元	4 189	17.60	15 395
经营总收入		12 874	-9.50	51 426
其中：技术服务收入		0	—	0
工业总产值		10 763	-15.78	45 903
其中：高新技术产业		0	—	0
物流企业经营收入		1 696	31.88	7 193
企业利润总额		568	42.71	1 534
综合能源耗费量	吨标准煤	56	-34.12	288
批准企业数	个	4	-20.00	21
其中：加工企业		2	—	4
物流企业		2	-50.00	17
批准外资企业数		0	-100.00	8
批准投资总额	万美元	6 999	1.02	37 287
其中：外商投资额		0	-100.00	19 138
合同利用外资		0	-100.00	11 329
企业实际到位资金		198	-57.96	9 618
其中：实际利用外资		0	-100.00	4 047
固定资产投资额	万元	11 018	-31.55	96 245
其中：基础设施投资		11 018	-31.55	90 337
土地实际已租售面积	平方米	18 000	—	288 416
房屋竣工建筑面积		0	—	141 640
其中：已建成厂房面积		0	—	136 540
已投产运作企业数	个	2	—	18
其中：已投产加工企业数		0	—	3
已投产物流企业数		2	-33.33	15
其中：投资额1 000万美元以上		0	—	1
税收总额	万元	8 809	-13.54	36 703
其中：海关税收及代征税		8 701	-13.87	36 221
税务部门税收		108	24.14	482
期末从业人员	人	148	17.46	148
期末批准面积	平方公里	2	0.00	2
期末验收封关面积		0.7	0.00	0.7

续表

指标	单位	河北廊坊出口加工区		
		当年累计	同比（%）	历年累计
增加值	万元	3 355	60.45	12 419
经营总收入	万元	22 653	13.36	80 587
其中：技术服务收入	万元	2	—	2
工业总产值	万元	26 912	38.80	91 324
其中：高新技术产业	万元	14 528	—	14 528
物流企业经营收入	万元	3	-97.83	932
企业利润总额	万元	376	55.37	-1 503
综合能源耗费量	吨标准煤	1 005	5.02	4 998
批准企业数	个	0	-100.00	5
其中：加工企业	个	0	—	3
物流企业	个	0	-100.00	2
批准外资企业数	个	0	—	3
批准投资总额	万美元	0	-100.00	1 804
其中：外商投资额	万美元	0	—	1 479
合同利用外资	万美元	0	—	1 462
企业实际到位资金	万美元	0	-100.00	1 617
其中：实际利用外资	万美元	0	—	1 309
固定资产投资额	万元	0	—	13 332
其中：基础设施投资	万元	0	—	6 420
土地实际已租售面积	平方米	0	—	189 756
房屋竣工建筑面积	平方米	0	—	32 882
其中：已建成厂房面积	平方米	0	—	28 090
已投产运作企业数	个	0	—	5
其中：已投产加工企业数	个	0	—	3
已投产物流企业数	个	0	-100.00	2
其中：投资额 1 000 万美元以上	个	0	—	0
税收总额	万元	991	-56.38	19 304
其中：海关税收及代征税	万元	981	-56.78	19 229
税务部门税收	万元	10	400.00	72
期末从业人员	人	401	9.56	401
期末批准面积	平方公里	0.5	0.00	0.5
期末验收封关面积	平方公里	0.49	0.00	0.49

续表

指标	单位	四川绵阳出口加工区		
		当年累计	同比（%）	历年累计
增加值	万元	29 817	7. 14	138 896
经营总收入		103 012	12. 94	287 975
其中：技术服务收入		0	—	0
工业总产值		106 908	11. 35	502 637
其中：高新技术产业		0	—	0
物流企业经营收入		87	-17. 14	320
企业利润总额		3 898	155. 27	20 152
综合能源耗费量	吨标准煤	1 286	-10. 01	8 280
批准企业数	个	0	—	7
其中：加工企业		0	—	5
物流企业		0	—	2
批准外资企业数		0	—	2
批准投资总额	万美元	0	—	3 970
其中：外商投资额		0	—	1 194
合同利用外资		0	—	310
企业实际到位资金		0	—	656
其中：实际利用外资		0	—	310
固定资产投资额	万元	225	-87. 62	38 519
其中：基础设施投资		0	—	2 000
土地实际已租售面积	平方米	3 666	—	21 183
房屋竣工建筑面积		0	—	105 804
其中：已建成厂房面积		0	—	98 724
已投产运作企业数	个	0	—	7
其中：已投产加工企业数		0	-100. 00	5
已投产物流企业数		0	—	2
其中：投资额 1 000 万美元以上		0	—	0
税收总额	万元	1 116	22. 10	3 898
其中：海关税收及代征税		54	—	54
税务部门税收		1 062	16. 19	3 844
期末从业人员	人	7 756	5. 24	7 756
期末批准面积	平方公里	0. 56	0. 00	0. 56
期末验收封关面积		0. 15	0. 00	0. 15

续表

指标	单位	江西九江出口加工区		
		当年累计	同比（%）	历年累计
增加值	万元	22 604	12. 04	95 621
经营总收入	万元	287 542	143. 92	746 123
其中：技术服务收入	万元	0	—	0
工业总产值	万元	303 912	141. 51	1 262 678
其中：高新技术产业	万元	0	—	0
物流企业经营收入	万元	862	—	876
企业利润总额	万元	4 524	47. 07	21 048
综合能源耗费量	吨标准煤	2 817	355. 09	6 502
批准企业数	个	6	200. 00	31
其中：加工企业	个	4	—	26
物流企业	个	2	100. 00	5
批准外资企业数	个	2	0. 00	19
批准投资总额	万美元	16 400	1 377. 48	73 326
其中：外商投资额	万美元	16 000	1 341. 44	63 776
合同利用外资	万美元	16 000	307. 12	63 776
企业实际到位资金	万美元	2 000	198. 51	19 926
其中：实际利用外资	万美元	1 500	123. 88	17 915
固定资产投资额	万元	17 200	573 233. 33	118 285
其中：基础设施投资	万元	0	—	20 469
土地实际已租售面积	平方米	130 000	4. 28	840 664
房屋竣工建筑面积	平方米	60 000	—	230 383
其中：已建成厂房面积	平方米	60 000	—	189 516
已投产运作企业数	个	5	—	30
其中：已投产加工企业数	个	3	200. 00	25
已投产物流企业数	个	2	100. 00	5
其中：投资额 1 000 万美元以上	个	1	—	16
税收总额	万元	3 419	68. 59	7 754
其中：海关税收及代征税	万元	3 249	125. 00	5 186
税务部门税收	万元	170	-70. 89	2 568
期末从业人员	人	2 400	37. 14	2 400
期末批准面积	平方公里	0. 99	0. 00	0. 99
期末验收封关面积	平方公里	0. 99	0. 00	0. 99

续表

指标	单位	湖南郴州出口加工区		
		当年累计	同比（%）	历年累计
增加值	万元	246 436	19.29	610 888
经营总收入		1 105 156	25.46	2 550 145
其中：技术服务收入		31 626	—	31 626
工业总产值		1 111 305	26.10	2 560 272
其中：高新技术产业		678 231	33.67	1 497 472
物流企业经营收入		144	0.00	432
企业利润总额		19 476	66.02	71 940
综合能源耗费量	吨标准煤	45 740	627.30	57 770
批准企业数	个	0	-100.00	14
其中：加工企业		0	—	11
物流企业		0	—	1
批准外资企业数		0	—	0
批准投资总额	万美元	0	—	18 239
其中：外商投资额		0	—	18 239
合同利用外资		0	-100.00	18 239
企业实际到位资金		0	-100.00	15 093
其中：实际利用外资		0	-100.00	15 093
固定资产投资额	万元	0	-100.00	218 678
其中：基础设施投资		0	-100.00	84 495
土地实际已租售面积	平方米	0	—	300 000
房屋竣工建筑面积		0	—	440 000
其中：已建成厂房面积		0	—	0
已投产运作企业数	个	0	—	14
其中：已投产加工企业数		0	—	11
已投产物流企业数		0	—	1
其中：投资额1 000万美元以上		0	—	0
税收总额	万元	2 738	205.58	5 732
其中：海关税收及代征税		2 738	205.58	5 732
税务部门税收		0	—	0
期末从业人员	人	7 664	4.93	7 664
期末批准面积	平方公里	3	0.00	3
期末验收封关面积		1.4	0.00	1.4

续表

指标	单位	云南昆明出口加工区		
		当年累计	同比（%）	历年累计
增加值	万元	107	-58.85	791
经营总收入		330	-35.17	3 002
其中：技术服务收入		0	—	0
工业总产值		114	-45.97	2 033
其中：高新技术产业		0	—	0
物流企业经营收入		330	25.95	857
企业利润总额		26	-70.79	143
综合能源耗费量	吨标准煤	703	-4.35	2 867
批准企业数	个	0	—	13
其中：加工企业		0	—	7
物流企业		0	—	5
批准外资企业数		0	—	1
批准投资总额	万美元	0	—	7 739
其中：外商投资额		0	—	273
合同利用外资		0	—	270
企业实际到位资金		0	—	7 720
其中：实际利用外资		0	—	270
固定资产投资额	万元	0	-100.00	66 353
其中：基础设施投资		0	—	24 690
土地实际已租售面积	平方米	0	—	42 588
房屋竣工建筑面积		0	—	36 835
其中：已建成厂房面积		0	—	25 727
已投产运作企业数	个	0	—	12
其中：已投产加工企业数		0	—	7
已投产物流企业数		0	—	5
其中：投资额1 000万美元以上		0	—	0
税收总额	万元	8	-11.11	1 762
其中：海关税收及代征税		0	—	1 701
税务部门税收		8	-11.11	61
期末从业人员	人	32	-3.03	32
期末批准面积	平方公里	2	0.00	2
期末验收封关面积		0.48	0.00	0.48

续表

指标	单位	陕西西安出口加工区B区		
		当年累计	同比（%）	历年累计
增加值	万元	366 564	-35.61	2 079 919
经营总收入	万元	3 727 270	30.95	11 218 890
其中：技术服务收入	万元	7 823	—	7 823
工业总产值	万元	3 720 305	31.98	11 072 075
其中：高新技术产业	万元	3 720 305	31.98	11 072 075
物流企业经营收入	万元	1 533	935.81	18 302
企业利润总额	万元	11 171	—	78 077
综合能源耗费量	吨标准煤	5 210	-70.69	49 563
批准企业数	个	0	-100.00	40
其中：加工企业	个	0	—	10
物流企业	个	0	-100.00	21
批准外资企业数	个	0	-100.00	11
批准投资总额	万美元	0	-100.00	139 662
其中：外商投资额	万美元	0	-100.00	131 450
合同利用外资	万美元	0	-100.00	103 100
企业实际到位资金	万美元	0	-100.00	107 056
其中：实际利用外资	万美元	0	-100.00	102 850
固定资产投资额	万元	48 018	-12.97	496 413
其中：基础设施投资	万元	0	—	3 382
土地实际已租售面积	平方米	0	—	366 047
房屋竣工建筑面积	平方米	0	-100.00	343 000
其中：已建成厂房面积	平方米	0	-100.00	243 000
已投产运作企业数	个	1	—	11
其中：已投产加工企业数	个	1	—	4
已投产物流企业数	个	0	-100.00	6
其中：投资额1 000万美元以上	个	1	—	5
税收总额	万元	14 651	47.80	57 735
其中：海关税收及代征税	万元	7 077	644.16	23 828
税务部门税收	万元	7 574	-15.49	33 907
期末从业人员	人	4 025	21.20	4 025
期末批准面积	平方公里	1.34	0.00	1.34
期末验收封关面积	平方公里	0.7	0.00	0.7

续表

指标	单位	辽宁大连出口加工区 A 区		
		当年累计	同比（%）	历年累计
增加值	万元	176 305	-0.34	1 396 657
经营总收入	万元	652 296	0.70	5 106 754
其中：技术服务收入	万元	0	—	0
工业总产值	万元	635 368	-1.73	5 197 296
其中：高新技术产业	万元	9 499	-0.53	77 611
物流企业经营收入	万元	1 215	2.27	11 124
企业利润总额	万元	18 044	-0.40	175 074
综合能源耗费量	吨标准煤	10 665	-3.20	85 790
批准企业数	个	1	-83.33	74
其中：加工企业	个	1	—	69
物流企业	个	0	—	5
批准外资企业数	个	1	-83.33	69
批准投资总额	万美元	270	-85.99	62 874
其中：外商投资额	万美元	216	-86.55	53 681
合同利用外资	万美元	216	-88.58	53 681
企业实际到位资金	万美元	173	-90.54	54 404
其中：实际利用外资	万美元	138	-90.97	47 126
固定资产投资额	万元	2 457	2.16	1 163 803
其中：基础设施投资	万元	354	4.73	76 558
土地实际已租售面积	平方米	0	-100.00	1 174 577
房屋竣工建筑面积	平方米	1 100	-64.63	664 310
其中：已建成厂房面积	平方米	950	-69.45	642 060
已投产运作企业数	个	1	—	67
其中：已投产加工企业数	个	1	-66.67	65
已投产物流企业数	个	0	—	2
其中：投资额 1 000 万美元以上	个	0	—	6
税收总额	万元	8 917	6.54	103 462
其中：海关税收及代征税	万元	3 941	14.96	41 017
税务部门税收	万元	4 976	0.69	62 445
期末从业人员	人	8 000	0.10	8 000
期末批准面积	平方公里	1.5	0.00	1.5
期末验收封关面积	平方公里	1.5	0.00	1.5

续表

指标	单位	山东青岛西海岸出口加工区		
		当年累计	同比（%）	历年累计
增加值	万元	20 007	149.99	195 853
经营总收入		87 929	131.09	754 272
其中：技术服务收入		75	—	75
工业总产值		81 453	191.05	721 466
其中：高新技术产业		0	—	0
物流企业经营收入		6 315	-16.01	32 352
企业利润总额		1 797	358.42	66 656
综合能源耗费量	吨标准煤	2 350	98.82	6 777
批准企业数	个	6	-33.33	31
其中：加工企业		1	—	19
物流企业		4	0.00	11
批准外资企业数		1	-66.67	17
批准投资总额	万美元	2 902	-86.55	78 744
其中：外商投资额		2 150	-88.75	65 774
合同利用外资		5 765	-56.52	54 779
企业实际到位资金		7 028	-0.72	59 257
其中：实际利用外资		4 953	-2.46	40 720
固定资产投资额	万元	33 807	10.30	154 810
其中：基础设施投资		860	-41.50	47 808
土地实际已租售面积	平方米	0	—	1 816 377
房屋竣工建筑面积		38 725	-49.88	580 832
其中：已建成厂房面积		22 856	-61.77	564 963
已投产运作企业数	个	3	—	12
其中：已投产加工企业数		2	—	7
已投产物流企业数		1	—	5
其中：投资额1 000万美元以上		1	—	8
税收总额	万元	31 238	-0.55	98 166
其中：海关税收及代征税		28 706	-5.26	85 220
税务部门税收		2 532	128.31	12 946
期末从业人员	人	2 468	-15.16	2 468
期末批准面积	平方公里	2	0.00	2
期末验收封关面积		2	0.00	2

续表

指标	单位	上海松江出口加工区		
		当年累计	同比（%）	历年累计
增加值	万元	883 430	11.23	8 126 244
经营总收入	万元	16 370 683	5.16	191 010 413
其中：技术服务收入	万元	768 183	—	2 255 814
工业总产值	万元	16 333 583	3.11	192 535 445
其中：高新技术产业	万元	0	—	22 906 867
物流企业经营收入	万元	37 100	0.39	218 120
企业利润总额	万元	132 714	44.33	1 740 224
综合能源耗费量	吨标准煤	86 862	-8.66	779 588
批准企业数	个	2	0.00	111
其中：加工企业	个	1	—	87
物流企业	个	0	-100.00	21
批准外资企业数	个	1	0.00	84
批准投资总额	万美元	369	-57.73	253 598
其中：外商投资额	万美元	209	-76.03	245 358
合同利用外资	万美元	2 173	175.06	109 188
企业实际到位资金	万美元	1 595	-55.73	88 046
其中：实际利用外资	万美元	1 435	-60.17	86 344
固定资产投资额	万元	21 169	-30.91	1 236 840
其中：基础设施投资	万元	0	-100.00	151 641
土地实际已租售面积	平方米	0	—	2 134 695
房屋竣工建筑面积	平方米	0	-100.00	1 067 839
其中：已建成厂房面积	平方米	0	-100.00	1 067 839
已投产运作企业数	个	3	—	80
其中：已投产加工企业数	个	0	-100.00	60
已投产物流企业数	个	2	—	18
其中：投资额 1 000 万美元以上	个	0	—	38
税收总额	万元	208 938	20.03	1 600 980
其中：海关税收及代征税	万元	147 139	21.47	1 121 909
税务部门税收	万元	61 799	16.71	479 071
期末从业人员	人	78 879	-9.68	78 879
期末批准面积	平方公里	5.96	0.00	5.96
期末验收封关面积	平方公里	4.28	0.00	4.28

续表

指标	单位	江苏淮安出口加工区		
		当年累计	同比（%）	历年累计
增加值	万元	1 126 103	26.78	3 443 432
经营总收入	万元	8 559 704	44.34	22 581 246
其中：技术服务收入	万元	0	—	0
工业总产值	万元	8 587 227	45.96	22 673 355
其中：高新技术产业	万元	0	—	0
物流企业经营收入	万元	1 002	-24.77	3 801
企业利润总额	万元	326 992	1 144.26	474 782
综合能源耗费量	吨标准煤	125 773	-4.00	577 373
批准企业数	个	1	-50.00	15
其中：加工企业	个	1	—	11
物流企业	个	0	-100.00	4
批准外资企业数	个	1	-50.00	10
批准投资总额	万美元	3 000	-75.98	128 990
其中：外商投资额	万美元	3 000	-75.98	128 790
合同利用外资	万美元	2 140	-41.42	61 273
企业实际到位资金	万美元	1 140	-62.00	57 470
其中：实际利用外资	万美元	500	-83.33	56 770
固定资产投资额	万元	8 550	-43.00	612 259
其中：基础设施投资	万元	770	-47.26	349 367
土地实际已租售面积	平方米	0	—	180 009
房屋竣工建筑面积	平方米	0	—	1 490 000
其中：已建成厂房面积	平方米	0	—	1 373 260
已投产运作企业数	个	1	—	15
其中：已投产加工企业数	个	1	—	11
已投产物流企业数	个	0	—	4
其中：投资额1 000万美元以上	个	0	—	6
税收总额	万元	22 449	51.24	98 459
其中：海关税收及代征税	万元	17 666	124.24	63 417
税务部门税收	万元	4 783	-6.09	34 717
期末从业人员	人	48 520	-0.06	48 520
期末批准面积	平方公里	4.92	87.07	4.92
期末验收封关面积	平方公里	2.63	0.00	2.63

续表

指标	单位	江西南昌出口加工区		
		当年累计	同比（%）	历年累计
增加值	万元	60 177	30.00	136 642
经营总收入	万元	370 442	-15.53	1 001 922
其中：技术服务收入	万元	83	—	83
工业总产值	万元	802 225	83.54	1 587 514
其中：高新技术产业	万元	0	—	0
物流企业经营收入	万元	199	-72.32	1 668
企业利润总额	万元	827	-59.46	1 240
综合能源耗费量	吨标准煤	83	207.41	27 367
批准企业数	个	6	100.00	23
其中：加工企业	个	2	—	14
物流企业	个	4	300.00	9
批准外资企业数	个	4	33.33	18
批准投资总额	万美元	1 224	-96.18	107 147
其中：外商投资额	万美元	1 200	-96.25	107 123
合同利用外资	万美元	770	-92.30	48 485
企业实际到位资金	万美元	1 721	-41.48	20 862
其中：实际利用外资	万美元	1 721	-21.09	20 862
固定资产投资额	万元	0	-100.00	109 220
其中：基础设施投资	万元	0	-100.00	45 078
土地实际已租售面积	平方米	0	—	272 680
房屋竣工建筑面积	平方米	0	—	214 927
其中：已建成厂房面积	平方米	0	—	214 927
已投产运作企业数	个	0	—	13
其中：已投产加工企业数	个	0	-100.00	11
已投产物流企业数	个	0	—	2
其中：投资额1 000万美元以上	个	0	—	8
税收总额	万元	146	-13.61	420
其中：海关税收及代征税	万元	102	-7.27	262
税务部门税收	万元	13	-77.59	109
期末从业人员	人	2 267	-4.02	2 267
期末批准面积	平方公里	1	0.00	1
期末验收封关面积	平方公里	1	0.00	1

续表

指标	单位	浙江杭州出口加工区		
		当年累计	同比（%）	历年累计
增加值	万元	121 043	-14.43	1 068 701
经营总收入	万元	1 191 751	-6.28	13 867 598
其中：技术服务收入	万元	0	—	0
工业总产值	万元	1 178 518	-5.37	13 806 498
其中：高新技术产业	万元	13 738	-5.91	70 829
物流企业经营收入	万元	13 234	27.26	61 101
企业利润总额	万元	30 312	-24.71	284 957
综合能源耗费量	吨标准煤	13 114	-3.55	155 496
批准企业数	个	2	—	35
其中：加工企业	个	0	—	25
物流企业	个	2	—	9
批准外资企业数	个	2	—	30
批准投资总额	万美元	558	—	60 345
其中：外商投资额	万美元	558	—	50 329
合同利用外资	万美元	558	—	22 429
企业实际到位资金	万美元	0	-100.00	26 306
其中：实际利用外资	万美元	0	-100.00	19 719
固定资产投资额	万元	66	-99.70	386 946
其中：基础设施投资	万元	66	-99.70	103 778
土地实际已租售面积	平方米	0	—	886 049
房屋竣工建筑面积	平方米	0	-100.00	584 187
其中：已建成厂房面积	平方米	0	-100.00	575 729
已投产运作企业数	个	2	—	35
其中：已投产加工企业数	个	0	-100.00	25
已投产物流企业数	个	2	—	9
其中：投资额1 000万美元以上	个	0	—	12
税收总额	万元	64 150	-25.98	451 554
其中：海关税收及代征税	万元	44 202	-30.80	321 188
税务部门税收	万元	19 948	-12.46	130 365
期末从业人员	人	9 076	-3.89	9 076
期末批准面积	平方公里	2.92	0.00	2.92
期末验收封关面积	平方公里	2	0.00	2

续表

指标	单位	广东深圳出口加工区		
		当年累计	同比（%）	历年累计
增加值	万元	315 527	-7.10	2 648 298
经营总收入	万元	1 357 443	-4.48	11 045 338
其中：技术服务收入	万元	0	—	0
工业总产值	万元	1 331 454	-6.59	11 253 468
其中：高新技术产业	万元	932 808	-1.16	5 977 013
物流企业经营收入	万元	0	—	0
企业利润总额	万元	0	-100.00	808 751
综合能源耗费量	吨标准煤	26 927	-2.28	108 094
批准企业数	个	39	116.67	114
其中：加工企业	个	9	—	9
物流企业	个	30	114.29	56
批准外资企业数	个	0	—	1
批准投资总额	万美元	0	—	115 135
其中：外商投资额	万美元	0	—	114 584
合同利用外资	万美元	0	—	47 849
企业实际到位资金	万美元	0	—	39 605
其中：实际利用外资	万美元	0	—	36 331
固定资产投资额	万元	24 972	-44.58	180 755
其中：基础设施投资	万元	0	—	84 984
土地实际已租售面积	平方米	0	—	1 333 000
房屋竣工建筑面积	平方米	0	—	57 290
其中：已建成厂房面积	平方米	0	—	57 290
已投产运作企业数	个	0	—	7
其中：已投产加工企业数	个	0	—	0
已投产物流企业数	个	0	—	7
其中：投资额1 000万美元以上	个	0	—	0
税收总额	万元	0	—	114 378
其中：海关税收及代征税	万元	0	—	89 430
税务部门税收	万元	0	—	24 941
期末从业人员	人	18 560	-13.14	18 560
期末批准面积	平方公里	3	0.00	3
期末验收封关面积	平方公里	3	0.00	3

续表

指标	单位	广东广州出口加工区		
		当年累计	同比（%）	历年累计
增加值	万元	90 590	26.89	489 473
经营总收入	万元	434 009	51.09	2 758 839
其中：技术服务收入	万元	0	—	0
工业总产值	万元	438 482	53.54	2 799 772
其中：高新技术产业	万元	0	—	0
物流企业经营收入	万元	0	—	0
企业利润总额	万元	15 419	101.61	81 388
综合能源耗费量	吨标准煤	3 568	-0.45	32 215
批准企业数	个	0	—	1
其中：加工企业	个	0	—	1
物流企业	个	0	—	0
批准外资企业数	个	0	—	1
批准投资总额	万美元	0	—	12 500
其中：外商投资额	万美元	0	—	12 500
合同利用外资	万美元	0	—	5 400
企业实际到位资金	万美元	0	—	5 338
其中：实际利用外资	万美元	0	—	5 338
固定资产投资额	万元	0	—	127 232
其中：基础设施投资	万元	0	—	58 800
土地实际已租售面积	平方米	0	—	0
房屋竣工建筑面积	平方米	0	—	0
其中：已建成厂房面积	平方米	0	—	0
已投产运作企业数	个	0	—	1
其中：已投产加工企业数	个	0	—	1
已投产物流企业数	个	0	—	0
其中：投资额1 000万美元以上	个	0	—	1
税收总额	万元	0	—	0
其中：海关税收及代征税	万元	0	—	0
税务部门税收	万元	0	—	0
期末从业人员	人	941	-14.06	941
期末批准面积	平方公里	3	0.00	3
期末验收封关面积	平方公里	0.9	0.00	0.9

续表

指标	单位	湖北武汉出口加工区		
		当年累计	同比（%）	历年累计
增加值	万元	890	60.36	39 393
经营总收入	万元	828 064	992.76	1 011 360
其中：技术服务收入	万元	0	—	0
工业总产值	万元	817 331	979.18	4 093 319
其中：高新技术产业	万元	1 514	-97.70	3 267 625
物流企业经营收入	万元	93	-52.31	1 005
企业利润总额	万元	3 194	706.57	4 667
综合能源耗费量	吨标准煤	420	14.75	6 067
批准企业数	个	1	—	10
其中：加工企业	个	1	—	9
物流企业	个	0	—	1
批准外资企业数	个	0	—	6
批准投资总额	万美元	5 000	—	15 705
其中：外商投资额	万美元	0	—	8 880
合同利用外资	万美元	0	—	7 480
企业实际到位资金	万美元	5 000	—	13 070
其中：实际利用外资	万美元	0	—	7 070
固定资产投资额	万元	500	—	32 500
其中：基础设施投资	万元	200	—	15 000
土地实际已租售面积	平方米	2 500	—	142 500
房屋竣工建筑面积	平方米	0	—	148 000
其中：已建成厂房面积	平方米	0	—	140 000
已投产运作企业数	个	1	—	10
其中：已投产加工企业数	个	1	—	9
已投产物流企业数	个	0	—	1
其中：投资额1 000万美元以上	个	1	—	1
税收总额	万元	1 783	-87.76	297 628
其中：海关税收及代征税	万元	32	-99.78	293 740
税务部门税收	万元	1 750	1 141.13	2 768
期末从业人员	人	1 150	7.88	1 150
期末批准面积	平方公里	2.7	107.69	2.7
期末验收封关面积	平方公里	1.3	0.00	1.3

续表

指标	单位	吉林珲春出口加工区		
		当年累计	同比（%）	历年累计
增加值	万元	86 766	128.26	276 906
经营总收入		350 354	242.44	1 820 884
其中：技术服务收入		0	—	0
工业总产值		431 341	184.75	1 126 210
其中：高新技术产业		0	—	672
物流企业经营收入		0	—	0
企业利润总额		36 913	717.20	113 500
综合能源耗费量	吨标准煤	9 000	-9.09	71 079
批准企业数	个	0	—	93
其中：加工企业		0	—	53
物流企业		0	—	0
批准外资企业数		0	—	17
批准投资总额	万美元	0	—	13 528
其中：外商投资额		0	—	4 597
合同利用外资		0	—	4 597
企业实际到位资金		0	—	9 830
其中：实际利用外资		0	—	2 784
固定资产投资额	万元	0	—	41 764
其中：基础设施投资		0	—	14 000
土地实际已租售面积	平方米	0	—	6 000
房屋竣工建筑面积		0	—	108 329
其中：已建成厂房面积		0	—	108 329
已投产运作企业数	个	0	—	31
其中：已投产加工企业数		0	—	25
已投产物流企业数		0	—	6
其中：投资额1 000万美元以上		5	—	5
税收总额	万元	0	—	490
其中：海关税收及代征税		0	—	4
税务部门税收		0	—	486
期末从业人员	人	2 037	188.53	2 037
期末批准面积	平方公里	2.44	0.00	2.44
期末验收封关面积		1.84	206.67	1.84

续表

指标	单位	江西赣州出口加工区		
		当年累计	同比（%）	历年累计
增加值	万元	2 705	-63.04	21 884
经营总收入	万元	7 364	-60.99	83 642
其中：技术服务收入	万元	0	—	0
工业总产值	万元	7 176	-61.44	61 270
其中：高新技术产业	万元	0	—	0
物流企业经营收入	万元	189	-28.68	22 372
企业利润总额	万元	0	-100.00	770
综合能源耗费量	吨标准煤	684	-25.57	2 676
批准企业数	个	1	—	10
其中：加工企业	个	0	—	4
物流企业	个	1	—	7
批准外资企业数	个	0	—	1
批准投资总额	万美元	0	—	1 200
其中：外商投资额	万美元	0	—	1 200
合同利用外资	万美元	0	—	1 200
企业实际到位资金	万美元	0	-100.00	1 200
其中：实际利用外资	万美元	0	—	1 200
固定资产投资额	万元	0	-100.00	39 798
其中：基础设施投资	万元	0	-100.00	10 934
土地实际已租售面积	平方米	0	-100.00	371 200
房屋竣工建筑面积	平方米	0	-100.00	245 700
其中：已建成厂房面积	平方米	0	-100.00	245 700
已投产运作企业数	个	1	—	10
其中：已投产加工企业数	个	0	—	3
已投产物流企业数	个	1	0.00	7
其中：投资额1 000万美元以上	个	0	—	0
税收总额	万元	516	-83.88	8 104
其中：海关税收及代征税	万元	424	-86.11	7 316
税务部门税收	万元	92	-37.84	788
期末从业人员	人	132	-95.93	132
期末批准面积	平方公里	2.93	0.00	2.93
期末验收封关面积	平方公里	0.93	0.00	0.93

续表

指标	单位	江苏武进出口加工区		
		当年累计	同比（%）	历年累计
增加值	万元	109 974	34.33	269 866
经营总收入		734 965	44.01	1 725 842
其中：技术服务收入		0	—	0
工业总产值		839 074	30.16	2 608 392
其中：高新技术产业		823 856	29.95	2 173 716
物流企业经营收入		6 649	20.74	16 388
企业利润总额		14 171	9.93	53 522
综合能源耗费量	吨标准煤	13 649	31.61	40 858
批准企业数	个	4	33.33	20
其中：加工企业		1	—	9
物流企业		3	—	11
批准外资企业数		0	-100.00	6
批准投资总额	万美元	0	-100.00	112 295
其中：外商投资额		0	-100.00	98 060
合同利用外资		500	-97.44	47 105
企业实际到位资金		9 000	-32.15	59 756
其中：实际利用外资		9 000	-32.15	46 605
固定资产投资额	万元	68 354	22.07	311 253
其中：基础设施投资		983	-20.85	10 242
土地实际已租售面积	平方米	0	—	479 863
房屋竣工建筑面积		0	-100.00	537 356
其中：已建成厂房面积		0	—	464 687
已投产运作企业数	个	2	—	14
其中：已投产加工企业数		2	0.00	9
已投产物流企业数		0	-100.00	5
其中：投资额1 000万美元以上		1	—	5
税收总额	万元	28 090	65.21	75 256
其中：海关税收及代征税		21 441	73.98	53 605
税务部门税收		6 649	42.10	21 651
期末从业人员	人	18 689	68.48	18 689
期末批准面积	平方公里	1.15	0.00	1.15
期末验收封关面积		1.08	0.00	1.08

续表

指标	单位	上海金桥出口加工区		
		当年累计	同比（%）	历年累计
增加值	万元	0	—	239 785
经营总收入	万元	250 742	15.70	1 120 796
其中：技术服务收入	万元	0	—	0
工业总产值	万元	229 700	18.20	1 109 655
其中：高新技术产业	万元	65 290	54.88	928 379
物流企业经营收入	万元	30 072	45.80	70 319
企业利润总额	万元	28 259	-16.23	110 971
综合能源耗费量	吨标准煤	0	—	42 497
批准企业数	个	0	-100.00	36
其中：加工企业	个	0	—	33
物流企业	个	0	-100.00	3
批准外资企业数	个	0	-100.00	32
批准投资总额	万美元	0	-100.00	168 171
其中：外商投资额	万美元	0	-100.00	159 935
合同利用外资	万美元	0	-100.00	60 133
企业实际到位资金	万美元	0	-100.00	61 565
其中：实际利用外资	万美元	0	-100.00	60 133
固定资产投资额	万元	0	—	236 461
其中：基础设施投资	万元	0	—	102 539
土地实际已租售面积	平方米	0	—	488 869
房屋竣工建筑面积	平方米	0	—	225 322
其中：已建成厂房面积	平方米	0	—	225 322
已投产运作企业数	个	0	—	26
其中：已投产加工企业数	个	0	—	25
已投产物流企业数	个	0	—	1
其中：投资额1 000万美元以上	个	0	—	6
税收总额	万元	68 509	62.21	211 244
其中：海关税收及代征税	万元	34 245	109.95	73 882
税务部门税收	万元	34 264	32.17	137 362
期末从业人员	人	2 171	0.00	2 171
期末批准面积	平方公里	2.8	0.00	2.8
期末验收封关面积	平方公里	1.55	0.00	1.55

续表

指标	单位	江苏泰州出口加工区		
		当年累计	同比（%）	历年累计
增加值	万元	53 337	10.74	101 778
经营总收入	万元	357 567	16.38	666 935
其中：技术服务收入	万元	0	—	0
工业总产值	万元	360 919	13.35	687 364
其中：高新技术产业	万元	360 919	13.35	687 364
物流企业经营收入	万元	6 288	128.41	10 081
企业利润总额	万元	4 413	5.47	8 702
综合能源耗费量	吨标准煤	13 220	105.89	22 419
批准企业数	个	6	200.00	11
其中：加工企业	个	2	—	5
物流企业	个	1	—	3
批准外资企业数	个	0	-100.00	2
批准投资总额	万美元	5 000	-56.77	63 367
其中：外商投资额	万美元	2 000	-79.80	58 700
合同利用外资	万美元	2 000	-59.84	22 980
企业实际到位资金	万美元	334	-93.71	21 647
其中：实际利用外资	万美元	0	-100.00	20 980
固定资产投资额	万元	38 235	8.29	208 723
其中：基础设施投资	万元	0	-100.00	103 249
土地实际已租售面积	平方米	2 088	-72.13	762 859
房屋竣工建筑面积	平方米	0	—	421 197
其中：已建成厂房面积	平方米	0	—	394 629
已投产运作企业数	个	2	—	6
其中：已投产加工企业数	个	2	100.00	4
已投产物流企业数	个	0	—	2
其中：投资额1 000万美元以上	个	0	—	2
税收总额	万元	3 725	42.56	12 094
其中：海关税收及代征税	万元	1 712	3.19	8 549
税务部门税收	万元	2 011	110.80	3 543
期末从业人员	人	5 146	-6.15	5 146
期末批准面积	平方公里	1.76	0.00	1.76
期末验收封关面积	平方公里	1.08	0.00	1.08

续表

指标	单位	浙江宁波出口加工区		
		当年累计	同比（%）	历年累计
增加值	万元	317 656	1.19	3 009 773
经营总收入	万元	3 546 594	-4.69	32 155 894
其中：技术服务收入	万元	0	—	0
工业总产值	万元	3 637 710	0.03	33 052 517
其中：高新技术产业	万元	3 164 807	8.79	28 893 135
物流企业经营收入	万元	85 096	-13.86	216 958
企业利润总额	万元	95 518	44.32	800 084
综合能源耗费量	吨标准煤	157 677	-4.63	536 989
批准企业数	个	0	—	43
其中：加工企业	个	0	—	35
物流企业	个	0	—	5
批准外资企业数	个	0	—	42
批准投资总额	万美元	0	—	226 422
其中：外商投资额	万美元	0	—	226 422
合同利用外资	万美元	0	—	98 705
企业实际到位资金	万美元	3 500	-5.41	55 285
其中：实际利用外资	万美元	3 500	-5.41	55 285
固定资产投资额	万元	37 203	-19.51	1 152 967
其中：基础设施投资	万元	0	—	42 969
土地实际已租售面积	平方米	0	—	661 000
房屋竣工建筑面积	平方米	0	—	1 001 000
其中：已建成厂房面积	平方米	0	—	1 001 000
已投产运作企业数	个	0	—	23
其中：已投产加工企业数	个	0	—	20
已投产物流企业数	个	0	—	3
其中：投资额1 000万美元以上	个	0	—	7
税收总额	万元	7 624	33.52	49 852
其中：海关税收及代征税	万元	7 624	33.52	48 652
税务部门税收	万元	0	—	1 200
期末从业人员	人	35 796	-4.44	35 796
期末批准面积	平方公里	3	0.00	3
期末验收封关面积	平方公里	3	50.00	3

续表

指标	单位	安徽合肥出口加工区		
		当年累计	同比（%）	历年累计
增加值	万元	0	—	0
经营总收入	万元	4 350 965	216.00	5 732 663
其中：技术服务收入	万元	0	—	0
工业总产值	万元	3 991 208	181.68	5 774 720
其中：高新技术产业	万元	0	—	0
物流企业经营收入	万元	11 894	339.38	14 813
企业利润总额	万元	14 945	—	11 625
综合能源耗费量	吨标准煤	4 092	-5.17	8 407
批准企业数	个	2	—	13
其中：加工企业	个	0	—	4
物流企业	个	2	—	9
批准外资企业数	个	0	—	3
批准投资总额	万美元	242	—	31 784
其中：外商投资额	万美元	0	—	30 865
合同利用外资	万美元	0	—	27 100
企业实际到位资金	万美元	0	—	27 252
其中：实际利用外资	万美元	0	—	26 850
固定资产投资额	万元	34 400	—	365 429
其中：基础设施投资	万元	0	—	7 645
土地实际已租售面积	平方米	0	—	318 933
房屋竣工建筑面积	平方米	0	—	312 514
其中：已建成厂房面积	平方米	0	—	197 067
已投产运作企业数	个	0	—	11
其中：已投产加工企业数	个	0	—	3
已投产物流企业数	个	0	—	8
其中：投资额1 000万美元以上	个	0	—	2
税收总额	万元	184 539	85.43	288 023
其中：海关税收及代征税	万元	180 851	90.88	277 143
税务部门税收	万元	3 687	-22.75	10 880
期末从业人员	人	13 140	91.13	13 140
期末批准面积	平方公里	1.42	0.00	1.42
期末验收封关面积	平方公里	1.42	0.00	1.42

续表

指标	单位	河北秦皇岛出口加工区		
		当年累计	同比（%）	历年累计
增加值	万元	2 843	-8.76	26 998
经营总收入	万元	12 649	-12.12	109 614
其中：技术服务收入	万元	0	—	0
工业总产值	万元	11 747	-18.22	107 482
其中：高新技术产业	万元	0	—	0
物流企业经营收入	万元	30	7.14	149
企业利润总额	万元	-581	—	1 899
综合能源耗费量	吨标准煤	1 190	-14.08	9 813
批准企业数	个	2	0.00	15
其中：加工企业	个	0	—	9
物流企业	个	2	100.00	6
批准外资企业数	个	0	—	6
批准投资总额	万美元	1 601	15 910.00	2 865
其中：外商投资额	万美元	0	—	992
合同利用外资	万美元	0	—	706
企业实际到位资金	万美元	15	50.00	874
其中：实际利用外资	万美元	0	—	508
固定资产投资额	万元	1 198	70.41	27 982
其中：基础设施投资	万元	1 198	70.41	23 024
土地实际已租售面积	平方米	14 000	—	113 952
房屋竣工建筑面积	平方米	0	—	129 110
其中：已建成厂房面积	平方米	0	—	121 742
已投产运作企业数	个	1	—	12
其中：已投产加工企业数	个	0	—	8
已投产物流企业数	个	1	—	4
其中：投资额 1 000 万美元以上	个	0	—	0
税收总额	万元	436	179.49	10 090
其中：海关税收及代征税	万元	369	272.73	9 563
税务部门税收	万元	67	17.54	527
期末从业人员	人	956	-11.65	956
期末批准面积	平方公里	2.5	0.00	2.5
期末验收封关面积	平方公里	0.67	0.00	0.67

续表

指标	单位	陕西西安出口加工区 A 区		
		当年累计	同比（%）	历年累计
增加值	万元	462 786	20.84	2 001 726
经营总收入	万元	1 964 193	19.57	8 482 004
其中：技术服务收入	万元	3 054	—	3 054
工业总产值	万元	1 732 807	21.24	7 363 327
其中：高新技术产业	万元	720 607	14.95	2 934 394
物流企业经营收入	万元	29 877	-5.92	202 428
企业利润总额	万元	7 369	-17.03	62 764
综合能源耗费量	吨标准煤	8 504	18.70	35 695
批准企业数	个	3	-40.00	68
其中：加工企业	个	3	—	58
物流企业	个	0	-100.00	10
批准外资企业数	个	0	—	27
批准投资总额	万美元	1 491	98.80	94 040
其中：外商投资额	万美元	0	—	16 449
合同利用外资	万美元	0	-100.00	13 049
企业实际到位资金	万美元	944	-80.84	73 680
其中：实际利用外资	万美元	0	-100.00	13 010
固定资产投资额	万元	269 093	21.65	1 213 293
其中：基础设施投资	万元	5 688	37.89	183 254
土地实际已租售面积	平方米	18 676	—	764 126
房屋竣工建筑面积	平方米	0	-100.00	456 162
其中：已建成厂房面积	平方米	0	-100.00	425 282
已投产运作企业数	个	0	—	55
其中：已投产加工企业数	个	0	-100.00	45
已投产物流企业数	个	0	—	10
其中：投资额 1 000 万美元以上	个	0	—	10
税收总额	万元	24 141	-53.25	137 250
其中：海关税收及代征税	万元	21 091	-56.29	118 185
税务部门税收	万元	3 050	-9.90	19 065
期末从业人员	人	3 735	0.51	3 735
期末批准面积	平方公里	1.46	0.00	1.46
期末验收封关面积	平方公里	0.75	0.00	0.75

续表

指标	单位	安徽芜湖出口加工区		
		当年累计	同比（%）	历年累计
增加值	万元	42 929	12.34	187 463
经营总收入		215 678	0.18	1 215 936
其中：技术服务收入		0	—	0
工业总产值		220 334	0.09	1 225 288
其中：高新技术产业		14 239	12.76	51 030
物流企业经营收入		26	23.81	159
企业利润总额		7 381	15.80	16 746
综合能源耗费量	吨标准煤	6 895	0.77	67 199
批准企业数	个	5	400.00	26
其中：加工企业		0	—	16
物流企业		3	—	8
批准外资企业数		0	—	9
批准投资总额	万美元	6 577	1 174.61	58 604
其中：外商投资额		0	—	30 870
合同利用外资		0	-100.00	30 590
企业实际到位资金		80	-99.68	49 986
其中：实际利用外资		0	-100.00	30 590
固定资产投资额	万元	19 868	-52.83	271 634
其中：基础设施投资		7 000	-50.82	141 930
土地实际已租售面积	平方米	0	-100.00	952 398
房屋竣工建筑面积		0	-100.00	360 646
其中：已建成厂房面积		0	-100.00	344 846
已投产运作企业数	个	4	—	20
其中：已投产加工企业数		0	—	13
已投产物流企业数		4	—	7
其中：投资额1 000万美元以上		2	—	9
税收总额	万元	26 224	175.58	63 656
其中：海关税收及代征税		23 698	221.98	52 952
税务部门税收		2 526	17.16	10 703
期末从业人员	人	4 577	3.51	4 577
期末批准面积	平方公里	2.95	0.00	2.95
期末验收封关面积		2.17	0.00	2.17

续表

指标	单位	上海青浦出口加工区		
		当年累计	同比（%）	历年累计
增加值	万元	76 444	0.42	604 795
经营总收入	万元	524 187	6.00	1 422 500
其中：技术服务收入	万元	0	—	0
工业总产值	万元	509 223	7.15	2 777 166
其中：高新技术产业	万元	463 170	8.91	1 283 884
物流企业经营收入	万元	6 605	3.82	13 894
企业利润总额	万元	23 672	17.62	127 246
综合能源耗费量	吨标准煤	27 902	25.87	152 297
批准企业数	个	0	—	31
其中：加工企业	个	0	—	15
物流企业	个	0	—	5
批准外资企业数	个	0	—	25
批准投资总额	万美元	0	—	80 751
其中：外商投资额	万美元	0	—	80 000
合同利用外资	万美元	0	—	32 767
企业实际到位资金	万美元	0	—	18 924
其中：实际利用外资	万美元	0	—	18 501
固定资产投资额	万元	44 214	51.47	251 831
其中：基础设施投资	万元	0	—	66 101
土地实际已租售面积	平方米	0	—	661 683
房屋竣工建筑面积	平方米	0	-100.00	206 970
其中：已建成厂房面积	平方米	0	—	191 664
已投产运作企业数	个	0	—	18
其中：已投产加工企业数	个	0	—	13
已投产物流企业数	个	0	—	5
其中：投资额1 000万美元以上	个	0	—	11
税收总额	万元	51 901	9.16	222 005
其中：海关税收及代征税	万元	43 495	10.95	174 381
税务部门税收	万元	6 389	-5.54	47 493
期末从业人员	人	3 215	0.12	3 215
期末批准面积	平方公里	3	0.00	3
期末验收封关面积	平方公里	1.6	0.00	1.6

续表

指标	单位	上海漕河泾出口加工区		
		当年累计	同比（%）	历年累计
增加值	万元	0	—	1 518 343
经营总收入		4 464 400	-30.49	66 258 293
其中：技术服务收入		0	—	0
工业总产值		4 465 600	-30.17	66 925 122
其中：高新技术产业		4 131 913	-34.37	33 618 126
物流企业经营收入		0	—	0
企业利润总额		59 141	-28.80	359 703
综合能源耗费量	吨标准煤	52 536	-2.60	480 022
批准企业数	个	0	—	20
其中：加工企业		0	—	16
物流企业		0	—	4
批准外资企业数		0	—	16
批准投资总额	万美元	0	—	69 036
其中：外商投资额		0	—	69 036
合同利用外资		0	—	25 163
企业实际到位资金		0	—	25 268
其中：实际利用外资		0	—	25 124
固定资产投资额	万元	0	—	370 074
其中：基础设施投资		0	—	236 051
土地实际已租售面积	平方米	0	—	582 133
房屋竣工建筑面积		0	—	581 700
其中：已建成厂房面积		0	—	581 700
已投产运作企业数	个	0	—	12
其中：已投产加工企业数		0	—	12
已投产物流企业数		0	—	0
其中：投资额1 000万美元以上		0	—	4
税收总额	万元	76 512	6.61	688 374
其中：海关税收及代征税		54 756	14.82	559 063
税务部门税收		21 756	-9.65	129 311
期末从业人员	人	20 410	-8.45	20 410
期末批准面积	平方公里	3	0.00	3
期末验收封关面积		0.9	0.00	0.9

续表

指标	单位	上海闵行出口加工区		
		当年累计	同比（%）	历年累计
增加值	万元	69 524	61.36	442 305
经营总收入	万元	733 270	-6.47	5 927 999
其中：技术服务收入	万元	0	—	0
工业总产值	万元	733 270	-6.60	5 969 434
其中：高新技术产业	万元	0	—	0
物流企业经营收入	万元	426	-1.16	2 281
企业利润总额	万元	25 837	—	67 930
综合能源耗费量	吨标准煤	8 536	-49.91	63 068
批准企业数	个	0	—	26
其中：加工企业	个	0	—	16
物流企业	个	0	—	4
批准外资企业数	个	0	—	17
批准投资总额	万美元	0	—	58 652
其中：外商投资额	万美元	0	—	25 707
合同利用外资	万美元	0	—	13 656
企业实际到位资金	万美元	0	—	16 602
其中：实际利用外资	万美元	0	—	10 446
固定资产投资额	万元	0	—	363 627
其中：基础设施投资	万元	0	—	48 603
土地实际已租售面积	平方米	0	—	849 153
房屋竣工建筑面积	平方米	0	—	463 016
其中：已建成厂房面积	平方米	0	—	433 280
已投产运作企业数	个	0	—	19
其中：已投产加工企业数	个	0	—	16
已投产物流企业数	个	0	—	3
其中：投资额1 000万美元以上	个	0	—	0
税收总额	万元	28 869	10.53	110 947
其中：海关税收及代征税	万元	25 868	21.68	86 434
税务部门税收	万元	3 000	-38.26	24 512
期末从业人员	人	5 530	-15.16	5 530
期末批准面积	平方公里	3	0.00	3
期末验收封关面积	平方公里	1.9	0.00	1.9

续表

指标	单位	江苏南京出口加工区		
		当年累计	同比（%）	历年累计
增加值	万元	24 530	-33.80	158 464
经营总收入	万元	145 900	-28.23	539 567
其中：技术服务收入	万元	0	—	0
工业总产值	万元	145 198	-33.26	1 065 031
其中：高新技术产业	万元	0	—	10 392
物流企业经营收入	万元	765	-13.07	5 570
企业利润总额	万元	15 612	-60.96	115 987
综合能源耗费量	吨标准煤	900	-21.74	9 725
批准企业数	个	0	—	10
其中：加工企业	个	0	—	6
物流企业	个	0	—	4
批准外资企业数	个	0	—	6
批准投资总额	万美元	0	—	38 482
其中：外商投资额	万美元	0	—	36 262
合同利用外资	万美元	0	—	11 440
企业实际到位资金	万美元	0	—	11 960
其中：实际利用外资	万美元	0	—	8 539
固定资产投资额	万元	0	-100.00	179 760
其中：基础设施投资	万元	0	-100.00	105 206
土地实际已租售面积	平方米	0	—	1 099 960
房屋竣工建筑面积	平方米	0	—	302 900
其中：已建成厂房面积	平方米	0	—	276 900
已投产运作企业数	个	17	—	27
其中：已投产加工企业数	个	8	—	14
已投产物流企业数	个	9	—	13
其中：投资额1 000万美元以上	个	3	—	6
税收总额	万元	785	-64.64	10 977
其中：海关税收及代征税	万元	0	—	0
税务部门税收	万元	785	-64.64	10 977
期末从业人员	人	1 000	-54.34	1 000
期末批准面积	平方公里	2.5	0.00	2.5
期末验收封关面积	平方公里	1.5	0.00	1.5

续表

指标	单位	江苏南京出口加工区（南区）		
		当年累计	同比（%）	历年累计
增加值	万元	0	—	366 352
经营总收入	万元	2 054 403	210.57	6 504 387
其中：技术服务收入	万元	0	—	0
工业总产值	万元	2 085 892	204.52	6 559 365
其中：高新技术产业	万元	0	—	0
物流企业经营收入	万元	2 610	35.23	7 371
企业利润总额	万元	-22 713	—	2 680
综合能源耗费量	吨标准煤	6 984	-1.95	31 519
批准企业数	个	4	-20.00	40
其中：加工企业	个	1	—	29
物流企业	个	2	—	10
批准外资企业数	个	2	-50.00	30
批准投资总额	万美元	800	-19.11	33 163
其中：外商投资额	万美元	800	-17.01	31 121
合同利用外资	万美元	235	-86.04	20 829
企业实际到位资金	万美元	270	-64.00	13 287
其中：实际利用外资	万美元	270	-64.00	13 213
固定资产投资额	万元	120	-77.57	31 459
其中：基础设施投资	万元	120	-77.57	22 833
土地实际已租售面积	平方米	23 109	—	223 325
房屋竣工建筑面积	平方米	0	—	654 358
其中：已建成厂房面积	平方米	0	—	236 558
已投产运作企业数	个	0	—	11
其中：已投产加工企业数	个	0	—	8
已投产物流企业数	个	0	—	3
其中：投资额 1 000 万美元以上	个	0	—	4
税收总额	万元	61 977	41.87	339 910
其中：海关税收及代征税	万元	25 643	-37.23	325 170
税务部门税收	万元	4 650	64.31	14 711
期末从业人员	人	8 553	73.56	8 553
期末批准面积	平方公里	0.85	-1.16	0.85
期末验收封关面积	平方公里	0.85	-1.16	0.85

续表

指标	单位	江苏镇江出口加工区		
		当年累计	同比（%）	历年累计
增加值	万元	18 436	4. 25	79 196
经营总收入	万元	94 753	26. 66	235 460
其中：技术服务收入	万元	0	—	0
工业总产值	万元	86 664	16. 26	333 550
其中：高新技术产业	万元	86 664	16. 26	297 233
物流企业经营收入	万元	12 874	41. 89	30 928
企业利润总额	万元	18 286	36. 16	67 251
综合能源耗费量	吨标准煤	2 113	-53. 31	13 087
批准企业数	个	2	100. 00	12
其中：加工企业	个	1	—	1
物流企业	个	1	0. 00	8
批准外资企业数	个	0	—	7
批准投资总额	万美元	24 830	48. 98	28 288
其中：外商投资额	万美元	0	—	13 067
合同利用外资	万美元	0	—	13 067
企业实际到位资金	万美元	700	—	15 528
其中：实际利用外资	万美元	300	—	13 067
固定资产投资额	万元	7 607	-48. 08	83 899
其中：基础设施投资	万元	0	-100. 00	46 416
土地实际已租售面积	平方米	0	—	546 764
房屋竣工建筑面积	平方米	0	-100. 00	146 676
其中：已建成厂房面积	平方米	0	—	146 676
已投产运作企业数	个	0	—	6
其中：已投产加工企业数	个	0	-100. 00	2
已投产物流企业数	个	0	-100. 00	4
其中：投资额 1 000 万美元以上	个	0	—	2
税收总额	万元	15 666	-26. 95	66 464
其中：海关税收及代征税	万元	15 156	-24. 91	59 623
税务部门税收	万元	510	-59. 62	6 841
期末从业人员	人	807	-3. 47	807
期末批准面积	平方公里	2. 53	0. 00	2. 53
期末验收封关面积	平方公里	0. 91	0. 00	0. 91

续表

指标	单位	江苏连云港出口加工区		
		当年累计	同比（%）	历年累计
增加值	万元	19 216	4.76	108 109
经营总收入		82 682	-17.17	529 721
其中：技术服务收入		271	—	271
工业总产值		85 843	0.28	501 053
其中：高新技术产业		954	-87.38	45 580
物流企业经营收入		5 626	12.03	19 719
企业利润总额		-3 144	—	18 139
综合能源耗费量	吨标准煤	458	-77.17	10 534
批准企业数	个	7	250.00	23
其中：加工企业		2	—	12
物流企业		5	—	11
批准外资企业数		4	100.00	15
批准投资总额	万美元	4 942	271.86	23 984
其中：外商投资额		4 942	271.86	20 041
合同利用外资		1 892	176.61	10 486
企业实际到位资金		719	5.12	10 530
其中：实际利用外资		719	5.12	8 420
固定资产投资额	万元	20 358	—	59 851
其中：基础设施投资		13 931	—	28 930
土地实际已租售面积	平方米	0	—	400 168
房屋竣工建筑面积		25 050	-4.77	345 631
其中：已建成厂房面积		21 550	104.50	335 063
已投产运作企业数	个	6	—	21
其中：已投产加工企业数		2	100.00	11
已投产物流企业数		4	—	10
其中：投资额1 000万美元以上		1	—	6
税收总额	万元	7 988	176.50	18 726
其中：海关税收及代征税		7 792	414.32	13 118
税务部门税收		196	-85.71	5 603
期末从业人员	人	2 431	-24.03	2 431
期末批准面积	平方公里	2.97	0.00	2.97
期末验收封关面积		2.49	0.00	2.49

续表

指标	单位	山东青岛出口加工区		
		当年累计	同比（%）	历年累计
增加值	万元	124 107	-7.24	923 206
经营总收入	万元	490 828	3.63	3 318 933
其中：技术服务收入	万元	760	—	760
工业总产值	万元	491 614	2.20	3 369 571
其中：高新技术产业	万元	127 119	5.48	943 903
物流企业经营收入	万元	859	7.91	4 201
企业利润总额	万元	86 950	2.59	555 420
综合能源耗费量	吨标准煤	8 342	4.05	44 634
批准企业数	个	7	0.00	80
其中：加工企业	个	5	—	76
物流企业	个	2	—	4
批准外资企业数	个	5	-16.67	71
批准投资总额	万美元	25 741	73.69	215 808
其中：外商投资额	万美元	11 299	-6.79	168 802
合同利用外资	万美元	9 907	31.48	79 946
企业实际到位资金	万美元	2 990	-69.16	163 647
其中：实际利用外资	万美元	1 055	-83.72	46 323
固定资产投资额	万元	60 015	4.90	324 966
其中：基础设施投资	万元	0	-100.00	68 414
土地实际已租售面积	平方米	0	—	1 455 404
房屋竣工建筑面积	平方米	17 000	325.00	491 000
其中：已建成厂房面积	平方米	10 000	150.00	449 719
已投产运作企业数	个	3	—	57
其中：已投产加工企业数	个	3	0.00	55
已投产物流企业数	个	0	-100.00	2
其中：投资额1 000万美元以上	个	0	—	21
税收总额	万元	26 365	10.38	107 589
其中：海关税收及代征税	万元	13 478	5.35	43 865
税务部门税收	万元	12 711	38.98	61 599
期末从业人员	人	7 700	0.00	7 700
期末批准面积	平方公里	2.8	0.00	2.8
期末验收封关面积	平方公里	1.7	0.00	1.7

续表

指标	单位	广西北海出口加工区		
		当年累计	同比（%）	历年累计
增加值	万元	181 858	1.46	982 719
经营总收入	万元	924 384	4.08	4 478 737
其中：技术服务收入	万元	75 500	—	75 500
工业总产值	万元	930 868	5.94	4 669 729
其中：高新技术产业	万元	0	—	0
物流企业经营收入	万元	1 539	4.62	8 691
企业利润总额	万元	126 807	3.40	646 397
综合能源耗费量	吨标准煤	7 362	2.14	37 134
批准企业数	个	7	40.00	76
其中：加工企业	个	3	—	64
物流企业	个	3	—	11
批准外资企业数	个	1	-50.00	38
批准投资总额	万美元	2 270	-64.95	71 147
其中：外商投资额	万美元	160	-95.00	46 284
合同利用外资	万美元	160	-88.15	30 115
企业实际到位资金	万美元	1 836	-74.72	59 600
其中：实际利用外资	万美元	1 047	29.90	29 823
固定资产投资额	万元	10 760	-4.79	240 840
其中：基础设施投资	万元	0	-100.00	86 548
土地实际已租售面积	平方米	0	—	828 338
房屋竣工建筑面积	平方米	0	—	744 244
其中：已建成厂房面积	平方米	0	—	744 244
已投产运作企业数	个	2	—	37
其中：已投产加工企业数	个	1	-50.00	30
已投产物流企业数	个	1	—	4
其中：投资额1 000万美元以上	个	0	—	8
税收总额	万元	46 235	62.07	114 916
其中：海关税收及代征税	万元	30 087	94.07	62 183
税务部门税收	万元	16 148	25.92	52 531
期末从业人员	人	18 080	8.46	18 080
期末批准面积	平方公里	1.45	0.00	1.45
期末验收封关面积	平方公里	1.13	0.00	1.13

续表

指标	单位	河南郑州出口加工区		
		当年累计	同比（%）	历年累计
增加值	万元	192 812	32.11	619 469
经营总收入	万元	798 181	41.50	2 362 710
其中：技术服务收入	万元	0	—	0
工业总产值	万元	797 402	37.38	2 409 150
其中：高新技术产业	万元	715 754	42.34	1 894 140
物流企业经营收入	万元	2 077	65.23	8 843
企业利润总额	万元	23 884	33.47	92 752
综合能源耗费量	吨标准煤	19 378	31.63	61 921
批准企业数	个	9	28.57	46
其中：加工企业	个	4	—	24
物流企业	个	4	33.33	21
批准外资企业数	个	0	-100.00	11
批准投资总额	万美元	7 842	320.26	95 991
其中：外商投资额	万美元	0	-100.00	61 363
合同利用外资	万美元	0	-100.00	29 942
企业实际到位资金	万美元	3 630	-43.09	80 814
其中：实际利用外资	万美元	0	-100.00	28 529
固定资产投资额	万元	146 384	17.92	1 020 023
其中：基础设施投资	万元	31 010	2 121.35	85 803
土地实际已租售面积	平方米	0	—	638 699
房屋竣工建筑面积	平方米	5 610	—	637 713
其中：已建成厂房面积	平方米	0	—	564 121
已投产运作企业数	个	3	—	40
其中：已投产加工企业数	个	1	-50.00	24
已投产物流企业数	个	2	100.00	14
其中：投资额1 000万美元以上	个	0	—	5
税收总额	万元	49 745	41.63	120 262
其中：海关税收及代征税	万元	16 530	33.28	55 157
税务部门税收	万元	32 215	41.79	64 105
期末从业人员	人	24 498	-5.42	24 498
期末批准面积	平方公里	2.7	0.00	2.7
期末验收封关面积	平方公里	0.9	0.00	0.9

续表

指标	单位	山东济南出口加工区		
		当年累计	同比（%）	历年累计
增加值	万元	47 014	44. 93	139 964
经营总收入		208 459	20. 39	617 495
其中：技术服务收入		0	—	0
工业总产值		193 850	27. 16	793 571
其中：高新技术产业		14 625	154. 84	26 401
物流企业经营收入		15 522	-23. 74	164 047
企业利润总额		16 386	98. 38	56 524
综合能源耗费量	吨标准煤	259	-8. 48	1 631
批准企业数	个	14	-26. 32	69
其中：加工企业		3	—	24
物流企业		11	266. 67	21
批准外资企业数		2	0. 00	11
批准投资总额	万美元	8 434	83. 75	78 257
其中：外商投资额		5 945	271. 56	25 890
合同利用外资		300	-97. 39	20 245
企业实际到位资金		2 269	-95. 17	70 448
其中：实际利用外资		0	-100. 00	8 180
固定资产投资额	万元	215 480	-19. 45	660 556
其中：基础设施投资		3 651	-39. 42	22 814
土地实际已租售面积	平方米	26 667	-91. 15	1 140 930
房屋竣工建筑面积		0	-100. 00	348 035
其中：已建成厂房面积		0	-100. 00	310 995
已投产运作企业数	个	2	—	21
其中：已投产加工企业数		1	-75. 00	16
已投产物流企业数		1	—	5
其中：投资额1 000万美元以上		1	—	1
税收总额	万元	25 107	22. 24	95 056
其中：海关税收及代征税		23 215	20. 91	85 390
税务部门税收		1 892	41. 30	9 666
期末从业人员	人	1 175	3. 07	1 175
期末批准面积	平方公里	5. 22	0. 00	5. 22
期末验收封关面积		2. 02	68. 33	2. 02

2014年全国出口加工区进口额前30位国家和地区排名表

序号	国家和地区		2014年	
	中文	代码	进口额（万美元）	同比（%）
	合计		5 073 539. 75	22. 5
1	中国台湾	143	1 386 473. 83	34. 9
2	中华人民共和国	142	720 340. 94	37. 0
3	美国	502	701 014. 22	52. 2
4	韩国	133	587 931. 49	1. 8
5	日本	116	399 586. 09	1. 1
6	马来西亚	122	260 816. 73	36. 2
7	菲律宾	129	116 809. 72	53. 1
8	南非	244	115 287. 62	-6. 6
9	泰国	136	114 367. 16	4. 1
10	新加坡	132	105 462. 17	-19. 7
11	德国	304	76 027. 74	-28. 9
12	缅甸	106	69 407. 54	283. 0
13	荷兰	309	35 739. 60	102. 7
14	墨西哥	429	29 504. 27	40. 9
15	加纳	220	27 446. 86	-38. 2
16	法国	305	23 638. 73	82. 1
17	印度尼西亚	112	21 737. 94	1. 1
18	澳大利亚	601	20 614. 31	1. 1
19	智利	412	20 485. 93	-12. 7
20	越南	141	19 671. 49	6. 0
21	朝鲜	109	19 361. 82	109. 3
22	印度	111	19 297. 50	5. 7
23	英国	303	17 215. 04	-4. 9
24	中国香港	110	14 147. 41	43. 3
25	意大利	307	13 254. 64	1. 8
26	加拿大	501	12 863. 29	-26. 8
27	秘鲁	434	11 232. 64	-47. 0
28	巴西	410	7 835. 39	14. 4
29	以色列	115	7 345. 89	92. 3
30	比利时	301	7 220. 54	-23. 9

2014 年全国出口加工区出口额前 30 位国家和地区排名表

序号	国家和地区		2014 年	
	中文	代码	出口额（万美元）	同比（%）
	合计		8 065 425.30	12.1
1	美国	502	2 243 389.01	0.2
2	中国香港	110	1 861 711.52	34.4
3	日本	116	640 081.53	-9.8
4	荷兰	309	543 204.08	15.0
5	新加坡	132	278 406.13	7.8
6	中国台湾	143	274 102.53	9.7
7	英国	303	248 153.23	29.7
8	德国	304	204 824.40	10.1
9	韩国	133	164 950.11	17.3
10	澳大利亚	601	155 271.82	4.7
11	墨西哥	429	140 600.22	3.9
12	捷克	352	113 169.28	32.4
13	印度	111	104 924.70	92.9
14	意大利	307	87 706.22	7.7
15	加拿大	501	83 098.75	-19.1
16	法国	305	78 579.74	23.8
17	阿联酋	138	72 582.57	67.1
18	巴西	410	67 572.29	-10.5
19	俄罗斯联邦	344	52 511.36	31.5
20	马来西亚	122	50 036.69	29.7
21	波多黎各	435	43 580.77	472.5
22	泰国	136	37 232.59	2.3
23	沙特阿拉伯	131	36 904.31	142.7
24	土耳其	137	33 800.78	1.0
25	爱尔兰	306	30 918.24	-10.7
26	卢森堡	308	29 915.62	16.1
27	西班牙	312	28 377.19	-10.0
28	波兰	327	25 536.50	18.3
29	印度尼西亚	112	20 599.43	-18.1
30	越南	141	20 161.27	1.0

2014 年全国出口加工区主要进口商品分类统计表（22 大类）

商品类别	2014 年	
	进口额（万美元）	同比（%）
合计	5 073 539. 75	22. 5
第十六类　机器、机械器具、电气设备及其零件；录音机及放声机、电视图像、声音的录制和重放设备及其零件、附件	3 611 859. 83	29. 5
第十八类　光学、照相、电影、计量、检验、医疗或外科用仪器及设备、精密仪器及设备；钟表；乐器；上述物品的零件、附件	634 162. 09	5. 5
第二十二类　特殊交易品及未分类商品	143 458. 06	-16. 6
第七类　塑料及其制品；橡胶及其制品	120 561. 45	-0. 8
第十五类　贱金属及其制品	114 886. 03	-29. 9
第十四类　天然或养殖珍珠、宝石或半宝石、贵金属、包贵金属及其制品；仿首饰；硬币	86 560. 32	231. 2
第二十类　杂项制品	76 684. 38	277. 6
第五类　矿产品	76 420. 33	22. 7
第十一类　纺织原料及纺织制品	64 793. 11	43. 1
第六类　化学工业及其相关工业的产品	60 994. 72	8. 0
第十三类　石料、石膏、水泥、石棉、云母及类似材料的制品；陶瓷产品；玻璃及其制品	18 925. 44	-3. 8
第一类　活动物；动物产品	14 949. 08	31. 7
第十七类　车辆、航空器、船舶及运输设备	14 500. 82	-32. 0
第十类　木浆等；废纸；纸、纸板及其制品	11 508. 96	-24. 8
第四类　食品；饮料、酒及醋；烟草、烟草及烟草代用品的制品	9 288. 56	106. 9
第八类　生皮、皮革、毛皮及其制品；鞍具及挽具；旅行用品、手提包及类似品；动物肠线（蚕胶丝除外）制品	8 655. 11	5. 5
第九类　木及木制品；木炭；软木及软木制品；稻草、秸秆、针茅或其他编结材料制品；篮筐及柳条编结品	2 636. 83	-12. 3
第二类　植物产品	2 068. 42	47. 9
第十二类　鞋、帽、伞、杖、鞭及其零件；已加工的羽毛及其制品；人造花；人发制品	357. 42	5. 8
第三类　动、植物油、脂及其分解产品；精制的食用油脂；动、植物蜡	252. 80	26. 6
第二十一类　艺术品、收藏品及古物	15. 98	
第十九类　武器、弹药及其零件、附件		

2014 年全国出口加工区主要出口商品分类统计表（22 大类）

商品类别	2014 年	
	出口额（万美元）	同比（%）
合计	8 065 425. 30	12. 1
第十六类　机器、机械器具、电气设备及其零件；录音机及放声机、电视图像、声音的录制和重放设备及其零件、附件	6 719 141. 50	11. 5
第十八类　光学、照相、电影、计量、检验、医疗或外科用仪器及设备、精密仪器及设备；钟表；乐器；上述物品的零件、附件	353 516. 93	-7. 5
第二十类　杂项制品	271 402. 16	15. 1
第十四类　天然或养殖珍珠、宝石或半宝石、贵金属、包贵金属及其制品；仿首饰；硬币	238 251. 35	15. 2
第十七类　车辆、航空器、船舶及运输设备	123 611. 88	36. 3
第六类　化学工业及其相关工业的产品	89 275. 53	67. 6
第十一类　纺织原料及纺织制品	79 159. 74	69. 7
第十五类　贱金属及其制品	64 355. 67	38. 4
第七类　塑料及其制品；橡胶及其制品	31 855. 76	8. 9
第二类　植物产品	14 882. 59	161. 7
第十三类　石料、石膏、水泥、石棉、云母及类似材料的制品；陶瓷产品；玻璃及其制品	12 700. 16	35. 0
第二十二类　特殊交易品及未分类商品	11 712. 51	-40. 0
第八类　生皮、皮革、毛皮及其制品；鞍具及挽具；旅行用品、手提包及类似品；动物肠线（蚕胶丝除外）制品	11 646. 38	66. 7
第九类　木及木制品；木炭；软木及软木制品；稻草、秸秆、针茅或其他编结材料制品；篮筐及柳条编结品	9 213. 01	13. 9
第四类　食品；饮料、酒及醋；烟草、烟草及烟草代用品的制品	9 144. 55	-3. 6
第五类　矿产品	6 975. 65	60. 5
第十类　木浆等；废纸；纸、纸板及其制品	6 641. 45	-8. 9
第十二类　鞋、帽、伞、杖、鞭及其零件；已加工的羽毛及其制品；人造花；人发制品	6 401. 62	164. 9
第一类　活动物；动物产品	5 489. 07	19. 9
第三类　动、植物油、脂及其分解产品；精制的食用油脂；动、植物蜡	33. 86	-22. 8
第二十一类　艺术品、收藏品及古物	10. 97	-27. 7
第十九类　武器、弹药及其零件、附件	2. 94	-58. 4

河北秦皇岛出口加工区统计数据表

（1）2014年河北秦皇岛出口加工区主要经济指标完成情况表

指标名称	单位	2014年	比上年增长（%）
增加值	万元	2 483	-8.7
工业总产值	万元	11 747	-18.2
工业产品销售额	万元	11 747	-18.2
企业利润总额	万元	-581	—
物流企业营业收入	万元	30	7.1
综合能源耗费量	吨标准煤	1 190	-14.1
当年批准企业数	个	2	—
其中：仓储物流企业	个	2	—
当年批准投资总额	万美元	1 601	15 910.0
当年企业实际到位资金	万美元	15	50.0
固定资产投资额	万元	1 198	70.4
其中：基础设施投资	万元	1 198	70.4
土地实际已租售面积	平方米	14 000	—
历年已投产物流企业	个	4	—
历年已投产工业企业	个	8	25.0
税收总额	万元	436	179.5
其中：海关部门税收及代征税	万元	369	272.7
工商税收	万元	67	17.5
期末从业人员	人	956	-11.6
其中：期末外资企业从业人员	人	887	-10.0
期末出口加工区批准面积	平方公里	2.5	—
期末出口加工区验收封关面积	平方公里	0.67	—

（2）-1 截至2014年河北秦皇岛出口加工区历年招商引资情况表

指标	单位	历年累计
批准企业	个	15
其中：外资企业		6
投资总额	（万美元）	2 865
其中：外商投资总额		992
合同外资额		706
实际利用外资		508

(2)-2 截至2014年河北秦皇岛出口加工区历年主要外商投资情况表

按项目数排列		按投资额排列	
序号	国别（地区）	序号	国别（地区）
1	日本	1	日本
2	韩国	2	韩国
3	中国香港	3	中国香港

(3) 2014年河北秦皇岛出口加工区出口加工企业工业产值排名表

单位：万元

序号	企业名称	序号	企业名称
1	秦皇岛关东针织有限公司	5	秦皇岛罗普钢索有限公司
2	秦皇岛飞凯特金属制品有限公司	6	秦皇岛优泰汽车镜制造有限公司
3	秦皇岛一心西服有限公司	7	秦皇岛嘉泰钢绳有限公司
4	秦皇岛信达尔机械工程有限公司		

(4) 2014年河北秦皇岛出口加工区物流企业营业收入排名表

单位：万元

序号	企业名称	序号	企业名称
1	秦皇岛海源保税物流有限公司	3	秦皇岛运盛保税物流有限公司
2	秦皇岛通诚保税物流有限公司		

吉林珲春出口加工区统计数据表

2014 年吉林珲春出口加工区主要经济指标完成情况表

指标名称	单位	2014 年	比上年增长（%）
增加值	万元	86 766	128.3
工业总产值	万元	431 341	184.8
其中：高新技术产业	万元	0	—
电子信息产业	万元	0	—
工业产品销售额	万元	350 354	242.4
企业利润总额	万元	36 913	717.2
期末从业人员	人	2 037	—
期末出口加工区批准面积	平方公里	2.44	—
期末出口加工区验收封关面积	平方公里	1.836	—

辽宁大连出口加工区 B 区统计数据表

（1）2014 年辽宁大连出口加工区 B 区主要经济指标完成情况表

指标名称	单位	2014 年	比上年增长（%）
增加值	万元	247 176	-16.7
工业总产值	万元	348 820	-9.9
其中：电子信息产业	万元	348 820	-9.9
工业产品销售额	万元	348 820	-9.9
企业利润总额	万元	139 124	-7.5
综合能源耗费量	吨标准煤	16 412	-12.3
税收总额	万元	9 365	-17.9
其中：工商税收	万元	9 365	-17.9
期末从业人员	人	1 700	1 700.0
其中：期末外资企业从业人员	人	1 700	1 700.0
期末出口加工区批准面积	平方公里	1.45	0.0
期末出口加工区验收封关面积	平方公里	0.6	0.0

（2）-1　截至 2014 年辽宁大连出口加工区 B 区历年招商引资情况表

指标	单位	历年累计
批准企业	个	1
其中：外资企业		1
投资总额	（万美元）	250 000
其中：外商投资总额		250 000
合同外资额		625 000
实际利用外资		62 500

（2）-2　截至 2014 年辽宁大连出口加工区 B 区历年主要外商投资情况表

按项目数排列			按投资额排列		
序号	国别（地区）	项目数（个）	序号	国别（地区）	投资额（万美元）
1	美国	1	1	美国	250 000

上海松江出口加工区统计数据表

（1）2014 年上海松江出口加工区主要经济指标完成情况表

指标名称	单位	2014 年	比上年增长（%）
增加值	万元	883 430	11.2
经营总收入	万元	16 370 683	5.2
其中：技术服务收入	万元	768 183	—
工业总产值	万元	16 333 583	3.1
其中：高新技术产业	万元	0	—
物流企业经营收入	万元	37 100	0.4
企业利润总额	万元	132 714	44.3
综合能源耗费量	吨标准煤	86 862	-8.7
批准企业数	个	2	0.0
其中：加工企业	个	1	—
物流企业	个	0	-100.0
批准外资企业数	个	1	0.0
批准投资总额	万美元	369	-57.7
其中：外商投资额	万美元	209	-76.0
合同利用外资	万美元	2 173	175.1
企业实际到位资金	万美元	1 595	-55.7
其中：实际利用外资	万美元	1 435	-60.2
固定资产投资额	万元	21 169	-30.9
其中：基础设施投资	万元	0	-100.0
土地实际已租售面积	平方米	0	—
房屋竣工建筑面积	平方米	0	-100.0
其中：已建成厂房面积	平方米	0	-100.0
已投产运作企业数	个	3	—
其中：已投产加工企业数	个	0	-100.0
已投产物流企业数	个	2	—
其中：投资额 1 000 万美元以上	个	0	—
税收总额	万元	208 938	20.0
其中：海关税收及代征税	万元	147 139	21.5
税务部门税收	万元	61 799	16.7
期末从业人员	人	78 879	-9.7
期末出口加工区批准面积	平方公里	5.96	0.0
期末出口加工区验收封关面积	平方公里	4.28	0.0

(2)-1 截至2014年上海松江出口加工区历年招商引资情况表

指标	单位	历年累计
批准企业	个	111
其中：外资企业		84
投资总额	万美元+万元	245 358 万美元+33 040 万元
其中：外商投资总额	万美元	245 358
合同外资额		109 188
实际利用外资		86 344

(2)-2 截至2014年上海松江出口加工区历年主要外商投资情况表

按项目数排列			按投资额排列		
序号	国别（地区）	项目数（个）	序号	国别（地区）	投资额（万美元）
1	中国香港	31	1	中国香港	134 873
2	日本	14	2	开曼群岛	36 440
3	新加坡	10	3	马来西亚	23 380
4	萨摩亚	8	4	日本	17 558
5	英属维尔京、美国	5	5	萨摩亚	12 503

(3) 2014年上海松江出口加工区出口加工企业工业产值排名表

单位：万元

序号	企业名称	序号	企业名称
1	达功（上海）电脑有限公司	11	庆业电子（上海）有限公司
2	达丰（上海）电脑有限公司	12	达利（上海）电脑有限公司
3	国基电子（上海）有限公司	13	友达光电（上海）电子有限公司
4	上海昭和汽车配件有限公司	14	上海元豪表面处理有限公司
5	上海凯虹科技电子有限公司	15	葵和精密电子（上海）有限公司
6	达人（上海）电脑有限公司	16	斯丹达（上海）能源有限公司
7	上海璨宇光电有限公司	17	同和金属材料（上海）有限公司
8	展运（上海）电子有限公司	18	尼西半导体（上海）有限公司
9	达研（上海）光电有限公司	19	保思乐紧固件（上海）有限公司
10	达耐时工业（上海）有限公司	20	大碇电脑配件（上海）有限公司

(4) 2014年上海松江出口加工区物流企业营业收入排名表

单位：万元

序号	企业名称	序号	企业名称
1	上海华松物流有限公司	6	上海中外运松江物流有限公司
2	上海奇霖物流有限公司	7	大众国际仓储物流有限公司
3	达伟（上海）物流仓储有限公司	8	上海基森仓储有限公司
4	上海富泰通国际物流有限公司	9	上海挚臻物流服务有限公司
5	上海交运福祉物流有限公司	10	上海景众物流有限公司

江苏镇江出口加工区统计数据表

（1）2014年江苏镇江出口加工区主要经济指标完成情况表

指标名称	单位	2014年	比上年增长（%）
增加值	万元	18 436	4.3
经营总收入	万元	94 753	26.7
其中：技术服务收入	万元	0	—
工业总产值	万元	86 664	16.3
其中：高新技术产业	万元	86 664	16.3
企业利润总额	万元	18 286	36.2
物流企业营业收入	万元	12 874	41.9
综合能源耗费量	吨标准煤	2 113	-53.3
批准企业数	个	2	100.0
其中：加工企业	个	1	—
物流企业	个	1	—
批准外资企业数	个	0	—
批准投资总额	万美元	24 830	49.0
其中：外商投资额	万美元	0	—
合同利用外资	万美元	0	—
企业实际到位资金	万美元	700	—
其中：实际利用外资	万美元	300	—
固定资产投资额	万元	7 607	-48.1
其中：基础设施投资	万元	0	—
土地实际已租售面积	平方米	0	—
房屋竣工建筑面积	平方米	0	—
其中：已建成厂房面积	平方米	0	-100.0
已投产运作企业数	个	0	—
其中：已投产加工企业数	个	0	—
已投产物流企业数	个	0	—
其中：投资额1 000万美元以上	个	0	—
税收总额	万元	15 666	-27.0
其中：海关税收及代征税	万元	15 156	-24.9
税务部门税收	万元	510	-59.6
期末从业人员	人	807	-3.5
期末出口加工区批准面积	平方公里	2.53	0.0
期末出口加工区验收封关面积	平方公里	0.91	0.0

(2)-1 截至2014年江苏镇江出口加工区历年招商引资情况表

指标	单位	历年累计
批准企业	个	12
其中：外资企业		7
投资总额	(万美元)	28 288
其中：外商投资总额		13 067
合同外资额		13 067
实际利用外资		13 067

(2)-2 截至2014年江苏镇江出口加工区历年主要外商投资情况表

按项目数排列			按投资额排列		
序号	国别（地区）	项目数（个）	序号	国别（地区）	投资额（万美元）
1	中国香港	3	1	瑞典	5 140
2	中国台湾	2	2	中国香港	2 480
3	美国	1	3	英国	1 830
4	瑞典	1	4	中国台湾	1 100
5	英国	1	5	美国	420

(3) 2014年江苏镇江出口加工区出口加工企业工业产值排名

单位：万元

序号	企业名称	序号	企业名称
1	先进光电科技（镇江）有限公司	3	镇江吉福装饰有限公司
2	圣睿太阳能科技（镇江）有限公司	4	镇江新景源高压气瓶制造有限公司

(4) 2014年江苏镇江出口加工区物流企业营业收入排名表

单位：万元

序号	企业名称	序号	企业名称
1	镇江瑞翔国际物流有限公司	3	镇江出口加工区港城国际贸易有限责任公司
2	镇江远港物流有限公司	4	镇江中沙保税物流有限公司

江苏常熟出口加工区统计数据表

（1）2014年江苏常熟出口加工区主要经济指标完成情况表

指标名称	单位	2014年	比上年增长（%）
增加值	万元	14 955	14.2
工业总产值	万元	56 954	-3.9
其中：高新技术产业	万元	0	0.0
电子信息产业	万元	19 229	13.2
工业产品销售额	万元	65 205	-8.7
企业利润总额	万元	4 106	118.8
物流企业营业收入	万元	7 732	-19.9
综合能源耗费量	吨标准煤	657	3.0
当年批准企业数	个	2	—
其中：外资企业	个	2	—
仓储物流企业	个	0	—
当年批准投资总额	万美元	4 000	2 566.7
其中：外资项目投资额	万美元	4 000	2 566.7
增资额	万美元	0	—
当年合同利用外资	万美元	1 600	700.0
其中：增资额	万美元	0	—
当年企业实际到位资金	万美元	1 450	553.2
其中：实际利用外资	万美元	1 450	553.2
固定资产投资额	万元	0	0.0
其中：基础设施投资	万元	0	0.0
开发公司投资	万元	0	0.0
期末施工房屋面积	平方米	0	0.0
其中：期末在建厂房面积	平方米	0	0.0
房屋竣工面积	平方米	14 200	—
其中：已建成厂房面积	平方米	3 200	—
已建成仓库面积	平方米	11 000	—
土地实际已租售面积	平方米	0	—
历年已投产物流企业	个	5	—
历年已投产工业企业	个	10	—
其中：投资额1 000万美元（含）以上	个	5	—
税收总额	万元	11 381	-17.7
其中：海关部门税收及代征税	万元	8 057	-28.0
工商税收	万元	3 204	21.7
期末从业人员	人	1 191	-2.8
其中：期末外资企业从业人员	人	1 124	-2.9
期末出口加工区批准面积	平方公里	0.94	—
期末出口加工区验收封关面积	平方公里	0.53	—

(2)-1 截至2014年江苏常熟出口加工区历年招商引资情况表

指标	单位	历年累计
批准企业	个	15
其中：外资企业		10
投资总额	(万美元)	14 118
其中：外商投资总额		13 765
合同外资额		6 071
实际利用外资		5 053

(2)-2 截至2014年江苏出口加工区历年主要外商投资情况表

按项目数排列			按投资额排列		
序号	国别（地区）	项目数（个）	序号	国别（地区）	投资额（万美元）
1	美国	6	1	美国	5 777
2	新加坡	1	2	新加坡	3 120
3	印度	1	3	中国台湾	2 980
4	韩国	1	4	印度	1 500
5	中国台湾	1	5	韩国	420

(3) 2014年江苏常熟出口加工区出口加工企业工业产值排名表

单位：万元

序号	企业名称	序号	企业名称
1	迪爱奇希电子（常熟）有限公司	6	常熟拓凯日用品有限公司
2	常熟众达机械工程有限公司	7	常熟安卓塑业有限公司
3	世伟洛克（中国）流体系统科技有限公司	8	泰富益农用机械设备（常熟）有限公司
4	常熟美信达科技能源设备有限公司	9	卡彭特特种金属（常熟）有限公司
5	欧地管道系统（苏州）有限公司		

(4) 2014年江苏常熟出口加工区物流企业营业收入排名表

单位：万元

序号	企业名称	序号	企业名称
1	长江国际物流（常熟）有限公司	4	苏州时创仓储物流有限公司
2	常熟外轮代理有限公司	5	常熟外运物流有限公司
3	常熟华顺物流有限公司	6	苏州万实货运代理有限公司

江苏武进出口加工区统计数据表

（1）2014年江苏武进出口加工区主要经济指标完成情况表

指标名称	单位	2014年	比上年增长（%）
增加值	万元	109 974	34.3
工业总产值	万元	839 074	30.2
其中：高新技术产业	万元	823 856	30.0
电子信息产业	万元	823 856	30.0
工业产品销售额	万元	728 316	44.3
企业利润总额	万元	14 171	9.9
物流企业营业收入	万元	6 649	20.7
综合能源耗费量	吨标准煤	13 649	31.6
当年批准企业数	个	4	33.3
其中：外资企业	个	0	-100.0
仓储物流企业	个	3	—
当年批准投资总额	万美元	0	-100.0
其中：外资项目投资额	万美元	0	-100.0
增资额	万美元	0	-100.0
当年合同利用外资	万美元	500	-97.4
其中：增资额	万美元	500	-97.4
当年企业实际到位资金	万美元	9 000	-32.2
其中：实际利用外资	万美元	9 000	-32.2
固定资产投资额	万元	68 354	22.1
其中：基础设施投资	万元	983	-20.9
开发公司投资	万元	2 227	-51.3
期末施工房屋面积	平方米	0	—
其中：期末在建厂房面积	平方米	0	—
房屋竣工面积	平方米	0	-100.0
其中：已建成厂房面积	平方米	0	—
已建成仓库面积	平方米	0	—
土地实际已租售面积	平方米	0	—
历年已投产物流企业	个	0	-100.0
历年已投产工业企业	个	2	0.0
其中：投资额1 000万美元（含）以上	个	1	—
税收总额	万元	28 090	65.2
其中：海关部门税收及代征税	万元	21 441	74.0
工商税收	万元	6 649	42.1
期末从业人员	人	18 689	68.5
其中：期末外资企业从业人员	人	14 992	42.1
期末出口加工区批准面积	平方公里	1.15	0.0
期末出口加工区验收封关面积	平方公里	1.08	0.0

(2)-1 截至2014年江苏武进出口加工区历年招商引资情况表

指标	单位	历年累计
批准企业	个	20
其中：外资企业		6
投资总额	（万美元）	112 295
其中：外商投资总额		98 060
合同外资额		47 105
实际利用外资		46 605

(2)-2 截至2014年江苏武进出口加工区历年主要外商投资情况表

按项目数排列			按投资额排列		
序号	国别（地区）	项目数（个）	序号	国别（地区）	投资额（万美元）
1	中国台湾	4	1	中国台湾	69 560
2	中国香港	2	2	中国香港	28 500

(3) 2014年江苏武进出口加工区出口加工企业工业产值排名表

单位：万元

序号	企业名称	工业总产值	序号	企业名称	工业总产值
1	光宝科技（常州）有限公司	619 066	4	瑞声光学科技（常州）有限公司	36 838
2	光宝光电（常州）有限公司	105 002	5	常州道达纺织科技有限公司	14 428
3	晶品光电（常州）有限公司	55 432	6	常州能盛线缆材料有限公司	790

(4) 2014年江苏武进出口加工区物流企业营业收入排名表

单位：万元

序号	企业名称	营业收入	序号	企业名称	营业收入
1	常州飞力达现代物流有限公司	4 294	4	常州中外运有限公司	76
2	常州亨通海晨物流有限公司	1 972	5	常州市武进恒通国际物流有限公司	32
3	上海立扬国际货运代理有限公司常州分公司	114			

浙江杭州出口加工区统计数据表

（1）2014年浙江杭州出口加工区主要经济指标完成情况表

指标名称	单位	2014年	比上年增长（%）
增加值	万元	121 043	-14.4
工业总产值	万元	1 178 518	-5.4
其中：高新技术产业	万元	13 738	-5.9
电子信息产业	万元	950 849	-7.6
工业产品销售额	万元	1 178 430	-5.5
企业利润总额	万元	30 312	-24.7
物流企业营业收入	万元	13 234	27.3
综合能源耗费量	吨标准煤	13 114	-3.6
当年批准企业数	个	2	—
其中：外资企业	个	2	—
仓储物流企业	个	2	—
当年批准投资总额	万美元	558	—
其中：外资项目投资额	万美元	558	—
增资额	万美元	0	—
当年合同利用外资	万美元	558	—
其中：增资额	万美元	0	—
当年企业实际到位资金	万美元	0	-100.0
其中：实际利用外资	万美元	0	-100.0
固定资产投资额	万元	66	-99.7
其中：基础设施投资	万元	66	-99.7
开发公司投资	万元	0	0.0
期末施工房屋面积	平方米	0	0.0
其中：期末在建厂房面积	平方米	0	0.0
房屋竣工面积	平方米	0	-100.0
其中：已建成厂房面积	平方米	0	-100.0
已建成仓库面积	平方米	0	0.0
土地实际已租售面积	平方米	0	—
历年已投产物流企业	个	9	—
历年已投产工业企业	个	25	—
其中：投资额1 000万美元（含）以上	个	12	—
税收总额	万元	64 150	-26.0
其中：海关部门税收及代征税	万元	44 202	-30.8
工商税收	万元	19 948	-12.5
期末从业人员	人	9 076	3.1
其中：期末外资企业从业人员	人	8 796	1.8
期末出口加工区批准面积	平方公里	2.92	—
期末出口加工区验收封关面积	平方公里	2.007	—

(2)-1 截至2014年浙江杭州出口加工区历年招商引资情况表

指标	单位	历年累计
批准企业	个	35
其中：外资企业		30
投资总额	（万美元）	60 345
其中：外商投资总额		50 329
合同外资额		22 429
实际利用外资		19 719

(2)-2 截至2014年浙江杭州出口加工区历年主要外商投资情况表

按项目数排列			按投资额排列		
序号	国别（地区）	项目数（个）	序号	国别（地区）	投资额（万美元）
1	日本	10	1	日本	30 857
2	美国	2	2	中国香港	5 900
3	澳大利亚	2	3	澳大利亚	1 400
4	萨摩亚	2	4	美国	798
5	中国香港	2	5	中国台湾	600

(3) 2014年浙江杭州出口加工区出口加工企业工业产值排名表

单位：万元

序号	企业名称	工业总产值	序号	企业名称	工业总产值
1	东芝信息机器（杭州）有限公司	736 493	9	杭州泰谷诺石英有限公司	10 222
2	杭州矢崎配件有限公司	184 600	10	盛康橡胶（杭州）有限公司	8 837
3	杭州松下住宅电器设备（出口加工区）有限公司	76 253	11	真珠乐器（杭州）有限公司	7 686
4	中日龙电器制品（杭州）有限公司	34 625	12	矢野电子（杭州）有限公司	6 976
5	希赛瓶盖系统（杭州）有限公司	32 114	13	莱蒙斯密封件（杭州）有限公司	6 047
6	杭州东芝家电技术电子有限公司	22 778	14	杭州万事达装饰用品有限公司	5 835
7	瑞奇包装系统（杭州）有限公司	13 838	15	晟铭电子（杭州）有限公司	2 851
8	杭州天裕光能科技有限公司	13 659	16	杭州全镒橡塑制品有限公司	4 526

(4) 2014年浙江杭州出口加工区物流企业营业收入排名表

单位：万元

序号	企业名称	营业收入	序号	企业名称	营业收入
1	杭州九捷国际货运代理有限公司	7 821	4	杭州汉达国际货运代理有限公司	432
2	东芝货物管理（杭州）有限公司	3 845	5	杭州八方仓储有限公司	169
3	浙江杭州出口加工区国际物流有限公司	511	6	浙江杭州出口加工区美亚仓储综合服务有限公司	161

浙江宁波出口加工区统计数据表

（1）2014 年浙江宁波出口加工区主要经济指标完成情况表

指标名称	单位	2014 年	比上年增长（%）
增加值	万元	317 656	1.2
营业总收入	万元	3 546 594	-4.7
工业总产值	万元	3 637 710	0.0
其中：高新技术产业	万元	3 164 807	8.8
电子信息产业	万元	2 802 012	-2.1
工业产品销售额	万元	3 461 498	-4.3
企业利润总额	万元	95 518	44.3
物流企业营业收入	万元	85 096	-13.9
综合能源耗费量	吨标准煤	157 677	-4.6
当年企业实际到位资金	万美元	3 500	-5.4
其中：实际利用外资	万美元	3 500	-5.4
固定资产投资额	万元	37 203	-19.5
税收总额	万元	7 624	33.5
其中：海关部门税收及代征税	万元	7 624	33.5
期末从业人员	人	35 796	-4.4
其中：期末外资企业从业人员	人	34 006	-4.4
期末出口加工区批准面积	平方公里	3	—
期末出口加工区验收封关面积	平方公里	3	—

(2)-1 截至2014年浙江宁波出口加工区历年招商引资情况表

指标	单位	历年累计
批准企业	个	43
其中：外资企业		42
投资总额	（万美元）	226 422
其中：外商投资总额		226 422
合同外资额		98 705
实际利用外资		55 285

(2)-2 截至2014年浙江宁波出口加工区历年主要外商投资情况表

按项目数排列			按投资额排列		
序号	国别（地区）	项目数（个）	序号	国别（地区）	投资额（万美元）
1	中国香港	14	1	萨摩亚	122 906
2	英属维尔京群岛	7	2	中国香港	35 106
3	萨摩亚	6	3	英属维尔京群岛	31 290
4	美国	3	4	中国台湾	11 800
5	中国台湾	2	5	毛里求斯	8 000

(3) 2014年浙江宁波出口加工区出口加工企业工业产值排名表

单位：万元

序号	企业名称	工业总产值	序号	企业名称	工业总产值
1	宁波群志光电有限公司	1 980 171	10	宁波出口加工区提爱思泉盟汽车内饰有限公司	26 983
2	宁波群友光电有限公司	702 667	11	宁波菱钢弹簧有限公司	17 083
3	宁波奇美材料科技有限公司	237 999	12	宁波旺泉电子有限公司	14 299
4	宁波中集物流装备有限公司	225 810	13	宁波智涌塑胶有限公司	5 507
5	宁波群辉光电有限公司	113 843	14	宁波海伯精工机械制造有限公司	4 669
6	宁波海天华远机械有限公司	109 357	15	宁波大亿科技有限公司	1 281
7	宁波璨宇光电有限公司	94 304	16	宁波尔耶思电子有限公司	908
8	宁波菱茂光电有限公司	68 982	17	圣索普文具礼品制造（宁波）有限公司	422
9	宁波奥威尔轮毂有限公司	33 237	18	宁波宝洲金属材料有限公司	188

(4) 2014年浙江宁波出口加工区物流企业营业收入排名表

单位：万元

序号	企业名称	营业收入	序号	企业名称	营业收入
1	沃茨（宁波）国际物流有限公司	81 091	4	宁波汎韩物流有限公司	765
2	宁波出口加工区物流中心	2 021	5	宁波出口加工区国柜兴邦仓储有限公司	297
3	宁波群辉物流有限公司	913	6	宁波出口加工区乐威物流有限公司	10

浙江嘉兴出口加工区统计数据表

（1）2014年浙江嘉兴出口加工区主要经济指标完成情况表

指标名称	单位	2014年	比上年增长（%）
增加值	万元	10 682	23.0
工业总产值	万元	54 329	5.7
其中：高新技术产业	万元	0	—
电子信息产业	万元	0	—
工业产品销售额	万元	50 022	28.2
企业利润总额	万元	2 207	54.1
物流企业营业收入	万元	1 470	71.9
综合能源耗费量	吨标准煤	3 052	35.1
当年批准企业数	个	2	-33.3
其中：外资企业	个	2	—
仓储物流企业	个	1	-50.0
当年批准投资总额	万美元	4 070	722.2
其中：外资项目投资额	万美元	4 070	—
增资额	万美元	0	—
当年合同利用外资	万美元	2 521	—
其中：增资额	万美元	0	—
当年企业实际到位资金	万美元	593	-24.7
其中：实际利用外资	万美元	593	97.7
固定资产投资额	万元	27 778	1 283.4
其中：基础设施投资	万元	15 718	—
开发公司投资	万元	15 718	—
期末施工房屋面积	平方米	41 553	314.6
其中：期末在建厂房面积	平方米	30 600	—
房屋竣工面积	平方米	0	—
其中：已建成厂房面积	平方米	0	—
已建成仓库面积	平方米	0	—
土地实际已租售面积	平方米	64 484	30.9
历年已投产物流企业	个	2	—
历年已投产工业企业	个	12	—
其中：投资额1 000万美元（含）以上	个	5	—
税收总额	万元	19 125	8.2
其中：海关部门税收及代征税	万元	17 992	7.5
工商税收	万元	1 133	21.1
期末从业人员	人	884	-20.0
其中：期末外资企业从业人员	人	363	—
期末出口加工区批准面积	平方公里	2.98	—
期末出口加工区验收封关面积	平方公里	1.3	—

(2)-1 截至2014年浙江嘉兴出口加工区历年招商引资情况表

指标	单位	历年累计
批准企业	个	24
其中：外资企业		12
投资总额	（万美元）	20 170
其中：外商投资总额		11 680
合同外资额		6 263
实际利用外资		3 763

(2)-2 截至2014年浙江嘉兴出口加工区历年主要外商投资情况表

按项目数排列			按投资额排列		
序号	国别（地区）	项目数（个）	序号	国别（地区）	投资额（万美元）
1	中国香港	4	1	萨摩亚	4 000
2	美国	2	2	中国香港	3 660
3	萨摩亚	1	3	美国	2 060
4	英属维尔京群岛	1	4	英属维尔京群岛	1 800
5	日本	1	5	日本	50

(3) 2014年浙江嘉兴出口加工区出口加工企业工业产值排名表

单位：万元

序号	企业名称	工业总产值	序号	企业名称	工业总产值
1	嘉兴市迅蕾轴承有限公司	11 666	4	浙江鹏莱制冷剂有限公司	9 517
2	浙江嘉盛汽车部件制造有限公司	10 079	5	嘉兴捷翔洁具制品有限公司	9 051
3	浙江圣泰戈新材料有限公司	9 698			

(4) 2014年浙江嘉兴出口加工区物流企业营业收入排名表

单位：万元

序号	企业名称	营业收入	序号	企业名称	营业收入
1	嘉兴出口加工区保税物流中心有限公司	975	2	嘉兴港区保穗物流有限公司	485

安徽芜湖出口加工区统计数据表

（1）2014 年安徽芜湖出口加工区主要经济指标完成情况表

指标名称	指标单位	当年累计	同比（%）
增加值	万元	42 929	12. 3
经营总收入	万元	215 678	0. 2
其中：技术服务收入	万元	0	—
工业总产值	万元	220 334	0. 1
其中：高新技术产业	万元	14 239	12. 8
物流企业经营收入	万元	26	23. 8
企业利润总额	万元	7 381	15. 8
综合能源耗费量	吨标准煤	6 895	0. 8
批准企业数	个	5	400. 0
其中：加工企业	个	0	—
物流企业	个	3	—
批准外资企业数	个	0	—
批准投资总额	万美元	6 577	1 174. 6
其中：外商投资额	万美元	0	—
合同利用外资	万美元	0	-100. 0
企业实际到位资金	万美元	80	-99. 7
其中：实际利用外资	万美元	0	-100. 0
固定资产投资额	万元	19 868	-52. 8
其中：基础设施投资	万元	7 000	-50. 8
土地实际已租售面积	平方米	0	-100. 0
房屋竣工建筑面积	平方米	0	-100. 0
其中：已建成厂房面积	平方米	0	-100. 0
已投产运作企业数	个	4	—
其中：已投产加工企业数	个	0	—
已投产物流企业数	个	4	—
其中：投资额 1 000 万美元以上	个	2	—
税收总额	万元	26 224	175. 6
其中：海关税收及代征税	万元	23 698	222. 0
税务部门税收	万元	2 526	17. 2
期末从业人员	人	4 577	3. 5
期末出口加工区批准面积	平方公里	2. 95	0. 0
期末出口加工区验收封关面积	平方公里	2. 17	0. 0

(2)-1 截至2014年安徽芜湖出口加工区历年招商引资情况表

指标	单位	历年累计
批准企业	个	26
其中：外资企业		9
投资总额	（万美元）	58 604
其中：外商投资总额		30 870
合同外资额		30 870
实际利用外资		30 590

(2)-2 截至2014年安徽芜湖出口加工区历年主要外商投资情况表

按项目数排列			按投资额排列		
序号	国别（地区）	项目数（个）	序号	国别（地区）	投资额（万美元）
1	中国香港	4	1	中国香港	27 113
2	美国	2	2	美国	1 444
3	中国台湾	2	3	新加坡	1 250
4	新加坡	1	4	中国台湾	685

(3) 2014年安徽芜湖出口加工区出口加工企业工业产值排名表

序号	企业名称	序号	企业名称
1	中达电子（芜湖）有限公司	8	芜湖市海晟塑业有限公司
2	合保电气（芜湖）有限公司	9	芜湖维德视频设备有限公司
3	芜湖美的洗涤电器有限公司	10	固镒电子（芜湖）有限公司
4	芜湖华烨工业用布有限公司	11	芜湖市海力渔网制造有限公司
5	芜湖晟志工业制品有限公司	12	芜湖大雁生物技术有限公司
6	芜湖安华玻璃有限公司	13	芜湖中鼎实业有限公司
7	芜湖昌永得机械有限公司		

(4) 2014年安徽芜湖出口加工区物流企业营业收入排名表

序号	企业名称	序号	企业名称
1	芜湖久方物流有限公司	4	芜湖捷瑞出口加工区物流有限公司
2	芜湖信威物流有限公司	5	芜湖中外运出口加工区物流有限公司
3	芜湖海德出口加工区物流有限公司		

安徽合肥出口加工区统计数据表

（1）2014 年安徽合肥出口加工区主要经济指标完成情况表

指标名称	单位	2014 年	比上年增长（%）
增加值	万元	610 669	—
营业总收入	万元	4 350 965	216.0
工业总产值	万元	3 991 208	181.7
其中：高新技术产业	万元	—	—
电子信息产业	万元	3 991 208	181.7
工业产品销售额	万元	4 348 272.7	210.2
企业利润总额	万元	14 945	—
物流企业营业收入	万元	11 894	339.4
综合能源耗费量	吨标准煤	4 092	-5.2
当年批准企业数	个	2	—
其中：外资企业	个	0	—
仓储物流企业	个	2	—
当年批准投资总额	万美元	242	—
其中：外资项目投资额	万美元	0	—
增资额	万美元	0	—
当年合同利用外资	万美元	0	—
其中：增资额	万美元	0	—
当年企业实际到位资金	万美元	0	—
其中：实际利用外资	万美元	0	—
固定资产投资额	万元	34 400	—
其中：基础设施投资	万元	0	—
开发公司投资	万元	0	—
期末施工房屋面积	平方米	0	—
其中：期末在建厂房面积	平方米	0	—
房屋竣工面积	平方米	0	—
其中：已建成厂房面积	平方米	0	—
已建成仓库面积	平方米	0	—
土地实际已租售面积	平方米	0	—
历年已投产物流企业	个	8	—
历年已投产工业企业	个	3	—
其中：投资额 1 000 万美元（含）以上	个	2	—
税收总额	万元	184 539	85.4
其中：海关部门税收及代征税	万元	180 851	90.9
工商税收	万元	3 687	-22.7
期末从业人员	人	13 140	91.1
其中：期末外资企业从业人员	人	12 000	98.2
期末出口加工区批准面积	平方公里	1.42	0.0
期末出口加工区验收封关面积	平方公里	1.42	0.0

(2)-1 截至2014年安徽合肥出口加工区历年招商引资情况表

指标	单位	历年累计
批准企业	个	13
其中：外资企业		3
投资总额	(万美元)	31 784
其中：外商投资总额		30 865
合同外资额		27 100
实际利用外资		27 252

(2)-2 截至2014年安徽合肥出口加工区历年主要外商投资情况表

按项目数排列			按投资额排列		
序号	国别（地区）	项目数（个）	序号	国别（地区）	投资额（万美元）
1	中国台湾	2	1	中国台湾	30 865

(3) 2014年安徽合肥出口加工区出口加工企业工业产值排名表

单位：万元

序号	企业名称	工业总产值	序号	企业名称	工业总产值
1	联宝（合肥）电子科技有限公司	4 329 952	2	合肥胜利电子科技有限公司	19 048

(4) 2014年安徽合肥出口加工区物流企业营业收入排名表

单位：万元

序号	企业名称	序号	企业名称
1	合肥海晨仓储有限公司	3	合肥新宁物流有限公司
2	合肥汇晨仓储有限公司	4	安徽海晨综保物流有限公司

山东青岛出口加工区统计数据表

（1）2014年山东青岛出口加工区主要经济指标完成情况表

指标名称	单位	2014年	比上年增长（%）
增加值	万元	124 107	-7.2
工业总产值	万元	491 614	2.2
其中：高新技术产业	万元	127 119	5.5
工业产品销售额	万元	490 828	3.6
企业利润总额	万元	86 950	2.6
物流企业营业收入	万元	859	7.9
综合能源耗费量	吨标准煤	8 342	4.1
当年批准企业数	个	7	0.0
其中：外资企业	个	5	-16.7
仓储物流企业	个	2	—
当年批准投资总额	万美元	25 741	73.7
其中：外资项目投资额	万美元	11 299	-6.8
增资额	万美元	990	-3.1
当年合同利用外资	万美元	9 907	31.5
其中：增资额	万美元	873.5	-34.8
当年企业实际到位资金	万美元	2 990	-69.2
其中：实际利用外资	万美元	1 055	-83.7
固定资产投资额	万元	60 015	4.9
其中：基础设施投资	万元	0	-100.0
开发公司投资	万元	0	-100.0
期末施工房屋面积	平方米	0	-100.0
其中：期末在建厂房面积	平方米	0	-100.0
房屋竣工面积	平方米	17 000	325.0
其中：已建成厂房面积	平方米	10 000	150.0
已建成仓库面积	平方米	0	-100.0
土地实际已租售面积	平方米	0	—
历年已投产物流企业	个	2	—
历年已投产工业企业	个	55	—
其中：投资额1 000万美元（含）以上	个	21	—
税收总额	万元	26 365	10.4
其中：海关部门税收及代征税	万元	13 478	5.4
工商税收	万元	12 711	39.0
期末从业人员	人	7 700	0.0
其中：期末外资企业从业人员	人	7 380	0.0
期末出口加工区批准面积	平方公里	2.8	0.0
期末出口加工区验收封关面积	平方公里	1.7	0.0

（2）-1 截至2014年山东青岛出口加工区历年招商引资情况表

指标	单位	历年累计
批准企业	个	80
其中：外资企业		71
投资总额	（万美元）	215 808
其中：外商投资总额		168 802
合同外资额		79 946
实际利用外资		46 323

（2）-2 截至2014年山东青岛出口加工区历年主要外商投资情况表

按项目数排列			按投资额排列		
序号	国别（地区）	项目数（个）	序号	国别（地区）	投资额（万美元）
1	中国香港	24	1	中国香港	34 459
2	日本	15	2	日本	29 549
3	韩国	10	3	德国	8 444
4	英国	4	4	韩国	7 925
5	德国	2	5	新加坡	6 100

（3）2014年山东青岛出口加工区出口加工企业工业产值排名表

单位：万元

序号	企业名称	工业总产值	序号	企业名称	工业总产值
1	泰科电子（青岛）有限公司	110 147	9	青岛天湾电机有限公司	10 596
2	安德烈斯蒂尔动力工具（青岛）有限公司	102 353	10	高丽精线合金（青岛）有限公司	9 868
3	星电高科技（青岛）有限公司	44 989	11	青岛伟立精工塑胶有限公司	6 795
4	青岛奥技科光学有限公司	30 675	12	青岛尖能办公用品有限公司	6 680
5	青岛福轮科技有限公司	23 851	13	青岛恩利旺精密工业有限公司	6 573
6	洋马发动机（山东）有限公司	21 803	14	山德维克（青岛）有限公司	5 524
7	迈高营养品（青岛）有限公司	17 000	15	青岛北电能源有限公司	3 665
8	青岛开拓隆海制冷配件有限公司	10 647			

（4）2014年山东青岛出口加工区物流企业营业收入排名表

单位：万元

序号	企业名称	序号	企业名称
1	青岛德尔达国际物流有限公司	3	青岛永盛国际货运有限公司
2	诺得益轮胎（青岛）有限公司		

山东青岛西海岸出口加工区统计数据表

（1）2014年山东青岛西海岸出口加工区主要经济指标完成情况表

指标名称	单位	2014年	比上年增长（%）
增加值	万元	20 007	149.9
工业总产值	万元	81 453	191.1
其中：高新技术产业	万元	17 868	157.6
电子信息产业	万元	30 268	76.1
工业产品销售额	万元	81 613	167.3
企业利润总额	万元	1 797	358.4
物流企业营业收入	万元	6 315	-16.0
综合能源耗费量	吨标准煤	2 350	98.8
当年批准企业数	个	6	-33.3
其中：外资企业	个	1	-66.7
仓储物流企业	个	4	0.0
当年批准投资总额	万美元	2 902	-86.6
其中：外资项目投资额	万美元	2 150	-88.7
增资额	万美元	0	0.0
当年合同利用外资	万美元	5 765	-56.5
其中：增资额	万美元	0	0.0
当年企业实际到位资金	万美元	7 028	-0.7
其中：实际利用外资	万美元	4 953	-2.5
固定资产投资额	万元	33 807	10.3
其中：基础设施投资	万元	860	-41.5
开发公司投资	万元	0	0.0
期末施工房屋面积	平方米	94 755	—
其中：期末在建厂房面积	平方米	82 855	—
房屋竣工面积	平方米	38 725	-49.9
其中：已建成厂房面积	平方米	22 856	-61.8
已建成仓库面积	平方米	15 869	—
土地实际已租售面积	平方米	0	—
历年已投产物流企业	个	5	—
历年已投产工业企业	个	7	—
其中：投资额1 000万美元（含）以上	个	8	—
税收总额	万元	31 238	-0.6
其中：海关部门税收及代征税	万元	28 706	-5.3
工商税收	万元	2 532	128.3
期末从业人员	人	2 468	-15.2
其中：期末外资企业从业人员	人	1 697	-29.6
期末出口加工区批准面积	平方公里	2	—
期末出口加工区验收封关面积	平方公里	2	—

（2）-1 截至2014年山东青岛西海岸出口加工区历年招商引资情况表

指标	单位	历年累计
批准企业	个	31
其中：外资企业		17
投资总额	（万美元）	78 744
其中：外商投资总额		65 774
合同外资额		54 779
实际利用外资		40 720

（2）-2 截至2014年山东青岛西海岸出口加工区历年主要外商投资情况表

按项目数排列			按投资额排列		
序号	国别（地区）	项目数（个）	序号	国别（地区）	投资额（万美元）
1	中国香港	5	1	中国香港	17 260
2	美国	3	2	日本	12 500
3	日本	2	3	中国台湾	8 487
4	中国台湾	2	4	俄罗斯	7 692
5	俄罗斯	1	5	美国	4 835

（3）2014年山东青岛西海岸出口加工区出口加工企业工业产值排名表

单位：万元

序号	企业名称	序号	企业名称
1	青岛三美电子有限公司	4	青岛美家圣达高科技材料有限公司
2	青岛圣美尔纤维科技有限公司	5	青岛北海石油装备技术有限公司
3	中俄直升机技术（青岛）有限公司		

（4）2014年山东青岛西海岸出口加工区物流企业营业收入排名表

单位：万元

序号	企业名称	序号	企业名称
1	青岛中韩国际物流有限公司	4	青岛新怡坤物流有限公司
2	青岛裕龙橡胶交易中心有限公司	5	青岛安泽国际物流有限公司
3	青岛绿辰经营管理服务有限公司	6	青岛运泽通国际物流有限公司

河南郑州出口加工区统计数据表

（1）2014 年河南郑州出口加工区主要经济指标完成情况表

指标名称	单位	2014 年	比上年增长（%）
增加值	万元	192 812	32. 1
工业总产值	万元	797 402	37. 4
其中：高新技术产业	万元	731 693	42. 1
电子信息产业	万元	715 754	42. 3
工业产品销售额	万元	796 104	41. 4
企业利润总额	万元	23 884	33. 5
物流企业营业收入	万元	2 077	65. 2
综合能源耗费量	吨标准煤	19 378	31. 6
当年批准企业数	个	9	28. 6
其中：外资企业	个	0	-100. 0
仓储物流企业	个	4	33. 3
当年批准投资总额	万美元	7 842	320. 3
其中：外资项目投资额	万美元	0	-100. 0
增资额	万美元	0	—
当年合同利用外资	万美元	0	-100. 0
其中：增资额	万美元	0	—
当年企业实际到位资金	万美元	3 630	-43. 1
其中：实际利用外资	万美元	0	-100. 0
固定资产投资额	万元	146 384	17. 9
其中：基础设施投资	万元	31 010	2 121. 4
开发公司投资	万元	0	-100. 0
期末施工房屋面积	平方米	0	—
其中：期末在建厂房面积	平方米	0	—
房屋竣工面积	平方米	0	—
其中：已建成厂房面积	平方米	0	—
已建成仓库面积	平方米	0	—
土地实际已租售面积	平方米	0	—
历年已投产物流企业	个	14	—
历年已投产工业企业	个	19	—
其中：投资额 1 000 万美元（含）以上	个	5	—
税收总额	万元	49 745	41. 6
其中：海关部门税收及代征税	万元	16 530	33. 3
工商税收	万元	32 215	41. 8
期末从业人员	人	24 498	-5. 4
其中：期末外资企业从业人员	人	20 861	-12. 1
期末出口加工区批准面积	平方公里	2. 7	0. 0
期末出口加工区验收封关面积	平方公里	0. 9	0. 0

(2)-1 截至2014年河南郑州出口加工区历年招商引资情况表

指标	单位	历年累计
批准企业	个	46
其中：外资企业		11
投资总额	（万美元）	95 991
其中：外商投资总额		61 363
合同外资额		29 942
实际利用外资		28 529

(2)-2 截至2014年河南郑州出口加工区历年主要外商投资情况表

按项目数排列			按投资额排列		
序号	国别（地区）	项目数（个）	序号	国别（地区）	投资额（万美元）
1	中国香港	5	1	中国香港	59 623
2	中国台湾	2	2	美国	600
3	加拿大	2	3	加拿大	565
4	美国	1	4	英属维尔京群岛	538
5	英属维尔京群岛	1	5	中国台湾	166

(3) 2014年河南郑州出口加工区出口加工企业工业产值排名表

单位：万元

序号	企业名称	序号	企业名称
1	富泰华精密电子（郑州）有限公司	6	郑州建泰精密科技有限公司
2	郑州朝歌纺纱有限公司	7	河南科隆实业有限公司
3	郑州官田电子科技有限公司	8	华晶精密制造有限公司
4	锜昌科技（郑州）有限公司	9	河南瑞蓝斯机械零配件有限公司
5	河南省豫星华晶微钻有限公司	10	拉姆顿机械（郑州）有限公司

(4) 2014年河南郑州出口加工区物流企业营业收入排名表

单位：万元

序号	企业名称	序号	企业名称
1	郑州润嘉食品有限公司	4	瞻航保税物流服务（郑州）有限公司
2	郑州优传供应链管理有限公司	5	河南中部保税物流中心有限责任公司
3	郑州思博雅保税仓储服务有限公司		

广东广州出口加工区统计数据表

（1）2014年广东广州出口加工区主要经济指标完成情况表

指标名称	单位	2014年	比上年增长（%）
增加值	万元	90 590	26.9
工业总产值	万元	438 482	53.5
工业产品销售额	万元	434 009	51.1
企业利润总额	万元	15 419	101.6
综合能源耗费量	吨标准煤	3 568	-0.5
当年批准企业数	个	0	—
其中：外资企业	个	0	—
仓储物流企业	个	0	—
当年批准投资总额	万美元	0	—
其中：外资项目投资额	万美元	0	—
增资额	万美元	0	—
当年合同利用外资	万美元	0	—
其中：增资额	万美元	0	—
当年企业实际到位资金	万美元	0	—
其中：实际利用外资	万美元	0	—
期末从业人员	人	941	-14.1
其中：期末外资企业从业人员	人	941	-14.1
期末出口加工区批准面积	平方公里	3	0.0
期末出口加工区验收封关面积	平方公里	0.9	0.0

（2）-1 截至2014年广东广州出口加工区历年招商引资情况表

指标	单位	历年累计
批准企业	个	1
其中：外资企业		1
投资总额	（万美元）	12 500
其中：外商投资总额		12 500
合同外资额		5 400
实际利用外资		5 400

（2）-2 截至2014年广东广州出口加工区历年主要外商投资情况表

按项目数排列			按投资额排列		
序号	国别（地区）	项目数（个）	序号	国别（地区）	投资额（万美元）
1	日本	1	1	日本	5 400

（3）2014年广东广州出口加工区出口加工企业工业产值排名表

单位：万元

序号	企业名称	序号	企业名称
1	本田汽车（中国）有限公司		

（4）2014年广东广州出口加工区物流企业营业收入排名表

单位：万元

序号	企业名称	序号	企业名称
1	本田汽车（中国）有限公司		

广东深圳出口加工区统计数据表

（1）2014 年广东深圳出口加工区主要经济指标完成情况表

指标名称	单位	2014 年	比上年增长（%）
增加值	万元	315 527	-7.1
工业总产值	万元	1 331 454	-6.6
其中：高新技术产业	万元	932 808	-1.2
电子信息产业	万元	—	—
工业产品销售额	万元	1 357 443	-4.5
企业利润总额	万元	—	—
物流企业营业收入	万元	—	—
综合能源耗费量	吨标准煤	26 927	-2.3
当年批准企业数	个	39	116.7
其中：外资企业	个	0	—
仓储物流企业	个	30	114.3
当年批准投资总额	万美元	0	—
其中：外资项目投资额	万美元	0	—
增资额	万美元	0	—
当年合同利用外资	万美元	0	—
其中：增资额	万美元	0	—
当年企业实际到位资金	万美元	0	—
其中：实际利用外资	万美元	0	—
固定资产投资额	万元	24 972	-44.6
其中：基础设施投资	万元	0	—
开发公司投资	万元	0	—
期末施工房屋面积	平方米	0	—
其中：期末在建厂房面积	平方米	0	—
房屋竣工面积	平方米	0	—
其中：已建成厂房面积	平方米	0	—
已建成仓库面积	平方米	0	—
土地实际已租售面积	平方米	0	—
历年已投产物流企业	个	0	—
历年已投产工业企业	个	0	—
其中：投资额 1 000 万美元（含）以上	个	0	—
税收总额	万元	0	—
其中：海关部门税收及代征税	万元	0	—
工商税收	万元	0	—
期末从业人员	人	18 560	-13.1
其中：期末外资企业从业人员	人	—	—
期末出口加工区批准面积	平方公里	3	0.0
期末出口加工区验收封关面积	平方公里	3	0.0

(2)-1 截至2014年广东深圳出口加工区历年招商引资情况表

指标	单位	历年累计
批准企业	个	114
其中：外资企业		1
投资总额	（万美元）	115 135
其中：外商投资总额		114 584
合同外资额		47 849
实际利用外资		36 331

(2)-2 截至2014年广东深圳出口加工区历年主要外商投资情况表

按项目数排列			按投资额排列		
序号	国别（地区）	项目数（个）	序号	国别（地区）	投资额（万美元）
1	中国香港	23	1	中国香港	75 055
2	日本	3	2	荷兰	19 800
3	英国	2	3	新加坡	4 150
4	美国	2	4	英国	1 940
5	新加坡、中国台湾、塞舌尔、荷兰、西萨摩亚、英属维尔京群岛	1	5	日本	921

(3) 2014年广东深圳出口加工区出口加工企业工业产值排名表

单位：万元

序号	企业名称	序号	企业名称
1	昱科环球存储产品（深圳）有限公司	11	怡程金属（深圳）有限公司
2	主力实业（深圳）有限公司	12	珈伟太阳能光电（深圳）有限公司
3	奥仕达电器（深圳）有限公司	13	上吉达电子科技（深圳）有限公司
4	乐得利钟表（深圳）有限公司	14	中汇洲电子（深圳）有限公司
5	山能科技（深圳）有限公司	15	阿特拉斯螺栓（深圳）有限公司
6	发财制造（深圳）有限公司	16	深圳顶海电子有限公司
7	肯发科技（深圳）有限公司	17	深圳腾辉威泰电子有限公司
8	安柏家庭用品（深圳）有限公司	18	拜里斯科技（深圳）有限公司
9	万晖五金（深圳）有限公司	19	柯仕达家具（深圳）有限公司
10	旭硝子精细玻璃（深圳）有限公司	20	全能电业科技（深圳）有限公司

四川绵阳出口加工区统计数据表

（1）2014年四川绵阳出口加工区主要经济指标完成情况表

指标名称	单位	2014年	比上年增长（%）
增加值	万元	29 817	7.1
经营总收入	万元	103 012	12.9
其中：技术服务收入	万元	0	—
工业总产值	万元	106 908	11.4
其中：高新技术产业	万元	0	—
物流企业经营收入	万元	87	-17.1
企业利润总额	万元	3 898	155.3
综合能源耗费量	吨标准煤	1 286	-10.0
批准企业数	个	0	—
其中：加工企业	个	0	—
物流企业	个	0	—
批准外资企业数	个	0	—
批准投资总额	万美元	0	—
其中：外商投资额	万美元	0	—
合同利用外资	万美元	0	—
企业实际到位资金	万美元	0	—
其中：实际利用外资	万美元	0	—
固定资产投资额	万元	225	-87.6
其中：基础设施投资	万元	0	—
土地实际已租售面积	平方米	3 666	—
房屋竣工建筑面积	平方米	0	—
其中：已建成厂房面积	平方米	0	—
已投产运作企业数	个	0	—
其中：已投产加工企业数	个	0	-100.0
已投产物流企业数	个	0	—
其中：投资额1 000万美元以上	个	0	—
税收总额	万元	1 116	22.1
其中：海关部门税收及代征税	万元	54	—
税务部门税收	万元	1 062	16.2
期末从业人员	人	7 756	5.2
期末出口加工区批准面积	平方公里	0.56	0.0
期末出口加工区验收封关面积	平方公里	0.15	0.0

(2)-1 截至2014年四川绵阳出口加工区历年招商引资情况表

指标	单位	历年累计
批准企业	个	7
其中：外资企业		2
投资总额	（万美元）	3 970
其中：外商投资总额		1 194
合同外资额		310
实际利用外资		656

(2)-2 截至2014年四川绵阳出口加工区历年主要外商投资情况表

按项目数排列			按投资额排列		
序号	国别（地区）	项目数（个）	序号	国别（地区）	投资额（万美元）
1	美国	1	1	美国	
2	中国台湾	1	2	中国台湾	

(3) 2014年四川绵阳出口加工区出口加工企业工业产值排名表

单位：万元

序号	企业名称	序号	企业名称
1	绵阳普思电子有限公司	4	绵阳景旺电子有限公司
2	虹锐电工有限责任公司	5	四川柯西澳光电科技有限公司
3	绵阳连康电子有限公司		

(4) 2014年四川绵阳出口加工区物流企业营业收入排名表

单位：万元

序号	企业名称	序号	企业名称
1	绵阳出口加工区华泰物流有限公司	2	中外运空运发展股份有限公司绵阳分公司

陕西西安出口加工区 A 区统计数据表

（1）2014 年陕西西安出口加工区 A 区主要经济指标完成情况表

指标名称	单位	2014 年	比上年增长（%）
增加值	万元	462 786	20. 8
营业总收入	万元	1 964 193	19. 6
工业总产值	万元	1 732 807	21. 2
其中：高新技术产业	万元	720 607	15. 0
企业利润总额	万元	7 369	-17. 0
物流企业营业收入	万元	29 877	-5. 9
综合能源耗费量	吨标准煤	8 504	18. 7
当年批准企业数	个	3	-40. 0
其中：外资企业	个	0	—
仓储物流企业	个	0	—
当年批准投资总额	万美元	1 491	98. 8
其中：外资项目投资额	万美元	0	—
增资额	万美元	0	—
当年合同利用外资	万美元	0	—
其中：增资额	万美元	0	—
当年企业实际到位资金	万美元	944	-80. 8
其中：实际利用外资	万美元	0	—
固定资产投资额	万元	269 093	21. 7
其中：基础设施投资	万元	5 688	37. 9
房屋竣工面积	平方米	0	—
其中：已建成厂房面积	平方米	0	—
已建成仓库面积	平方米	0	—
土地实际已租售面积	平方米	18 676	—
历年已投产物流企业	个	10	—
历年已投产工业企业	个	45	—
其中：投资额 1 000 万美元（含）以上	个	10	—
税收总额	万元	24 141	-53. 3
其中：海关部门税收及代征税	万元	21 091	-56. 3
工商税收	万元	3 050	-9. 9
期末从业人员	人	3 735	0. 5
期末出口加工区批准面积	平方公里	1. 46	0. 0
期末出口加工区验收封关面积	平方公里	0. 75	0. 0

(2)-1 截至2014年陕西西安出口加工区A区历年招商引资情况表

指标	单位	历年累计
批准企业	个	68
其中：外资企业		27
投资总额	（万美元）	94 040
其中：外商投资总额		16 449
合同外资额		13 049
实际利用外资		13 010

(2)-2 截至2014年陕西西安出口加工区A区历年主要外商投资情况表

按项目数排列			按投资额排列		
序号	国别（地区）	项目数（个）	序号	国别（地区）	投资额（万美元）
1	中国香港	6	1	英国	5 301
2	美国	5	2	中国香港	4 955
3	英国	2	3	意大利	2 255
4	新加坡	2	4	法国	1 860
5	中国台湾	2	5	日本	1 530

(3) 2014年陕西西安出口加工区A区出口加工企业工业产值排名表

单位：万元

序号	企业名称	序号	企业名称
1	西安普瑞新特能源有限公司	11	米斯尔钻石加工（西安）有限公司
2	西安富鑫珠宝有限公司	12	西安凤城精密机械有限公司
3	西安西航集团莱特航空制造技术有限公司	13	西安阿美瑞肯生物工程有限公司
4	西安庆安航空机械制造有限公司	14	西安海博云天网络技术有限公司
5	西安商泰机械制造有限公司	15	时硕科技（西安）有限公司
6	西安沃迈特航材有限公司	16	西安华欧精密机械有限责任公司
7	西安祺创太阳能科技有限公司	17	蒂森克虏伯航空材料（西安）有限公司
8	西安西罗涡轮制造有限公司	18	西安西艾航空发动机部件有限责任公司
9	西安赛威短舱有限公司	19	西安益仁机械制造有限公司
10	西安龙辉钻石加工有限公司	20	西安大河晶振科技有限公司

(4) 2014年陕西西安出口加工区A区物流企业营业收入排名表

单位：万元

序号	企业名称	序号	企业名称
1	西安盈和展宏物流有限公司	6	西飞国际科技发展（西安）有限公司
2	西安陆海恒利物流服务有限公司	7	西安碧瑞祥物流有限公司
3	西安凯迪克航材物流有限公司	8	西安邦达吉通通物流有限公司
4	易通国际物流（西安）有限公司	9	陕西云通国际物流有限公司
5	西安融创航空科技发展有限公司	10	陕西易通国际货运有限公司

保税港区（综合保税区）

2014 年全国保税港区下分贸易方式进出口贸易额统计表

地区	贸易方式		进出口合计		出口		进口	
			2014 年 1 月至 2014 年 12 月		2014 年 1 月至 2014 年 12 月		2014 年 1 月至 2014 年 12 月	
中文	中文	代码	美元值（万）	美元值同比（%）	美元值（万）	美元值同比（%）	美元值（万）	美元值同比（%）
	保税港区合计		9 118 531.0	55.3	4 021 990.8	61.2	5 096 540.2	51.0
天津东疆保税港区	合计		1 643 450.3	37.7	119 379.6	-3.7	1 524 070.7	42.5
	一般贸易	10	98 695.3	38.1	40 495.0	18.7	58 200.2	55.9
	进料加工贸易	15	9 556.6	28.6	4 559.1	88.3	4 997.4	-0.2
	租赁贸易	23	15 778.6	24.7	15 778.6	24.7		
	保税监管场所进出境货物	33	3 291.2	4 726.9	1.6		3 289.6	4 724.5
	海关特殊监管区域物流货物	34	1 516 017.0	37.6	58 538.8	-21.7	1 457 478.2	41.9
	海关特殊监管区域进口设备	35	24.7	-93.1			24.7	-93.1
	其他贸易	39	86.9	-32.9	6.4	66.0	80.5	-36.0
洋山保税港区	合计		1 212 159.4	14.6	435 206.5	2.1	776 952.9	23.0
	一般贸易	10	39 553.5	50.2	12 196.3	39.0	27 357.2	55.8
	进料加工贸易	15	10.7	45.6			10.7	45.6
	外商投资企业作为投资进口的设备、物品	25	10.8				10.8	
	保税监管场所进出境货物	33	9 948.7	0.3	439.1	-61.0	9 509.6	8.2
	海关特殊监管区域物流货物	34	1 162 594.9	13.8	422 571.1	1.5	740 023.9	22.3
	其他贸易	39	40.7	100.9	0.0		40.7	100.8

续表

地区	贸易方式		进出口合计		出口		进口	
			2014年1月至2014年12月		2014年1月至2014年12月		2014年1月至2014年12月	
中文	中文	代码	美元值（万）	美元值同比（%）	美元值（万）	美元值同比（%）	美元值（万）	美元值同比（%）
大连大窑湾保税港区	合计		258 072.5	-4.1	136 549.0	-8.6	121 523.5	1.6
	一般贸易	10	2 963.3	168.0	835.9	-17.1	2 127.3	2 090.7
	来料加工装配贸易	14	132.4	145.4	132.4	145.4		
	进料加工贸易	15	2 177.7	32.4	2 177.7	33.7		
	保税监管场所进出境货物	33	4 461.6	307 599.8			4 461.6	637 278.2
	海关特殊监管区域物流货物	34	248 277.5	-6.7	133 382.4	-9.1	114 895.1	-3.8
	海关特殊监管区域进口设备	35	33.2				33.2	
	其他贸易	39	26.9	20.9	20.6	820.9	6.3	-68.6
青岛前湾保税港区	合计		203 296.3	17.2	75 381.4	1.4	127 914.9	29.0
	一般贸易	10	497.5	143.6	172.0	78.6	325.5	201.7
	保税监管场所进出境货物	33	3 169.4	1 096.2	380.4	257.4	2 789.0	1 659.2
	海关特殊监管区域物流货物	34	199 607.4	15.4	74 829.1	0.9	124 778.3	26.2
	海关特殊监管区域进口设备	35	21.8				21.8	
	其他贸易	39	0.2	52.1			0.2	52.1
广州南沙保税港区	合计		655 794.5	149.4	576 130.1	176.8	79 664.4	45.4
	一般贸易	10	900.0	203.3	291.4	825.8	608.6	129.4
	进料加工贸易	15	13 620.6	20.1	8 183.5	25.3	5 437.1	13.0
	保税监管场所进出境货物	33	0.3	-100.0			0.3	
	海关特殊监管区域物流货物	34	221 904.7	87.5	148 322.9	115.9	73 581.8	48.2
	海关特殊监管区域进口设备	35	32.0	-30.9			32.0	-30.9
	其他贸易	39	419 336.9	220.4	419 332.3	220.4	4.6	1 257.4
海南洋浦保税港区	合计		37 474.4	-28.5			37 474.4	-28.5

续表

地区	贸易方式		进出口合计		出口		进口	
			2014 年 1 月至 2014 年 12 月		2014 年 1 月至 2014 年 12 月		2014 年 1 月至 2014 年 12 月	
中文	中文	代码	美元值（万）	美元值同比（%）	美元值（万）	美元值同比（%）	美元值（万）	美元值同比（%）
	一般贸易	10	31 063.2	-3.9			31 063.2	-3.9
	保税监管场所进出境货物	33	6 047.9	-68.2			6 047.9	-68.2
	海关特殊监管区域物流货物	34	308.1	332.1			308.1	349.4
	海关特殊监管区域进口设备	35	55.2				55.2	
深圳前海湾保税港区	合计		426 243.2	15.4	280 247.8	22.5	145 995.3	3.9
	一般贸易	10	714.0		499.1		214.9	
	保税监管场所进出境货物	33	0.1	-92.1	0.1	-92.1		
	海关特殊监管区域物流货物	34	425 483.0	15.2	279 748.7	22.3	145 734.3	3.7
	海关特殊监管区域进口设备	35	46.1	-16.8			46.1	-16.8
广西钦州保税港区	合计		346 211.0	131.0	128 641.8	224.5	217 569.2	97.3
	一般贸易	10	5 472.3	65.9	160.8	-80.8	5 311.5	115.8
	来料加工装配贸易	14	284 717.3	189.0	126 409.2	240.4	158 308.2	157.8
	进料加工贸易	15	305.8	181.4	87.5	-19.4	218.3	
	海关特殊监管区域物流货物	34	55 483.4	16.3	1 984.3	27.4	53 499.1	15.9
	海关特殊监管区域进口设备	35	232.2	-1.1			232.2	-1.1
张家港保税港区	合计		460 360.1	4.3	26 542.8	-16.0	433 817.3	5.9
	一般贸易	10	210.1	-84.9	45.9	-9.4	164.3	-87.7
	保税监管场所进出境货物	33	9 193.1	-55.5	6 222.8	-51.6	2 970.3	-62.0
	海关特殊监管区域物流货物	34	450 810.5	7.6	20 274.1	8.4	430 536.4	7.5
	海关特殊监管区域进口设备	35	146.3	11.3			146.3	11.3

续表

地区	贸易方式		进出口合计		出口		进口	
			2014 年 1 月至 2014 年 12 月		2014 年 1 月至 2014 年 12 月		2014 年 1 月至 2014 年 12 月	
中文	中文	代码	美元值（万）	美元值同比（%）	美元值（万）	美元值同比（%）	美元值（万）	美元值同比（%）
宁波梅山保税港区	合计		24 204.7	-8.9	17 113.1	-27.7	7 091.6	145.2
	一般贸易	10	2 885.1	33.4	1.2		2 883.9	33.3
	海关特殊监管区域物流货物	34	21 267.3	-12.4	17 111.9	-27.5	4 155.4	513.2
	海关特殊监管区域进口设备	35	52.3	0.5			52.3	0.5
厦门海沧保税港区	合计		170 278.7	11.2	118 993.8	16.7	51 284.8	0.2
	一般贸易	10	2 611.8	31.6	1 131.0	2.6	1 480.9	67.8
	来料加工装配贸易	14	24 963.4	14.6	14 549.2	15.9	10 414.2	12.8
	进料加工贸易	15	72 215.6	-5.3	55 390.7	2.5	16 824.9	-24.2
	海关特殊监管区域物流货物	34	70 034.7	32.2	47 922.9	40.0	22 111.8	18.1
	海关特殊监管区域进口设备	35	453.2	193.9			453.2	193.9
	其他贸易	39	0.0	-99.9			0.0	-99.9
重庆两路寸滩保税港区（水港）	合计		47 643.2	-2.0	10 757.0	37.8	36 886.2	-9.6
	一般贸易	10	2 204.1	9.0	34.6	-80.8	2 169.6	17.8
	海关特殊监管区域物流货物	34	45 425.8	-2.5	10 722.4	40.6	34 703.4	-10.9
	其他贸易	39	13.2	13 094.6			13.2	13 094.6
重庆两路寸滩保税港区（空港）	合计		3 624 243.8	117.3	2 093 896.8	94.2	1 530 347.0	159.8
	一般贸易	10	3.0	-88.4			3.0	-88.4
	进料加工贸易	15	3 146 548.5	142.0	2 079 511.3	99.5	1 067 037.2	314.3
	海关特殊监管区域物流货物	34	477 050.6	30.1	14 385.5	-60.1	462 665.2	39.9
	海关特殊监管区域进口设备	35	641.6	-10.4			641.6	-10.4
	其他贸易	39	0.1	-78.4			0.1	-78.4

续表

地区	贸易方式		进出口合计		出口		进口	
			2014 年 1 月至 2014 年 12 月		2014 年 1 月至 2014 年 12 月		2014 年 1 月至 2014 年 12 月	
中文	中文	代码	美元值（万）	美元值同比（%）	美元值（万）	美元值同比（%）	美元值（万）	美元值同比（%）
福州保税港区	合计		9 098.9	65.7	3 151.0	175.7	5 948.0	36.8
	一般贸易	10	1 644.8	-24.5	492.1	-18.9	1 152.7	-26.6
	来料加工装配贸易	14	973.5	111.2	523.6	156.5	449.9	75.1
	进料加工贸易	15	1 222.0	347.7	944.1	486.2	277.9	148.4
	海关特殊监管区域物流货物	34	5 258.6	104.2	1 191.2	598.4	4 067.4	69.1

2014年全国保税港区经济指标统计情况表

指标	单位	合计		
		当年累计	同比（%）	历年累计
增加值	万元	4 210 099	59.94	12 649 563
经营总收入		49 283 838	31.44	154 900 862
其中：技术服务收入		0	—	0
工业总产值		17 566 399	0.81	84 348 759
其中：高新技术产业		2 009 000	—	2 009 000
物流企业经营收入		12 707 810	28.37	43 708 180
企业利润总额		1 110 551	223.07	2 955 449
综合能源耗费量	吨标准煤	40 289	-17.59	311 643
批准企业数	个	2 937	54.25	9 515
其中：加工企业		15	-11.76	186
物流企业		467	-14.15	2 408
批准外资企业数		220	65.41	862
批准投资额	万美元	1 868 647	95.28	6 357 591
其中：外商投资总额		871 059	245.59	1 987 378
合同利用外资		469 497	271.24	1 093 191
企业实际到位资金		685 084	-8.17	3 682 863
其中：实际利用外资		263 585	216.84	703 589
固定资产投资额	万元	511 015	-44.06	9 341 987
其中：基础设施投资		380 674	3.05	3 840 540
土地实际已租售面积	平方米	1 764 124	128.02	29 207 379
房屋竣工面积		71 515	-56.42	6 986 057
其中：已建成厂房面积		59 324	230.15	5 221 431
已投产运作企业数	个	949	684.30	3 410
其中：已投产加工企业数		7	250.00	111
已投产物流企业数		23	-65.15	991
其中：投资额1 000万美元以上		6	-40.00	159
税收总额	万元	5 291 087	4 005.25	8 912 228
其中：海关税收及代征税		4 200 487	5 919.70	4 960 496
税务部门税收		1 081 012	5.78	3 951 681
期末从业人员	人	185 001	22.98	185 001
期末批准面积	平方公里	94.25	-9.35	94.25
期末验收封关面积		62.34	-1.75	62.34

续表

指标	单位	大连大窑湾保税港区		
		当年累计	同比（%）	历年累计
增加值	万元	159 587	3. 50	985 640
经营总收入		520 968	3. 51	2 313 697
其中：技术服务收入		0	—	0
工业总产值		2 400	2. 61	9 836
其中：高新技术产业		0	—	0
物流企业经营收入		102 434	0. 78	613 847
企业利润总额		13 704	2. 62	75 955
综合能源耗费量	吨标准煤	10 514	-26. 29	85 426
批准企业数	个	4	-50. 00	119
其中：加工企业		0	—	2
物流企业		4	-50. 00	87
批准外资企业数		4	-50. 00	49
批准投资额	万美元	1 190	-64. 53	156 125
其中：外商投资总额		815	-68. 57	133 296
合同利用外资		815	-74. 76	133 296
企业实际到位资金		741	-76. 49	153 711
其中：实际利用外资		610	-74. 70	113 476
固定资产投资额	万元	16 344	-5. 27	605 331
其中：基础设施投资		1 083	-9. 07	53 250
土地实际已租售面积	平方米	0	-100. 00	2 623 790
房屋竣工面积		2 300	-63. 49	1 010 438
其中：已建成厂房面积		1 750	—	1 009 088
已投产运作企业数	个	4	-50. 00	80
其中：已投产加工企业数		0	-100. 00	2
已投产物流企业数		4	-42. 86	77
其中：投资额 1 000 万美元以上		0	-100. 00	16
税收总额	万元	103 831	26. 80	575 822
其中：海关税收及代征税		83 000	18. 95	492 551
税务部门税收		11 243	-7. 15	83 270
期末从业人员	人	2 900	0. 90	2 900
期末批准面积	平方公里	6. 88	0. 00	6. 88
期末验收封关面积		3. 06	0. 00	3. 06

续表

指标	单位	天津东疆保税港区		
		当年累计	同比（%）	历年累计
增加值	万元	0	—	0
经营总收入	万元	0	—	0
其中：技术服务收入	万元	0	—	0
工业总产值	万元	0	—	0
其中：高新技术产业	万元	0	—	0
物流企业经营收入	万元	0	—	0
企业利润总额	万元	0	—	0
综合能源耗费量	吨标准煤	0	—	0
批准企业数	个	1 493	141. 20	3 245
其中：加工企业	个	1	-88. 89	25
物流企业	个	252	108. 26	603
批准外资企业数	个	108	125. 00	262
批准投资额	万美元	990 737	166. 90	2 338 453
其中：外商投资总额	万美元	469 242	291. 40	826 064
合同利用外资	万美元	165 905	313. 41	283 204
企业实际到位资金	万美元	59 557	-78. 17	1 075 750
其中：实际利用外资	万美元	33 751	49. 93	111 357
固定资产投资额	万元	150 624	33. 26	2 089 190
其中：基础设施投资	万元	86 035	9. 38	683 511
土地实际已租售面积	平方米	0	—	4 800 000
房屋竣工面积	平方米	0	—	777 589
其中：已建成厂房面积	平方米	0	—	729 589
已投产运作企业数	个	800	—	1 700
其中：已投产加工企业数	个	0	—	2
已投产物流企业数	个	0	—	0
其中：投资额 1 000 万美元以上	个	0	—	0
税收总额	万元	381 075	—	775 649
其中：海关税收及代征税	万元	0	—	0
税务部门税收	万元	381 075	87. 92	775 649
期末从业人员	人	19 047	87. 67	19 047
期末批准面积	平方公里	10	0. 00	10
期末验收封关面积	平方公里	10	0. 00	10

续表

指标	单位	海南洋浦保税港区		
		当年累计	同比（%）	历年累计
增加值	万元	0	—	661 772
经营总收入		0	-100.00	13 373 812
其中：技术服务收入		0	—	0
工业总产值		0	-100.00	72 841
其中：高新技术产业		0	—	0
物流企业经营收入		0	-100.00	68 777
企业利润总额		0	-100.00	198 818
综合能源耗费量	吨标准煤	0	—	4 176
批准企业数	个	0	—	64
其中：加工企业		0	—	3
物流企业		0	—	4
批准外资企业数		0	—	5
批准投资额	万美元	0	—	237 610
其中：外商投资总额		0	—	3 774
合同利用外资		0	—	4 632
企业实际到位资金		0	—	97 416
其中：实际利用外资		0	—	3 428
固定资产投资额	万元	0	-100.00	82 383
其中：基础设施投资		0	-100.00	37 708
土地实际已租售面积	平方米	0	—	1 464 725
房屋竣工面积		0	—	175 407
其中：已建成厂房面积		0	—	108 485
已投产运作企业数	个	0	—	33
其中：已投产加工企业数		0	—	2
已投产物流企业数		0	—	4
其中：投资额 1 000 万美元以上		0	—	7
税收总额	万元	0	—	146 971
其中：海关税收及代征税		0	—	75 358
税务部门税收		0	-100.00	71 613
期末从业人员	人	6 926	875.49	6 926
期末批准面积	平方公里	9.21	0.00	9.21
期末验收封关面积		2.3	0.00	2.3

续表

指标	单位	宁波梅山保税港区		
		当年累计	同比（%）	历年累计
增加值	万元	0	—	1 065 206
经营总收入	万元	1 086 460	20.50	3 975 112
其中：技术服务收入	万元	0	—	0
工业总产值	万元	0	—	0
其中：高新技术产业	万元	0	—	0
物流企业经营收入	万元	336 147	160.60	683 996
企业利润总额	万元	0	—	0
综合能源耗费量	吨标准煤	0	—	0
批准企业数	个	28	3.70	275
其中：加工企业	个	0	—	0
物流企业	个	3	-57.14	134
批准外资企业数	个	0	-100.00	34
批准投资额	万美元	19 319	-84.68	543 521
其中：外商投资总额	万美元	0	-100.00	54 376
合同利用外资	万美元	0	-100.00	25 836
企业实际到位资金	万美元	14 069	-88.66	494 479
其中：实际利用外资	万美元	0	-100.00	25 261
固定资产投资额	万元	206 956	64.57	1 522 931
其中：基础设施投资	万元	206 956	64.57	1 522 930
土地实际已租售面积	平方米	41 076	-66.33	1 794 064
房屋竣工面积	平方米	57 574	—	404 605
其中：已建成厂房面积	平方米	57 574	—	210 986
已投产运作企业数	个	28	3.70	275
其中：已投产加工企业数	个	0	—	0
已投产物流企业数	个	3	-57.14	134
其中：投资额1 000万美元以上	个	6	-14.29	56
税收总额	万元	33 021	—	384 733
其中：海关税收及代征税	万元	0	—	0
税务部门税收	万元	33 021	-50.46	384 733
期末从业人员	人	1 388	10.77	1 388
期末批准面积	平方公里	7.7	0.00	7.7
期末验收封关面积	平方公里	2.5	0.00	2.5

续表

指标	单位	广西钦州保税港区		
		当年累计	同比（%）	历年累计
增加值	万元	0	—	0
经营总收入	万元	0	—	0
其中：技术服务收入	万元	0	—	0
工业总产值	万元	0	—	0
其中：高新技术产业	万元	0	—	0
物流企业经营收入	万元	0	—	0
企业利润总额	万元	0	—	0
综合能源耗费量	吨标准煤	0	—	0
批准企业数	个	40	25.00	187
其中：加工企业	个	1	0.00	8
物流企业	个	8	60.00	58
批准外资企业数	个	0	-100.00	19
批准投资额	万美元	2 625	-7.67	59 489
其中：外商投资总额	万美元	0	-100.00	2 144
合同利用外资	万美元	0	—	0
企业实际到位资金	万美元	0	—	0
其中：实际利用外资	万美元	0	—	0
固定资产投资额	万元	54 395	-59.11	1 703 968
其中：基础设施投资	万元	38 689	-54.32	1 027 977
土地实际已租售面积	平方米	1 723 048	650.86	4 344 441
房屋竣工面积	平方米	11 641	18.62	172 103
其中：已建成厂房面积	平方米	0	—	31 470
已投产运作企业数	个	2	0.00	37
其中：已投产加工企业数	个	2	—	2
已投产物流企业数	个	0	—	17
其中：投资额1 000万美元以上	个	0	-100.00	3
税收总额	万元	164 915	—	186 986
其中：海关税收及代征税	万元	159 500	—	159 500
税务部门税收	万元	5 415	-5.94	27 486
期末从业人员	人	700	34.36	700
期末批准面积	平方公里	10	0.00	10
期末验收封关面积	平方公里	6.34	215.42	6.34

续表

指标	单位	厦门海沧保税港区		
		当年累计	同比（%）	历年累计
增加值	万元	156 139	20.12	902 465
经营总收入	万元	612 432	-8.68	1 904 015
其中：技术服务收入	万元	0	—	0
工业总产值	万元	477 087	-6.70	3 931 633
其中：高新技术产业	万元	0	—	0
物流企业经营收入	万元	173 308	21.89	482 511
企业利润总额	万元	19 487	-18.15	350 755
综合能源耗费量	吨标准煤	12 158	30.87	80 049
批准企业数	个	11	37.50	82
其中：加工企业	个	1	—	45
物流企业	个	10	25.00	37
批准外资企业数	个	1	-50.00	48
批准投资额	万美元	11 973	2 171.92	102 543
其中：外商投资总额	万美元	350	-4.63	83 393
合同利用外资	万美元	350	10.41	47 640
企业实际到位资金	万美元	350	10.41	40 355
其中：实际利用外资	万美元	350	10.41	39 094
固定资产投资额	万元	29 737	-68.51	304 620
其中：基础设施投资	万元	29 737	17.54	231 128
土地实际已租售面积	平方米	0	—	816 490
房屋竣工面积	平方米	0	—	813 408
其中：已建成厂房面积	平方米	0	—	795 870
已投产运作企业数	个	0	-100.00	66
其中：已投产加工企业数	个	0	—	33
已投产物流企业数	个	0	-100.00	33
其中：投资额 1 000 万美元以上	个	0	—	8
税收总额	万元	12 301	—	47 720
其中：海关税收及代征税	万元	355	—	355
税务部门税收	万元	11 946	12.31	47 365
期末从业人员	人	11 600	15.84	11 600
期末批准面积	平方公里	9.51	0.00	9.51
期末验收封关面积	平方公里	5.52	0.00	5.52

续表

指标	单位	广州南沙保税港区		
		当年累计	同比（%）	历年累计
增加值	万元	124 331	9.35	469 599
经营总收入	万元	245 684	-0.52	1 083 177
其中：技术服务收入	万元	0	—	0
工业总产值	万元	80 401	8.96	233 756
其中：高新技术产业	万元	0	—	0
物流企业经营收入	万元	231 693	15.30	926 099
企业利润总额	万元	37 280	7.72	115 678
综合能源耗费量	吨标准煤	861	-16.08	3 727
批准企业数	个	5	-89.58	282
其中：加工企业	个	0	—	5
物流企业	个	5	-88.10	271
批准外资企业数	个	0	-100.00	10
批准投资额	万美元	0	-100.00	279 758
其中：外商投资总额	万美元	0	-100.00	126 715
合同利用外资	万美元	0	-100.00	96 235
企业实际到位资金	万美元	0	-100.00	149 325
其中：实际利用外资	万美元	0	-100.00	38 652
固定资产投资额	万元	18 913	-61.31	203 151
其中：基础设施投资	万元	17 994	-57.11	90 159
土地实际已租售面积	平方米	0	-100.00	3 741 433
房屋竣工面积	平方米	0	-100.00	736 689
其中：已建成厂房面积	平方米	0	—	736 689
已投产运作企业数	个	5	-89.58	270
其中：已投产加工企业数	个	0	—	3
已投产物流企业数	个	5	-88.10	261
其中：投资额 1 000 万美元以上	个	0	-100.00	19
税收总额	万元	11 265	—	55 359
其中：海关税收及代征税	万元	0	—	0
税务部门税收	万元	11 265	17.22	55 359
期末从业人员	人	4 053	0.62	4 053
期末批准面积	平方公里	7.06	0.00	7.06
期末验收封关面积	平方公里	3.7	0.00	3.7

续表

指标	单位	重庆两路寸滩保税港区		
		当年累计	同比（%）	历年累计
增加值	万元	0	—	0
经营总收入	万元	15 895 545	81.72	17 331 511
其中：技术服务收入	万元	0	—	0
工业总产值	万元	7 351 300	2.12	23 747 716
其中：高新技术产业	万元	0	—	0
物流企业经营收入	万元	708 232	533.34	526 730
企业利润总额	万元	0	—	0
综合能源耗费量	吨标准煤	0	—	0
批准企业数	个	277	246.25	679
其中：加工企业	个	10	150.00	24
物流企业	个	34	70.00	131
批准外资企业数	个	13	1 200.00	35
批准投资额	万美元	165 708	686.31	742 959
其中：外商投资总额	万美元	137 284	2 701.71	144 594
合同利用外资	万美元	137 284	2 701.71	144 831
企业实际到位资金	万美元	64 513	1 216.59	146 298
其中：实际利用外资	万美元	64 513	1 216.59	73 450
固定资产投资额	万元	0	-100.00	0
其中：基础设施投资	万元	0	-100.00	0
土地实际已租售面积	平方米	0	—	0
房屋竣工面积	平方米	0	-100.00	0
其中：已建成厂房面积	平方米	0	-100.00	0
已投产运作企业数	个	99	296.00	283
其中：已投产加工企业数	个	0	—	0
已投产物流企业数	个	5	—	5
其中：投资额1 000万美元以上	个	0	—	0
税收总额	万元	65 409	39.17	784 921
其中：海关税收及代征税	万元	0	—	0
税务部门税收	万元	65 409	39.17	784 921
期末从业人员	人	28 590	60.48	28 590
期末批准面积	平方公里	8.37	0.00	8.37
期末验收封关面积	平方公里	8.37	0.00	8.37

续表

指标	单位	张家港保税港区		
		当年累计	同比（%）	历年累计
增加值	万元	74 780	40.77	302 259
经营总收入	万元	1 495 604	40.77	6 053 460
其中：技术服务收入	万元	0	—	0
工业总产值	万元	0	—	0
其中：高新技术产业	万元	0	—	0
物流企业经营收入	万元	1 495 604	40.77	6 053 460
企业利润总额	万元	0	—	0
综合能源耗费量	吨标准煤	0	—	0
批准企业数	个	435	-24.74	2 630
其中：加工企业	个	0	—	0
物流企业	个	8	-60.00	115
批准外资企业数	个	3	-72.73	91
批准投资额	万美元	30 370	-46.03	226 823
其中：外商投资总额	万美元	244	-98.49	88 344
合同利用外资	万美元	244	-98.49	65 994
企业实际到位资金	万美元	5 103	-87.43	85 459
其中：实际利用外资	万美元	32	-99.38	24 874
固定资产投资额	万元	0	—	0
其中：基础设施投资	万元	0	—	0
土地实际已租售面积	平方米	0	—	1 185 236
房屋竣工面积	平方米	0	—	833 700
其中：已建成厂房面积	平方米	0	—	334 200
已投产运作企业数	个	0	—	80
其中：已投产加工企业数	个	0	—	0
已投产物流企业数	个	0	—	61
其中：投资额1 000万美元以上	个	0	—	0
税收总额	万元	0	—	13 646
其中：海关税收及代征税	万元	0	—	0
税务部门税收	万元	0	—	13 646
期末从业人员	人	6 383	13.15	6 383
期末批准面积	平方公里	4.1	0.00	4.1
期末验收封关面积	平方公里	1.53	0.00	1.53

续表

指标	单位	烟台保税港区		
		当年累计	同比（%）	历年累计
增加值	万元	624 562	0.65	3 631 122
经营总收入		8 830 145	-8.56	55 590 078
其中：技术服务收入		0	—	0
工业总产值		9 655 211	0.19	56 352 977
其中：高新技术产业		2 009 000	—	2 009 000
物流企业经营收入		31 292	58.14	93 460
企业利润总额		229 580	-0.14	1 362 143
综合能源耗费量	吨标准煤	16 756	-31.07	138 265
批准企业数	个	14	-33.33	163
其中：加工企业		2	-33.33	74
物流企业		12	-33.33	77
批准外资企业数		3	-57.14	84
批准投资额	万美元	6 275	110.22	117 457
其中：外商投资总额		2 540	16.14	97 849
合同利用外资		1 901	14.86	58 815
企业实际到位资金		4 014	82.54	65 244
其中：实际利用外资		1 331	15.54	41 289
固定资产投资额	万元	6 646	23.46	431 113
其中：基础设施投资		180	373.68	77 977
土地实际已租售面积	平方米	0	—	3 500 500
房屋竣工面积		0	—	1 142 118
其中：已建成厂房面积		0	—	465 054
已投产运作企业数	个	11	120.00	106
其中：已投产加工企业数		5	400.00	67
已投产物流企业数		6	50.00	39
其中：投资额1 000万美元以上		0	—	5
税收总额	万元	153 345	—	339 721
其中：海关税收及代征税		128 532	—	128 532
税务部门税收		24 813	-1.92	211 139
期末从业人员	人	73 514	-0.29	73 514
期末批准面积	平方公里	7.26	0.00	7.26
期末验收封关面积		4.86	0.00	4.86

续表

指标	单位	洋山保税港区		
		当年累计	同比（%）	历年累计
增加值	万元	3 070 700	96. 74	4 631 500
经营总收入	万元	20 597 000	31. 16	53 276 000
其中：技术服务收入	万元	0	—	0
工业总产值	万元	0	—	0
其中：高新技术产业	万元	0	—	0
物流企业经营收入	万元	9 629 100	18. 43	34 259 300
企业利润总额	万元	810 500	1 848. 32	852 100
综合能源耗费量	吨标准煤	0	—	0
批准企业数	个	630	30. 43	1 789
其中：加工企业	个	0	—	0
物流企业	个	131	-55. 59	891
批准外资企业数	个	88	137. 84	225
批准投资额	万美元	640 450	97. 64	1 552 853
其中：外商投资总额	万美元	260 584	263. 90	426 829
合同利用外资	万美元	162 998	325. 78	232 708
企业实际到位资金	万美元	536 737	82. 08	1 374 826
其中：实际利用外资	万美元	162 998	325. 78	232 708
固定资产投资额	万元	27 400	-45. 96	2 399 300
其中：基础设施投资	万元	0	—	115 900
土地实际已租售面积	平方米	0	—	4 936 700
房屋竣工面积	平方米	0	—	920 000
其中：已建成厂房面积	平方米	0	—	800 000
已投产运作企业数	个	0	—	480
其中：已投产加工企业数	个	0	—	0
已投产物流企业数	个	0	—	360
其中：投资额 1 000 万美元以上	个	0	—	45
税收总额	万元	4 365 925	—	5 600 700
其中：海关税收及代征税	万元	3 829 100	—	4 104 200
税务部门税收	万元	536 825	-16. 08	1 496 500
期末从业人员	人	29 900	26. 16	29 900
期末批准面积	平方公里	14. 16	0. 00	14. 16
期末验收封关面积	平方公里	14. 16	0. 00	14. 16

2014 年全国保税港区进口额前 30 位国家和地区排名表

序号	国家和地区		2014 年	
	中文	代码	进口额（万美元）	同比（%）
	合计		5 096 540.2	51.0
1	美国	502	759 412.4	29.9
2	韩国	133	674 173.3	175.6
3	缅甸	106	382 416.8	184 612.1
4	法国	305	294 713.0	66.6
5	智利	412	269 761.2	17.9
6	日本	116	248 387.2	34.3
7	中国台湾	143	214 320.1	22.0
8	德国	304	181 041.4	5.4
9	中华人民共和国	142	166 716.3	60.1
10	马来西亚	122	143 156.4	-22.1
11	南非	244	119 849.2	107.8
12	俄罗斯联邦	344	103 247.4	68.0
13	越南	141	95 880.7	1 002.0
14	沙特阿拉伯	131	86 466.5	-8.3
15	阿曼	126	82 176.9	202.2
16	中国香港	110	78 006.4	-50.3
17	加拿大	501	77 116.5	-10.9
18	澳大利亚	601	76 581.7	32.8
19	英国	303	67 281.0	213.2
20	新西兰	609	64 261.8	19.0
21	泰国	136	62 626.2	-33.3
22	巴西	410	61 581.5	113.4
23	菲律宾	129	60 093.6	41.5
24	秘鲁	434	59 189.0	55.5
25	阿联酋	138	53 930.2	36.6
26	安哥拉	202	52 068.4	158.0
27	刚果（金）	252	47 246.7	95.8
28	印度	111	34 057.5	-13.7
29	比利时	301	33 859.9	-10.9
30	瑞士	331	33 475.8	166.4

2014年全国保税港区出口额前30位国家和地区排名表

序号	国家和地区		2014年	
	中文	代码	出口额（万美元）	同比（%）
	合计		4 021 990.8	61.2
1	中国香港	110	1 304 274.7	222.7
2	美国	502	508 395.7	57.7
3	德国	304	227 449.9	-5.2
4	日本	116	197 018.8	41.2
5	新加坡	132	168 941.2	120.2
6	马来西亚	122	162 771.1	21.4
7	荷兰	309	136 405.3	-15.1
8	印度尼西亚	112	97 058.1	54.8
9	印度	111	85 167.5	76.4
10	阿联酋	138	84 227.5	-18.7
11	韩国	133	78 952.4	45.9
12	澳大利亚	601	74 119.2	31.7
13	越南	141	71 606.8	61.8
14	英国	303	55 791.9	42.7
15	中国台湾	143	50 167.5	64.4
16	法国	305	48 936.8	27.5
17	尼日利亚	236	42 202.7	230.7
18	芬兰	318	35 819.2	-37.0
19	墨西哥	429	34 802.7	-17.0
20	俄罗斯联邦	344	32 441.9	-34.1
21	泰国	136	30 524.2	48.0
22	意大利	307	27 764.0	30.1
23	土耳其	137	23 511.9	1.0
24	加拿大	501	22 884.6	18.0
25	安哥拉	202	21 293.6	1 346.5
26	巴西	410	19 899.3	22.0
27	菲律宾	129	17 693.2	1.3
28	沙特阿拉伯	131	17 594.7	52.0
29	西班牙	312	17 537.2	69.0
30	塞内加尔	240	16 152.6	493.9

2014年全国保税港区主要进口商品分类统计表（22大类）

商品类别	2014年	
	进口额（万美元）	同比（%）
合计	5 096 540.2	51.0
第十七类　车辆、航空器、船舶及运输设备	1 320 646.0	43.2
第十四类　天然或养殖珍珠、宝石或半宝石、贵金属、包贵金属及其制品；仿首饰；硬币	814 857.1	4 349.6
第十五类　贱金属及其制品	715 450.3	24.0
第十六类　机器、机械器具、电气设备及其零件；录音机及放声机、电视图像、声音的录制和重放设备及其零件、附件	681 477.2	36.4
第六类　化学工业及其相关工业的产品	465 812.4	14.6
第五类　矿产品	339 791.3	62.5
第二十二类　特殊交易品及未分类商品	211 631.8	-1.6
第十八类　光学、照相、电影、计量、检验、医疗或外科用仪器及设备、精密仪器及设备；钟表；乐器；上述物品的零件、附件	157 350.8	-5.0
第一类　活动物；动物产品	130 300.8	30.2
第七类　塑料及其制品；橡胶及其制品	104 418.8	4.5
第十类　木浆等；废纸；纸、纸板及其制品	31 641.4	49.9
第十一类　纺织原料及纺织制品	28 655.9	-9.9
第二十一类　艺术品、收藏品及古物	22 029.4	-46.3
第四类　食品；饮料、酒及醋；烟草、烟草及烟草代用品的制品	21 439.6	34.0
第三类　动、植物油、脂及其分解产品；精制的食用油脂；动、植物蜡	14 545.0	-44.9
第二类　植物产品	11 770.5	271.5
第九类　木及木制品；木炭；软木及软木制品；稻草、秸秆、针茅或其他编结材料制品；篮筐及柳条编结品	9 854.3	-5.7
第二十类　杂项制品	5 599.0	-1.3
第十三类　石料、石膏、水泥、石棉、云母及类似材料的制品；陶瓷产品；玻璃及其制品	4 509.6	7.6
第八类　生皮、皮革、毛皮及其制品；鞍具及挽具；旅行用品、手提包及类似品；动物肠线（蚕胶丝除外）制品	3 078.3	94.0
第十二类　鞋、帽、伞、杖、鞭及其零件；已加工的羽毛及其制品；人造花；人发制品	1 680.6	234.9
第十九类　武器、弹药及其零件、附件		

2014 年全国保税港区主要出口商品分类统计表（22 大类）

商品类别	2014 年	
	出口额（万美元）	同比（%）
合计	4 021 990. 8	61. 2
第十六类　机器、机械器具、电气设备及其零件；录音机及放声机、电视图像、声音的录制和重放设备及其零件、附件	1 607 425. 1	19. 1
第十四类　天然或养殖珍珠、宝石或半宝石、贵金属、包贵金属及其制品；仿首饰；硬币	1 037 808. 8	364. 9
第十五类　贱金属及其制品	312 208. 2	37. 9
第二十类　杂项制品	190 293. 2	107. 8
第十一类　纺织原料及纺织制品	182 641. 1	96. 5
第五类　矿产品	152 248. 7	140. 1
第十八类　光学、照相、电影、计量、检验、医疗或外科用仪器及设备、精密仪器及设备；钟表；乐器；上述物品的零件、附件	115 951. 0	-7. 6
第七类　塑料及其制品；橡胶及其制品	104 982. 0	42. 5
第六类　化学工业及其相关工业的产品	76 264. 8	39. 1
第十七类　车辆、航空器、船舶及运输设备	70 334. 5	-1. 6
第十三类　石料、石膏、水泥、石棉、云母及类似材料的制品；陶瓷产品；玻璃及其制品	42 236. 5	171. 0
第十二类　鞋、帽、伞、杖、鞭及其零件；已加工的羽毛及其制品；人造花；人发制品	34 748. 7	71. 9
第八类　生皮、皮革、毛皮及其制品；鞍具及挽具；旅行用品、手提包及类似品；动物肠线（蚕胶丝除外）制品	27 051. 0	93. 9
第四类　食品；饮料、酒及醋；烟草、烟草及烟草代用品的制品	21 601. 6	9. 1
第十类　木浆等；废纸；纸、纸板及其制品	14 858. 5	115. 6
第二十一类　艺术品、收藏品及古物	14 804. 3	-57. 2
第九类　木及木制品；木炭；软木及软木制品；稻草、秸秆、针茅或其他编结材料制品；篮筐及柳条编结品	6 438. 9	12. 8
第一类　活动物；动物产品	6 184. 5	118. 1
第二类　植物产品	2 086. 5	24. 0
第三类　动、植物油、脂及其分解产品；精制的食用油脂；动、植物蜡	1 699. 0	77. 8
第十九类　武器、弹药及其零件、附件	124. 1	
第二十二类　特殊交易品及未分类商品		

洋山保税港区统计数据表

（1）2014年洋山保税港区主要经济指标完成情况表

指标名称	单位	2014年	比上年增长（%）
经营总收入	万元	20 597 000	31.2
物流企业营业收入	万元	9 629 100	18.4
当年批准企业数	个	630	30.4
其中：加工企业	个	0	—
仓储物流企业	个	131	-55.6
当年批准外资企业数	个	88	（1.4倍）
当年批准投资总额	万美元	640 450	97.6
其中：外商投资总额	万美元	260 584	（2.6倍）
当年合同利用外资	万美元	162 998	（3.3倍）
当年实际到位资金	万美元	536 737	82.1
港区货物吞吐量	万吨	14 156	4.7
港区集装箱吞吐量	万标准箱	1 520	5.8
税务部门税收	万元	536 825	-16.1
固定资产投资额	万元	27 400	-46.0
期末从业人员	人	29 900	26.3
期末批准面积	平方公里	14.16	0.0
期末验收封关面积	平方公里	14.16	0.0

（2）截至2014年洋山保税港区历年招商引资情况表

指标	单位	历年累计
批准企业	个	1 789
其中：外资企业		225
投资总额	（万美元）	1 552 853
其中：外商投资总额		426 829
合同外资额		232 708

烟台保税港区统计数据表

（1）2014 年烟台保税港区主要经济指标完成情况表

指标名称	单位	2014 年	比上年增长（%）
增加值	万元	624 562	0. 7
工业总产值	万元	9 655 211	0. 2
企业利润总额	万元	229 580	-0. 1
物流企业营业收入	万元	31 292	58. 1
综合能源耗费量	吨标准煤	16 756	-31. 1
当年批准企业数	个	14	-33. 3
其中：加工企业	个	2	-33. 3
仓储物流企业	个	12	-33. 3
当年批准外资企业数	个	3	-57. 1
其中：加工企业	个	0	-100. 0
仓储物流企业	个	3	-40. 0
当年批准投资总额	万美元	6 275	110. 2
其中：外商投资总额	万美元	2 540	16. 1
增资额	万美元	397	-79. 4
当年合同利用外资	万美元	1 901	14. 9
其中：增资额	万美元	300	-77. 9
当年实际到位资金	万美元	4 014	82. 5
其中：实际利用外资	万美元	1 331	-12. 0
历年已投产运作企业数	个	11	120. 0
其中：已投产加工企业数	个	5	400. 0
已投产物流企业数	个	6	50. 0
其中：投资额 1 000 万美元以上	个	0	—
土地实际已租售面积	平方米	0	—
房屋竣工面积	平方米	0	—
其中：已建成厂房面积	平方米	0	—
已建成仓库面积	平方米	0	—
港区货物吞吐量（限保税港区）	万吨	3 041. 77	-21. 9
港区集装箱吞吐量（限保税港区）	万标准箱	47. 11	6. 4
税务部门税收	万元	24 813	-1. 9
固定资产投资额	万元	6 646	23. 5
其中：基础设施投资	万元	180	373. 7
期末从业人员	人	73 514	-0. 3
其中：期末外资企业从业人员	人	72 860	-0. 1
期末批准面积	平方公里	7. 26	0. 0
期末验收封关面积	平方公里	4. 86	0. 0

(2)-1 截至2014年烟台保税港区历年招商引资情况表

指标	单位	历年累计
批准企业	个	163
其中：外资企业		84
投资总额	（万美元）	117 457
其中：外商投资总额		97 849
合同外资额		58 815
实际利用外资		41 289

(2)-2 截至2014年烟台保税港区历年主要外商投资情况表

按项目数排列			按投资额排列		
序号	国别（地区）	项目数（个）	序号	国别（地区）	投资额（万美元）
1	韩国	36	1	英属维尔京群岛	41 490
2	中国香港	17	2	萨摩亚	11 500
3	日本	11	3	韩国	9 523
4	美国	4	4	中国香港	8 745
5	中国台湾	3	5	美国	1 970

(3) 2014年烟台保税港区物流企业营业收入排名表

单位：万元

序号	企业名称	序号	企业名称
1	烟台海港国际物流有限公司	6	烟台瑞辰国际物流中心有限公司
2	山东朗越国际储运有限公司	7	烟台捷顺物流服务有限公司
3	世纪国际（烟台）物流有限公司	8	烟台挚恒仓储服务有限公司
4	烟台富晋物流有限公司	9	烟台森泽物流有限公司
5	烟台富泰通国际物流有限公司	10	烟台爱美国际物流有限公司

(4) 2014年烟台保税港区工业企业工业产值排名表

单位：万元

序号	企业名称	序号	企业名称
1	鸿富锦精密电子（烟台）有限公司	6	维京空调（烟台）有限公司
2	鸿富泰精密电子（烟台）有限公司	7	烟台赤外线桑拿制品有限公司
3	烟台农标普瑞纳有限公司	8	烟台致睿电子科技有限公司
4	烟台利时德拉索系统有限公司	9	烟台近畿塑料包装制品有限公司
5	烟台帕特仑精密电子有限公司	10	烟台但马汽车部件有限公司

厦门海沧保税港区统计数据表

2014 年厦门海沧保税港区主要经济指标完成情况表

指标名称	单位	2014 年	比上年增长（%）
增加值	万元	156 139	20.1
经营总收入	万元	612 432	-8.7
其中：技术服务收入	万元	0	—
工业总产值	万元	477 087	-6.7
其中：高新技术产业	万元	0	—
物流企业经营收入	万元	173 308	21.9
企业利润总额	万元	19 487	-18.2
综合能源耗费量	吨标准煤	12 158	30.9
批准企业数	个	11	37.5
其中：加工企业	个	1	—
物流企业	个	10	25.0
批准外资企业数	个	1	-50.0
批准投资额	万美元	11 973	2 171.9
其中：外商投资总额	万美元	350	-4.6
合同利用外资	万美元	350	10.4
企业实际到位资金	万美元	350	10.4
其中：实际利用外资	万美元	350	10.4
固定资产投资额	万元	29 737	-68.5
其中：基础设施投资	万元	29 737	17.5
土地实际已租售面积	平方米	0	—
房屋竣工面积	平方米	0	—
其中：已建成厂房面积	平方米	0	—
已投产运作企业数	个	0	-100.0
其中：已投产加工企业数	个	0	—
已投产物流企业数	个	0	-100.0
其中：投资额 1 000 万美元以上	个	0	—
税收总额	万元	12 301	—
其中：海关税收及代征税	万元	355	—
税务部门税收	万元	11 946	12.3
期末从业人员	人	11 600	15.8
期末批准面积	平方公里	9.51	0.0
期末验收封关面积	平方公里	5.52	0.0

2014 年全国综合保税区下分贸易方式进出口贸易额统计表

地区	贸易方式		进出口合计		出口		进口	
			2014 年 1 月至 2014 年 12 月		2014 年 1 月至 2014 年 12 月		2014 年 1 月至 2014 年 12 月	
中文	中文	代码	美元值（万）	美元值同比（%）	美元值（万）	美元值同比（%）	美元值（万）	美元值同比（%）
	综合保税区合计		22 517 362.1	11.1	13 540 324.3	11.3	8 977 037.8	10.7
北京天竺综合保税区	合计		419 791.4	24.4	44 221.7	-12.5	375 569.7	30.9
	一般贸易	10	1 904.0	-0.2	2.0	-98.1	1 902.0	5.5
	来料加工装配贸易	14	25 136.9	-10.9	12 684.7	-13.4	12 452.2	-8.1
	进料加工贸易	15	23 663.9	-5.5	11 616.5	-11.2	12 047.4	0.7
	保税监管场所进出境货物	33	4 373.8		39.1		4 334.7	
	海关特殊监管区域物流货物	34	361 308.7	29.0	19 879.4	-12.5	341 429.2	32.6
	海关特殊监管区域进口设备	35	3 298.4	47.3			3 298.4	47.3
	其他贸易	39	105.7	2 490.3			105.7	2 490.3
天津滨海新区综合保税区	合计		235 926.0	6.7	12 676.0	-0.3	223 250.0	7.1
	一般贸易	10	3 678.3	187.5	934.3	97.1	2 744.0	240.6
	来料加工装配贸易	14	199 578.4	5.7	32.1	-60.0	199 546.3	5.7
	进料加工贸易	15	1 733.6	240.4	1 210.7	812.8	522.9	38.8
	海关特殊监管区域物流货物	34	30 132.5	1.3	10 498.8	-12.7	19 633.7	10.9
	海关特殊监管区域进口设备	35	793.1	9.0			793.1	9.0

续表

地区	贸易方式		进出口合计		出口		进口	
			2014年1月至2014年12月		2014年1月至2014年12月		2014年1月至2014年12月	
中文	中文	代码	美元值（万）	美元值同比（%）	美元值（万）	美元值同比（%）	美元值（万）	美元值同比（%）
	其他贸易	39	10.0	-53.9	0.1	-97.0	9.9	-43.7
曹妃甸综合保税区	合计		9 662.8		8 904.6		758.2	
	海关特殊监管区域物流货物	34	9 662.8		8 904.6		758.2	
太原武宿综合保税区	合计		235.1				235.1	
	一般贸易	10	17.0				17.0	
	海关特殊监管区域物流货物	34	218.1				218.1	
沈阳综合保税区	合计		16 865.8	26.5	8 154.7	16.3	8 711.1	37.8
	来料加工装配贸易	14	335.5	-38.3	257.5	-25.1	77.9	-60.9
	进料加工贸易	15	11 595.3	15.0	7 865.4	19.7	3 729.9	6.1
	海关特殊监管区域物流货物	34	4 450.6	95.3	31.7	-67.9	4 418.9	102.7
	海关特殊监管区域进口设备	35	484.4	15.8			484.4	15.8
	其他贸易	39	0.1				0.1	
长春兴隆综合保税区	合计		754.1		393.2		360.9	
	一般贸易	10	382.4		378.2		4.3	
	进料加工贸易	15	79.9				79.9	
	海关特殊监管区域物流货物	34	291.8		15.1		276.8	
黑龙江绥芬河综合保税区	合计		97 795.0	50.6	79 505.5	38.3	18 289.6	146.0
	一般贸易	10	63 728.9	57.9	56 877.7	45.3	6 851.2	455.8
	进料加工贸易	15	145.4	40.9	145.4	56.7		
	边境小额贸易	19	16 428.3	65.1	6 324.6	41.6	10 103.7	84.1
	保税监管场所进出境货物	33	0.4	-100.0	0.4	-99.9		

续表

地区	贸易方式		进出口合计		出口		进口	
			2014年1月至2014年12月		2014年1月至2014年12月		2014年1月至2014年12月	
中文	中文	代码	美元值(万)	美元值同比(%)	美元值(万)	美元值同比(%)	美元值(万)	美元值同比(%)
	海关特殊监管区域物流货物	34	7 117.5	17.4	5 782.8	-1.9	1 334.7	682.7
	其他贸易	39	10 374.6	41.1	10 374.5	41.4	0.0	-99.9
上海浦东机场综合保税区	合计		764 639.5	97.0	247 205.0	78.6	517 434.6	107.2
	一般贸易	10	10 827.2	-75.2	10 301.7	2 795.4	525.5	-98.8
	进料加工贸易	15	11 473.2	37.8	0.8		11 472.4	37.8
	租赁贸易	23	248 204.6	184.8			248 204.6	184.8
	保税监管场所进出境货物	33	1 009.4	-64.7	584.9	-42.9	424.5	-76.8
	海关特殊监管区域物流货物	34	492 556.2	100.4	236 317.6	72.4	256 238.6	135.6
	海关特殊监管区域进口设备	35	541.5	407.3			541.5	407.3
	其他贸易	39	27.4	-90.6			27.4	-90.6
南京综合保税区	合计		445 767.8	93.1	304 505.8	142.7	141 262.0	34.1
	一般贸易	10	175.1	3 890 655.6	1.2		173.9	3 863 762.2
	来料加工装配贸易	14	76 103.7	37.3	1 282.8	-66.4	74 820.8	44.9
	进料加工贸易	15	334 395.6	151.7	285 166.9	176.2	49 228.6	66.1
	海关特殊监管区域物流货物	34	29 123.5	-22.0	18 053.9	-1.9	11 069.5	-41.5
	海关特殊监管区域进口设备	35	5 968.2	15.6			5 968.2	15.6
	其他贸易	39	1.9	2 591.0	0.9		1.0	1 322.0
无锡高新区综合保税区	合计		1 033 813.4	16.1	555 764.2	20.1	478 049.2	11.8
	一般贸易	10	1.6	43.0			1.6	43.0
	来料加工装配贸易	14	363 191.6	-10.7	232 617.3	-12.5	130 574.3	-7.2
	进料加工贸易	15	297 338.7	32.8	129 822.1	29.1	167 516.6	35.8
	海关特殊监管区域物流货物	34	237 162.0	79.0	193 324.8	100.5	43 837.2	21.5

续表

地区	贸易方式		进出口合计		出口		进口	
			2014 年 1 月至 2014 年 12 月		2014 年 1 月至 2014 年 12 月		2014 年 1 月至 2014 年 12 月	
中文	中文	代码	美元值（万）	美元值同比（%）	美元值（万）	美元值同比（%）	美元值（万）	美元值同比（%）
	海关特殊监管区域进口设备	35	136 118.0	6.9			136 118.0	6.9
	其他贸易	39	1.4	26.9			1.4	26.9
苏州工业园区综合保税区	合计		1 289 609.6	6.4	873 927.9	5.1	415 681.7	9.4
	一般贸易	10	0.2	-98.0	0.2	2.0	0.0	-99.6
	来料加工装配贸易	14	17 958.4	29.1	8 830.3	43.4	9 128.1	17.8
	进料加工贸易	15	1 040 675.9	9.9	779 903.4	7.0	260 772.5	19.5
	海关特殊监管区域物流货物	34	227 232.2	-7.0	85 194.0	-11.9	142 038.2	-3.7
	海关特殊监管区域进口设备	35	3 742.7	-41.7			3 742.7	-41.7
	其他贸易	39	0.2	-49.8			0.2	-49.8
苏州高新区综合保税区	合计		2 205 757.1	-4.9	1 601 376.9	4.3	604 380.2	-23.0
	一般贸易	10	4 557.9	147.0	3.8	88.1	4 554.2	147.1
	来料加工装配贸易	14	451 571.2	-1.0	303 228.7	-3.2	148 342.5	3.6
	进料加工贸易	15	496 021.0	1.7	367 620.2	-0.5	128 400.8	8.4
	海关特殊监管区域物流货物	34	1 241 360.4	-8.7	930 524.1	9.1	310 836.3	-38.7
	海关特殊监管区域进口设备	35	12 219.3	-14.4			12 219.3	-14.4
	其他贸易	39	27.4	53.6	0.1		27.3	53.2
南通综合保税区	合计		4 692.0		1 990.9		2 701.1	
	一般贸易	10	9.3				9.3	
	进料加工贸易	15	2 652.2		1 892.8		759.3	
	保税监管场所进出境货物	33	30.9				30.9	
	海关特殊监管区域物流货物	34	475.8		98.0		377.8	
	海关特殊监管区域进口设备	35	1 523.8				1 523.8	

续表

地区	贸易方式		进出口合计		出口		进口	
			2014 年 1 月至 2014 年 12 月		2014 年 1 月至 2014 年 12 月		2014 年 1 月至 2014 年 12 月	
中文	中文	代码	美元值（万）	美元值同比（%）	美元值（万）	美元值同比（%）	美元值（万）	美元值同比（%）
淮安综合保税区	合计		39 448.9	7.4	15 391.4	46.5	24 057.5	-8.3
	一般贸易	10	0.1				0.1	
	进料加工贸易	15	35 275.7	34.1	13 086.8	32.3	22 188.8	35.1
	海关特殊监管区域物流货物	34	2 309.7	-75.3	2 304.6	276.4	5.2	-99.9
	海关特殊监管区域进口设备	35	1 862.8	76.0			1 862.8	76.0
	其他贸易	39	0.7				0.7	
盐城综合保税区	合计		34 031.4	468.0	5 419.1	148.4	28 612.3	651.0
	一般贸易	10	12.7		12.7			
	进料加工贸易	15	8 191.2	158.2	5 221.3	139.3	2 969.9	199.6
	海关特殊监管区域物流货物	34	23 776.2	1 441.5	185.1		23 591.0	1 429.5
	海关特殊监管区域进口设备	35	2 051.3	60.8			2 051.3	60.8
昆山综合保税区	合计		5 196 604.1	-9.3	3 387 078.3	-5.4	1 809 525.8	-15.8
	一般贸易	10	63.3	101.6	0.3	22 516.7	63.1	100.7
	来料加工装配贸易	14	2 311.8	441.1	896.2	1 136.8	1 415.5	299.0
	进料加工贸易	15	2 513 195.7	2.9	2 028 192.6	0.9	485 003.2	12.2
	保税监管场所进出境货物	33	2 683.7	9 811.4	1 198.3	9 293.4	1 485.3	10 272.9
	海关特殊监管区域物流货物	34	2 656 098.4	-18.8	1 356 790.9	-13.6	1 299 307.5	-23.7
	海关特殊监管区域进口设备	35	22 250.9	68.8			22 250.9	68.8
	其他贸易	39	0.4	447.0			0.4	447.0
舟山港综合保税区	合计		586.8		182.1		404.7	
	一般贸易	10	192.8		146.2		46.6	
	海关特殊监管区域物流货物	34	394.1		35.9		358.1	

续表

地区	贸易方式		进出口合计		出口		进口	
			2014 年 1 月至 2014 年 12 月		2014 年 1 月至 2014 年 12 月		2014 年 1 月至 2014 年 12 月	
中文	中文	代码	美元值（万）	美元值同比（%）	美元值（万）	美元值同比（%）	美元值（万）	美元值同比（%）
济南综合保税区	合计		16 501. 8	-28. 3	6 862. 2	-43. 9	9 639. 6	-10. 6
	来料加工装配贸易	14	86. 9	192. 9	26. 3	240. 6	60. 5	176. 1
	进料加工贸易	15	9 954. 4	9. 1	5 166. 2	-12. 7	4 788. 1	49. 1
	海关特殊监管区域物流货物	34	5 988. 4	-35. 4	1 669. 6	-73. 6	4 318. 9	46. 1
	海关特殊监管区域进口设备	35	472. 1	-89. 7			472. 1	-89. 7
潍坊综合保税区	合计		81 155. 6	28. 3	52 353. 3	21. 4	28 802. 3	43. 1
	来料加工装配贸易	14	1 145. 4	4. 6	939. 6	7. 8	205. 8	-7. 8
	进料加工贸易	15	61 598. 7	37. 6	38 248. 0	22. 4	23 350. 7	72. 8
	海关特殊监管区域物流货物	34	17 987. 8	8. 1	13 165. 7	19. 6	4 822. 1	-14. 3
	海关特殊监管区域进口设备	35	423. 6	-43. 9			423. 6	-43. 9
河南新郑综合保税区	合计		3 880 921. 9	8. 4	2 132 373. 6	5. 0	1 748 548. 3	12. 9
	一般贸易	10	965. 6	10. 7	96. 6	2 139. 7	869. 1	0. 1
	来料加工装配贸易	14	388. 1	249. 7	167. 5	475. 5	220. 6	169. 5
	进料加工贸易	15	3 782 570. 5	10. 6	2 125 432. 3	6. 2	1 657 138. 2	16. 8
	海关特殊监管区域物流货物	34	16 828. 3	-70. 7	6 677. 2	-76. 7	10 151. 1	-64. 9
	海关特殊监管区域进口设备	35	80 169. 4	-20. 3			80 169. 4	-20. 3
武汉东湖综合保税区	合计		191 274. 2	160. 6	95 688. 2	165. 0	95 586. 0	156. 3
	一般贸易	10	1 517. 3	25 659. 5	1 509. 9	25 535. 2	7. 3	
	进料加工贸易	15	182 426. 4	152. 8	91 358. 2	153. 0	91 068. 2	152. 5
	海关特殊监管区域物流货物	34	5 932. 9	382. 0	1 422. 4		4 510. 5	266. 5
	其他贸易	39	1 397. 6		1 397. 6		0. 0	
衡阳综合保税区	合计		59 240. 7		28 053. 6		31 187. 1	

续表

地区	贸易方式		进出口合计		出口		进口	
			2014 年 1 月至 2014 年 12 月		2014 年 1 月至 2014 年 12 月		2014 年 1 月至 2014 年 12 月	
中文	中文	代码	美元值（万）	美元值同比（%）	美元值（万）	美元值同比（%）	美元值（万）	美元值同比（%）
	海关特殊监管区域物流货物	34	59 240. 7		28 053. 6		31 187. 1	
广州白云机场综合保税区	合计		81 505. 8		42 162. 1		39 343. 7	
	一般贸易	10	2 425. 2				2 425. 2	
	保税监管场所进出境货物	33	999. 7		240. 4		759. 2	
	海关特殊监管区域物流货物	34	77 403. 5		41 244. 2		36 159. 2	
	其他贸易	39	677. 4		677. 4			
广西凭祥综合保税区	合计		167 893. 4	4 245. 1	65 913. 4	10 232. 9	101 980. 0	3 061. 2
	一般贸易	10	2 866. 3	18. 7	9. 6	-95. 4	2 856. 7	29. 4
	进料加工贸易	15	12 028. 1		2 529. 3		9 498. 8	
	边境小额贸易	19	11. 1	-24. 0	7. 0	-47. 6	4. 1	240. 0
	海关特殊监管区域物流货物	34	152 988. 0	10 559. 7	63 367. 5	15 085. 5	89 620. 4	8 704. 4
海口综合保税区	合计		7 061. 3	-18. 2	817. 7	15 635. 9	6 243. 6	-27. 6
	一般贸易	10	1 879. 2	-65. 3	0. 0	-99. 9	1 879. 2	-65. 2
	进料加工贸易	15	56. 3	14. 1	12. 6		43. 8	-11. 4
	海关特殊监管区域物流货物	34	5 109. 5	67. 0	795. 7		4 313. 8	41. 0
	海关特殊监管区域进口设备	35	2. 5	-61. 0			2. 5	-61. 0
	其他贸易	39	13. 7	-87. 5	9. 4	366. 7	4. 3	-96. 0
重庆西永综合保税区	合计		2 652 938. 0	14. 7	1 886 748. 1	20. 2	766 189. 9	3. 1
	来料加工装配贸易	14	60 060. 3	115. 4	24 470. 8	588. 9	35 589. 5	46. 3
	进料加工贸易	15	2 091 414. 0	14. 2	1 839 793. 1	19. 9	251 620. 9	-15. 3
	海关特殊监管区域物流货物	34	483 611. 7	7. 3	22 484. 2	-26. 5	461 127. 4	9. 8
	海关特殊监管区域进口设备	35	17 852. 1	934. 1			17 852. 1	934. 1

续表

地区	贸易方式		进出口合计		出口		进口	
			2014年1月至2014年12月		2014年1月至2014年12月		2014年1月至2014年12月	
中文	中文	代码	美元值（万）	美元值同比（%）	美元值（万）	美元值同比（%）	美元值（万）	美元值同比（%）
成都高新综合保税区	合计		3 224 831.2	16.6	1 869 519.2	12.8	1 355 312.1	22.5
	一般贸易	10	3.1	-78.8			3.1	1 457.6
	来料加工装配贸易	14	542 085.0	-2.0	210 416.8	-13.5	331 668.2	7.1
	进料加工贸易	15	1 526 206.2	-0.9	1 064 955.1	-1.3	461 251.1	-0.2
	海关特殊监管区域物流货物	34	1 125 007.0	76.5	594 147.3	76.2	530 859.7	76.8
	海关特殊监管区域进口设备	35	31 529.9	-7.5			31 529.9	-7.5
	其他贸易	39	0.1	464.8			0.1	464.8
贵阳综合保税区	合计		7.7				7.7	
	海关特殊监管区域物流货物	34	7.7				7.7	
西安综合保税区	合计		13 309.5	7 926.3	2 788.8		10 520.7	6 244.5
	进料加工贸易	15	891.2	1 264.4			891.2	1 264.4
	海关特殊监管区域物流货物	34	12 418.3	12 255.6	2 788.8		9 629.6	9 480.9
西安高新综合保税区	合计		153 971.9		73 695.1		80 276.7	
	一般贸易	10	0.1		0.0		0.0	
	进料加工贸易	15	84 449.8		73 695.1		10 754.7	
	海关特殊监管区域物流货物	34	125.1				125.1	
	海关特殊监管区域进口设备	35	69 396.5				69 396.5	
	其他贸易	39	0.3				0.3	
银川综合保税区	合计		188 464.7		136 652.0		51 812.8	
	一般贸易	10	96 968.4		96 948.0		20.3	
	来料加工装配贸易	14	5 901.9		2 870.5		3 031.4	
	进料加工贸易	15	22 472.7		10 161.2		12 311.5	

续表

地区	贸易方式		进出口合计		出口		进口	
			2014 年 1 月至 2014 年 12 月		2014 年 1 月至 2014 年 12 月		2014 年 1 月至 2014 年 12 月	
中文	中文	代码	美元值（万）	美元值同比（%）	美元值（万）	美元值同比（%）	美元值（万）	美元值同比（%）
	保税监管场所进出境货物	33	205.2		69.7		135.6	
	海关特殊监管区域物流货物	34	62 904.9		26 591.0		36 313.9	
	其他贸易	39	11.6		11.5		0.1	
阿拉山口综合保税区	合计		2 303.5				2 303.5	
	进料加工贸易	15	119.4				119.4	
	边境小额贸易	19	36.5				36.5	
	海关特殊监管区域物流货物	34	2 147.6				2 147.6	
	海关特殊监管区域物流货物	34	2 147.5				2 147.5	

2014 年全国综合保税区经济指标统计情况表

指标	单位	合计		
		当年累计	同比（%）	历年累计
增加值	万元	11 123 282	46.68	41 975 554
经营总收入	万元	76 547 297	27.10	348 319 569
其中：技术服务收入	万元	711 775	—	859 218
工业总产值	万元	70 411 981	18.46	369 089 543
其中：高新技术产业	万元	19 773 227	—	37 218 452
物流企业经营收入	万元	2 218 571	-15.30	10 292 736
企业利润总额	万元	2 202 285	55.35	8 585 572
综合能源耗费量	吨标准煤	584 151	-8.31	3 517 915
批准企业数	个	595	-2.30	2 696
其中：加工企业	个	24	50.00	442
物流企业	个	69	64.29	414
批准外资企业数	个	95	111.11	642
批准投资额	万美元	549 367	174.95	3 124 833
其中：外商投资总额	万美元	429 889	234.03	2 574 760
合同利用外资	万美元	317 037	204.44	1 327 282
企业实际到位资金	万美元	365 521	95.71	1 480 199
其中：实际利用外资	万美元	271 869	203.27	1 150 561
固定资产投资额	万元	2 467 794	-13.67	24 011 725
其中：基础设施投资	万元	73 325	-68.27	815 214
土地实际已租售面积	平方米	691 197	4.41	22 817 348
房屋竣工面积	平方米	497 015	31.68	13 438 145
其中：已建成厂房面积	平方米	363 267	88.01	11 814 645
已投产运作企业数	个	127	-62.20	1 205
其中：已投产加工企业数	个	30	172.73	318
已投产物流企业数	个	31	121.43	197
其中：投资额 1 000 万美元以上	个	8	60.00	182
税收总额	万元	3 214 123	234.19	5 336 461
其中：海关税收及代征税	万元	2 700 162	218.04	3 000 202
税务部门税收	万元	513 961	-13.94	2 335 697
期末从业人员	人	612 313	-3.95	612 313
期末批准面积	平方公里	62.12	-0.02	62.12
期末验收封关面积	平方公里	41.27	3.90	41.27

续表

指标	单位	苏州工业园综合保税区		
		当年累计	同比（%）	历年累计
增加值	万元	0	—	0
经营总收入	万元	5 140 247	11.69	14 103 900
其中：技术服务收入	万元	0	—	0
工业总产值	万元	3 963 650	3.66	11 462 758
其中：高新技术产业	万元	0	—	0
物流企业经营收入	万元	118 116	-28.79	467 803
企业利润总额	万元	248 863	22.02	626 712
综合能源耗费量	吨标准煤	0	-100.00	43 362
批准企业数	个	15	-28.57	264
其中：加工企业	个	1	-80.00	118
物流企业	个	0	-100.00	45
批准外资企业数	个	3	-78.57	167
批准投资额	万美元	18 755	67.92	378 140
其中：外商投资总额	万美元	13 493	25.61	360 881
合同利用外资	万美元	5 211	69.08	133 741
企业实际到位资金	万美元	6 398	85.99	142 252
其中：实际利用外资	万美元	1 136	-58.31	124 993
固定资产投资额	万元	69 984	2.89	229 301
其中：基础设施投资	万元	0	-100.00	1 310
土地实际已租售面积	平方米	0	—	3 671 599
房屋竣工面积	平方米	0	—	1 825 180
其中：已建成厂房面积	平方米	0	—	1 432 980
已投产运作企业数	个	2	-66.67	168
其中：已投产加工企业数	个	1	0.00	70
已投产物流企业数	个	0	—	34
其中：投资额1 000万美元以上	个	0	-100.00	44
税收总额	万元	386 840	—	543 118
其中：海关税收及代征税	万元	386 840	—	386 840
税务部门税收	万元	0	-100.00	156 278
期末从业人员	人	40 100	-5.65	40 100
期末批准面积	平方公里	5.28	0.00	5.28
期末验收封关面积	平方公里	4.86	0.00	4.86

续表

指标	单位	天津滨海新区综合保税区		
		当年累计	同比（%）	历年累计
增加值	万元	1 077 893	139.55	1 564 171
经营总收入	万元	4 719 879	182.24	6 406 084
其中：技术服务收入	万元	0	—	136 463
工业总产值	万元	4 636 101	162.11	6 435 817
其中：高新技术产业	万元	4 636 101	—	6 435 817
物流企业经营收入	万元	83 778	1 082.97	91 005
企业利润总额	万元	327 550	485.18	379 617
综合能源耗费量	吨标准煤	0	—	0
批准企业数	个	0	-100.00	494
其中：加工企业	个	0	—	0
物流企业	个	0	—	0
批准外资企业数	个	0	—	0
批准投资额	万美元	0	—	0
其中：外商投资总额	万美元	0	—	0
合同利用外资	万美元	0	—	0
企业实际到位资金	万美元	0	—	0
其中：实际利用外资	万美元	0	—	0
固定资产投资额	万元	0	—	1 630 228
其中：基础设施投资	万元	0	—	0
土地实际已租售面积	平方米	0	—	0
房屋竣工面积	平方米	0	—	0
其中：已建成厂房面积	平方米	0	—	0
已投产运作企业数	个	0	-100.00	482
其中：已投产加工企业数	个	0	—	0
已投产物流企业数	个	0	—	0
其中：投资额1 000万美元以上	个	0	—	0
税收总额	万元	65 518	—	103 384
其中：海关税收及代征税	万元	43 230	—	47 458
税务部门税收	万元	22 288	-38.54	55 896
期末从业人员	人	495	103.70	495
期末批准面积	平方公里	1.96	0.00	1.96
期末验收封关面积	平方公里	1.96	63.33	1.96

续表

指标	单位	北京天竺综合保税区		
		当年累计	同比（%）	历年累计
增加值	万元	480 772	-23.90	2 034 755
经营总收入	万元	1 902 522	-1.74	5 843 853
其中：技术服务收入	万元	18 067	—	18 067
工业总产值	万元	174 414	0.21	1 186 776
其中：高新技术产业	万元	0	—	0
物流企业经营收入	万元	1 012 746	-24.26	3 928 029
企业利润总额	万元	93 780	-26.60	529 116
综合能源耗费量	吨标准煤	38 306	-2.21	112 605
批准企业数	个	45	9.76	234
其中：加工企业	个	3	0.00	45
物流企业	个	4	33.33	58
批准外资企业数	个	4	-50.00	63
批准投资额	万美元	34 982	82.49	255 536
其中：外商投资总额	万美元	20 256	151.25	93 803
合同利用外资	万美元	20 256	151.25	93 803
企业实际到位资金	万美元	708	-94.87	114 635
其中：实际利用外资	万美元	0	-100.00	47 320
固定资产投资额	万元	135 296	18.59	600 780
其中：基础设施投资	万元	0	—	49 530
土地实际已租售面积	平方米	0	-100.00	3 237 569
房屋竣工面积	平方米	56 000	115.38	572 000
其中：已建成厂房面积	平方米	0	—	0
已投产运作企业数	个	10	-50.00	71
其中：已投产加工企业数	个	2	0.00	20
已投产物流企业数	个	1	-50.00	28
其中：投资额1 000万美元以上	个	0	-100.00	9
税收总额	万元	812 517	-2.15	1 000 063
其中：海关税收及代征税	万元	718 825	-2.79	718 825
税务部门税收	万元	93 692	3.04	281 238
期末从业人员	人	25 127	7.42	25 127
期末批准面积	平方公里	5.94	0.00	5.94
期末验收封关面积	平方公里	3.17	-0.31	3.17

续表

指标	单位	广西凭祥综合保税区		
		当年累计	同比（%）	历年累计
增加值	万元	5 824	-9.52	12 440
经营总收入	万元	273 819	97.49	448 030
其中：技术服务收入	万元	5 500	—	5 500
工业总产值	万元	15 806	—	15 806
其中：高新技术产业	万元	0	—	0
物流企业经营收入	万元	3 146	150.08	5 301
企业利润总额	万元	4 410	104.45	6 620
综合能源耗费量	吨标准煤	0	—	0
批准企业数	个	53	70.97	118
其中：加工企业	个	2	100.00	3
物流企业	个	8	-11.11	26
批准外资企业数	个	0	—	0
批准投资额	万美元	7 492	148.33	13 485
其中：外商投资总额	万美元	0	—	0
合同利用外资	万美元	0	—	0
企业实际到位资金	万美元	4 323	58.70	8 830
其中：实际利用外资	万美元	0	—	0
固定资产投资额	万元	7 125	-18.20	67 263
其中：基础设施投资	万元	6 015	-19.35	29 473
土地实际已租售面积	平方米	27 708	—	519 798
房屋竣工面积	平方米	37 600	0.00	129 362
其中：已建成厂房面积	平方米	0	—	55 308
已投产运作企业数	个	64	540.00	82
其中：已投产加工企业数	个	3	—	3
已投产物流企业数	个	16	700.00	21
其中：投资额1 000万美元以上	个	0	—	0
税收总额	万元	36 132	—	101 932
其中：海关税收及代征税	万元	34 852	—	98 681
税务部门税收	万元	1 280	43.02	2 679
期末从业人员	人	485	-8.49	485
期末批准面积	平方公里	8.5	0.00	8.5
期末验收封关面积	平方公里	1.01	0.00	1.01

续表

指标	单位	海口综合保税区		
		当年累计	同比（%）	历年累计
增加值	万元	9 522	11 235. 71	9 606
经营总收入		5 605 831	823. 23	6 563 276
其中：技术服务收入		0	—	0
工业总产值		20 561	998. 93	22 432
其中：高新技术产业		5 596	—	5 596
物流企业经营收入		525 162	-13. 23	3 968 877
企业利润总额		4 046	1. 38	8 037
综合能源耗费量	吨标准煤	0	—	0
批准企业数	个	21	50. 00	35
其中：加工企业		0	—	0
物流企业		21	162. 50	29
批准外资企业数		0	—	0
批准投资额	万美元	5 936	42. 04	10 115
其中：外商投资总额		0	—	0
合同利用外资		0	—	0
企业实际到位资金		0	—	0
其中：实际利用外资		0	—	0
固定资产投资额	万元	8 061	-79. 97	51 063
其中：基础设施投资		7 437	-79. 70	46 837
土地实际已租售面积	平方米	0	—	550 000
房屋竣工面积		180 000	—	238 260
其中：已建成厂房面积		180 000	—	238 260
已投产运作企业数	个	0	-100. 00	2
其中：已投产加工企业数		0	-100. 00	2
已投产物流企业数		0	—	0
其中：投资额 1 000 万美元以上		0	—	0
税收总额	万元	23 714	—	25 995
其中：海关税收及代征税		6 830	—	6 830
税务部门税收		16 884	3 417. 50	19 165
期末从业人员	人	645	-11. 03	645
期末批准面积	平方公里	1. 93	0. 00	1. 93
期末验收封关面积		1. 93	0. 00	1. 93

续表

指标	单位	黑龙江绥芬河综合保税区		
		当年累计	同比（%）	历年累计
增加值	万元	1 821	—	1 821
经营总收入		677	—	677
其中：技术服务收入		0	—	0
工业总产值		4 202	—	4 202
其中：高新技术产业		0	—	0
物流企业经营收入		672	—	1 610
企业利润总额		203	—	203
综合能源耗费量	吨标准煤	550	—	550
批准企业数	个	104	—	367
其中：加工企业		4	—	10
物流企业		8	—	19
批准外资企业数		2	—	6
批准投资额	万美元	6 409	—	35 739
其中：外商投资总额		8	—	8
合同利用外资		0	—	0
企业实际到位资金		0	—	0
其中：实际利用外资		0	—	0
固定资产投资额	万元	3 906	—	3 906
其中：基础设施投资		28	—	28
土地实际已租售面积	平方米	0	—	65 652
房屋竣工面积		0	—	0
其中：已建成厂房面积		0	—	0
已投产运作企业数	个	22	—	22
其中：已投产加工企业数		18	—	18
已投产物流企业数		3	—	3
其中：投资额 1 000 万美元以上		3	—	3
税收总额	万元	5 489	—	9 254
其中：海关税收及代征税		1 251	—	1 310
税务部门税收		4 238	—	7 984
期末从业人员	人	40	—	40
期末批准面积	平方公里	1.8	0	1.8
期末验收封关面积		1.8	0	1.8

续表

指标	单位	上海浦东机场综合保税区		
		当年累计	同比（%）	历年累计
增加值	万元	136 500	43. 38	231 700
经营总收入		328 100	21. 25	822 700
其中：技术服务收入		0	—	0
工业总产值		0	—	0
其中：高新技术产业		0	—	0
物流企业经营收入		286 800	17. 16	702 800
企业利润总额		34 300	-2. 00	69 300
综合能源耗费量	吨标准煤	0	—	0
批准企业数	个	295	83. 23	715
其中：加工企业		0	—	0
物流企业		5	-50. 00	102
批准外资企业数		76	533. 33	148
批准投资额	万美元	396 708	499. 14	486 728
其中：外商投资总额		347 390	1 233. 81	379 323
合同利用外资		198 299	1 787. 84	216 570
企业实际到位资金		246 821	380. 95	301 870
其中：实际利用外资		198 299	1 787. 84	216 570
固定资产投资额	万元	21 000	-88. 17	476 000
其中：基础设施投资		0	—	0
土地实际已租售面积	平方米	0	—	386 800
房屋竣工面积		0	—	380 000
其中：已建成厂房面积		0	—	380 000
已投产运作企业数	个	0	—	56
其中：已投产加工企业数		0	—	0
已投产物流企业数		0	—	14
其中：投资额 1 000 万美元以上		0	—	13
税收总额	万元	148 400	46. 64	187 193
其中：海关税收及代征税		112 500	38. 55	102 000
税务部门税收		35 900	79. 50	85 193
期末从业人员	人	1 800	94. 59	1 800
期末批准面积	平方公里	3. 59	0. 00	3. 59
期末验收封关面积		3. 59	0. 00	3. 59

续表

指标	单位	昆山综合保税区		
		当年累计	同比（%）	历年累计
增加值	万元	1 074 745	22.35	8 136 913
经营总收入	万元	17 526 305	-1.59	189 226 050
其中：技术服务收入	万元	320 013	—	320 013
工业总产值	万元	17 290 844	-1.61	188 488 765
其中：高新技术产业	万元	4 663 535	—	4 663 535
物流企业经营收入	万元	74 995	-27.84	479 971
企业利润总额	万元	269 709	22.59	2 419 097
综合能源耗费量	吨标准煤	97 000	6.97	729 732
批准企业数	个	14	-46.15	146
其中：加工企业	个	3	50.00	91
物流企业	个	8	33.33	43
批准外资企业数	个	2	-71.43	96
批准投资额	万美元	39 741	-40.23	327 624
其中：外商投资总额	万美元	35 139	-42.13	310 380
合同利用外资	万美元	12 587	-41.52	136 659
企业实际到位资金	万美元	14 370	-20.20	135 250
其中：实际利用外资	万美元	10 340	-31.69	122 255
固定资产投资额	万元	117 049	12.31	2 096 600
其中：基础设施投资	万元	3 000	-40.00	74 190
土地实际已租售面积	平方米	516 556	192.85	3 390 000
房屋竣工面积	平方米	122 101	-21.44	3 069 578
其中：已建成厂房面积	平方米	122 101	250.86	3 069 578
已投产运作企业数	个	7	-58.82	129
其中：已投产加工企业数	个	1	—	87
已投产物流企业数	个	6	-14.29	38
其中：投资额 1 000 万美元以上	个	1	0.00	41
税收总额	万元	87 021	—	663 509
其中：海关税收及代征税	万元	0	—	0
税务部门税收	万元	87 021	3.12	663 509
期末从业人员	人	134 057	11.74	134 057
期末批准面积	平方公里	5.86	0.00	5.86
期末验收封关面积	平方公里	5.86	0.00	5.86

续表

指标	单位	苏州高新区综合保税区		
		当年累计	同比（%）	历年累计
增加值	万元	322 234	14.12	1 716 036
经营总收入	万元	4 419 514	2.55	13 566 494
其中：技术服务收入	万元	43 869	—	43 869
工业总产值	万元	4 907 600	-1.83	23 346 502
其中：高新技术产业	万元	4 654 260	—	4 654 260
物流企业经营收入	万元	36 206	-18.81	194 479
企业利润总额	万元	35 299	2.06	147 591
综合能源耗费量	吨标准煤	75 645	1.95	500 415
批准企业数	个	3	200.00	93
其中：加工企业	个	2	100.00	73
物流企业	个	0	—	18
批准外资企业数	个	2	100.00	74
批准投资额	万美元	4 645	2 996.67	298 624
其中：外商投资总额	万美元	4 484	2 889.33	252 650
合同利用外资	万美元	4 484	2 889.33	128 402
企业实际到位资金	万美元	132	-94.40	101 890
其中：实际利用外资	万美元	132	-94.40	101 715
固定资产投资额	万元	120 000	0.00	1 623 268
其中：基础设施投资	万元	0	—	133 749
土地实际已租售面积	平方米	33 333	—	1 477 814
房屋竣工面积	平方米	0	—	1 858 361
其中：已建成厂房面积	平方米	0	—	1 838 515
已投产运作企业数	个	2	100.00	60
其中：已投产加工企业数	个	2	100.00	49
已投产物流企业数	个	0	—	11
其中：投资额 1 000 万美元以上	个	1	—	34
税收总额	万元	117 759	—	198 979
其中：海关税收及代征税	万元	108 065	—	108 065
税务部门税收	万元	9 694	20.33	90 914
期末从业人员	人	45 607	15.46	45 607
期末批准面积	平方公里	3.51	0.00	3.51
期末验收封关面积	平方公里	3.51	0.00	3.51

续表

指标	单位	成都高新综合保税区		
		当年累计	同比（%）	历年累计
增加值	万元	3 618 023	95.51	11 772 785
经营总收入	万元	13 009 593	42.31	32 867 969
其中：技术服务收入	万元	173 932	—	173 932
工业总产值	万元	14 943 141	32.80	58 367 040
其中：高新技术产业	万元	3 134 040	—	3 134 040
物流企业经营收入	万元	22 042	-58.10	119 340
企业利润总额	万元	343 433	-5.86	1 122 556
综合能源耗费量	吨标准煤	171 445	-4.74	584 332
批准企业数	个	0	—	40
其中：加工企业	个	0	—	22
物流企业	个	0	—	18
批准外资企业数	个	0	—	25
批准投资额	万美元	0	—	222 232
其中：外商投资总额	万美元	0	—	213 255
合同利用外资	万美元	0	—	89 576
企业实际到位资金	万美元	0	—	96 876
其中：实际利用外资	万美元	0	—	89 576
固定资产投资额	万元	207 400	-71.01	5 958 891
其中：基础设施投资	万元	0	—	95 651
土地实际已租售面积	平方米	0	—	3 816 276
房屋竣工面积	平方米	0	—	1 759 308
其中：已建成厂房面积	平方米	0	—	1 279 003
已投产运作企业数	个	0	-100.00	39
其中：已投产加工企业数	个	0	-100.00	22
已投产物流企业数	个	0	-100.00	17
其中：投资额1 000万美元以上	个	0	—	15
税收总额	万元	260 529	—	437 005
其中：海关税收及代征税	万元	172 849	—	172 849
税务部门税收	万元	87 680	78.04	264 156
期末从业人员	人	112 367	-15.07	112 367
期末批准面积	平方公里	4.68	0.00	4.68
期末验收封关面积	平方公里	4.68	0.00	4.68

续表

指标	单位	郑州新郑综合保税区		
		当年累计	同比（%）	历年累计
增加值	万元	3 304 826	35.48	7 691 309
经营总收入	万元	20 319 455	18.59	52 419 579
其中：技术服务收入	万元	150 252	—	150 252
工业总产值	万元	21 198 392	23.02	52 875 907
其中：高新技术产业	万元	0	—	0
物流企业经营收入	万元	0	-100.00	3 446
企业利润总额	万元	368 614	18.86	1 459 442
综合能源耗费量	吨标准煤	0	-100.00	145 569
批准企业数	个	0	-100.00	11
其中：加工企业	个	0	-100.00	1
物流企业	个	0	-100.00	10
批准外资企业数	个	0	—	2
批准投资额	万美元	0	—	149 500
其中：外商投资总额	万美元	0	—	127 386
合同利用外资	万美元	64 731	54.12	156 505
企业实际到位资金	万美元	64 731	54.12	156 505
其中：实际利用外资	万美元	47 931	14.12	139 705
固定资产投资额	万元	666 226	108.33	2 305 040
其中：基础设施投资	万元	5 080	-95.81	180 672
土地实际已租售面积	平方米	0	—	2 473 062
房屋竣工面积	平方米	0	—	2 000 000
其中：已建成厂房面积	平方米	0	—	2 000 000
已投产运作企业数	个	0	—	4
其中：已投产加工企业数	个	0	—	1
已投产物流企业数	个	0	—	3
其中：投资额1 000万美元以上	个	0	—	1
税收总额	万元	933 476	—	1 127 139
其中：海关税收及代征税	万元	835 945	—	835 945
税务部门税收	万元	97 531	-2.09	291 194
期末从业人员	人	216 282	-13.10	216 282
期末批准面积	平方公里	5.07	0.00	5.07
期末验收封关面积	平方公里	2.73	0.00	2.73

续表

指标	单位	无锡高新区综合保税区		
		当年累计	同比（%）	历年累计
增加值	万元	1 024 528	12.77	8 557 165
经营总收入	万元	2 985 812	25.44	24 950 254
其中：技术服务收入	万元	0	—	0
工业总产值	万元	2 989 950	23.46	25 657 654
其中：高新技术产业	万元	2 655 227	—	18 284 096
物流企业经营收入	万元	35 921	29.50	156 920
企业利润总额	万元	453 300	798.23	1 749 652
综合能源耗费量	吨标准煤	200 010	8.88	1 387 839
批准企业数	个	3	0.00	48
其中：加工企业	个	1	0.00	33
物流企业	个	2	100.00	13
批准外资企业数	个	1	0.00	33
批准投资额	万美元	864	-95.23	784 661
其中：外商投资总额	万美元	500	-97.24	765 591
合同利用外资	万美元	10 250	68.45	333 782
企业实际到位资金	万美元	13 850	142.13	319 429
其中：实际利用外资	万美元	13 850	142.13	288 207
固定资产投资额	万元	867 529	1.62	8 175 668
其中：基础设施投资	万元	45 514	32.37	140 260
土地实际已租售面积	平方米	0	—	1 380 560
房屋竣工面积	平方米	17 166	-79.90	1 011 902
其中：已建成厂房面积	平方米	17 166	-79.90	1 011 902
已投产运作企业数	个	3	200.00	38
其中：已投产加工企业数	个	1	—	22
已投产物流企业数	个	2	—	11
其中：投资额1 000万美元以上	个	0	—	16
税收总额	万元	282 065	—	785 308
其中：海关税收及代征税	万元	226 853	—	382 050
税务部门税收	万元	55 212	-51.81	403 258
期末从业人员	人	33 031	25.75	33 031
期末批准面积	平方公里	3.49	-0.29	3.49
期末验收封关面积	平方公里	2.38	-0.83	2.38

续表

指标	单位	南通综合保税区		
		当年累计	同比（%）	历年累计
增加值	万元	19 580	139.92	106 889
经营总收入		107 084	112.74	483 208
其中：技术服务收入		142	—	11 122
工业总产值		73 470	76.72	432 313
其中：高新技术产业		9 843	—	14 707
物流企业经营收入		3 465	40.68	9 108
企业利润总额		2 392	341.33	11 105
综合能源耗费量	吨标准煤	936	7.83	11 880
批准企业数	个	28	86.67	62
其中：加工企业		5	150.00	22
物流企业		2	—	12
批准外资企业数		3	200.00	17
批准投资额	万美元	25 401	278.95	84 192
其中：外商投资总额		2 674	-17.60	45 593
合同利用外资		919	-25.41	17 999
企业实际到位资金		11 919	2 608.86	32 214
其中：实际利用外资		181	-58.86	12 040
固定资产投资额	万元	28 738	-58.58	133 161
其中：基础设施投资		2 600	-87.00	40 700
土地实际已租售面积	平方米	86 933	—	707 288
房屋竣工面积		84 148	—	246 159
其中：已建成厂房面积		44 000	—	198 104
已投产运作企业数	个	15	—	31
其中：已投产加工企业数		1	—	8
已投产物流企业数		2	—	12
其中：投资额1 000万美元以上		2	—	5
税收总额	万元	29 556	207.36	58 526
其中：海关税收及代征税		28 907	217.21	53 959
税务部门税收		649	29.03	4 567
期末从业人员	人	1 102	0.00	1 102
期末批准面积	平方公里	5.29	0.00	5.29
期末验收封关面积		1.77	0.00	1.77

续表

指标	单位	济南综合保税区		
		当年累计	同比（%）	历年累计
增加值	万元	47 014	44.93	139 964
经营总收入		208 459	20.39	617 495
其中：技术服务收入		0	—	0
工业总产值		193 850	27.16	793 571
其中：高新技术产业		14 625	154.84	26 401
物流企业经营收入		15 522	-23.74	164 047
企业利润总额		16 386	98.38	56 524
综合能源耗费量	吨标准煤	259	-8.48	1 631
批准企业数	个	14	100.00	69
其中：加工企业		3	—	24
物流企业		11	—	21
批准外资企业数		2	100.00	11
批准投资额	万美元	8 434	83.75	78 257
其中：外商投资总额		5 945	271.56	25 890
合同利用外资		300	-97.39	20 245
企业实际到位资金		2 269	-95.17	70 448
其中：实际利用外资		0	-100.00	8 180
固定资产投资额	万元	215 480	-19.45	660 556
其中：基础设施投资		3 651	-39.42	22 814
土地实际已租售面积	平方米	26 667	-91.15	1 140 930
房屋竣工面积		0	-100.00	348 035
其中：已建成厂房面积		0	-100.00	310 995
已投产运作企业数	个	2	0.00	21
其中：已投产加工企业数		1	-75.00	16
已投产物流企业数		1	—	5
其中：投资额1 000万美元以上		1	—	1
税收总额	万元	25 107	22.24	95 056
其中：海关税收及代征税		23 215	20.91	85 390
税务部门税收		1 892	41.30	9 666
期末从业人员	人	1 175	3.07	1 175
期末批准面积	平方公里	5.22	0.00	5.22
期末验收封关面积		2.02	68.33	2.02

2014年全国综合保税区进口额前30位国家和地区排名表

序号	国家和地区		2014年	
	中文	代码	进口额（万美元）	同比（%）
	合计		8 977 037.8	10.7
1	中华人民共和国	142	1 529 393.9	-11.3
2	韩国	133	1 496 470.5	4.3
3	中国台湾	143	1 492 843.1	13.6
4	美国	502	1 006 373.5	47.5
5	马来西亚	122	770 514.2	10.9
6	日本	116	621 901.5	5.4
7	德国	304	294 939.9	39.8
8	法国	305	271 399.1	34.1
9	菲律宾	129	250 550.5	31.5
10	泰国	136	213 118.3	18.5
11	越南	141	191 361.1	41.0
12	新加坡	132	185 098.4	-7.6
13	中国香港	110	105 940.4	186.8
14	瑞士	331	69 315.6	57.2
15	墨西哥	429	67 616.3	44.1
16	英国	303	59 168.5	16.0
17	以色列	115	54 663.1	-9.3
18	意大利	307	49 085.3	26.3
19	荷兰	309	41 200.8	60.2
20	哥斯达黎加	415	26 830.3	64.9
21	瑞典	330	18 335.0	87.4
22	俄罗斯联邦	344	18 163.5	123.6
23	比利时	301	17 575.4	21.0
24	奥地利	315	15 246.6	40.6
25	印度	111	14 995.6	152.7
26	加拿大	501	14 809.4	87.8
27	马耳他	324	9 019.1	-42.1
28	印度尼西亚	112	8 717.9	-10.4
29	爱尔兰	306	8 553.5	-91.7
30	澳大利亚	601	6 461.3	115.6

2014年全国综合保税区出口额前30位国家和地区排名表

序号	国家和地区		2014年	
	中文	代码	出口额（万美元）	同比（%）
	合计		13 540 324.3	11.3
1	美国	502	4 458 365.2	15.2
2	中国香港	110	1 991 579.7	6.7
3	荷兰	309	1 095 088.3	-7.1
4	日本	116	838 262.5	12.1
5	德国	304	613 658.7	23.8
6	中国台湾	143	528 584.7	36.9
7	韩国	133	416 210.3	26.6
8	英国	303	345 689.2	-3.4
9	马来西亚	122	262 299.6	18.6
10	新加坡	132	235 838.5	22.2
11	阿联酋	138	226 975.6	52.0
12	印度	111	201 086.5	-15.6
13	加拿大	501	200 001.1	31.0
14	澳大利亚	601	193 132.7	12.1
15	俄罗斯联邦	344	181 637.5	42.4
16	墨西哥	429	166 841.9	5.9
17	巴西	410	148 164.1	-7.4
18	卢森堡	308	114 303.3	14.9
19	越南	141	113 752.2	-3.6
20	捷克	352	113 574.9	21.9
21	法国	305	83 293.0	-0.6
22	意大利	307	78 203.0	22.9
23	泰国	136	72 818.7	-9.3
24	希腊	310	66 700.2	1 088.9
25	土耳其	137	64 822.3	16.6
26	印度尼西亚	112	55 082.1	-24.7
27	南非	244	49 809.2	-3.3
28	芬兰	318	48 223.0	-21.7
29	波兰	327	41 939.8	11.0
30	匈牙利	321	40 917.7	43.5

2014年全国综合保税区主要进口商品分类统计表（22大类）

商品类别	2014年	
	进口额（万美元）	同比（%）
合计	8 977 037.8	10.7
第十六类　机器、机械器具、电气设备及其零件；录音机及放声机、电视图像、声音的录制和重放设备及其零件、附件	7 185 234.1	3.3
第十七类　车辆、航空器、船舶及运输设备	532 460.1	89.3
第十八类　光学、照相、电影、计量、检验、医疗或外科用仪器及设备、精密仪器及设备；钟表；乐器；上述物品的零件、附件	411 631.4	52.3
第六类　化学工业及其相关工业的产品	396 224.9	56.1
第十五类　贱金属及其制品	106 571.2	3.3
第十四类　天然或养殖珍珠、宝石或半宝石、贵金属、包贵金属及其制品；仿首饰；硬币	100 867.1	483.9
第七类　塑料及其制品；橡胶及其制品	92 050.0	-4.1
第十一类　纺织原料及纺织制品	40 135.1	41.1
第二十二类　特殊交易品及未分类商品	34 192.9	-12.3
第十三类　石料、石膏、水泥、石棉、云母及类似材料的制品；陶瓷产品；玻璃及其制品	16 150.0	32.8
第五类　矿产品	15 073.1	144.9
第二十类　杂项制品	10 528.6	70.7
第十类　木浆等；废纸；纸、纸板及其制品	9 859.3	-11.8
第四类　食品；饮料、酒及醋；烟草、烟草及烟草代用品的制品	7 046.6	60.2
第八类　生皮、皮革、毛皮及其制品；鞍具及挽具；旅行用品、手提包及类似品；动物肠线（蚕胶丝除外）制品	5 842.8	-20.3
第九类　木及木制品；木炭；软木及软木制品；稻草、秸秆、针茅或其他编结材料制品；篮筐及柳条编结品	5 096.4	152.5
第二类　植物产品	3 671.6	51.6
第二十一类　艺术品、收藏品及古物	2 801.1	-80.9
第一类　活动物；动物产品	1 397.0	249.3
第三类　动、植物油、脂及其分解产品；精制的食用油脂；动、植物蜡	113.8	-45.5
第十二类　鞋、帽、伞、杖、鞭及其零件；已加工的羽毛及其制品；人造花；人发制品	91.0	62.4
第十九类　武器、弹药及其零件、附件		

2014 年全国综合保税区主要出口商品分类统计表（22 大类）

商品类别	2014 年	
	出口额（万美元）	同比（%）
合计	13 540 324. 3	11. 3
第十六类　机器、机械器具、电气设备及其零件；录音机及放声机、电视图像、声音的录制和重放设备及其零件、附件	12 775 552. 7	9. 4
第十八类　光学、照相、电影、计量、检验、医疗或外科用仪器及设备、精密仪器及设备；钟表；乐器；上述物品的零件、附件	282 992. 5	79. 3
第十四类　天然或养殖珍珠、宝石或半宝石、贵金属、包贵金属及其制品；仿首饰；硬币	118 603. 4	134. 2
第十一类　纺织原料及纺织制品	77 180. 9	40. 0
第十五类　贱金属及其制品	76 185. 8	51. 0
第十七类　车辆、航空器、船舶及运输设备	50 314. 6	2. 1
第二十类　杂项制品	37 715. 4	-5. 5
第七类　塑料及其制品；橡胶及其制品	32 831. 2	65. 9
第六类　化学工业及其相关工业的产品	22 487. 0	2. 5
第十三类　石料、石膏、水泥、石棉、云母及类似材料的制品；陶瓷产品；玻璃及其制品	17 262. 8	222. 1
第十二类　鞋、帽、伞、杖、鞭及其零件；已加工的羽毛及其制品；人造花；人发制品	15 068. 8	189. 9
第八类　生皮、皮革、毛皮及其制品；鞍具及挽具；旅行用品、手提包及类似品；动物肠线（蚕胶丝除外）制品	10 799. 8	202. 3
第十类　木浆等；废纸；纸、纸板及其制品	9 823. 1	154. 2
第二类　植物产品	6 444. 3	9. 0
第四类　食品；饮料、酒及醋；烟草、烟草及烟草代用品的制品	3 012. 3	422. 4
第二十一类　艺术品、收藏品及古物	1 762. 6	-87. 4
第九类　木及木制品；木炭；软木及软木制品；稻草、秸秆、针茅或其他编结材料制品；篮筐及柳条编结品	1 277. 2	36. 4
第五类　矿产品	985. 6	97. 9
第一类　活动物；动物产品	11. 8	-95. 6
第十九类　武器、弹药及其零件、附件	11. 1	1 099. 1
第二十二类　特殊交易品及未分类商品	0. 7	-99. 9
第三类　动、植物油、脂及其分解产品；精制的食用油脂；动、植物蜡	0. 6	-99. 9

上海浦东机场综合保税区统计数据表

(1) 2014年上海浦东机场综合保税区主要经济指标完成情况表

指标名称	单位	2014年	比上年增长 (%)
营业总收入	万元	328 100	21.3
物流企业营业收入	万元	286 800	17.2
当年批准企业数	个	295	83.2
其中：加工企业	个	0	—
仓储物流企业	个	5	-50.0
当年批准外资企业数	个	76	(5.3倍)
当年批准投资总额	万美元	396 708	(5.0倍)
其中：外商投资总额	万美元	347 390	(12.3倍)
当年合同利用外资	万美元	198 299	(17.9倍)
税务部门税收	万元	35 900	79.6
固定资产投资额	万元	21 000	-88.2
期末从业人员	人	1 800	90.6
期末批准面积	平方公里	3.59	0.0
期末验收封关面积	平方公里	3.59	0.0

(2) 截至2014年上海浦东机场综合保税区历年招商引资情况表

指标	单位	历年累计
批准企业	个	715
其中：外资企业		148
投资总额	(万美元)	486 728
其中：外商投资总额		379 323
合同外资额		216 570

苏州工业园综合保税区统计数据表

（1）2014 年苏州工业园综合保税区主要经济指标完成情况表

指标名称	单位	2014 年	比上年增长（%）
工业总产值	万元	3 963 650	3.7
综合能源耗费量	吨标准煤	—	—
当年批准企业数	个	15	-28.6
其中：加工企业	个	1	-80.0
物流企业	个	0	-100.0
当年批准外资企业数	个	3	-78.6
其中：加工企业	个	1	-80.0
仓储物流企业	个	0	-100.0
当年批准投资总额	万美元	18 755	67.9
其中：外商投资总额	万美元	13 493	25.6
增资额	万美元	9 243	973.5
当年合同利用外资	万美元	5 211	69.1
其中：增资额	万美元	3 461	1 077.2
当年实际到位资金	万美元	6 398	86.0
其中：实际利用外资	万美元	1 136	-58.3
历年已投产运作企业数	个	168	—
其中：已投产加工企业数	个	70	—
已投产物流企业数	个	34	—
其中：投资额 1 000 万美元以上	个	44	—
房屋竣工面积	平方米	0	—
其中：已建成厂房面积	平方米	0	—
已建成仓库面积	平方米	0	—
税务部门税收	万元	94 816.4	4.3
固定资产投资额	万元	69 984	2.9
其中：基础设施投资	万元	0	-100.0
期末从业人员	人	40 100	-5.7
其中：期末外资企业从业人员	人	35 620	-5.0
期末批准面积	平方公里	5.28	—
期末验收封关面积	平方公里	4.86	—

(2)-1 截至2014年苏州工业园综合保税区历年招商引资情况表

指标	单位	历年累计
批准企业	个	264
其中：外资企业		167
投资总额	(万美元)	378 141
其中：外商投资总额		360 881
合同外资额		133 741
实际利用外资		124 993

(2)-2 截至2014年苏州工业园综合保税区历年主要外商投资情况表

按项目数排列			按投资额排列		
序号	国别（地区）	项目数（个）	序号	国别（地区）	投资额（万美元）
1	中国香港	40	1	中国香港	176 541
2	美国	29	2	美国	54 151
3	新加坡	21	3	新加坡	43 873
4	日本	12	4	英属维尔京群岛	18 308
5	英国	10	5	英国	12 315

(3) 2014年苏州工业园综合保税区物流企业营业收入排名表

单位：万元

序号	企业名称	序号	企业名称
1	全球物流（苏州）有限公司	6	苏州邦达新物流有限公司
2	优尼派特（苏州）物流有限公司	7	苏州工业园区伟创国际物流有限公司
3	苏州得尔达国际物流有限公司	8	苏州锦海捷亚国际物流有限公司
4	苏州宏高货运有限公司	9	苏州美集供应链管理有限公司
5	苏州工业园区联合储运有限公司	10	江苏美集国际物流有限公司

(4) 2014年苏州工业园综合保税区工业企业工业产值排名表

单位：万元

序号	企业名称	序号	企业名称
1	苏州三星电子家电有限公司	6	希捷科技（苏州）有限公司
2	苏州长城开发科技有限公司	7	泰科电子（苏州）有限公司
3	泰金宝科技（苏州）有限公司	8	优利康听力技术（苏州）有限公司
4	精英电脑（苏州工业园区）有限公司	9	康普科技（苏州）有限公司
5	卡特彼勒（苏州）有限公司	10	水星海事技术（苏州）有限公司

苏州高新区综合保税区统计数据表

（1）2014 年苏州高新区综合保税区主要经济指标完成情况表

指标名称	单位	2014 年	比上年增长（%）
增加值	万元	322 234	14.1
工业总产值	万元	4 907 600	-2.3
企业利润总额	万元	35 299	2.1
物流企业营业收入	万元	36 206	-18.8
综合能源耗费量	吨标准煤	75 645	2.0
当年批准企业数	个	3	200.0
其中：加工企业	个	2	100.0
仓储物流企业	个	0	—
当年批准外资企业数	个	2	100.0
其中：加工企业	个	2	100.0
仓储物流企业	个	0	—
当年批准投资总额	万美元	4 645	2 996.7
其中：外商投资总额	万美元	4 484	2 889.3
增资额	万美元	0	—
当年合同利用外资	万美元	4 484	2 889.3
其中：增资额	万美元	0	—
当年实际到位资金	万美元	132	-94.4
其中：实际利用外资	万美元	132	-94.4
历年已投产运作企业数	个	60	—
其中：已投产加工企业数	个	49	—
已投产物流企业数	个	11	—
其中：投资额 1 000 万美元以上	个	34	—
土地实际已租售面积	平方米	0	—
房屋竣工面积	平方米	0	—
其中：已建成厂房面积	平方米	0	—
已建成仓库面积	平方米	0	—
港区货物吞吐量（限保税港区）	万吨	—	—
港区集装箱吞吐量（限保税港区）	万标准箱	—	—
税务部门税收	万元	9 694	20.3
固定资产投资额	万元	120 000	0.0
其中：基础设施投资	万元	0	—
期末从业人员	人	45 607	15.5
其中：期末外资企业从业人员	人	45 102	15.1
期末批准面积	平方公里	3.51	0.0
期末验收封关面积	平方公里	3.51	0.0

(2)-1 截至2014年苏州高新区综合保税区历年招商引资情况表

指标	单位	历年累计
批准企业	个	93
其中：外资企业		74
投资总额	（万美元）	298 624
其中：外商投资总额		252 650
合同外资额		128 402
实际利用外资		101 715

(2)-2 截至2014年苏州高新区综合保税区历年主要外商投资情况表

按项目数排列			按投资额排列		
序号	国别（地区）	项目数（个）	序号	国别（地区）	投资额（万美元）
1	中国台湾	16	1	中国台湾	120 433
2	美国	8	2	英属维尔京群岛	71 941
3	萨摩亚	6	3	萨摩亚	26 490
4	韩国	6	4	中国香港	15 698
5	英属维尔京群岛	5	5	瑞士	5 395

(3) 2014年苏州高新区综合保税区物流企业营业收入排名表

单位：万元

序号	企业名称	序号	企业名称
1	苏州大田仓储有限公司	6	苏州宏恒鑫物流有限公司
2	苏州祥迎国际物流有限公司	7	苏州高新区伟天国际物流有限公司
3	苏州新宁物流有限公司	8	苏州恒捷国际物流有限公司
4	苏州综保物流有限公司	9	苏州综保通运国际货运代理有限公司
5	苏州华伟仓储物流管理有限公司	10	苏州综保通达供应链有限公司

(4) 2014年苏州高新区综合保税区工业企业工业产值排名表

单位：万元

序号	企业名称	序号	企业名称
1	名硕电脑（苏州）有限公司	6	苏州统硕科技有限公司
2	百硕电脑（苏州）有限公司	7	加贺沢山电子（苏州）有限公司
3	凯硕电脑（苏州）有限公司	8	美克司电子机械（苏州）有限公司
4	苏州源成铝制品制造有限公司	9	雅龙材料科技（苏州）有限公司
5	美视伊汽车镜控（苏州）有限公司	10	倍雅电子护理制品（苏州）有限公司

昆山综合保税区统计数据表

（1）2014 年昆山综合保税区主要经济指标完成情况表

指标名称	单位	2014 年	比上年增长（%）
增加值	万元	1 074 745	22.4
工业总产值	万元	17 290 844	-1.6
企业利润总额	万元	269 709	22.6
物流企业营业收入	万元	74 995	-27.8
综合能源耗费量	吨标准煤	97 000	7.0
当年批准企业数	个	14	-46.2
其中：加工企业	个	3	50.0
仓储物流企业	个	8	33.3
当年批准外资企业数	个	2	-71.4
其中：加工企业	个	1	—
仓储物流企业	个	0	—
当年批准投资总额	万美元	39 741	-40.2
其中：外商投资总额	万美元	35 139	-42.1
增资额	万美元	17 900	34.7
当年合同利用外资	万美元	12 587	-41.5
其中：增资额	万美元	6 600	40.4
当年实际到位资金	万美元	14 370	-20.2
其中：实际利用外资	万美元	10 340	-31.7
历年已投产运作企业数	个	129	-58.8
其中：已投产加工企业数	个	87	—
已投产物流企业数	个	38	-14.3
其中：投资额 1 000 万美元以上	个	41	—
土地实际已租售面积	平方米	516 556	192.9
房屋竣工面积	平方米	122 101	-21.4
其中：已建成厂房面积	平方米	99 101	—
已建成仓库面积	平方米	23 000	—
港区货物吞吐量（限保税港区）	万吨	0	—
港区集装箱吞吐量（限保税港区）	万标准箱	0	—
税务部门税收	万元	87 021	3.1
固定资产投资额	万元	117 049	12.3
其中：基础设施投资	万元	3 000	-40.0
期末从业人员	人	134 057	11.7
其中：期末外资企业从业人员	人	132 523	17.6
期末批准面积	平方公里	5.86	—
期末验收封关面积	平方公里	5.86	—

(2)-1 截至2014年昆山综合保税区历年招商引资情况表

指标	单位	历年累计
批准企业	个	146
其中：外资企业		96
投资总额	(万美元)	327 624
其中：外商投资总额		310 380
合同外资额		136 659
实际利用外资		122 255

(2)-2 截至2014年昆山综合保税区历年主要外商投资情况表

按项目数排列			按投资额排列		
序号	国别（地区）	项目数（个）	序号	国别（地区）	投资额（万美元）
1	中国台湾	35	1	中国台湾	106 739
2	英属维尔京群岛	12	2	英属维尔京群岛	58 146
3	中国香港	10	3	开曼群岛	23 789
4	新加坡	8	4	中国香港	19 570
5	日本	7	5	萨摩亚	15 667

(3) 2014年昆山综合保税区物流企业营业收入排名表

单位：万元

序号	企业名称	序号	企业名称
1	昆山飞力仓储服务有限公司	6	江苏飞力达现代物流有限公司
2	昆山世远物流有限公司	7	昆山叶水福物流有限公司
3	昆山新宁物流有限公司	8	昆山恒莱亦禾供应链管理有限公司
4	江苏天合国际物流有限公司	9	昆山天隽物流有限公司
5	昆山中外运物流有限公司	10	博锐芯（昆山）物流有限公司

(4) 2014年昆山综合保税区工业企业工业产值排名表

单位：万元

序号	企业名称	序号	企业名称
1	仁宝信息技术（昆山）有限公司	6	纬新资通（昆山）有限公司
2	仁宝资讯工业（昆山）有限公司	7	世硕电子（昆山）有限公司
3	仁宝电子科技（昆山）有限公司	8	纬视晶光电（昆山）有限公司
4	纬创资通（昆山）有限公司	9	纬智资通（昆山）有限公司
5	牧田（昆山）有限公司	10	富翔精密工业（昆山）有限公司

郑州新郑综合保税区统计数据表

（1）2014 年郑州新郑综合保税区主要经济指标完成情况表

指标名称	单位	2014 年	比上年增长（%）
增加值	万元	3 304 829	23. 1
工业总产值	万元	21 198 392	23. 1
企业利润总额	万元	399 471	28. 8
物流企业营业收入	万元	10 339	88. 7
综合能源耗费量	吨标准煤	100 583	1. 27
当年合同利用外资	万美元	57 968	38. 02
当年实际到位资金	万美元	57 968	38. 02
其中：实际利用外资	万美元	57 968	38. 02
税务部门税收	万元	112 080	12. 51
固定资产投资额	万元	587 672	83. 76
其中：基础设施投资	万元	5 080	-95. 81
期末从业人员	人	272 922	1. 6
其中：期末外资企业从业人员	人	272 865	1. 6
期末批准面积	平方公里	5. 073	0. 0
期末验收封关面积	平方公里	2. 81	0. 0

（2）-1 截至 2014 年郑州新郑综合保税区历年招商引资情况表

指标	单位	历年累计
批准企业	个	22
其中：外资企业		2
投资总额	（万美元）	149 500
其中：外商投资总额		149 500
合同外资额		149 500
实际利用外资		149 500

（2）-2 截至2014年郑州新郑综合保税区历年主要外商投资情况表

按项目数排列			按投资额排列		
序号	国别（地区）	项目数（个）	序号	国别（地区）	投资额（万美元）
1	中国香港	1	1	中国香港	149 500

（3）2014年郑州新郑综合保税区物流企业营业收入排名表

单位：万元

序号	企业名称	序号	企业名称
1	郑州畅联国际物流有限公司	6	郑州天隽物流有限公司
2	郑州中技国际贸易有限公司	7	郑州泛力达物流有限公司
3	郑州准时达物流有限公司	8	郑州航空港区宇轩保税物流有限公司
4	郑州航空港区金象保税物流有限公司	9	郑州机场物流发展有限公司
5	郑州捷迅保税物流有限公司		

（4）2014年郑州新郑综合保税区工业企业工业产值排名表

单位：万元

序号	企业名称	工业总产值	序号	企业名称	工业总产值
1	富士康	21 198 392			

淮安综合保税区统计数据表

（1）2014 年淮安综合保税区主要经济指标完成情况表

指标名称	单位	2014 年	比上年增长（%）
增加值	万元	1 126 103	26.8
工业总产值	万元	8 587 227	46.0
企业利润总额	万元	326 992	1 144.3
物流企业营业收入	万元	1 781.68	33.8
综合能源耗费量	吨标准煤	125 773	-4.0
当年批准企业数	个	3	50.0
其中：加工企业	个	3	0.0
仓储物流企业	个	0	-100.0
当年批准外资企业数	个	1	-50.0
其中：加工企业	个	1	0.0
仓储物流企业	个	0	0.0
当年批准投资总额	万美元	3 177	-74.6
其中：外商投资总额	万美元	3 000	-76.0
增资额	万美元	0	0.0
当年合同利用外资	万美元	2 140	-41.4
其中：增资额	万美元	0	0.0
当年实际到位资金	万美元	1 140	-62.0
其中：实际利用外资	万美元	500	-83.3
历年已投产运作企业数	个	15	0.0
其中：已投产加工企业数	个	11	0.0
已投产物流企业数	个	4	0.0
其中：投资额 1 000 万美元以上	个	6	0.0
土地实际已租售面积	平方米	0	0.0
房屋竣工面积	平方米	45 370	0.0
其中：已建成厂房面积	平方米	45 370	0.0
已建成仓库面积	平方米	0	0.0
港区货物吞吐量（限保税港区）	万吨	0	0.0
港区集装箱吞吐量（限保税港区）	万标准箱	0	0.0
税务部门税收	万元	4 783	-6.1
固定资产投资额	万元	12 280	-18.1
其中：基础设施投资	万元	4 500	208.0
期末从业人员	人	48 550	-0.1
其中：期末外资企业从业人员	人	48 520	-0.1
期末批准面积	平方公里	4.92	87.1
期末验收封关面积	平方公里	2.63	0.0

(2)-1 截至2014年淮安综合保税区历年招商引资情况表

指标	单位	历年累计
批准企业	个	15
其中：外资企业		10
投资总额	（万美元）	128 990
其中：外商投资总额		128 790
合同外资额		61 273
实际利用外资		56 770

(2)-2 截至2014年淮安综合保税区历年主要外商投资情况表

按项目数排列			按投资额排列		
序号	国别（地区）	项目数（个）	序号	国别（地区）	投资额（万美元）
1	萨摩亚	6	1	萨摩亚	60 828
2	中国香港	3	2	中国香港	59 530
3	澳大利亚	1	3	澳大利亚	3 000
4	文莱	1	4	文莱	2 980

(3) 2014年淮安综合保税区物流企业营业收入排名表

单位：万元

序号	企业名称	营业收入	序号	企业名称	营业收入
1	淮安飞力供应链管理有限公司	1 003	3	淮安天隽供应链管理有限公司	283
2	伊安物流（淮安）有限公司	340	4	淮安弘运达供应链管理有限公司	156

(4) 2014年淮安综合保税区工业企业工业产值排名表

单位：万元

序号	企业名称	工业总产值	序号	企业名称	工业总产值
1	富誉电子科技（淮安）有限公司	5 935 649	3	富准精密模具（淮安）有限公司	1 050 019
2	宏恒胜电子科技（淮安）有限公司	1 500 013	4	淮安新国纺织有限公司	101 545

海口综合保税区统计数据表

（1）2014年海口综合保税区主要经济指标完成情况表

指标名称	单位	2014年	比上年增长（%）
增加值	万元	298 998	-15.1
销售收入	万元	5 605 831	823.2
工业总产值	万元	1 465 974.95	-6.2
其中：高新技术产业	万元	1 289 012.51	-8.1
电子信息产业	万元	205 916.5	1.0
商品销售额	万元	5 355 114	117.1
物流企业营业收入	万元	525 161.52	-10.6
当年批准企业数	个	32	52.4
其中：加工企业	个	3	15.2
贸易企业	个	29	38.1
仓储物流企业	个	0	0.0
当年批准外资企业数	个	0	0.0
其中：加工企业	个	0	0.0
贸易企业	个	0	0.0
仓储物流企业	个	0	0.0
当年批准投资总额	万美元	6 136.6	38.7
其中：外商投资总额	万美元	0	0.0
合同利用外资	万美元	0	0.0
实际利用外资	万美元	0	0.0
期末货物存放量	万吨	5.1	12.6
企业货运总量	万吨	7.32	15.5
期末施工房屋面积	平方米	18 000	21.7
房屋竣工面积	平方米	18 000	21.7
税收总额	万元	150 000	7.1
其中：工商税收	万元	138 139.27	-2.4
海关税收及代征税	万元	11 860.73	51.8
固定资产投资额	万元	45 103	-31.6
其中：基础设施投资	万元	45 103	-14.3
期末从业人员	人	13 659	0.1
其中：外资企业从业人员	人	31	-1.8
期末批准面积	平方公里	1.93	0.0
期末验收封关面积	平方公里	1.93	0.0

(2)-1 截至2014年海口综合保税区历年招商引资情况表

指标	单位	历年累计
批准企业	个	826（含迁出和历年吊销数）
其中：外资企业		98（含迁出和历年吊销数）
投资总额	（万美元）	88 172（含迁出和历年吊销数）
其中：外商投资总额		45 183（含迁出和历年吊销数）
合同外资额		28 493（含迁出和历年吊销数）
实际利用外资		29 029（含迁出和历年吊销数）

(2)-2 截至2014年海口综合保税区历年主要外商投资情况表

按项目数排列			按投资额排列		
序号	国别（地区）	项目数（个）	序号	国别（地区）	投资额（万美元）
1	中国香港	8	1	韩国	5 680
2	英国	3	2	英国	2 761
3	日本	3	3	中国香港	2 196
4	萨摩亚	2	4	中国台湾	1 303
5	中国台湾	2	5	萨摩亚	936
6	美国	1	6	美国	724
7	韩国	1	7	日本	222
8	菲律宾	1	8	菲律宾	40

(3) 2014年海口综合保税区出口加工企业工业产值排名表

单位：万元

序号	企业名称	工业总产值	序号	企业名称	工业总产值
1	海马汽车	644 886	16	全兴工业	14 960
2	金盘电气	149 449	17	全星制药	13 831
3	奇力制药	91 536	18	亚洲制药	13 584
4	一汽海马动力	67 828	19	明芳机械	12 523
5	养生堂药业	57 872	20	六和机械工业	12 383
6	三星光通信技术	51 279	21	瑞利工业	11 728
7	碧凯制药厂	43 614	22	威昌汽车配件	11 618
8	浙江万向系统	39 212	23	海神同洲制药	10 523
9	灵康药业	35 053	24	宇傲汽配	10 282
10	中化联合制药	25 544	25	汉能光伏	6 793
11	葫芦娃制药	23 661	26	全盛汽车配件	6 158
12	钧达汽车饰件	23 079	27	联顺金属工业	5 254
13	中和药业	20 334	28	新世通制药	4 677
14	惠普森医药	17 794	29	锦瑞制药	4 262
15	澳美华制药	15 805	30	瑞应鑫汽车配件	3 959

（4）2014年海口综合保税区贸易企业商品销售额排名表

单位：万元

序号	企业名称	商品销售额	序号	企业名称	商品销售额
1	海口国能商业有限公司	5 150 556	5	广铝幕墙装饰有限公司	8 110
2	海南大印保税物流有限公司	525 162	6	福山天然气有限公司	2 227
3	德富贸易有限公司	172 125	7	钱力贸易有限公司	2 017
4	灵镜医疗净化工程有限公司	19 202	8	广冷安装工程有限公司	878

济南综合保税区统计数据表

（1）2014年济南综合保税区主要经济指标完成情况表

指标名称	单位	2014年	比上年增长（%）
增加值	万元	47 014	44.9
工业总产值	万元	193 850	27.2
企业利润总额	万元	16 386	98.4
物流企业营业收入	万元	15 522	-23.7
综合能源耗费量	吨标准煤	259	-8.5
当年批准企业数	个	14	100.0
其中：加工企业	个	3	—
仓储物流企业	个	11	—
当年批准外资企业数	个	2	100.0
其中：加工企业	个	2	0.0
仓储物流企业	个	0	—
当年批准投资总额	万美元	8 434	83.8
其中：外商投资总额	万美元	5 945	271.6
增资额	万美元	0	—
当年合同利用外资	万美元	300	-97.4
其中：增资额	万美元	0	—
当年实际到位资金	万美元	2 269	-95.2
其中：实际利用外资	万美元	0	-100.0
历年已投产运作企业数	个	21	—
其中：已投产加工企业数	个	16	—
已投产物流企业数	个	5	—
其中：投资额1 000万美元以上	个	1	—
土地实际已租售面积	平方米	26 667	-91.2
房屋竣工面积	平方米	0	—
其中：已建成厂房面积	平方米	0	—
已建成仓库面积	平方米	0	—
税务部门税收	万元	25 107	22.2
固定资产投资额	万元	215 480	-19.5
其中：基础设施投资	万元	3 651	-39.4
期末从业人员	人	1 175	3.1
其中：期末外资企业从业人员	人	279	3.0
期末批准面积	平方公里	5.22	0.0
期末验收封关面积	平方公里	2.02	68.3

(2)-1　截至2014年济南综合保税区历年招商引资情况表

指标	单位	历年累计
批准企业	个	69
其中：外资企业		11
投资总额	（万美元）	78 257
其中：外商投资总额		258 900
合同外资额		20 245
实际利用外资		8 180

(2)-2　截至2014年济南综合保税区历年主要外商投资情况表

按项目数排列			按投资额排列		
序号	国别（地区）	项目数（个）	序号	国别（地区）	投资额（万美元）
1	中国香港	7	1	中国香港	58 148
2	英国	2	2	新加坡	50 000
3	美国	1	3	英国	2 420
4	新加坡	1	4	日本	300
5	日本	1	5	美国	30

(3) 2014年济南综合保税区物流企业营业收入排名表

单位：万元

序号	企业名称	序号	企业名称
1	中国重汽集团济南港豪保税物流有限公司	6	济南万航国际物流有限公司
2	济南陆港保税物流有限公司	7	济南虎鲸保税物流有限公司
3	济南易安达保税物流有限公司	8	济南泰凯瑞保税物流有限公司
4	济南中外运保税仓储物流有限公司	9	济南海邦保税物流有限公司
5	济南益惠泽仓储有限公司	10	济南联宇保税物流有限公司

(4) 2014年济南综合保税区工业企业工业产值排名表

单位：万元

序号	企业名称	序号	企业名称
1	山东冠世时装加工有限公司	6	济南尼克焊接技术有限公司
2	济南隆泰纺织科技有限公司	7	济南伊阳纤维科技有限公司
3	山东宏业纤维科技股份有限公司	8	济南赛奇防护用品有限公司
4	伟尧实业（济南）有限公司	9	济南爱诺特种防护制品有限公司
5	山东华芯微电子科技有限公司	10	毅石机械制造（济南）有限公司

南通综合保税区统计数据表

（1）2014 年南通综合保税区主要经济指标完成情况表

指标名称	单位	2014 年	比上年增长（%）
增加值	万元	19 580	139.9
工业总产值	万元	107 084	112.7
企业利润总额	万元	2 392	341.3
物流企业营业收入	万元	3 465	40.7
综合能源耗费量	吨标准煤	936	7.8
当年批准企业数	个	28	86.7
其中：加工企业	个	5	—
仓储物流企业	个	2	—
当年批准外资企业数	个	3	—
当年批准投资总额	万美元	25 401	28.7
其中：外商投资总额	万美元	2 674	—
当年合同利用外资	万美元	919	—
当年实际到位资金	万美元	11 919	—
其中：实际利用外资	万美元	181	—
历年已投产运作企业数	个	31	—
其中：已投产加工企业数	个	8	—
已投产物流企业数	个	12	—
其中：投资额 1 000 万美元以上	个	5	—
土地实际已租售面积	平方米	86 933	—
房屋竣工面积	平方米	84 148	—
其中：已建成厂房面积	平方米	44 000	—
税务部门税收	万元	649	29.0
固定资产投资额	万元	28 738	—
其中：基础设施投资	万元	2 600	—
期末从业人员	人	1 102	—
期末批准面积	平方公里	5.29	—
期末验收封关面积	平方公里	1.77	—

（2）-1　截至2014年南通综合保税区历年招商引资情况表

指标	单位	历年累计
批准企业	个	62
其中：外资企业		17
投资总额	（万美元）	84 192
其中：外商投资总额		45 593
合同外资额		17 999
实际利用外资		12 040

（2）-2　截至2014年南通综合保税区历年主要外商投资情况表

按项目数排列			按投资额排列		
序号	国别（地区）	项目数（个）	序号	国别（地区）	投资额（万美元）
1	中国香港	6	1	中国香港	22 266
2	日本	6	2	开曼群岛	18 000
3	新加坡	2	3	日本	1 805
4	开曼群岛	1	4	马来西亚	900
5	马来西亚	1	5	挪威	600
6	挪威	1	6	新加坡	470

（3）2014年南通综合保税区物流企业营业收入排名表

序号	企业名称	序号	企业名称
1	南通综合保税区物流中心有限公司	6	南通利达储运有限公司
2	南通综合保税区中外运物流有限公司	7	南通翔帆国际物流有限公司
3	南通福汉兴业现代物流中心有限公司	8	南通鼎吉国际物流有限公司
4	南通世瑞供应链管理有限公司	9	南通中外运物流有限公司
5	南通恒升物流有限公司	10	中国外运江苏集团公司南通公司

（4）2014年南通综合保税区工业企业工业产值排名表

序号	企业名称	序号	企业名称
1	南通延锋江森座椅面套有限公司	6	南通恺欣纺织科技有限公司
2	南通联亚药业有限公司	7	南通康赛克半导体工具有限公司
3	南通永安纺织科技发展有限公司	8	南通静和绿色家具有限公司
4	南通市开发区千野实业有限公司	9	南通崇天纺纱有限公司
5	南通白兔纺织科技有限公司	10	江苏创斯达终端设备科技有限公司

盐城综合保税区统计数据表

（1）2014 年盐城综合保税区主要经济指标完成情况表

指标名称	单位	2014 年	比上年增长（%）
增加值	万元	53 291. 26	—
工业总产值	万元	207 359	—
企业利润总额	万元	9 602	—
物流企业营业收入	万元	15 867. 37	—
综合能源耗费量	吨标准煤		—
当年批准企业数	个	36	—
其中：加工企业	个	5	—
仓储物流企业	个	28	—
当年批准外资企业数	个	3	—
其中：加工企业	个	2	—
仓储物流企业	个	1	—
当年批准投资总额	万美元	15 600	—
其中：外商投资总额	万美元	7 000	—
增资额	万美元	—	
当年合同利用外资	万美元	14 710	—
其中：增资额	万美元	—	
当年实际到位资金	万美元	13 520. 34	—
其中：实际利用外资	万美元	2 602. 34	—
历年已投产运作企业数	个	24	—
其中：已投产加工企业数	个	8	—
已投产物流企业数	个	16	—
其中：投资额 1 000 万美元以上	个	8	—
土地实际已租售面积	平方米	781 266	—
房屋竣工面积	平方米	248 061. 58	—
其中：已建成厂房面积	平方米	181 301. 1	—
已建成仓库面积	平方米	66 760. 48	—
税务部门税收	万元	2 831	—
固定资产投资额	万元	64 000	—
其中：基础设施投资	万元	12 000	—
期末从业人员	人	3 008	—
其中：期末外资企业从业人员	人	1 800	—
期末批准面积	平方公里	2. 28	—
期末验收封关面积	平方公里	1. 21	—

（2）-1 截至2014年盐城综合保税区历年招商引资情况表

指标	单位	历年累计
批准企业	个	52
其中：外资企业		12
投资总额	（万美元）	64 949
其中：外商投资总额		34 600
合同外资额		12 910
实际利用外资		8 012

（2）-2 截至2014年盐城综合保税区历年主要外商投资情况表

按项目数排列			按投资额排列		
序号	国别（地区）	项目数（个）	序号	国别（地区）	投资额（万美元）
1	中国台湾	3	1	中国台湾	6 000
2	中国香港	1	2	中国香港	3 600
3	英国	1	3	英国	1 500

（3）2014年盐城综合保税区物流企业营业收入排名表

单位：万元

序号	企业名称	序号	企业名称
1	盐城华印贸联工贸有限公司	6	盐城捷顺国际贸易有限公司
2	江苏捷通保税储运有限公司	7	富港电子（盐城）有限公司
3	太平集运江苏物流有限公司	8	盐城捷悦国际货运代理有限公司
4	江苏捷顺国际物流有限公司	9	盐城悦达成大进出口服务有限公司
5	六合兴进出口贸易有限公司	10	江苏一帆物流有限公司

（4）2014年盐城综合保税区工业企业工业产值排名表

单位：万元

序号	企业名称	工业总产值	序号	企业名称	工业总产值
1	盐城晶美应用材料有限公司	22 723	3	富强电子（盐城）有限公司	6 697
2	耀崴光电（盐城）有限公司	15 392			

工作与研究篇

中国保税区出口加工区协会 2014 年工作总结暨 2015 年工作计划

中国保税区出口加工区协会秘书处

（2015 年 4 月 22 日通过）

2014 年，中国保税区出口加工区协会根据党的“十八大”和十八届三中、四中全会关于深化改革决定的有关精神，按照国务院加快海关特殊监管区域（以下简称特殊区域）整合优化的方针，积极贯彻海关总署党组对海关特殊监管区域整合发展工作的要求，认真执行协会二届三次常务理事会的决议，紧紧围绕促进特殊区域转型升级的中心任务开展工作调研、咨询协调、统计分析和宣传培训活动，同时做好预测预警服务宏观和微观决策，较好地完成了年度工作计划，现将有关情况报告如下：

一、关于 2014 年特殊区域建设发展的基本情况

（一）加快整合优化促进发展工作特色鲜明

1. 特殊区域整合优化取得初步成果，布局更加科学合理。截至 2014 年年底，全国共有特殊区域 119 个。其中，保税区 10 个，出口加工区 45 个，保税物流园区 4 个，保税港区 14 个，综合保税区 44 个，跨境工业区 2 个，东部地区加快整合和中西部地区布局优化的特点鲜明。中西部地区和内陆沿边地区已设立特殊区域 40 个，中部地区 5 省共 17 个，其中江西、湖南分别设立 4 个。西部地区十省（直辖市、自治区）共 17 个，其中新疆维吾尔自治区设立 4 个，广西壮族自治区、陕西分别设立 3 个。东北地区三省共 7 个，其中辽宁 4 个。为欠发达地区发展开放经济进一步夯实基础和搭建平台。

2. 内陆地区特殊区域发展提速，东中西部差距明显缩小。2014 年，继重庆“渝新欧”国际货运专列之后，成都、西安和郑州等地先后开通了多条承东接西的陆上、空中国际货运专列、专线，通过改善物流条件优化产业承载环境，促进了整体较快发展。全国（不含保税区）进出口额超过 150 亿美元的 10 个特殊区域中，中西部地区的郑州新郑、成都高新、重庆西永、两路寸滩和陕西西安占据半壁河山，进出口合计占这 10 个特殊区域的 51.0%，进出口增量合计占这 10 个特殊区域的 97.5%。

3. 通关改革的举措渐次落地，整合优化积极性空前高涨。融资租赁、文化创意、国际维修和跨境电子商务等创新示范业务，内销产品返区维修等创新试点和复制推广上海自贸区海关、检验检疫的通关通检创新示范举措都在稳步推进。天津东疆保税港区和上海浦东机场综合保税区等融资租赁业务取得明显的溢出效应，天津东疆保税港区和上海浦东机场综合保税区当年分别实现进出口 164.3 亿美元、74.5 亿美元，同比分别增长 37.6%、97.0%，其中浦东机场综合保税区的租赁业务进出口金额达到 24.8 亿美元，同比增长 184.8%。苏州工业园综合保税区

和重庆两路寸滩保税港区的国际贸易区创新示范也在积极推进，重庆两路寸滩保税港区的加工贸易进出口同比增长 142.0%，达到 314.7 亿美元，跃居全国特殊区域该类业务第二位。

（二）外贸进出口业务的多元化助推了整体恢复性增长

2014 年，全国有统计数据的特殊区域累计实现外贸进出口 6 961.7 亿美元，同比下降 1.6%。其中，进口3 467.2亿美元，出口 3 349.5 亿美元，同比分别下降 2.2%、1.0%，取得了消化 2013 年较高虚增因素，保持稳定发展的较好成绩。

1. 保税加工业务恢复性增长凸显出产业转移成效。2014 年，全国特殊区域实现加工贸易进出口 3 307.5 亿美元，同比增长 12.5%，高出全国加工贸易增幅 9.7 个百分点，自金融危机以来首次在增速上超过保税物流进出口。重庆两路寸滩、陕西西安、郑州新郑、重庆西永、安徽合肥、广西钦州、湖北武汉和武汉东湖等 8 个特殊区域的加工贸易实现了两位数以上的同比增长，增量分别达到 184.7 亿美元、62.8 亿美元、36.3 亿美元、29.2 亿美元、19.5 亿美元、18.6 亿美元、13.3 亿美元和 11.2 亿美元，合计净增 375.6 亿美元，是全国特殊区域同期加工贸易进出口增量 367.5 亿美元的 102.2%。

2. 保税物流业务渐成主业凸显功能多元化的重要性。2014 年，全国特殊区域实现保税物流业务进出口 2 997.7 亿美元，同比下降 17.4%，较当年上半年 29.8%的降幅收窄 12.4 个百分点。保税区、保税物流园区、保税港区和跨境工业区物流业务总量均超过其同期进出口总量 50.0%以上。出口加工区和综合保税区的保税物流进出口增幅同样高于加工贸易，分别达到 38.2%和 11.8%，比加工贸易分别高 23.8 个和 3.3 个百分点。东部地区的广东深圳、天津东疆、浦东机场、广州南沙和中西部地区的成都高新、安徽合肥、江西南昌、江西九江等 8 个特殊区域，保税物流增幅都在 40%以上，进出口增量分别为 63.6 亿美元、41.6 亿美元、21.2 亿美元、10.4 亿美元和 48.8 亿美元、13.7 亿美元、11.6 亿美元和 4.2 亿美元，合计 215.1 亿美元，成为减缓特殊区域进出口降幅的中坚力量。

3. 中西部地区正成为我国特殊区域进出口的增长极。2014 年，中西部地区有可比统计数据的 24 个特殊区域中，增幅高于全国同期增幅的有 21 个，占总数的 87.5%。这 21 个区全年共实现进出口 1 727.5 亿美元，占全国特殊区域同期进出口总值的 24.8%，由可忽略不计变为举足轻重。一些进出口快速或超常增长的特殊区域，已经成为所在省市外贸进出口的重要增长极。重庆两路寸滩保税港区外贸进出口净增 198.1 亿美元，占重庆全市同期外贸进出口增量 267.8 亿美元的 74.0%。成都高新综合保税区外贸进出口净增 46.2 亿美元，占四川全省同期外贸进出口增量 56.8 亿美元的 81.3%。陕西西安出口加工区外贸进出口净增 58.7 亿美元，占陕西全省同期外贸进出口增量 72.9 亿美元的 76.3%。银川综合保税区外贸进出口净增 16.3 亿美元，占宁夏回族自治区全区同期外贸进出口增量 22.2 亿美元的 73.4%。安徽合肥出口加工区外贸进出口净增 33.2 亿美元，占安徽全省同期外贸进出口增量 37.3 亿美元的 89.0%。

（三）恢复性增长中仍然存在诸多不可忽视的问题和困难

2014 年，全国特殊区域在贯彻党的十八届三中全会精神，全面深化改革，推进整合优化，特别是复制推广自贸区创新试验成果，优化通关通检环境等，有力地释放了改革红利，对推进外贸进出口恢复性增长的作用明显。但仍然存在一些问题。

1. 调整和完善政策工作滞后，招商难仍为比较普遍情况。2014 年前 11 个月，全国有统计数据的 53 个出口加工区（含整合后未更名区域）和 13 个综合保税区共 66 个特殊区域，仅批准设立（能否其正设立未知）加工项目 63 个，物流项目 122 个，合计 185 个，平均每个区批准引进加工项目 0.95 个，物流项目 1.8 个。其中，有 22 个区同期引进项目为零，占统计区域数的 33.3%。18 个区同期引进项目为 1~2 个，占统计区域数的 27.3%。

2. 封闭区闲置土地厂房量大，各类投资浪费仍然较严重。上述 66 个区域（绝大多数建成时间在 8 年以上），累计封关面积 102.3 平方公里（1.022 亿平方米），占规划面积 172.43 平方公里的 59.3%。累计租售土地面积 50.85 平方公里（0.51 亿平方米），占规划面积的 29.5%，占封闭面积的 49.7%。建成厂房设施全部按平房计占地 30.01 平方公里，占封闭土地面积的 29.3%，占出让出租土地面积的 59%。

3. 不端贸易并未完全遏制，虚假数据容易误导宏观决策。国际金融危机以来，在数字政绩观、境内外利差等各类需求共同作用下，以稀贵金属、珠宝首饰和零关税电子元件为载体的，以套利和数据增长为主要目的，通过补贴等手段催生出来的所谓“加工贸易和保税物流”业务在一些特殊区域盛行，形成了较大的虚假贸易数据，既扭曲了国家进出口统计数据真实性，又延误了优化整合的政策调整进程，危害甚大，不可小觑。

二、关于 2014 年度协会工作情况总结

2014 年，协会秘书处认真贯彻党的十八届三中全会关于深化改革的决定精神，围绕“加快海关特殊监管区域整合优化”的各项中心工作，研究新情况、新问题，为优化特殊区域建设发展环境提供符合实际的决策建议。继续提升服务理念，深化服务内涵，创新服务手段，优化对会员单位的服务。努力聚合会员单位的力量，促进特殊区域的科学和可持续发展。

（一）继续履行“双向服务”的职能，发挥桥梁纽带作用

1. 继续做好加快特殊区域整合优化的服务工作。围绕贯彻十八届三中全会关于“加快海关特殊监管区域整合优化”要求做好宣传工作，主动研判特殊区域发展趋势和进出口、招商引资、转型升级的业绩和情况，积极反映会员单位的合理诉求，及时调研和建言整改发展中的热点和难点问题。重点开展了创新业务示范情况推广宣传和进出口情况的预测预警。2014 年上半年所作的预测预警分析，受到海关总署领导的重视。孙毅彪副署长 8 月 15 日对该报告做出批示：“有关分析和预测做得很细、很实、很好。请加贸司认真阅研。”

2. 做好会员间改革创新实践经验的交流推广工作。按照精简节约效能的原则，根据会员单位的需求开展针对性强、实践意义大的创新示范交流活动，帮助会员单位做好会员横向协作、经验互鉴、互助互促工作的组织和协调服务。如围绕贯彻党的十八届三中全会决定中关于“加快内陆沿边开放”的有关要求，在绥芬河综合保税区举办了“内陆沿边海关特殊监管区域业务创新交流会”，组织东部地区的江苏、上海、山东和中西部地区的重庆等有特色的特殊区域为内陆沿边地区新疆、广西、内蒙古、黑龙江和吉林等地的会员单位加快发展献计献策。

3. 继续做好会员关心和政府委托交办的工作。协助政府主管部门做好政策发布、解读和业务培训。一是应有关部门委托，结合常务理会扩大会在青岛前湾保税港区举行了全国主要特殊区域代表出席的“海关特殊监管区域整合优化和转型发展座谈会”，海关总署孙毅彪副署长出席会议听取改革建言，

并回答了两区协会会员普遍关心的改革热点问题。在主管部门的支持下，与广东保税区域协会联合举办了有200多人参加的“14项海关监管创新制度复制推广培训”活动，海关总署加贸司主要负责人及有关专家学者到会授课。与河南保税区域协会合作共同为南阳卧龙综合保税区提供培训与咨询服务。

同时，接受海关总署加贸司的委托，认真协调组织协会秘书处，上海、天津、北京、江苏和浙江等有关会员单位，苏州海关的有关专家学者开展“我国接受《京都公约》‘自由区’‘出口’等附约的可行性研究”工作，取得实质性进展。

（二）努力为会员单位发展排忧解难，提高服务会员能力

1. 做好咨询服务和业务培训工作。加强在投资促进、政策法规、区域整合、产业升级、业务拓展等方面的总结、协调、沟通和链接服务工作，帮助会员单位进行有特色的探索和实践。

紧密结合会员单位实际，举办多层次的业务培训，为人才强区战略提供智力服务。根据特殊区域渐进设立、梯度发展、地区差异大、层次参差不齐、需求不尽一致的特点，开展针对性强的个性化服务。先后应直属海关和政府部门要求，应山东、河南、浙江等地方和国家质检总局干部教育培训中心等的要求，提供了总计约1 500多人参加的综合保税区专业知识培训。

2. 做好建设发展的交流促进工作。充实协会工作简报的内容，加大会员单位创新示范经验和海关监管改革举措的交流力度，坚持做好工作简报和信息快报工作，全年共出经验交流简报17期，情况交流3期。继续做好统计预测预判分析，增加单项业务和贸易动态分析，进一步提高半年和全年预测预判内容的准确度，有关成果深受会员单位好评。特殊区域网站质量提升工作取得进展，特殊区域发展动态、特色栏目板块、协会QQ群扩展等项工作有较大起色。

（三）努力提升业务素质，做好统计分析和专项业务工作

1. 做好提升统计质量服务决策工作。围绕贯彻落实《国务院关于促进海关特殊监管区域发展指导意见》（国发〔2012〕58号）精神和加快特殊区域整合优化，以及功能完善和产业升级的实际，做好调整完善特殊区域统计指标体系建议工作。继续开展统计分析和做好统计质量的抽检，特别是针对在统计分析中发现的问题，通过调研核实，将一些会员单位的虚假贸易、套利贸易行为，通过各种渠道向有关方面和业务管理部门进行如实反映。

2. 围绕改革创新开展专项业务培训。根据特殊区域的特点，开展有特色且针对性强的专业化的实务培训活动，坚持以会代训，对统计人员进行了全方位、多层次、多视角的政策和业务培训。全年参训人员达到200多人次。

3. 继续做好年鉴和统计月报编辑出版。认真组织会员单位做好协会年鉴的供稿工作，协调有关方面做好年鉴的编辑和按时出版发行工作。同时，继续争取到上海自贸试验区管委会和有关方面的支持，做好特殊区域经济运行情况统计和统计月报表的制发工作。

4. 继续提升协会网站质量，扩大受众面。对网站信息数量、资料质量及上传的及时性、有效性逐步提出新要求，加强会员单位贯彻落实党的十八届三中全会精神的各项改革创新工作的宣传和交流。

（四）加强协会的自身建设，夯实提升服务水平的基础

1. 加强协会的组织建设。继续按照国家级优秀社团组织的标准完善协会的规章制度，建立绩效考核标准，规范工作程序，不断探索新的工作方式和服务方式。

2. 加强秘书处的能力建设。开展业务技能培训，提高驻会人员素质。开展业务能力考核，提升服务质量和工作效率。

3. 加强会籍管理和会员发展。重新编发了协会通讯录，发展了8个新会员单位。

4. 认真贯彻清理离退休干部兼职文件精神。

三、关于2015年协会工作计划安排

2015年，是继续贯彻党的十八届三中、四中全会精神，在全国特殊区域进一步深化改革创新，推进整合优化，优化投资环境，释放改革红利，打造开放发展平台进一步扩大对外、对内服务的重要一年。协会工作要坚持改革、创新和服务的主题，围绕服务会员单位“改革创新先行先试，整合优化提质增效”的中心任务展开，主要做好以下几方面工作。

（一）开展专题调研，服务顶层设计

1. 继续做好业务主管部门委托的专题研究课题。承续2014年工作，继续做好“我国接受《京都公约》‘自由区’等相关附约的可行性研究”工作，争取在2015年4月底前向加贸司提交相关研究成果。

2. 开展内陆沿边特殊区域可持续发展路径研究。承续2014年的交流成果和服务“一带一路”国家战略，针对内陆沿边特殊区域发展相对滞后的实际情况，组织有关会员单位开展“内陆沿边特殊区域可持续发展路径研究”，为决策提供智力支持。

（二）开展专题咨询，服务创新先试

1. 组织社会力量为有需求的会员单位开展决策定制服务。继续根据会员单位的需求，帮助组织社会力量为相关会员单位开展政策业务培训、专项决策论证等定制性服务。

2. 组织会员单位专家为有需求的会员单位提供专项咨询。继续根据会员单位要求，协调组织专家学者为会员单位提质增效、升级转型等决策提供论证咨询。

（三）开展专题交流，服务提质增效

1. 组织开展体制机制创新的专题交流。围绕“加快海关特殊监管区域整合优化”改革命题，在本届常务理事会组织部分改革创新成果显著的会员单位开展“通过业务和体制机制创新促进整合优化”的专题交流会，并现场考察观摩。

2. 组织开展创新业务成果的专题交流。围绕复制推广自由贸易试验区改革创新举措工作的实际，在适当时候组织部分有需求的会员单位开展“推广创新成果，加速转型升级”工作专题交流会。

（四）开展专题分析，服务各方决策

1. 继续做好预测预警分析，服务宏观决策。围绕特殊区域整合优化、功能升级和业务新常态的实际需要，开展好定期的预测预警分析，服务各级宏观决策。

2. 继续做好专项统计分析，服务微观决策。根据会员单位借鉴、参考、对比等各类微观决策的实际需要，做好招商工作及各类进出口业务数据的专项分析。

（五）开展专题研究，服务自身改革

1. 继续加强秘书处管理，做好服务和转型的各项业务。

（1）加强财务管理和会籍管理，认真执行有关政策和规范。

（2）继续做好统计和简报工作，认真服务各方的需求。

（3）强化廉洁自律和内部规范，认真落实纪律和规章。

2. 贯彻社团组织改革要求，开展协会转型前瞻性探索。

（1）认真贯彻上级对协会改革的各项要求，严格执行各项规定。

（2）结合协会换届工作，有组织地根据要求开展协会社会化办会的路径探索。

全国海关特殊监管区域2015年上半年进出口情况分析和下半年进出口情况预测

中国保税区出口加工区协会秘书处

（2015年8月12日）

截至2015年6月底，全国共有海关特殊监管区域（以下简称特殊区域）122个，同比增长9.3%。

截至2015年6月底，全国有进出口统计数据的特殊区域为117个（包括批准整合后暂未撤销的保税区、物流园区和出口加工区），同比增长9.4%。

一、全国特殊区域2015年上半年进出口的基本情况

2015年上半年，全国特殊区域的进出口继续受国际市场需求不振和2014年个别特殊区域垫高基数的影响，形成“大幅下降，逐月回升，降幅缩小，渐趋平稳”的走势。

（一）全国特殊区域上半年进出口基本态势是多数类型出现负增长

上半年，全国有统计数据的117个特殊区域实现进出口2 854.4亿美元，同比下降8.6%。其中，进口1 435.7亿美元，出口1 418.7亿美元，同比分别下降10.5%和6.5%。在6种类型特殊区域中，仅有综合保税区和跨境工业区呈正增长且增幅高于全国外贸进出口。其中，36个综合保税区实现进出口1 054.5亿美元，同比增长8.6%；1个跨境工业区实现进出口2.0亿美元，同比增长58.8%。上述两种类型37个特殊区域共实现进出口1 056.5亿美元，净增84.2亿美元，为全国特殊区域进出口缩小降幅贡献了2.7个百分点。其余4种类型中，保税区同比下降8.9%，出口加工区同比下降14.7%，保税物流园区同比下降7.6%，保税港区同比下降37.0%（详见表1）。

表1　2015年上半年全国外贸和全国特殊区域进出口情况统计表

单位：亿美元

区域名称	统计区域	2011年上半年	2012年上半年	2013年上半年	2014年上半年	2015年上半年	2015年上半年同比(%)	2015年同比增减额
全国特殊区域	117	2 150.3	2 705.5	3 687.6	3 122.9	2 854.4	-8.6	-268.5
保税区	14	933.4	1 140.8	2 002.0	1 011.5	920.3	-8.9	-91.2
保税物流园区	5	65.3	74.3	76.4	77.3	71.5	-7.5	-5.8
出口加工区	48	643.6	579.1	546.9	632.2	525.0	-14.7	-107.3
保税港区	13	99.9	175.6	238.3	445.7	281.0	-37.0	-164.7

续表1

区域名称	统计区域	2011 年上半年	2012 年上半年	2013 年上半年	2014 年上半年	2015 年上半年	2015 年上半年同比(%)	2015 年同比增减额
综合保税区	36	407.4	735.1	823.4	954.9	1 054.5	8.6	99.6
跨境工业区	1	0.7	0.6	0.5	1.3	2.0	58.8	0.7

资料来源：据海关总署统计资料。

（二）保税港区的进出口大幅锐减对同期全国特殊区域进出口影响明显

上半年，13 个保税港区实现进出口 281.0 亿美元，其中进口 157.9 亿美元，出口 123.1 亿美元，同比分别下降 37.0%、41.0%和 31.1%，进出口总额共减少 164.7 亿美元，直接拉低了全国特殊区域进出口同比增幅 5.3 个百分点。其中，重庆两路寸滩、青岛前湾、海南洋浦和天津东疆的降幅都在 30%以上。重庆两路寸滩（空港）上半年仅实现进出口 57.3 亿美元，同比下降 69.0%，减少 129.7 亿美元，分别占全国特殊区域和全国保税港区同期进出口减少额的 48.3%和 78.7%（详见表 2）。

表 2　2015 年上半年个别特殊区域对全国特殊区域进出口下降影响情况统计表

单位：亿美元

区域名称	统计个数	2013 年上半年	2014 年上半年	2015 年上半年	2015 年同比增幅（%）	2015 年同比增减额
全国特殊区域	117	3 688.1	3 122.8	2 854.4	-8.6	-268.5
以下 10 个区小计	10	508.8	758.3	408.4	-46.1	-349.9
重庆两路寸滩保税港区	1	62.6	187.0	59.0	-68.0	-128.0
天津东疆保税港区	2	48.5	76.8	53.5	-30.4	-23.3
青岛前湾保税港区	3	9.7	10.6	5.3	-51.9	-5.3
山东烟台保税港区	4	54.6	74.8	55.1	-26.3	-19.7
天津港保税区	5	69.1	72.4	53.6	-25.9	-18.8
青岛保税区	6	31.7	30.8	20.5	-33.2	-10.3
张家港保税区	7	22.6	22.1	16.6	-24.7	-5.5
陕西西安出口加工区	8	35.3	85.4	69.1	-19.1	-16.3
成都高新综合保税区	9	121.2	149.3	104.5	-30.0	-44.8
上海漕河泾出口加工区	10	53.5	49.1	26.3	-46.4	-22.8

资料来源：据海关总署统计资料。

（三）综合保税区进出口较快增长减缓了同期全国特殊区域进出口的降幅

2015 年上半年，全国 36 个综合保税区实现进出口 1 054.5 亿美元，其中进口 429.8 亿美元，出口 624.7 亿美元，同比分别增长 8.6%、9.3%和 8.0%。综合保税区中有 17 个出现增长，增幅超过 23%及以上的有 14 个，其中部分综合保税区加工贸易进出口的增长绩效十分显著。郑州新郑、西安高新、苏州高新和广西凭祥的进出口增长额都在 10 亿美元以上。郑州新郑综合保税区上半年实现进出口 208.8 亿美元，同比增长 49.5%，净增长 69.1 亿美元，占全国综合保税区同期进出口增量的 83.0%（详见表 3）。

表 3　2015 年上半年部分特殊区域对全国特殊区域进出口降速减缓贡献情况表

单位：亿美元

区域名称	统计个数	2013 年上半年	2014 年上半年	2015 年上半年	2015 年同比增幅（%）	2015 年同比增减额
全国特殊区域	117	3 688.1	3 122.8	2 854.4	-8.6	-268.5
以下 10 个区小计	10	201.2	265.7	448.4	68.8	182.7
郑州新郑综合保税区	1	130.3	139.7	208.8	49.5	69.1
西安高新综合保税区	2	/	3.5	20.2	482.7	16.7
苏州高新综合保税区	3	57.0	53.5	66.0	23.3	12.5
北京天竺综合保税区	4	15.8	17.3	23.9	37.7	6.6
凭祥综合保税区	5	0.1	0.5	13.5	2 853.8	13.0
南京综合保税区	6	5.7	14.5	22.6	33.7	8.1
银川综合保税区	7	0.1	3.3	6.7	103.4	3.4
白云机场综合保税区	8	/	0.1	10.2	/	10.2
盐城综合保税区	9	0.0	1.7	7.1	309.1	5.4
淮安综合保税区	10	1.2	2.0	5.5	177.4	3.5

资料来源：据海关总署统计资料。

二、全国特殊区域 2015 年上半年进出口情况分析

（一）改革创新和业务多元化是广大特殊区域应对进出口下行压力的重要抓手

1. 上海自贸区内特殊区域应对下行压力的能力优于整体。上海自贸试验区内的 5 个特殊区域共实现进出口 571.0 亿美元，其中进口 419.3 亿美元，出口 151.7 亿美元，同比分别下降 6.3%、7.9%和 1.6%（全国特殊区域同期分别下降 8.6%、10.5%和 6.5%）。整体进出口中加工贸易仅 36.1 亿美元，占比下降到 6.3%的历史低位，业务结构调整进一步加速（详见表 4）。

表4 2015年上半年上海自贸区内特殊区域进出口情况统计表

单位：亿美元

区域名称		进出口			主要业务进出口					
		进出口		同比（%）	加工贸易	同比（%）	保税物流	同比（%）	一般贸易	同比（%）
		2014	2015							
全国特殊区域		3 122.9	2 854.4	-8.6	1 259.4	-10.6	1 308.4	-8.7	235.6	-3.4
上海自贸区合计		607.3	571.0	-5.9	36.1	/	413.7	/	117.9	/
其中	外高桥保税区	476.4	451.3	-5.2	30.9	-38.2	306.2	-3.4	113.2	0.9
	外高桥保税物流园区	29.4	31.4	6.9	0.0	0.0	31.4	7.0	0.0	-52.7
	洋山保税港区	64.5	54.8	-15.1	0.0	0.0	50.2	-20.7	4.6	321.6
	浦东机场综合保税区	33.8	28.4	-16.2	0.2	-61.8	25.8	7.1	0.1	199.6
	金桥出口加工区（南区）	3.2	5.3	63.0	5.0	89.1	0.1	-21.3	0.0	0.0

资料来源：据海关总署统计资料。

2. 部分有规模的以加工贸易为主的特殊区域保持稳定较快增长。2015年上半年，部分以加工贸易为主导的有一定规模的特殊区域实现了稳定或恢复性增长，成为全国特殊区域进出口情况逐月向好的积极因素。其中，郑州新郑、江苏昆山、苏州高新、无锡高新、西安高新、江苏南京综合保税区和西安出口加工区等的加工贸易进出口都实现了稳定较快增长。郑州新郑综合保税区上半年实现加工贸易进出口201.4亿美元，同比增长48.2%，净增长65.5亿美元，成为全国加工贸易规模最大的特殊区域。昆山综合保税区上半年实现加工贸易进出口127.6亿美元，同比增长21.3%，初步扭转了近年来加工贸易持续大幅下降的局面（详见表5）。

表5 2015年上半年部分规模较大的特殊区域加工贸易进出口情况统计表

单位：亿美元

区域名称	进出口			主要业务进出口				
	进出口额	同比（%）	增长额	加工贸易	同比（%）	加工贸易增长额	保税物流	同比（%）
全国特殊区域	2 854.4	-8.6	-268.6	1 259.4	-10.4	-146.9	1 308.4	-8.5
小计	797.3	/	77.9	605.0	/	124.2	195.3	/
郑州新郑综合保税区	208.8	49.5	69.1	201.4	48.2	65.5	5.9	590.3
江苏昆山综合保税区	238.7	-6.9	-17.7	127.6	21.3	27.3	109.9	-26.8
重庆西永综合保税区	118.3	-3.0	-3.6	98.9	1.8	1.8	18.8	-16.6
西安出口加工区	69.1	-19.1	-8.5	64.6	5.9	3.6	30.0	-87.5

续表5

区域名称	进出口			主要业务进出口				
	进出口额	同比（%）	增长额	加工贸易	同比（%）	加工贸易增长额	保税物流	同比（%）
苏州高新综合保税区	66.0	23.3	12.5	51.4	31.3	12.3	14.4	2.8
无锡高新综合保税区	53.1	7.5	3.7	32.4	4.9	1.6	12.8	27.7
西安高新保税区	20.2	482.7	16.7	9.6	756.7	8.5	0.0	1 441.0
江苏南京综合保税区	22.6	33.7	5.7	19.0	23.4	3.6	3.5	224.2

资料来源：据海关总署统计资料。

（三）保税物流等正成为绝大多数特殊区域的主要业务和增长动力

2015年上半年，广大特殊区域把借鉴自贸试验区创新，开展保税贸易、跨境电商、进口展销和融资租赁等，推进业务多元化作为稳增长、促转型的重要手段，保税物流和保税服务正在成长为特殊区域的主要业务。目前已有71个特殊区域的保税物流进出口超过其进出口总量的50%及以上。与保税物流关联的3类业务共实现进出口1 544亿美元，占特殊区域同期进出口额的54.0%。其中，保税区的保税物流关联业务进出口占同期进出口额的84.8%，保税港区的保税物流关联业务进出口占同期进出口额的73.8%，综合保税区的保税物流关联业务进出口占同期进出口额的33.8%，出口加工区的保税物流关联业务进出口占同期进出口额的27.2%。

三、2015年上半年全国特殊区域进出口运行中一些值得引起关注的特点和趋势

（一）个别特殊区域成为全国同类区域稳定增长或巨幅振荡的要因

全国特殊区域进出口近年来的快速增长或大幅波动，与极少数特殊区域的进出口超常规增长和大幅下降关联性极大。如2015年上半年郑州新郑综合保税区进出口同比增长49.5%，净增长69.1亿美元，推动了整个综合保税区业绩在全国特殊区域中一枝独秀。重庆两路寸滩保税港区却同比跌幅达68.5%，进出口减少127.9亿美元，促成全国保税港区整体下降37.0%。

（二）部分类型特殊区域进出口整体情况恶化值得引起各方的重视

2015年上半年，全国特殊区域的外贸进出口在努力克服2014年特殊增长因素消极影响的基础上逐步回稳，多数降幅缩小。但是，保税港区、保税区等以物流服务业为主导业务的特殊区域整体进出口情况较差。13个保税港区进出口同比下降37.0%，除重庆两路寸滩的影响外，还有9个区也是下降。14个保税区中进出口同比下降的也有11个。上述两类27个区中，同比下降的有21个，占比高达77.8%。

（三）保税物流成为多数特殊区域主业亟须普惠贸易多元化的政策

2015年上半年有83个特殊区域依靠保税物流进出口维持正常业务或扭转进出口下降趋势，占总数的71.0%。除保税区、保税港区、保税物流园区和跨境工业区外（上述4类区域中以加工贸易为主业的仅重庆两路寸滩保税港区），46个出口加工区中以保税物流为主业的已有18个，占比为39.1%。36个综合保税区中，以保税物流为主业或以该项业务推动稳定增长的有21个，占综合保税区总数的58.3%。

四、2015年上半年全国特殊区域经济运行其他方面的情况

（一）进出口业务类型的变化情况

上半年，全国特殊区域一般贸易、进料加工贸易和特殊区域物流货物三大业务分别实现进出口235.6亿美元、1 134.2亿美元和1 294.4亿美元，同比分别下降3.4%、11.6%和8.8%。三大业务进出口值合计为2 664.3亿美元，占全国特殊区域进出总额的93.3%。一般贸易量最大是上海外高桥保税区、天津港保税区和宁波北仑港保税区，三区合计为164.7亿美元，占该项业务进出口的62.3%。进料加工贸易最大的是郑州新郑综合保税区、上海松江出口加工区和昆山综合保税区，三区合计为462.2亿美元，占该项业务进出口的40.7%。海关特殊监管区域物流货物量最大的是上海外高桥保税区、昆山综合保税区和深圳保税区（含福田、盐田和沙头角），三区合计为605.2亿美元，占该项业务进出口的46.8%。上述特殊区域的3类业务进出口共1 232.1亿美元，占全国特殊区域的46.6%。

（二）批准项目进区等经济指标的情况

上半年全国特殊区域批准投资项目数再创历史纪录地达到12 608个，同比增长10.6%。其中，加工项目68个，贸易企业4 883个，物流企业913个，同比分别下降15.0%、17.3%和增长61.2%。批准投资总额为1 217.3亿美元，其中外商投资总额550.4亿美元，同比分别增长155.1%、252.6%。合同利用外资347.5亿美元，实际到位资金427.4亿美元，实际利用外资38.2亿美元，同比分别增长223.6%、41.1%和下降59.7%。

批准企业等4个数据中，上海、天津、福建3个自贸试验区中的6个特殊区域（上海外高桥、福州、象屿和天津港4个保税区，天津东疆保税港区和上海浦东机场综合保税区）合计分别占全国特殊区域的81.6%、28.0%、77.0%和73.3%。

全国16个综合保税区批准企业、批准投资总额、外商投资总额和合同利用外资4个指标中，上海浦东机场综合保税区的占比分别为58.3%、83.8%、94.6%和91.2%。

全国12个保税港区批准企业、批准投资总额、外商投资总额和合同利用外资4个指标中，天津东疆保税港区的占比分别为79.2%、81.4%、75.6%和61.5%。

全国仍按出口加工区统计的52个特殊区域的批准企业数、批准投资总额、外商投资总额、合同利用外资、实际利用外资等5个指标数据，在94个有统计数据的特殊区域中的占比分别为1.6%、0.1%、0.6%、0.9%和2.4%。

五、关于2015年下半年全国特殊区域进出口趋势预测

下半年，全国特殊区域进出口总体趋势是降幅缩小，逐步回升，第四季度有望出现同比增长。全年进出口累计可能达到同比下降3%至5%的区间，也有可能把降幅缩小到3%以内。实现向好发展的关键因素有以下几方面：

（一）及时把国家出台的稳定外贸增长的措施转化为实现恢复性增长的动力

2015年二季度末以来，国务院出台的稳定外贸增长的各项措施逐步落实到位，郑州新郑、西安高新综合保税区的一些新增产能也开始发力，全国特殊区域进出口逐月缩小降幅，正在继续消化重庆两路寸滩保税港区等虚高基数的负面影响。

（二）监管部门多类多项改革创新红利的进一步释放增强应对下行压力的信心

2014年以来，海关总署和国家质检总局在上海自贸试验区施行的改善通关和通检环

境的举措进一步在各地特殊区域以不同方式进行复制和推广。同时，又有更多特殊区域成为天津、福建和广东自贸试验区的核心功能区。苏州工业园区综合保税等促进贸易多元化试点也在稳步推进。改革创新将进一步优化特殊区域的运营环境，刺激一些特殊区域继续放量增长（详见表6）。

表6 2015年上半年部分自由贸易试验区内的特殊区域进出口情况统计表

单位：亿美元

	进出口额	同比（%）	增长额	出口额	同比（%）	进口额	同比（%）
全国特殊区域	2 854.40	-8.6	-268.60	1 418.70	/	1 435.70	/
小计	92.14	29.4	20.14	1 418.70	-6.5	1 435.70	-10.5
深圳前海湾保税港区	22.03	5.5	27.08	62.70	/	29.44	/
广州南沙保税港区	27.56	59.2	1.15	13.17	-2.2	8.86	19.9
广州白云机场综合保税区	10.23	20 020.0	10.25	23.95	92.2	3.61	-25.6
福建马尾保税区	1.66	80.2	10.23	5.54	31 262.0	4.70	14 047.0
厦门象屿保税区	24.70	15.5	3.31	0.49	28.6	1.17	116.7
厦门象屿保税物流园区	5.96	30.6	0.74	14.37	0.5	10.33	45.7

资料来源：据海关总署统计资料。

（三）个别特殊区域特殊贸易行为进出口断崖式高位回落的负面影响逐渐减小

2013年深圳保税区内出现的特殊贸易方式得到控制，但2013年年底又在重庆两路寸滩保税港区等出现，继而成为2015年上半年全国特殊区域进出口同比大幅下降的消极因素。但由于总量较2013年同期偏小，其影响力也在逐步弱化。